U0920418

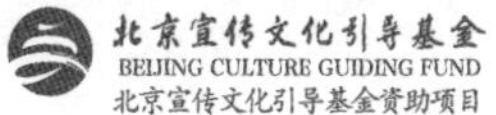

歷代編輯列傳

戴文葆·著

上册

北京联合出版公司
Beijing United Publishing Co.,Ltd.

《历代编辑列传》序

漆永祥

戴文葆先生是出版界与学界备受尊敬的老前辈，可惜我无缘在先生生前有面谒聆教的机会，今接北京联合出版公司张永奇兄发来的戴先生《历代编辑列传》书稿，命我撰序，我是既感且愧，序则不敢，就谈一点捧读之后的感受吧。

一

在我从事的文献学界或者大范围的学术界，“编纂”一词是常常要提及的，但“编辑”却很少提到。在读戴文葆先生的大著前，我对“编辑”与“编纂”究竟有何异同，是否有区别的必要，是模糊不清的。

戴文葆先生在给《中国大百科全书》撰写的“编辑”词条界定，编辑是“使用物质文明设施和手段，从事组织、采录、收集、整理、纂修、审定各式精神产品及其他文献资料等项工作，使之传播展示与社会公众者”。又称：

> 编辑活动在历史上是不断发展的，它的原始就是整理、集辑、编纂、校雠、注疏等类形式，有时为单

一，有时相交叉，有时又编著合一，因事因时而变化。①

在谈到“编辑学”时，戴先生谓：

编辑学是关于编辑基础理论、编辑活动基本规则及编辑工作分片管理的综合性学科，是积累、传播、发展和创新人类文明的理论动力，推进现代出版业持续拓展的主导思想，是贯穿于整个出版产业、出版文化中的一种价值理想和理性观念。切实活跃、与时俱进的编辑学理念，以人为主体和中心，以社会的需要和利益为目标，促进出版业获得发展和出新的可能性。编辑学是属于人文科学的范畴。②

绎戴文葆先生之意可知，编辑所从事的并不仅仅是简单的编校工作，对一部书籍从组织、采录、收集、整理、纂修、审定、集辑、编纂、校雠、注疏等，皆在编辑范围内，贯穿系联，交相为用。我之所以如此博引戴先生关于“编辑”与“编辑学”的界定，意图在说明两点：其一，戴先生关于“编辑”与“编辑学”的论述，是他长期以来对编辑工作从理论到实践，矻矻孜孜而熟虑深思的定见；其二，戴先生《历代编辑列传》撰写的指导原则与选人标准，就是建立在他这些认识的基

① 戴文葆：《寻觅与审视》，中国华侨出版公司，1990 年，第 476 页。

② 戴文葆：《编辑学研究问题答客问》，载《中国编辑》2003 年第 3 期，第 24 页。

础之上。正所谓“必也正名”，不弄清这些概念，我们就无法读懂戴先生大著所要表达的宏旨与微言。

二

编写一部中国编辑史，是戴文葆先生久有之念。从 1984 年在呼和浩特讲《编辑学与编辑业务》起，戴先生就开始宣传自己的编辑理念与实施纂史计划。他在《编辑学和编辑史初探》讲稿中，设有“编辑史初探”专节，共选择了孔子、吕不韦、刘向与刘歆、萧统、赵崇祚、陈子龙、纪昀、魏源等为例，“叙述了我国古代典籍编辑的源流及其意义，同时又引述我国古今有关论述这些典籍的篇章，考察和评论古代典籍所赋予的时代特点和学术渊源，实际上这已奠定了以后他写《历代编辑列传》的基础”。①

从 1986 年第 1 期《出版工作》始，戴文葆先生陆续发表《历代编辑列传》系列文章，至 1990 年第 7 期止，前后共刊载有孔丘、吕不韦、刘安、刘向、刘歆、班昭、许慎、刘义庆、萧统、徐陵、颜之推、僧祐、欧阳询、房玄龄、刘知几、吴兢、杜佑、赵崇祚、李昉、欧阳修、司马光、李焘、朱熹、袁枢、元好问、欧阳玄、王祯、解缙、徐光启、冯梦龙、陈子龙、顾炎武、黄宗羲、方苞、姚鼐、纪昀、章学诚等 37 人的传记。从现有的书稿看，他将原有的魏源传记也收了进来，这样就共有 38 人，形成了一部较为完整的中国古代编辑列传，

---

① 章宏伟：《戴文葆先生与编辑史研究》，《济南大学学报》（社会科学版）2013 年第 1 期，第 46 页。

由点而线串起来，就是一部纵贯厚重的中国编辑史。

三

如上所述，戴文葆先生选择的这38位历代编辑，既有我们所熟知的孔子、司马光、纪昀、章学诚等，也有大家不太熟悉的班昭、徐陵、僧祐、陈子龙等人，这多少有点出乎我们的意料之外。那么，戴先生的选择标准究竟是什么呢?

我在认真学习戴先生大著后，认为他的选择标准有四条:其一，所选编辑在各色人物与所编书籍方面，都有着广泛的代表性。其二，所选编辑与其所编书籍，在体裁体例上多有开创之功。其三，着意强调主编在编辑过程中的作用，对他们进行大力表彰。其四，强调一部书的社会责任与现实功能，即该书能否反映社会风貌，满足时代需求，经世致用，利国利民。

在我国古代历史长河中，出现了大量优秀的编辑，而戴文葆先生充分考虑到各界的代表。例如选择班昭，则不仅她是东汉史学家，而且是值得纪念的我国第一位女编辑家，是妇女界的光荣；而选择僧祐，则以其为佛教界的代表。而在所选书籍上，如《说文解字》代表传统小学，《吕氏春秋》《淮南子》等代表杂家，《文选》《玉台新咏》《花间集》《中州集》等代表总集，《明经世文编》《经世文编》等代表经世类文选，《出三藏记集》《弘明集》代表宗教，《艺文类聚》《太平广记》《太平御览》《文苑英华》《永乐大典》等代表类书等，经史子集四部皆有代表性的著述。

编辑一部书籍，在体裁与体例方面是否有创新，被戴先生视为无上而至高的原则。如孔丘整理《六经》，创例甚多，毫无疑问为历代编辑第一人。他如房玄龄、欧阳玄、欧阳修之修正史，司马光、李焘之纂编年史，袁枢创设纪事本末体，刘知几、杜佑、章学诚之于典制体，刘向与刘歆父子、纪昀之于目录体，黄宗羲之创立学案体；又如吕不韦、刘安、刘义庆、颜之推之编辑杂书，欧阳询、李昉、解缙等编类书；萧统、徐陵、赵崇祚、元好问之编总集等。这些书籍在体裁与体例上多有创新，成为典范。也就是戴先生所谓“倡导学术研究的风气，开创著书立说的体例，更是编辑工作发展的上乘”。

对于刘向与刘歆父子、吕不韦、刘义庆、李昉、欧阳修、司马光、纪昀等人而言，戴文葆先生更强调他们主编的作用。主编首先要在发凡创例、引领风气方面起主导作用。其次，从业务水平上来说，其人必须博物洽闻，通达古今，既是通才，也是专才。再次，主编必须方正端严，从善如流，有出众的组织能力。第四，主编必须识才用才，吸引年轻人，培养编辑人才，并尊重他们的劳动。第五，主编必须亲力亲为，而不是只挂虚名，应自始至终参与编辑的全过程，起到模范带头作用。

戴先生还认为：一个出色的主编必须分析和预见学术文化发展趋势，掌握时代脉搏与热点，并提供现时成果，以回答所处时代广大读者最关心的问题，并致力于开拓、创新和文化积累，这是编辑工作者庄严的时代使命。

四

戴文葆先生对编辑的素养要求极高，他认为我国历史上的大编辑家，都是大思想家、教育家、著作家和学者专家。他们大都具有丰富的学识，高尚的品德，热爱学术文化，关心国家民族命运，对时代赋予他们的使命，有高度的责任感，对学术文化做出了宝贵的贡献。

首先，戴先生对世俗偏见认为编辑只是干点“简单的重复劳动”的看法极为不满，认为“那只是浅薄者的昏话罢了”。相反，他指出编辑需要经过艰苦的学习和严格的训练，其本身就是学者与作家，是主动的学术工作者，应具有多方面的学术情趣，要靠学术上的功力作基础。其次，编辑是人类文明的记录者、整理者和保存者，也是人类文明的发现者、创造者和再现者。[①] 再次，编辑必须加强道德修养，秉笔直书，独立思考，保持风骨，具有批判精神。绝不能阿谀徇私，巧嘴会说，权势货利，编辑手中的笔不应成为涂饰的刷把，不当变成夸诞的喇叭。第四，编辑必须勤勤恳恳，埋头发愤，不随流俗，不奔竞干禄，有献身于学术事业的精神。第五，编辑必须是一个热忱而坚定的爱国者，其所编书籍要注重现实，利于民生，并服务于国家。

戴文葆先生还指出，一个编辑能否编出好书，还在于国家层面的经费、物力与资料方面的支持，以及政府开明的态度，即尊重学术文化，尊重编辑工作。例如他在谈到房玄龄监修国史的时候，史馆得到从中央到各级政府资料的支持，是编辑工作发展的必要条件。再比如从大编辑家的司马光生平遭际来看，有高层政治力量的理解，有明智的文化策略，有了安定的局面，人才得展所长，就会有伟大的作品出现。

一直以来，戴先生都非常强调书籍的质量问题。他认为：“质量代表国家的形象，体制的改革必须围绕着保证质量、提

---

① 戴文葆：《寻觅与审视》，中国华侨出版公司，1990年版，第365页。

高质量转。出版物固然具有一般商品的经济性质，还具有一般商品所没有的学术文化属性，社会意识和思想教育属性。（一般商品也要讲求质量!）不能拜倒在毡毯上，让市场这支‘看不见的手’恣意摆布。”[1] 戴先生特别赞赏冯梦龙的《三言》，认为编书选题决策高，存雅道而著良规，一破当时陋习，而且销路很好。又如魏源所编《圣武记》，为当时读者所迫切需要，再三刊行。鸦片战争的严重失败，刺激了所有关心祖国命运的社会人士，他们急切地要读这部书，并从中汲取鉴往知今的启示。戴先生还以“九一八”事变后，热忱地宣传救亡图存的邹韬奋主编的《生活》周刊畅销为例，认为前有魏源，后有韬奋，为编辑出版工作树立了楷模。这充分说明，编辑一部好书，其学术质量、经世功能与经济效益，是相辅相成且并不矛盾的。

五

戴文葆先生在评价一个编辑成就的时候，并不仅仅局限于古今的纵向对比，还有着全球性的目光与胸怀，非常注意其所编书籍与同时代日本与西方所取得的成就做横向对比。如他谓孔子去世后十年，古希腊苏格拉底才出生，但没有留下著作。后一百四十余年，亚里士多德才在雅典授徒、讲学与编书。在评价许慎《说文解字》时，戴先生指出：从世界语言学史来看，希腊与印度的语法研究出现较早，但未形成后来的词典。他引用陆宗达《说文解字通论》的观点，说：

---

① 戴文葆：《大处着眼，实处着手》，《出版发行研究》1995 年第 5 期，第 9 页。

从全世界的范围考察，《说文》也是出现最早的、系统合于科学精神的、具有独创的民族风格的字典。

在谈到欧阳询《艺文类聚》的成就时，戴先生称公元 77 年，古罗马作家大普林尼编撰的《自然史》三十七卷，是古代第一部百科全书型的著作，此后在世界各国编辑百科全书型的作品年表上，主要只能依次写上《皇览》《华林遍略》《修文殿御览》《北堂书抄》和《艺文类聚》了。到 880 年，阿拉伯第一部百科全书性质的著作《传统菁华》，才由伊本·库塔巴编成。降至 935 年左右，日本汉学家源顺奉敕编成《和名类聚抄》，这已经到五代的后唐末帝的时候，晚于《艺文类聚》成书三百余年了。

又如明代解缙主编的《永乐大典》，戴先生多次引用王重民先生的说法，称欧洲早期所谓的百科全书，还不如我国的类书方便，直到 1704 年，才出现哈利斯按字母顺序排列的《工艺辞典》；而 1765 年，狄德罗为首的法国启蒙学者，才编成了赫赫有名的《大百科全书》。

在谈到冯梦龙“三言”的影响时，戴先生不仅指出其在康熙年间大量传到日本后对日本列岛的影响，而且引用孙逊《东西方启蒙文学的先驱》一文的观点，指出：

（明朝中后期）产生的一些优秀作品，堪与西方文艺复兴时期最伟大的作品相媲美。吴承恩的《西游记》和但丁的《神曲》，汤显祖的《牡丹亭》和莎士比亚的《罗密欧与朱丽叶》，笑笑生的《金瓶梅》、冯梦龙的“三言”、凌濛初的“二拍”和卜伽丘的《十

> 日谈》、乔叟的《坎特伯雷故事集》，它们之间无论是题材还是思想倾向，都有着惊人的相似之处。它们各自在本国和世界文学史上的地位与作用，也大致相近和相当。它们都是代表了当时世界进步潮流的东西方启蒙文学的先驱。

但戴先生又清醒地指出：卜伽丘、莎士比亚们身后出现了近代工业化社会；冯梦龙编辑的“三言”等书，虽然具有对封建社会的批判意义，但中国并没有走出中世纪，冯梦龙、汤显祖们身后出现的却是封建专制闭关的大清帝国。回顾我国思想文化发展史以及编辑史，冯梦龙留下的学术遗产值得进一步研究，还要研讨他身后历史发展的教训！

另外，在论述僧祐、吴兢、解缙、徐光启、纪昀、章学诚等人时，戴文葆先生也时时与西方做比较，来讨论他们所编书籍的世界价值与影响。

六

戴文葆先生《历代编辑列传》的撰写，不仅是叙述这些编辑的成就、价值与影响，而且有他大量的研究新见与成果体现在其中。

在论述一部书籍的时候，戴文葆先生往往会详细追究该书刊行后的变体、续编、改编、补正、纠谬、注释等，并充分利用古往今来的研究成果。如对刘知几《史通》一书，他着意谈到清代纪昀的《史通削繁》四卷，除原文十篇保留外，其他皆为删裁而成。金毓黻先生认为：“先读《削繁》，乃知《史通》

之易晓。”而刘节等人则认为，纪氏所为“最无意义”。续作者有近人瑞安宋慈抱作《续史通》内外篇二十章。而释解则以浦起龙《史通通释》为最，有上海古籍出版社标点本，书末附陈汉章《史通补释》、杨明照《史通通释补》与罗常培《史通增释序》。戴先生感喟道：

> 穿越一千二百余年风雨晨昏，一部书引动了这么多学者专家校勘、注释和讨论，这不正是精神劳动的巨大魅力和无上光荣的表现么？

又如在论述司马光《资治通鉴》的巨大影响与示范效应时，戴先生列举了宋李焘《续资治通鉴长编》、元金履祥《资治通鉴前编》、清徐乾学《通鉴后编》、毕沅《续资治通鉴》等；而《通鉴》的注释与纠谬之作，则有元胡三省《通鉴音注》、明严衍《资治通鉴补》、清钱大昕《通鉴注辨正》等；改编则有宋朱熹《通鉴纲目》、清康熙帝《御批通鉴纲目》、乾隆帝《御批通鉴辑览》与《通鉴纲目三编》等。戴先生评价道：

> 在史料上有续编、注释、考证及简编；在体裁上有纲目体、纪事本末体。续编之中，又有续前续后之分；注释则包括注解、考证、补遗及音义。《通鉴》的后继著作，在宋、元、明、清四朝就有五十种以上。影响所及，纪事本末体著作，从宋袁枢的《通鉴纪事本末》起，也有将近五十种。这是作为编辑家的司马光之光！

在戴先生所撰各家列传中，类似的论述所在多有，这不仅仅是讨论该书的价值与影响，而且起到了目录学的功效，给读者以发踪指示的作用。

戴先生在研究中，遇到一些权威观点所论不确时，也会直言不讳地进行纠正。如在论述刘歆的编辑成就时，面对康有为、梁启超等对刘歆的攻讦，戴先生指出，刘歆有功于我国学术文化事业，所持见解很有特色，是一位值得尊敬和纪念的大编辑家。刘歆的可贵在于：第一，在治学态度上，敢于坚持新意；第二，在学术研究上，勇于开拓新路；第三，在知识汲取上，勤于研习新知。又如在谈到《四库全书》的编辑工作时，戴先生也深感于纪昀等人的难处，指出编辑工作有三忌：一编辑忌唯上，二编辑忌草率，三编辑忌武断。这些洞见，毫无疑问对今日编辑界来说，也是具有针砭时弊而起针救疗的作用。

戴文葆先生在撰写历代编辑成就时，对解缙、徐光启、顾炎武、黄宗羲、纪昀、章学诚、魏源等人的论述，不仅仅是一篇传记，而是写成了学术论文。以章学诚为例，戴先生详细论述了章氏艰难困窘的生活与曲折嬗变的治学过程，指出其中年以后，就立志献身于编辑事业，并开始在实践中贯彻"辨章学术，考镜源流"的主张。通过对章学诚《文史通义》《校雠通义》及其他著述深入细致的剖析，戴先生认为在中国学术史上，章学诚的独特贡献，首先在于对古典编辑学理论的探讨。"校雠"一词，在章学诚的认识中就是编辑；"文史校雠"之学，就是古典编辑学。在我国 18 世纪的学者中，章学诚发扬"辨章学术、考镜源流"的文史校雠传统，对先秦诸子学的研究做出了重要贡献，同时对古典编辑学的探讨取得了空前成就，这都在文化学术史上具有其时代意义。

在论述章学诚的成就时，戴先生引用了大量学术界的研究成果，如清人著述有王鸣盛《十七史商榷》、朱筠《笥河文集》、朱一新《无邪堂答问》等，史学著述有《清史稿》、梁启超《中国近三百年学术史》、范文澜《中国通史》、侯外庐《中国思想通史》、金毓黻《中国史学史》、刘节《中国史学史稿》等，校雠学著述有蒋伯潜《校雠目录学纂要》、刘咸炘《校雠述林》《续校雠通义》、向宗鲁《校雠学》、杜定友《校雠新义》、范希曾《校雠学杂述》、刘国钧《校雠通义》、蒋元卿《校雠学史》、王重民《校雠通义通解》、胡道静《校雠学》、张舜徽《广校雠略》等，目录学著作有《钦定四库全书》、余嘉锡《目录学发微》、罗孟祯《中国古代目录学简编》、曹慕《目录学纲要》、武汉大学与北京大学合编《目录学概论》、徐召勋《学点目录学》、周振甫《古代的编辑学》等，研究章学诚的专著有日本内藤虎次郎、胡适、姚名达三家同名作《章实斋先生年谱》与何炳松《章学诚史学管窥》、叶瑛《文史通义校注》等。精研原典，爬梳资料，广征博引，断以己义，其结论也就自然新颖而独到。

七

戴文葆先生出生于兵荒马乱的岁月，自称“束发受书，即爱好史地之学”。他在高中时起就参与家乡江苏阜宁《淮滨商报》的编辑，从此踏上了漫长的编辑生涯。在抗日战争期间的1941年，戴文葆考入复旦大学（重庆）政治系学习。在大学期间，他对于国际问题极感兴趣，编辑报刊，撰写杂感时评，宣传抗日主张。曾任《中国学生导报》主编，在重庆广益中学任教。抗战胜利后，戴文葆以自由撰稿人的身份，给《世界知识》《进步青年》等多家杂志撰稿，声誉日隆。后任职于《大公报》，深受总编辑王芸生赏识。

新中国成立以后，戴文葆先生在 1951 年被调到人民出版社工作。1954 年，人民出版社成立“三联书店编辑部”，戴先生任副主任，协助主任陈原工作，制定了“翻译世界学术著作规划”，成为后来商务印书馆“汉译世界名著丛书”的滥觞，先后出版了译著的黑格尔《小逻辑》与《历史哲学》、凯恩斯《就业、利息和货币通论》、康德《纯粹理性批判》等，进一步解放思想，在学术界产生了极大影响。

1955 年，戴文葆先生协助范长江编辑出版了三卷本《韬奋文集》。1958 年，戴先生被错划为右派。“文革”期间，打回原籍的他开始默默整理乡邦文献，编成《射水纪闻》。1979 年，戴先生恢复名誉和公职，先后到文物出版社、中华书局工作，整理出版了吴晗先生所辑《朝鲜李朝实录中的中国史料》。并编辑“中国近代人物文集”中的谭嗣同、樊锥、严复、梁启超等名家别集。此后，又回到人民出版社，参与鲁迅、胡愈之、宋庆龄、章太炎、黄侃、吕思勉、蒙文通等人著作的整理与译作等。再后来又任三联书店顾问编审，参与王芸生、张季鸾、潘光旦、林毓生、傅伟勋等人的著作与译注本的设计与编辑工作，也曾参与《读书》杂志的编辑工作。自 20 世纪 90 年代起，戴先生还或主编或编审了“世纪风铃丛书”“书海浮槎文丛”“勿忘国耻历史丛书”与“传世藏书”等。

不仅如此，戴先生还撰有《寻觅与审视》《新颖的课题》《月是故乡明》，编著《射水纪闻》《中国妇女天足运动史》，主编《编辑工作基础教程》，整理清人余怀《板桥杂记》，说他著述等身，质量上佳，是毫不夸张的。

1987 年秋，戴先生荣获中国出版工作者协会设立的出版界大奖，即首届“韬奋出版奖”。消息传到他的故乡阜宁，乡人竟说：“戴文葆在‘文化大革命’中下放阜宁中学时，打扫厕所，掏大粪掏得很好，在北京得了个掏粪奖！”[①] 看到这则趣闻，我的心情却异常沉重而难以开怀。由此亦可知，文化传播与普及教育，充分认识到编辑工作的重要性，尚任重而道远，戴先生与前辈们已经做出了重大贡献，我们必须继承他们的遗志，高举他们的旗帜，扛起责任与使命，顶风冒雪，勉力前行！

北京联合出版公司能够在几乎被淡忘尘封了的旧刊中，发现并将出版戴文葆先生《历代编辑列传》，我非常赞赏他们独到的眼光和高度的使命感。章宏伟教授兄高度评价此书说：

> 在这之前，编辑出版界对自己的定位是自甘隐匿，为人作嫁。而戴文葆的编辑史研究，揭示、唤醒了中国编辑的主体意识，这是一次具有历史意义的编辑意识的升华。当时人们可能意识不到，二三十年后的今天，才为我们所认识。思想者的先觉，总是在后来者那里得到追认。[②]

章兄所言，可谓既实事求是，又宝获我心焉！

---

① 王春瑜：《怀念戴文葆学长》，《中华读书报》2012 年 11 月 14 日，第 003 版“家园”栏目。

② 章宏伟：《戴文葆先生与编辑史研究》，《济南大学学报》（社会科学版）2013 年第 1 期，第 48 页。

戴文葆先生的编辑与编辑学理论，我们可能有诸多的不解，也有不少的争议。但他将自己艰难困苦、孜孜以求的一生，完全奉献给了他所挚爱的编辑事业，并在创新理论与反复实践中推动编辑事业的发展，并取得了卓越的成就。正如同他记述的 38 位编辑家一样，戴文葆先生也将载于编辑家之列，辉映在历史的星空，发出灿烂而温暖的光芒。

后学漆永祥庚子（2020）立夏后一日

百拜恭书于京北侨紫石斋

目　录

前　言

研究中国编辑史的意义

我国是世界上最早的文明古国之一。从殷朝开始，有将近四千年有文字可考的历史，有丰富的文化遗产。在中华民族的文明开化史上，有素称发达的农业和手工业，有许多优秀的文化遗产，同时产生了许多伟大的思想家、政治家、文学家、艺术家、科学家、军事家等等，还有丰富的文化典籍。

我国的文化典籍，随着社会经济的发展和书写工具技术的进步，日益丰富起来。远在夏商时代，就有为数不少的由史官执笔典籍。《尚书·周书·多士篇》说："惟殷先人，有册有典。"《墨子》《左氏传》都曾引过《夏书》《殷书》。《竹书纪年》十二篇，叙夏、商、西周至战国时史事。春秋时代晋文公时（前636）阳人犹"有夏商之嗣典……樊仲之官守焉"。《吕氏春秋》记载："夏太史令终古出其图法，执而泣之……乃出奔如商。……殷内史向挚见纣之愈乱迷惑也，于是载其图法，出亡之周。"这都说明夏商已有典册，距今有4400年，甚至可以说有5000年的历史。

图书，对于社会来说，是人类文明进步的标尺。

图书，对于个人来说，就像高尔基1911年回答法国作家奥克达夫·米尔波所说:“在生活中起了母亲的作用。”

我国自从有了龟甲、简牍的典册以来，就有原始的编辑活动，中国最早的编辑工作距今约有2500年，或者可以说，约有近4000年的历史。即约在公元前14世纪到公元前12世纪的殷商时代，就有人从事编辑工作了。

研究编辑史的意义和目的:

认识我国图书产生、发展的历程及其内部规律，了解我们祖先对人类文明的贡献。

认识我国编辑工作发展的经过及其一般规律，了解历史上政治、经济对于文化发展的作用。

认识我国编辑工作的历史经验及其代表性的典籍，有助于我们努力做好当前的工作。

认识我国历代的大编辑家生平事迹及其主要贡献，有助于我们努力提高自己的素质。

认识编辑工作的发展史，有助于开展编辑学基本理论的研究。

编辑工作的原始

探讨编辑工作发展史，需先了解我国的书籍制度、书籍的最初形态。

我国最早的书籍，是甲骨文。这就是河南安阳小屯出土的殷墟“卜用甲骨”。经过系统的整理，从1899年以来所发现和收集的甲骨实物的拓片、照片，计二十余万片，已编成《甲骨文合编》出版。

出土的青铜器上锲刻和铸造的铭文，称金文，也叫钟鼎文。上面铭刻的文字，或记事，或表彰功德。我国青铜时代，相当于历史上夏商周及春秋时期。西周晚期的毛公鼎，铭文多达 497 个字。从宋代开始了青铜铭文研究，至今收集和考释金文的书籍颇多。

玉石的文字记录，如 1960 年在山西侯马晋国遗址出土玉片、石片五千多件，其上记载着贵族赵鞅主盟的盟誓，已编成《侯马盟书》，是一种宝贵的史料。古代帝王封禅的石刻等，也可以看作是石头的书。

我国正式书籍的诞生，始于利用竹片或木片作为书写材料，即所谓“文武之政，布在方策”(《礼记・中庸》)，简册就是我国最早的书籍形式。起初为档案，经过一段较长时间演变而为书籍，演变过程大约从公元前 11 世纪到公元前 5 世纪，包括西周和春秋时代。

接着把字写在薄而细的缣帛上，即帛书，取其轻便。《墨子・鲁问》：“书于竹帛，镂于金石。”到汉晋之间，用帛写书尚屡见记载。1973 年长沙马王堆 3 号汉墓出土了一批帛书，是今天能见到的最早的帛书。从战国开始，在很长时期内，缣帛同竹简、木简是我国书写书籍的主要材料。

在西方，“书”字在拉丁文中来源于“树皮”，英文中来源于山毛榉树剖开的木板。

汉代宣帝刘询在位时，已出现了纸片。六朝、隋唐时通用纸张写书，卷轴便成为这时书籍的主要形式。

有书籍就有编辑。我国最初的编辑是：卜筮官、史官、乐师。

安阳小屯村出土的某一贵族的卜腹甲上刻有“册三，册凡三”字样，就是计有九片甲骨集合在一起，证明当时已确有把甲骨连缀在一起的编辑工作。

史官记事记言，保管和整理简册，有的被淘汰，有的编排留存，从而做了编辑工作。

古代重视乐教，乐师除自己创作外，还搜集歌谣和乐谱，整理编制国家盛典、仪式上演奏的乐章，他们也做了编纂工作。

上古，学在王官。知识为贵族垄断，后即由其任命的文化官所守。古代的书册藏在官府，传播知识的教育权掌于王官，非仕无所受书，非吏无所得师。卜筮官、史官、乐官，各就其职守，做了程度不等的编辑工作。他们是知识权威，重要文献的记录整理保管者，政务活动的参加者，也是学术文化的研究者和传播者。他们是我国最初的编辑。

孔丘整理殷周文化的编辑工作

孔丘（前551—前479）是我国历史上的大思想家、大教育家，是世界文化史上的巨人之一。他也是我国第一位大编辑家。

古代官府贵族所垄断的诗书礼乐等类学问，是孔子最先普及地教授给民间，把为极少数人专有的官学，变成了向民间开放的私学。他开门办学，打破官府的垄断，才有百家之学。孔子是先秦诸子的先行者，诸子学的始倡者。

孔子继承了西周以来世传的诗书礼乐之学，把西周思想、典册文物等作为儒术而职业化，同时整理了殷周文化遗产，删诗书，定礼乐，整理典籍，编选为“六经”，传之后世。六经，亦称六艺，指《诗》《书》《礼》《乐》《易》《春秋》，是孔子当时为了教学所编的六种课本，包括三代以来、主要为殷周的历史文化遗产。诗、书、礼、乐是必须学习的科目。

学术界对孔子与六经的关系，存在不同的看法。司马迁在《史记・孔子世家》中，记述和强调了孔子所做的整理编辑古代文献工作，班固在《汉书・艺文志》和《儒林传序》中，也认为孔子对古籍做了整理、删订和补充、阐释的工作。孔子是一位大教育家，他要教育学生，除以自己的思想见解和德行教人外，还要整理、补充、编次、解释旧籍，作为教材。“六经”之称，不出于孔子，但古代典籍中的六艺，是商周文化的精华，经过世卿贵族和士阶层的传习授受，已呈散乱之象，到孔子从事教学活动时，古“六艺”庞杂繁乱，他便根据自己的理解体会，加以删简解说，成为他编辑加工整理后的“六艺”，用来教授学生。孔子说过：“我非生而知之者，好古敏求之者也。”“述而不作，信而好古。”这都说明孔子一生在这方面是下过很多功夫的。

《史记・儒林列传》说：“孔子闵王路废而邪道兴，于是论次诗书，修起礼乐。”孔子对《诗》《书》所做的编辑工作是“论次”，“论”是讨论去取，“次”是编排篇目。当时礼乐崩坏，孔子对《礼》《乐》起而修之，使其免于沦亡。孔子读《易》而作《易传》，因《鲁春秋》而作《春秋》，属于诠释、改写性质。这六本教科书的内容，基本上都是殷周文化原有的，孔子做了编辑加工。

孔子的编辑工作可以归结为：订礼乐，明旧章，删《诗》《书》，赞《易》道，修《春秋》，芟夷烦乱，翦截浮辞，举其宏纲，撮其机要。编辑的宗旨是“垂世立教”。范文澜指出孔丘的编辑工作原则：

整理六经有三个准则：一个是“述而不作”，保

> 持原来的文辞；一个是“不语怪、力、乱、神”（《论语·述而》），删去芜杂妄诞的篇章；一个是“攻（治）乎异端（杂学），斯害也已”（《为政》），排斥一切反中庸之道的议论。

金景芳在《孔子与六经》一文中，指出孔子作《春秋》有几个特点：一、据鲁，亲周，故殷；二、所见异辞，所闻异辞，所传闻异辞；三、内其国而外诸夏，内诸夏而外夷狄；四、录内略外；五、常事不书；六、书其重者；七、为尊者讳，为亲者讳，为贤者讳；八、信以传信，疑以传疑。《春秋》应是孔子整理改编之作，以上八点是他改编的原则。

孔子首先是个大教育家，他一生都在勤奋学习，提倡再思，发愤忘食，诲人不倦。教育与编辑是交叉而相邻的，编辑工作具有教育工作的深意。孔子也是我国文化史上第一位大编辑家。

战国时代编辑工作的发展

章实斋说：“古人不著书，古人未尝离事而言理，六经皆先王之政典也。”（《文史通义·易教上》）战国前没有私人著作，《汉书·艺文志》所载战国前私家著作皆属伪托。《论语》《孟子》《庄子》《左传》《国语》《公羊传》《穀梁传》《墨子》等，都是战国初期以至中期之作，其中所引书皆《诗》《书》政典，皆史书，无私家著作。

春秋战国是“百家争鸣”的伟大历史变革时代，各阶级的盛衰消长，经济利害的迥然不同，反映在思想界形成许多学派热烈辩论的局面，讲变法、尊后王、务耕战与讲礼乐、法先王、行仁政相对抗，传统的是非标准开始动摇，思想大解放。

先秦诸子发表了许多文章，讲学时阐述了许多见解，游说中议论政治、经济，托古改今。其弟子、家属、追慕者等记录整理，使之流传于世，这些人做了编辑工作，没有留下姓名，我称他们为勤恳的无名氏，也是早期的编辑。

孔子的言论集《论语》，是若干片段的篇章汇编，编排不一定有什么含义，前后章之间也无多少关联。文字绝非出于一个人的手笔，而是成于很多人之手，其中有孔子的学生，有再传弟子。自唐朝柳宗元以来，很多学者以为可能是由曾参的学生编订的。

《孟子》一书，除了有人认为孟轲自著外，还有人认为是孟子死后他的门人弟子万章、公孙丑之徒共同记述编辑的。清人崔述甚至以为是“乐正子及公都子、屋庐子、孟仲子之门人与为之”。

《管子》这部书的作者，学术界公认并非春秋时齐相管仲，而是杂家的汇集。郭沫若说：“《管子》书是一种杂烩，早就成为学者的公论了。那不仅不是管仲作的书，而且非作于一人，也非作于一时。它大约是战国及其后的一批零碎著作的总集。”

《韩非子》大部分篇章成于韩非本人之手，也有别人的作品混入，甚至有像是战国末或秦汉间法术家的文章。最后编辑成书，这可能是汉朝刘向做的工作。

文章汪洋恣肆的《庄子》也有类似情况。学者以为内篇是庄子自作，外篇、杂篇是门人弟子的记录，或后来道家的依托。

“百家争鸣”局面的出现，使私人著作产生，并趋向繁荣，

《淮南子》认为诸子之学皆起于救时之弊，确是卓识。不过先秦诸子大抵不自著书；凡所纂辑，率出于后来的人。学术门类、治学派别均有很大发展。同时出现了不少编辑和整理者，促进了编辑工作的发展。

《史记·魏公子传》说："诸侯之客进兵法，公子皆名之，故世俗称《魏公子兵法》。"这是集诸侯宾客所进兵法而题信陵君之名，其中就有一番编辑工作。

战国时代编辑工作最突出的成就，表现于《吕氏春秋》的成书。《汉书·艺文志·诸子略》有《吕氏春秋》二十六篇，其下注曰："秦相吕不韦辑智略士所作。"吕不韦是严格掌握编辑体例的大主编。

从全书编辑体例上看，《吕氏春秋》在古籍中最有特色。书中分为十二纪、八览、六论，总为二十六卷。每纪又分五篇，每览分八篇，每论分六篇，故细分则为一百六十篇，另有《序意》一篇，依古籍体例，此篇当为全书自序，现今所存者为残文。今本《有始览》中佚失一篇。

在结构安排上也有考虑。十二纪中每纪的第一篇，同于《礼记》的《月令》，是按五行相生的系统来安排论述的顺序，含有"法天地"的用意，不过，子目中第一分篇的分题，均不能统摄其所属各分篇。八览，每览均有八篇，从立身治国，到为君为民，各篇内容颇有连贯，都讲有关社会人事方面的道理。至于六论，各篇颇类诸子书中的杂说，不相连贯，是司马迁所说的"集论"的意思。

全书各部分篇数都有一定，十分整齐。每篇立论，都讲一个或几个历史故事，史料价值很高，涉及战国时代各家各派的学术，却又保存着原来的分歧而不加齐同。前人指出，参加写书的人很多，“诸宾客非一人，所立非一家，所承非一派，所出非一词”“此而欲会于一，以考其成，岂不难哉!”编出这种书来很不容易的。清代学者汪中甚至将它看作后世类书的始祖。梁启超认为：“此史经二千年无残缺，无窜乱，且有高诱之佳注，实古书中之最完好而易读者。”

由于书出众手，书中舛误亦不少，高诱注加以纠举。《四库书目提要》也有评论。同一书中，篇名不应雷同，《有始览》第二分篇《应同》，旧作《名类》，清人毕沅校谓当作《召类》，而《恃君览》之第四分篇亦作《召类》。这都是集体编书所应注意之点。但这本书贯穿着“纪治乱存亡”“知寿夭吉凶”的编辑方针，总政治目标在于达到“王治”。书中体现了为秦的统一事业提供理论素材的编辑思想，着重于研讨治国之体，达成王者之治。如果秦始皇与吕不韦不发生尖锐的冲突，吕氏政见得付之实施，秦统一后不致二世而亡，历史的面貌或将改观。

《吕氏春秋》的编次、结构、立论、行文，在先秦著述中最有特色，吕不韦在思想文化上有重大贡献，是一位值得研究的大编辑家。

战国时代学术文化的繁荣，是由于社会发生大变革，文化教育挣脱了贵族的垄断，社会上涌现大量文学游说之士；各国国君为了富国强兵而争相礼贤下士，一些官僚贵族也招贤养士。文学之士上说下教，著书立说，学术思想获得空前的发展，编辑工作也有很大的进步，不仅有哲理性的著作、叙事记言的史学名著，而且也有了散文和诗歌的杰作。这都更有利于文化知识的广泛传播。

两汉编辑工作的辉煌成就

从公元前206年起建立的两汉王朝，共历二十四帝，统治四百零六年，是我国历史上强大的封建王朝。武帝时成为亚洲最繁荣富强的多民族国家，和亚洲各国建立了经济文化上的密切联系。西汉、东汉在我国学术文化史上都有重大贡献，编辑整理工作有了空前的发展，出现了许多名著佳构，丰富了我国古代历史文化遗产。

汉代中央政府注意保存文献，聚书征书，设置皇家图书馆。刘邦入关中灭秦时，萧何注意收存秦藏图籍。汉初，“萧何次律令，韩信申军法，张苍为章程，叔孙通定礼仪”（《史记·太史公自序》）。惠帝时除秦挟书之令。文帝使晁错受《尚书》，置《论语》《孝经》《尔雅》《孟子》博士官。武帝时“大收篇籍，广开献书之路”“建藏书之策，置写书之官，下及诸子传说，皆充秘府。”（《汉书·艺文志》）其后成帝、哀帝时都注意搜求遗书，总结先秦文化。东汉开国即着手征书，光武关怀采求阙文，明帝、安帝、顺帝时都曾下诏整理古籍。我们现在所见到的先秦古籍，主要是靠汉朝中央政府征集、保存，并派学者专家审订、校勘、编辑而流传下来。汉代还为以后历代封建王朝设置馆阁藏书创了先例。

汉代的编辑工作很值得重视，为后来编辑事业的发展奠定了基础，提供了榜样。刘邦虽属无赖，儒冠置溺，他为了稳定封建统治，命陆贾著书论说秦失天下的原因，陆贾在《新语》中指出：“秦非不欲为治，然失之者，乃举措暴众而用刑太极故也。”这体现了编辑撰著工作揭示历史教训，以供治国参考的政治作用。

汉武帝时政治的发展，提出了“通古今之变”（《报任安书》）的要求，这就要求整理古今历史，说明当代社会状况及其由来。太史令司马谈次第旧闻，裁剪论著，开始了这项繁重的编辑工作。其子司马迁继续其未完成的任务，于太初元年（前104）开始撰修《史记》，写成了中国历史上第一部内容完整、结构周密的历史著作，创造了历史书籍的纪传体的新体裁，成为此后二千年中编写王朝历史的范本。

司马迁实际上也是一位大编辑家，他利用、概括了大量的经过选择的历史资料，在编辑体例、写作方法上都精心考虑。《史记》的八书、十表的结构义例，以八书记制度沿革，立十表以通史事的脉络，最能表现司马迁是一位杰出的编辑整理工作者。他大量利用了载籍和档案，对历史文献进行全面系统的考辨，并亲身实地考察，采集见闻，推敲判断，在纪、传、书、表中皆蕴含编辑的深义远神，显示了司马迁将史学家与编辑家完美地结合于一身的才能。

东汉班固所撰《汉书》，是我国第一部完整的断代史，虽是因袭《史记》的体裁，但更为严密。《汉书》的《百官公卿》《刑法志》《地理志》《艺文志》等，都是《史记》的《表》《书》中所没有的。其中《艺文志》系取刘歆的《七略》，删其浮冗，录其指要，以备篇籍，提示了一种编辑方法。据说其妹班昭续编八《表》，如确实，她是我国历史上第一个女编辑家。

我国字书词典的编辑工作，起源于两汉。成书于汉初的《尔雅》，是第一部训诂词典，我国最早解释词义的专著，至唐宋时列为“十三经”之一。扬雄编辑的《方言》，是我国古代第一部方言词典。许慎编辑的《说文解字》，自创体例，分类归部，收字9353个，按照他所理解的“六书”条例来说明文字意义，分析形体构造，是我国第一部字典。汉末刘熙编的《释名》，体例仿《尔雅》，而专用音训，以音同音近的字解释意义，推究事物命名的由来，是我国古代第一部音训词典。这都为后代字典、词典的编辑奠定了基础，尤其是部首分类法的发明，作为查字的依据，在后世的编辑工作中起了很大作用，许多实用的书籍，按汉字部首和笔画来编排和查检。

西汉刘向（前77—前6）、刘歆（约前53—23）父子，致力于编订先秦典籍，全面考虑了编书的义例和方法，奠定了目录校勘学的始基，对学术文化的发展做出了巨大贡献。他们是我国古代功绩卓越的大编辑家。

汉成帝河平三年（前26），“以书颇散亡，使谒者陈农求遗书于天下。诏光禄大夫刘向校经传诸子诗赋，步兵校尉任宏校兵书，太史令尹咸校数术，侍医李柱国校方技”（《汉书•艺文志》）。而由刘向总领其事。“每一书已，向辄条其篇目，撮其旨意，录而奏之。”刘向去世后，哀帝使其子歆继承父业。刘氏父子对于整理、保存、光大我国古代文化典籍做出了卓越的贡献。在他们所处的时代，现代意义的笔和纸还未出现，印刷术还没有发明，他们在皇家图书馆中，利用宫中和官府的藏书，广采众本，校勘文字，审订篇目，酌立书名，并以撰写叙录提要的形式介绍著者，叙述源流，总评该书学术价值。他们编辑了综合性的分类目录，著录了数万卷图书。刘向编写的《别录》，既是汉代皇家图书馆藏书的总目提要，又是殷周以至西汉末年所有图书文化遗产的综合性记录。刘歆总括群篇，撮其指要，在《别录》的基础上编著了《七略》。这两种书都是揭示内容，阐述源流，评介作者，只是对图书的分类不同。班固作《汉书·艺文志》，就是以刘歆的《七略》为蓝本。

刘氏父子及其同事细密繁重的编辑整理校雠工作，对于保存先秦古籍，发扬前哲思想，总结古代文化，推动学术发展，起了积极的作用。这种大规模的长期的编辑工作，在与之同时代的罗马共和国和早期帝国时代，都没有过，可以认为在世界文化史上占有光辉的地位。刘向在编辑工作中开创性的成就，和他对培养人才、奖拔青年的注意，值得特别称道。班固对刘向的业绩推崇备至，把他看作是孔子、孟子、荀卿、司马迁的后继者，说："此数公者，皆博物洽闻，通达古今，其言有补于世。"范文澜在《中国通史简编》中对刘氏父子的评价最值得注意。他说：

> 西汉后期，继司马迁而起的大博学家刘向、刘歆父子，做了一个对古代文化有巨大贡献的事业，那就是刘向创始、刘歆完成的《七略》。
>
> 《七略》综合了西周以来主要是战国的文化遗产，把不值得保存的书籍都废弃了，例如经学博士的讲义，一篇也不录取。它经过选择、校勘、分类、编目、写成定本等程序，并作出学术性的总论和分论，是一部完整的巨著。它不只是目录学、校勘学的开端，更重要的还在于它是一部极可珍贵的古代文化史。西汉有《史记》《七略》两大著作，在史学史上是辉煌的成就。

两汉是我国编辑工作史上辉煌的时代，不但保存和整理编订了先秦古籍，而且向我国古典文明宝库提供了前所未有的新著。

魏晋南北朝编辑工作的贡献

整个三国两晋南北朝时期，史学比较发达，私家修史之风很盛，不过一般缺乏思想性。史料价值较高的是范晔的《后汉书》、陈寿的《三国志》和沈约的《宋书》。郡书、地记发达，杨衒之的《洛阳伽蓝记》、常璩的《华阳国志》、郦道元的《水经注》以及贾思勰的《齐民要术》、裴松之为《三国志》所作注，都是很有价值的著作。

三国两晋南北朝，在我国文学史上是个承先启后的重要时期，诗、文、小说和文学批评都有重要发展。其中曹丕的《典论·论文》评论各种文章的体裁和特点，指出作者气质决定作品风格；陆机的《文赋》"论作文之利害所由"；刘勰的《文心雕龙》提出了"文变染乎世情，兴废系乎时序"，分析文风嬗变和各种文体产生、发展的历史原因；钟嵘的《诗品》，论诗主张"翰之以风力，润之以丹采"，还论述了诗体源流，历代诗人的艺术风格及成就。这在客观上对后世编辑评稿工作颇有影响。

这个时期的编辑工作，值得注意的是：选本的编辑，类书的出现，佛教文献的汇集，科学著作的编撰。

文学作品的积累，文学批评的发展，促进了作品选本的编辑。刘义庆（403—444）编纂的《世说新语》，是士族玄谈的产物，反映了魏晋时期士族的思想言论和生活作风。梁昭明太子萧统（501—531）根据当时的文学观点，提出了取舍标准，收录了周代至六朝梁以前七八百年间一百三十多位知名和少数佚名作者的诗文七百多篇，题名《文选》。后来徐陵编成了一部由汉到南朝的以妇女为主题的诗选《玉台新咏》。鲁迅在《选本》一文中说："至今仍存、影响也最广大者，我以为一部是《世说新语》，一部就是《文选》。"

类书的体制，起于魏文帝曹丕在黄初元年（220）诏命王象、刘邵、缪袭等编辑《皇览》。梁武帝萧衍敕修《寿光书苑》《华林遍略》两部类书。北齐后主高纬诏修《修文殿御览》，颜之推、萧放、萧毅、阳休之、薛道衡等北朝有实学的人几乎都参加撰录。这都启发了后日封建王朝集中人才大规模地编辑类书或其他书籍，以示文治之盛。

南朝士族中很多人笃信佛教，多持孔、老、释殊途同归之说，帝主贵族与僧侣唱和，佛经的译本广泛流通，大乘"般若"学得到迅速传布。梁沙门释僧祐（445—518）造立经藏，撰制经录，编辑成《出三藏记集》十五卷，为我国现存的最古的佛教经录，其中目录部分系依据东晋时佛教学者道安的《综理众经目录》，加以考订增补而成。在编辑体例上与一般目录书只有一种方式不同，祐录有缘记、名录、经序和列传四种方式，保存了古代译经史上许多原始资料，为后世学人所珍视。他还编了《弘明集》，是研究这个时期佛教史和其他历史问题的重要资料。

科学著作的编撰，说明学术文化比秦汉时期又有所进步，特别在农学、算学和医学方面，成就突出。北魏末年贾思勰编著的《齐民要术》，是我国现存的第一部完整的农书。他在自序中说："起自耕农，终于醯醢，资生之业，靡不毕书。"内容甚为丰富。贾思勰既有实践经验，又极为博学，他用功勤苦，著书十卷九十二篇，引用书籍多至一百五六十种。有些古书，如《记胜之书》《四民月令》等，主要由于他的征引才得以部分留传下来。他在序言中说明编写此书时，“采捃经传，爰及歌谣，询之老成，验之行事”，显然是将丰富的书本文献资料，同农民的生产经验相结合，并以自己的实践相验证。这样的指导思想和编撰方法增强了《齐民要术》的科学价值。魏晋之际，刘徽注《九章算术》，并著《海岛算经》。圆周率的计算，是我国古代算学发展的标志。刘徽提供了计算圆周率的方法，他已掌握了类似现代数学中的极限概念，算出圆周率为3.14。此后有佚名的《五曹算经》《夏侯阳算经》《张丘建算经》、甄鸾的《五经算术》等书，都对算学有所发明。到宋齐之际，祖冲之求出圆周率的 6 位准确数值；在他之后将近一千年，才有人求出 16 位准确数值。他著的《缀术》一书久已失传。西晋太医令王叔和编辑张仲景的《金匮要略》《伤寒论》等书，并集中秦汉以来医家切脉的经验写成一部《脉经》。东晋陶弘景的《本草集注》著录了七百多种本草药物，比汉代《神农本草》多出一倍。

三国两晋南北朝时期，是继汉开唐的过渡时代，也是战国以来第二次思想解放的时代。这个时代战乱频仍，民族斗争残酷，人民遭受无限痛苦，但也发生各族大融合，生产知识有进步，编辑工作中也有值得纪念的成就。

唐宋时期编辑出版事业的新发展

到了隋唐，出现南北统一的新局面，再建了统一国家，社会经济得以恢复和发展，中央集权政治制度加强。由于农业生产和工商业均有很大发展，唐朝是我国封建社会经济空前繁荣的黄金时代。两宋国势虽弱，农业和手工业都有很大发展。唐宋两朝在文化上都做出巨大贡献，在学术、艺术等方面开辟出新的园地。编辑工作的成绩也是十分显著的。

第一，唐代确立了官修正史制度。国家设馆修史，起源于东汉兰台、东观。北魏设修史局，北齐改称史馆。隋文帝诏修前代历史，并于开皇十三年下令禁止私人“撰集国史，臧否人物”。唐初沿用隋史馆旧制，武德五年诏修二百年间前代史书。史馆逐渐形成，不过规格低，规模小。唐太宗贞观三年(629)，将史馆移置皇帝直接控制下的门下省，由宰相主管此项编辑工作。从此，国家设馆修撰前代和本朝的历史，并由宰相监修，成为定制；历代相沿不改，成为有组织有职守的定型机构，中央各机关还必须送交有关其主管事项的重要材料。史馆设置修撰、直馆等级别不同的编辑若干人。馆宇华丽，酒馔丰厚，史书编成后还给予许多物质奖励。唐太宗时编纂的正史有《晋书》《梁书》《陈书》《北齐书》《周书》及《隋书》六部。宋史学家郑樵指出，修书至唐始用众手，随其学术所长者而授之，设馆修史集体编辑具有不同于一家之学的优越性。宋代设置史官，分别纂修实录、国史、会要等类史书，内容都较前代的同类书详备得多。刘知几在《史通・史官建置》中，说到唐代史馆编辑备受礼遇，“得厕其流者，实一时之美事”。

第二，大规模地编纂类书。隋朝享国虽短，隋炀帝杨广在位时，诏命编修《长洲玉镜》，杜公瞻奉敕编辑《编珠》，虞世南在秘书省时自辑《北堂书抄》。李唐从开国到玄宗时，除中宗、睿宗两个很短的朝代外，都以政府力量组织和支持类书编辑工作。宋太宗赵光义在位时，连续编辑四部大书。主持编辑工作者，大都是有实学、有文才的人，受到皇帝的尊重。有些帝王还亲自过问编辑工作，宋真宗赵恒命王钦若、杨亿等辑《册府元龟》，一再审阅编辑凡例，选派人才去充实编辑部；并亲自到编辑部去了解情况，“供帐饮馔，皆异常等”，有时还赏赐器币。唐朝欧阳询等辑《艺文类聚》，徐坚等辑《初学记》，还有《文思博要》等。宋代著名的四大部书为：李昉等辑《太平御览》《太平广记》，李昉、扈蒙、徐铉、宋白等辑《文苑英华》，王钦若等辑《册府元龟》。类书的出现是编辑工作发展的结果，而后又产生了促进编辑工作发展的特殊作用，这就是利用古类书来校勘古籍和辑录已佚古籍。原著已亡，往往托类书存其一二。这种从类书辑录佚书的工作，清朝乾嘉时代做得很有成绩，又从而扩展了学术研究的新领域，由此可见编辑工作与学术研究的密切关系。

第三，编年体的发展，典志及别史的编撰。司马光用了十九年时间，在史学家刘攽、刘恕、范祖禹等的协助下，编撰了上起战国、下迄五代的杰出的编年史《资治通鉴》二百九十四卷。凡正史、杂史、笔记、小说、地志、文集等，无不“左右采获，错综铨次”。对于所引史料一般都不大加窜改，记载纷歧较大的事项，只择其“证据分明、情理近实者修入正文”；其余另行编录，辨其谬误，说明取舍之故，别成《通鉴考异》一书，以解读者之疑。从此编年体成为历史编纂者们最喜采用的体裁，而司马光在编撰《通鉴》时所创立的各种体例，也成为编写编年体史书的榜样。不采用编年体而着重叙述典章制度内容者，唐玄宗时编纂了《唐六典》，随后有杜佑编的《通典》。编辑通史叙述历代典章制度沿革的，有南宋初郑樵的《通志》，宋末元初马端临的《文献通考》；与《通典》合称为“三通”，丰富了编辑史书的体裁，有利于施政和研究。到清乾隆时，官修《续通典》《清通典》《续通志》《清通志》《续文献通考》《清文献通考》六书，总称“九通”。1935 年商务印书馆出版刘锦藻编《清续文献通考》，成为“十通”。

在纪传、编年之外，创立了典志、纪事本末、纲目、实录、会要、专史及域外史书的编撰方法。会要体专记一定历史时期或某一朝代的典章制度，《唐会要》的最初编辑人是唐德宗时的苏冕，由五代后汉入宋的王溥是此书第三次编辑人。北宋时设官修本朝会要，现在流传的《辑本宋会要稿》是个残缺不全的本子。宋人编写当代史书者，数量尤多。宋代学者从古典文献的研究，扩展到古金石器物研究，欧阳修的《集古录》和赵明诚的《金石录》、洪适的《隶释》《隶续》，都利用大量金石拓片，“抉剔幽隐，考核旧闻”。还有吕大临的《考古图》《续考古图》、王黼的《宣和博古图》等，考释商周彝器，对于考订商周史事提供了新资料。其他如地方史志、地图制作，也在这个时期有了重大成就。

第四，诗文集编辑工作大兴。集始于东汉，讲求体例于齐梁，大兴于唐宋。魏晋间陆机所作诗文颇多，是一位文学理论家，在他生前已由其弟陆云编辑成集。本来卷帙浩繁，到隋唐时散佚已多。作家诗文集，生前编订者少，即能自订其文，仍有集外待收。初唐四杰之一的骆宾王，一生困厄，他的集子是在起兵失败后，在中宗朝由郗云卿奉令编成。李白《草堂集》二十卷，是他的叔父、当涂县令李阳冰编辑的，其序云：“公又疾亟，草稿万卷，手集未修。”到宋真宗咸平元年有《李翰林别集》，为宋史编辑。杜牧的《樊川文集》二十卷，是他的外甥裴延翰奉命编次的。苏轼的文章在北宋末期是被禁止流传的，到了南宋才又盛行。郎晔拣选四百数十篇，编成六十卷，题名《经进东坡文集事略》。陆游的《剑南诗稿》，是其长子子虡刊行，前稿系自编。幼子子遹说："遗文自先太史未病时故已编辑，第学者多未之见。"唐代是我国古典诗歌的黄金时代，流传到现在的就有二千二百多位诗人所作近五万首诗歌。这些诗歌之所以能传世，当时及其后的编辑采访起了很大的作用。唐人的文集，在 9 世纪后大量流入日本，白居易的诗歌尤其受到日本人的喜爱，同时在新罗也流传很广。

这个历史时期内，在编辑工作中值得提及的还有五代赵崇祚编选的《花间集》，搜集了西蜀韦庄、欧阳炯等人的词，这是由五七言近体诗发展为词的重要选集，绮丽靡软的风格由此被称为花间派，对北宋词坛很有影响。南宋理学家朱熹，他注释《论语》《孟子》，又从《礼记》中摘出《中庸》《大学》分章断句，加以注释，题称《四书章句集注》，成为学习儒家经典的入门书，同时也阐明了自己的哲学思想。自元皇庆二年(1313)，科举考试都必须在"四书"内出题，规定根据朱熹的《集注》发挥题意，明清相沿不改，长期成为封建统治阶级取士的标准，"四书"便成为士人必读的教科书。

明清编辑工作的大发展

元朝是蒙古族统治者建立的统一王朝，结束了二百多年南北对峙、各民族政权并立的分裂和战乱状态，扩大了与欧亚大陆各地的联系，东西方人民的往来空前频繁，各国文化得到了广泛的交流。元代杂剧创作的兴起，成为文学的主流。元曲是在宋金以来民间说唱文学的基础上，综合了宋词的成就，并直接发展了金代诸宫调而成的一种歌舞剧。钟嗣成《录鬼簿》记载知名作家七十九人，著录杂剧四百五十八种。关汉卿的《窦娥冤》《望江亭》《拜月亭》《单刀会》，王实甫的《西厢记》，马致远的《汉宫秋》，纪君祥的《赵氏孤儿》，宫天挺的《范张鸡忝》等剧本，都是数百年来脍炙人口的名著。

在编辑工作中，王祯所编《农书》是一部农业科学著作，总结了自《齐民要术》以来我国人民在农业生产上取得的成就，包括宋金时期南北方在农业生产技术和工具方面的创造。《农书》末附有“活字版的轮法”，是对活字印刷术的一个新发展，在木活字后又有铜活字。《农书》之外，元代有关农业科学的专著还有十来种，其中著名的是由政府司农司编辑的《农桑辑要》，这部书多次刊行，颁发各地，当时对农业生产的恢复起过一定的作用。

明清两代，编辑工作又有很大的发展。特别在清代，由于考据学的盛行，对我国历史文献典籍的整理校勘编订工作超过以前历代的成就，在许多方面对我国古典文化加以总结和发展。研究工作的巨大成绩通过编辑整理工作公诸于世，编辑整理工作因其带有科学研究性质而更为出色。兹将其重要特点，列举如下：

类书的编纂。明成祖永乐五年编成的《永乐大典》22937卷，编目以韵为纲，规模超过唐宋的大型类书。清康熙年间编校而用铜活字于雍正四年排印的《古今图书集成》，分六编三十二典，6109 部，计 10000 卷，首列凡例四十七条，说明编辑原则与方法，内容的宏富，可与《永乐大典》相媲美。

丛书的编辑。丛书的纂辑起源于南宋，至清大盛。丛书的功能在于辑集散逸与稀见书籍，或者博采专题著作汇为一部，便利学术研究的进行。编辑于乾隆年间的《四库全书》是最大的一部丛书，采掇搜罗之浩博，超过上述《大典》与《集成》，开启日后出书系列化的端绪。

古书的辑佚。四库馆开之初，首先从《永乐大典》中辑出佚书七百余种。后有马国翰的《玉函山房辑佚书》632 种、黄奭的《汉学堂辑佚书》215 种、严可均的《全上古三代秦汉三国六朝文》746 卷，这都是清代学者编辑工作的珍贵成果。

史书的增补。正史中表、志不全的，记事残缺的，有全补的，有续补的，也有订正的。上海开明书店 1935 年所出王钟麒主编《二十五史补编》，搜集补史表、志专著，达 245 种，绝大部分为清代撰著。其他还有未编入的作品。

有关国计民生、救时除弊的经世致用的汇编本的编辑，如陈子龙等主编的《明经世文编》、顾炎武的《肇域志》《天下郡国利病书》等，提供了很有价值的研究资料。

通俗小说的搜集选编，这是历来正统学界所忽视和轻视的，以冯梦龙（1575—1646）做得最为突出。

大批学者专家从事具体编辑工作。明清之际的张溥（1602—1641）辑有《汉魏六朝百三名家集》，各集都有题辞。陈子龙（1608—1647）、顾炎武（1613—1682）、黄宗羲（1610—1695）、胡渭（1635—1714）、惠栋（1697—1758）、段玉裁（1735—1815）、王念孙（1744—1832）等，都在进行学术研究的同时从事程度不等的编辑整理工作，编辑或编写了重要的书籍。特别是乾隆时，清政府选派了纪昀、梁国治、周永年、戴震、邵晋涵、王念孙、金榜、朱筠、朱珪、翁方纲、姚鼐、程晋芳、任大椿等一百六十余人编辑《四库全书》。在二十多年中，供职于四库馆的学者专家共有三百六十多人，网罗了学术文化界各方面的人才，各就所长，分工校阅，考证辨伪，并写出分目提要。再加上馆中负责抄写、装订等事务人员，全部合计三千八百人之多。这样庞大的编辑部在历史上是仅见的。如果没有安定的环境、稳定的计划和充足的经费，那是组织不起来的。

在明清这个时期，地方志的纂修、各种年谱的编辑等，也做了不少工作。尤其是科学书籍的编撰，结合实践，记录成果，并保存历代的资料，如李时珍阅书八百余家，撰成《本草纲目》，徐光启编写《农政全书》，宋应星编写《天工开物》，徐宏祖编写《徐霞客游记》等，都是很高的学术价值。其中以徐光启最为先进，他从罗马传教士利玛窦等学习研究西方科技知识，热心介绍于国内。他主持编译《崇祯历书》，并和利氏合译古希腊数学家欧几里得所撰《几何原本》前六卷，为我国第一部介绍西方数学之译本。至清咸丰七年，李善兰又与英国传教士伟烈亚力将原书其余九卷译完。

也应附带指出：清政府大规模编校整理古籍，除去为了点缀“盛世”外，还有推行文化专制政策的目的。清初编辑类书，羁縻文人，厚予廪禄，暗防意外，通过长期伏案来消磨其心力，实施所谓“老英雄法”。清代屡兴文字狱，又利用编纂《四库全书》来铲除民族意识，以巩固其统治。

下面着重介绍纪昀和魏源：

纪昀（1724—1805）是学者、文学家，也是清代杰出的大编辑家。从两汉以来，就编辑工作而言，工作量之巨大，对图书评论意见之精当，很少有人可及纪昀。

纪昀，字晓岚，一字春帆，河北献县人。乾隆十九年（1754）进士，改庶吉士，散馆授编修，时年三十来岁，这个职务是他一生的主要工作。

纪昀作为《四库全书》的总编辑，编校整理，审核评论，一生精力，贯注于此。四库馆成立后，发凡起例，确定编辑方针，《凡例》计二十则。开宗明义，声称《全书》出于“钦定”。其次说明纲目编次，以经、史、子、集提纲列目。四部各自分类，流别繁碎者，又各析子目。所录诸书，各以时代为次。历代帝王著作，从《隋书•经籍志》例，冠各代之首。选书著录的标准，严为去取，有全录，也有附载其名，并存其目。重要的是每书各撰提要，分之则散弁诸编，合之则共为总目。每书先列作者的爵里，以论世知人；次考本书的得失，权衡众说的异同，以及文字增删，篇帙分合，都详加订辨。四部之首，各冠总序，撮述其源流正变，以挈纲领。四十四类之首，各加小序，详述其分并改隶，以析条目；义有未尽，往往在子目之末或本条之下，附注案语。

四库全书的纂修官，都是当世的名儒大师，博学而又有专长。他们分类校书，校完后各自写出各书的提要，如西汉刘向编校书籍时作叙录一般。担任总纂官的纪昀，对各书的提要都要加以审阅，经他增删考订，最后合编为《四库全书总目》(一称《总目提要》)。这就是一部有体例、有组织、有见解的目录学巨著，一种学术性书籍提要的汇编。纪昀的学力和劳绩都在这部书中体现出来了。

由于《总目》篇幅很大，查检不易，后又编辑《四库全书简明目录》，是《总目》的浓缩，也是具体而微的《总目》。“两目”均由纪昀总其成。江藩在《汉学师承记》中说《总目》《简目》定稿都出纪昀之手。该书云：

《四库全书提要》《简明目录》皆出公手，大而经

> 史子集，以及医卜词曲之类，其评论抉奥阐幽，词理明正，识力在王仲宝、阮孝绪之上，可谓通儒矣。

鲁迅给许寿裳之子世瑛开过一张大学生应读古籍的书单，其中便有《简明目录》，并在其下写道："其实是现有的较好的书籍之批评，但须注意其批评是'钦定'的。"

纪昀一生参加编辑工作时间最长，成书很多，计有：《热河志》《八旗通志》《历代职官表》《清开国方略》《清通典》《清通志》《清文献通考》《清会典》《河源纪略》《史通削繁》及《删正帝京景物略》等。这些书都由他担任总纂，在清朝的学术文化界，他确实是一位大编辑家！他个人的著述，有《阅微草堂笔记》二十四卷；后人所辑《纪文达公遗集》，文诗各十六卷，尚有进呈御览的诗、赋、折子等十三卷；《乌鲁木齐杂诗》等今体诗六卷；序跋书后四卷，以及为子孙应科举之需馆课诗《我法集》等。和他主编的书籍相较，数量极少，编辑生涯也本来如此！

纪昀的一生精力，大部分献给编辑事业。他领导编修工作，好学深思，又得见珍藏秘籍，自有见解，文笔又好，学识渊博，宋明馆阁中无此等人才。他的成就可以追踪到西汉刘向、刘歆父子。研究近三百年中国编辑工作史，应该给纪昀重要的地位。对他的编辑工作中的优长和偏见，都值得详细的研究。

鸦片战争时期的魏源（1794—1857），是爱国进步的思想家，也是一位有见解的大编辑家。

魏源，字默深，湖南邵阳人。道光二年（1822）举人，二十五年（1845）进士，居官不过是江苏东台、兴化的知县，高邮州的知州，一生沉于下僚，过着游幕生活。他的主要贡献在于编书著书，睁眼看世界，关心人民生活，国家富强，祖国进步。对于后来的维新志士的思想有很大影响。

魏源在 1825 年间应江苏布政使贺长龄的邀约，到南京为他编了《清经世文编》一百二十卷，同时编了《江苏海运全案》。魏源留心经世致用之学，得到参与筹议水利、海运、盐政等大政的机会。他和当时留心经世济民学问的地方大员及学者们，如陶澍、林则徐、陈銮、龚自珍、黄爵滋、包世臣、刘逢禄等都有交往。鸦片战争期间，他曾到浙江沿海，在裕谦幕中参与计议防守事。他认为“夷烟流毒，罪万准夷”，比康熙朝准噶尔部占据伊犁作乱严重万倍。他是一个爱国主义者!

魏源受林则徐的委托，在林编《四洲志》的基础上，于 1842 年编成《海国图志》五十卷，1844 年增补为六十卷，1847 年又扩充为百卷，题“欧罗巴人原撰，侯官林则徐译，邵阳魏源重辑”。这是一部我国近代史上有关各国情况和早期维新思想的开创性著作。前二卷《筹海篇》，针对当时英国侵略者侵犯海疆，自叙其对军事攻守和通商、外交的意见，相当于全书的总论。在《海国图志叙》中，不仅说明本书编辑的经过和宗旨，同时进行爱国主义的热情宣传，提出了奋发图强的具体主张。特别说明：“是书何以作？为以夷攻夷而作，为师夷长技以制夷而作。”书中力言改革内政外交，要求切实培养人才，研究外国情况。该书于 1847 年在扬州刊刻，1852 年又刊刻于高邮。魏源和林则徐等人，是我国第一批主张面向世界、学习列强先进技术的先进人物。他的书流传到日本，立即受到东洋先进人士的注意，在日本思想界也较有影响。

魏源编的另一部著名书籍《圣武记》，也是针对当时外国资本主义入侵而作。他在致友人书中说："海艘迭警，不胜漆室之忧。"他通过研究清朝开国以来的武功和兴盛的历史，总结经验教训，针对当前形势，提出改革意见，以求国家长治久安。这部书是在鸦片战争的连天炮火中编写的，恰恰适应了当时关心国家民族命运的读者的需要。魏源的爱国主义热情和他以古谏今的笔法感染了广大读者，他在道光二十二年编写这本书时，索观者甚众，人们急切地要看这部书。他只好写成一部分便付刻一部分，有若干处不免未遑精审。其后于道光二十四年和二十六年又进行两次修订。读者如此迫切地要看这本书，编写者只得随作随刊，这在中国编辑出版史上是一件值得大书特书的事件。四年之内，两度修订，印制三版，这本书的时代特征显著，编辑目的明确，适应读者要求，因此"随作随刊"。鸦片战争失败，《南京条约》丧权辱国，刺激了所有关心祖国命运的人。魏源掌握时机，谈古论今，编写出这部书来，使读者从中得到鉴往知今的启示，确实是一个很敏锐的大编辑家！

我们可以这样相比：在"九一八"事变后，热忱宣传救亡图存的邹韬奋，他主编的《生活》周刊便是这样地为广大读者所企盼，所争阅！编辑必须关心国家大事，关心民族命运，他所编辑的书刊要热烈讨论当代读者最关心、最需要了解的问题。这样，他所编的书才能适应广大读者的需要，不胫而走，为广大读者所购求和爱读。任何书刊，不能与读者通声气，不能解答读者的问题，失去了与读者的联系，这种书刊是没有生命力的。前有魏源，后有韬奋，为编辑出版工作树立了榜样！

在清朝封建专制的统治下，魏源感到很失望，逃避到佛学研究中去，后来客死于杭州僧舍。但他的经世致用的治学态度，关心国家兴亡的爱国情怀，编辑《经世文编》《海国图志》

和《圣武记》等书的旨趣，却为后人所追慕、学习和继承。到戊戌维新运动兴起，便接二连三地有《经世文编》编印出来了，他的编辑工作的宗旨得到了延续和发扬。

此后要论大编辑家，按时序讲便是梁启超（1873—1929）、张元济（1867—1959）了。

编辑史给我们的启示和鼓舞

我国是个文明古国，历史典籍非常丰富，前人做了许多极有价值的工作。中国的编辑史还有待我们去做系统的研究。我这里所讲的内容，是极为粗略的，极其肤浅的。

在这个粗略的回顾中，我们看到，我国历史上的大编辑家，都是大思想家、教育家、著作家、学者专家。他们大都具有丰富的学识、高尚的品德，热爱学术文化，关心国家民族命运，要求革新进步，繁荣富强。即使身为大僚，仍好学不倦，颇知民情，礼贤下士，勤奋工作。他们对国家、对时代赋予他们的使命，都有高度的责任感，对学术文化做出了宝贵的贡献。

我们看到，即使是封建国家，在它承平兴旺的时期，在它还具有自信力的时候，为了本阶级统治和培养子弟的需要，也知道尊重学术文化，尊重编辑工作。

编辑要具有献身精神，需要经过艰苦的学习和严格的训练。当前，需要根据新的丰富的事实，用新语言、新笔法、新事例来宣传马克思主义，传播现代科学文化知识，介绍国外科学研究的新见解、新资料，编印各种内容和形式的有充分说服力的“经世文编”。为伟大的时代服务，为伟大的历史使命出力。

孔 丘

从古代文化学术的发展经过看，孔丘是我国第一位大编辑家。在中国文化史上，孔子不仅是大教育家、大思想家，而且还应强调指出，他是编辑工作者的第一祖，在历史上具有重要的地位和深远的影响。

我国成为世界上历史文献与典籍最丰富的国家，与编辑工作出现早、形成快、不断取得进展密切相关。春秋末年虽还没有专门著书的风气，孔子却是文献典籍编辑整理工作的筚路蓝缕的开创者。在中华民族灿烂的文化史开篇中，应该将他从事编辑工作的经过专立一章。

孔子（前 551—前 479），名丘，字仲尼。先世为宋国贵族，因内部倾轧，逃奔到保存传统文化最多的鲁国。他出生时，家境早已破落。他曾说："吾少也贱。"先后在仓库、牧场做过管理员之类工作。春秋时代社会发生剧烈变动，"学在王官"的旧制度已经动摇，但像他这种平民出身的人，仍然不能进业已衰微的官学。孔丘从十五岁起便立志向学，废寝忘食，到处寻师请教，事事留心，学而不厌，终于掌握了过去为贵族所垄断的一套文化知识。到了晚年还是好学不倦。诗、书、礼、乐，样样通晓，被当时人称为"博于诗书，察于礼乐，详于万物"（《墨子·公输》）。

他一生从事政治活动的时间不长，做负责的官吏只有五六年，却有四十多年办教育，在曲阜城北的学舍里，和来自各地各阶层的年轻人在一起讨论学问和做人。他在历史上留下的突出业绩有三项：第一，创立了儒家学派，在思想上影响中国社会达二千多年之久；第二，他是中国社会中私人办学的祖师，不分贵贱庶鄙，有教无类，“他很想积极地利用文化的力量来增进人民的幸福”（郭沫若《十批判书・孔墨的批判》）；第三，他开创了编辑整理古代文献工作，将夏、商、周三代文化的精华编选整理成书，传之后世，促进了学术文化的发展。他虽曾游说与从政，而主要是在施教和编辑。

司马迁在《史记・孔子世家》中强调孔子所做的编辑整理古代文献工作，他说：“孔子之时，周室微而礼乐废，《诗》《书》缺。追迹三代之礼……编次其事。”接着讲孔子正乐、删诗、赞明易道等事，“礼乐自此可得而述，以备王道，成六艺”。班固在《汉书・儒林传序》中也说：“古之儒者，博学乎六艺之文。六艺者，王教之典籍。”周室既衰，天下大乱，孔子“究观古今之篇籍”，“皆因近圣之事，以立先王之教，故曰：‘述而不作，信而好古。’”汉朝人都说孔子对三代旧籍做过编订、整理与补充；今文经学家甚至认为六经都是孔子托古改制的创作。

关于孔丘所做的编辑整理工作，相传为删《诗》《书》，订《礼》《乐》，赞《周易》，修《春秋》，编写整理出六种课本，都和他的教育活动密切相关。春秋前的学问，包括礼、乐、射、御、书、数六种，号称六艺。书即文字，数为计数，属于文化基础知识；礼与乐为当时贵族从事政治活动与国家大典及宗教活动的主要知识；射箭和驭车是军事活动：贵族子弟必须掌握这种技能。私学的出现，突破了教育方面的等级限制，将原先只有贵族子弟才能学习的知识教授给学生。古代文献藏在官府，书写工具简陋而难用，一般人想读书非常困难。孔子对古代典籍进行整理删订，编辑了《诗》《书》《礼》《乐》《易》《春秋》六种课本，即后世所称的“六经”。其中礼、乐可能没有编出正式课本来，有人因而根本否认孔子与古代典籍的关系，周谷城在《中国通史》中论及随社会而演变的古代学术思想时说：

> 据我看，“六经”这个总称，或不出于孔子，但“六经”一名词所代表的许多旧籍，与孔子的关系是很密切的。《论语》中明说“子所雅言，《诗》《书》执礼”，《孟子》中亦说“孔子作《春秋》”，且孔子一生，常过教学生活，《论语》中明说“学而不厌，诲人不倦”，他既要教人，则除以自己的言行教人外，拿这些旧籍来整理、补充、编次，以作教材，乃极自然之事。

六经的底本，都是古代的文献史料，即《庄子・天下》所说的“旧法世传之史”。《诗》与《书》是周代文献，前者为全社会数百年间自上层到下层的各类作品，后者是汇编当时的庙堂文字。孔子在编辑工作中对前代的政治史料非常重视，特别重视西周初年的礼治文献材料。他编书的主要目的，是用作教材，教导学生从政与做人的道理与本领，指望学生能够进而为帝王师佐，退而可以靠讲学教书谋生。他对古代文化遗产有深刻的研究，有自己的见解，在讲学中有所补充、订正和发挥。

孔子曾称自卫返鲁而后“乐正”。古乐都配诗，每种乐曲都适用于一定的礼仪场合。因此，乐正便意味着《诗经》的删定，古礼的编次。“孔子晚而喜《易》”，今本《周易》内解经的“十翼”，是否孔子所作，虽有争论，但《易经》通过他而流传，则是可信的。至于《尚书》《春秋》，都经过孔子编次，也应该说是事实。（蔡尚思《孔子思想体系》）

到儒家学派得势后，他编辑整理的六种教本盛行，“六经”成为中国封建文化思想的主体。

孔子的编辑工作按照什么原则进行呢？范文澜在《中国通史》里论及儒经时曾作如下的解说：

整理六经有三个准绳：一个是“述而不作”，保持原来的文辞；一个是“不语怪、力、乱、神”（《论语·述而》），删去芜杂妄诞的篇章；一个是“攻（治）乎异端（杂学），斯害也已”（《为政》），排斥一切反中庸之道的议论。所以六经从形式上说是叙述旧文，从整理的准绳和经义的阐明说是创作新意，述与作是不可分的一件事。

在编辑工作中，孔子整理古代文献都有倾向性。编《尚书》《春秋》，都是借整理史料来申述自己的政治见解。万把字的《春秋》，有的史料保存着，有的史料删去了，从而厘定了编年史的编辑体例。这在探索史学著作的体裁和以时序为主的编辑方法方面，都是一种创造。他选诗，按音乐性质来区分，

“风”“雅”“颂”三部分都是可唱的乐歌，编订的次序照顾到由浅入深，难懂的宗教颂歌放在最后，而从浅显的男女恋爱的各地诗歌开始，在编选时不以个人的好恶为取舍的标准，他最讨厌的“郑声”仍然选入，有些表达愤怒的政治诗也酌情收录。但他说：“《诗》三百，一言以蔽之曰：‘思无邪。’”以此来表白选本的主题，那是不能概括所有诗篇的，很可能是为了对学生进行思想纯正的教育才这么说的。

孔子编辑整理的教材，在他身后对整个封建时代的政治生活和精神生活具有指导和威慑的力量。他的学说含有多面性，总能适应各个时期统治阶级的需要。中国封建社会制度漫长而牢固，儒学在其中起了重大作用。孔子被利用来控制人们的精神世界，并不完全符合他的原意。我们推重他在教育实践和编辑整理工作中的伟大成就。他重视编辑适当的教本，以启发诱导的教学方法，给非贵族的人们带来智慧之光。私人讲学大兴，才有先秦的百家之学，孔丘又是诸子学的开山者。他的施教和编辑工作，对于春秋战国时期的百家争鸣和学术文化的发展，起了重大的促进作用。

他教育学生要热爱真理，“朝闻道，夕死可矣”。不可用不正当手段去谋求升官发财，“富与贵，是人之所欲也；不以其道得之，不处也”。他要求爱憎分明，不可吹牛讲空话，“唯仁者能好人，能恶人”。“君子欲讷于言而敏于行。”（均见《论语・里仁》）他对学习方面的教言，至今仍值得我们记取。他接近并重视年轻人：“后生可畏，焉知来者之不如今也？”他的弟子颜渊说：“夫子循循然诱人，博我以文。”（均见《子罕》）当一个编辑，就应该在文化学识和思想品德方面这样地要求自己。

从文化学术史的脉络来看，孔丘是我国第一位大编辑家，对古代文化有贡献的大思想家与博学多能者。范文澜《中国通史》第一册对他作了如下的评价：

> 中国封建时代已经过去了，当作偶像崇拜的孔子也跟着过去了，但孔子对古代文化的伟大贡献和他在历史上的崇高地位，并未先去。因为他删订六经，保存了三代旧典；因为他创造儒学，形成了中国封建时代的文化核心；他的学说的某些部分，表现了汉民族在文化特点上某些精神形态（如《论语·卫灵公》篇所说“有教无类”）；他的学说，也影响了中国境内外非汉族的各族，在汉族与各族间起着精神联系的作用。……他给中国人民留下一份珍贵的文化遗产，中国人民必须珍重这一份遗产。

这段话如果还有什么不足之处，那就是已经接触到但尚未道破：孔子是一位大编辑家。他去世后十年，古希腊苏格拉底才出生，但没有写下著作。后一百四十余年，被恩格斯称为“最为博学的人”的亚里士多德才离开柏拉图门下，在雅典授徒讲学，编书、写书还要迟。

吕不韦

战国时代，写书、编书的人多起来了。从编辑工作角度看，吕不韦的《吕氏春秋》很值得我们研究。这书可说是先秦编辑工作发展的里程碑，提供了怎样当主编、怎样定体例的榜样。

吕不韦（？—前235）是战国末年卫国首都濮阳（今河南濮阳西南）人，到韩国经商致富，成为阳翟（今河南禹县）大贾。后在赵都邯郸做生意，与在赵国做“质子”的秦公子子楚相识。善长“贩贱卖贵”的吕不韦，认为“此奇货可居”。于是资助他，并买奇物玩好，西入秦国游说，立子楚为太子。子楚（庄襄王）登位，任命吕不韦为相国，封文信侯。其后秦王政继位，仍任相国，称为“仲父”。

前人对吕不韦的讨论，往往囿于他政治投机的故事，认为以机诈手段博取富贵，品行既无足取，功业又不足称，其所以扬名于后世，不能不归功于编了《吕氏春秋》一书。凡是出类拔萃的人物，历来大多难免有争议。这里只就《吕氏春秋》的成书，观察他对编辑工作的贡献。

司马迁在《史记》中说：

当是时，魏有信陵君，楚有春申君，赵有平原

> 君，齐有孟尝君，皆下士喜宾客以相倾。吕不韦以秦之强，羞不如，亦招致士，厚遇之，至食客三千人。是时诸侯多辩士，如荀卿之徒，著书布天下。吕不韦乃使其客人人著所闻，集论以为八览、六论、十二纪，二十余万言，以为备天地万物古今之事，号曰《吕氏春秋》。

《史记·十二诸侯年表》又称："吕不韦上观《尚书》，删拾《春秋》，集六国时事，以为八览、六论、十二纪，为《吕氏春秋》。"

吕不韦执政期间，对三晋先后发动三次大规模进攻，两度击破了东方五国"合纵"之计，攫得大片土地，又加紧控制了实行"连横"的国家。统一战争不断取得重要战果，列国分裂的状态不能持久，秦国将得天下。《吕氏春秋》中常有天下不可无天子的话，所谓"乱莫大于无天子"（《见《谨听》《观世》），也就是天下不可不统一的意思。他编辑《吕氏春秋》，就是为创建封建大一统王朝提供一套理论。

对《吕氏春秋》一书，《汉书·艺文志》著录最清楚："秦相吕不韦辑智略士作。"这书并非吕氏一人所撰，是他招集门下宾客，融合百家九流之说，编辑而成。他不是以官高势重而挂空名，是个真正有见解有计划的大主编。他也不是仅借编书沽名，是有所为而发，糅合各家，兼听杂学，倾向于统一思想，以适应即将出现的大一统的政治局面的需要。编辑方法就是"取于众"。

战国末叶，思想界呈现了由百家争鸣到百家融汇的倾向。此书《孟夏纪》末篇《用众》称："天下无粹白之狐，而有粹白之裘，取之众白也。夫取于众，此三皇五帝之所以大立功名也。”本书的用众之长的主旨，在现存的《序意》残文中尚未得见，但在编辑思想和编辑方法中却体现出来了。《序意》本与《史记·太史公自序》性质同，自述作书之意，只因残缺脱文与传写错误，不能窥其全貌；但论及十二纪部分，仍然透露了编辑方针：“凡十二纪者，所以纪治乱存亡也，所以知寿夭吉凶也。上揆之天，下验之地，中审之人，若此，则是非可不可无所遁矣。”这就说明了主旨在于阐明顺时者治，逆时者乱；顺时者兴，逆时者亡。很明显，这书便是顺应时代变革的要求而编辑的。

古籍中书名用“春秋”二字，大致有三种情况：一为史官记载史事的书名，一为人物传记的题名，还有一种是政论性作品。在《汉书·艺文志》的《诸子略》中，吕书列入杂家。按班固的解说，杂家者流，“兼儒墨，合名法，知国体之有此，见王治之无不贯，此其所长也”。颜师古注云：“治国之体，亦当有此杂家之说。”又曰：“王者之治，于百家之道无不贯综。”《吕氏春秋》正是由众多的宾客“人人著所闻”，在内容上集辑百家九流之说，加以贯串融合，承认众议的差异，发扬各家之所长，编辑成一部书，总的政治目标在于达到“王治”，从而揭示了本书为秦的统一事业提供理论素材的编辑意图。

许多人（门客三千）的集体著作，各写所闻，反映各家各派学说，若无统一的编辑方针，没有掌握全局的谨严体例，那将无论怎样也编不出好书来。吕不韦显然严肃地考虑了这个难题。作为主编，他首先抓编辑体例。

编辑主旨既定，结构布局便是体例中最要紧的项目。《吕氏春秋》的篇章在先秦古籍中最具特色。全书分十二纪、八览、六论三大部分，总为二十六卷。每纪又分五篇，每览分八篇，每论分六篇，故细分计一百六十篇。纪后有《序意》一篇。今本《有始览》中佚去一篇，若以《序意》推补，可抵古本篇数。如此整齐有序的结构，主编和各部分执笔者们必定经过一番周密的商讨和精心的设计的。清代学者卢文弨看出主编的匠心，他特意指出“此书分篇极为整齐”。

三大部分，也有寓意。十二纪中每纪的第一篇，同于《礼记》中的《月令》篇。按五行相生的系统来安排论述的序列。春为生发季节，因而论述养生之道。夏天万物成长，引申到人的成长需教、需学、需启发，而音乐主发，能陶冶性情，故论教学与乐理。秋季萧瑟肃杀，因此讲征伐举事。冬日万物潜藏，蛰眠不露，在人事方面则论忠贞、俭廉等品德之重要。这都表示接受了阴阳家的见解，对季节的推移与政权的兴废抱着相生相胜的看法。至于览，是周览考察之意，《有始览》列第一，从开天辟地说起，为古代哲学中的宇宙论，自可总摄八览。以下分论做人务本、变法治国及人君必备之经道，从立身治国到为君用民，都是有关社会政治的道理，内容颇相连贯，体现了编辑的旨趣，为“贤主”创业成治、建新王朝提供政治必读书。六论各篇，颇类诸子书中杂说，不相连贯，是含“集论”之意，宜于编在全书之后了。

各篇的写作也有章法，大抵先讲一个或几个历史故事，或举前人高论，这便是“人人著所闻”，而后申论某一旨意。吕氏门下宾客三千，内有各派学者、百家传人，据粗略分析，发挥儒家学说者二十六篇，阴阳家、道家学说近十篇，纵横家、农家、兵家、小说家言不等，还有其他先秦诸子的思想资料，书中兼收并蓄，保持各家相殊的论见而不加齐同，但有总的主导思想统率，通过各家各派见解来阐述主编政治意图，可说是由百家争鸣而趋向百家交融了。清代著名扬州学者汪中盛赞此书的编著，说先秦诸子学“犹水火之相反也，最后《吕氏春秋》出，则诸子之说兼有之”。他发现此书的编辑方法很新颖，“不出于一人之手，故不名一家之学，而为后世《修文御览》《华林遍略》之所托始”，竟看作是类书的元祖了。又说：“然其所采摭，今见于周、汉诸书者，十不及三四。其余则本书已亡，而先哲之话言、前古之佚事，赖此以传于后世。”（《述学补遗 • 吕氏春秋序》）清代马国翰《玉函山房辑佚书》即是从中发掘了材料；今人李峻之又从中辑出湮没不彰的先秦二十家生平事迹和学说言论，增添了先秦诸子研究的思想资料，这却是吕不韦料想不到的事。清代史学家章学诚也重视此书的编辑特色，认为《吕氏春秋》与《淮南子》并称是有道理的，“未尝以集众为讳”，是编辑得很好的一部集体著作。

前代学者还注意到各篇立论行文一个重要特点，就是放言高论，不避当世。明初方孝孺指出：“书皆诋訾时君为俗主，至数秦先王之过无所惮，若是者，皆后世之所甚讳，而秦不以罪。”（《逊志斋集 • 读〈吕氏春秋〉》）清代卢文弨也说：“其为书时寓规讽之旨，求其一言近于揣合而无有，此则风俗人心之古，可以明示天下后世而不怍也。”（《抱经堂文集 • 书〈吕氏春秋〉后》）这难道不正是表示主编应有的胆识和目光吗？

司马迁说，吕书编成，“布咸阳市门，悬千金其上，延诸侯游士宾客有能增损一字者予千金”。难道真个字字是真理吗？王充早指出：“观读之者，惶恐畏忌，虽乖不合，焉敢谴一字？”（《论衡 • 自纪》）

同时代的作家、学者，大都为一些单篇作品传世，或者只流传着讲学的笔记，出自门人弟子之手。及身编成一部大著，唯有吕不韦实现了。

刘 安

西汉初年，受秦末连年动乱和战争的影响，加之灾荒遍地，社会空前穷困，一时顾不上文化事业。可称道的编辑工作，是谋臣大将整理兵书。《汉书·艺文志·兵书略》称：“汉兴，张良、韩信序次兵法，凡百八十二家。删取要用，定著三十五家。诸吕用事而盗取之。武帝时，军政杨仆捃摭遗逸，纪奏兵录，犹未能备。”张良、韩信等所做的编辑工作，看来是和孔丘整理编次古代文献相似，他们序次兵法，可能是纂辑古兵书的汇编本。“汉承秦制”，在法律条文方面没有编出什么新的律令。

武帝时出现了富足气象，广开献书之路，征集图书文献，建立皇家图书馆收藏。皇族也有修学好书的人：河间献王刘德（？—前130），景帝刘启之子，好儒学，相传曾得《周官》《尚书》《礼》《礼记》《孟子》《老子》等先秦旧籍，是个古籍版本收藏家。淮南王刘安（前179—前122），高祖刘邦之孙，是思想家，也是编辑家，所编的代表作为《淮南鸿烈集》，通称《淮南子》。

当时淮南是南方的一个文化中心。汉初贵族养士的风气很盛，淮南王是当时强大的诸侯王之一。各式游士在京城里如不得志，便纷纷聚集到淮南来。《史记》卷一一八云：“淮南王安为人好读书鼓琴，不喜弋猎狗马驰骋，亦欲以行阴德拊循百姓，流誉天下。”景帝王皇后同母弟、武帝的大臣田蚡，曾想结好于他，私下说他“行仁义，天下莫不闻”。

《汉书》卷四四称，刘安“招致宾客方术之士数千人，作为《内书》二十一篇，《外书》甚众；又有《中篇》八卷”。刘安入朝时曾献《内篇》给武帝。《汉书·艺文志·诸子略》的杂家中著录《淮南内》二十一篇、《淮南外》三十三篇，颜师古注：“《内篇》论道，《外篇》杂说。”所谓《内书》《内篇》，便是刘安和招致的宾客合作而由他编订的《淮南鸿烈集》。

东汉高诱为《吕氏春秋》作注外，也为刘安编辑的书作注，其序言说明了编著经过、书名含义。高诱说：“天下方术之士多往归焉，于是遂与苏飞、李尚、左吴、田由、雷被、毛被、伍被、晋昌等八人及诸儒大山、小山之徒，共讲论道德，总统仁义，而著此书。”把共同编写这书的人列举出来了。宋洪迈《容斋续笔》说寿春的八公山，以上述八人而得名，那是刘安延致宾客之地。至于书名的题定，“号曰‘鸿烈’，鸿，大也；烈，明也：以为大明道之言也。故夫学者不论淮南，则不知大道之深也”。“以父（淮南厉王）讳‘长’，故其所著诸‘长’字皆曰‘修’。光禄大夫刘向校定撰具，名之‘淮南’。”

高诱说此书内容，“其旨近老子淡泊无为，蹈虚守静，出入经道”。我们看到全书以道家的自然天道观为中心，综合先秦道、法、阴阳等各家思想，认为宇宙万物都从“道”派生，全书开篇便说“夫道者，覆天载地，廓四方，柝八极，高不可际，深不可测”，是个无所不在的东西，“故达于道者，反于清静；究于物者，终于无为。”在政治上主张“无为而治”，“圣人内修其本，而不外饰其末，保其精神，偃其智故，漠然无为，而无不为也”（均见《原道训》）。

书分二十一卷，实即二十一篇。末篇《要略》，按古籍通例，是编书人自序，阐明编辑此书的主题思想，“略数其要，明其所指，序其微妙，论其大体”。逐一说明二十篇的内容旨趣外，值得注意的是先秦诸子发生说。刘安认为各家学术的产生都有其特殊的地理和时代背景，依地理形势和时代变迁来论述各家起源，由孔而墨，由墨而纵横名法，都不过是应时而生，并无创见。地异势别，时移世迁，人心的好恶向背便不同了。因此各家学说的真理价值是相对的，刘安以贬抑的语气说他们都不足以称为大道。什么是大道呢？刘安认为道家超乎时空，居百家之上。万物各异理，而道尽稽万物之理，道足以“统天下，理万物，应变化，通殊类”。《要略》中未专论道家、阴阳家的由来，但各篇的题目则明显地以道家、阴阳家思想命名的。《原道》《俶真》《精神》诸篇沿用道家术语，而《天文》《地形》《时则》诸篇沿用阴阳家术语。在《俶真》《主术》《氾论》等篇中，讥评孔墨，极为露骨，有些文句和老庄的议论也很相似。《泰族》中攻击儒者更为猛烈，说他们专己之能，苟取名誉，出卖六艺，荒淫无耻。刘安和他的门客以阴阳家、道家为圣学和通学，而批判儒者的俗学和文学，在学术上托黄老以统一百家。各篇的“训”字，是解释之意。《要略》最后自谓：“刘氏之书，观天地之象，通古今之事。”“置之寻常而不塞，布之天下而不窕”，他编出一本空前绝后的巨著了。因而《文心雕龙》作者说“淮南有倾天折地之说”，批评了刘安主观傲视一切的态度。这又是作为一个编辑所不取的。

刘安提出编书应有益于世，“凡属书者，所以窥道开塞，庶后世使知举措取舍之宜适”（《要略》）。这已经接触到社会效益问题。那么，编辑《淮南鸿烈集》的目的何在?《汉书·儒林列传》中记述了汉初儒道互绌的现象，反映统治阶级内部的权力斗争。刘安编书立说，通过编辑工作来铸造“欲为大事”（王充《论衡》中语）的精神武器。武帝罢绌百家，崇尚儒术，确立法度，排演诗书礼乐的喜剧，强化皇权的专制统治。汉初百家之学还有相当势力，郡国的强大、诸侯王的野心也在客观上促进了诸子学的活跃。

> 不少外戚、郡国王是以道绌儒，代表者为窦氏与淮南王，而皇室则是以儒绌道，集其成者为武帝。
>
> 提倡阴阳之学与道家之术以为政争的工具而与武帝对立的，在郡国王中有淮南王刘安。
>
> 汉代从武帝待诏金马门、宣帝正五经同异于石渠阁，都是在国教的形式之下把古代的思想加以庸俗化、宗教化，刘安的野心也不例外。
>
> （侯外庐等著《中国思想通史》第二卷）

曾想私下结好刘安、后得武帝重用的大官僚田蚡，“及窦太后崩，武安君田蚡为丞相，黜黄老刑名百家之言，延文学儒者以百数”（《汉书·儒林列传》）。刘安后来失败自杀，其罪名是“妄作妖言”“废法行邪”“荧惑百姓，背叛宗庙”（《史记·淮南列传》）。

有的学者认为：“《淮南王书》与《吕氏春秋》性质最相似，取材于吕书之处也最多。但淮南之书编制更精审，文字也更用气力，的是后来居上了。”（胡适著《淮南王书》）其实前揭书已指出“淮南之书是一个大混合折衷的思想集团”。从编辑应守的体例来审视，书中不仅阴阳家、道家之言重出互见，且有儒、法、名诸家毕集，意多杂出，文甚沿复。各篇自相矛盾之处不少，既可听到韩非口吻，又可看见荀卿论见；而所说的古史古圣，又互不照应。这都是主编人对集体著作审订不周造成的抵牾，以致驳杂殊甚。

可是，书中最积极的部分却又是来自荀、韩的影响，如《氾论训》《修务训》等篇，提出了“先王之制，不宜则废之”“苟利于民，不必法古；苟周于事，不必循旧”，这是很可贵的观点。

后世学者多重视刘安编写的这部书，比他晚生一百二十来年的扬雄，尝以淮南王与司马迁并称，说他们的书是汉世杰作。后来的文人作家，则以此书荟萃诸子，旁搜异闻，多记“古今治乱、存亡祸福、世间诡异瑰奇之事”（高诱序），常加征引。《淮南王书》大意归宗于阴阳家、道家，在文字上有特色，引申道家之说，雕琢其辞，写出了类似赋体的章句，虽少新义，却露文采。王充在《论衡·道虚篇》中说他“发怪奇之文”。明代胡应麟认为“其文词奇丽宏放，瑰目璨心，谓挟风霜之气，良白不诬”，“计其才当与子建上下，世罕知者”（《少室山房笔丛》卷二八）。这都是就其文采而言。

据《汉书·艺文志》著录，刘安还编撰过好几种书，《诗赋略》中有淮南王赋八十二篇、淮南王群臣赋四十四篇。《六艺略》中有《淮南道训》二篇，注云：“淮南王安聘明《易》者九人，号九师说。”《数术略》中有《淮南杂子星》十九卷。《诗赋略》的《歌诗》中还有《淮南歌诗》四篇，或亦以为安作。班固云：“自孝武立乐府而采歌谣，于是有代赵之讴。”那么，《淮南歌诗》可能和同列的《燕代讴》《邯郸河间歌诗》

《齐郑歌诗》相似，是刘安编辑的淮南民间歌谣吗？刘向说还见过淮南有《枕中鸿宝苑秘书》，又有人提到《万毕石朱方》《鸿宝万毕》等书，都亡佚难考。

史称刘安为人好读书，善于文辞，才思敏捷。武帝命他作《离骚传》，旦受诏，傍晚就写好。又言其编订兵家一种。他显然具有多方面的学术情趣。作为编辑，不是正需要这样吗？

刘 向

我国古代文化积累至战国，经诸子百家著书立说，留下了许多类似总结性的记录。在先秦的撰著中，有的当时单篇传播，随后流行几种本子；有的册子残缺不全，有的为一个学派的资料汇集；有的未署作者，又不题书名，未定篇章次第。后经秦火和秦楚之际的战乱，到汉初文化典籍已损失甚多，山岩屋壁收藏幸存者，每因绳断简脱，文字错乱，难以理解；有的简策缣帛所写，尚待编订成书。我们后世得读先秦典籍，首先应该感谢刘向，他领导了西汉皇家的古籍整理工作，长期担任总编辑，先秦著述都经过他校理、叙录，有的在他手上编订成书。他对于保存和发扬我国古典文明做出了卓越的贡献。

刘向（前77—前6），字子政，本名更生，沛（今江苏沛县）人。汉皇族楚元王刘交（汉高祖少弟）四世孙。年十二，以父德任为辇郎，由于是宗室子弟，得任皇帝专车前面导引的小郎。成年后，曾任谏大夫、宗正等官。据《汉书》本传说："为人简易，无威仪，廉靖乐道，不交接世俗，专积思于经术，尽诵书传，夜观星宿，或不寐达旦。"他是研究《春秋穀梁传》的经学家、文学家。按他渊博宏富的学问，应称为博学家。元帝时（前48—前33），因用阴阳灾异推论时政得失，屡次上书弹劾外戚宦官专权误国，两次入狱。他其实是刘氏王朝的忠臣孝子。成帝即位（前32），复进用，改名向，升光禄大夫。居列大夫官前后三十多年，因常讥刺外戚王氏及在位大臣，不得升为九卿。只是领校中五经秘书，终于中垒校尉。他辛勤地从事编辑工作二十年。

汉高祖刘邦对文化并不重视，秦代颁布的禁止民间藏书的律令依旧执行。惠帝刘盈四年终于取消了禁令，还对各种学术思想宽容并蓄。个人著作逐渐出现。武帝刘彻虽独尊儒术，但自文、景两朝以来，农业生产有了发展，《汉书·艺文志》称：中央政府“改秦之败，大收篇籍，广开献书之路”，百年之间，书积如山。到成帝刘骜河平三年（前26），又命陈农求遗书于天下，诏光禄大夫刘向负责全面整理文化典籍，展开了历史上空前的古籍编校整理工作。孔丘总结殷周文化遗产，还只是个人之力；刘向得到朝廷的支持，在皇家图书馆里工作，官俸“比二千石”，月工资百二十斛。他担任总编辑，并分校经传诸子诗赋。襄助校书者都是各有专长的学者或精通业务的行家：步兵校尉任宏校兵书；太史令尹成校数术（占卜书），以其能治《左氏》，兼校经传；侍医李柱国校方技（医药书）；还有杜参、班斿、王龚、望（史失其姓）等人。刘向二子伋、歆也参加工作。

那时编校图书有许多困难。秦汉两朝是我国文字演变最烈之时。《说文解字序》称，文字经过四次大变化：古文，籀文即大篆，小篆，隶书。字形变化大，字数有增加，言与文分离，聚集天下古今图书而编校的工作，显然很不容易。且因当时图书是简策丝编，绳断则简乱。书写用的文具以竹、木为多，纸张还未发明，印刷术更远在其后。校理时先用竹梃蘸漆写在竹简上，便于削去改订。编辑工作的物质条件很差。刘向编校整理时，广搜异本，比较同异，相互补充，删除重复，校勘脱简讹文，条别篇章，编订目次，题写书名。做好这一系列工作后，才算“齐清定”，另行写上缣帛，作为正本入藏。

刘向的精心致思体现在校理的全过程中。他首先集中一书各种不同的本子，互相比较，强调“校雠”在编校工作中的重要性。《文选》李善注引《风俗通》：“按刘向《别录》：‘一人读书，校其上下得缪误，为校；一人持本，一人读书，若怨家相对，为雠。’”很形象地说明了这一编校方式。刘向比勘文字篇章异同得失情况，引起后世学者高度重视和不断研究，孙德谦在《刘向校雠学纂微》中列举了二十三个步骤：首先是备众本，以便对照抉择；接着是订脱误、删重复、条编目、定书名、谨编次、析内外、待刊改、分部类、辨异同、通学术、述源流、究得失、撮指意，而后撰叙录、述疑似、准经义、征史传、辟旧说、增佚文、考师承、纪图卷、存别义。刘向所揭示的校雠学，从他全部编校过程看，包括了版本学、校勘学和目录学。清代史学家章学诚高度评价刘向的编辑思想，认为校雠之学，“渊源流别，最为推见古人大体；而校订字句，则其小焉者也”。在其《校雠通义》中特辟《宗刘》一章，以示学者趋向。刘向的编校原则，也是现代编辑学所应探讨和汲取的。

作为西汉古籍整理小组的总编辑，我国秦汉以前的典籍，都经过刘向的校订和编辑，其中有不少是他亲手编订成书的。继《诗经》之后的诗歌总集《楚辞》，是他集辑校理成书，集名也是他取的。《战国策》是他汇集六种本子编校、题名而成，原来篇数无定，错乱相糅。不少先秦诸子文集，流传的本子各有残缺，或彼此重复，杂乱无序，都经他广备众本，比勘文字，审察篇章，整理编订成书。

在刘向的编辑事业中，还有一项创造性的工作。《隋书·经籍志》称：“每书就，向辄撰为一录，论其指归，辨其讹谬，叙而奏之。”刘向每校完一部书，写出一篇学术性的内容评介，一面供进呈给皇帝作阅读指导用，一面供皇家图书馆作入藏的依据用。刘向等所作的叙录，附于各书后，实际就是解题目录或内容提要。在目录学发展后，解题目录有三种：叙录体解题、传录体解题和辑录体解题。刘向是我国叙录体解题的首创者。

叙录之作，在西汉的编校群书过程中，非出一手，非成于一时。刘向所作，现今存有《战国策》《管子》《晏子》《列子》《荀子》《邓析子》《说苑》七书中各一篇，其他如《关尹子》等二篇，学者以为伪托不足信。刘向等写的叙录，内容大致为：1. 著录书名和篇目，2. 叙述校勘经过，3. 介绍作者生平，4. 解说书名含义，5. 辨别原著真伪，6. 评论思想内容及事实材料，7. 剖析学术源流，8. 总评该书价值。《〈战国策〉叙录》可说是撰写提要的范文，也是建立现代编辑学应予借鉴的重要文献。

刘向整理宫廷藏书所写的各书叙录，经汇抄成书，名为《别录》。原书虽已失传，清代洪颐煊、马国翰等都有辑本。《别录》计著录图书六〇三家，计一万三千二百一十九卷，分六艺、诸子、诗赋、兵书、数术、方技六部，共有三十八种，可见《别录》所叙各书，并非杂乱无次。《汉书·叙传》说：“刘向司籍，九流以别。”《汉纪》说：“孝武皇帝时，董仲舒推崇孔氏，抑黜百家，至刘向父子典校经籍，而新义分方，九流区别，典籍益彰矣。”由此可知，《别录》是一部有组织有眼光的书籍解题；而且可见刘向和他的同事们编辑工作量是怎样巨大了。《别录》二十卷，既是西汉皇家图书馆藏书的总目提要，又是先秦至汉初所有图书文献的综合性记录，逐项列举了我国古代宝贵的文化遗产。尤其是《别录》的主旨，在于辨章学术、考镜源流，它是我国校雠目录学的开山巨著，启迪了整理编辑工作的门径，开导了后学对于版本的追求、考据的钻研和辑佚的努力。汉朝中央政府建馆藏书制度的确立，也为后世历代提供了榜样。

刘向的著述有《九叹》等辞赋三十三篇，大部分已亡佚。原有集，已佚。明代辑有《刘中垒集》，这是以他最后担任的官职来标集名。另有《洪范五行传》《新序》《说苑》《列女传》等，今存。刘向注意到妇女兴国显家可为法则的事迹。又有《五经通义》，已佚，清马国翰《玉函山房辑佚书》中辑存一卷。严可均《全汉文》也录载其作品。

班固推崇他说贤才难得："自孔子后，缀文之士众矣，唯孟轲、孙况、董仲舒、司马迁、刘向、扬雄，此数公者，皆博物洽闻，通达古今，其言有补于世。"刘向为我国编辑之祖是当之无愧的。

刘 歆

三代先秦的古籍，除晋朝以后陆续出土的竹书外，梁启超在《古书真伪及其年代》中说："凡刘歆所不见而数百年后忽又出现，万无此理。""歆父刘向为大经师，歆自己学问亦很渊博，《汉书·艺文志》即根据他的底稿。在学问上，我们应当敬礼。"在中国文化史上，刘向、刘歆是父子交辉的大编辑家。

刘歆（约前53—23），字子骏，刘向的少子。《汉书》卷三十六有传称：

> 少以通《诗》《书》，能属文，召见成帝，待诏宦者署，为黄门郎。河平中，受诏与父向领校秘书。讲六艺传记，诸子、诗赋、数术、方技，无所不究。向死后，歆复为中垒校尉。

刘歆跟他父亲在皇家图书馆做编辑工作时，才不过二十六七岁。刘向担任校理古籍的总编辑期间，不但延请专家学者，还肯起用可造、有为的青年。当时班固、班超的伯祖班斿（游）也才二十来岁；参加整理诸子书的杜参只有十八九岁，刘向撰写某些书录时还和他们联名题署；此外如王龚、望（姓佚）等也是青年。在长期谨严的编辑工作锻炼中，这些年轻人都成长为著名的学者，而刘歆是他们中间的杰出者。古代著名地理著作《山海经》，收载远古传说中的地理知识，初为三十二篇，并非成于一人一时，后经刘歆校定为一十八篇，所写书录犹存，可以从中看出他的编辑思想和对此书的评价。

《汉书》列传又说：

> 哀帝初即位，大司马王莽举歆宗室有材行，为侍中、大中大夫，迁骑都尉、奉车光禄大夫，贵幸。复领《五经》，卒父前业。歆乃集六艺群书，种别为《七略》。

到王莽持政，曾封红休侯，“典儒林史卜之官”，一度成为掌管文化工作的高官。

刘歆一生突出的贡献，是长期献身于编辑工作，在总结编校图书经验的基础上，并利用其父《别录》的学术成果，写成了我国第一部综合性的图书分类目录《七略》，著录六百三家，一万三千二百一十九卷，群书实数固难确考，但无疑囊括了我国古代的文化遗产。《七略》不仅登录了西汉皇家图书馆的主要藏书，为我国目录学奠立了始基，更重要的是反映了我国古代文化科学的发展水平和各种学术流派的著述情况，是我国编辑史、学术史的重要文献。

所称“七略”，即辑略、六艺略、诸子略、诗赋略、兵书略、术数略和方技略。就学术体系的相殊来区分群书，依据各书的内容性质，分为六略三十八种，种之下列家，家下著录所著书。辑略在前，为总论性质。六艺略中主要为儒家的经典著作，兼收学习六经的基础读物。汉武帝时罢黜百家，崇尚儒术，儒学在学术上居于正统地位，因而六艺略居六略之首。诸子略包括我国古代哲学、政治、经济、法律等方面的书籍，刘歆和他的编辑同事认为诸子学“亦《六经》之支与流裔”，故列为第二；而诸子十家，儒家者流，“游文于六经之中，留意于仁义之际”“于道为最高”，所以列于诸子略之前端。赋是汉代特别发达的一种文体，善于用美丽的韵语细腻地描写各式各样的大小事物，“写物图貌，蔚似雕画”；武帝时又仿先秦采诗故事，设乐府，置协律都尉，采集民间歌诗，诗赋故单列为一略。春秋战国以来，军事学作品甚多，汉初整理古籍，首及兵家；武帝重视开边，着人纪奏兵录，因而兵书略置于术数、方技二略之前。术数略收天文、历法、占卜星相书籍，方技略收医药卫生书籍，这二略固然列举了古代自然科学及其应用科学方面的著述，毕竟受认识的局限，显然有若干反科学的封建迷信书籍。辑略是个综述，为“六略之总最”“诸书之总要”，置于六略之前，说明六略三十八种分列的意义和学术渊源流别。这也反映了汉代学术研究的认识价值和派分情况。作为编辑，如若不了解当代学术研究情况，便难以开展工作了。

梁阮孝绪《七录叙》称：“刘向校书，辄为一录，论其指归，辨其谬误，随意奏上，皆载在本书，时又别集众录，谓之《别录》。子歆撮其指要，著为《七略》。”《七略》系删《别录》二十卷为七卷，继承《别录》的见解，将对于学术渊源流别的看法具体运用到图书整理工作中去，系统地著录重要典籍，勾勒了古典文明的面貌。《别录》《七略》虽皆佚失，而班固编撰《汉书・艺文志》时，即采用刘氏父子旧文，删《七略》为一卷，可以说，《七略》的主要内容存活在《汉书・艺文志》中。

任何开创性的工作，很难完美无缺。《七略》的分类方法，也不能认为很精密。诸子略以思想体系为准，六艺略以古籍为对象，诗赋略以体裁分，兵书略着眼于谋略作用，数术略以职业技能区分，方技略则兼从体裁及其作用以划分。分类的标准并不一致。今人姚名达《中国目录学史》认为无非便于编录而已。刘歆的编目，毕竟是前驱先路，对于编校先秦古籍，推动学术发展，具有重大意义。刘氏父子的编辑活动对后世的影响是很深远的。

梁启超虽然说在学问上应向刘歆敬礼，但又对其人格大肆攻讦，斥为不忠不孝。这是出于他宗奉经今文学派的偏见。他的老师康有为在《新学伪经考》中就认为刘歆的罪过比焚书的秦始皇还大！其实刘歆有功于我国学术文化事业，所持见解很有特色，是一位值得尊敬和纪念的大编辑家。谨申三点拙见。

第一，在治学态度上，敢于坚持新意。刘氏父子最初皆治《易》，宣帝时诏向受《穀梁春秋》，刘向从此抱持穀梁家论点。刘向校理古籍时发现《古春秋左氏传》，大为爱好。一同做编辑工作的丞相史尹咸对《左氏》有研究，刘歆即向咸学习，又向丞相翟方进请教。公羊、穀梁二家重义理而流于空论妄说，左氏重史事而讲求实况。刘歆且认为左丘明曾见过孔丘，公、穀二家都在七十子之后，传闻与亲见详略不同。他多次提问题和他父亲讨论，《汉书》说："歆数以难向，向不能非间也。"学术上的严肃论争，扯不上什么"不孝"。刘歆悉心研究《左氏》，并参酌此书在民间传习状况，在他的建议下，后来终于立为官学。

第二，在学术研究上，勇于开拓新路。从董仲舒创阴阳五行化的公羊学后，西汉的今文经学都阴阳五行化了，朝着烦琐与迷信方面发展。博士以浮辞烦多来夸示其学识精深，一部经说竟多至百余万字。还假托孔子，制造纬书、秘经，史称谶纬之学，用以剧谈鬼神怪异，推论灾异。经师变成了巫师，以妖妄言词为反动势力服务。刘歆是古文经学派的首倡者，要求朝廷承认古文经学是真经学。今、古文经学都主张复古，都不是进步的，但在反对谶纬迷信这一点上，古文经学确有一定的进步意义。刘歆《移让太常博士书》是西汉文化史上的重要文献。自刘歆与博士们公开冲突后，整个东汉经师都继续进行古文、今文的论战，曲折地反映着统治阶级内部腐朽无能的势力终将溃败。在学术上不但促进经学研究的发展与变化，由于古文经学重视训诂方法，后世称为“汉学”“朴学”，对于清代语言文字的研究和古籍的整理考据，具有启迪和推动作用。

第三，在知识汲取上，勤于研习新知。史称刘氏“父子俱好古，博见强志，过绝于人”。刘歆对六艺、诸子、诗赋、数术、方技“无所不究”，年轻时就是刘向编校工作的得力助手；而后继任总编辑，以其学识为同人所敬服。其学术活动的领域相当宽阔，还涉足于历数学部门。汉武帝废秦历，采用在观测和计算方面比较科学的《太初历》（即《三统历》）。刘歆用《易经·系辞》的数理来解释新历法，著《三统历谱》，提出一套历学理论；又编《世经》，用《三统历》来推算经传所记古史大事的年月日，开创了年代学。他还设计了圆柱形的标准量器，所用圆周率为3.1547，世称“刘歆率”。这都表明他学识渊博，勤奋探讨，力求精进，并非“样样通，样样松”，真不愧为大编辑家。

不过刘歆也很不幸，竟与大野心家、一意要做皇帝的王莽同时相熟。青年时代一同担任黄门郎。后来王莽攫取政权，因他在学术界有声望，莽专以拔擢附顺、诛灭忤恨为务，利用他

"典文章"，封为"国师""嘉新公"。刘歆被人目为不忠汉室，终以谋诛王莽，事泄自杀。混乱的政局将他捧上高位，最后又把他逼死；他倡古文经学最力，又以此为后世抨击。他倘若遇到一个比较清明的环境，得以全身心地致力于编辑工作，也许能免去一些颠颠倒倒，做出更大的贡献吧。

范文澜从宏观衡量刘歆对他所处的时代做出的贡献，在《中国通史》第二册中写道：

> 董仲舒创今文经学，司马迁创纪传体通史，邓平、唐都、落下闳创太初历，刘歆创古文经学和年代学，这些文化上的成就与当时经济武力的发展相配合，充分表现出西汉一朝的伟大气象。

该书对刘氏父子的编辑工作又作如下的评价：

> 西汉后期，继司马迁而起的大博学家刘向、刘歆父子，做了一个对古代文化有巨大贡献的事业，那就是刘向创始、刘歆完成的《七略》。
>
> 《七略》综合了西周以来主要是战国的文化遗产，把不值得保存的书籍都废弃了，例如经学博士的讲义，一篇也不录取。它经过选择、校勘、分类、编目、写成定本等程序，并作出学术性的总论和分论，是一部完整的巨著。它不只是目录学、校勘学的开端，更重要的还在于它是一部极可珍贵的古代文化史。西汉有《史记》《七略》两大著作，在史学史上是辉煌的成就。

班　昭

汉魏时有两位女性，她们的芳名辉耀于文化史上。一位是大书法家蔡邕的女儿蔡琰，字文姬，汉末女诗人，博学有才辩，通音律，与曹操同时代，并受其赏识。另一位是在前的史学家班彪之女，班固、班超之妹班昭，东汉史学家，值得纪念的我国第一位女编辑家。

班昭（约49—约120），一名姬，字惠班，扶风安陵（今陕西咸阳东北）人。嫁同郡曹寿，曹寿，字世叔，早卒。班昭寡居，行径品德符合当时封建道德规范，其时对女子尊称为“家”（读gu，姑），故敬称为曹大家。其兄班固（32—92）为兰台令史，在皇家图书馆“东观”典校秘书，并奉诏根据其父续补《史记》而作的六十五篇《后传》，编写汉朝历史。固历二十多年，修成《汉书》，叙事详赡，文辞渊雅，继司马迁之后整齐了纪传体史书的形式，开创了“包举一代”的断代史编辑体例。后世将固、迁并称“班马”或“马班”。《晋书·陈寿传论》云：“丘明既没，班马迭兴，奋鸿笔于西京，骋直词于东观。”章实斋推源古史，在《文史通义·书教下》中评价称：“史氏继《春秋》而有作，莫如马班。马则近于圆而神，班则近于方以智也。”同文中还解释道：“迁书体圆用神，多得《尚书》之遗；班氏体方用智，多得《官礼》之意。”马班在史籍编辑体例与方法方面的重大成就，为后世史学与文学的发展开辟了新路。班固因受窦宪案牵连，死于狱中，所撰《汉书》的八表及《天文志》遗稿散乱，莫能综理，编辑增订的工作便落在他的妹妹班昭的肩上。

班固在《汉书・叙传》中说，著成《汉书》百篇。《后汉书・班固传》也说《汉书》记载汉高祖到平帝十二代、加王莽共二百三十年间的史事，“纪、表、志、传凡百篇”。然而《后汉书・列女传》的班昭小传，说《汉书》的八表和天文志未及完稿，班固便去世了；八表是班昭续成的，《天文志》则是班昭和青年学者马续共同补作的。两者说法颇有出入。按《汉书》百篇大致成于章帝建初八年（83），班固之死在其后九年，《后汉书》列传还说“当世甚重其书”。《隋书・经籍志》说：“十志未就，固卒，后命大家缵成。”唐刘知几《史通・古今正史》中指出班昭为《汉书》做了编辑整理工作，谓固“卒于洛阳狱，书颇散乱，莫能综理。其妹曹大家，博学能属文，奉诏校叙”。不过又说：“其八表及《天文志》等犹未克成，多是待诏东观马续所作。”说法又不同。范文澜综合考察《后汉书》班固、班昭及马续的传记材料，在《正史考略》中则说：

> 今以私意度之，《汉书》全出班固之手，惟因学者传诵既广，又未能正读，故孟坚死后，和帝命昭与诸儒校辑于东观，使有一定之本，又使马融从昭受读，使有一定之音。所谓后又诏融兄续继昭成之者，谓继昭教融读也。和帝此举，实有保存《汉书》之功。

范说从固本传，而对昭小传据其文理重新作了解释。不论历来学者所说如何殊异，无不承认班昭在四十来岁时为《汉书》做了编辑校理工作，当然也包括表、志两部分在内。

史之有表，创自司马迁。《史》《汉》的各种表，不仅仅是本纪、列传、书、志的简化，而在不少地方弥补了其他部分的不足，保存了不少重要的材料。善于读书者，能看出作史编表的精意之所在。郑樵说："《史记》一书，功在十表，犹衣裳之有冠冕，木水之有本原。"明末清初的万斯同说："读史不读表，非深于史者也。"表的作用，是将纷繁的史事，用排比对照、以时间纪年为序的方法编列出来。梁启超对这种编辑义例评价颇高，在《中国历史研究法》的补编中归纳为两句话："范繁赜的史事为整饬，化乱芜的文章为简洁。"组织材料，经纬错置，相互发明，列举于径寸之内，是表的编辑工作的特色，因而被称为"无言之文"。

《汉书》八表是：《异姓诸侯王表》《诸侯王表》《高惠高后孝文功臣表》《景武昭宣元成哀功臣表》《王子侯表》《外戚恩泽侯表》《百官公卿表》及《古今人表》。根据《汉书·叙传》所说，表的选题编制，出于固手；而校理缀辑，班昭是用了心力的。《百官公卿表》极为清代史学家章实斋所称赏，谓其能以简驭繁，这正是编辑的一种功夫。章实斋在《文史通义·永清县志职官表序》中指出：

> 夫立例不精，而徒争于纪载之难约，此马班以后所以书繁而事阙也。班氏《百官》之表，卷帙无多，而所载详及九卿；唐宋《宰辅》之表，卷帙倍增，而所载止尽于丞弼。非为古史事简而后史例繁也，盖以

班分类附之法，不行于年经事纬之中，宜其进退失据，难以执简而驭繁也。案班氏表列三十四官，格止一十四级，或以沿革并注首篇（相国、丞相、奉常、太常之类），或以官职共居一格（大行令、大鸿胪同格，左冯翊、京兆尹同格之类），篇幅简而易省，事类从而易明，故能使流览者按简而无复遗逸也。

章氏对于表的作用十分重视，把它看作是编辑史书必不可少的组成部分；也可说是从表的编制中看出编辑的精心了。

《汉书·古今人表》是一种最早的人名索引，也是一项应该重视的编辑工作。不过，班书受指摘最深者便是《古今人表》，一则谓其强立等级，甚至淆乱善恶；再则谓其无断限，不言汉事而编入《汉书》，表中只有古人，至秦末时止，而未列西汉时人。前人责难甚多，以为不合体例。唐颜师古认为表未编完，刘知几称系马续撰，宋晁公武《郡斋读书志》疑为班昭所编。清代夏燮、梁玉绳、蔡云、翟云升、孙国仁等均有考校补编之作。《汉书》叙事，每追本溯源，探明沿革兴废，而不为断代所限，十志叙事即都如此，这正是它的长处。《古今人表》未载今人，很可能是顾虑处于专制时代，评论当代人物，区分等级，极易招惹是非。钱大昕《廿二史考异》云：

予谓今人不可表，表古人以为今人之鉴，俾知贵贱止乎一时，贤否著乎万世，失德者虽贵必黜，修善者虽贱犹荣，后有作者继此而表之，虽百世可知也。观孟坚序但云："究极经传，总备古今之略要。"初不云褒贬当代，则知此表首尾完具。

只品藻前人，次第优劣，客观上即留下了可供对照的暗示。还有学者推测，以为《古今人表》可能是班固搜集的材料，编入书中，对《史记》开创的体例是一项补充。我们着眼于编辑工作，从这里可以推想班昭在编辑校理时的慎重考虑。她能探求与尊重原著者的本意，并不强不知以为知，避免以己意强加于人；注意历史事件与人物的前后相承，又不妄续《古今人表》，而留它起稽古与考核的作用。编辑处理书稿时，思考推敲，运笔校理，万不可以为"我有笔如刀"，不能忘却应采这样的谨慎态度。

班固倾向保守，行文爱用古字，取材则多当代雅言。《汉书》问世后，读者多不通晓。东汉政府又选高才郎马融等十人，史称其"伏于阁下"，由班昭教授他们诵读。后世为《汉书》作注释的人，宋元前重要者有三十九家。唐朝颜师古的集注本最流行，清末王先谦的《汉书补注》则集研习成果之大成，可见历代传习《汉书》之盛。章实斋《文史通义・和州志列传序上》解释这种现象道："夫马班著史，等于伏孔传经，大义微言，心传口授，或欲藏之名山，传之其人；或使大儒伏阁，受业于其女弟。"班昭在和帝刘肇的支持下，对《汉书》的辑校整理、编出定本、授读推广做了许多工作，真正恪尽了编辑的责任。

班昭出身于学术世家，博学而专长治史，和帝时常出入宫廷，担任皇后和妃嫔的教师。她著有《女诫》七章，细目为《卑弱》《夫妇》《敬慎》《妇行》《专心》《曲从》《和叔妹》，宣扬了封建社会压制妇女的说教，成为后世《女训》《闺范》之类的重要教材。她的有些意见原来尚无坏意，例如她说"女有四行"，德、言、容、功。"妇容，不必颜色美丽也。""盥浣尘秽，服饰鲜洁，沐浴以时，身不垢辱，是谓妇容。”重点是讲究卫生，洁净自持。可是后世却用这四个字来禁锢妇女，妇容的目标是“三寸金莲”，变成残戕妇女身心肢体的酷刑了。

两汉四百年是辞赋时代。永初七年（113），班昭之子曹成出任陈留长垣长。她随子之官，途中经过许多中原历史名城，触景生情，怆然有感，想起父亲班彪作过《北征赋》，便写了《东征赋》，其中有句云：“勉仰高而蹈景兮，尽忠恕而与人；好正直而不回兮，精诚通于明神。”这显然是她晚年“正身履道”的明志之言。

在我国文苑中，汉魏有建安三曹父子，北宋有眉山三苏父子。史官为世职，班彪是通儒上才，当日四方学者，自扬子云以下，尽集班门。班固才能高人，为当世所慕。班超投笔从戎，出使西域三十一年，立功边陲，虽以勇武著，又以文学见长。他们家乡旧以彪、固、超为“三班”，建三班祠纪念他们，却未将有功于《汉书》的班昭考虑在内。有卓识者提意见说：班固死后，天下不乏才，编辑增订《汉书》的工作交由班昭负责，何以学术界没有异言呢？据《凤翔府志》载，后即增祀班昭，称为“四班祠”。

封建社会向以“女子无才便是德”的教条来愚弄女性。班昭思想上虽然带着她所处的时代的烙印，终于将自己造就为一代史学家、编辑家，她不正是妇女界的光荣吗？

许　慎

文字是探讨和交流学术的基础，做学问须从掌握文字开始。清代学者戴震说："经之至者道也，所以明道者辞也，所以成辞者字也，必由字以通其辞，由辞以通其道。"东汉许慎编辑的《说文解字》，是我国语言学史上第一部分析字形、说解字义、辨识声读的字典。若要深入研究我国古代的文史哲等学问，就必须研读《说文解字》。从编辑史的角度看，它是我国字书的先河，为后世编辑字典、词典奠立了始基，也是世界最古的字书之一。

许慎（约 58—约 147）是经学家、文字学家，字叔重，东汉汝南郡召陵（今河南郾城县东）人。刘歆的再传弟子，一代鸿儒贾逵（31—101）是他的老师。汉章帝刘炟，建初四年（79）召集学者在白虎观辩论经学，四年后又令贾逵等挑选一批高才生研习古文经学，许慎可能即于此时师事贾逵。自古文经传出现后，在文字、思想、师说等方面都同今文经学派展开了激烈斗争。贾逵在章帝时同治今文经学的李育相辩难，提高了古文经学的地位。这一时代环境对青年许慎的学术思想的形成影响很大。

许慎早年当过郡功曹，任内"率下以恭宽"，受到地方人士的爱戴，被举为孝廉。后曾历任洨县县长、太尉南阁祭酒等职。博通经籍，时人因有“五经无双许叔重”的评语。安帝刘祜永初四年（110），诏学者马融（79—166）等校书东观，许慎也参加这次皇家大规模的图书整理工作，以其博学多识，受到马融的推重。尽管《后汉书》本传太简略，清人严可均、陶方琦等考证不可靠，许慎的生卒年尚不详，但其大体的活动年代，肯定晚于贾逵，早于马融。他的《说文解字》，编辑于和帝刘肇永元十二年（100）；其子许冲上表献书，则在安帝建光元年（121）九月：辛勤编写二十二年，其时这位字典编辑家已老病在床了。

我国文字已有四千多年的历史，是逐步发展、逐渐丰富起来的，并在不断发展变化中趋于统一。这对于我们这个国土辽阔、人口众多的国家具有十分重要的意义。古文字是由一些基本形体组合而成，故有“独体为文，合体为字”之说。相传黄帝之史仓颉“初造书契”，周宣王太史籀著《大篆十五篇》，即籀文。秦灭六国后，统一文字，李斯等省改大篆为小篆。“秦既用篆，奏事繁多，篆字难成，即令隶人佐书，曰隶字。”（晋人卫恒《四体书势》）程邈将这种书写体加以汇集整理，后世遂认为他创了隶体。秦汉以降，分、隶、行、草，纷然杂出。汉字书体的演进，经过多次大变化。三代典籍是用篆籀古文缮写的，经过几次大变化后，汉代学者对古文典籍已经不能识读了。而且当时文字相当混乱，出土的汉代简牍充分反映了这种情况，汉代碑刻中也是别体繁出。可见秦始皇的同一文字，在民间还未收到预期效果。西汉平帝时，曾征爰礼等百余人，在未央殿举行研究文字的学术讨论会；到东汉，为了政治和学术上的需要，汉字规范化的整理工作更不容缓。这个时代背景，便成为许氏编辑撰写《说文解字》的催生婆了。

两汉真是我国文化史上的光辉时代。仅就字书而言，在识字课本方面，闾里书师将李斯的《仓颉》七章、赵高的《爰历》六章、胡毋敬的《博学》七章，合编为《仓颉篇》五十五章，三千三百字，常用小篆已略备于此。其后杜林、司马相如、史游、李长、扬雄等均有训纂或解诂之作，其中史游《急就篇》所收，都是当时习见常用的字，为后人所注意研究。在词典方面，《尔雅》是我国第一部训诂词典，扬雄《方言》是第一部方言词典，刘熙《释名》是第一部音训词典，而《说文解字》则是我国字书的先河，适应了当时社会的需要，也为后世字典词典的编辑工作开创了范例。

编辑工作的生命力，系于能否满足时代的正确要求。凡是传世之作，大都是回答了它所处的那个时代广大读者最关心的问题。西汉经学发展的结果，今文经学派的唯心主义和神秘主义哲学思想扩张。学术沦落为官僚政客的婢仆，成为实现某种政治要求的工具，猎取官职利禄的手段。博士们解说经书的“微言大义”，孔夫子如能听到，也会瞠目结舌。许慎痛恶经学的堕落，他指出：“人用己私，是非无正，巧说邪辞，使天下学者疑。”为了匡正时弊，破除经典解释的严重混乱，必须深入探讨语言文字形成的规律性，研究汉字造字的根本法则。许慎认为：“文字者，经艺之本，王政之始，前人所以垂后，后人所以识古。”他编写《说文解字》，就是为了“理群类，解谬误；晓学者，达神旨”（上引均见《说文解字叙》）。他吸收前人的研究成果，加上自己的创见，编成一部研究汉民族语言文字的系统的专著，不仅驳斥了经今文家的谬说，对于后人研究语言文字、文献学，对于整理古代文化遗产，都有巨大的帮助和启发。

《说文解字》本文原分十四篇，又叙目一篇，许冲奏上时以一篇为一卷，故称十五卷。宋初徐铉将每卷又各分上下，共为三十卷。收字九千三百五十三，又重文一千一百六十三。除小篆外，还包括古文和籀文，同时又列或体、奇字、俗书等名目。许慎搜集了大量材料，在据以说解的基本形体小篆外，有孔壁中书，为战国时期通行的文字，即蝌蚪文；有秦书八体中的大篆；还有同一时期的不同形体，即或体、俗体以及不正规形体的俗书等异体字。所有说解，均为探求文字本源，推考文字形、音、义之间的关系及其由来，也就是《后叙》所说“据形系联，引而申之，以究万源”。

对文字进行分部归类，通称部首编排法，是许慎在编辑工作中首创的方法。《说文》九千三百五十三字（今大徐本为九千四百三十一字），分列五百四十部中，在此之前，没有人这样处理过。这种分部的方法，基于对文字形体结构的深入分析，从文字所归属的部类来说，称之为“部首”；从文字形体的结构组合来说，称之为“偏旁”“字原”。后世字书及各种工具书，多用这种方法进行编排和查检；至于其分部是否完全合理，那是另行讨论和改进的问题。

编书必须有一定的体例。编辑的主旨和一本书的内容，便从编辑体例中反映出来。《说文》是我国第一部运用“六书”分析汉字的专著。“六书”理论的细目，《汉书·艺文志》的说明本于《七略》，刘歆认为“六书”是造字之本。许慎运用并发挥“六书”理论，而所定的细目和次第与刘歆稍有不同。《说文》提出的名称和排列的次序是：指事、象形、形声、会意、转注、假借。全书体例，始终贯串着“六书”这个文字学的基本理论，对每个字都用“六书”的规律加以说解，有的就文字的形体结构而言，有的就文字符号的运用而言；正如有些学者所说，是从“四体”和“二用”不同的角度来观察和分析文字。研讨我国文字的发展变化，至今仍以“六书”理论为基础；《说文》的编辑体例首先就放在这个基础之上。各部之内，字的排列先后，也都有讲究。

《说文解字》是由“文字”与“说解”两个部分组成，分析解释了汉以前的书面语言，从“形”“音”“义”，也就是“文字”“声韵”“训诂”三方面着手。在三者互相依存的关系中，以“声音”统帅“形”“义”。《说文》还不仅分析字形，并总结了汉人训释字义的成果。清代人谓许书是“通古今之训诂，辨声读之是非”（阮元《段氏说文注订叙》）。许慎继承和发扬前人的研究成果，反映了传统语言学的发展历史，总结了古汉语研究史上最宝贵的经验，提供了研究文献语言学的重要方法，首创以偏旁分部的办法，为后世编辑字典、词典提示一种主要体例，这都是许慎对编辑工作的重大贡献。

《说文》还有一个特色，正如许冲《上〈说文解字〉表》所说：“天地鬼神、山川草木、鸟兽昆虫、杂物奇怪、王制礼仪、世间人事，莫不毕载。”我们可以从中看到蕴藏着大量有关古代社会、政治、经济情况和自然界以及科学技术等方面的珍贵资料，真称得上是一部汉代百科全书，不少记载对今天的研究工作仍有启迪意义。这是我国编辑史上一部值得推重的要籍。

《说文》成书不久，就受到当世学术界的重视。其后历代传统语言学的撰述，大都不出它所探讨的文字、音韵与训诂的范围。《说文》的研究甚至形成一个专门学科。至于字书的编辑，尽管对部首建类有所变动，编次亦有更易，但大多仍循许慎创立的体例。清代研究《说文》成风，尤其是乾嘉以来，士大夫“家有洨长之书，人习说文之学”（俞樾《小学考序》）。历代研究著述宏富，仅据丁福保《说文解字诂林》所录，有一百八十二种；《诂林补遗》所录又达二百五十六种之多。清代顾炎武、戴震，钱大昕、大昭兄弟，王念孙、引之父子等均有精辟见解，而以段玉裁、桂馥、王筠、朱骏声号称四大家。王鸣盛在《说文解字正义序》中说：“《说文》为天下第一种书。读遍天下书，不读《说文》，犹不读也。”章太炎为一代小学大师，他甚至排斥《说文》以外的所有古文字资料，在《文始》中对利用“地藏所发”的青铜铭刻等大肆抨击。

其实，对《说文》不能推崇太过。每个时代的学术都有其一定的限制。许慎处于我国语言文字学的草创时代，他的资料取自周秦文献，所收文字是晚周、嬴秦以至汉代字体的总汇。其时甲骨契文尚埋土中，鼎彝铭识世间罕见。连清代著名说文学家都没有见到殷墟甲骨。马叙伦说得好：“不观金甲文，就不知字之所从，义之所生。”何况许氏受时代及科学水平的局限，编排体制不精密，应列重文而误分为数字，形体分析错乱，解说也有谬误等，不能盲目尊许。顾炎武在《日知录》中指出了应具的科学态度：“今之学者，能取其大而弃其小，择其是而违其非，乃可谓善学《说文》者与?”当代学者中，马叙伦以毕生精力清理说文学，写成《说文解字六书疏证》二百四十万字。学术界人士指出：“《疏证》箴段、桂之膏肓，发王、朱之墨守，六书渊海，疏通证明。”又称：“以说文学的发展来说，《疏证》是一个殿军和冠军。”

犹记“四人帮”篡党夺权时，演出评法批儒丑剧，对《说文》也大张挞伐，这帮恶棍疯狂践踏我国古代优秀文化。从世界语言学史来看，希腊与印度的语法研究出现较早，但未形成后来的词典。陆宗达《说文解字通论》说："从全世界的范围考察，《说文》也是出现最早的、系统合于科学精神的、具有独创的民族风格的字典。"日本等国甚至组成"《说文》学会"一类学术团体，这不正说明许慎的编辑工作赢得了国际性的声誉吗?

刘义庆

鲁迅写过《选本》一文，从文学史研究的角度衡量了选本的作用，对于选本的好处和缺点均有正确的说明。文中说道：“至今仍存、影响也最广大者，我以为一部是《世说新语》，一部就是《文选》。”

《世说新语》编纂者刘义庆（403—444），彭城（今江苏徐州市）人，是南朝宋武帝刘裕的侄子，长沙景王刘道怜的次子。因临川王刘道规无后，义庆被立为嗣子，袭封临川王。后任荆州刺史，官至尚书左仆射、中书令。《南史》卷十三称其“性简素，寡嗜欲，爱好文义。文辞不多，足为宗室之表”。又说他“招集文学之士，远近必至”。史载：他以“文冠当时”的袁淑以及陆展、何长瑜、鲍照等，“并有辞章之美，引为佐吏国臣”。鲁迅指出：《世说新语》的编纂，“或即成于众手”。

《世说新语》原来只称《世说》，唐代称《世说新书》，可能是在宋代以后才称《世说新语》。原为八卷，流传较早的南宋刻本分为三卷，每卷又分上下。书中记载了东汉至东晋的遗闻轶事（仅有五则是东汉以前的故事），比较全面地反映了魏晋时期士族的思想言论和生活作风。书中运用按类系事的编辑方法，将辑录整理的材料，分编三十六篇。上卷为德行、言语、政事、文学，中卷为方正、雅量、识鉴、赏誉、品藻、规箴、捷悟、夙惠、豪爽，下卷为容止、自新、企羡、伤逝、栖逸、贤媛、术解、巧艺、宠礼、任诞、简傲、排调、轻诋、假谲、黜免、俭啬、汰侈、忿狷、谗险、尤悔、纰漏、惑溺、仇隙。这些标题反映了当时士大夫阶层品评人物的标准和编纂者所持的观点。在此之前，袁宏据其见闻作《名士传》，只记魏晋名士的故事，分为“正始名士”“竹林名士”“中朝名士”，品目标准就和《世说新语》不同，尚不足以表现那个时代品评人物、清谈放诞的风气。

人物政事评论的风气起于汉末，当时大名士陈蕃、李膺、范滂等清议朝政，臧否人物。《后汉书·党锢列传序》云：“逮桓、灵之间，主荒政谬，国命委于阉寺，士子羞与为伍，故匹夫抗愤，处士横议，遂乃激扬名声，互相题拂，品核公卿，裁量执政，婞直之风，于斯行矣。”清议品鉴，招致党锢之狱，但“其时党人之祸愈酷，而名愈高，天下皆以名入党人中为荣”（《后汉书·范滂传》）。曹操当政后，继续打击名士，剪除与驾御并施；然据《曹瞒传》称，他被服轻佻，每与人议论，戏弄言诵，尽无所隐，也带有名士派头。其后清议转变为清谈，士大夫沿习成风，《世说》的贤媛篇载，谢道韫虽是妇女，也有林下风气。鲁迅在《中国小说的历史变迁》中说：

> 到了晋代的名士，就不敢再议论政事，而一变为专谈玄理；清议而不谈政事，这就成了所谓清谈了。但这种清谈的名士，当时在社会上却仍旧很有势力，若不能玄谈的似不够名士的资格，而《世说》这部书，差不多就可以看作一部名士的教科书。

《世说新语》刊本题作刘义庆撰，这“撰”字按实际不必看作著作、著述，而应理解为编集、编选。《三国志》魏《王粲传》“吴质……封列侯”《注》引《魏略》曹丕与吴质书：“顷撰其遗文，都为一集。”正如“抄”字之义，今古不同。今日通谓誊写，古则意谓摘取，也带有编辑的性质。

由汉末开始的人物品评，到魏晋又有发展，在文化上我们看到有两大影响：一是导致辑录文人名士言行的逸事笔记出现，一是促进作家论和文论的研讨。这和当时社会的实际情况密切相关，又为后来文化学术的发展打开新生面。查《隋书·经籍志》名家类，此期品鉴人物之作，除刘劭《人物志》三卷外，尚有《士操》《刑声论》《士纬新书》《姚氏新书》《九州人物志》《通古人论》等。到晋代则有袁宏的《名士传》、裴启的《语林》、郭颁等的《魏晋世语》、郭澄之的《郭子》等。《世说新语》就是在上述诸书的基础上编成。早经研究者指出：“邓艾口吃”一则，系出《语林》；“赏誉篇”何充两则，出于《郭子》。这两本书早已亡佚，按唐宋类书所引，其材料多已为《世说新语》收载。可以认为《世说新语》是这类书的集大成者。所以鲁迅说：

> 《世说新语》并没有说明是选者，好像刘义庆或他的门客所搜集，但检唐宋类书中所存裴启《语林》的遗文，往往和《世说新语》相同，可见它也是一部抄撮故书之作，正和《幽明录》一样。它的被清代学者所宝重，自然因为注中多有现今的逸书。

《幽明录》及《宣验记》二书，也是刘义庆和他门下的才学之士合编的。原书均失传，鲁迅辑得逸文，编入《古小说钩沉》。有一情况值得注意：清光绪间长沙思贤讲舍本《世说》叶德辉后记云：

> 《幽明录》亦临川撰，其中与《世说》互见之处，如“折臂三公”及“雷震柏木”二事，均在今《术解》篇中。又各书引《世说》如……之类，或错见《幽明录》。
>
> 疑临川著书时，颇涉神怪；久而析出，别为一书。诸书称引，犹称《世说》，盖从其朔也。又《御览》引“爰综梦得交州”条注云：“《幽明录》同。”今《幽明录》反失载此事。是宋时所存二书，事本互见。

令人感到有趣的是，从《世说新语》与《幽明录》二书的有些记载互见中，我们不是可以看到作为编选者的刘义庆的运思斟酌吗？看到这些笔记小说编辑成书的早期形态吗？

不仅在文学史上，而且在编辑史上，《世说新语》都很值得重视。首先，它反映出时代的风习。编辑工作成败的一个要点，在于能否掌握时代的脉搏。曹魏正始文人，初以《老》《易》为宗；到了西晋，《庄子》更为谈士注意。干宝《晋纪·总论》云：“学者以《老》《庄》为宗而黜六经，谈者以虚薄为辩而贱名检。”至南朝宋时正式以《老子》《庄子》《周易》三书为玄学经典，玄风大畅。加之佛教思想逐渐传布，名僧也参加了名士的座谈。尚辞藻，纵谈锋，玄趣的探索益趋活跃。魏晋风度、名士风流，形成为时代的特征。《世说新语》的编辑整理，固然受清谈风气的影响，反过来看，也反映了一代的风尚习俗、精神面貌，至今仍有一定的认识价值。这也正是此书生命力之所在。

《世说新语》的编纂，在我国古小说的演进中立下一块计程碑。古代对小说的理解与今天不同。我国古代小说起源于上古神话传说，到两汉还看作是与经世治国的大道无关的“街谈巷语”。班固作《艺文志》，虽列小说家于诸子十家，却又说“其可观者九家而已”。到了魏晋六朝时期，我国小说才粗具规模，大抵为志鬼怪的“志怪小说”；随后有志人事的“志人小说”，“而俱为人间言动，遂脱志怪之牢笼”。鲁迅《中国小说史略》固然提出《世说》文字，“乃纂辑旧文，非由自造”，一面又称赞它“记言则玄远冷隽，记行则高简瑰奇”。它是这类书中的佳什，不但在内容和形式上可作为这个时期笔记小说的代表，而且为其后的唐代传奇、宋元话本、明清章回小说的前驱先路。

资料宏富，人物众多，读来如展示一轴长卷，是此书编纂工作受人重视的特色。它虽是一部小说，由于采录前代遗闻轶事颇详，从中可以观察当时人物的言行风貌和社会习尚，涉及的重要人物不下五六百人，其中出现两次以上者，据统计有二百一十多人。社会各阶层人物都有所记载，一直为研究东汉末魏晋间历史、文学与语言者所重视，看作是很好的历史资料。唐朝新撰晋史，多所采用。刘知几《史通·采撰篇》以为“终见嗤于君子”。其实他的批评自相矛盾，同书《杂述篇》中曾说：“国史之任，记事记言，视听不该，必有遗逸；于是好奇之士，补其所亡。”《世说》所记可以补史，正因为古小说大都依附于史传。《四库全书总目提要》承认古小说与历史关系密切，将小说家列杂事之属后，云：

> 案纪录杂事之书，小说与杂史最易相淆；诸家著录，亦往往牵混。今以述朝政军国者入杂史，其参以里巷闲谈、词章细故者，则均隶此门。《世说新语》古俱录于小说，其例明矣。

尤其是经刘孝标加注，所引经史杂著四百余种、诗赋杂文七十余种，人物增至一千五百左右，资料价值更高。

《世说新语》的编辑，最引人入胜处是整理剪裁之美。刘义庆及其门客非仅采集旧文，而是能选材精当，润饰加工，取得较高的艺术成就。篇幅短小，结构严谨，语言简约含蓄，行文悠远隽永，神韵生动，读之兴味盎然。片言只语，也能深入读者脑海。从文学形式看，它是小品文的先声，有不少精练感人的篇章。明人王应麟《少室山房笔丛》称："读其语言，晋人面目气韵，恍然生动，而简约玄澹，真致不穷。"这首先是编辑整理、剪裁刻画的优秀成就。

《世说新语》对后世的笔记小说影响很大，步趋它的体例编写的作品，唐有王方庆《续世说新书》，宋有王谠《唐语林》、孔平仲《续世说》，明有何良俊《何氏语林》、李绍文《明世说新语》、焦竑《类林》，清有吴肃公《明语林》、章抚功《汉世说》、李清《女世说》、颜从乔《僧世说》、王晫《今世说》。后尚有易宗夔《新世说》。鲁迅评论称："纂旧闻则别无颖异，述时事则伤于矫揉。"他给许寿裳长子开示的应读书单中列入《世说新语》及《今世说》等。

《世说新语》中不少故事，成为诗文中的典故，小说家、戏剧家再创作的素材。不少成语，如“登龙门”“一往情深”“枕流漱石”等也出自此书。历代学者多赞赏称道，从敬胤、刘孝标起，作注、批校、考订、笺释者颇多，今人李详、吴承仕、刘盼遂诸家均曾致力，而余嘉锡自谓“一生所著甚多，于此最为劳瘁”，其着重考案史实的《笺疏》已由中华书局印行。

编纂工作很难完美无缺，编辑自身各有诸多局限。刘义庆搜录了许多令人起敬和思索的人物，但他对浇薄的风习不免取欣赏态度。即使从编辑工作看，历来都有人指出其中史实、时间、称谓、分类等不当。读书对优劣长短都得细看。像刘义庆编《幽明录》，所记都是神鬼怪异之事，可说是糟粕居多，但其中写刘晨、阮肇入山遇仙结为夫妇，买胡粉女子竟敢要求“临尸尽哀”，委婉入情，细致动人，表现了对真挚爱情的歌颂，则是糟粕中晶莹的颗粒。

刘义庆是贵胄子弟，官高爵显，然而他却爱好文学，物质嗜欲少，又颇知惜士爱才，留心抚物，这可能是他做好编辑工作的一个重要因素吧？

萧　统

魏晋南北朝时期，承前启后，是我国文学的自觉时代。文学自我意识的发展，促成了《文选》的选编；《文选》的编就与传世，又促进了文学概念的形成与净化。昭明太子萧统之所以名垂后世，倒不是由于他曾被预定继承君位，而是由于他编辑了一部很有影响的文学总集。

《文选》的编辑萧统（501—531），是南朝梁武帝萧衍的长子，字德施，小字维摩，天监元年（502）立为太子。短命早死，谥昭明。后人将他选编的总集称为《昭明文选》。梁武帝有八个儿子，以爱好文学而知名者有三：昭明太子统、简文帝纲、孝元帝绎。萧统论文，倾向典正；纲、绎则承谢朓、沈约的余波，认为立身须谨重，作文须放荡。《梁书》写萧统为人，称：

> 性宽和容众，喜愠不形于色。引纳才学之士，赏爱无倦。恒自讨论篇籍，或与学士商榷古今；闲则继以文章著述，率以为常。于时东宫有书几三万卷，名才并集，文学之盛，晋宋以来未之有也。

萧统带有古代贵族爱接文士的传统，当时知名的文人如刘孝绰、王筠、殷芸、陆倕、到洽、刘勰等，都相聚于东宫，在实际上程度不同地帮助了《文选》的编成。

《文选》原分三十卷，收录了周代至六朝梁以前七八百年间一百三十多位知名和少数佚名作者的诗文七百余篇。全书按文体将所收作品分为三十九类，各种文体的主要代表作大致具备。古代文章的分类选集，前有杜预的《善文》、挚虞的《文章流别集》、刘义庆的《集林》等等，但均已先后亡佚。从周朝到南朝宋齐时代的优秀文学作品，主要是依靠《文选》和徐陵编的《玉台新咏》保存了不少篇什。一千多年来，《文选》行世不废，成为一部发生重大影响的选本。鲁迅曾说，古来选本，“至今尚存，影响也最广大者，我以为一部是《世说新语》，一部就是《文选》”，“《文选》的影响却更大。从曹宪至李善加五臣，音训注释书类之多，远非拟《世说新语》可比”。鲁迅分析选本的作用，认为在文学上的影响不可轻视。他说：

> 凡选本，往往能比所选各家的全集或选家自己的文集更流行，更有作用。册数不多，而包罗诸作，固然也是一种原因，但还在近则由选者的名位，远则凭古人之威灵，读者想从一个有名的选家，窥见许多有名作家的作品。所以自汉至梁的作家的文集，并残本也仅存十余家，《昭明太子集》只剩一点辑本了，而《文选》却在的。（《集外集·选本》）

《文选》的编辑不是偶然的。先秦时代的作品，六艺经传，九流诸子，以及《左传》《国语》《战国策》等，皆各成专著；单篇之作，仅诗歌辞赋而已。思想家、政论家、史学家的撰著，或某一学派论著的专集，固然表现了古代散文的勃兴，但这些专著大多将哲理的思索、史事的记述和文艺的手法熔于一炉，使创作具有多重性质，文、史、哲不分。到了秦汉时期，尤其是到东汉以后，单篇文章出现渐多，许多作者即以文、赋、书、论及九咨、七言、连珠等著闻于世。及至魏晋，作家多有诗文专集。从《后汉书・文苑传》《晋书》与《隋书・经籍志》的著录中，我们可以看到作家辈出、作品纷葩的景象。文学获得了自我意识，逐步离开学术论著而独立存在。这种情况，使得专门论文的文学批评著作发展起来，出现了对于文体的分类研究；同时，按文体聚类区分的诗文总集的编辑，也成为时代的需要。这些文学现象至齐梁而大盛，萧统的《文选》便应运而生了，

《文选》的编排，其特点是按文体把所收的作品分为三十九类。第一赋类，又分为京都、郊祭、耕藉、畋猎与音乐、情赋等十五个子目；第二诗类，又分为补亡、述德、劝励、献诗与挽歌、杂歌、杂诗、杂拟等二十二个子目。以下各类为：骚、七、诏、册、令、教、策、表、上书、启、弹事、笺、奏记、书、移书、檄、难、对问、设论、辞、序、颂、赞、符命、史论、史述赞、论、连珠、箴、铭、诔、哀文、碑文、墓志、行状、吊文与祭文，均不再立子目。“类分之中，各以时代相次。”在萧统之前，曹丕的《典论・论文》、陆机的《文赋》、李充的《翰林论》、挚虞的《文章流别志论》，分别论及文体的分类。萧统继承而又超越了前人的研究，对古今文体做了全面考察，细密辨析，编成了我国第一部按体区分、规模宏大的文学总集，不论在文学史上或编辑史上，都是空前的开创性的工作。

《文选》的选编标准更值得注意。萧统在《文选序》中论述了文学的性质，辨析了文章的体制，说明了别裁的用意，提出了选文的标准。这是我国文学史与编辑史中的一篇重要文献。为了说明萧统的见解，节录原序的后文：

> 若夫姬公之籍、孔父之书，与日月俱悬，鬼神争奥，孝敬之准式，人伦之师友，岂可垂以芟夷，加之剪裁。老庄之作，管孟之流，盖以立意为宗，不以能文为本。今之所撰，又以略诸。若贤人之美辞，忠臣之抗直，谋夫之话，辨士之端，冰释泉涌，金相玉振。所谓坐狙丘，议稷下，仲连之却秦军，食其之下齐国，留侯之发八难，曲逆之吐六奇，盖乃事美一时，语流千载，概见坟籍，旁出子史。若斯之流，又亦繁博。虽传之简牍，而事异篇章。今之所集，亦所不取。至于纪事之史，系年之书，所以褒贬是非，纪别异同，方之篇翰，亦已不同。若其"赞论"之综缉辞采，"序述"之错比文华，事出于沉思，义归乎翰藻，故与夫篇什，杂而集之。

文中所说的"篇章""篇翰""篇什"，都指所选的单篇文学作品。历来尊崇的周公、孔子著作，先秦百家论著，高才辩士、将相谋臣的言辞妙论，"事美一时，语流千载"，不符合文学的概念、编选的方针，一概不收！他的确具有大编辑家的胆识，拿起了朱笔，在文学作品与非文学作品之间画出了一道界线。

在萧统看来，文学的制作，其性质之所以不同于经籍子史，在于"以能文为本"，什么是"能文"的特色呢？"事出于沉思，义归乎翰藻。”文学创作必须通过深沉的艺术构思，表现语言辞藻之美，要有辞采文华。清人阮元在《书梁昭明太子〈文选序〉后》中阐发了萧统的选文标准：

> 昭明所选，名之曰“文”，盖必文而后选也。经也，子也，史也，皆不可专名之为文也。故昭明《文选序》后三段特明其选之故。必“沉思”“翰藻”，始名为“文”，始以入选也。

朱自清在《〈文选序〉“事出于沉思义归乎翰藻”说》中，称赞“阮元是第一个分析这一节文字的人”，但进一步指出：

> 阮氏有两个疏忽之处。第一，昭明不但不选经、子、史，还不选“辞”，《文选序》后面其实是四段，从“若贤人之美辞”至“事异篇章”，都是论“辞”的。
>
> 第二，阮氏在“事出于沉思，义归乎翰藻”两句里摘出“沉思”“翰藻”四字而忽略了“事义”，也不合《选序》原意。

朱自清对《文选》选文的标准添了“事义”二字，以补偏于辞采“翰藻”一面，同时又解说了所谓“沉思”，认为作文应能援古证今，善于用事，构想应深刻：“‘事义’求深，求约，求精，求核，不但在读书多，更须靠用心密。”能文和立意相辅相成，把萧统的文学概念和选编方针都讲透了。萧统在《答湘东王求文集及诗苑英华书》中也说，为文要“丽而不浮，典而不野，文质彬彬”。

这个时代的文学观念有了明显的变化。曹丕肯定文章是“经国之大业，不朽之盛事”（《典论·论文》），葛洪认为“文学虽为德行之弟，未可呼为余事”，并批评俗士“重所闻，轻所见”，以为“今月不及古月之朗”（《抱朴子·尚情篇》），其实文章也要随时代而变化。到了南朝，文学的特征继续发展着，从《南史·文学传论序》、裴子野《雕虫论序》中，可以看到国家政权尊尚文学，设立馆观，使与儒、史分离并立。我们去读萧统编的《文选》、徐陵编的《玉台新咏》，再读刘勰《文心雕龙》、钟嵘《诗品》，就可以了解齐梁以前的文学全貌。这些大家处于继汉开唐的地位。

《文选》格局宏大，编得内容丰富而有特色。唐显庆间李善为之注释，并析为六十卷，注文搜集资料颇多，甚有价值；开元间又有吕延济、刘良等五人注释字句。可见此书受唐朝人的重视。大诗人李白、杜甫等都精通《文选》，杜甫还教育他的儿子宗武要“精熟《文选》理”。选本的积极作用不可忽视。

《文选》在文章总集的编辑方法上影响很大。历代选编者大多效法《文选》，按体编排，依类收文。尽管选文的标准、范围不尽相同，在文体分类上也各有增损变动，都是以《文选》为模式，而又有所改进。宋代姚铉编《唐文粹》一百卷，分二十二类、三百十六子目，其自序即称“嗣于《文选》”。宋真德秀的《文章正宗》正续集各二十卷，又创立分门系类的编法，将文章分为辞命、议论、叙事、诗赋四大门。南宋吕祖谦编《宋文鉴》一百五十卷，元代苏天爵编《元文类》七十卷，明朝程敏政编《明文衡》九十八卷，以及黄宗羲编《明文海》四百八十二卷，用刘永济《十四朝文学要略》中的评语：“大都祖述萧选，体尤踳驳。”

《文选》编辑上确有不少可议之处，如立类繁杂琐碎，拘泥于作品的名称而忽视其实质，这种缺点对后世也有不好的影响。最明显的要推北宋李昉、扈蒙等编的《文苑英华》一千卷，上续《文选》，起于梁末，分类编辑，体例略同，而门目更为繁碎。后人对《文选》编排分类，讥评颇多，清代章学诚《文史通义·诗教》下篇，将它攻击得几无完肤。郭绍虞在《中国文学批评史》中替萧统的编辑工作做了辩护，他认为编总集区分类聚愈析愈细，是趋势的必然，“曹丕早已说过：‘夫文本同而末异。’文体之分，正要指出末的方面之不同。那么多立名目，也不能说有什么严重的错误”。

“五四”新文学运动时期，猛攻文言的壁垒，反对模仿汉魏唐宋，钱玄同曾用“选学妖孽”“桐城谬种”等话来反击旧派，不破不立，势所必然。鲁迅后来说得好：

> 评选的本子，影响于后来文章的力量是不小的，恐怕还远在名家的专集之上，我想，这许是研究中国文学史的人们也该留意的罢。

日本汉学界研究我国六朝文学的兴膳宏，在《〈文心雕龙〉与〈出三藏记集〉》一文中惋惜地说：“昭明太子的晚年未必是幸福的。”他从萧统身后其遗孤未被册封为太子，且多采取了反梁室的立场而言的。可是，即使做了太子、君主，如若无所作为，或者荒淫无耻，暴虐无道，那更“未必是幸福的”吧？萧统对文学概念的判别与确认，精心编辑了传世的总集，可以认为，他对唐代文学的繁荣起了诱导的作用。范文澜在《中国通史》第二编中对他作了恰当的评价：

> 萧统是博通众学的大文学家。……不仅自己有足够的学力，而且也凭借众人的学力，合众力来选录古今文章，宜乎《文选》三十卷成为选择最精的文学总集。
>
> 固然好的文章未必全得入选，但入选的文章却都经过严格的衡量，可以说，萧统以前，文章的英华，基本上总结在《文选》一书里。唐李善《上文选注》里说“后进英髦，咸资准的”。

徐　陵

我国现存的古诗总集，自《诗经》《楚辞》以后，以徐陵编的《玉台新咏》为最早。这部书取材范围以妇女为主题，集中了我国约自 2 世纪至 6 世纪的表现妇女及其有关事物的诗篇，成为本书的重大特色，从而也体现了大编辑家的见地。

徐陵（507—583），字孝穆，东海郯（今山东郯城）人。南朝梁陈时代的文学家。《南史》本传说他“八岁属文，十二通《庄》《老》义。及长，博涉史籍，纵横有口辩”。父摛能文，在梁与庾肩吾齐名，为宫体诗代表作家之一，当时太子宫中都学他淫靡浮艳的文风。徐陵在梁起初任东宫学士，后为通直散骑侍郎。梁武帝太清二年（548），他奉派出使北魏，被扣留多年，至梁末才得回还。后入陈，历任五兵尚书、尚书左仆射、中书监、左光禄大夫、太子少傅等职。陈后主至德元年（583）谢世，年七十七。徐陵早年与父摛和庾肩吾、庾信父子出入梁太子萧纲的东宫，善写宫体诗，很受宠爱。因诗文绮艳，时称“徐庾体”。《南史》说：

自陈创业，文檄、军书及受禅诏策，皆陵所制，为一代文宗。

文、宣之时，国家有大手笔，必命陵草之，其文颇变旧体，辑裁巧密，多有新意。

《玉台新咏》大约编成于梁代末年，昭明太子萧统已因覆舟病故，书中称简文帝萧纲为皇太子，元帝萧绎为湘东王，可为证明。传统接受唐刘肃的说法，认为徐陵在梁时秉承简文帝萧纲的旨意编辑的："梁简文帝为太子，好作艳诗，境内化之，浸以成俗，谓之宫体。晚年改作，追之不及，乃令徐陵撰《玉台集》以大其体。"（《大唐新语》卷三）与《昭明文选》一样，也是太子发动编辑的总集，其中有客观历史的原因和动力。徐陵的《玉台新咏序》是一篇极华丽的骈文，后世赞赏者认为"绣口锦心，又香又艳"；序言中"倾国倾城，无双无对"，可谓自评其文。序文对编辑此书的宗旨，只是说：

> 往世名篇，当今巧制，分诸麟阁，散在鸿都。不藉篇章，无由披览。于是，燃脂暝写，弄笔晨书，撰录艳歌，凡为十卷。曾无忝于雅颂，亦靡滥于风人，泾渭之间，若斯而已。

这并没有把本书的编辑旨趣说明清楚。

萧子显写《南齐书·文学传论》，前半部论述汉魏到宋齐的文学现象，介绍了各种文学形式及其代表作家作品。后半部把当时文章区分为三大类，首先批评谢灵运一派"迂回疏慢"的诗歌语言和"酷不入情"的思想内容；其次批评傅咸以书本为诗、以对偶为诗的不良诗风；对鲍照一派的"雕藻淫艳"的诗风，则谓其有"发唱惊挺""倾炫心魂"的风格，认为"亦犹五色之有红紫，八音之有郑卫"，是未加批评的。三体的次序则表示其大致的盛衰。《南史》卷四十二萧子显传言“简文素重其为人”，他们的文学见解是相投的。《南史・梁简文帝纪》说：“帝文伤于轻靡，时号‘宫体’。”“宫体所传，且变朝野。”《隋书・文学传序》指明：“简文、湘东启其淫放。”唐杜确在《岑嘉州集序》中更说：“自后沿袭，务为妖艳。”君主爱好，臣僚附和，在这种社会政治背景下编辑的《玉台新咏》，因此收录轻靡之作甚多，主要由宫体诗人轻侮妇女的诗篇集合而成。明胡应麟《诗薮》外编卷二说：“《玉台》但辑闺房一体。”清纪容舒《玉台新咏考异》卷九指出：“按此书之例，非词关闺闼者不收。”这便是本书在内容上的特点。

仅仅看到此书在内容上的特点，还不能揭示徐陵在编辑工作上开创性的见解。萧统《文选》诗文并选而以类分，但分类及排列还没有明示系统和次序，所选诗的分类或按内容，或依形式。诗类子目二十有二，前后序列、归类并无严格标准，可见对诗尚无确定的见解。《玉台新咏》十卷，清朝齐召南参与校勘此书，在按语中指出，第一、二卷“词皆古意”，第三卷“艳体犹与古调相同”，第四卷中“小谢（朓）已为宫体滥觞”，第五卷“艳体已成”。乾隆间程琰删补的吴兆宜笺注本卷八末按语称：“三、四卷是宫体间见，五、六卷是宫体渐成。七卷是君倡宫体于上，诸王同声。此卷是臣仿宫体于下，妇人同调。”九卷末按语称：“卷九、卷十是补遗，然多古趣。又：此卷是七言，凡拟古歌行格调半由此起。”卷十末按语称：“此卷是古之五言绝句。”程刊本又注出宋刻本原有六百九十首，现增宋刻不收者一百七十九首，共八百六十九首。这些按语，依徐编内容清楚地说明了编辑体例，对我们从编辑学的角度来观察此书是很有帮助的。

根据上述内容，金克木在《〈玉台新咏〉三问》中精辟地指出徐陵编选工作的成就：

> 在预定的内容主题范围之内选诗，由“古诗”、乐府诗起，大体照时代排。卷三到东晋，卷四至卷六已到梁朝，卷七才专选梁武帝萧衍等帝王的诗，卷八选梁朝诸臣的诗。卷九是七言诗，兼收四言、六言、杂言。卷十是五言绝句。仍大体照时代先后排列。很明显这是有文学史和文体史眼光的排列顺序。《文选》各类之中虽以时代先后为序，但分类琐碎，不见文体之变。这书就明白显示文体变化，最后分溯七言、五言诗形式历程，已经看得出向唐代诗体过渡的苗头了。全书排出了由乐府到宫体以及七言、杂言古诗、五言绝句的发展路线。这不是仅仅因为只收一种内容的诗照时代排列而自然显现的，那样就不必依照形式另列七言、五言附后了。可见编者徐陵虽承帝王意旨，顺时代风气，却是在可能范围内发抒了自己的文学史观的。他编选的诗的程序系统显出了诗的发展路线：乐府诗——拟乐府诗——古体诗——今体诗（宫体诗）——杂言、七言诗（歌谣）——五言绝句（歌谣）。

前人论诗，固已知由发展角度着眼，如胡应麟在《诗薮》中强调“风格体裁，人以代异”“诗之体以代变也”。但都远没有达到以上的系统认识。

对于徐陵的编选工作，金克木进一步指出：

值得注意的还不仅这一点。在主题上编者也有自己的见解。全书范围虽是以妇女为主题，所选诗的内容主题却不是一种。全书提供了文体、文学思想以至文化的系统排列资料。这是历史发展的本来系统，但如果编者毫无见地，就不会这样收录。他本来可以将宫体立为标准，选辑同类诗篇，那就看不出更多的意义了。

这种深刻的阐发，把徐陵的编辑思想充分地揭示出来了。

徐陵依顺帝王所倡风气，编辑《玉台新咏》，终以靡靡之音而受责于后世。梁启超虽然说“《文选》之于诗，去取殊不当人意”，同时也认为承简文帝意旨所编的《新咏》是“言情绮靡之作”，“其风格固卑卑不足道”。南朝的统治阶级，刘、萧、萧、陈，出身寒微，都少教养，一朝登上帝位，生活的堕落和感官的要求，与历代荒淫的帝王相比，有过之无不及。王瑶《论齐梁诗》称：

使纵欲的要求升华一下，使由生理的满足提高为心理的满足，以文学来做精神生活的一种寄托——这便是宫体诗。

由直接写酥软和横陈的女人而写闺思和娈童，再写女人所用的物品来代替人；先是接近肉体的如袖领履袜，再进而为枕席卧具和一切用品，在这里都可借着联想作用来得到性感的满足。因此文章也便成了享受的一部分，而且可以代替了纵欲和荒淫。

所以范文澜在《中国通史》第二编中指出："宫体诗正是统治阶级生活极端腐朽的表现，它所描写的对象，主要是色情。《内人昼眠》《娈童》也用来作诗题，污秽可厌。"这实在是诗歌的堕落。

可是，由于编辑人的识见，《新咏》并不是宫体诗的一统天下。有不少诗只因"篇中字句有涉闺帏"而被选录，因而收入了不少优秀的诗篇。例如乐府诗《古诗为焦仲卿妻作》，其事其诗，可泣可歌，凡一千七百四十五字，古来第一首长诗，揭露了封建礼教吃人的罪恶，因本书选录而得以保存流传。《日出东南隅行》，一作《陌上桑》，塑造了秦氏女罗敷坚贞美丽的形象，她巧慧地拒绝了无耻官僚的引诱。《羽林郎》歌唱一位胡姬拒绝金吾子的调戏，盛赞她反抗强暴的精神和坚贞不屈的品格。《皑如山上雪》写一个女子对负心的男子表示决绝，痛责他只看重金钱而不重视爱情。《上山采蘼芜》写一个弃妇的哀怨，反映了封建社会妇女被压迫的境遇。范文澜在《中国通史》中特意提到西晋傅玄所作《苦相篇》，叙述男女间的不平等，妇女在父家夫家身受的苦痛，认为是罕见的同情妇女的诗篇。他甚至说《新咏》"由于有了《苦相篇》一类的诗，虽然不多，这部诗集也就值得流传了"。此外，书中还选录了枚乘、张衡、曹植、阮籍、左思、鲍照、谢朓等著名诗人的作品，以及齐、梁文人的一些佳作，都是这部选集的价值之所在。

徐陵所做的编辑工作是很有意义的。首先，"《玉台新咏》流传很广，这是因为专咏妇女，也是编诗集的一种新格局。许多诗篇赖《玉台新咏》得以保存，成为大观，从这里可以了解封建社会妇女的生活状况和士人对妇女的各种态度"。范文澜在其《中国通史》中强调指出了这个特色。这种选本在当时是没有前例的。

其次，汉魏六朝的总集、别集流传下来的很少，即使著名作家的作品，如曹植的《弃妇诗》、庾信的《七夕》，其本集皆失收，也因选入本书而免于失传。

同时，不少作品的时代与作者，本书也另有见解。朱彝尊将《文选》与《新咏》对读，认为《文选》"入选之文，不无伪制"；又指出："裁剪长短句作五言，移易其前后，杂糅置十九首中，没枚乘等姓名，概题曰古诗，要之皆出文选楼中诸学士之手也。"他说："徐陵少仕于梁，为昭明诸臣后进，不敢明言其非，乃别著一书，列枚乘姓名，还之作者，殆有微意焉。"在文学史上占有很重要地位的《古诗十九首》，影响很大，从两晋到清代诗人都有拟作。锺嵘《诗品》评为"一字千金"。历代考证笺注者甚多，见仁见智，势难尽同。朱彝尊认为："诵诗论世者，宜取《玉台》并观，毋偏信《文选》可尔。"《四库全书总目》也强调它可资考订的价值。

又《文选》不选录生存者作品，而《新咏》六、七、八三卷所收都是当代文人的作品。对齐梁宫体诗也不能全部否定，在声律、对偶、用典等方面已相当成熟，诗中敢于说出真性情，借胡应麟的话说"大有造于唐者也"。其卷九的七言歌行，卷十的五言二韵古绝句，对后世七言诗的创作和唐代绝句的发展也有影响。《玉台新咏》的编辑，对于诗歌的发展起着促进作用。

徐陵自己的著作集久佚不传。现存《徐孝穆集》六卷，乃后人从《艺文类聚》《文苑英华》诸书内采掇而成。作为一位编辑家看，还有两事值得一记：

《南史》本传称，他“容止可观，性又清简，无所营树，俸禄与亲友共之”“为一代文宗，亦不以矜物，未尝诋诃作者。其于后进，接引无倦”。做编辑应有这个气度。

《南史》又记他在陈宣帝时，有知人选贤的事迹。后主陈叔宝时，“后主为文，示陵云‘他日所作’，陵嗤之曰：‘都不成辞句。’”编辑读稿就应该有这种原则性。到他逝世时，史称“后主衔之，至是，谥曰‘章伪侯’”。陈叔宝这个耽于酒色、荒淫亡国的皇帝多么无赖！

颜之推

曹魏和南北朝时期，编辑工作中有个新发展，就是类书的纂辑，在古籍中开创了一种体例。这项工作多由显贵大臣题名领修，文人学者参加，分工修撰，上呈帝王裁览。关于早期编辑具体事迹，史书所记简略零散，兹以北齐颜之推为代表人之一，并略述其他类书编辑。

关于类书的起源，学术界看法不一，清代中期学者汪中以为《吕氏春秋》为类书之所托始；清代以辑佚名家的马国翰推演其说，认为《吕氏春秋》外，刘向的《新序》《说苑》是类书之最先者；今人张舜徽以为《尔雅》应是类书之所起。《玉海・艺文・承诏撰述篇》说："类书之事，始于《皇览》。建云台者非一枝，成珍裘者非一腋，言集之者众也。"魏文帝曹丕诏命纂辑的《皇览》，一般认为是类书的原始。《三国志・魏志・文帝纪》说："初，帝好学，以著述为务，自所勒成垂百篇；又使诸儒撰集经传，随类相从，凡千余篇，号曰《皇览》。"命名的含义是"宜皇王之省览"（《史记・五帝本纪》司马贞《索隐》）。《魏略》说《皇览》"合四十余部，部有数十篇，通合八百余万字"。《三国典略》说此书"包括群言，区分义别"。据零星记载推断，约一千多卷。旧新《唐书》均不载，可能全佚于隋末。

陈寿《三国志》虽注意到在学术文化、科学艺术方面卓有贡献者，但不免有所遗漏，与华佗齐名的张仲景，当时“天下之名巧”马钧都未立传。对于《皇览》的编纂也是语焉不详。根据散见于各传的记载和裴松之注所引书，大致知道参加编辑工作的有王象、刘劭、桓范、缪袭、韦诞等。由公元220年夏季开始编辑，体例为集五经群书，以类相从。大约以王象、缪袭主持编辑部，史称“数岁成，藏于秘府”。《三国志・杨俊传》注引《魏略》云：象，字羲伯，河内人。建安前辈作家相继去世后，“新出之中，惟象才最高。魏有天下，拜象散骑侍郎，迁为常侍，封列侯，受诏撰《皇览》。使象领秘书监”。王象少时孤贫，十七八岁时为人牧羊，偷暇读书，常遭主人痛打。韦诞，善书有名，除见《三国典略》外，马宗霍辑《书林藻鉴》载：“魏氏宝器铭题皆诞书也。”又梁武帝云：“诞书如龙威虎振，剑拔弩张。”其他编辑事迹的记载也很零碎。

《皇览》的编辑影响颇大，据《隋书・经籍志》载，在梁代类书流行时，先后有何承天、徐爰、萧琛的“抄合本”，就是对《皇览》节录与合并抄写的本子。同时，以《皇览》为范本编出新书。南北朝后期，编辑类书的风气很盛。每值文人聚会，往往互相炫耀才学，较量所知典故的多寡；帝王权贵也常约集文士问经史事例，鼓励数典隶事的风气。当时吟诗作文，以数典为工，富博为长。萧子显《南齐书・文学传论》评述流行的一种文风称：“缉事比类，非对不发，博物可嘉，职成拘制。”创作只知积聚典故，分类罗列，反转过来，创作也受了典故与对偶的束缚，写不出活泼泼、有情思的作品了。类书的编辑因此很受重视，原来是为了博览检索的方便，到这时却适应附庸风雅的权贵和文人们隶事属对的需要，成为吟诗作文取材的资料库了。

南北朝的几个王朝，效法曹魏，编辑了好几种类书。先是北魏道武帝拓跋珪时，崔宏等编纂《帝王集要》三十卷，主旨在于“陈古人制作之体，及往代兴废之由”。南齐竟陵王萧子良传云：“移居鸡笼山西邸，集学士抄五经百家，依《皇览》例，为《四部要略》千卷。”到6世纪开头的二十年间，梁武帝萧衍开国之初，即诏修类书，由刘杳、到沆、到洽、丘迟、王僧儒、张率等统辑四部书资料，编成《寿光书苑》二百卷。萧衍之弟安成王秀招平原刘孝标，“给其书籍，使抄录事类”，编成《类苑》一百二十卷。萧衍嫉妒刘孝标才高，大约也自觉《寿光书苑》不及《类苑》，又命徐勉、何思澄、顾协、刘杳、王子云、锺屿等编成《华林遍略》七百卷。《梁书·简文帝纪》所载著述，有《长春义记》一百卷，还有陆罩等为他编的《法宝联璧》三百卷，湘东王作序说以比王象、刘劭之《皇览》，不过这都是佛学类书。陈末张式编有《书图渊海》数十卷。《华林遍略》的抄本，被江南贾客携往北方出售。北齐受南朝风气的影响，最突出的编辑工作，便是颜之推等编纂《修文殿御览》。

颜之推（531—约597），字介，琅玡临沂（今山东临沂市北）人。北齐学者、文学家。颜氏为北方世族，西晋末年，中原云扰，琅玡颜氏渡江，南迁建康南之长干。颜之推出生于诗书冠带之家，《北史》卷八十三称：“世善《周官》《左氏》学。”少时“博览书史，无不该洽，辞情典丽”，“虚谈非其所好”。公元552年，颜之推二十二岁，梁湘东王萧绎即位于江陵，称元帝。颜之推为散骑侍郎，奏舍人事，奉命校书。554

年，西魏兵陷江陵，元帝遇害，藏书十四万卷付之一炬，这是我国古籍的第五次厄运。颜之推被掳至陕县，因蓄志南归，冒险投奔北齐。557年陈霸先废梁自立，回归无望，遂留居北齐出仕。

北方经过长期的民族战争后，并没有根本解决汉人士族豪强与鲜卑贵族之间的矛盾。北齐将相大臣中，十之七八为鲜卑贵族和鲜卑化的汉人，汉人士族很受排挤。不过为了更便于统治汉族人民，北齐也曾几度起用汉人士族做宰相。这时，北齐后主高纬以侍中祖珽为左仆射。《北齐书·文苑传序》说："后主虽溺于群小，然颇好讽咏。"颜之推因而得从河北赵州调到京都邺城（今河北临漳西南），与萧放、王孝式、萧慤"同入撰录，犹依霸朝，谓之馆客"。他和萧放利用这缓和的气氛，借助于祖珽的权势，计划开展编辑工作，同时培养汉人士族子弟。《文苑传序》说：

> 放及之推意欲更广其事，又因祖珽辅政，爱重之推，又托邓长颙渐说后主，属意斯文。三年（572），祖珽奏立文林馆，于是更召引文学士，谓之待诏文林馆焉。珽又奏撰《御览》。

颜之推的愿望终于实现。

本来北齐武城令宋士素编了《御览》三卷，撮录古来帝王言行要事，送呈齐主备览。后经文学家阳休之创意，取《华林遍略》，并加北朝文史书籍中资料，扩编为《玄洲苑御览》，又改称《圣寿堂御览》。祖珽向后主建议，再加改编，修成《修文殿御览》。关于此书编辑经过，《太平御览》卷六〇一引唐人丘悦所撰《三国典略》说：

> 齐主如晋阳，尚书左仆射祖珽等上言：“昔魏文帝命韦诞诸人，撰著《皇览》，包括群言，区分义别。陛下听览余日，眷言缃素，究兰台之籍，穷策府之文，以为观言贵博，博而贵要，省日兼功，期于易简。前者修文殿令臣等讨寻旧典，撰录斯书，谨罄庸短，登即编次。放天地之数，为五十五部；象乾坤之策，成三百六十卷。昔汉世诸儒，集论经传，奏之白虎阁，因名《白虎通》。窃缘斯义，仍曰《修文殿御览》。”齐主命付史阁。

《修文殿御览》计三百六十卷，自来各书著录均同。古人编书，首重体例，分门别类，都得有个讲究。此书据《易·系辞》“天数二十有五，地数三十”之说，分五十五部。部以下又分二百四十类。修文殿编辑部的人员，有监撰、撰例和撰书三类，还派其他文职要员“续入待诏”。《北齐书·文苑传序》列举了祖珽、魏收、徐之才、阳休之、颜之推、刘逖等六十二人之多，故言“当时操笔之徒，搜求略尽”。颜之推与萧放、萧慤同任撰例，其《观我生赋》自注云：“之推专掌，其撰《修文殿御览》《续文章流别》等，皆诣进贤门奏之。”他是这部类书的总编辑。史称“萧、颜撰例，诸贤秉笔”，可见必须由有实学的人来掌握编辑体例，才能将书编好。

现已看不到《修文殿御览》的全书，无法论其优长。胡道静在《中国古代的类书》中说：

> 根据仅有的资料，仍然可以窥见它的某些特点，足以说明其流传较久的原因；反过来说，传世之久也说明它必有若干特点。编例的谨严，应是一端。因为它重视体例，故有专人负撰例之责，而司其事的颜之推是极有实学的人。
>
> 抓体例的实际效果，也势必是：“《遍略》为卷七百，此才得半，如何去取，虽未可知，而待诏诸人，当无率尔。”
>
> （由于《遍略》冗汰复见，不及《御览》取精）宋代编纂《太平御览》，以《修文殿御览》《艺文类聚》《文思博要》等为蓝本，而分部的数目，一依《修文殿御览》，也说明了撰例谨严取得的成绩。

颜之推本人的工作态度，也是值得称道的。《北史》本传说：“善于文字，监校缮写，处事勤敏，号为称职。”这部类书到南宋时还完整存在，陈振孙《直斋书录解题》说：“案《唐志》类书，在前者有《皇览》《类苑》《华林遍略》等六家，今皆不存，则此书当为古今类书之首。”到了明初才失传于世。

鲜卑贵族尚武轻文，凌辱汉民，贱视文化，史称颜之推“为勋要者所嫉，常欲害之”。在鲜卑族建立的王朝下，编辑工作犹能得到这种发展，固因被起用的汉人士族想扶植自己的势力，利用暂时的权势提拔衣冠子弟，但毕竟最后要取得最高统治者的支持。在那战乱相乘的时代，编辑工作在北方犹能有所开展，不外是由于最高政治力量的支持，有一个虽然短暂却是缓和宽松的境遇，以及一大批高才博学的人士。这三点可以看作是编辑工作得以发展的普遍规律。修文殿编辑部里，史称

“亦有文学肤浅，附会亲识，妄相推荐者”，“为时人所嗤鄙”，那毕竟是极少数罢了。

颜之推一生，遭逢乱离，用他的话说“三为亡国之人”。梁亡入北齐，北齐亡入北周，最后入隋为御史上士，太子召为文学。郑振铎《插图本中国文学史》摘引其《颜氏家训》中平庸议论，指出：“充分的可以看出一位谨慎小心，多经验，怕得罪人的老官僚的口气来。”他历尽艰辛，几乎被杀者数次。于出处之际，尤多悔痛，自谓“不当仕进”，只因“播越他乡，无复资荫”“兼以北方政教严切，全无隐退故也”。他的《观我生赋》和《家训·终制》可以看作是他的自传和遗嘱。另编有《还冤志》一书，全是佛家报应之说。生平著述有《文集》三十卷、《训俗文字略》一卷、《集灵记》二十卷、《急就草注》一卷、《笔墨法》一卷、《稽圣赋》三卷、《证俗音字》五卷，以《家训》二十篇最有价值，是研究南北朝社会政治史的直接而重要的史料。《直斋书录解题》云：“古今家训，以此为祖。”晁公武《郡斋读书志》云：

> 述立身治家之法，辨正时俗之误，以训世人。今观其书，大抵于世故人情，深明利害，而能文之以经训。
>
> 又兼论字画音训，并考正典故，品第文艺，曼衍旁涉，不专为一家之言。

周作人《中国新文学的源流》说：

> 《颜氏家训》本不是文学书，其中的文章却写得

> 很好，尤其是颜之推的思想，其明达不但为两汉人所不及，即使他生在现代，也绝不算落伍的人物，对各方面他都具有很真切的了解，没一点固执之处。

今人缪钺为颜之推作年谱，收于《读史存稿》，他认为："之推淹贯经史，博学多能，尤精于文字、声韵、训诂、校勘之学，评论事理，亦具通识。"如此学识，真是个编辑的良才！缪钺还认为范文澜《中国通史》第二编中对颜之推的评价甚为精当，范文澜这样说：

> 他是当时南北两朝最通博、最有思想的学者，经历南北两朝，深知南北政治、俗尚的弊病，洞悉南学、北学的短长，当时所有大小知识，他几乎都钻研过，并且提出自己的见解。《颜氏家训》二十篇就是这些见解的记录。《颜氏家训》的佳处在于立论平实：平而不流于凡庸，实而多异于世俗。在南方浮华、北方粗野的气氛中，《颜氏家训》保持平实的作风，自成一家言。

僧　祐

鲁迅先生晚年想写一部中国文学史，六朝一章标题拟作“酒·药·女·佛”，这四个字准确而生动地揭示了当时的思想文化现象。前两字，他在 1927 年《魏晋风度及文章与药及酒之关系》的演讲中有所阐述；后两字，其一指盛行于南齐及梁陈的言情而不净的宫体诗，另一指崇尚佛教和佛教翻译作品的流行。这个时代的历史特征，在编辑工作的发展中也逐一反映出来。继论述《世说新语》《文选》《玉台新咏》的编辑家之后，应该着意介绍编纂《出三藏记集》《弘明集》等书的僧祐。

僧祐（445—518）是南朝齐梁时代的律学大师，也是中古佛教文史大编辑家。本姓俞，先世为彭城下邳（今江苏邳州市）人。父辈居建业（今江苏南京市）。他幼年在城内建初寺出家，十四岁时投钟山定林寺，拜在素称“法门栋梁”的法达和“律行精纯”的法献门下学习。受具足戒后，师事律宗名僧法颖，随侍二十余年，尽心钻研律学。得名师指引，自己又勤奋，乃以精通律学著闻于世。在后半生中，他经常广开律席，春秋讲说，七十余遍，披释精详，听众踊跃。弘传律学之外，他在建初、定林两寺建立经藏，搜聚卷帙，可说是我国历史上创建佛教图书馆的第一人。他多才多艺，还精研佛教音乐、舞蹈、造像等艺术，奉派规划监造佛像殿阁，浙江嵊县和南京栖霞山佛像的雕制都凝聚着他的构想和心血。

然而，他一生的重大贡献在于综理佛教典籍，编制经录，所编《出三藏记集》不但于编辑体制方面创造新格局，在《别录》《七略》《汉书·艺文志》《七志》《七录》之外另立体例，广收资料，叙明我国所译的经、律、论三藏，可当佛教东来的学术文化简史看，而且在梵汉翻译问题的阐述中，找到了我国传统文化与外来文明的衔接点，孕育着比较文化论的胚胎，显示了我国六朝知识界承受异质文化的认识程度和开明气度。我以为，这位高僧对于外来文化因子的吸取和评述，是他留在中国学术思想史和编辑史上最大的功德。

佛教何时入华，传说纷歧。汉明帝永平年中，遣使往西域求法，大体上是公认的佛教入中国之始。从东汉末年起，它的传播和发展，对中国的社会政治、学术文化诸方面都发生了重要作用。在中国固有文化思想的背景下形成的中国佛教，又给汉唐以后的中国文化以重大影响，且成为日本、朝鲜等国佛教发育的祖庭。因而，研究佛教对于理解中国思想文化具有认识价值，由梵文翻译过来的数千卷经典，本身就是伟大富丽的文学作品，汉译经、律、论三藏的编录便有积极的意义。东汉魏晋间佛教传布很快，南北朝时更趋隆盛。佛教经历着一段艰难的但是发展的路程，至梁武帝时而全盛。“都下佛寺五百余所”（《南史》卷五十），可见杜牧四百八十寺的诗句并不夸张。佛教徒的事业首先是译经，由梵胡译汉，拿来吞咽。到东晋南朝，佛学被儒学作为养料来吸收，开始了咀嚼消化的阶段，从而丰富了汉族古文化。南朝兴佛教，重点仍在佛学义理的研讨和总结。梁武帝以佛学治国，并杂以儒术，搜求佛典，三次敕编经录，僧祐编撰《出三藏记集》正是皇权的需要。

《出三藏记集》的“出”字，是翻译过来的意思。书名表示它是译为汉文的经、律、论三藏汇编而成的佛学综合目录。佛法的传习，首重译本，佛教经籍目录起源颇早。东汉桓、灵之后，出经日多，部帙大增，不同的译本也陆续出现，编辑目录成为弘法的必要手段。所传西汉前有《古录》《旧录》不可信，但自西晋起先后有《竺法护经录》《聂道真录》《支敏度录》《二赵经录》等，只以时代与地域所限，草创不周。到东晋孝武帝宁康二年（374）道安编成《综理众经目录》（简称《安录》），在著录内容和编排分类等方面有了很大改进。道安是佛教史上划时代的大师，主持佛典的翻译与校雠工作贡献甚大，很受当时社会的推重。《出三藏记集》的第二部分经录本文，就是在全部吸收道安目录的基础上加以补充扩大而成。僧祐写道：

> 爰自安公，始述名录，诠品译才，标列岁月，妙典可征，实赖伊人。敢以末学，响附前规，率其管见，接为新录，兼广访别目，括正异同。

在序言中又说，着手编辑时，“钻析内经，研镜外籍，参以前识，验以旧闻”。他搜集钻研了大量文献资料，旁征博引，参照亲身阅历见闻，下了很大功夫。陈垣《中国佛教史籍概论》中将它列为第一种。汤用彤《汉魏两晋南北朝佛教史》指出僧祐的编辑工作“特可注意”：

> 佛典目录之作，在我国遂为专门学问。《开元录》卷十叙列古今诸家目录，隋以前有二十七部。外加陈

> 智敫之《翻译历》，共二十八部。此中惟梁僧祐之《出三藏记集》现存，余均佚失。

《祐录》十五卷，大约成书于梁天监十五年（516）起的一两年间。开头有说明编辑旨趣的总序，前半部述释迦入灭后佛典的几次结集，及传入中国后，自汉末安世高以来佛经汉译的历史过程，与因语言之差异而出现的种种异译与混乱，因而有编辑经录、纂集群经之必要。后半部说道安所编目录“订正闻见，炳然区分”，而本书承其形制，而有发展。全书分《缘记》《名录》《经序》《列传》四部分：

> 缘记撰则原始之本克昭，名录诠则年代之目不坠，经序总则胜集之时足征，列传述则伊人之风可见。

书中大大增补了《安录》之后新译经籍。他表示“秉牍凝翰，志存信史”，又自谦为“井识管窥”。这序是以优美的骈文笔法写下的。

陈垣指明此书编辑特色：“本书为簿录体”，“然其体制与外学目录书不同”，《汉书·艺文志》等“只一方式而已”，本书“中间分四方式”，就是上文所说的结构四部分，为僧祐自创的编辑体例。《缘记》一卷，沿波溯源，叙佛经及译经之起源；《名录》四卷，即历代译经详目；《经序》七卷，收前言、后记一百二十篇，以证经典如何一波一波地东传；《列传》为译经者三十二人小传，彰其功绩。陈垣指出：清代朱彝尊《经义考》录载各经前序、后跋，便是仿照僧祐的编法。严可均辑

《全南北朝文》，将此书《经序》七卷全数采入，“可谓探骊而得其珠”，找到了《祐录》精蕴之所在。

日本兴膳宏在《〈文心雕龙〉与〈出三藏记集〉》一文中进而指出：《三藏记》“绝非简单地罗列佛典名称的书目”，其编辑目的“在于考证中国自汉至梁接受佛教的轨迹和集成有关译经的基本资料。可以说它就像《汉书·艺文志》《隋书·经籍志》一样，既是图书目录，又是当时学术文化的综合历史记录”。但体制有所不同，如第二部分《名录》，不是依中国古典目录学四部分类法按书的内容分类，而是根据翻译的时序排列，再进而按译者来分类。他还强调《经序》“收录此中而赖以流传后世的贵重资料不在少数”。《列传》部分“是最早的众僧合传”，为后出的慧皎《高僧传》所取材，“甚至还有原封不动照搬的篇章”。

僧祐的编辑道德也值得称道，他不没前人之功。此书第二部分内有十五节，其中经律论录及标明“安公”的六录，都是以《安录》为基础订补而成，交代清楚，不盗名贪功。其余各节则为僧祐自编增补。《名录》中共著录2162部，4328卷经籍，较《安录》增加近三倍。不过记南统为多，北统较少，因编者受地域所限。书中也有欠缺处，为唐释智升《开元释教录》所指摘，但凡事首创难，僧祐富有创造性的编辑体例、方法为其他经目所未有。这书与后日书录解题、书目提要等用处无异，其编例及资料均为后人重视与取法。

尤其值得称道的是，作为大编辑家的卓识，在第一部分《缘记》中有突出的表现。《缘记》收录长短文共四篇，编者自撰《胡汉译经音义同异记》一篇，余为抄录佛经而成。这个部分向未博得佛教史家的青睐，《同异记》从未得到积极的评价。

可是，日本兴膳宏教授提出，《同异记》中发表了石破天惊的议论，说“昔造书之主，凡有三人”，梵、佉楼与仓颉同被尊为古代造字的圣者。古今东西文字表达形式，虽有右行、左行、下行三种，“文画诚异，传理则同”。僧祐在自用的汉字外，冷静地认识还有性质完全不同的另一系统的其他语言文字存在，而承认汉语汉字为其中一种。这是开明而惊人的。

日本学术界向来重视研究我国六朝文化。著名汉学家吉川幸次郎论及僧祐语言观云：

> 这是在世界的语言中，对中国语及其文字的位置的十分确实的认识。到上个世纪末[①]为止，我不太记得在读中国书时发现过同样的认识。（《文明的三极·中国人与外语》）

有些学者把《同异记》内容理解为译经的历史，兴膳宏认为：

> 这样的说法，当然不能尽意。恐怕可以说它是最初的翻译论，考察了将语言体系迥异的印度经典译成汉文时所产生的一些基本问题；更广义地说，可称是具有比较文化论性质的论文。

这使人想到早于僧祐一百三十多年的道安法师，他在注经时发现译梵为晋的翻译工作者，“或善梵而质晋，或善晋而未备梵”（《出三藏记集》卷五），就是中外文水平不相称；后来提出

---

① 编者注：“上个世纪”指 19 世纪。

“五失本、三不易”的翻译理论，要求谨慎地传达原意。但他还没有从比较文化的角度着眼。兴膳宏因而说：

> 然而究竟有多少人知道具有与仓颉同等资格的梵与佉楼的存在呢？又有多少人以“文画诚异，传理则同矣”的观点来客观地看待自己的文明呢？

中国六朝知识分子如道安、谢灵运等，对与汉语相去很远的外语已有某种程度的了解，到僧祐认识更广，所以兴膳宏说，这表现了“中国传统文明在受到异质文明培育时其精神世界的广袤性”，《同异记》说明当时中国知识界的认识范围。我们感谢日本学者饶有意义的研究，六朝知识界非仅沉湎于玄谈与烟云供养，还有着开阔的精神世界，对域外文明的宽容和汲取。这也使得中国编辑史增辉。

僧祐除编辑经录外，还有《萨婆多部相承传》《十诵义记》《释迦谱》五卷、《世界记》五卷、《法苑集》十卷、《弘明集》十四卷、《法集杂记传铭》十卷。连同《出三藏记集》八种，题名为《释僧祐法集》，他在序言中谈到平日奋力治学：“以讲席间时，僧事余日，广泛众典，披览为业；或专日遗餐，或通夜继烛，短力共尺波争驰，浅识与寸阴竞晷。”《法集杂记传铭》写明编成（见《祐录》卷十二），其中收有刘勰、沈约等大作家作品，而僧祐说“文自彼创，造自鄙衷”，可见他与当时文学界关系密切。现在仅存《释迦谱》《弘明集》与《出三藏记集》了。

《释迦谱》的内容，是从各种记叙释尊一代教化之迹的经籍中摘编而成的释迦传记。《弘明集》采《论语·卫灵公》“人能弘道”之意，序言说：“夫道以人弘，教以文明，弘道明教，故谓之《弘明集》。”关于这部论文集，《四库全书总目》卷一四五称：

> 所辑皆东汉以下至于梁代阐明佛法之文，其学主于戒律，其说主于因果，其大旨则主于抑周孔，排黄老，而独伸释氏之法。

《总目》接着虽讲“天不言而自尊”，但最后仍云：

> 然六代遗编，流传最古，梁以前名流著作，今无专集行世者，颇赖以存，终胜庸俗细流所撰述。就释言释，犹彼教中雅驯之言。

比如鸠摩罗什门下的僧肇，当日被比作魏晋玄学开创者之一何晏，其论文均赖僧祐所编书而传；范缜著名的哲学论文《神灭论》，当时思想界长期进行的形神因果大论争，在其中有详细记载，保存了大量思想资料，可供理论思维的参考，无疑是僧祐编辑工作的贡献。

还应说到僧祐教学待人的风范。《梁书》《南史》均记文学理论批评家刘勰与他居处十余年，少年时代在他身边学习，晚年出家名慧地。兴膳宏的研究认为：“老师可能把他视为自己的分身”，“刘勰的影子在《出三藏记集》中占了不容忽视的相当大的篇幅”，还说“僧祐与刘勰分享着作者的资格”。限于本文主题，不能细述。

僧祐毕竟是一位佛教徒，他攻击范缜的《神灭论》诬佛侮圣。但六朝是战国以后思想活跃的时代，作为文史编辑的僧祐，他对外来文明的理解，治学的勤奋，收录思想资料的认真，在编辑工作中的创造精神，不正是值得研究的吗？

欧阳询

隋唐之际，类书编辑工作颇为发达，封建国家和文人学士均着意致力修纂。我国现存的古类书，编辑时间较前，至今篇幅仍较完整的，都属此时编就。这一批类书中，能改变常规体制，在辑存文献的体例上别开生面者，当推欧阳询主编的大型类书《艺文类聚》。

类书的兴盛，固然由于王朝施政需要参酌前代典制，同时也与文体的变化密切相关。近人刘师培《论文杂记》申论由汉至魏的文章变迁，在第九节中说：

> 西汉之时，虽属韵文，而对偶之法未严。东汉之文，渐尚对偶。若魏代之体，则又以声色相矜，以藻绘相饰，靡曼纤冶，致失本真。

到南北朝时，骈体文成为正宗文体，对偶更见工整，句子的结构也形成四六的格式。当日徐庾俪体，风靡文苑。及至隋唐，骈文仍然盛行，且随着文学的繁荣，尤其是近体诗形成后，对偶法则的体现益趋多样化，由语法上、修辞上的要求，进而有声律上的规定。如刘师培所说：“诗为有韵之文，且多偶语。”唐代来我国留学的日本和尚遍照金刚，回国后著有《文镜秘府论》，介绍汉语、汉文，讲述六朝至唐初关于诗歌体制和声韵、对偶等理论，其北卷《论对属》称："凡为文章，皆须对属，诚以事不孤立，必有配匹而成。至若上与下，尊与卑，有与无，同与异……如此等状，名为反对者也。""及于偶语重言，双声叠韵，事类甚众，不可备叙。"在这种文体的驱策下，作者驰骋华辞，用事采言，益趋精密。

近人黄侃《文心雕龙札记》有云："汉魏以下，文士撰述，必本旧言，始则资于训诂，继则引录成言，终则综缉故事。"作家必须采摭群言，博记故事，储备以为对偶之资，避免临文翻检无着。可是，平日诵览殊难周到，博学强记，谈何容易！类书能起集裘备用的作用，因为它"肴馔经史，渔猎子集，联百衲以为衣，供獭祭于枵腹"。于是乎类书大兴。

隋朝短短三十八年，但却编出四部类书：虞绰、柳顾言、虞世南、庾自直、王曹等，奉隋炀帝命编辑《长洲玉镜》一百卷；杜公瞻奉诏编纂辞藻性类书《编珠》四卷；诸葛颖纂辑《玄门宝海》一百二十卷；虞世南在秘书郎任内自编《北堂书抄》一百七十四卷。

李唐开国后一百来年间，几乎历朝都以国家力量组织类书编辑工作，此外还有文人学者自行编纂。唐代类书可考者四十一种，约计六千五百余卷。其中《艺文类聚》《初学记》《白氏六帖事类集》世称为唐代三大类书；后人又以虞世南入唐为显官，连同其所编《北堂书抄》，合称为唐代四大类书。

欧阳询编辑的《艺文类聚》，改正了以往类书不重采文的缺点，汇集了繁富的文献资料，最为学术研究者所重视和使用。

欧阳询（557—641），字信本，潭州临湘（今湖南长沙）人。其父纥为南朝陈的广州刺史，因故被杀，询当株连从坐，被宫廷文学家江总匿养而免，并受到教育。《新唐书》卷一九八说他容貌鄙陋，但“敏悟绝人，博贯经史”，是个学识渊博的人。仕隋为太常博士。唐高祖李渊微时与他友好，即位后提升他任给事中，官至太子率更令、弘文馆学士。唐太宗李世民即位后授予渤海男爵位。

初唐武德五年（622），高祖李渊下令编修《艺文类聚》。受诏参加编辑工作的共十余人。今能考知姓名的有给事中欧阳询、秘书丞令狐德棻、侍中陈叔达、太子詹事裴矩、詹事府主簿赵弘智、齐王文学袁朗等人。欧阳询为领修人，就是此书的主编。唐王朝在诏修《艺文类聚》同时，并诏修唐前自魏至陈、隋列代史。编辑《艺文类聚》的诸人，也有不少被派兼撰史书，可见他们都是当时文苑的精英。由于他们兼领史馆职务，查阅和掌握材料更为方便，为编辑工作增多了有利条件。

《艺文类聚》以三年时间编成，在武德七年九月间由欧阳询奏进。他写的序言首先说明编辑类书的必要性：

> 夫九流百氏，为说不同；延阁石渠，架藏繁积。周流极源，颇难寻究；披条索贯，日用弘多。卒欲摘其菁华，采其指要，事同游海，义等观天。

接着歌颂新王朝彬彬之盛，“偃武修文，兴开庠序，欲使家富隋珠，人怀荆玉”，因此才由官修这部类书。

全书凡分四十六部，列子目七百二十七。例如开首的天部，占二卷，分子目十三；岁时部三卷，子目二十一；帝王部四卷，子目五十；人部二十一卷，子目五十八；最后灾异部一卷，子目七；地部、州部、郡部各占三分之一卷；山部、水部、鳞介部各占一卷半；药香草之部则分上下。因之有些目录书计算部门数字发生歧异。全书约一百余万言。所引用的古籍，据北京大学研究所国学门 1923 年的统计，共为一千四百三十一种。该所辑制了一个《类聚》引用书目，据研究者分析称，所引用的前代文籍中，现存者不足十分之一。这与《四库全书总目》卷一三五所说“隋以前遗文秘籍，迄今十九不存”的看法相同。《类聚》所引用的古籍，不仅十分之九不存，其余十分之一传世的古籍，因其所用者为唐以前古本，也可用来校勘今传之本。于此我们可以理解这部类书的学术价值了。

欧阳询主编的这部大型类书，在编辑体例上还有独特之处。他在序言中说：“前辈缀集，各杼其意，《流别》《文选》，专取其文；《皇览》《遍略》，直书其事。”这种辑存文献的方法，其缺点在于“文义既殊，寻检难一”。欧阳询所制定的体例是：“撰其事且文，弃其浮杂，删其冗长，金箱玉印，比类相从，号曰《艺文类聚》。”古类书的体制有三变：最古类书，大抵专辑故事，如《皇览》《遍略》；稍后则为摘取字句，如梁代朱澹远编辑的《语对》《语丽》；再后出现事文兼采，如《艺文类聚》《初学记》。《四库全书总目》评论《类聚》称：

> 是书比类相从，事居于前，文列于后，俾览者易为功，作者资其用，于诸类书中，体例最善。

《艺文类聚》始创以类事居前、文献列后的编例，免除了以往类书偏重类事，不重采文，以及不录片段、随意摘引的缺点，予后人以研究上的便利。例如：殷巨的《鲸鱼灯赋》（卷八十）、《奇布赋》（卷八十五），叙述大秦（即古罗马帝国）于晋太康二年（281）与我国的友好往来，可补《晋书·大秦传》的疏略；王粲《难锺荀太平论》（卷十一），麋元讥许由、吊伯夷（卷三十六、三十七）对“周公致太平”和“隐逸”者流，都有与当时不同的论见，是研究魏晋思想史的重要材料。再如人部二（卷十八）《美妇人》子目中，先引《方言》曰：“秦晋之间，美貌谓之娥，美状为窕，美色为艳，美心为窈。”然后引《诗》《左传》《礼记》《穆天子传》《韩非子》《庄子》《尹文子》《慎子》《楚辞》《淮南子》《战国策》《史记》《汉武故事》《东观汉记》、华峤《汉书》、干宝《晋纪》、桓谭《新论》《典论》《魏略》《吴志》及《邺中记》等书，而后引战国、两汉、魏、晋、齐、梁作家的诗赋。所列之文，名目繁多，诗赋外有：文、论、序、表、疏、诰、诏、敕、训、令、箴、章、议、解、赞、颂、铭、诫、叙、述、书、笺、启、歌、吟、碑、墓志、策文、典引等等。引用材料比较谨严，出处交代清楚，在搜辑文献、保存散佚方面很有贡献。

由于《类聚》辑集的资料丰富，宋代初叶编辑《太平御览》《文苑英华》等书，即据以征引。南宋周必大、彭叔夏、陈振孙都注意此书的价值，明代胡应麟、祁承注意它备载词赋。至清代的校勘、辑佚学者，整理先秦两汉迄南北朝的古籍，就更广泛地利用了这部类书。高儒《百川书志》卷十一云：“汉魏六朝之文，独赖《文选》、此书之存。不然，几至泯没无闻矣。”故自晚明以降，冯惟讷辑《诗纪》，梅鼎祚辑《文纪》，张溥辑《汉魏六朝一百三家集》，都从这书里发掘了材料。到清嘉道间严可均辑《全上古三代秦汉三国六朝文》七百四十六卷，取材于本书之多，无以复加了。

类书以及现代百科全书的编辑，都存在检索性的要求，内容充实，还应容易查找。这主要依靠体例的谨严，类目间架的合理。《类聚》在类目结构上还有若干组织不妥之处。《四库全书总目》说道："其中门目，颇有繁简失宜，分合未当。"举出山水部五岳存三，四渎缺一；帝王部三国不录蜀汉，北朝唯载高齐；案、几、杖、扇、麈尾、如意之类，宜入器物，而列之服饰；疾病宜入人部，而列之方术等等。百科全书性质的书籍，编辑时应有一套严密的规矩，其中框架设计十分重要。《类聚》的旧刻本，多有谬误缺佚，1965 年出版的汪绍楹整理校订本较实用。不过 1981 年上海古籍出版社重印汪本时，指出仍遗留一些问题，犹待对原著进一步的整理和研究。

欧阳询编辑的类书，《宋史・艺文志》另载有《麟角》一百二十卷，唯《崇文总目》《通志》都未写编辑人名姓。他又工书法，学二王，劲险刻厉，于平正中见险绝，自成面目，人称"欧体"。《新唐书》说："尺牍所传，人以为法。高丽尝遣使求之。"又记他尝行见西晋书法家索靖所书碑，"去数步复返，及疲，乃布坐，至宿其旁，三日乃得去"。其人形貌虽不扬，学习精神令人赞佩。与虞世南、褚遂良、薛稷并称为唐初四大书家，对后世影响很大。很可憾，《新唐书・儒学传》中所写他的小传，仅仅说他书法好，竟只字未提他在编辑工作中的成就。不能不说欧阳修处理失当！

与欧阳询同时及稍后，有两部类书值得一叙。虞世南（558—638）编辑的《北堂书抄》，引用书籍，为隋前旧本。据前人统计，除集部外，约八百多种，每种采用二三条至一千余条不等。今本一百六十卷，实分十九部，八百五十一类。每一类目中，汇集有关材料，每一事摘出句子，用大字刊出，再将文句的出处、上下文以及某些解释用小字注在下面。注文中时有编者自加按语。这是一部作文参考资料集，体制远不及《类聚》博大，而在某些类目中则较精确。虞世南是博闻强记之士，唐太宗称他为“行秘书”（《隋唐嘉话》），腹藏万卷的“两脚书橱”之意；又赞赏他兼有博学、德行、书翰、辞藻、忠直“五绝”（《书断列传》）。

唐玄宗李隆基在位时编辑的《初学记》三十卷，由徐坚（659—729）和韦述、余钦、施敬本、张烜、李锐、孙季良等分编，共分二十三部，三百一十三个子目。每一子目内均分叙事、事对、诗文三部分，汲取其前各种类书和准类书的体例组合而成，以知识为重点，兼顾辞藻典故以及文章名篇。这是按照玄宗要求，教育皇子们读书作文、便于阅览和查检的小百科知识全书。《四库全书总目》指出它“叙事虽杂取群书，而次第若相连属”，因为编辑做了一番组织编联的工作，“在唐人类书中，博不及《艺文类聚》，而精则胜之”。

唐代是我国封建社会中文化繁荣昌盛的时代，各方面都有突出的成就，蔚为万紫千红、缤纷灿烂的壮观，走在世界各国的前头。H. G. 威尔斯在侧重论述人类文明演进的《世界简史》第四十二章中说：

> 在整个第七、八、九世纪中，中国是世界上最安定、最文明的国家。……当西方人的心灵为神学所缠迷而处于蒙昧黑暗之中，中国人的思想却是开放的，兼收并蓄而好探求的。

这时，中国先进的经济、文化、技术，如造纸、冶金、雕版印刷术，精美的书籍等，不断传播到国外。公元 77 年，古罗马作家大普林尼（23—79）编撰的《自然史》三十七卷，是古代第一部百科全书型的著作，包括天文、生物、地理、医药、艺术等门类。此后，在世界各国编辑百科全书型的作品年表上，主要只能依次写上《皇览》《华林遍略》《修文殿御览》《北堂书抄》和《艺文类聚》了。接着是许敬宗（592—672）等编辑《累璧》《瑶山玉彩》，颜真卿（709—785）编辑《韵海镜源》，首创类书韵编的方法。到 880 年，阿拉伯第一部百科全书性质的著作《传统菁华》，才由伊本·库塔巴编成。降至 935 年左右，日本汉学家源顺（911—983）奉敕编成类书《和名类聚抄》十卷本分二十四部、一百二十八门，其五卷本的部与门数亦同，二十卷本则分三十二部、二百四十九门。这已经到五代的后唐末帝的时候，晚于《艺文类聚》成书三百余年了。

房玄龄

唐代著名宰相，前有房（玄龄）杜（如晦），后有姚（崇）宋（璟）。房玄龄是我国封建社会鼎盛时期的大政治家，之所以将他特列为编辑家，因为人们多忽略了他是编辑出身，亲手编过书；在他筹谋帮助李世民继立为帝后，以中书省、尚书省长官的身份，成为唐太宗的文化政策执行人，管理唐王朝初期的皇家编辑工作，并为后世开创了宰相监修国史的制度。

房玄龄（578—648），字乔（一说本名乔，以字显），唐齐州淄博（今山东淄博市）人。隋开皇间，举进士，时年才十八岁。《新唐书》卷九六本传说："授羽骑尉，校雠秘书省。"这是掌管图书典籍的官署。隋朝重视典司图籍工作，秘书与尚书、门下、内史、殿中并立为中央政府的五省。当时吏部侍郎高孝基以评论人物知名，很推重房玄龄，认为这个年轻人"当为国器，但恨不见其耸壑昂霄"。后补隰城尉，因事除名。房玄龄目睹隋政腐败，中原方乱，史称其"慨然有忧天下志"。及至李渊起兵太原，唐军入关，房玄龄在渭北投效李世民，任秦王府记室十年，掌章表书记文檄，参与机要，随同征伐，谋划统一，并密筹方策，协助李世民夺得帝位。贞观元年（627）为中书令。李世民论功行赏，以房玄龄、杜如晦、长孙无忌、尉迟敬德等功第一。首先出兵响应反隋的皇叔淮安王神通不服，当场声言“玄龄等以刀笔吏居第一”，使人不能理解。唐太宗以汉高祖评论群臣功劳的故事为喻道：“玄龄等有决胜帷幄、定社稷功，此萧何所以先诸将也。”贞观三年，房玄龄进尚书左仆射，居宰相积十五年，与杜如晦共管朝政，和魏徵等都是唐太宗的得力助手，共成旧日艳称的“贞观之治”。

甲兵强锐、府库盈溢的隋帝国，享国不到四十年，便由盛而衰，在农民大起义的汹涌浪涛中迅疾覆灭，给唐初统治者以极深刻的教训。唐人吴兢编的《贞观政要》卷八说，唐太宗君臣“动静必思隋氏，以为殷鉴”，书中这类记载有四十五处之多。《通鉴纪事本末》卷二九上记李世民对群臣说：“炀帝骄暴而亡，公辈所亲见也。公辈常宜为朕思炀帝之亡。”唐统治集团首先从经济、政治、军事以及处理周边民族关系等方面采取一系列措施，“去奢省费，轻徭薄赋，选用廉吏，使民衣食有余”（《资治通鉴》卷一九二）。同时，没有忽视思想文化政策的作用。李世民强调总结历史经验，重视官员学识素质，致力于发展学术文化，奖励编辑整理工作。与臣僚讨论历朝治国得失，认为“近代君臣治国多劣于前古”，其原因在于大臣不读书，“无学业”，不能识前言往行。因此，用人方略“以德行学识为本”。李世民以自身的体验，要求群臣多读古籍，按阅前史，“事之闲，宜观典籍”“览古今之事，察安危之机”。他曾对房玄龄说：“为人大须学问。君臣父子，政教之道，共在书内。”这都说明当时认识到文化学术与现实政治的密切关系，从而采取了相应的政策。唐宫太极殿上议论军国大事，总是论今引古，古为今鉴，六官各陈所见。王夫之《读通鉴论》卷二〇云：“酌古鉴今，斯可久之良法与！”又说：“读太宗论治之言……读史者鉴之，可以知治，可以知德，可以知学矣！”房玄龄作为“外统六官，内匡君德”的宰相，正是唐王朝这种文化政策的执行人。

房玄龄是个有实学的人。《新唐书》本传说：“玄龄幼警敏，贯综坟籍，善属文，书兼草隶。”他跟李世民当机要秘书时，“居府出入十年，军符府檄，或驻马即办，文约理尽，初不著稿。”他随李世民进行统一战争，所到之处，“众争取怪珍，玄龄独收人物致幕府。”武德四年（621），李世民大军打败盘据隋东都洛阳的王世充时，房玄龄奉命入中书门下省，“收隋图籍制诏”，一如汉初萧何入关故事。这批典籍档案，对于唐初建政治国、设官办事起了参考作用，在武德年间建立的封建国家体制，就是以隋朝为蓝本。

唐初，中书、门下、尚书三省长官都是宰相，共同“佐天子，总百官，治万事”（《新唐书·百官志》）。由房玄龄担任尚书左仆射的尚书省，是全国最高行政机构，有关皇家文史编辑工作，也由其负责管理。房玄龄以宰相监修国史，对于史馆的组织，史书的编审，发挥了重要作用。

设馆修史制度的确立，是唐代对于发展编辑工作的一大贡献。远在殷周以前，我国已有史官。王国维《释史》云：“史字从又持中，义为持书之人。”又说：“史为掌书之官，自古为要职。”东汉的兰台、东观，则为史馆的起源；北魏、北齐和隋朝，曾设史局、史馆，唐初仍沿隋朝旧制，但都未能成为职守明确固定的常设机构，不免散漫拖沓。李世民极其重视前代和本朝历史的编修，为了汲取历代统治成败的经验教训，通过历史编纂学贻鉴未来，于是改革旧制，确立了官修正史制度，由宰相主持史书的编撰，组织规模超过前代。《旧唐书·职官志》称：

历代史官，隶秘书省著作局，皆著作郎掌修国史。武德因隋旧制。贞观三年闰十二月，始移馆于禁中，在门下省北。宰相监修国史，自是著作郎始罢史职。

史馆的组织，据《旧唐书》及《唐会要》所载，除监修国史一职由宰相兼任外，修撰四人，以登朝官兼之；直馆若干人，以未登朝官担任。另配备楷书手二十五人，典书四人，亭长三人，掌固六人，装潢直一人，熟纸匠六人。唐朝尚未兴雕版印刷，成书必须抄录，后勤人员这样安排，很有必要。史馆在大明宫建成后移置门下省南。工作环境幽美，待遇也很优厚。后来担任史官的刘知几在《史通·史官建置》中说：

皇家之建国也，乃别置史馆，通籍禁门，西京则与鸾渚为邻，东都则与凤池相接。而馆宇华丽，酒馔丰厚，得厕其流者，实一时之美事。

开元年间中书侍郎李元纮指出：

太宗别置史馆，在于禁中，所以重其职，而秘其事。(《唐会要》卷六十三)

这当然含有加强管理的用意。

信息资料的供应不绝，是编辑工作发展的必要条件。唐政府制定了《诸司应送史馆事例》，规定法令变改、州县废置、文武官吏除授、蕃国朝贡、地方善政、诸王来朝、天文祥异、天灾地震、农业年景、硕学异能等二十来项情报，应由各主管机关于一个月内报送史馆。有些事情，“如史官访知事由，堪入史者”，虽不在上述规定之内，中央和州县各机关也应“即依状勘，并限一月内报”。

和武德年间修史未成不同，改组史馆、建立制度后，在房玄龄的主持监督下，史书的编撰工作取得了具体成果。贞观十年，唐朝以前的梁、陈、齐、周、隋五代史编成。《唐会要》所记主要监修和编撰人员是：尚书左仆射房玄龄、侍中魏徵、散骑常侍姚思廉、太子右庶子李百药、孔颖达、礼部侍郎令狐德棻、中书侍郎岑文本、中书舍人许敬宗等。这些人中，魏徵（580—643）生平富有传奇性，其人思维能力强，贞观中参与朝政，并校定秘府图籍，他在编辑工作上的巨大贡献，为他的陈谏监察活动所掩。

史馆修成的第一部书是《北周书》五十卷，主要成于令狐德棻（582—666）之手，岑文本仅撰史论，崔仁师是令狐的助手。书中汇集史料颇多，保存了当时重要文献，连带叙述有关列国情况，兼述西梁萧詧称帝史事。清史学家赵翼在《陔余丛考》中指出：“《周书》叙事，繁简得宜，文笔亦极简劲。”“德棻在当时修史十八人中，最为先进，各史体例皆其所定，兼又总裁诸史。”他还参加《艺文类聚》《氏族志》《晋书》《五代史志》及《唐律令》的编辑；最先建议编修前朝历史，购求遗书，置吏缮录，对于初唐文化学术事业很有贡献。

《北齐书》五十卷，是李百药据其父德林旧稿，并参照他书编成。《旧唐书》本传说：“百药以名臣之子，才行相继。四海名流，莫不宗仰。”书中对于北齐建国的经过，北魏晚期的史事，都作详细叙述。但刘知几曾指责齐、周两书均不免尽量

为统治者隐讳粉饰："重规、德棻，志在文饰。"（《史通·杂说中》）

《梁书》五十六卷、《陈书》三十六卷，本由魏徵与姚思廉同撰，魏只写定两书本纪部分及《陈书·皇后传》后的史论，其他都是姚思廉据其父姚察遗稿整理补充而后写成。两书详列人物，叙其思想行事，材料丰富。唐初文体，崇尚骈俪，而姚氏父子行文力矫浮华风习。故赵翼赞赏其"叙事之简严完善"外，于《廿二史札记》中更指出其文笔特点："世但知六朝之后，古文自唐韩昌黎始，而岂知姚察父子已振于陈末唐初也哉!"

《隋书》是唐前五代史的最后一种，也是真正出于众史官之手的集体撰著。纪传部分五十五卷，魏徵撰序、论，颜师古、孔颖达等撰纪、传，仍是房玄龄总领监修名义。《梁》《陈》《北齐》《周》《隋》五部史书于贞观十年编成，合称为《五代史》。这五部书都没有表和志，原来的编辑计划是编写十篇共同的志。贞观十五年，指派左仆射于志宁、太史令李淳风、著作郎韦安仁、符玺郎李延寿等参加编撰志书。直到高宗显庆元年（656）才完成，共三十卷，称《五代史志》。其中《经籍志》为魏徵所撰，是东汉至唐初古籍流传的总结性著作，在古代学术文化史及图书分类著录方面，其价值与《汉书·艺文志》相等。令狐德棻参加此项工作至终，十志的编撰人都是一时的能手。其后十志编入《隋书》，故共为八十五卷。参与唐初编撰官修各史的李延寿，更经十六年努力，将宋、齐、梁、陈、魏、齐、周、隋史书合编为《南史》和《北史》。《隋志·十志》可补《南北史》无志的缺憾，赵翼《陔余丛考》卷九故云："隋志应移于《南北史》之后，以成完书。"

按时代顺序，《晋书》紧接《三国志》后，但成书却在南北朝各史之后。前后晋各体史书，唐初尚存者在二十家以上，唐太宗以“制作虽多，未能尽善”，于贞观二十年令史馆另编，由房玄龄与褚遂良、许敬宗掌其事。编辑有来济、陆元仕、刘子翼、卢承基、李淳风、李义府、薛元超、上官仪、崔行功、辛邱驭、刘允之、杨仁卿、李延寿、张文恭等。由令狐德棻、敬播、李安期、李怀俨“详其条例，量加考正”。编辑体例采敬播创议。《晋书》一百三十卷，是我国最早的官修史。宣帝（司马懿）、武帝（司马炎）两纪和陆机、王羲之两传的后论，是唐太宗亲手所作，便称“制曰”；房玄龄以下，称史臣。《晋书》用四六文体，取材芜冗，且多神怪传说，有悖史书纪实原则。《旧唐书·房玄龄传》称：“史官多是文咏之士，好采诡谬碎事，以广异闻；又所评论，竞为奇艳，不求笃实，由是颇为学者所讥。”不过，《晋书》优点也很显著，首先是编排组织比较严密，两晋时期的社会经济文化科学史料，尤其关于十六国史料，存录颇有系统。后来诸家晋史俱废，唐太宗发愿修的此书独存。

房、杜为太宗十八学士之首，大画家阎立本为他们画像。“以古为镜，可知兴替；以人为镜，可明得失”，这是李世民的嘉言。房玄龄长期在中枢领导管理编辑工作，敬播撰《高祖实录》二十卷，敬播、顾胤撰《太宗实录》，也经他监修。实录是每个皇帝统治时期的编年大事记，最早见于记载的有梁周嗣兴等的《梁皇帝实录》。自房玄龄等将国史改为编年体实录，从此沿为定例。房玄龄还自撰各级政府办事章程《贞观格》十八卷，与长孙无忌等撰《贞观律》十二卷，又《令》二十七卷；又与长孙无忌、魏徵等撰《大唐仪礼》一百卷；与高士廉、魏徵等十六人编撰类书《文思情要》一千二百一十二卷。唐太宗为统一儒家经典，命颜师古考订《五经》。颜引晋、宋古本进行详尽考证。太宗认为供人“为镜”，不能有任何讹谬，即着房玄龄集诸儒百家重加评议，可见他在思想文化界的崇高地位。

编辑秉笔如何保持风骨，是个大问题。唐太宗查阅国史，读到“玄武门事变”的记载，认为语多含糊，便对房玄龄说：“史官执笔，何烦有隐？宜即改削浮词，直书其事。”可是，太宗杀兄逼父，皇位不由合法继承而得，与封建法统及伦理观念相背，又示意房玄龄等编撰《实录》时贬低和抹杀李渊、李建成等在反隋起兵与统一战争中作用，大事铺陈自己创业开国的功勋。这正如陈寅恪《唐代政治史述论稿》中所说的“英雄诡谲”“施用权术”，而房玄龄既称“贤相”，又怎能不与极峰保持一致呢！更何况实事求是殊不易，郑樵《通志总序》说：“房玄龄董史册，故〔其父〕房彦谦擅美名。”《隋书》中本轮不上为其人立传。

国家设置史馆，编辑史书，有人认为唐初开了恶例。原由郭沫若主编的《中国史稿》第四册说：

> 唐朝设立史馆编修历史，虽然是直接为统治者的需要服务，但却因此大规模整理了浩瀚的史料。后世各朝相继效法唐朝的修史制度，形成连绵不断的官修历史传统，这对我国历史古籍的保存有一定的积极意义。

“房谋杜断”，史册传为嘉话。房玄龄毕竟是个杰出人物，

《新唐书》称："玄龄当国，夙夜勤强，任公竭节，不欲一物失所。无娼忌，闻人善，若己有之。""议法处令，务为宽平。"更可注意的是："治家有法度，常恐诸子骄侈，席势凌人，乃集古今家诫，书为屏风，令各取一具。"即使在封闭型的封建宗法社会中，父兄也还难以完全管束子弟，房、杜的儿子下场都不好。但是，戴着掌管思想文化桂冠的人物，起码也应有这种律已的精神啊！

刘知几

刘知几是唐朝著名的史学家，我国封建制社会由前期向后期转化时代的优秀思想家，也是有卓越见解和实际经验的大编辑家。在我国浩瀚的古代典籍中，如果要列举有关古典编辑学的专著，请容许我建议，无论从著作时序或是探寻精神上说，第一部佳构当推刘知几的《史通》，尽管他的讨论尚仅限于历史编纂学方面。

刘知几（661—721），字子玄，徐州彭城（今江苏省徐州市）人。正当大唐帝国的全盛时代，他出生于一个诗书仕宦之家。自幼爱好史学，十二岁时，父藏器教他读《古文尚书》，他觉得字句晦涩，难读难懂，念不下去。其父严厉责罚，乃至拿小棍打他，依然无效。可是，他父亲为诸兄讲解《春秋左氏传》时，他听得悠然神往，能辨析领会。父奇其意，改以《左传》教他，一年读完，能够理解大义。据其《史通·自叙》言："次又读《史》《汉》《三国志》，既欲知古今沿革，历数相承，于是触类而观，不假师训。自汉中兴已降，迄乎皇家实录，年十有七，而窥览略周。"书大多是借来的，"虽部帙残缺，篇第有遗，至于叙事之纪纲，立言之梗概，亦粗知之矣。"可见他年轻时奋力自学，通览群史，打下了坚实的学识基础。

二十岁时，他考中了进士。唐代科目中以进士科为最重要，弱冠射策登朝，出任获嘉（今河南获嘉县）主簿。位居县官之下，职任轻简，一干十九年。虽说官运不佳，却是个钻研学术的好机会，“公私借书，恣情披阅”。刘知几沉于下僚，而学殖日进，识见日高，所以他说“思有余闲，获遂本愿”。

武则天圣历二年（699），刘知几被调到长安，名义上任定王府仓曹，实际上参加《三教珠英》的编辑工作，这是一部辑集儒、佛、道三教典故的类书，编辑有李峤、徐彦伯、徐坚、张说、刘知几等二十六人，由麟台监张昌宗领修。两年后编成，进入史馆工作，先后任著作佐郎、左史，一度迁凤阁舍人（中书省属官），旋又任著作郎、秘书少监等职，参与编撰国史、起居注及实录。中宗景龙二年（708），因与权要意见不合，不满史馆监修制度，申请辞去史官，退而作《史通》，发挥自己的学术见解。不久被调为太子中舍人、修文馆学士。后又迁为太子左庶子兼掌管经籍图书的崇文馆学士。玄宗开元初，调门下省左散骑常侍，为侍从顾问性属官。职务虽屡有迁转，但大多兼领修史的编辑任务。他回顾生平说：“朝廷有知意者，遂以载笔见推。由是三为史臣，再入东观。”他既有丰富的历史知识，又有实际的编写经验。他生命的最后二十年，一生的三分之一，是严谨的著作编辑生涯。

刘知几自少及壮，勇于思考，勤于动笔，至老研寻不倦。本人著作有：《刘氏家乘》十五卷、《刘氏谱考》三卷、《史通》二十卷、《睿宗实录》十卷，还有后人编集的《刘子玄集》三十卷。他参与编辑的书有：《三教珠英》一千三百一十三卷，与朱敬则、徐坚等增修《唐史》八十卷，与柳冲等撰《姓族系录》二百卷，与吴兢续成《高宗实录》三十卷、《中宗实录》二十卷，又与吴兢删订《则天皇后实录》二十卷。纂辑先秦至唐初各体诗文的总集《文馆词林》一千卷，他也曾在许敬宗领导下参加编辑。这些书绝大部分已经亡佚，除论时政得失四事的表文，《思慎赋》等三篇赋，《仪坤庙乐章》《衣冠乘马议》《孝经老子注易传议》《重论孝经老子注议》等文，散见于《旧唐书》《唐会要》《文苑英华》《全唐文》《唐文粹》《全唐诗》外，唯一流传至今的著作就是《史通》。他所处的时代，书籍的主要形式尚为缣帛卷轴，不利于保存和流传。

《史通》写成于景龙四年（710），共二十卷，分内篇、外篇两部分，各十卷。内篇三十九篇，阐述历史书籍的源流、体例和编撰方法；外篇十三篇，论述史官（实即史书编辑）建置沿革和史书编撰的得失。内篇中的《体统》《纰缪》《弛张》三篇，在北宋修《新唐书》时即已失传。保存下来的只有四十九篇。《史通》是他数十年钻研学问的结晶，公认为我国最早的一部史学理论价值巨大的著作，同时在总结以往史书的基础上提出了历史书籍的若干编辑原则。清代史学家章学诚是颇为自许而又不轻许人的，在《文史通义》中自言和刘知几的不同："刘言史法，吾言史意；刘议馆局纂修，吾议一家著述。"他看出《史通》在历史编纂学上的重要意义。书中所申论的各项，十有八九是探讨史书编辑的体例、方法、编次、序例，乃至标题、加注之细。因而，我认为：《史通》是获得明确的编辑自我意识的首创性著作。当然，这是从编辑学的角度观察的，不会无视它在思想史上的辉光。

刘知几不仅好学不倦，而且辨析力甚强，求异思维活跃，不肯因袭陈说，具有批判精神。《史通·自叙》称："若《史通》之为书也，盖伤当时载笔之士，其义不纯，思欲辨其指归，殚其体统。"《忤时》一篇，实《自叙》之补述，自道其志行。他读书都要通过自己的理解，不让脑袋长在圣贤、贵官和名流们的食指上。《自叙》有云：

> 自小观书，喜谈名理，其所悟者，皆得之襟腑，非由染习。故始在总角，读班、谢两《汉》，便怪《前书》不应有《古今人表》，《后书》宜为更始立纪。当时闻者，共责以为童子何知，而敢轻议前哲。于是赧然自失，无辞以对。其后见张衡、范晔集，果以二史为非。其有暗合于古人者，盖不可胜纪。始知流俗之士，难与之言。凡有异同，蓄诸方寸。及年以过立，言悟日多。

由于《史通》“多讥往哲，喜述前非”，故当时“悠悠尘俗，共以为愚”，“晚谈史传，遂减价于知己”。但他一生治学路数的特色，正是敢于破除传统的成见。

编辑史是思想文化史的部类之一，这里有必要对刘知几哲学思想的唯物主义倾向略加叙述。正如侯外庐所说：

> 《史通》一书被正统的封建学者目为邪说，即使是那些《史通》的注释者也都对刘知几的述作原意作了不少歪曲，正确地评价刘知几的历史地位，重新如实地显现《史通》这一战斗性著作的光芒，正是我们所应作的工作。（《论刘知几的学术思想》，《历史研究》1962 年第 2 期）

他强调刘知几历史观的积极因素，是在于对神学迷信的迷雾进行斗争；澄清这种有害的迷雾，以利于人们用求实的精神去对待历史。他研讨、发掘刘知几理论中的唯物主义和人文主义思想，认为这些进步思想将永远成为我们民族的精神财富、人类文化的珍宝。翦伯赞在其《中国史论集》第二辑中，指陈刘知几不迷信圣经贤传，不迷信灾祥符瑞，在这种怀疑的精神与唯物的思想上展开他反对历史定命论的观点，反对以成败论英雄的正统史观，甚至不主张“内中国而外夷狄”的大汉族主义观点，这些都是他的科学精神。翦伯赞在论述知几关于中国历史学各流派、纪传体各部门、怎样编辑撰写历史，以及对历代史籍的批判之后，模仿前人评价马、班，刘知几评价孙盛的语气道：

> 论大道，则先《论衡》而后《六经》；述史观，则反天命而正人事；疑古史，则黜尧舜而宽桀纣；辨是非，则贬周公而恕管蔡；评文献，则疑《春秋》而申《左传》；叙体裁，则耻模拟而倡创造；此其所以为长也。但其论“本纪”，则贬项羽而尊吴蜀；评“世家”，则退陈涉而进刘玄，此又其所以为短也。

翦氏认为刘知几是7世纪末的历史学家，他的短处应由时代负责。“《史通》一书，实为一部富有灵魂的历史著作。”

金毓黻、刘节诸家论史学，尚予刘知几一定地位。金氏云：“取诸家所作之史，为之阐明义例，商榷利病，则又始于刘知几。”（《中国史学史》第八章）刘氏云：“《史通》一书也只有总结性的贡献，批判前此中国史学界各方面著述都很中肯。”（《中国史学史稿》十）白寿彝著《刘知几的史学》，着重其批判精神和对优良传统的发扬，特别指出其史论的历史价值和理性主义。白氏引马克思《黑格尔法哲学批判导言》中关于宗教批判的意义，是要“具有理性的人来思想”，于是这样说：

> 刘知几对统治阶级内部斗争普遍性的揭发和对于史书讳饰的严重情况的揭发，特别是对于作为封建制社会神圣形象集中代表的二帝三王及《尚书》《春秋》的丑恶的揭发，是具有宗教批判意义的，是作了企图摘去“装饰在锁链上的那些虚幻的花朵”的工作，是作了企图“使人能够作为摆脱了幻想、具有理性的人来思想，来行动”的工作，至少他本人已经指明了“装饰在锁链上的那些虚幻的花朵”，他自己是在有理性地去思想，去写作。这正如黑格尔的《法哲学》之出现在十九世纪的德国一样，刘知几的上述思想也是七、八世纪中国封建制社会内部变化的产物。刘知几的批判是对史事史书的批判，同时也反映了对新的现实历史的追求。(原载《北京师范大学学报》1959 年第 5 期，后收入《中国思想通史》第 4 卷上册)

及至近年，白氏在《中国史学史》第一册书还指明《史通》的“最大缺点：第一是很少从历史的发展变化上看问题，第二是缺乏对历代史学家史学思想的重视”。

若以编辑审读的眼光来考察，《史通》评论的中心在于历史编纂学。在刘知几之前，曾有两位学者评论历代史籍并总结编写史书的理论：一是东汉的班彪，他“斟酌前史而讥正得失”的意见，《后汉书》中有不到六百字的摘要。一是齐梁的刘勰，《文心雕龙》第十六篇《史传》，主张编辑史书应“实录无隐”“贵信史”，提出“寻繁领杂之术，务信弃奇之要，明白头讫之序，品酌事例之条”四项大纲，但评述都很简单。《史通》引申推演，断以己意，除阙佚篇，凡八万三千三百五十二字，注五千四百九十八字（《史通原序》旧注）。虽以论史为主，而旁及其他文哲等社会科学，第一次比较全面而详细地总结了古代载籍的编写工作。正如周谷城所说：“盖欲将自己的心得，昭示后人；对过去的史书，加以指正。”（《中国史学之进化》）

《史通》内篇十卷内容体系完整，外篇落笔则较松散。四十九篇中，互相牵涉关联之处很多，难依卷次划分所论范围。大体而论，《六家》《二体》《杂述》《古今正史》四篇，叙述历代史书的著述情况，分析其源流、体例及流派。《本纪》《世家》《列传》《表历》《书志》《论赞》《序例》《题目》《断限》《编次》《称谓》《载文》《言语》《书事》《序传》《烦省》等十八篇，讨论纪传史与编年史的体例、内容及编辑方法。《史官建置》《核才》《辨职》《忤时》四篇，评论王朝设置编辑部修史的种种问题。《言语》《浮词》《叙事》《摸拟》《因习》《邑里》六篇，评论叙述方法与写作技巧。《直书》《曲笔》二篇论著述态度和编辑品德。《补注》论注文的类别与意义。《采撰》论材料的搜集与选择。《点烦》是编辑加工、删改烦文的举例。《品藻》《鉴识》《探赜》《人物》四篇，提出作者应有研寻精神，编辑应具鉴别能力。《疑古》《惑经》《申左》《杂说》上中下、《汉书五行志错误》《五行志杂驳》《暗惑》九篇，专论某些著作的优劣及某些具体记载的得失，可说是审读报告或书籍主论，特别表达了对封建时代具有绝对权威的儒家圣人、经典的大胆怀疑精神。《自叙》说明撰著的动机、意旨，并自述研习历史经过，带有本书后序性质。其中《点烦》一篇，本用朱粉、雌黄等色笔点去具录各书的烦文，或加以侧注，使读者得知应删、应改或应加足片言，但因后世刊版，点注不易套色表现，因之脱失。吕思勉所著《史通评》，曾试揣测刘氏原意，为之点烦。

书籍的编撰，最重体例，史书尤其考究。在史书的体例方面，刘知几指出编年、纪传两种主要的体例，并加以深入细致的分析，刘节认为他“不只历史哲学方面没有度越前人处，就是在历史编纂学方面，也没有很多的新的创举”。我思量，在《载言》《本纪》《世家》《列传》以及《题目》《称谓》等许多篇中，刘知几从各方面提出有关体例的建议，强调书籍体例必须谨严而合理。编书如无合理的体例，学术价值势必降低，连带也反映出编辑水平的鄙陋。姑不论刘氏各项论见是否完全得当，也不必苛求他做出超越其时代的“很多的新的创举”，仅就其总结前人劳作、反复提醒修史著书应先考虑体例，已大有益于后人的认识；且虽以论史为主，却上继《文心雕龙》，下启古文运动；为我国古代文论做出了卓越的新贡献。在精丽绚烂的唐代文坛上，《史通》是一朵光彩照人的奇葩。史与文固然有别，不过刘知几已注意其共通性，深知“史之为务，必借于文”（《叙事》），又认为“文之将史，其流一焉”（《载文》）。那么，这部着重讨论历史编纂学的专著，我认为：既是我国史学领域里宝贵的遗产，可否也看作是古典编辑学教本的初编呢？敬希同业有以教我！

刘知几提出的编书写作的若干原则，其光芒至今并未磨灭。刘氏以为史家必须兼有才、学、识三长，尤以史识最为重要。我领会，编辑也应具有如此三长。在总结以往史书的基础上，他提出一部良好的史书“以实录直书为贵”；记载史事应该“善恶必书”“不掩恶，不虚美”，不能“饰非文过”“曲笔诬书”。书籍只须记载“事关军国，理涉兴亡”的大事，人物记述要有选择，不能“愚智毕载，妍媸靡择”；体例要“详求厥义”，谨严合理，做到名实相符，不能“名实无准”。搜集材料，不仅要“征求异说，采摭群言”，还要细心鉴别，“明其真伪”。叙事应以“简要为主”，要“文约而事丰”，反对“虚加练饰，轻事雕彩”。记述人物的语言，要用“当世口语”“从实而书”，不应“怯书今语，勇效昔言”。他表彰《左传》和不为人重视的宋孝王的《关东风俗传》及王劭的《齐志》，而敢于批评《尚书》和《论语》，这都体现了他不同凡俗的“史识”。他离经疑古，不拘于成说，不惑于时风，又懂得继承优秀的传统。范文澜早年注《文心雕龙》时，即指陈刘知几上继刘勰。张舜徽《史通平议》卷四称：

综观《史通》全书，大抵勇于纠谬，能言人之所不敢言，与《论衡》为近。而论列史法，扬榷体例，则胎袭于《文心雕龙》者尤多。

张氏予以很高评价：

凡唐以上史家流别中失，悉于此有所稽考。沾溉后学，至无穷尽。故得与《文心雕龙》分途并驾，同为悬诸日月不刊之书。

自来先觉多有“荷戟独彷徨”之感，刘知几也“常恨时无同好，可与言者”（《自叙》)。在京洛冠盖中，大学者、编辑家徐坚与他晚岁相遇，相得甚欢。还有作家兼编辑朱敬则、刘允济、薛谦光、元行冲、吴兢、司马贞及名将裴怀古数人，“亦以言议见许，道术相知”。

《史通》是带有论战性质的作品，宋祁说他“工诃古人”（《新唐书》本传赞)，黄叔琳称其“舌长而笔辣”（《史通训故补序》)，焦竑称他为“史家申韩”（《焦氏笔乘》卷三)，梁启超说他“勇于怀疑，勤于综核，王充以来，一人而已”（《中国历史研究法》第二章)。

由于书中讥驳经史，诋诃前贤，唐末柳璨即起而驳之，作《史通析微》十卷，后孙何又著《驳史通》十余篇。明代胡应麟《少室山房笔丛》卷十三有评《史通》之文。李维桢撰《史通评释》二十卷，《四库全书总目》说他“所评，不出明人游谈之习，无足置论”。陆深撰《史通会要》三卷，收录校订之议论；郭孔延作《史通训释》二十卷。万历间王维俭有《史通训故》二十卷，不过因郭孔延所释重为厘定。

入清代，先有黄叔琳《史通训故补》二十卷，“是书补王维俭注所未及，与浦起龙《史通通释》同时而成，而此本之出略前，故起龙亦间摭用”（《四库全书总目》卷八九)。无锡浦起龙作《史通通释》，乾隆十七年刊印后尚多次修改，颇为详密，朱杰勤《中国古代史学史》第七章中批评“其缺点就是轻于改窜原书的字句，往往与原书违背”。卢文弨《群书拾补》中有校勘数百条，系据钱遵王校本而作。清代大编辑家纪昀有《史通削繁》四卷，四十九篇中有全删的，有部分加以笔削的，保全原文者仅十篇而已。金毓黻说：“其所刊削，语皆穿贯，如化工裁物，天衣无缝。学者读之，洒然自喜。吾谓研史之士，先读《削繁》，乃知《史通》之易晓。”刘节意见不同，认为“最无意义”。朱杰勤也指出它“对于研究实不适用，因些希望读者仍需以《史通通释》为主要参考书”。

近人瑞安宋慈抱作《续史通》内外篇二十章，原刊《瓯风杂志》。近代研究《史通》者，以浦起龙为最，上海古籍出版社刊行《史通通释》标点本，书末附录了陈汉章的《史通补释》、杨明照的《史通通释补》和罗常培的《史通增释序》。

穿越一千二百余年风雨晨昏，一部书引动了这么多学者专家校勘、注释和讨论，这不正是精神劳动的巨大魅力和无上光荣的表现吗？

吴 兢

在我国漫长的封建社会中，唐朝占有重要的历史地位。与当日社会经济的发展相适应，政府大兴文教事业，有识之士也致力于倡导艺文活动。因此，唐朝的文化有高度的发展，在全世界的封建文化中无与伦比，堪称独步。不论释经、修史、诗文创作及提倡书法、绘画、戏剧、音乐等方面，都有杰出的成就；在编辑工作领域内，也比前代有很大发展，著述、编书、翻译等项成绩巨大。例如：吴兢编著的《贞观政要》，不仅是一部重要的政治历史文献，且以其体例新颖、编排有序、条理清晰、叙事简明而著名，也是古典文献编辑工作中的创举。

吴兢（670—749），汴州浚仪（今河南开封市）人。年青时励志勤学，精通经史，为人方直不阿，跟他亲近的朋友甚少，但结识了当代著名人物魏元忠和朱敬则。这两个人都有才学。魏倜傥公正，不畏强暴；朱重节操，坦率敢言。吴兢从与他们的交游中受到影响，得到教益。后来这两人官居要位，身为相辅，都保荐吴兢的才能足以担任著述工作。武则天长安年间（701—704），吴兢被任命为史官，时称初入史馆者为“直馆”，编修唐朝的历史。与著名学者刘知几、徐坚等共事，切磋论学，成为亲密的朋友。唐统治者对史馆十分重视，皇帝不论在长安或东都洛阳，都将史馆设于宫城之内。不久，吴兢迁中书省右拾遗，仍在内廷供职。

唐中宗李显于705年复位后，吴兢改任右补阙，列入谏官行列，仍隶中书省。后升任起居郎，属门下省。唐朝从李渊、李世民时起，就重视编撰皇朝历史工作，在门下省设置两名起居郎，负责记录皇帝的言行举动；这种言行录叫《起居注》（“注”是记载的意思）。起居郎所记只是帝王处理国家大事时的言行，他们随同百官上朝陛见。百官退朝后，皇帝和宰相议论国家大事时，由一名起居郎执笔速记，同时还有属于史馆编制的史官跟随其后。起居郎不得进入深宫内院，并不记录皇帝的私生活。即使如此，皇帝也还不放心，总想查看记录内容。《新唐书·褚遂良传》云：“帝（唐太宗）曰：‘卿记起居，大抵人君得观之否?’对曰：‘今之起居，古左右史也，善恶必记，戒人主不为非法，未闻天子自观史也。’”到高宗时，记录皇帝言行的制度稍有改变，起居郎专管记录皇帝的“行”，另在中书省下设起居舍人两名，专记皇帝之“言”，便是朝廷的诏令。起居注和诏令，按季度编辑成卷，送史馆保存，作为编纂本朝历史的基本资料。这种工作使吴兢受到了严格锻炼，有利于学问的积累增长。后曾转任水部郎中，虽为工部四司之一，他仍潜心史学，致力于唐史的编写。

吴兢为人正直，敢于直言进谏。神龙三年（707），节愍太子李重俊起兵，杀死阴谋篡位的武三思父子，并谋杀韦后未成被害，武、韦党羽还想陷害安国相王（即睿宗李旦），吴兢挺身上疏谏止唐室诸王骨肉相残。他从维护唐王朝长治久安着想，向中宗指出：“皇家枝干，夷芟略尽”“若信邪佞”“失天下望”。在封建专制社会里，皇位是帝胄贵族们觊觎的宝器。李世民晚年竟为传位问题而要引刀自尽。武则天被推翻，中宗复位时，唐高祖、太宗、高宗的子孙，在争夺皇位的斗争中几乎被铲除殆尽。皇后、皇子、公主、外戚以及依附他们的一帮无耻官僚，经常策划攫取皇位的勾当，因而宫廷政变频繁。从神龙元年张柬之等推翻武后起，到开元元年（713）太平公主谋废玄宗止，前后不过八年半时间，就发生七次政变，换了四次皇帝，政局极为动荡不安。唐玄宗李隆基，先和太平公主合谋发动政变，杀掉韦后，拥立其父睿宗即位，而后于延和元年（712）受禅登极。后来杀太平公主，立即起用姚崇做宰相，为稳定封建秩序进行了一系列工作。《新唐书》称："玄宗初立，收还权纲，锐于决事，群臣畏伏。"这时吴兢"虑帝果而不及精"，他上疏痛论历史上许多帝王没有好下场，"身死人手，子孙剿绝，为天下笑"。他请求玄宗效法"太宗皇帝好悦至言"，容许臣下说话；一旦"外虽有变，朝臣钳口"，天下事就坏了！在国家重要关头，勇于进谏，表现了吴兢在他那个时代条件下的政治素质；这也是后来编辑《贞观政要》的动因。后因母丧，离职还乡，在家继续修撰国史。开元三年，服丧期满，"自呈修史有绪，家贫不能具纸笔"，请求给予补助。玄宗便任命他为谏议大夫，入馆修史。开元四年，太上皇睿宗死，吴兢与刘知几奉诏编修《睿宗实录》，并与刘知几等重编《则天实录》《中宗实录》。又因父丧，再离史职。丧终，转任太子左庶子，累迁卫尉少卿，兼修文馆学士。

开元四年，宋璟继任宰相，坚守姚崇既定政策，政局稳定，生产发展，唐王朝进入它的全盛时期，史称"开元之治"。就在这升平盛世，吴兢以大编辑家如炬的眼光，从兴盛中看出危机。唐玄宗李三郎已经"倦勤"，励精图治的精神业已减弱，政治上出现了一些新的问题。统治阶级金迷纸醉，还以为到处莺歌燕舞，其实正孕育着“渔阳鼙鼓动地来”的祸胎。他决心编著《贞观政要》一书。

所谓“贞观之治”，是指唐太宗统治时期，君臣以亡隋为戒，夙夜孜孜，在各方面进行整顿和改革，注意休养生息，封建经济得到发展，使“百姓安乐”。故贞观年间（627—649）的治绩，旧时为史家所艳称。新旧《唐书·吴兢传》文字简略，都没有记载编纂《政要》一事。它成书的年代，无文献记录。《玉海》编者宋王应麟，从《政要》中所云推断成于开元八年、九年间。《四库全书总目》卷五一汲取王氏考证后指出：

> 其书在当时尝经表进，而不著年月。惟兢自序所称侍中安阳公者，乃源乾曜；中书令河东公者，乃张嘉贞。考玄宗本纪，乾曜为侍中、嘉贞为中书令，皆在开元八年。则兢成此书，又在八年以后矣。

吴兢在《上〈贞观政要〉表》中说：“早居史职，随事载录。”这部书显然是他在史馆任职时，留心搜集材料，大约于705—721年间编辑而成的。

值得思索的是，开元九年（721）正是所谓“开元之治”的极盛之年。唐帝国成为亚洲经济文化交流的中心，但其时宫廷生活奢侈腐化，官吏贪渎，豪强兼并，民日贫困。开元后不久便由盛而衰。从这里可以理解吴兢编辑此书的苦心。一面认为李世民君臣能接受隋末农民起义的教训，正视社会现实问题，他们的施政治国，选官临民，不少嘉言美行，值得称颂。另一面鉴于统治阶级内部矛盾重重，危机频仍，而李唐不肖子孙已经忘却祖先创业的艰辛，守成之甚难。吴兢便以贞观大政为主题，编辑成书，既歌颂了太宗时期的统治艺术，又提供了后代君臣的行为规范。《政要》的编辑，是用作封建地主最高统治集团施政的鉴戒。其序言说：

> 太宗时政化，良足可观，振古而来，未之有也。至于垂世立教之美，典谟谏奏之词，可以弘阐大猷、增崇至道者，爰命不才，备加甄录，体制大略，咸发成规。于是缀集所闻，参详旧史，撮其指要，举其宏纲，词兼质文，义在惩劝，人伦之纪备矣，军国之政存焉。

吴兢的这一段话，把李世民推崇为千古一帝，固属溢美，而他的编辑思想、选题意图，也都说明无遗了。

《政要》共十卷四十篇：卷一君道、政体；卷二任贤、求谏、纳谏；卷三君臣鉴戒、择官、封建；卷四太子诸王定分、尊敬师傅、教戒太子诸王、规谏太子；卷五仁义、忠义、孝友、公平、诚信；卷六俭约、谦让、仁恻、慎所好、慎言语、杜谗邪、悔过、奢纵、贪鄙；卷七崇儒学、文史、礼乐；卷八务农、刑法、赦令、贡赋、辨兴亡；卷九征伐、安边；卷十行幸、畋猎、灾祥、慎终。这四十篇分类题目，组成全书结构框架，用以开展主题，将贞观年间唐太宗与大臣的问答、大臣的诤议和奏疏以及政治上的各项措施的资料，整理编排进去。唐王朝专设史馆，简选史官，统一计划了中央和地方各机关应送史馆档案材料的则例，《唐律》对国家档案的撰拟、承办、会鉴、判署、抄转、传送等都有严格规定。《政要》收录了唐太宗和四十五位大臣的言论、奏疏和事迹。朝廷著名人物如魏徵、王珪、房玄龄、杜如晦、虞世南、褚遂良、萧瑀、温彦博、刘洎、马周、戴胄、孔颖达、长孙无忌、姚思廉、李百药、岑文本等均有所记。各人的职称有时前后不同，正说明其为历年档案材料所载，即吴兢所谓“缀集所闻，评参旧史”。

在古典文献中，《政要》与经籍义理专著不同，也与历史著作相殊。《四库全书总目》将它列为史部杂史类，也不妥当。在编写内容上，和《吕氏春秋》《淮南子》《新序》《说苑》等书也有很大区别。吕、刘等编著之书，往往叙述二三故事，而后生发开去；或举一事，讲一寓言，以示劝惩。《贞观政要》是一部以宫廷档案资料为主的政治史料汇编，但它和仅依年代为序排比的资料集不同，而是按专题分类，记述一代政治史。《政要》比较全面地反映了李世民君臣论政的各项内容，大体上包括以下各点：确定治国方针，“安不忘危，治不忘乱”。接受历史教训，“鉴前代成败事，以为元龟”。选贤任能，“致安之本，惟在得人”。精简机构，严明法律。调整内外社会政治关系，“君使臣以礼，臣事君以忠”。精选师傅，严教子弟，“使见前言往行，冀其以为规范”。鼓励谏诤，言辞过激，亦不以为忤，理解“兼听则明，偏信则暗”的道理。提倡谦恭谨慎，警惕骄矜浮躁。节用民力，防止奢惰。尊崇儒术，强调“为人大须学问”。

《政要》与《旧唐书》《新唐书》《资治通鉴》《唐会要》《通典》以及宋范祖禹《唐鉴》等相较，有关贞观政事的记载详细而具体，为研究唐初历史提供了许多重要资料。

《贞观政要》主要讲德政，论治术，是一部歌功颂德的书。唐太宗在贞观年间的政治表现，并非始终如一，当日魏徵等即已指出。唐初君臣迫于隋末农民战争推翻了富强的杨隋统治的教训，太宗虽说“为君之道，必须先存百姓”，又对公卿说：“朕终日孜孜，非但优怜百姓，亦欲使卿等长守富贵。”论及贞观之治，不应忽视这一点。

吴兢辑集的资料，也有缺陷。务农第三十篇中，缺少力行均田以恢复和发展农业生产的经济资料；又记太宗吞食蝗虫，谓：“自是蝗不复为灾。”征伐、安边等篇资料，反映不全面。但是贞观之治毕竟是值得称道的。列宁对于俄国1861年改革、1905年革命中沙皇政府被迫采取的一些措施，一方面认为“始终是不真诚的，不彻底的”，一方面又把它看成是“构成整整一个时代的改革”（列宁全集》卷六第四六四页）。贞观政治中君臣共相切磋，纳谏求贤，用人施政，有不少历史经验值得探讨和记取。

吴兢编辑的这部书大约八万字，在古典文献编辑史上的意义却是十分巨大的。《四库全书总目》认为“书中所记太宗事迹，以《唐书》《通鉴》参考，亦颇见抵牾”，其实司马光等所引用的材料，并不比在唐朝史馆工作多年、亲见档案资料的吴兢可靠。《总目》又说《政要》“盖出其耄年之笔，故不能尽免渗漏”，这又出于错误理解《新唐书》本传所云：“兢叙事简核，号良史。晚节稍疏牾。”《政要》并非晚年所编。

检阅《史通》《唐会要》、李肇《国史补》《册府元龟・国史部》、高似孙《史略》《文献通考・职官考》及陈鳣《续唐书・职官志》等书，即可大致了解吴兢等史官的编撰生活。据《新唐书・艺文志》所载，吴兢编有《中宗实录》二十卷、《睿宗实录》五卷、《太宗勋史》一卷、《唐春秋》三十卷、《唐书备阙记》十卷。尝以梁、陈、齐、周、隋五代史繁杂，乃别撰《齐史》十卷、《梁史》十卷、《陈史》五卷、《周史》十卷、

《隋史》二十卷。与刘知几等续成《高宗后修实录》三十卷，删正《则天皇后实录》二十卷。他毕生致力于编撰开元以前纪传体国史《唐书》，先是与刘知几、朱敬则、徐坚同撰，后又与韦述、柳芳、令狐峘、于休烈等续撰，计一百三十卷。他家中藏书很多，又编有《吴氏西斋书目》一卷。流传至今者仅《贞观政要》一书。

《政要》编成后，入藏唐宫图书馆。唐统治者仰慕贞观政绩得至治之体，将它列为皇子皇孙的必读书。有些皇帝如宪宗李纯、文宗李昂、宣宗李忱等尚知反复阅读。以后历朝统治者都很重视这部书。宋、元皇帝还着儒臣讲解书中内容。《明史·礼志》说，皇帝除三、六、九上朝外，每天中午都要学习《政要》；宪宗朱见深为刊行此书作序。历代经筵进讲，多用它做讲义。清乾隆皇帝《乐善堂集》开卷首篇即褒咏此书。由此可见《贞观政要》对于历代封建统治阶级的影响和作用。

《政要》在国外也很有影响，约在 9 世纪左右流传到日本，立即为天皇、摄政关白所重视，他们也把这书当作进行封建统治的参考教材。镰仓时代北条义时执权时，1205 年任命博士菅原为长担任讲官，为幕府文武官吏讲授《政要》。江户时代，德川幕府于 1615 年颁布《禁中并公家诸法度》十七条，第一条即提到皇家、幕府都要研读《贞观政要》，从中学习统治经验。

吴兢编的这部书，古本颇多。元朝至顺四年（1333）刊行戈直的整理本，通称为戈直集解本，后于明成化元年（1465）重刊，成为国内外流行的本子。但戈本经过重编与校注增补，与原著颇有出入。据研究者称：明朝洪武三年（1370）王氏勤有堂刻本，是国内现存的最早版本，珍藏于北京图书馆。日本最早的版本是庆长五年（1600）活字刊本。1978 年间上海古籍出版社以涵芬楼影印元戈直注、明成化刊本，加以校正、标点而印行此书。

作为历史学家和大编辑家，吴兢风骨坚昂。初与刘知几撰定《武后实录》，所述武氏宠臣张昌宗诱张说陷魏元忠事，直书不讳。后来张说拜相，屡请更改，坚决拒绝。吴兢对张说言："徇公之情，何名实录?"《新唐书》说："闻者叹其直"，"世谓今董狐"。开元中叶，他看到政局日坏，曾向玄宗上疏提意见，即遭贬官外放，辗转各地，不得重用。天宝初，才被召还，担任玄宗子李瑱的师傅。史称其"虽年老偻甚，意犹愿还史职"。看，他是多么热爱编辑工作啊！可是，口蜜腹剑的奸相李林甫当政，不肯用他。不久他便谢世。

杜 佑

我国古代历史书籍的体裁，刘知几在《史通》的《六家》《二体》两篇中曾加以总结。他分析唐代以前所编的史籍有六大流派，其体裁只有两种，即编年体与纪传体。他说：“丘明传《春秋》，子长著《史记》，载笔之体，于斯备矣。”“后来作者，不出二途。”在他身后不过八十年，便有了新体例的创立，这就是杜佑编纂《通典》二百卷，开创了典志体（一称政书体），标志着我国历史学研究出现高度发展的趋势，同时也是古典编辑学在编撰方法上的突破。

杜佑（735—812），字君卿，唐京兆府万年（今陕西长安县）人。杜姓是关中士族，好几代都做大官，在他之前，已出过六个宰相。因而他无须经过科举考试，十八岁入仕，以荫补济南参军、剡县丞。其父好友韦元甫任浙西观察使、淮南节度使等职时，杜佑跟他作从事。韦元甫以精于吏术知名，很赏识青年杜佑的办事才能，更加扶植奖掖。大历六年韦元甫死，杜佑入朝为工部郎中。一生仕途大致平稳顺利，历事玄宗、肃宗、代宗、德宗、顺宗、宪宗六朝，担任过江淮青苗使、抚州刺史、御史中丞、代判度支户部事、御史大夫、广州刺史兼岭南节度使、礼部尚书、淮南节度使等职。六十九岁，官拜检校司空、同中书门下平章事，旋代行冢宰之职，进而又任检校司徒兼度支盐铁使，身居宰相位。《新唐书》本传说他精于吏职，为政比较宽厚，多次主管筹划赋税收支，能根据对百姓的利弊而权衡变化。对待边境少数民族，力主安抚友好，严禁诛杀苛求，示以信诚。如有异族来犯，就坚决抵制。史称“议者称佑治行无缺”。晚年上朝进见，唐宪宗李纯都非常尊敬他，只称呼他的官职，而不叫他的名字。批准他退休的诏书中说：“兹可谓国之元老，人之具瞻者也。”

杜佑之所以为后世思念不忘，还不是由于他官做得高，试问有几多人能记得他生封岐国公爵位，死赠太傅，谥安简？而是因为他坚持三十多年的辛勤的编辑工作，编纂了我国第一部记述典章制度的通史，对于学术文化做出巨大贡献，并启发后人编出了许多重要的典籍。他是唐代著名的史学家，也是个具有开拓精神的大编辑家。

大史学家司马迁的《史记》，既是纪传史书元祖，又是通贯古今的百科知识宝库。他以纪传写社会人事活动及变化，又以八书载天文、地理及历代典章文物的沿革。从班固以下，断代为书，虽也注意到典章制度的记载，终受断代所限，不能畅叙其由来演变，纳入一编。在纪传与编年二体之外，唐朝学者开始考虑别创一体，既依时代为序，又将同一主题的历代史料联成一气，汇编成书。梁启超《中国历史研究法》第二章说：

> 纪传体中有书志一门，盖导源于《尚书》，而旨趣在专纪文物制度，此又与吾济所要求之新史较为接近者也。然兹事所贵在会通古今，观其沿革。各史既断代为书，乃发生两种困难：苟不追叙前代，则源委不明；追叙太多，则繁复取厌。况各史非皆有志，有

> 志之史，其篇目亦互相出入，遇所阙遗，见斯滞矣，于是乎有统括史志之必要。其卓然成一创作以应此要求者，则唐杜佑之《通典》也。

这种编辑工作，在唐代以前的确还没有先例的。

杜佑编纂《通典》，受到两方面的启迪：一是前辈学者的指引，一是动乱时代的要求。唐朝初期就盛行编辑典志书和类书，例如李延寿编《太宗政典》三十卷，李林甫等修《唐大典》三十卷，唐颖的《稽典》一百三十卷，王颜威的《唐典》七十卷；而且从开国到玄宗时，几乎累朝都以封建国家的力量编纂了不少大规模的类书，都是想辑集某类问题的比较系统的材料。刘知几《史通》有专门论述正史书志的篇目，分析书志体例的得失，既赞扬马班著史、别裁书志的卓识与通博，又批评正史书志“超越断限，失于芜累”。他考虑到纪传体外的会通的体例，设想过编写某一方面的通史，在《史通·自叙》中说：“尝欲自班马已降，迄于姚李令狐颜孔诸书，莫不因其旧义，普加厘革。”又在《书志》篇中提出增修都邑志、方物志和氏族志，可能就是他进行会通性厘革的探索，他已体察到对历代各项制度沿革研究的必要性与迫切性。他的儿子刘秩实现了他的构想，《旧唐书·杜佑传》说：“开元末，刘秩采经史百家之言，取《周礼》六官所职，撰分门书三十五卷，号曰《政典》，大为时贤称赏，房琯以为才过刘更生。佑得其书。寻味厥旨，以为条目未尽，因而广之，加以《开元礼》《乐》，书成二百卷，号曰《通典》。”刘秩编的《政典》，就是一部典章制度史，可见确立典志体的杜佑，在学术上有受刘氏父子指引的渊源关系。同时，杜佑活动的年代，正值安史之乱前后，李唐王朝由盛而衰，中国封建社会进入了转折时期，政治、经济等各个领域都发生了巨大变化。出身于豪门的杜佑，既见过开元、天宝的繁盛，又经历安史之乱的动荡，眼看强大的唐王朝迅速衰败，危机重重，这样的时代催逼他思考挽救之道，要从各项制度的沿革变化中分析利弊，寻求答案。《通典》的产生，说明了学术的发展有其源流，治学不能割弃传统；编辑工作的活力在于倾听时代的呼唤，回答时代提出的问题。章学诚《文史通义》中批评唐代官修正史，使史体日趋僵化，诚然揭示了史书编辑工作的危机，但他认为“史学亡于唐”，则失之偏颇。他没有看重唐人创新史体的尝试，又过高地推崇宋代郑樵的《通志》而忽视杜佑《通典》的编纂。刘节《中国史学史稿》指出：杜佑《通典》的内容“是一部好几方面的专史”“就在专史的范围内，看出通古今的意义来。”他接着说，“《通典》的出现，在中国史学史上是一件大事情!”

后人论《通典》，一般以制度专史看待。实际上《通典》的编辑主旨尚不止此。清人杭世骏可说是杜佑的知己，在《道古堂集》卷廿二指出，编辑此书原是“经世之伟略，立国之大防”，本为振兴封建国家而编。杜佑在自序中就说：“所纂《通典》，实采群言，征诸人事，将施有政。”《唐会要》卷三十六《修撰》称，贞元十九年二月，杜佑将《通典》呈献给德宗。“佑多该涉，尤精历代之要，修《通典》，识者知其必登公辅之位。其书既出，遂行于时。”很显然，总结历史经验，寻求匡时拯弊的方略，这是杜佑编辑此书所抱的宗旨。故在《进〈通典〉表》中杜佑写道：“往昔是非，可为来今龟镜，布在方策，亦粗研寻。”

《通典》所含内容，上起传说中的黄帝，下迄唐玄宗天宝末年（756），肃、代两朝的某些变革，间亦附见于注中。全书结构，分为食货、选举、职官、礼、乐、兵、刑、州郡、边防九门。献书表即如是说。可是，杜佑自序与左补阙李翰序又称八门。王鸣盛《十七史商榷》卷九十曾解释道：

> 观佑自序，以兵刑为一，皆称为刑，与班史同，所谓大刑用甲兵，其次五刑，故翰序言八门。今其细目兵刑仍分为二者，合之中又自分也。

各门之下，再分子目。例如职官典二十二卷，内有历代官制要略一卷、公一卷、宰相一卷、尚书二卷、御史台一卷、诸卿三卷、武官二卷、东宫官一卷，历代王侯封爵一卷、州郡一卷、文散官一卷、秩禄一卷、秩品五卷。每一制度皆通贯古今，按历史顺序编排材料，溯源明流，简明详备。各个项目都有标题，条理分明，便于查阅。这种编辑方法，为后人续编制度通史创立了体例。

最值得注意的是：何以如此安排上述的框架结构？杜佑按照“经邦济世，富国安民”的原则，划分八门，编排资料。他在《通典序》中阐述了八典的择定和排列的理由：

> 夫理道之先，在乎行教化；教化之本，在乎足衣食。《易》称聚人曰财。《洪范》八政，一曰食，二曰货。管子曰：“仓廪实知礼节，衣食足知荣辱。”夫子曰：“既富而教。”斯之谓矣。

所以，他把食货列在首位。从前的史志虽也多有食货志，但与其他典制相较，却都居于次要的从属地位。杜佑历任南北地方行政要职，且又为水陆转运、度支、盐铁等财经方面的大员，他从生活实践中切实认识到经济对政治、文化的作用，与国计民生、社会安定的关系，方能打破传统偏见的束缚，把食货一典放在全书各典之首，成为开宗明义的第一门，使《通典》辉耀着重视物质因素的进步观点的光芒。食货以后各典安排的用意也有说明：

> 夫行教化在乎设职官，设职官在乎审官才，审官才在乎精选举，制礼以端其俗，立乐以和其心，此先哲王致治之大方也。故职官设然后兴礼乐焉，教化隳然后用刑罚焉，列州郡俾分领焉，置边防遏戎狄焉。

他的编排顺序中，从食货到边防八典，蕴含着治国的方略、王朝的大政，因而他说："或览之者，庶知篇第之旨也。"《通典》的编辑方针和门目卷次设计，都含深意，具有内在的逻辑性。

各典之内的节目，也做了精心安排。比如食货典十二卷中，田制二卷，乡党、土断、版籍一卷，赋税三卷，户口、丁中一卷，钱币二卷，漕运、盐铁一卷，鬻爵、榷酤、算缗、杂税、平准、均输一卷，轻重一卷。田制列为食货之冠，就抓住了中国封建社会经济核心的土地所有制问题的灵魂。其末轻重一题，本涉及商品调节、货币流通、物价控制和封建国家经营商业的理论，他在后论中特别指出秦商鞅能"通轻重之法以制国用，以抑兼并，致财足而食丰，人安而政治"，显然是针对当时藩镇跋扈，宦官专权，内忧外患，民穷财竭，有感而发的。

《通典》中没有给传统史书中大都有的天象、律历、五行、符瑞、释老等志留下地位，这也显示了杜佑编书务实的优良倾向。他从唐朝具体情况着眼，将史书中地理志的内容改编为州郡、边防两典，把原属地理志的人口一项，移入食货典，并特立“历代盛衰户口”一节，使丁口与赋税相连，充实了食货的内容。刘节在前揭书中论及《通典》的优点说：

> 首先，就是食货典五所说后魏各郡户调所出贡物“随其土所出”，使我们有办法从各地贡物中看当时的经济地理。他提出这一提示之后，在食货典六就列有唐代的诸郡常贡表。我们把它拿来与《元和郡县图志》中所列各州开元贡与元和贡相比，唐代的经济地理也可得到一份基本资料。

前引王鸣盛《商榷》中写有《李吉甫作元和郡国图》一条，论及吉甫所撰版图地理著作时，亦提及《通典》州郡门序言说明书中不收诞而不经的灵怪谬说，最后概乎言之云：

> 二公皆唐中叶良臣，学行名位并高，固宜辞尚体要，若合符节，抑岂独谈地理当如是，凡天下一切学问，皆应以根据切实，评简合宜，内关伦纪，外系治乱，方足传后。掇拾嵬琐，腾架空虚，欲以世取名，有识者厌薄之！

这就把杜佑的治学风范与编辑道德都烘托出来了。

从编辑工作看，《通典》不仅在体例结构上有所突破，此外还有多种优点。材料很丰富，对历代的典章制度做了探本穷源的工作，将正史及其他资料进行有系统的加工整理，使读者看出建立及沿革、演变的经过。这是由于他读书多，在实际工作中阅历久，对国计民生事事关心。他的地位也使他搜集材料方便。马端临在《文献通考・总序》中对此书评价很高："唐杜岐公始作《通典》，肇自上古，以至唐之天宝，凡历代因革之故，粲然可考。""纲领宏大，考订该洽，固无以议为也。"所引用的史书，多为早期版本，可供校勘盛唐以前典籍之参考。尤其是正史以外的文献资料，原件后多散佚，《通典》又起了保存珍贵史料的作用。如礼典集唐以前礼制仪文的大成，边防典存留了很多少数民族及友邻国家的材料；清人严可均编《全上古三代秦汉三国六朝文》，有将近九百则的古籍残篇与文章，便是从《通典》中辑出。

杜佑编辑工作的优点，还突出地表现于他在征引的材料前后或中间所加的按语，使本书的价值超出了一般的资料汇编。他所写的按语，成为各门和各节的总序或后论，说明了他对各问题的看法，其中有不少开明进步的观点。在正文之外，他还善于利用加注说明问题。怎样作注释，是编辑理当钻研的一种学问。杜佑的自注，有的是对资料的交代和补充，有的是对某种记载的疑问，有的是对古代材料的解释，有的则说明其编辑意图。总序、后论和各种注释，反映了他的历史观点和开明见解、学术修养。在卷一八五《边防总论》中说："缅惟古之中华，多类今之夷狄，有居处巢穴焉，有葬无封树焉，有手团食焉。"在总论的注中又说："上古中华，亦穴居野处，后代圣人，易之以宫室。"他不讲上古三代如何美好之类的昏话。他认为历史是发展前进的，后代胜过前朝："汉隋大唐，海内统一，人户滋殖，三代莫俦。”（卷三十一《职官典·王侯总序》）他反对泥古不化，主张“师古随时”，“随时立制，遇弊变通，不必因循，重难改作”（卷四十）。他编书重视近代，对唐代杨炎改革赋税制度，推行两税法，认为“诚适时之令典，拯弊之良图”（卷七）。他认为国家兴亡，取决于人事，无关天命；制度有相因，有发展，绝非出于“圣人之意”，是客观形势所促成，“欲行古道，势莫能遵”（卷三十一《职官典·王侯总序》）。“教化之本，在乎足衣食”（卷十二），立国施治，“固当以既庶而安为本”（卷一八五）。他的国家观，他对封建土地占有关系的评论，在总序、后论和注语中的种种见解，反映了十分丰富的社会政治思想，是全书的精华，有待学术界的整理研究。王应麟《困学纪闻》卷十载朱熹认为《通典》是非古是今之书。希望今后编著的思想史里，应有杜佑专章！

《通典》在编辑上也有缺点：礼典竟占全书之半；兵典分析历代著名战役，未论兵制沿革；还有其他材料上的失误等等。马端临、厉鹗及《四库全书总目》都有批评。不过，厉鹗说：“大醇而不无小疵。”《总目》作肯定评价称：

> 然其博取五经群史及汉魏六朝人文集奏疏之有裨得失者，每事以类相从，凡历代沿革，悉为记载，详而不烦，简而有要，原原本本，皆为有用之实学，非徒资记问者可比，考唐以前之掌故者，兹编其渊海矣。

王叔文、柳宗元等发动永贞“政治革新”运动时（805），杜佑尚持赞助态度，但不赞成废黜太子。宋人范祖禹《唐鉴》

卷九骂他："杜佑以旧相不耻与小人共事，而为之用，其可贱也夫!"这种说法是错误的！王鸣盛《商榷》卷七四《顺宗纪所书善政》，很公正地指出革新措施无一不是善政。杜佑出将入相，是个显赫人物。《旧唐书》说他家"诸子咸居朝列，当时贵盛，莫与之比"。但他"性嗜学，该涉古今，以富国安人之术为己任"。"勤而无倦，虽位极将相，手不释卷；质明视事，接对宾客，夜则灯下读书，孜孜不怠。""设有疑误，亦能质正"，不是个固执己见、专横独断的官僚。他用三十六个春秋编辑《通典》，殷殷期望李唐王朝中兴自强。但朽木不可雕也，他死后八年，宪宗就被宦官杀死，整个统治阶级病入膏肓了！杜佑的孙子、诗人杜牧的名作《阿房宫赋》的最后四句，颇能体会乃祖遗念，就是写给当时人看的："秦人不暇自哀，而后人哀之；后人哀之而不鉴之，亦使后人而复哀后人也。"

赵崇祚

白居易《与元九书》认为：创作要反映时代，“文章合为时而著”。编辑工作也必须分析和预见学术文化发展的趋势，掌握当代的热点，提供现时的成果。五代后蜀赵崇祚编辑《花间集》，反映了正式形成为一种文学体裁的词的成长和进展，是我国编辑史上的一个范例。

赵崇祚（生当10世纪），字弘基，五代时蜀人。事后蜀（934—965），为卫尉少卿。他所编的《花间集》，为词中总集之始，唐五代名作的汇聚。欧阳炯序称：

> 今卫尉少卿字弘基，以拾翠洲边，自得羽毛之异；织绡泉底，独殊机杼之功。广会众宾，时延佳论，因集近来诗客曲子词五百首，分为十卷。

所说拾翠寻芳，指选集新词；羽毛之异，指佳作名篇。机杼指织绩，引申为编辑。欧阳序末署“广政三年夏四月”，广政为后蜀孟昶年号，三年为公元940年。《花间集》之编成，即在此时。李唐王朝覆灭三十三年，这时已入五代的后期了。编者赵崇祚其人，《四库全书总目》卷一九九云：“不详其里贯。《十国春秋》亦无传。案蜀有赵崇韬，为中书令廷隐之子，崇祚疑即其兄弟行也。”他的生平及著述皆不详，幸以编出一本书而名垂后世，在历代编辑家中是少见的。作序的欧阳炯（896—971），益州华阳（今四川成都）人。少事前蜀后主王衍为上书舍人，又仕后蜀孟昶，历任翰林学士、门下侍郎、同平章事，后从昶降宋。他的词多写艳情，在序中表现了花间派词人对于词的一般看法。

诗歌在唐朝的发展，不论是古体律绝，或是短制长篇，都进入了成熟完美的境界，产生了许多杰出伟大的诗人，写出了大量优秀精美的作品。在繁荣发展的进程中，诗歌形式出现了新的转变，这便是词的兴起。

郑振铎《插图本中国文学史》说：

> 词和诗并不是子母的关系。词是唐代可歌的新声的总称。这新声中，也有可以五七言诗体来歌唱的。但五七言的固定的句法，万难控御一切的新声。故崭新的长短句便不得不应运而生。长短句的产生是自然的进展，是追逐于新声之后的必然的现象。

他紧接着引了清人成肇麐《七家词选序》中所说：“其始也，皆非有一成之律以为范也”，而后便“以蕲适歌者之吻”。“唐人之诗，未能胥被管弦，而词无不可歌者。”

刘大杰《中国文学发展史》论及词的起源和成长时，首先便说：“广义地说，词就是诗。比起诗来，词与音乐发生更密切的联系。”“词体的构成，不只是一种文体的自然变化，实依赖着外部的动力，便是音乐的适合性。”至于词的起源，前人说法纷纭，“要之，以词出于乐府与由于唐代的近体诗变化而来的两说最为有力。”填词的萌芽，虽可追溯到齐梁间，而定格的曲调，唐初还在酝酿与尝试中，直到中晚唐时，才迅速地成长起来。这是由于西域音乐的大量输入，国内商业城市生活的需要，文艺创作面临着时代的要求。域外音乐不但所用的乐器不同于楚汉旧声，乐调更曲折变化，听众觉得新奇悦耳。杜佑《通典》论清乐中云：“自周、隋以来，管弦杂曲数百曲，多用西凉乐，鼓舞曲多用龟兹乐，其曲度皆时俗所知也。”所谓国乐的楚汉旧声，已被外乐新声所淹没，残存的老调只能成为弹奏专家的绝技。宫廷与民间流行的外乐和民乐，形成词调的两个来源。音乐的变化推动着填写新词。商业城市繁华的声色生活，又促进了歌舞曲艺的发展。可是，与沈义父《乐府指迷》中所说宋朝的情况相似：“如秦楼楚馆所歌之词，多是教坊乐工及闹井做赚人所作。只缘音律不差，故多唱之。求其下语用字，全不可读。”这就引动了诗人们来倚声填词，开创词体文学。先行者的行列中，虽不能断定有李白，而张志和弟兄、顾况、戴叔伦、韦应物、王建和刘禹锡、白居易等，都是依曲拍为长短句的著名作家。到温庭筠（812—约 870）挥动艳丽入乐的彩笔，散发着浓烈的脂粉气，登上词坛，在修辞和意境上都出现与诗不同的风格，开辟了五代宋词发展道路。清代王世禛的《花草蒙求》尊称他为“《花间》鼻祖”。

所谓五代十国，开始于 907 年朱温篡夺唐朝政权，建立了后梁。中原一带，在短短的五十三年间，国号换了五次，从后梁、后唐到后晋、后汉、后周五个小王朝，国运最长的不过十一年，短促者仅有四年。中原地区四周，围绕着十个割据王国。中原与华北一带，一直处于战乱之中，农业生产和社会生活受到严重破坏。在割据局面延续较长的巴蜀与江南，虽也有战事，但相对于中原而言，则较为安定，农业生产和城市工商业都有较大的发展。中原地区大小军阀狼奔豕突，人民挣扎于水深火热之中。巴蜀、江南与闽、越等地，因稍能保持太平景象，便成为文人学士的聚集之地。可是，毕竟处于混乱的政局下，漂泊流落，依附权贵，思想学术的研讨必然消沉。统治阶级不恤政事，流连于宴饮歌乐，诗人词客迎合管弦，适应女乐声伎的词体文学便在四川和江南得到发展的机运。赵崇祚之所以成为大编辑家，正因其眼光敏锐，看到了韵文发展过程中的新机运，认识到词已成为文学楼台中的一种正式的新体裁。他搜集近几十年间的作品，编选出的《花间集》是我国第一部词的总集，揭示了新流派，对于词的继续独立发展起着推动作用。

唐五代时，词的名称不一，多称为曲、杂曲、曲子词、今曲子或小词、诗余、长短句，另有乐府、乐章、琴趣外篇、笛渔谱、别调等称。欧阳炯《花间集叙》说："因集近来诗客曲子词五百首。"近人龙沐勋在《词体之演进》中特加解释，谓"'曲子词'之上，加'诗客'二字，以别于淫哇鄙俚之曲"，强调这些作品是文人词。赵崇祚所选凡十八人：温庭筠、皇甫松、韦庄、薛昭蕴、牛峤、张泌、毛文锡、牛希济、欧阳炯、和凝、顾夐、孙光宪、魏承班、鹿虔扆、阎选、尹鹗、毛熙震、李珣（一作李洵）。除温庭筠、皇甫松与和凝外，这些作者都是川人，或仕于蜀，同四川大都是有关系的。五代的文学中心有二：成都与金陵。《花间集》编就时，南唐李昪代吴称帝方四年，"词中帝王"后主李重光才四岁。《花间集》的作家们，不但是西蜀词的代表，而且这十八个词人构成了所谓"花间派"，可说是五代词人的重要集团，树立了一种很有影响的词风，是北宋婉约派词人的先声。后世称风格香艳的词派为花间派，也本于此。

赵崇祚将温庭筠列于《花间集》之首，显然是经过一番考虑的。温庭筠在晚唐文坛上与李义山、段成式齐名。他因家世衰微，在政治上郁郁不得志，官止国子助教，生活趋于颓放。《旧唐书·文苑传》说他：“士行尘杂，不修边幅。能逐弦吹之音，为侧艳之词。”他虽在《蔡中郎坟》诗中满腹牢骚地说：“今日爱才非昔日，莫抛心力作词人。”但他却是一位专力填词的人。他是诗词过渡期的桥梁。他既有浓艳的颜色，又有婉约的笔调。编者请他来坐《花间》的首席，是很恰当的处理。

在编辑工作上，对于作者们先系官爵而后出名，比如温庭筠称温助教，牛峤称牛给事，魏承班称魏太尉。《四库全书总目》说：“于作者不题名而题官，盖即《文选》书字之遗意。”古籍从汉代以后才渐渐标出作者姓名，署名方式也不一致。《中州乐府》体与此相同。《绝妙词选》书字于官爵下，与此相近。有些作者，字里失考，薛昭蕴、顾敻、鹿虔扆、阎选等是。其编排次第，大致考虑到前后蜀的时序而已。全书分十卷，每卷划定五十首，这种编法受到《四库全书总目》的批评：“一人之词，时割数首入前后卷，以就每卷五十之数，则体例为古所未有耳。”

对赵崇祚编辑工作中的首创精神，《总目》则是赞扬肯定的，指出它得风气之先，并保存了前人的篇什：

> 诗余体变自唐，而盛行于五代。自宋以后，体制并繁，选录益众，而溯源星宿，当以此集为最古。唐末名家词曲，俱赖以仅存。其中《渔父》《杨柳枝》

《浪淘沙》诸调，唐人仍载入诗集，盖诗与词之转变在此数调故也。

《花间集》的代表作家，始创者除温庭筠外，当为韦庄(836—910)。韦庄，字端己，出生于长安杜陵世族，家世久已中落，饱尝乱离漂泊之苦，吮笔写出长达一千六百余字的著名叙事诗《秦妇吟》。五十九岁才中进士，为校书郎。后随王建入蜀。他是诗人兼词家，西蜀花间派门庭由他而大开。他的词，《全唐诗》共收五十四阕，其中四十八阕载于《花间集》，数量仅次于温。以作品风格而论，韦与温不同。韦庄以情词驰名，虽也谈情说爱，却用疏淡秀雅的笔调，抒发实际生活的感受，表现低回曲折的情绪，全篇是通俗质朴的语言。清人周济《介存斋论词杂著》曾说：

毛嫱西施，天下美妇人也，严妆佳，淡妆亦佳，粗服乱头，不掩国色。飞卿，严妆也；端己，淡妆也；后主（李煜）则粗服乱头矣。

王国维《人间词话》也说：

温飞卿之词，句秀也；韦端己之词，骨秀也；李重光（李煜）之词，神秀也。

端己词情深语秀，虽规模不及后主、正中（冯延巳），要在飞卿之上。

刘大杰于《发展史》中具体指出：韦庄“在修辞与表现的技巧

上，脱离温庭筠的浓艳，和张泌、欧阳炯式的轻薄”。王国维以“画屏金鹧鸪”一句象征温的词品，“弦上黄莺语”一句象征韦庄，是很形象的。唐圭璋释韦庄《菩萨蛮》“红楼别夜”说：“韦词清秀绝伦，与温词之浓艳者不同，然各极其妙。”（《唐宋词简释》）夏承焘《论韦庄词》一再举例“说明温、韦两人在《花间集》里领导了两种不同的风格”，以清人贺裳《皱水轩词筌》赞赏的决绝语“纵被无情弃，不能羞”为例，说韦庄这类酣恣淋漓的抒情作品，在五代是很少见的。还说：

> 若就韦词整个风格看，应该说他创作的最大特征是把当时文人词带回到民间抒情的道路上来，又对民间抒情词给以艺术的加工和提高。这是他在词的发展史上最大的功绩。

《花间集》的选材反映了不同的风格，编辑家赵崇祚的识见和搜集之劳，便不言自明了。

古籍的序也写作“叙”，是提纲挈领的意思。赵崇祚没有自己作，请著名词人欧阳炯来写。欧阳炯的《浣溪沙》，况周颐评为“自有艳词以来，殆莫艳于此矣”（《蕙风词话》）。他的骈体序三百四十余字，却将当时词的兴起、创作目的及主要倾向，在理论上作了完整的表述。他说：“《杨柳》《大堤》之句，乐府相传；《芙蓉》《曲渚》之篇，豪家自制。”指明音乐家自制的新声，激励了词的创作。接着又说：

> 则有绮筵公子，绣幌佳人，递叶叶之花笺，文抽丽锦；举纤纤之玉指，拍按香檀。不无清绝之辞，用

助娇娆之态。

当时词的创作，是为了叶乐应歌，娱宾遣兴，文学适应遥逸纵乐生活的需要，《花间集》所表现的重消遣、求轻艳的倾向，序里都说出来了。罗宗强《隋唐五代文学思想史》说：

> 这篇序文，把为淫乐生活而创作与欣赏的目的说得很明白，基本思想与徐陵《玉台新咏序》并无二致，是娱乐说的再次出现而已。

政局与文运关系极大。《花间集》词是那个骄奢淫逸、朝政腐败的时代环境的产物。淫乐风气由宫廷而下及民间。《花间》的作者们，如毛文锡、孙光宪、鹿虔扆和祖籍波斯的李珣等，也有凝重沉郁乃至字字血泪之作，但就整个倾向而言，却是表现轻艳。刘永济选释唐五代词，标题为“各家闺情词”，于《总论》中说五代十国的紊乱，“那时的词所反映的多是荒淫享乐的景象，反映人民生活、社会状况的，几乎没有”。作者们大多把视线转向闺阁生活，写女人的姿色和生活情状，特别是写她们的内心生活，男女间的相思情爱，如张泌的《浣溪沙》、顾夐的《荷叶杯》等，描写得太露骨了，流于淫靡颓荡，词格卑弱；不仅有像鲁迅所说写盯梢的词，还有更污糟的描写。这些倚翠偎红之作，会使词走向空虚、堕落的道路，其消极影响是不言而喻的。又如阎选的作品，王国维说，只有一首“有轩翥之意，余尚未足与于作者也”。不过作为一个流派看，仍是值得搜集、编订和研究、借鉴的。

唐末五代词坛，不仅有绮靡侧艳的《花间》词人，中原的唐昭宗李晔、后唐庄宗李存勖、前蜀的王衍、后蜀的孟昶等，都善度曲，却没有或来不及被选入《花间集》。江南的词人，更来不及包括。然而南唐是五代文坛的最重要的一个中心，可惜的是，词人之传者不过三数人而已。中主李璟、后主李煜外，冯延巳、成彦雄并称作家，其他便无闻了。陈世修编辑的《阳春集》序中说："金陵盛时，内外无事，朋僚亲旧，或当宴集，多运藻思为乐府新词，俾歌者倚丝竹而歌之。"南唐流传下来的作品，何以反而甚少呢？郑振铎、刘大杰注意到这种缺憾了，他们都说："因为南唐没有赵崇祚那一类的人去收集保存，因此所传者就寥寥无几了。"这一方面可见赵崇祚对文学的贡献，另一方面也说明编辑工作的必要与重要。没有编辑，就谈不上学术文化的传播与积累！

《花间集》中虽有鹿虔扆、李珣等词格庄重、境界高远的作品，固然值得重视，而对于大部分冶游享乐之作，刘永济分析道：

> 他们各出心裁，用各种不同的写法来表达同样的主题，形成五光十色的景象。我们比较读来，在艺术上会看到许多表达情感的方式。

《花间集》收唐五代词，后有《草堂诗余》收宋词。明人陈耀文编辑唐五代、宋、元人词三千余首，即取《花间集》《草堂诗余》第一字命名为《花草粹编》。清康熙时编辑《历代诗余》，又以此为基础而加以补充。《花间集》对后代影响很大，俞平伯《唐宋词选释・前言》指出："《花间》的潜势力依然笼罩着千年的词坛。"

我们从编辑工作发展史的角度，来评介赵崇祚的工作，考察其选题、编排及其作用和影响，评论编书的眼光、见解，但不鼓励继续在这条偏狭的路子上创作。《花间集》当然不是词的标准。明汲古阁宋本《花间集》有陆游两跋，其一说：

> 方斯时，天下岌岌，生民救死不暇，士大夫乃流宕如此，可叹也哉！或者出于无聊故耶？

论及创作倾向、生活态度和审美情趣等，难道不正首先应该这样考虑吗？

李　昉

王船山说经论史，痛斥赵宋王朝为“陋宋”，他基于强烈的民族意识，严夷夏之大防，自不免长言永叹而不能自已。但我们审视当时的社会经济发展，宋朝生产水平远远高于唐朝，水利建设成就突出，农业生产工具和耕作技术大有改进，精耕细作为前代所未见，农产品商品化的程度加强，手工业生产和商业经济获得巨大发展。举世闻名的三大发明，都出现于宋朝。庆历年间（1041—1048），活字排版的发明；雕版印刷的显著改革和进步；作为文房四宝的纸、墨、笔、砚制造业非常兴盛，技术提高，产地增多，特别是纸的质量好。民物康阜，朝廷又有意奖励艺文，这就使得我国出版事业在宋朝蓬勃兴起，有中央和地方的官刻，世家大族的家刻，拥有写、刻、印工的专业书商的坊刻，职业的编校人员同时出现。两宋三百余年，是我国封建社会中编辑事业很有成绩的时代，有力地推动了学术文化的发展。诚如邓广铭所说：

> 两宋时期内的物质文明和精神文明所达到的高度，在整个封建社会历史时期之内，可以说是空前绝后的。（《谈谈宋史研究的几个问题》）

陈寅恪早在四十多年以前就指出：

华夏民族之文化，历数千载之演进，造极于赵宋之世。（《金明馆丛稿二编》）

仅从编辑史的视角去观察，我深感对两宋史亦有再认识的必要。

宋朝编辑人才辈出，单言开国后六十年间，太祖赵匡胤、太宗赵炅、真宗赵恒三朝，即可谓济济一堂。五代时固然君暗臣邪，战乱相继，中原王朝为稳定其统治，尚知笼络地主阶级知识分子，科举考试未停；江南、西蜀，弦诵未断，无形中为宋朝准备和提供了编辑人才。《宋史》指出："五季为国，不四、三传辄易姓，其臣子视事君犹庸者焉，主易则他役，习以为常。"（卷二六二）"宋兴，敦奖硕儒，多所询访，庶几获稽古之效矣。"（卷二六三）赵匡胤陈桥兵变后，黄袍加身，为巩固其统治地位，十分注意吸收五代和当世的知识界人士，因而宋初是我国官修书籍成绩卓著的时期。一书编就，由多人经手，论及宋初三朝的编辑家们，便不得不以李昉为代表，进而分述其前后主要人物，他们都对传统文化的发展做出了贡献。

李昉（925—996）字明远，深州饶阳（今河北省中部偏南）人。五代后汉乾祐进士，初任秘书郎，后值弘文馆，改任集贤殿修撰，是道地的编辑出身。后周时任集贤殿直学士、史馆修撰并兼管行政事务。与扈蒙、崔颂等以汴京相国寺《文英院集》作家而著闻。入宋，历任学士院学士、翰林学士等职，参加编撰《旧五代史》。太宗赵光义即位后，加户部侍郎，受诏与扈蒙、李穆、郭贽、宋白同修《太祖实录》。后与宋琪继赵普为相，以宿旧参知政事，两任中书侍郎、平章事，监修国史；并主编《太平御览》《太平广记》《文苑英华》，三书与真宗朝编的《册府元龟》合称宋代四大部书，在保存古代文献方面做出了贡献。他负责草拟朝廷颁布的命令三十多年，思虑忧畏，不敢松懈。史称其“为文章慕白居易”，辞理明白，浅近易晓。但居宰辅职位无甚建树，自己也曾认为“燮理非材”。史称其受卢多逊讦而不计较。

赵匡胤兄弟在削平割据政权、强化专制主义中央集权的同时，理解文治与武功二者并用的意义，他们对于编辑工作是相当重视的。太祖建隆二年（961），即宋朝开国第二年，王溥（919—982）编成了《唐会要》一百卷，上呈给皇帝，同时又进一部三十卷的《五代会要》。王溥，字齐物，并州祁（今山西祁县）人。后汉乾祐年间中进士甲科，历仕后汉、后周，从秘书郎到参知枢密院事。宋初进位司空，屡加荣名，虽无实权，却受宠遇。会要是我国史书的重要体裁之一，创始于唐德宗时的苏冕，宣宗朝诏崔铉、崔瑑、薛逢、郑言、杨绍复续编；王溥编成完整的《唐会要》，分目五百一十四项。这种典志体的断代史书，体例要求不严格，因而各目篇幅可长可短，叙事有简有繁，不受拘束，虽属记述历朝典章制度的因革损益，却能保存许多重要文献和珍贵典故，以补正史和典志书之不足。例如第三十六卷《修撰》中，记载了唐初编辑各种史书的情况，表现封建王朝在政治稳定、经济恢复之后，将出现某种程度的文化发展现象。第六十三卷《史馆》中，记载了唐朝史馆的组织，编纂历史情况，征集史料办法，不但说明了史学在唐代获得发展的具体原因，而且是古典编辑学研究的重要史料。《宋史》称“溥好学，手不释卷”，又说他“性宽厚，美风度，好汲引后进”。王应麟《玉海》说其书文简理备，得到宋太祖的嘉奖，“诏藏史馆”。王溥所规划的会要分类编辑的体例及方法，受到朝野一致重视。宋朝政府设会要所，两宋前后编辑会要十次，成书二千四百四十一卷。原书虽在明宣德年间毁于火灾，清人徐松从《永乐大典》中辑出二百卷十七类，内容已很繁富。后世学者继起仿编，清姚彦渠编《春秋会要》，明董说编《七国考》，清孙楷编《秦会要》，宋徐天麟编《西汉会要》及《东汉会要》，清杨晨编《三国会要》，宋李心传编《建炎以来朝野杂记》，元虞集与欧阳玄编《元经世大典》，清龙文彬编《明会要》。据朱铭盘《桂萼轩遗集》，他编有西晋及宋、齐、梁、陈的会要。这都由于体例简便，方法灵活，巨细均可采纳，为编辑史料开辟了一个途径。

赵匡胤于开宝四年（971）派高品、张从信到成都筹刻《大藏经》。全藏共五千零四十八卷，一千零七十六部，雕版十三万块，至太宗太平兴国八年（983）全部完工，装成四百八十函。这是我国历史上规模宏大的出版工作，是佛藏辑集的第一部，也是刻印大部头丛书的第一遭，世称《开宝藏》。北京图书馆存有残卷。

开宝六年，薛居正（912—981）受诏监修梁、唐、晋、汉、周五代史。李昉与卢多逊、扈蒙、张澹、刘兼、李穆、李九龄等参加编撰。薛居正，字子平，开封浚仪（今河南开封市）人。后唐清泰间进士，后周时官至刑部侍郎。入宋后，以参知政事兼淮湘岭南转运使，又监修国史。他掌管五代史编辑工作，并非仅挂荣誉衔，因历仕各朝，熟悉情况，又善于为文，为人宽达有雅量，能得到廷臣和修撰们的协力。这部《五代史》亦称《梁唐晋汉周书》，一百五十卷，根据五代历朝实录和宋昭文馆学士范质的《五代通录》编成。断代为史，材料丰富，遗闻琐事，采录甚备。后来欧阳修撰《新五代史》，薛史传本逐渐湮没，到明朝就绝版了。现在所见到的《旧五代史》，是清乾隆间开四库全书馆时，由陆锡熊、纪昀、邵晋涵从《永乐大典》中辑出，恢复原书约十之七八。薛史事较欧书为详。《四库全书总目》指出：

> 自宋时论二史者即互有所主，司马光作《通鉴》，胡三省作《通鉴注》，皆专据薛史，而不取欧史。沈括、洪迈、王应麟辈为一代博洽之士，其所著述，于薛、欧二史亦多兼采，而不尝有所轩轾。

《总目》继对薛居正、李昉等编撰工作予以肯定：

> 居正等奉诏撰述，本在宋初，其时秉笔之臣，尚多逮事五代，见闻较近，纪传皆首尾完具，可以征信。故异同所在，较核事迹，往往以此书为证。

《宋史》称："居正好读书，为文落笔不能自休。"

宋朝设置史官，分别纂修实录、国史、会要等类史书，内容都较前代同类书详备得多。到太宗初年，削平地方割据势力的统一工作接近完成，对于官家编辑事业更加注意，李昉就在这种形势下出任主编的。鲁迅《中国小说史略》第十一篇中发挥明代谈恺所见云：

> 宋既平一宇内，收诸国图籍，而降王臣佐多海内名士，或宣怨言，遂尽招之馆阁，厚其廪饩，使修

书，成《太平御览》《文苑英华》各一千卷；又以野史传小说诸家成书五百卷，目录十卷，是为《太平广记》，以太平兴国二年（977）三月奉诏撰集，次年八月书成表进，八月奉敕送史馆。六年正月奉旨雕印板。（据《宋会要》及《进书表》）

李昉等编辑的《太平广记》采集宏富，所引野史传奇小说，自汉代至宋初，搜罗约五百种，中多失传，赖此得考见其佚文。全书按题材性质分为九十二大类，还系附一百五十余小类。有的一类一卷，有的一类数卷乃至数十卷，收录约七千篇，近三百万字，鲁迅称之为“唐人特绝之作”的唐人小说辑入甚多。这种分类编辑法，虽将原书拆散打乱，但正如鲁迅所说：“视每部卷帙之多寡，亦可知晋唐小说所叙，何者为多，盖不特稗说之渊海，且为文心之统计矣。”《太平广记》是我国宋代以前文言小说的总集，堪称小说史上的瑰宝。而且此书收录范围极广，包括传记、诗文、地理、史料、制度、博物、传说、文物、艺术、医药，乃至卜筮、星相诸方面，远远超出小说创作的范围，成为一部内容丰富的百科资料汇编，至今仍有人从中发掘自然科学及医药学等有关珍贵材料，李昉和他的同事们编辑了一本极有价值的集子。

据进书表，此书编辑有李昉、扈蒙、李穆、汤悦、徐铉、宋白、张洎、董淳、赵邻几、陈鄂及吴淑。扈蒙（916—986），字日用，幽州安次（今河北安次县）人，后晋天福中进士。后周时任职史馆，知制诰，与李昉齐名。从弟载时为翰林学士，兄弟并掌内外制，时号“二扈”。宋初充史馆修撰，开宝中，与李穆同修《太祖实录》。他在宋初士林中很有名。其他参加编辑工作者，如李穆，后周显德初进士，宋开宝时拜左拾遗，掌起草诏令；太平兴国年间历任史馆修撰、翰林学士，精研《周易》及《庄》《老》书，善篆隶，工绘画。《宋史》称："五代以还，词令尚华靡，至穆而独用雅正，悉矫其弊。"张洎是南唐进士，曾教后主李煜不降宋，归宋后为赵匡胤切责。太宗即位，以其文雅，在舍人院、译经院任职，并出使过高丽，又充史馆修撰，兼理集贤院事。《宋史》称："洎博涉经史，多知典故。""文采清丽，博览道释书，兼通禅寂虚无之理。"

编辑十余人中，徐铉、吴淑都是小说作家。徐铉（916—991），字鼎臣，扬州广陵人。初为南唐翰林学士。吴淑（947—1002），字正仪，润州丹阳人。在南唐举进士，以校书郎直内史，为徐铉女婿。徐铉在南唐时，历二十年写成志怪小说《稽神录》六卷，编辑《太平广记》时，常想收采而不敢自专，使宋白请示李昉后才得收录。可见任何时代编辑工作都得有一定的章法和纪律。

《太平广记》历来在学者、专家中传诵，但因印本少而不为多数人所知。到明代，谈恺得此书校补刻印，赖以流传。明代书商鉴于其中不少篇故事性强，文字优美，常抽出一部分，改制篇目，别署撰人，以成《古今逸史》《说海》《五朝小说》《龙威秘书》《唐人说荟》《艺苑捃华》等书。明代文学家冯梦龙特加评纂，改编为《太平广记抄》八十卷，以适应商业城镇广大读者的文化需要。宋元时代瓦肆勾栏里的说话人，在书本知识上就必须"幼习《太平广记》，长攻历代史书"，可知此书在文学史与社会生活史中的地位。鲁迅讲授中国小说史时，曾辑录唐宋两代原系单篇流行的作品，编成《唐宋传奇集》，其中唐代部分大多由《太平广记》中辑出。其后汪辟疆又加增选，成《唐人小说》二卷，也以《广记》为母体。

《太平御览》的编辑，始于太平兴国二年三月（977 年 4 月），清本完成于太平兴国八年十二月（984 年 1 月），共约六年九个多月。初名《太平总类》，太宗夸示好学，着进呈以备“乙夜之览”，便诏改今名。参加编纂人有李昉、扈蒙、李穆、汤悦、徐铉、张洎、李克勤、宋白、徐用宾、陈鄂、吴淑、舒雅、吕文仲和阮思道。后来李克勤、徐用宾和阮思道调出，另派赵邻几、王克贞和董淳补缺。编辑部以李昉、扈蒙领衔，而以吴淑、吕文仲等致力最久。全书一千卷，分五十五部，系根据《周易·系辞》“凡天地之数五十有五”的说法，以示包罗万象。各部之中又分类，有些类还有附类，共有五千四百二十六类。编辑过程中以前代类书为蓝本，增删修订。陈振孙《直斋书录解题》说：“《太平御览》一千卷，以前代《修文（殿）御览》《艺文类聚》《文思博要》及诸家，参译条次修纂。”不仅内容条文多取材于前代类书，编辑体例也有所模拟，如分部五十有五，即仿北齐《御览》。据马念祖《水经注等八种古籍引用书目汇编》称，引用书为二千五百七十九种。征引赅博，门类繁多，大大超过了以前的类书。这些所引用的古书，十之七八却又失传。零篇残简，幸赖《御览》引用，因而此书所保存的原始材料要比其他类书为多。例如论述古代农业生产技术的《范子计然》和《氾胜之书》，即从中录出；司马光修《资治通鉴》时都未见过的崔鸿《十六国春秋》，《御览》引用了四百八十多条。因此从事学术研究与辑佚校勘的人，都很重视此书。

太平兴国七年（982），《太平广记》早已编成，《太平御览》也将近定稿，太宗下令从《御览》编辑部抽调李昉、扈蒙、徐铉、宋白等将近半数人员，加上杨徽之、吕蒙正等二十多人，后又增派苏易简、王祐、范杲、杜镐等，总阅前代文章，采撷精要，编辑一部上继《文选》的总集。至太宗雍熙三年（986）十二月完成，这就是篇帙达一千卷的《文苑英华》。《文选》止于梁初，它起于梁末，下迄晚唐五代，选录作家近二千二百人，作品近两万篇。书中所收诗文，南北朝占十分之一弱，唐代占十分之九强，所以实际上是唐代诗文的总汇。

《文苑英华》体例与《文选》大致相同，但因文体日繁，故分类更多。《文选》只分三十八类，此书则分五十五类。子目划分更为繁碎，如赋的子目多达四十一，《文选》原只十五。各类所收数量亦不同，赋占一百五十卷，诗一百八十卷，碑九十一卷，而书、论仅二十余卷，弹文、移文只有一两卷，但可由此看出唐代各体文章发展的情况。唐代三百年，名家辈出，《新唐书•艺文志》著录三百多家，今存者仅七十六家。宋朝以前，书籍的流布靠传抄，既容易写错，又易于散失。宋初利用国家人力物力和皇家馆阁藏书，编成《文苑英华》，保存了大量诗文，给后世提供了一部丰富的文献资料。明清两代编辑《古诗纪》《文纪》《全唐诗》《全唐文》等重要总集，都取材于此。清朝纂修《四库全书》、严可均辑《全上古三代秦汉三国六朝文》也用为参考。近代学者精心利用其中材料，补充史传的缺漏，考订载籍的得失，都说明了《英华》的价值。

《英华》的编辑中，如杨徽之（921—1000），字仲猷，建州浦城（今福建省北端）人。后周显德中举进士，入宋任著作佐郎等职。因素有诗名，《宋史》本传称，李昉等“以徽之精于风雅，分命编诗为百八十卷”。吕蒙正（944—1011），字圣功，河南洛阳人。太平兴国二年擢进士第一。初任著作郎，直史馆，知制诰。他参加《英华》编辑工作后，在太宗、真宗时三次任宰相，以敢言著称。太宗夸称京城繁盛，他即指出“尝见都城外不数里，饥寒而死者甚众”。他还曾对太宗说：“臣不欲用媚道妄随人主意，以害国事。”《宋史》称，当时“同列悚息不敢动”。但编辑中宋白、杨砺、苏易简、范杲等人大都是词章之士，而苏易简已任学士，《宋史》说他“属文初不达体要”。中华书局《英华》影印本《出版说明》指出：他们这些人，“大多是词章之士而非渊博的学者，这样复杂而细密的工作本来不一定是他们的专长，加上草率马虎，分工而不合作，编纂中途又有人员的调动，这就造成了这部书中数以千计的学术性和技术性错误”。可知轻率的文士、躁进的官僚是干不得编辑工作的。南宋彭叔夏《文苑英华辨证》十卷，分二十个门类，指出该书编辑工作中各式各样的错误，体例谨严，评论精确；清劳格又撰《辨证拾遗》一卷，都是审读报告的范本，编辑史上重要的著作。

到真宗赵恒景德二年（1005），命王钦若、杨亿等编辑类书《册府元龟》。全书一千卷，成于大中祥符六年（1013）。辑集历代君臣事迹，按人事人物分门编纂，计分三十一部，一千一百零四门。部有总序，内有小序。自上古至五代，分门顺序编排。所采以史籍为限，间及经、子，不收小说家言。引文多整章整节，又当时唐五代各朝实录存者尚多，所以材料较丰富，对宋前史籍的辑佚和校勘工作颇有价值。领衔编纂此书的王钦若（962—1025），临江军新喻（今江西新余）人。仁宗时进士，此时任同平章事、枢密使，本是个奸邪险伪的人，又好神仙之术。编辑工作主要依靠杨亿、钱惟演以及刁衎、杜镐、戚纶、李维、王希逸、陈彭年、姜屿、陈越、宋贻序、陈从易、刘筠、夏竦、孙奭等。总其成的杨亿（974—1020），字大年，浦城人。淳化进士，任翰林学士兼史馆修撰。与刘筠、钱惟演为西昆体的领袖，主盟文坛。任职精勤的是刘筠、陈越、陈从易。

五代后半叶和宋初六十年间，是我国编辑出版事业的重要转折时期，人才并起，编务交错，本文因而采合传形式。另有数人，仍须一述，才能把这个历史时期的面貌烘托出来。

我国唐代的雕版印刷品，主要是一些佛经和群众日用的字书、日历等，五代时更加发展。词人和凝（898—955），于后晋天福五年（940）曾将自己作品缮写上板雕印。前蜀画家、诗人贯休和尚（832—913）的作品，为其弟子昙域在成都刻印。官府刊刻图书的事业，始于后唐明宗时宰相冯道、李愚奏请刻印儒家经典，由国子监组织专人根据《开成石经》招工雕印，从后唐长兴三年（932）起到后周广顺三年（953）止，经历四个朝代二十二年才完成，史称《监本九经》，是我国历史上第一次大规模刻印图书，也是儒家经典第一次开雕，对于雕版印刷事业的发展起了很大的推动作用，此后历代政府都把刻印经史作为一项重要工作了。同时，私人出版家也出现于书林文苑，这就是后蜀孟昶的宰相毋昭裔，其人嗜藏书，酷好古文，精经术。曾将雍都旧本《九经》刻石于成都学宫。吴任臣《十国春秋》卷五十二称：“昭裔出私财营学宫，立黉舍，且请后主镂版印《九经》。”“又令门人句中正、孙逢吉书《文选》《初学记》《白氏六帖》，刻版行之。”《五代史补》说他贫贱时向人借阅《文选》，其人有难色，他因而发愤，“异日若贵，当版以镂之”，嘉惠士林。史称其“博学有才名”，富贵后不当守财奴，是有文献可考的最初出版家。这种文化经营活动透露出一些现代气息了。

论宋初编辑家事迹，还应谈到太宗赵光义的作用。赵光义接位后改名炅，在位二十二年（976—997）。他的皇位系抢夺而来，在为人方面，很遭非议；军事指挥才能也不佳，研究者认为北宋积弱之势在他统治时开始形成。不过，他注意发展文化事业，十分重视编辑工作，使才俊之士有所作为，是他在实现统一之外的一大功绩。唐五代旧制，设史馆、昭文馆、集贤院为三馆，掌管修撰及图书等事。宋初三馆在汴京右长庆门东北，仅有小屋数十间，卑陋湫隘，朝夕喧杂，是五代乱世的旧房，根本不利于工作。太平兴国二年，太宗到三馆视察，对左右说："是岂足以蓄天下图书，待天下贤俊?"于是亲自规划，在左升龙门东北车府地另建三馆，他还两次前往察看工程进行状况。三年二月建成，轮奂壮丽，甲于内廷。下诏称："其三馆新修书院宜为崇文院。"还特意在西序留个便门，以供他常来往。他常到院中看书，也常召大臣去看书。多次下诏征集图书，定出奖赏办法，还派人到江南购募。真宗为《册府元龟》制序说：

> 太宗皇帝始则编小说而成《广记》，纂百氏而著《御览》，集章句而制《文苑》，聚方书而撰《神医》，次复刊广疏于《九经》，校阙疑于《三史》，修古学于篆、籀，总妙言于释、老。

这将他的文化活动概括得全面。太宗对编辑的生活也非常关怀，派内官主管后勤，供帐饮撰，异于常等。每编一书，多赏赐器币。他的二儿子真宗赵恒也这样做。陈寅恪说得好："天

水一朝之文化，竟为我民族遗留之瑰宝。”（《寒柳堂集》页一六二）

对于太宗命西蜀、江南降臣编书，通常说是因为“疑其怀故国，蓄异志，而姑以是縻之”，王船山《宋论》卷二特加驳斥，他说：

> 呜呼！忮人之善而为之辞以摘之，以细人之心度君子之腹，奚足信哉？

那么，为什么要选择那些降臣当编辑呢？他说：

> 乃其所以必授纂修之事于诸降臣者有故。自唐乱以来，朱温凶戾，殄杀清流，杜荀鹤一受其接纳，而震栗几死。陷其域中者，人以文藻风流为大戒。……六籍百家，不待焚坑，而中原无憖遗矣。……唯彼江东、西蜀者，保国数十年，画疆自守，兵革不兴，水涘山椒，縢缄无损；故人士得以其从容之岁月，咀文苑之英华。则欲求博雅之儒，以采群言之胜，舍此二方之士，无有能任之者。太宗可谓善取材矣。

王船山对李昉作如何评价呢？在《宋论》卷二之十所举为平章、为参知、为枢密院等十五个大臣中有李昉，认为是“可尽所长以图治安”的人。卷二之八说：在太宗政府中，“以方正称，则李昉、吕端，皆所谓贤臣也”。用这样的人领导编辑工作，同样可谓善于取材了。

欧阳修

在北宋的学术文化界，欧阳修是个开一代风气的先进人物。他年轻时，即以善写古文而名满天下；到中央政府工作两年后，不过三十岁，支持革除时弊而不怕得罪丢官。此后，参与政务活动外，积极从事各种文化活动，在史学、文学、经学、目录学、金石学等方面，他都有重大成就。一般公认他以散文、诗、词等文学成就最高，成为影响巨大的北宋文坛领袖，殊不知他一生在编辑事业上贡献甚多，而且正由于在编辑工作中长久的历练，助成了他的学术成就。

欧阳修（1007—1072），字永叔，中年自号为醉翁，晚年改号六一居士，庐陵吉水（今江西吉安市）人。四岁时，父亲欧阳观去世，母郑氏年方二十九，带他去随州依靠叔父欧阳晔为生，并亲自教他读书。家贫，买不起纸笔，用芦荻（苇秆）画地，练习写字。他为学勤奋，敏悟过人，二十来岁时已有很高的声誉。宋仁宗天圣七年（1029），试国子监，得第一；秋赴乡试，又列第一。次年参加进士考试，复被礼部录取为第一名；又经皇帝殿试，以甲等中了进士。这时他二十四岁，被派到西京洛阳为掌勘问刑狱的推官，从此便踏上了仕途。

综观欧阳修的一生，经历了北宋真宗、仁宗、英宗、神宗四朝，仕宦奔走，先后在地方和中枢任职，“居三朝数十年间，以文章道德为一世宗师”（吴充撰欧阳修《行状》）。其间虽因赞助范仲淹主持的政治革新运动，两度遭受贬斥，但从仁宗朝后期起，不断升迁。嘉祐五年（1060），拜枢密副使，参与管理军国要政；六年（1061）官参知政事，即副首相，在位将近十载。当时距赵匡胤、光义兄弟立国不过七十年，国势已趋衰落，正如他在《本论》中所说：

> 财不足用于上而下已弊，兵不足威于外而敢骄于内，制度不可为万世法而日益丛杂，一切苟且，不异五代之时。

就像他对仁宗曹皇后（即光献太后）所说，他不过是个读书人，无力改变积弱的政治局面。他在晚年追记政事轶闻的《归田录序》中如此自责道：“备位朝廷，与闻国论”，可是：

> 既不能因时奋身，遇事发愤，有所建明，以为补益；又不能依阿取容，以徇世俗，使怨嫉谤怒丛于一身，以受侮于群小。

在封建专制的官场中做个有所作为的正派人太难了：

> 当其惊风骇浪，卒然起于不测之渊，而蛟鳄鼋鼍之怪，方骈首而闯伺，乃措身其间，以蹈必死之祸。

宋朝规定年满七十方到退休年龄，欧阳修提早八年就接连上表要求辞官退休，前后打报告十多次，终于在六十五岁时获准致仕。他虽没有赞助王安石变法，也始终没有正面表示过反对。

欧阳修一生最为人注意的是他在文学方面的成就。我国古典散文发展到唐宋时代，出现了巨大的变革。“唐以前无‘古文’之名。”（包世臣《雩都宋月台古文抄序》，《艺舟双楫·论文三》）唐宋的古文运动就是先后在韩愈、欧阳修的大力倡导下发展起来的。韩欧的所谓“古文”，不但有文体革新的意义，而且含文学革新的意义。欧阳修在理论上和创作上都有巨大成就，他通过曾巩告诉王安石怎样写好文章：

> 欧公更欲足下少开廓其文，勿用造语及模拟前人。
>
> 孟、韩文虽高，不必似之也，取其自然耳。（《与王介甫第一书》）

苏洵评论欧阳修的创作：

> 纡徐委备，往复百折，而条达疏畅，无所间断；气尽语极，急言竭论，而容与闲易，无艰难劳苦之态。（《上欧阳内翰书》）

他的平易自然的作品，“成如容易却艰辛”。王安石不轻许人，却称赞欧阳修的文章好：

> 豪健俊伟，怪巧瑰琦。其积于中者，浩如江河之停蓄；其发于外者，烂如日星之光辉。其清音幽韵，凄如飘风急雨之骤至；其雄辞闳辩，快如轻车骏马之

奔驰。(《祭欧阳文忠公文》)

这都道出了欧文妙丽古雅的特色。

他一生最为人忽略的是他对编辑事业的贡献。欧阳永叔不务高论，不慕虚荣，生平不断从事编纂工作。打开《宋史》卷三百一十九本传及其子欧阳发撰《事迹》、吴充撰《行状》等，可以排出他经验丰富的简历：天圣八年三月进士及第，五月授将仕郎，试秘书省校书郎，掌校勘文籍，起步就任编辑。次年到洛阳，开始与尹洙、梅尧臣及苏舜钦等交游，写作古文，发动诗文革新运动。景祐元年（1034）始任京官，为馆阁校勘。北宋有昭文馆、史馆、集贤院三馆和龙图阁、天章阁等阁，分掌图书经籍和编修国史等事务，通称“馆阁”。馆阁校勘负责馆阁所藏图籍的编校工作，这时他参加编辑三馆秘阁藏书目录，即后日著名的《崇文总目》。不久因论救范仲淹，作书痛责司谏高若讷，被贬为峡州夷陵令。景祐四年，他致书尹洙，相约分撰《五代史》。康定元年（1040）被召还开封，复任馆阁校勘，继续编《崇文总目》。次年书成，升任集贤校理，为集贤院学士的属官，掌校理经籍，仍是编辑。庆历三年（1043），任谏官时，同修《三朝典故》，又选拔为修起居注官，记录皇帝的言行；同年底，就任知制诰，掌起草皇帝的政令。按宋制，这个职务必须先试用而后任命，欧阳修是宋立国百年中作为特例授职的四人之一。庆历五年（1045），他将知制诰时所作制敕，编成《外制集》三卷。皇祐三年（1051），编辑整理苏舜钦文集，他在《苏氏文集序》中指出：国家应该乐育贤材，不爱惜苏子美这样难得的人才，实在令人叹息！皇祐五年（1053），所编写的《五代史记》七十四卷成。至和元年

(1054)，以宰相刘沆推荐，参加编撰《唐书》；旋任翰林学士，负责起草皇帝的重要机密诏令，兼备顾问，又兼史馆修撰。嘉祐二年（1057），与韩绛、王珪等共同主持礼部考试，是科苏轼、苏辙、曾巩、程颢、张载等皆举进士。修以右谏议大夫判尚书礼部，并管秘阁、秘书省、史馆及三班院，这时已五十一岁，仍掌管图书文籍的编辑整理机关。嘉祐五年（1060），与宋祁撰《新唐书》二百五十卷成，转礼部侍郎；同年冬拜枢密副使，同修《枢密院时政记》。嘉祐六年（1061），以户部侍郎参知政事，同修《中书时政记》。自李唐高宗后期，皇帝和宰相讨论的国家机密事项，由一位宰相记录下来，称《时政记》。宋代总管兵政的枢密使、副使及参知政事等同称“执政”，与宰相同掌中枢政权。欧阳修以副宰相负责编写《时政记》。嘉祐六年作序介绍梅圣俞诗集，并指出其文章“简古纯粹，不求苟说于世”。梅圣俞对宋诗的革新起过很重要的作用，陆游《书宛陵集后》评梅为李、杜后第一位作家；刘克庄《后村诗话》称其为宋诗“开山祖师”。嘉祐七年（1062），以参知政事管理三馆、秘阁写校书籍工作；同年编成《集古录》千卷。英宗即位（1063）仍为参知政事，治平二年（1065）主持编纂《太常因革礼》百卷成。治平四年（1067）编成《归田录》；是年神宗即位，欧阳修已六十一岁。由此可见他与编辑事业的关系多么密切！

有的研究者很确切地指出：欧阳修的文学活动和他的政治活动密切结合。我要提请观看：欧阳修的编辑活动是他一切活动的架构，编辑工作是他学术工作的摇篮。《宋史》说：“宋兴且百年，而文章体裁，犹仍五季余习。锼刻骈偶，碘涩弗振，士因陋守旧，论卑气弱。”唐代由韩愈、柳宗元倡导的古文运动，并没有完全彻底地战胜“忘于教化之道，以妖艳为胜”的骈文，其本身在理论上有道即是文的偏颇，而且后继乏人。晚唐出现的很精粹的小品文，固然在我国散文史上独放异采，但未能进入正宗的文学台阁。宋初依然是骈文独霸文坛。前引《宋史》继称：

> 苏舜元、舜钦、柳开、穆修辈，咸有意作而张之，而力不足。（欧阳）修游随，得唐韩愈遗稿于废书簏中，读而心慕焉。苦志探颐，至忘寝食，必欲并辔绝驰而追与之并。

欧阳修在《记旧本韩文后》中回忆少时于李氏宅初见韩文的情景道：

> 予为儿童时……见有弊筐贮故书在壁间，发而视之，得唐《昌黎先生文集》六卷，脱落颠倒无次序。因乞李氏以归，读之，见其言深厚而雄博。然予犹少，未能悉究其义，徒见其浩然无涯若可爱。
>
> 是时，天下学者杨、刘之作，号为“时文”，能者取科第，扬名声，以夸荣富世，未尝有道韩文者。

宋初风行“时文”（骈俪文），韩愈的文集因无人注意而湮没。宋初，古文运动的先驱者柳开、穆修等提倡尊韩，并刊刻韩、柳文集，但影响不大。欧阳修到洛阳后，大力倡导，掀起古文运动的浪潮。具体办法是：一方面积极创作；另一方面整理古籍，主要是韩愈文集。他说：

> 举进士及第，官于洛阳，而尹师鲁之徒皆在，遂相与作为古文。因出所藏《昌黎集》而补缀之，求人家所有旧本而校定之。其后天下学者亦渐趋于古，而韩文遂行于世。至于今，盖三十余年矣，学者非韩不学也，可谓盛矣。

欧阳修用整理校定《昌黎文集》的办法来发动上继唐代的古文运动，他认识到编辑工作的社会作用。刘大杰《中国文学发展史》强调欧阳修的编辑功绩说：

> （那时）不仅作韩文者少，就连《昌黎文集》也并不流行。要等到欧阳修补缀校定，鼓吹提倡以后，韩愈的精神才正式复活，韩文也就大行于世，而达到“天下学者非韩不学”的盛况了。

当时社会文化生活的开展，印刷术的进步，欧阳修顺应时代的要求，开化风气，打破西昆体独霸文坛的态势，以一种简明自然的文体作为交流的工具，上继韩、柳，前承石、穆的古文运动蓬勃展开，被明朝人称为“唐宋八大家”的散文作家群体形成，他们的优秀创作成果是对祖国历史文化的宝贵贡献。我们吟诵欧阳修早年诗作，文字旖旎，带有晚唐格调，显受西昆体的影响，但他勇于冲破旧习，另辟新径，对韩愈文集的认真校订整理，和前此穆修（979—1032）严肃整理韩、柳文集，并亲自在汴京大相国寺摆摊发卖，同为编辑出版工作史上的佳话。

宋代第一部官修目录《崇文总目》，主要编辑是欧阳修。

宋初以昭文、史馆、集贤三馆为藏书处，后又建崇文院，称三馆新修书院，其后又别为书库，称秘阁。宋王朝将三馆、秘阁作为培养学术人才和高级官吏的文化机构，所设学士、校理、校勘多为科第中选拔出的优秀人才。景祐元年（1034），命王尧臣等以三馆秘阁所藏校正条目，分类编次，著录宫廷藏书三万六百六十九卷。参加编辑工作的欧阳修、宋祁、宋庠、张观、王洙等，都是当时有名的学者。编目的方法，仿照唐开元《群书四部录》，分四部四十五类，每类有叙录，每书有题解。前后七年，编成六十六卷、叙录一卷。编目中的大序、小序，主要由欧阳修执笔。原本已失传，现在通行的是清代的集释本。《欧阳文忠公文集》卷一二四有《崇文总目·叙释》一卷，凡经部八篇、史部十二篇、子部十篇，从中可以看出他对古典目录学的贡献。《崇文总目》给后代的目录编辑工作起了示范作用；而且正像李宗邺所说："目录书是认识祖国文化遗产的望远镜。"

在一般所谓正史中，不论称《二十四史》还是《二十六史》，欧阳修编撰的有两种：一是与宋祁纂修的《新唐书》二百二十五卷；另一是自撰的《新五代史》七十四卷。原来五代后晋时已编成一部《唐书》，由宰相赵莹一手规划主持，史学家张昭远实际主编，宰相刘向接任监修时完成。但北宋学术界认为编得不好，"事实零落""纪次无法，详略失中，文采不明"，要求重修。宋仁宗庆历五年（1045）接受宰相贾昌朝建议，设立史局重修。由宰相任提举官监修，并特设比一般编修官高一级的刊修官，类似总编辑的作用。欧阳修于至和元年被荐担任刊修官，负责本纪、志、表的纂修。另一位致力最久的刊修官是宋祁（998—1061），字子京，安陆（今属湖北）人，文学家、史学家，负责列传的纂修。他的诗词语言工丽，其《玉楼春》词中有“红杏枝头春意闹”之句，为世传诵。《新唐书》修成，进工部尚书，拜翰林学士承旨。

1051 年后，宋祁外任地方官，仍兼刊修官，负责编纂列传稿件。欧阳修在京城里领导编辑部。

据钱大昕《廿二史考异》探讨，编修前后计有：曾公亮、赵师民、何中立、范镇、邵必、宋敏求、王畴、吕夏卿、刘羲叟、梅尧臣等，很多是学术文化界知名人士。其中宋敏求（1019—1079），字次道，赵州平棘（今河北赵县）人，是唐史专家和大藏书家。他补唐武宗以下六世《实录》一百四十八卷，其内容高于当年提议编《旧唐书》的贾纬的《唐年补录》，为此次重修《唐书》做出了最好的准备。他还写了记述唐西京的《长安志》，记述唐东京的《河南志》，记述北宋京城开封的《东京志》，又在其父宋绶搜辑材料的基础上编成《唐大诏令集》一百三十卷。他还写了笔记《春明退朝录》，多记掌故时事。

吕夏卿，字缙叔，泉州晋江（今福建晋江）人，进士出身。《宋史》卷三三一称：“夏卿长于史，贯穿唐事，博采传记杂说数百家，折衷整比；又通谱学，创为世系诸表，于《新唐书》最有功。”书中的《宗室世系表》《宰相世系表》是他编制的。他另著《唐书直笔》四卷、唐代《兵志》三卷，对编修唐史确实有功。

刘羲叟，字仲更，泽州晋城（今属山西）人。《宋史》卷四三二称，他是欧阳修视察河东时发现的人才，“精算术，兼通《大衍》诸历。及修唐史，令专修律历、天文、五行志”。刘羲叟强记多识，著《十三代史志》等。

范镇，字景仁，华阳（今成都市）人。举进士第一。他自始至终参加编辑工作十七个年头，负责搜集与审核史料。著有《东斋记事》及文集若干卷。

至于《新五代史》（即《五代史记》），是欧阳修个人编著。晁公武《郡斋读书志》称："以薛居正史繁猥失实，重加修定，藏于家。永叔殁后，朝廷闻之，取以付国子监刊行。"

欧阳修编撰的这两部史书，在体例与材料上对旧书都有所创新和增广。《新唐书》增列表系，创造新例，志书详细，列传充实。顾炎武《日知录》对其恢复立表加以赞赏，认为"作史体裁，莫大于是"。赵翼《廿二史札记》指出它援据的新史料较多。《新五代史》义例谨严，采通史体，纪、表、志、传俱全，十国称世家，人物有分类。这都是欧阳修对史学的贡献。但两史都讲究"春秋笔法"，不免忽视材料，文字过省，以辞害意。王鸣盛《十七史商榷》批评他"学《春秋》正是一病"，但认为新旧《唐书》"瑕瑜不掩，互有短长"。钱大昕《十驾斋养新录》卷六指出："欧阳公《五代史》自谓窃取《春秋》之义，然其病正在乎学《春秋》。"宋人吴缜早撰有《新唐书纠谬》《五代史记纂误》，以后历代学者多有类似批评。吴缜指出编写史书应将"事实""褒贬""文采"三者统一，首先要尊重事实。他批评欧阳修专讲褒贬，宋祁则重文采。固执《春秋》教条，流于以论代史，是欧阳修在编辑工作中留下的覆辙！

欧阳修搜集金石铭文编成的《集古录》，所写的《跋尾》，对于金石学产生、发展，实有开辟之功。他从古代青铜器和碑碣的艺术价值中看出很高的史学价值，采集金石文学的直接拓本，"上自周穆王以来，下更秦、汉、隋、唐、五代，外至四海九州，名山大泽”（《集古录目序》），随收随录，积至千卷。实际著录最早的拓本《毛伯敦铭》，据说是周武王时的彝器。这是我国第一部金石学巨著。今存十卷。

欧阳修所撰《诗本义》十六卷，驳正毛、郑，探求本义，用作诗文的常理解说诗篇，提出了许多独到的见解，晁公武说他“所得比诸儒最多”（《郡斋读书志》卷一上）。打破了汉唐注疏的一统天下，反映由传统的汉唐经学到宋代经学的转变，启迪了后人大胆怀疑，勇敢辩驳，冲破传统注疏的樊篱。其文集中的《与张秀才第二书》《答石推官书》《答宋咸书》《易或问》《春秋论》等，力辟汉唐以来经疏的穿凿拘泥，对“宋学”的开创有筚路蓝缕之功。接着有苏辙《诗传》谓《毛序》不可尽信；郑樵作《诗传辨妄》，专攻传笺及小序；朱熹作《诗序辨说》，专辨大小《序》：皆由欧阳修开其先声。学术界的疑古风气从此逐渐发扬开来了。

他晚年所写的《六一诗话》一卷，多评述北宋诗人作品，亦涉及唐诗，开创了文学批评的新形式。以诗话名书，此为最早。晚年还写了笔记《归田录》二卷，凡一百五十条。体例略仿唐李肇《国史补》，记述政事轶闻及当时士大夫琐事，大都为亲自闻见，也成为宋元明清盛行的笔记、随笔的榜样。宋人王明清《挥麈后录》载，《归田录》初成，神宗即派中使宣取，其时欧阳修已退休，乃删去其中若干可能违碍的记述，又加些杂记戏笑之事进呈。原本不敢保存。凡曾饱尝编辑工作滋味者，想必能理解而不讥笑他吧？

他还注意到古佚书流散海外。唐宋海上贸易发达，与日本多所往还。欧阳修有一首题名为《日本刀歌》乐府，历数日本种种优点，有一项是保存中国逸书。浙江天台山是佛教天台宗的开创圣地，五代吴越钱俶时，以经典残阙，曾派人到日本求回智者大师著作。《宋史·日本传》记载日僧带来珍贵的古逸书。欧阳修乐府中有句："徐福行时经未焚，逸书百篇今尚存。"又说："先王大典藏夷貊""令人感激坐流涕。"欧阳修的眼光多么开阔！大约七百年后，清乾隆时的《四库全书》，随后的《知不足斋丛书》，都收录了由日本传来的中国逸书。在我国，这本为文化输出；在日本，则又为"逆输出"。到清末才有学者黎庶昌、杨守敬等在日本注意采访搜罗。

欧阳修生平以风节自持，十分注意奖掖人才。《宋史》说：曾巩、王安石、苏洵及其子苏轼、苏辙等人，作为平民隐居乡里时，不为人所了解，他就揄扬他们的声名，认为他们将来定会闻名于世。欧阳修对朋友非常忠实，朋友在世时，就推荐帮助他们；一旦去世时，就尽力保护周济其家属。他对前辈很尊重，特别重视他人的劳动。《新唐书》完稿时，因为列传为宋祁所撰，朝廷恐其体不一，令欧阳修详看，删为一体。他受命而退，但表示："宋公于我为前辈，且人所见不同，岂可悉如己意。"于是一无所改。书成奏上，按规定仅列官职最高者一人，欧阳修官高当列名，但他说："宋公于传功深而日久，岂可掩其名而夺其功。"于是列传署宋祁之名。宋祁之兄、状元宋庠赞叹道："自古文人好相凌掩，此事前所未有也！"欧阳修在颍州做官时，即爱其西湖风景，上章告老后退居地。有些论者以为欧阳修晚年趋于保守，反对王安石变法。应该看到，他在仕途中被数度诬陷，受种种侮辱，晚岁不免消沉，但仍关心国事，渴望国富兵强。王安石这样评价他：

> 仕宦四十年，上下往返，感世路之崎岖。虽屯邅

困踬，窜斥流离，而终不可掩者，以其有公议之是非。既压复起，遂显于世。果敢之气、刚正之节，至晚而不衰。（《祭欧阳文忠公文》）

欧阳修的编辑大名为其文名所掩。编辑的使命是传播知识，发扬文化；进而发现文化菁英，增大文化积累；最高的境界，当为导引学术研究，开创一代风气。欧阳修不正是这样的大编辑家吗？

司马光

我国的古典编辑学，对于义例的考究、体用的讲求、材料的鉴别、文字的风格，在司马光二十多年的编辑实践中得到了极致的表现。他主持编撰的《资治通鉴》，是我国编年史体的空前巨著，也是古代编辑工作的典型范本。

司马光（1019—1086），字君实，陕州夏县（今山西夏县）涑水乡人。宋仁宗宝元元年（1038）中进士，年方二十。初任太常寺奉礼郎，因侍亲而请求外放，亲丧服满后才改为京官，历任大理寺评事、国子监直讲、馆阁校勘及礼部副职，仁宗末年任天章阁待制兼侍讲、知谏院，是讲论文史的顾问，又有论政进言的责任。英宗立，进龙图阁直学士。神宗即位，提升为翰林学士、御史中丞、翰林侍读学士等职，用他自己的话说，“犹侍从也，于事无不可言者”（《宋史》本传）。英宗、神宗都看重他。

当时神宗深感“天下弊事至多，不可不革”，用王安石行新政。司马光竭力反对，强调祖宗之法不可变。神宗不从，仍任命他为掌管军政的枢密院副使，他坚辞不就，并求外放。于熙宁三年（1070）以端明殿学士出知永兴军（今陕西西安市），次年改判西京（今河南洛阳市）御史台，分司御史，名为掌管纠察官邪，实际是个闲职，从此不预朝政。后又做过四任提举嵩山崇福宫的宫官，身虽在野，可领高薪，得以专门从事《资治通鉴》的编撰。他被迫抛却高官显职，编就了杰构名著。哲宗即位，太皇太后高氏临政，召司马光入主国务。他做了半年多宰相，当时身体已十分衰弱，不久于元祐元年九月病逝。朝廷赠太师、温国公，后人故称他为司马温公。

司马光少时就爱读历史，《宋史》本传说："光生七岁，凛然如成人，闻讲《左氏春秋》，爱之，退为家人讲，即了其大指。自是手不释书。"出仕后，仍治史不懈，早就打算编一部像《通鉴》这样的编年史籍。嘉祐年间（1056—1063），他即曾对刘恕说：

> 予欲托始于周威烈王命韩、魏、赵为诸侯，下讫五代，因丘明编年之体，仿荀悦简要之文，网罗众说，成一家书。（见刘恕《通鉴外纪后序》）

当时担任谏官，《通鉴》的巨大构架已经在心目中形成了。

尽管这项编辑工程的规模大、难处多，私家力量很有限，但有志者的脚步总是踏着困难向前的。司马光在治平三年（1066）编成了一部从战国到秦二世时的八卷本编年史，初名《通志》，可说是《通鉴》的试编本。其时他以学士为皇帝侍讲，进呈后获英宗赞许，命他继续编写，设书局于崇文院，可自选同修人，许借皇家馆阁藏书，并赐给御府笔墨缯帛，及御前钱以供果饵。书名未定，暂称"论次历代君臣事迹"。次年十月，神宗即位，在迩英阁开经筵，听读写出的史稿，赐名曰《资治通鉴》，并为此书预先作了一篇序文。（据《石林燕语》称，序实为王禹玉所撰。）其后，司马光因反对变法而退下政治舞台，带着他的编辑部从汴京迁到洛阳。自是居洛阳前后十五年，直到元丰七年（1084），都在专心致志编写《通鉴》。从治平三年算起，共用了十九年的时间！若想到治平三年已编成八卷史稿，辛苦笔耕定在二十年以上。再看他最初编的书籍称《历年图》，将从周威烈王二十三年至后周世宗显德六年（赵宋立国前一年）的史事，编辑成一部简明的年表，已在治平元年编成，也正是《资治通鉴》所包括的历史年代，可见其献身于这项编辑事业的构想和实践，必在二十年以上！一个人成长为能独立工作的青年后，能有几个二十年？司马光终于在编辑工作中放出异彩。

我国历史学发展到北宋，历代撰著相当繁富，仅言“正史”，由《史记》到《五代史》，即有一千五百多卷。且自司马迁作《史记》后，极少人写一部贯串古今的通史；只有班固《汉书》以下那类断代史。荀悦拆散改编《汉书》资料，由八十万字压缩为八万字，编成编年体的《汉纪》，内容仅限西汉一朝，而且取材未能增广。梁武帝萧衍模仿《史记》形式，编过一部《通史》；唐姚康复编过《统史》，都不足称，没有流传过。对于传世的浩繁史籍。司马光在《进资治通鉴表》中说：

> 每患迁、固以来，文字繁多，自布衣之士，读之不遍，况于人主，日有万机，何暇周览！臣常不自揆，欲删削冗长，举撮机要，专取关国家盛衰，系生民休戚，善可为法，恶可为戒者，为编年一书。

他确定的这一选题，是早怀夙愿，又奉皇帝诏令，同时也契合当时社会的实际需要。

《通鉴》记一千三百六十二年史事，全书二百九十四卷：战国至三国，六百四十六年，共七十八卷；晋至隋，三百五十三年，共一百零六卷；唐、五代，三百四十三年，共一百一十卷。内容上略古而详近代。原名《通志》，只体现其编年史体的性质：神宗将它改名，强调注重于鉴戒得失、裨益政治的旨趣。顾亭林《日知录》记李因笃和他讨论《通鉴》，李谓书中失载文人：顾答之曰："此书本以资治，何暇录及文人?"讲出了它的封建政治史的实质。前人很重视《通鉴》，认为读了这部书，可以见古今兴坏存亡之故，把它看作六经以下的必读书。曾国藩《与罗少村书》就说：先哲经世之书，莫善于《通鉴》，"其论古皆折衷至当，开拓心胸"，"若能熟读此书，将来出而任事，必有所持循而不至失坠"。

司马光编辑《通鉴》的组织工作很值得注意。一千三百多年的历史，不是一个人所能全部熟悉和精通的，其中还涉及不少专门学术问题。司马光选用了当时第一流的人才当编辑，使他主持的编辑部成为学识高强、能力精干的集体。协同司马光修《通鉴》的主要人员有：

刘敏（1023—1089），字贡父，临江新喻（今江西新余）人。庆历进士，为州县官二十年，始迁国子监直讲、同知太常礼院。后以论新法不便，放黜外地多年，官至中书舍人。刘敏与兄敞，都是博学者，在史学考古方面算得北宋最精博的人，诗写得也清新。他未尝居洛阳，只助修两汉部分的长编。著有《东汉刊误》《彭城集》《公非先生集》《中山诗话》等。

刘恕（1032—1078），字道原，筠州（今江西高安）人。举进士，官至秘书丞。他专精史学，是司马光的得意门生。《宋史》本传说："自太史公所记下至周显德末，纪传之外，至私记杂说，无所不览，上下数千载间钜微之事如指诸掌。”“于魏晋以后事，考证差谬，最为精详。”他曾“著《五代十国纪年》以拟《十六国春秋》，又采太古以来至周威烈王时事，《史记》《左传》所不载者为《通鉴外纪》”。司马光凡遇史实纷杂难治的，多交他处理，并和他商榷编书的义例，可惜他在《通鉴》编成前七年就去世了。

范祖禹（1041—1098），字淳甫，一字梦得，华阳（今成都市）人。嘉祐八年进士。从司马光在洛编书十五年，时间最久，贡献也最多，又以其所得著《唐鉴》十二卷。书成，光荐为秘书省正字，赞扬他品德好，“行义完固，常如一日”。

司马光儿子司马康担任检阅文字，不在同修之列，《宋史》说他也是“敏学过人，博通群书”。成立编辑部时，曾召将作监主簿赵君锡，以父丧未到。编书开始，首先考订年月日，请天文学专家刘羲叟先将每年节气、星象、朔闰等排定，写成《长历》一稿，用作编年记事的底子。书编成将刊版时，又推荐文坛上与苏轼齐名的黄庭坚（1045—1105）校阅文字，还有词人张舜民及孔武仲、刘安世等。司马光主持下的编辑部，不论到洛上班或兼职在外者，可借用比他们稍后的陈与义的词说：“坐中多是豪英!”（《临江仙·忆洛中旧游》）

刘攽、刘恕、范祖禹都是当时有名的史学家，他们在《通鉴》编辑工作中，搜集材料和着手编写，司马光先后都具体分工，原则是各按其平日所长而用之。宋元之际史学家胡三省说：

> 温公遍阅旧史，旁采小说，抉擿幽隐，荟萃为书，劳矣。而修书分属，汉则刘攽，三国讫于南北朝

> 则刘恕，唐则范祖禹，各因其所长属之，皆天下选也。(《新注资治通鉴序》)

胡三省的说法曾受到清代学者全祖望的批驳，他在《通鉴分修诸子考》一文中，根据《温公与醇夫帖子》中修书初期的拟议，想推翻“历五百年以来无不信以为然”的说法。二十五年前，我国史学界又对《通鉴》编写分工问题有过争论，经陈垣、翦伯赞、柴德赓诸家根据大量材料论证胡氏所言不谬。

《通鉴》虽是一部集体编写的书，司马光却不是挂名的主编。1961 年文物出版社影印的《宋司马光通鉴稿》，虽然只是几百字残稿，和司马光写给范祖禹修书二帖及与刘道原十一帖，是我国编辑史上的珍贵文献。我认为可以用做如何当主编的教材。翦伯赞为这个残稿写了跋文，指出：“从这个残稿可以看出司马光写著《通鉴》的负责态度和治史的严谨精神。”他考订，那不是很多宋元人所说的《通鉴》的初稿，只是一个提纲，“而且不是最后的提纲”。他强调：

> 这个《通鉴》永昌元年手稿的发现说明了一个极其重要的事情，它说明了司马光对于《通鉴》的编写，不只是在事后修改润色，而是一开始就抓提纲，不仅抓总提纲，而且抓每年的提纲，至少抓重要年代的提纲。
>
> 更重要的是司马光对于《通鉴》提纲的起草，是用一笔不苟的字写出来的，这一点又说明司马光对待提纲是采取了如何慎重的态度。

他赞扬了司马光落笔不苟的精神，继而又强调指出：

> 当然，更值得赞扬的是司马光亲自写提纲，对于《通鉴》一书的发凡创例所采取的慎重和负责的态度。（《跋〈司马光通鉴稿〉》）

翦伯赞此文论作为编辑的司马光，很值得我们重视。他既看到编辑部的集体作用，又强调了主编、总编辑的作用。他说：

> 集体不大，每一个成员都是自己邀请的具有专门研究而又是志同道合的朋友，这些，我以为是成功地编写《通鉴》的主要条件之一。即因志同道合，在认识上、观点上就容易取得一致。即因都有研究，每一个参加编写的人，都具备独立处理历史问题的能力，都能担负起他们所承担的那一部分的任务，都能写出基本上具有当时学术水平的初稿。

在指出编辑部应有素质优良的编辑后，翦老笔锋一转，揭示了作为主编的重要作用：

> 但不管参加集体的成员怎样强，如果主编置身事外，那么写出来的书，也不过是一床最好的百衲被。如果要使集体写作的书变成一个完整的连针线的痕迹都看不出来的锦绣文章，那主编就必须对全书的体例以及各段落之间的联结、贯通负起责任，司马光在这

> 一点上作出了很好的模范。……司马光对于担任魏晋南北朝部分的刘恕是最器重的。永昌元年，属于魏晋范围，正是刘恕担任的部分，但对起草这一年的提纲，司马光却没有委托刘恕而是亲自动手。这一点就说明了司马光对于总揽《通鉴》全书的纲要方面，作了辛勤的工作。由此可见，要搞好集体编写历史的工作，固然要有很多刘攽、刘恕和范祖禹，但每一部书还要有一个司马光。

编辑《通鉴》所用的材料极多，正史之外，据《通考》引南宋人高似孙的《纬略》说，杂史诸书凡三百二十二家。清末胡元常刻《通鉴全书》曾据司马光《考异》所载书名统计，有二百七十二种。这都是大略的数字，其他没有提名的书自当还有不少。凡前代史书、南唐抄本、皇家图书馆的收藏，都搜集参考。还有神宗拨给原颍王府邸旧书二千四百二卷，并向同时的藏书家宋敏求、李淑等借阅查考。可以看出当时搜集到的资料十分丰富，而这些史料今天已存亡参半，汲取在《通鉴》内便更宝贵了。

《通鉴》的编辑方法，也经周密考虑。通常多讲“勒为长编”一项，实际上有五个步骤。我国历史上纪年，自汉武帝建元元年（前 140）后，皆立年号纪元，亦有中途改元：边陲割据分裂之时，多事之秋，几个年号并存；历法纪年又有正闰朔望大小建等，十分繁杂。编年体史书先要考订年月日，此为第一步。继而收集资料，作出提纲（司马光称为“丛目”），这是第二步。于是分别责成各人将材料分隶于每年之下，尽可能丰富齐备，按照时间先后，排比编连，勒成长编，这第三步就写成《通鉴》的草稿。据司马光说，誊抄草稿时，每一段预留空行，遇有应加或应删的地方，随时可以裁开剪去，另纸粘接。据说《通鉴》成书后，有的见过草稿，都是工楷写成，存贮在洛阳若干年，堆满了两间大屋子。然后司马光在长编的基础上，删繁就简，取精用宏，润色成文，才算定稿。据说单是唐代一部长编有六百余卷，后来删成八十卷，这是第四步。全稿完成之际，还要最后整理，校正文字，才编成今天的《资治通鉴》。蜕园《通鉴选》（1956 年版）的《前言》中说，写成长编前要去异同，删重复；定稿时仅“将长编的冗长文句加以删节，润色成文”。对长编的勒写，说明欠确切。南宋史学家李焘《进续资治通鉴长编表》说：

> 窃闻司马光之作《资治通鉴》也，先使僚属采摭异闻，以年月日为丛目，丛目既成，乃修长编。唐三百年，范祖禹实掌之。光谓祖禹：长编宁失于繁，无失于略。当时祖禹所修长编盖六百余卷，光细删之，止八十卷。

陈振孙《直斋书录解题》卷四著录《续通鉴长编》云：

> 焘所上表自言未可谓之《通鉴》，止可谓之《长编》，故其书虽繁芜而不嫌也。

当时人论长编，可引刘恕之子羲仲之言：

> 先人在书局，止类事迹，勒成长编，其是非予夺

之际，一出君实笔削。(《通鉴问题》)

这都说明长编的做法。

史料的搜集，固然要下功夫；而其去取，更需识力。刘子玄所以强调史家应有才、学、识三长。上述编辑方法中，第三、四步工作十分繁重，对于所集材料的处理，都要通过考证辨析，难处正在这里。长编粗成后，又须细删，司马光特作《通鉴考异》，说明别裁史料的方法。除事出正史，旁无他说，则径书其事外，若众书皆有其事，异说繁多，对材料的处理有六类办法：参取众书而从长者，两存其说，或皆不取，两疑而节取其要，疑以传疑，兼存或于《考异》中说明其事。这都体现编辑运思的苦心。

此书既名为“通”，何以不从上古写到宋代？为什么从周威烈王二十三年写起？这是编辑本书的历史时期上下限问题。宋朝自有国史，若另编写，很难下笔，只写到后周世宗显德六年（959），史笔不涉及960年赵匡胤建宋代周的活剧，可保平安。司马光又认为上古神话与传说相杂，真相不明，编年困难。他还不敢上继孔圣的《春秋》，不按《史记》的分期，往上距《左传》最后叙智伯的事还差七十多年，不过可以相衔接了。这表现了他独特的封建史学观点。《通鉴》开头第一件事：周威烈王二十三年“初命晋大夫魏斯、赵籍、韩虔为诸侯”，这正是智氏被灭的结果。他在“臣光曰”的评论中说：

臣闻天子之职，莫大于礼，礼莫大于分，分莫大于名。三晋不请于天子而自立，则为悖逆之臣。今请于天子而天子许之，谁得而讨之？故三晋之列于诸侯，非三晋之坏礼，乃天子自坏之也。

这是《通鉴》开宗明义的第一篇“论”，司马光严整而全面地提出了维护封建体制及其政治秩序的观点。他忠诚地、彻底地维护的，不仅是周天子的统治，而是一切“真命天子”的统治。君君臣臣的名分是绝不能摇动的。他这种观点，贯串于全书。他铺陈选用的材料，无不是从如何对待封建统治的兴衰治乱着眼，所以写政治的多。梁任公指出它可作帝王的教科书，即一切特权阶级也可从中体会到若干立身之道、保家之术，而以失国破家为鉴戒。

理学创始于宋。宋朝人编书很喜欢持正闰之论，辨正统僭伪。司马光固然不能越出封建正统意识的定型，但他编的书，张须在《通鉴学》中指出：“其最见个性而最饶价值者则有四”，一曰不别正闰，二曰不信虚诞，三曰不书奇节，四曰不载文人。著述编辑，各有其体，不能不有所轻重。我们应注意到，他为了使统治阶级知所警惕，安不忘危，接受历史教训，不至于身死人手，为天下笑，《通鉴》中有不少史料在客观上反映了统治阶级的酷虐和人民的疾苦，有助于我们认识当时的社会。其中还有很多历史事实、重大事变、政治演化，含有人类的文明智慧、先民的艰难缔造。这是十分宝贵的精神财富，我们不能拱手让给封建统治阶级。

司马光的编辑思路实在活跃，他同时还编了三部辅助《通鉴》的书：《通鉴目录》三十卷、《通鉴考异》三十卷、《通鉴举要历》八十卷，帮助读者理解和利用这部卷帙浩繁的巨著，表现了他对学术事业的忠诚恳笃，对编辑工作的发明创造。宋代的出版事业很发达，此书编成后，元祐元年即在杭州雕版印行。八百多年来，学术界对《通鉴》注释、订补、评论、续编，未尝中绝，历代都有学者致力研究。当代翦伯赞的《历史论文选集》中有两篇专论；陈援庵高弟柴德赓光大师说，着力阐明《通鉴》内容价值，其《史学丛考》中有长篇论文，1963年在中央党校的讲稿也整理出版。限于本文主题及篇幅，不能申论《通鉴》的各个方面问题以及编辑的技巧、文字的优美，但从编辑的视角看去，有三点仍应一提。

编辑的任务，在于向文明宝库提供各类优秀作品；而倡导学术研究的风气，开创著书立说的体例，更是编辑工作发展的上乘。司马光《通鉴》编成后，在我国历史学上发生重大影响，引动了后世学者相继努力，宋李焘撰《续资治通鉴长编》，清徐乾学撰《通鉴后编》，毕沅撰《续资治通鉴》，元金履祥撰《资治通鉴前编》，胡三省撰《音注》《释文辨误》，明严衍撰《资治通鉴补》，清钱大昕撰《通鉴注辨正》，宋朱熹撰《通鉴纲目》，清康熙帝有《御批通鉴纲目》，乾隆帝有《御批通鉴辑览》与《通鉴纲目三编》等。在史料上有续编、注释、考证及简编；在体裁上有纲目体、纪事本末体。续编之中，又有续前续后之分：注释则包括注解、考证、补遗及音义。《通鉴》的后继著作，在宋、元、明、清四朝就有五十种以上。影响所及，纪事本末体著作，从宋袁枢的《通鉴纪事本末》起，也有将近五十种。这是作为编辑家的司马光之光！

司马光组织的编辑部，坚持用有才学的人，注意吸引年轻人。本人的日常工作要求严格，正像进书表文所说："日力不足，继之以夜。""臣之精力，尽于此书。"他尝撰《训俭示康》一文，告诫子弟；还有特别爱书的训示，教育子弟要爱惜书籍，取读时如何郑重捧阅，不得弄污弄坏。他是大官僚之家，得书不难，如此爱重，正是编书人的本人，并非言不顾行的官僚。

司马光及其所编《通鉴》，都是时代产物。胡三省注《通鉴》序指出："治平熙宁间，公与诸人议国事相是非之日也，萧、曹画一之辩，不足以胜变法者之口。"司马光编书评述史事，实含不言之隐，"欲存之以示警"的"微意"。司马光自己发过牢骚："十九年中，受了人多少语言陵藉。"（见《容斋随笔》）确也有人针对久未编成书而中伤他。然而我以为，终究是时代成全了他：编书竟编出了传世的巨著，当官不过是顽固的官僚。十分崇敬他的理学大师朱熹说，司马光在洛阳十五年，做了一件好事，编出一部《通鉴》；离洛阳回朝廷，办了一件坏事，把多年行之有效的新法全部反掉，弄得连自己的部属也不赞成（见《朱子语类》）。投闲置散，终能成其初志，编出二百九十四卷书来，有个极为重要的客观原因，张须《通鉴学》十分精辟地指出神宗赵顼和王安石的作用："由神宗承英宗敕编此书之志，眷顾未衰，期其有成。""由新法中人虽有一二倾危之士，而荆公君子，实无忮害之心。"王安石不因政见的不同而迫害司马光。

由作为大编辑家的司马光生平遭际来看，有高层政治力量的理解，有明智的文化策略，有了安定的局面，人才得展所长，就会有伟大的作品出现。

李 焘

搜集资料，采摭异闻，兼收求是，勒为长编，是编辑工作中常见的一个重要而艰辛的过程。南宋史学家李焘本司马光所创体例，用四十多年时间，编撰北宋编年史《续资治通鉴长编》九百八十卷，显示了谨严的编辑家的功力和风范。

李焘（1115—1184），字仁甫，一字子真，号巽岩，眉州丹棱（今四川丹棱）人。他少年时代遭逢国难，金兵攻破汴京，徽、钦二帝被掳，北宋覆灭，南渡君臣偏安求和，立国于风雨飘摇之中。李焘慨然有志驰驱，报效多难的王国，二十岁时著《反正议》十四篇，《宋史》本传说："皆救时大务。"绍兴八年（1138）登进士第，授成都府华阳县主簿。初未到任，读书本县龙鹤山，立志研究学问。过了很久，才赴华阳。当时奸相秦桧专权，李焘拒绝奉承攀附他。李心传《建炎以来系年要录》卷一八二称："秦桧盛时，尝遣人谕意，欲得焘一通问，即召用之。焘恶其误国擅权，迄不与（通），坐此偃蹇州县垂二十年。"其子李壁《雁湖集》中为他写的《墓刻》也说："终其世不与通，陆沉远方。"他在四川华阳、雅安、双流、荣县做地方官时，公余力学，"博极载籍，搜罗百氏，慨然以史自任，本朝典故尤悉力研核。"处僻县仍能有计划地读书写作。直到秦桧死后，孝宗乾道三年（1167）才上调临安，召对时提出治官治吏、增设谏官、整军练兵，以为恢复之法，得授仅次于兵部尚书的兵部员外郎兼礼部郎中。但因多次上书言事，与权臣不合，又先后以显谟阁、宝文阁直学士等衔遣赴外任。在朝廷则主要担任史官，历任秘阁修撰、权同修国史、权实录院同修撰、礼部侍郎、监管太史局测验天文考订历法事，直至敷文阁学士。他负有清望，孝宗赵昚对他很表敬重。

《续资治通鉴长编》记北宋九朝一百六十八年史事，马端临《文献通考》之《经籍考》二〇说："义例悉用光所创立。"李焘崇敬司马光，潜心史学，精读《通鉴》，研究并借鉴其编辑方法，他在《进续资治通鉴长编表》中曾予以总结，指出其步骤是："先使僚属采摭异闻，以年月日为丛目，丛目既成，乃编长编。"李焘还确认编辑长编的原则是："宁失于繁，无失于略。"但他并不是拘守司马光的方法，在上述进书表中曾婉转地说明："虽义例悉用光所创立，错综诠次，皆有依凭。"这便是说，对君实的体例、方法，并非照搬，而是有自己的思考。如果亦步亦趋，落入温公的窠臼，我以为，李焘便不会编辑这部卷帙浩繁的长编了。

请言其详。司马光的《通鉴》是前代编年史，李焘的《长编》是本朝编年史。《通鉴》的下限为后周世宗显德六年(959)，司马光有意识地避开了本朝的颇难着笔的史事，尽管在体裁上是编辑一部通史。李焘编辑的是赵宋王朝的当代史，北宋虽已覆没，南渡皇族还是赵氏骨血。开篇陈桥驿军事政变，黄袍加身，赵匡胤从后周孤儿寡母手中取得政权，这所谓"建隆禅授"就不大好写。赵光义兄终弟及，坐上龙庭，传嫡子制搁置一旁，又行商代一种王位继承制度，美称曰"开宝禅授"，而宫内外流传"斧声烛影"之说，更不好写了。李焘在孝宗隆兴元年（1163）进太祖朝《长编》的奏状中清醒地估计：

> 臣尝尽力史学，于本朝故事尤切欣慕。每恨学士大夫各信所传，不考诸实录、正史，纷错难信。如建隆开宝之禅授，涪陵岐魏之迁殁，景德庆历之盟誓，曩霄谅祚之叛服，嘉祐之立子，治平之复辟，熙宁之更新，元祐之图旧，此最大事，家自为说。臣辄发愤讨论，使众说咸会于一。（转见《文献通考·经籍考》二〇）

以上所举，都是封建专制王朝的最大事件，均有避忌时讳的必要。稍有不慎，帝王震怒，小则贬官流放，大则杀身灭族。司马光虽曾想写本朝历史，最终尚无专著，只成札记式的《涑水纪闻》而已，显然有所顾虑。到秦桧查禁私史时，他的曾孙司马伋慌忙“上章乞毁板”，声明《纪闻》不是他的先人著述。李焘初无史职，僻处小县，官位卑下，居然发愤编写王朝当代史，可见其胆识过人。这该可看作是编辑主体性的高扬吧？

李焘对于编书撰文极易招祸，当然是了解的。史官职责所在，理应直书，然逼于权势，多所讳避。不但监修大臣以义例为藉口，提出种种考虑与限制，且自北宋初年起，皇帝公开干预修史，史官先将“纪草”进呈，“取决于圣裁”，原始记录都要由皇帝审定。人们畏惧威权，又怕与权要子孙结仇，多不愿参与编撰国史。王禹偁《黄冈竹楼记》之末云：“四年之间，奔走不暇，未知明年又在何处？”就是由于修史直笔，得罪了真宗赵恒，被下放黄州。清人孙原湘就李焘《长编》所载的最大事，择数条加以考核，看出他旁参互审，辨异析同，探求真实，阐发隐蔽，认为“此书真一代之良史也”。孙氏指出：对于王朝重大历史事件，“浅识既不能言，拘儒不敢言，而文简以宋臣言宋事，独能继南、董之笔，援《春秋》之义，发愤讨论，使众说咸归于一，厥功不在司马氏下矣”(《天真阁集》四三《李氏〈续通鉴长编〉跋》)。其实，正是因为李焘敢于跳出前人的老套子，才能取得这样的成就。

据此进一步剖析李焘的编辑思想，我认为应该注意他编书多以近事为戒的旨趣。李焘曾指出，汉代贾谊、贾山、徐乐等人论当代事，“皆取秦为说”。腐儒多称述唐、虞、三代，其实远古的事，“于当时之事机疏而不近，曷若取其近于时机而论之，取其失者而监之，则于谋谟为有补矣”。李焘认为探讨历史，编辑史籍，应近于事机，以近取譬，比较研究，从而提供得失的鉴戒，作为处理当前事务的参考。他对前代南北朝的历史曾加注意，写出《司马氏本支》《齐梁本支》《王谢世表》《六朝通鉴博议》等著述，也是出于“近于时机”的主旨，显然考虑到南宋与金人对峙的偏安江左的时势。他在《进〈六朝通鉴博议〉疏》中展示了这种治学怀抱。他说：“自古帝王之一天下，必先为胜天下之具。君者，胜负之主：地势、民心、兵将、事机皆具也。”要实现“制敌国，一天下”的目的，必须做到“地险而便，民悦而附，兵劲而义，将勇而贤，机至而乘”。六朝何以未能北伐中原，一统天下？李焘认为就在于这“五具”未能齐备。由此引出针对现实的结论：南渡君臣应汲取历史教训，“监彼之失，而求吾之所以得”(转见《宋代蜀文辑存》卷五二)。清乾隆间与纪昀同有才人之目的彭元瑞，很敏锐地指出李焘的编辑主旨：“仁父此书，为南宋而发，非为

六朝也。”“欲用襄、蜀以规复中原，故借古事以指今势。”“忠臣义士之用心也。”（《知圣道斋读书跋》）

胆识和旨趣，不凭巧嘴会说、权势货利，要靠学术上的功力作基础。绍兴进士第一、为人刚方正直、政学两界皆有名望的汪应辰，在《荐李焘与宰执书》中说：“凡经传、历代史书以及本朝典故，（焘）皆究其本末，参考异同，归于至当。”（《文定集》卷一三）李焘编撰《长编》时，已经学有根柢，仔细研究了《通鉴》及其编辑方法，他还做了两类准备工作：一是搜集和考核公私资料，一是整理和编纂专题著述，切实地保证《长编》的编辑工作顺利进行。

关于《长编》材料之丰富，由南宋到清代，为学术界所公认。与李焘同时而稍后的学者陈傅良说：

> 本朝国书，有日历，有实录，有正史，有会要，有敕令，有御集，又有百司专行指挥、典故之类，三朝以上又有宝训；而百家小说、私史，与大夫行状、志铭之类，不可胜纪。自李焘作《续通鉴》（按即指《长编》），起建隆，尽靖康元（按应为“二”）年，而一代之书萃见于此，可谓备矣。（转见《文献通考·经籍考》二一）

反对当时性理空谈的永嘉学派代表学者叶适，在《巽岩集序》中评论李焘称：

> 凡《实录》《正史》、官文书，无不是正，就一律也；而又家录野记，旁互参审，毫发不使遁逸。（《水

心先生文集》卷一一二)

清《四库全书总目》认为:“备采一祖八宗事迹,荟粹讨论”,“淹贯详赡,固读史者考证之林也”。裴汝诚、许沛藻《续资治通鉴长编考略》的《取材考略》部分,以其太祖、太宗两朝引书为例,做了很具体的统计分析,结论是“采摭浩博,主要取自官书”。李焘对北宋九朝实录有深入的研究,对有矛盾的记事,详加分析,不轻易全盘否定,去取亦不主一体,这是一种审慎处理资料的做法。

整理和编纂若干专题资料,弄清某些重要的事实和人物的线索与内容,成为编好《长编》的有益的辅助性工作。北宋职官制度变化很繁,在封建专制社会中,公卿百官是政治舞台上的要角,他们的升迁降黜、派系争斗,反映着这种政制的内部矛盾及其演变。李焘学习司马光,先编北宋一代《公卿百官表》,合新旧官制成一百四十二卷,掌握了政事变化的一个难点。御史及台、殿、察三院与后设的谏院,为封建国家的监察机关、皇帝的耳目,有权风闻奏事。司马光说“专利国家而不为身谋”(《谏院题名记》),其实是掀动官场政治风浪的中心之一,宰相有时也要看台谏的脸色,李焘乃编《天禧以来御史年表》及《天禧以来谏官年表》。他还编撰《本朝事始》《科场沿革》等,探讨了北宋官员及各种典章制度。对于北宋政坛文苑的重要人物,李焘也有撰述,他编写了《赵普别传》,为《赵韩王遗稿》作序,编辑范仲淹、韩琦、文彦博、富弼、王安石、欧阳修、司马光、三苏(苏洵、苏轼、苏辙)及六君子年谱。此外,与学识渊博的洪迈合撰《宋名臣录》《宋勋德传》《宋两朝名臣传》《咸平诸臣传》《熙宁诸臣传》《两朝诸臣传》

等，系统地研究了北宋重要人物的事迹。这都为编纂《长编》做了扎实的准备。

担任史官时，他还撰有神宗、哲宗、徽宗、钦宗《四朝史稿》五十卷，又与洪迈共同撰成《四朝国史》三百五十卷，其中诸志二百卷，多出李焘之手，地理志则是他独力编成。他又和吕祖谦主持编撰《重修徽宗实录》二百卷、《考异》二十五卷、《目录》二十五卷。而神、哲、徽、钦四朝恰恰是《长编》的重点，所记史事占全书大半，都是历年编撰工作中早已熟悉的了。

李焘注意讲求编辑方法。史院编纂《四朝国史》，十年未成，因为史官常有变动，《实录》又有差误。讨论处置办法时，李焘不赞成草率速成，主张先查核实录：

> 仔细看详，是则存之，非则去之，缺则补之，误则改之。宜从（哲宗）元符三年正月至十二月，每事开具何者为是，何者为非，何者为误，今合如何删修，仍进呈取旨。若一年义例既定，则余年自可仿此编集。此一无所难者，但须检勘全备，辩证精审耳！（转见《宋会要辑稿·职官》一八）

见解如此明快，既属工作部署，又是审读方法，不愧为编辑工作的行家！最后又说，只要“著意收拾，同力整齐”，便可做到“他日传信不疑”。这个意见对于今日编辑部集体研究合力编书仍有参考价值。至于搜集资料、存储保管，李焘也有窍门。据南宋词人周密《癸辛杂识》记载前人亲见，李焘作十只木橱，每橱有屉二十个。每屉标上甲子纪年，凡本年之事便放入此匣，分月日先后存放，井井有条。这就像今日通用的卡片柜，在当时算是先进的设备哩！

李焘编纂的《续资治通鉴长编》九百八十卷，在孝宗即位的隆兴元年（1163）进呈第一批，至淳熙四年（1177）第四批呈毕，藏之秘府。李焘在历史编纂学上获得了巨大成就，孝宗下诏表扬：

> 表年提要，总为巨编，自建隆迄靖康，成书殆千卷，使朕览乎家法，兴起于事功。有臣若斯，其益多矣！（转见周必大《周益国文忠公集·玉堂类稿》卷六）

李焘考虑到《长编》近千卷，殊难周览，仿效司马光处理《通鉴》的办法，又编《续资治通鉴长编举要》六十八卷、《总目》五卷。又按孝宗的提示，对《长编》修订一遍，复核结果，修改增订四千四百五十余处，编为《修换事目》十卷。还组织书手，将前此分别进呈的《长编》全部清抄一过。这都在全稿编定、年已老迈之时，奋力完成，表现了作为大编辑家的精益求精的精神。

从政治思想境界看，李焘钦慕司马光，和他同样地在现时政务中采取保守立场。《宋史》本传说他“耻读王氏（安石）书”，又曾主张废黜王安石、王雱父子从祀孔子。但长编的编辑方法，有其自身的客观规律在。一件事有多种说法，事同而文异，编辑选择其中证据分明、符合情理者，用大字写入正文，其余有歧异乃至相违戾者，则注于其后，以备观览和思考。所有材料，只要与情理相近，都应遵守严谨公正的取舍标准，编辑不得以个人好恶而取此舍彼。这是关系到学术良心与职业道德的原则问题。李焘编辑《长编》时，对王安石执政时期的若干提法，尽管也有其倾向性，但在某些重大问题上，尚能保持不以个人私见而论是非，不去附和反对派的臆说。《宋史》本传说他劝告皇帝“无变古，无欲速”，政治上坚持保守观点，但长编的编辑规律的要求，却限制了编辑人取此舍彼的主观片面性，使人们从正文和注文间的歧异记述中，去比较、思索，从而做出读者自己的判断，而弥补了编辑在材料的取舍与配置上的失当。李焘《长编》正文与注文在材料处理上的情况，我以为，可以用作研究编辑学规律的一例。

处于复杂社会关系中的人，是万物的灵长，不宜以一时一事划线而定其实质。李焘诚然顽固地钦敬司马光，反对王安石，而他在年荒岁饥时，胆敢开仓救济贫民，不怕治罪丢官；他编书，征引之博，考证之精，表明他是优秀的史学家、编辑家。他还是一个热忱的爱国者，《宋史》说他刚成年，即“愤金仇未报”；他还通过编辑工作启发孝宗皇帝勿忘国耻。他编了一部《四系录》，记女真、契丹起灭，自绍圣讫宣和、靖康，凡二十卷。孝宗赵昚读后说：“朕可一日忘此虏哉!”

《宋史》特别指出李焘秉性刚正宏大，在朝中“正色以订国论”，是非观念公平。被当时学者尊称为南轩先生的张栻尝曰：“李仁甫如霜松雪柏。”又说：“平生生死文字间，《长编》一书用力四十年。”理学家不轻许人，李焘实际用力编辑四十六年。李焘一生编辑活动的高潮在宋孝宗统治的时期（1163—1189），这在南宋整个一代中算是较好的一个阶段。孝宗针对秦桧专权时的弊端，确想有所变革，还想北伐中原，曾五次检阅军队。但孝宗在位二十八年，高宗赵构当了二十五年太上皇，直接影响重大政治决策，孝宗不能有所作为。李焘曾批评他道：“陛下即位二十余年，志在富强，而兵弱财匮，与‘教民七年可以即戎者’异矣。”正是这个皇帝，在一个提点刑狱官检举李焘修史诬谤宋太祖之弟廷美（魏王食肥彘）时，居然谅解而保护了他，以后李焘的编辑活动一直得到皇帝的鼓励与助力。这也是李焘终于取得成就的一个重要原因。

《长编》全书进呈后，曾由秘书省依照司马光《资治通鉴》字样缮写一部，未经镂版。南宋时仅有太祖至英宗五朝稿付梓，而内容已较略，但有抄本在士大夫间流传。明朝编《永乐大典》将《长编》收进。此后则不见传本。清初徐乾学得于泰兴季氏，仅一百七十五卷。乾隆朝四库馆臣又自《永乐大典》辑出五百二十卷，抄存文渊、文津、文澜等阁七部，称四库阁本。嘉庆二十四年，张金吾据阁本之传抄本略订其误，以活字排印，世称爱日精庐本或活字本，印数不多。至光绪七年，浙江巡抚谭钟麟委托两浙著名文人黄以周等，以杭州文澜阁本校活字本，并参考南宋刻五朝本、宋人文集和百家私史，多所订正。同时以南宋杨仲良据《长编》原文编撰的《皇宋通鉴长编纪事本末》，辑补清辑阁本徽、钦两朝之缺，为《长编拾补》六十卷。合计五百八十四卷，雕版印行，世称浙江书局本。此本虽晚出，然比活字本强。上海古籍出版社已将浙江书局本《长编》影印，中华书局正出版排印本。李焘以一生心血编就的《长编》，到我们这时代才得到郑重的传播。

宋代国家编辑事业虽盛，然而官修史册的老编撰，不免畏避权势，往往敷衍塞责。李焘在我国学术史和编辑史上还称不上特殊优异的人才，但他一生致力于编辑工作，史称其著述等身。南宋大词人辛弃疾写给其子壁的《归朝欢》词云：“君家右史老泉公，千金费尽勤收拾。”“《长编》笔砚，日日云烟湿。”李焘一生勤勤恳恳，老老实实，埋头发愤，孜孜不倦，这不正是编辑的楷模吗？

朱　熹

朱熹是南宋著名的哲学家、教育家，是继周敦颐、邵雍、张载、程颢、程颐等理学名儒之后的一个集大成的学者；还应该强调指出：他又是学问渊博的大编辑家。讲学和编辑，是他学术活动的强有力的两翼。人们重视他在中国哲学发展长流中的历史地位，承认他对思想文化的巨大影响，可遗憾的是，他在中国编辑史上的贡献往往被忽略了。

朱熹（1130—1200），字元晦，一字仲晦，号晦庵，晚年自号晦翁、云谷老人、沧州病叟、遁翁，以徙居建阳考亭，又主讲紫阳书院，故亦别称考亭、紫阳。原籍江南徽州府（今安徽黄山）婺源（今属江西省）。生于福建南剑州（今南平）尤溪县，长于建州建瓯（亦称瓯宁，古与建安同城而东西分为二县），到建州崇安县五夫里与学者刘勉之的女儿结婚成家，晚年在建瓯西南考亭里筑竹林精舍讲学，一生大部分岁月在福建活动，后人因而称他为闽人，其学术思想则被称为闽学派。

他出身于儒者之家，父亲朱松师事杨时弟子罗从彦，为程门三传弟子，又是当时程学重要代表人物李侗的同窗好友。为人刚直，以不肯附和秦桧的屈膝求和政策，而被派到福建尤溪充任县尉，建炎四年罢官，生朱熹于尤溪城外毓秀峰下郑氏草堂。朱熹在父亲的管教下接受启蒙教育，从小就受到儒家正统思想和二程学说的熏陶。他颖悟庄重，乐于求知。至今流传着他坐沙画卦的故事。

十四岁时，朱松去世，朱熹遵父遗命，师事籍溪胡宪、白水刘勉之和屏山刘子翚，并奉母祝氏筑室于五夫里刘子羽宅第之旁而居之。胡与二刘都崇拜二程理学，为朱熹指示了一条“纯儒”的治学途径。这三位学者和朱松一样，都主张抗金，不满秦桧等的妥协投降。同时，三位持儒佛一致论，在学术思想和生活态度方面，都采纳佛学的旨趣，三人均“不能不杂于禅”（《宋元学案》卷四十三）。在他们先后影响下，埋头力学的朱熹奠下了坚实的学业基础；掌握了多方面的知识。朱熹日后曾说：“某旧时，亦要无所不学，禅、道、文章、楚辞、诗、兵法，事事要学。”（《朱子年谱》卷之一上）

朱熹的学业进步很快，又得到在地方有影响的刘氏家族的提携，于十八岁“举建州乡贡”，十九岁中进士，二十岁被“授左迪功郎、泉州同安县主簿”。二十四岁登上了仕途。四年任满，不等接任的人来到，便返回崇安，在武夷山中研究学问。

尽管中了进士，又当过官，但他在学业上并不自满，特意执弟子礼求教于其父同门好友、理学大师李侗。李侗，字愿中，南剑州剑浦人。《宋史》本传说，李侗那时虽退居山田，“其接后学，答问不倦”。又说：“侗既闲居，若无意当世，而伤时忧国，论事感激动人。”朱熹二十四岁到延平（即今南平）初见李侗时，李侗以父执身份，很直率地指出朱熹所学仅是一些禅道，是“悬空理会”，不表赞许，而教育他“只在日用间着实做工夫处理会”。朱熹最初心疑而不服，经过反复思考，才觉得确有道理。据《朱子年谱考异》卷一说：

初先生学无常师，出入于经传，泛滥于释老者几十年，年二十四见延平，洞明以道要，顿悟异学之非，尽能揞击其失，由是专精致诚，剖微穷深，昼夜不懈，至忘寝食，而道统之传，始有所归矣。

他本有儒家“治国、平天下”的抱负，又怀着抗金复仇的壮志，在三谒李侗、侍居问学的壬午年（1162），高宗赵构内禅，孝宗赵昚即位，朱熹上书提出政治主张（《壬午应诏封事》）。他登朝奏事时，论及致知格物之道，“天颜温粹”；接着论抗金复仇之义，又指出：“言路壅塞，佞幸鸱张，则不复闻圣语矣。”（《朱子大全》卷二十四《与魏元履书》）这个受制于太上皇的懦弱的皇帝听不进去了。结果很具讽嘲意味的是，赏给这个文弱书生担任候补武学博士之职，将来上任须教学生兵弓武艺。他只得乞求一份祠禄，回乡教学。

从二十八岁以后，直到五十岁之前，他只担任过一些享受祠禄并无实权的闲职。但他弘扬理学，聚徒讲论，且参加一些社会救济与福利活动，博得了很大的声誉，以致朝廷感到很难办。如不起用他，会惹出拒用贤才的批评；如用他上朝当官，又怕他乱提意见。最后高层官僚想出个巧妙的折中办法，派他到地方去任职。朱熹对于朝廷的征召委派，总是一再辞谢，颇引起世俗的议论。五十岁时，经学术上的友好吕祖谦、张敬夫等的劝说，于淳熙六年（1179）三月任知南康军，在职两年一个月。五十二岁任提举两浙东路常平茶盐约一年。因弹劾前知台州唐仲友，与宰相王淮冲突而辞职。六十一岁知漳州，推行清丈田地的经界，就是核实地主田亩，遭豪强反对，任职一年多就卸任了。六十三岁知潭州，这次为五任地方官。两年后被召到临安，任焕章阁待制，兼任侍讲，在中央给皇帝讲经史和治国之道。他竟对许多问题发表意见，要求宁宗赵扩“玩经观史，亲近儒学”，“数召大臣，切劘治道”“以求政事之得失，民情之休戚”，又“上疏斥言左右窃权之失”（《宋史》卷四百二十九）。这就惹恼了昏庸的皇帝和弄权的重臣，前后历时仅四十六天，便被免职还乡，不过赐予焕章阁待制和提举南京鸿庆宫的衔头罢了。朱熹一生实际从政的时间很短，《宋史》本传概括称：“熹登第五十年，仕于外者仅九考，立朝才四十日。”

朱熹大半生致力于学术研究，开门讲学，并从事大量编辑工作，传播经史知识和研究成果。在五十岁以前，从学的弟子为数不多。五十岁任南康太守时，以地方官身份，复建庐山白鹿洞书院，经常与诸生质疑问难，诲诱不倦。五十四岁在崇安武夷山下建武夷精舍，四方士友来者甚众。六十一岁知漳州，刊印《四经》《四子书》，常到州学训诱学生。六十五岁知潭州，修复长沙岳麓书院，白天忙行政工作，晚间与学员讲论，随问而答，不知疲倦。后来回到建阳考亭，扩建竹林精舍，改称沧州精舍，学生最多达数百人。大诗人陆游在为朱熹门人方伯谟写的墓志铭中说：“朱公之徒数千百人。”（《渭南文集》卷三十六）南宋末景定间黎靖德编辑《朱子语类》，书首列举作记录者九十七人，中有无名氏四人。明朝戴铣编《朱子纪实》，按著作、问答及姓氏爵里尚存者，考订其弟子三百一十九人。其后，明代宋端仪著《考亭渊源》，明清之际黄宗羲等编撰《宋元学案》，清代万斯同编辑《儒林宗派》，朱彝尊著《经义考》，张伯行改订明朝朱衡所编《道南源委》，王梓材、冯云濠合编《宋元学案补遗》，一直到今人杨金鑫著《朱熹与岳麓书院》，都附论或表列其弟子。足见其弟子之众，是孔子之后引人注意的事。他先后做官不过十四年，大部分时间从事私人讲学；即在从政期间，到处提倡兴学，自己还参加讲学，并对民众做些破除迷信的宣传工作。他一生讲学不倦，为中国教育史上所罕见。

朱熹从事编辑工作，则比讲学早，而且专心致志，终身不懈。他拥护封建宗法等级秩序，力谋巩固封建统治，可是不被昏君佞臣理解，屡遭排斥打击。他仍念念不忘宣扬封建礼教，死前还在编书。从 1157 年（二十八岁）同安主簿任满、回乡从学于李侗时起，他根据研究心得，编次和撰述了大量书籍，有编辑的书、注释的书、校刊的书、撰著的书，还有不少诗歌、论文、书信、奏议。这里以时间为序，检视其编辑实践的主要成果，即可窥见其辛勤的编辑生涯了。

公元 1159 年（高宗绍兴二十九年）春，校定《谢上蔡先生语录》。谢是程门四大弟子之一的谢良佐，为学主“敬是常惺惺（即时时警觉）法”，为朱熹所称道。

1161 年，在研读《论语》过程中，觉得“圣贤言语”读来渐渐有味，他动手编写一本《论语》注解（见《朱子大全》卷七十五《论语要义目录序》）。

1163 年（孝宗隆兴元年），到临安奏对，失望而归后，在《论语》注释的基础上，删去古今诸儒之说，“独取二（程）先生及其门人朋友数家之说，补辑订正”，编成《论语要义》（《朱子年谱》卷之一上）。他自认为这书编得很好，在《论语要义目录序》中说：“圣人之意。其可以言传者，具于是矣。”不久，他又以《论语要义》为蓝本，为便于孩童学习，编成《论语训蒙口义》。他下了不少功夫，首先“本之注疏，以通其训诂，参之释文，以正其音读”，抓住启蒙读物的做法；同时“会之于诸老先生（指二程及其弟子）之说，以发其精微”。这两本书编成，是他早期研习儒家经典的总结，是他的学术思想进展途程中的里程碑，后来成为他的《论语集注》的基石。

1164年，著《困学恐闻》（已佚）。

1167年秋，到长沙访张栻（1133—1180），讨论“太极”与“中”“和”两大问题，对朱熹理学思想的形成有重要影响。后作《中和旧说序》记之（《文集》卷七十五）。

1168年，编成《程氏遗书》，其《后序》说：

> 右《程氏遗书》二十五篇，二先生门人记其所见闻答问之书也。
>
> 读是书者，诚能主敬以立其本，穷理以进其知，使本立而知益明，知精而本益固。则日用之间，且将有以得乎先生之心，而于疑信之传，可坐判矣。

1172年，编成《论语精义》，又编辑《资治通鉴纲目》五十九卷、《八朝名臣言行录》二十四卷。冬十月，《西铭解义》成。二程十分推崇张载《西铭》，以为扩前圣所未发，来学者必令看《大学》《西铭》，朱熹首为之解释。

1173年，《太极图说解》《通书解》成。周敦颐提出“无极而太极”、太极产生阴阳万物的宇宙构成论，对理学的发展影响很大，朱熹不仅编这两本书解释濂溪的原著，还先后以“后记”“题记”等形式写了六七篇论说。

同年，又编成《程氏外书》。《后序》称：

> 右《程氏外书》十二篇，熹所序次，可缮写。始熹序次《程氏遗书》二十五篇，皆诸门人当时记录之全书，足以正俗本纷更之谬。而二先生之语则不能无所遗也。于是取诸集录，参伍相除，得此十有二篇，以为外书。

记录二程及其弟子的学术史著作《伊洛渊源录》写成。从拟订编辑计划、搜集材料，至撰写序文，都与吕祖谦（1137—1181）通信磋商，并得其协助。吕氏家学渊源深厚，与朱熹、张栻齐名，时称“东南三贤”。

1174年（淳熙元年），编成《古今家祭礼》。

1175年夏四月，吕祖谦自浙江来访，朱熹与他共同编辑《近思录》，而由朱主编。《书〈近思录〉后》云：

> 东莱吕伯恭来自东阳，过予寒泉精舍，留止旬日，相与读周子、程子、张子之书，叹其广大闳博，若无津涯，而惧初学者不知所入也。因共掇取其关于大体而切于日用者以为此编，总六百二十二条，分十四卷。盖凡学者所以求端用力、处己治人之要，与夫辨异端、观圣贤之大略，皆粗见其梗概。（《四部丛刊》本《朱文公文集》卷八十一）

东莱作跋，说明“尝与闻次缉之意”。

同年作《阴符经考异》一卷。

1177年夏六月，编成《论语集注》《孟子集注》，并撰成《论孟或问》三十四卷。

同年冬十月，《诗集传》成而序之。又成《周易本义》。

从1157年到1178年，二十年间，朱熹主要精力集中于研究学问，编书写书；虽也讲学。而从学者为数远不如五十岁后之多。他编辑和注释、撰述的书中，《论语集注》和《孟子集注》是他的重要代表作《四书集注》中的两本，虽然他在谢世前尚不停修改，但其基本思想业已奠定。《西铭解义》《太极图说解》及《周易本义》，是他哲学思想的代表作。《资治通鉴纲目》的编成，将其理学思想及伦理道德观点引进史学，是一部政治性极强的编年史。他这时编辑的《程氏遗书》《程氏外书》《上蔡语录》《近思录》等。所注释的《太极通书解》《西铭解义》等，经由认真谨严的编辑工作。将北宋理学的重要著作介绍给读书界。这些年间，仕途虽与他缘薄，学术上却取得了很大成就，理学思想业已成熟。他作为中国哲学发展进程中集理学诸儒大成的大师登上坛场了。此后，屡出山做官，暂离闽北，奔走于浙赣湖湘间，公余积极讲学，仕途虽崎岖而热闹，门人弟子大增，而对于编辑工作仍未稍懈。

1186年春三月，编成《易学启蒙》，书凡四篇，曰本图书、原卦画、明蓍策、考占变，对《易》作了通俗解说。其序云："与同志颇辑旧闻，为书四篇，以示初学。"秋八月，《考经刊误》编成。

1187年，三月编成《小学》。《题小学》称：

> 古者小学教人以洒扫应对进退之节，爱亲敬长、隆师亲友之道，皆所以为修身、齐家、治国、平天下之本，而必使其讲而习之于幼稚之时。……今其全书虽不可见，而杂出于传记者亦多。……今颇搜辑以为

> 此书，受之童蒙，资其讲习，庶几有补于风化之万一云尔。

又用四言韵语，写了《小学题辞》。

1188 年，始将旧著《太极》《通书》《西铭解义》发表，并作《题太极、西铭解后》云：

> 近见儒者多议两书之失，或乃未尝通其文义，而妄肆诋诃，予窃悼焉。因出此解，以示学徒，以广其传。庶几读者由辞以得意，而知其未可以轻议也。

自 1175 年江西铅山鹅湖之会，与陆子静象山讲论理学思想的本体论与认识论问题不合后，1187 年、1188 年作书十一通，与陆氏三兄弟续有争辩，“二解”的公开发表，是与以长官权势干预学术讨论的兵部侍郎林栗的又一场论战。还有从 1182 年至 1193 年连续十一年，与浙东事功派陈亮作王霸与义利之争，表现了心性理学与功利之学的重大分歧。

1189 年，《大学章句》《中庸章句》编订已久，犹时加修改，至此始觉稳当。二月作《大学章句序》，三月作《中庸章句序》。

作为学习入门书的《四书章句集注》编定。

1190 年（光宗绍熙元年），在漳州刊行“四经”（《书》《诗》《易》《春秋》）及“四子书”（《大学》《论语》《孟子》《中庸》）。

1192 年，《孟子要略》编成。

1194 年七月，宁宗赵扩即位；十月召至临安，进讲《大学》，任皇家经筵侍讲四十余日。

1195 年（宁宗庆元元年），《楚辞集注》成。

1196 年冬十二月，以朱熹为代表的理学被宣布为“伪学”，朱熹与赵汝愚、留正、周必大、陈傅良、叶适等五十九人列入“伪学逆党”的黑名单，史称“庆元党禁”。朱熹落职罢祠。学生蔡元定被宣布遣送湖南道州管制。

这年，朱熹始编礼书，名曰《仪礼经传通解》。

1197 年，春正月，朱熹与从学者百余人饯别蔡元定于寺庙中。座客感叹泪下，蔡元定神色不异平时。朱熹且独与蔡元定会宿其寒泉精舍，相与订正《周易参同契》，通夜不寐。后编成《参同契考异》一书。是年又编成《韩文考异》。

1198 年，《书集传》作成。

1199 年，七十岁，《楚辞集注后语辨证》成。

1200 年三月，还修改《大学·诚意章》，旋病逝。

朱熹编辑、注释、校刊及撰著的书籍，除上述主要成果外，查照金萱铭、吴其昌的考订，还有近四十种著述。这里只能勾出作为大编辑家的朱熹的粗疏形象，并略说其编辑思想与体例方法。例如《近思录》十四卷，是导读的书，作为读《四书》及理解儒家性理概念的入门。书中汇集周敦颐、二程、张载的言论六百二十二条，不以时间编纂，亦不以人物区分，而立主题分“道体”“为学”“致知”“存养”等十四门，从本体论、方法论、立身处世、辨析异端等方面，为理学思想体系初步确立了基础和范围。没有切实的研究，是不能这样编辑的。名取自《论语·子张》记子夏“切问而近思”之义。后来清儒张伯行仿其体例，摘录朱熹言论六百三十九条，辑有《续近思录》十四卷。

《资治通鉴纲目》亦称《紫阳纲目》，最能表明朱熹在编辑工作中的考虑，并对后世政治与学术影响很大。朱熹用理学家的天理标准来统率历史，他认为天理是史书的最高准则，其主导思想是“陶铸历史，会归一理之纯粹”。他也重视客观史料，批评北宋编史的弊病，指出：“大抵史皆不实，紧切处不敢上史，亦不关报。”他的文集中有《史馆修史例》一文，文字不多，却反映他重视搜集史料的思想。但是编辑史书的原则，义理居第一位，史料只应服从于义理。这个所谓义理，不是从客观的史实中抽象出来的，而是从孔孟的经书上搬来的。他写的《资治通鉴纲目凡例》，继承《春秋》的传统，共列统系、岁年、名号、篡弑、恩泽、朝会、封拜、征伐、废黜等十九目。史实的叙述，是非的褒贬，义例和书法都按理学家的伦理道德观点裁断，都从帝王的角度立言。书中辨正统，明顺逆，褒尊彰贤，严篡弑之诛，《凡例》在叙事用辞上有精密规定，浸透了等级、夷夏、邪正等区别，完全站在统治阶级地位说话。所谓《春秋》书法，经历代史学家的编辑实践，朱熹以这个《凡例》作出了总结，成为古典编辑学的重要文献。《纲目》纂修工作中，得到弟子赵师渊的助力。此书编辑主旨在于扶纲常，倡名教，鼓吹节义道德，虽也曾予读者以民族思想的熏陶，而根本作用则在强化封建专制统治。清康熙皇帝故加御批刊行。章太炎则批评其“体例不纯”，“尊《纲目》为圣者，村学究之见耳”，“后有作者，只可效法《通鉴》，不可效法《纲目》”（转见张须著《通鉴学》）。

他从事编辑工作的态度异常认真，可说是用平生精力进行，不懈怠，不自满。《四书集注》的成书过程就是明证。首先着手搜集关于《四书》的各种注解，尤其是二程及其门人的注解，反复推敲评选，编成《精义》《要义》或《集义》之类。第二步则从《集义》中选取他认为确切的解说，编入《集注》，并借此阐释他个人的观点。另外再作《或问》，阐述他何以这样注释的理由，以解答读者可能存在的疑问。《论孟集注》《论孟或问》的成书，《大学章句》《中庸章句》的成书，都经过相似的收集、评价、吸取、改订的编辑过程。有的改了数遍还要改，《大学章句·诚意章》到死还在改。他编写的书大都如此。他对前人的学术成果也不抹杀。《四书》所涉及的音读训诂、名物制度，则多采用汉魏学者的注疏，他肯定前人"其助博矣"。他为了发挥自己的观点，则不厌烦难地推敲斟酌。南宋末李性传在《饶州刊朱子语续录后序》中说："是《四书》者，覃思最久。训释最精，明道传世，无复遗蕴。"朱熹在《大学章句序》中也很自豪地说："圣经贤传之指，粲然复明于世。"

然而，社会历史竟然捉弄人。从唐朝安史"犯上"作乱后，又发展到五代的权势崇拜，夺权称帝，割据称土，屈膝称臣，纲常名教被践踏殆尽。封建专制社会迫切需要卫道士、说教者。且自靖康之难后，"中原板荡，夷狄交侵"（岳飞《五岳祠盟记》），好不容易有个朱熹应运而生，而苟安于残山剩水间的南宋小朝廷不识宝，竟将他和他的支持、倾慕、追随者宣布为"伪学逆党"。他惨遭打击，晚景阴暗，在屈辱中凄凉地死去。朝廷还不准其友朋门徒为这位念念不忘宣扬孔孟之道的学者执绋送葬，生怕会聚众闹事。君臣昏聩，赵氏王朝已经乱了套！朱熹死后九年，宁宗嘉定二年才平冤昭雪。谥曰"文"，称朱文公。又过三年，把《论语集注》和《孟子集注》作为法定教科书。到理宗赵昀时，才越来越认识朱熹思想对于维护封建统治的巨大理论价值，宝庆三年（1227）下诏：

> 朕观朱熹集注《大学》《论语》《孟子》《中庸》，发挥圣贤蕴奥，有补治道。朕励志讲学，缅怀典刑，可特赠熹太师，追封信国公。（《宋史》卷四十一《理宗本纪》）

可是这个小朝廷已临山穷水尽的地步，它的“治道”难补了。蒙元入主中原，吸收历代统治经验，提倡程朱理学。皇庆二年（1313）定科举考试课目，必须在《四书》内出题：发挥题意，规定以朱熹的《集注》为根据。一直到明清相沿不改，《四书集注》是一切识字人的必读书。康熙皇帝命理学诸臣重编《朱子大全》。朱熹思想成为中国封建社会后期的官方哲学，他编注的《四书》通行于社会达八百年之久。“四人帮”弄权践踏学术文化和人民权利时，曾猛批朱熹，一概抹杀，却暗中汲取并发挥了他的封建文化专制主义精髓。

就其主流而言，朱熹的哲学体系是客观唯心主义，其逻辑层次相当复杂；在他的思辨中，把以封建纲常为主要内容的“理”提高为绝对精神的本体。对朱熹哲学体系内部矛盾的探讨以及许多重要范畴的理解，都不是本文的任务。我们注意他是一个重视躬行实践、热心讲学的大教育家，又是一位反复思考、改削不已、编撰等身的大编辑家。他的学术修养深厚，研究兴趣广泛，博学多才，不以困厄改志，在封建社会的后期学者中是少见的。研究者一般从哲学史的角度去衡量他，侯外庐等编的《宋明理学史》接触到编辑工作和学术活动的内在联系，书中指出：

在四十年的讲学著书活动中，朱熹编著了大量书籍。其数量之大，在封建社会的学者中并不多见。而这大量书籍，是在没有官家支持的情况下完成的。他讲学的精舍，如寒泉精舍、竹林精舍，既是讲学的学校，又是编书的山馆。他的高第弟子，如黄榦、蔡元定、蔡沉、赵师渊等参加了朱熹的著书活动。

书中还指出：

朱熹编著的书籍，门类很多。

从朱熹的著作，反映了朱熹学问的广博和文化素养的深厚。这在南宋时期是很少人能够同他匹敌的。

朱熹的理论体系中熔铸了传统的儒家思想，把天理论引用到社会政治研究中来。他又把《四书》置于《六经》之上，对儒家的经典持怀疑态度。他认为《易经》是作卜筮用的书，因而晚年对自己四十八岁时编写的《易本义》极不满意。他认为《诗经》问题很多，传世已久的《诗序》不可信，《国风》中的郑、卫之音不是政治讽喻诗，而是民间男女的恋歌。孔子言《诗》，说“思无邪”一言足以尽盖其义；朱熹说：“不是一部《诗》皆思无邪。”对于《书经》，则怀疑《小序》非孔子作，孔安国《序》与《传》也是伪作；《今文尚书》亦艰涩可疑，开清代辨伪的先声。他的《通鉴纲目》处处学《春秋》笔法，却又不同意《春秋》一字定褒贬之例。张舜徽《论宋代学者治学的博大气象及替后世学术界所开辟的新途径》一文中说：“朱熹是一位学问十分博通的学者，也是极其勇锐的疑古健将。”他论学热忱而执着，但辩论中不免偏激而固执。他做地方官，有心为民间办些好事，但有些行事诡谲恶毒，对妇女特别歧视虐待。作为大编辑家，他吸收青年学生，参加编辑工作；他校勘群书极其仔细认真，首先提出不可随意改字的道理（《文集》卷三十《与张钦夫论程集改字》），可是，他编辑《大学章句集注》“右传之五章”，按他的见解将原文次序加以移动，重新安排；而且引程氏言，认为“此谓知本”是衍文，又说“此谓知之至也”一句之上“别有阙文”，竟又补写了一百三十四个字，提出他自己的以“格物致知”为核心的认识论和修养观的系统看法，可谓完全自说自话了！在我国古典编辑学中，自汉唐至清乾嘉时，不少作者利用注疏、释义形式自立新解，任继愈为张立文《朱熹思想研究》所写的序言，看出朱熹的编辑活动与他学术思想发展的关系：

> 还必须看到，朱熹一生心血凝聚于儒家经典注释中，他于《五经》《四书》用力最勤，与王夫之的《尚书引义》《周易》内外传、《读四书大全说》同样是寓创造于注疏之中。朱熹的注释，有的开始于中年，有的贯串他的全部著述生涯，有的直到晚年尚未完成。其著述的先后过程与他思想的发展脉络至为密切，如细加分疏，必将对于了解其哲学全貌有所裨益。

朱熹甚至在文学上也有精辟的见解。全祖望在《宋元学案·晦翁学案》中认为他的学问“综罗百代”，是宋以前百代学术思想的总结。作为大编辑家，他的整个思想中却处处存在着矛盾。他告诫道：有人“炊沙而欲其成饭”，不可跟着说；又说“读书须是看着他那缝罅处”。我们对于朱熹也应该用这种办法看。

袁 枢

编著书籍，应择定体裁，须讲究体例，是我国编辑史上古老而优良的传统。如能创体开例，为著述之林提供新品种，则是对学术的一大贡献。南宋史学家袁枢编纂的《通鉴纪事本末》便是值得称道的一项创造。

袁枢（1131—1205），字机仲，建州建安（今福建建瓯）人。五岁开蒙读书，十七岁后入太学肄业。时值女真贵族多次发动掠夺战争，宋室南渡不久，时势艰难，年轻的袁枢力学修身，为时人所器重。宋制，太学生分外舍生、内舍生、上舍生三级，三年一试，九年卒业。他离太学后在家自学，继续钻研经史。三十三岁时，南宋孝宗隆兴元年（1163），试礼部，以词赋第一中进士。是科同时及第的还有家学渊源、“有中原文献之传”的吕祖谦，朱熹的学生詹体仁、傅伯成，以及颇负时名的孙逢吉、应孟明、王阮等。经尚书省选差，出任温州判官，后为兴化军教授，前后八年。

乾道七年（1171），袁枢从地方上调临安，为礼部试官，授太学录职务，负责训导在国学读书的太学生。他和吕祖谦为考官时，陆九渊、舒璘等于乾道八年中进士。宋初定百官轮对制度，每五日轮一员上殿，当面向皇帝指陈时政得失。袁枢当日轮对三疏：一论开言路，以养忠孝之气；二论抗金兵，以图恢复中原；三论士风多虚诞，希图侥幸升官发财。这三项意见反映了当时的重大问题。南渡君臣苟安江左，政治腐败，士习颓靡，长期不见振作气象。袁枢的奏疏切中时弊，真正说出了当时人们心里想说的话。尤其是奏劾外戚张说，袁枢与学省同僚、诗人杨万里上疏，指出不宜任命这种佞幸之徒执政。张说为圣寿皇后的妹夫，是皇室姻亲，宋初赵氏立有外戚不预政的“家法”。在中枢任职的士大夫交章力阻，袁枢且曾当面质责宰相：“公不耻与哙等伍耶?”弄得虞允文惭愤不堪。吕祖谦说：“庚寅、辛卯之间，袁、杨风节，隐然在两学间。”（《东莱集》卷七）清康熙时编《古今图书集成》，将袁枢论劾张说的史事，列入诤谏部，是看到他坚决反对擢用佞幸的风骨的。

然而，这种遇事直言、不肯逢迎的人，自然不为当政所喜欢。《宋史》卷三八九本传说：袁枢上疏谏止时，“上虽容纳而色不怡，即求外补，为严州教授”。严州为两浙路的一个府，辖境相当今浙江省新安江、桐江流域，治所在今建德，山明水秀，教授事务清简，袁枢于乾道九年六月调职到此，至淳熙三年二月离去，在任实际约三年。他最大的收获，便是编成了《通鉴纪事本末》四十二卷。

袁枢比司马光晚生一百一十二年。他出世时，《资治通鉴》成书（神宗元丰七年，1084）已将近五十年。第一次刊刻于元祐元年，奉旨下杭州镂版，至元祐七年（1092）刻成。这个刻本已不可见，据日本吉川幸四郎教授称，他还保有此书的书影（《东洋史研究》1966 年第 24 卷第 4 号）。至南宋时，曾多次刊刻，通行的有监本、建本及成都费氏本等，因而得以推广。史称袁枢“尝喜诵司马光《资治通鉴》，苦其浩博”，可见他青少年时便研习《通鉴》，不过卷帙浩繁，读来很吃力。《通鉴》

二百九十四卷，商务印书馆影印宋刻本，《四部丛刊》初编史部第四卷为八十册；1917 年涵芬楼铅印本为六十册。司马光生前已经慨叹："修《通鉴》成，惟王胜之借一读；他人读未尽一纸，已欠伸思睡。"这种情况引起了袁枢的思考，推动他探索从编辑工作的途径去解决这个困难。

我国的史书，在中唐以前大致以编年、纪传二体为主。如果远溯中国编辑史的童稚时代，作为书籍最初形态的文献典册，其内容的主要表现形式，则为记言、记事两种古老的体裁，那时编辑工作是由左史、右史兼任。不过记言与记事二者难以断然分开，随着古代文明的进展，这两种体裁互相渗透、互相结合，首先出现了编年体，继而有纪传体。编年体以年月为主，按时间顺序记述史事，但不易于集中反映同一历史事件前后的联系和发展。纪传体以人物为主，通过各类人物的活动来显示一定时期历史的发展趋势，但难以表达历史发展的时间顺序以及各个事件、人物之间的联系。刘知几《史通》的《二体》篇申论了编年、纪传的得失。随后出现专记言论的《贞观政要》，虽有特色，而适用不广。《通典》的编成，分门别类，记述历代典章制度的建立和演变，提供了一种独立的体裁，是纪传体史书中"书""志"形式的发展。断代为书的"会要"，专载一朝的典章，体裁性质相近，统称为典制体。然而社会的发展日见加剧，社会现象日益纷繁，作用于历史的社会力量之间的关系也很复杂，因此，对于重大的事件及萦回人心的问题，需要一种既能显示眉目又能表达全貌的新体裁，克服编年、纪传二体的缺陷，不以勾出一肢一节、首尾割裂为满足，这就是时代在编著方法和表述思想上向编辑家与著作人提出的要求。

刘知几论编著的体裁时，首先指出《尚书》的体制不完备，但他能历史地看问题，原谅了最初的编辑人："然世犹淳质，文从简略，求诸备体，固已阙如。"编年体为《春秋》首创，到《左传》便加以改进，内容记载较详备于孔丘的手笔了。纪传体为《史记》首创，编成纪、传、表、志、史论的综合，搭配为一个相辅相成的整体，又具有自身独特的规格。到《汉书》则加以改进，变通古为断代，创立了食货、艺文、地理等门类，并非如郑樵所说"尽窃迁书"。后来继作，至隋唐时并未越出上述二体的范围，但两种体裁都产生过不朽的名著。只是从古典编辑学的角度来看，二体的根本缺点都没有克服。魏晋以降，学术界即已探索一种破除编年和纪传两体界限与缺陷的新体裁。北魏史学家、《十六国春秋》著者崔鸿等修辑国史时，曾编纂《科录》一书，据云即是一部以事为纲的、从上古到两晋的通史；又如梁武帝萧衍曾令吴均等编《通史》六百二十卷，上起三皇，下至南齐。这些书早已亡佚。司马光在北宋编辑工作与史学研究均有发展的环境中编纂《资治通鉴》，倾注了毕生精力，十分注意克服编年体的缺点，吸收纪传体以人物为中心的优点，叙述人物事迹做到相对集中，且采追叙、带叙、附叙等法，使事件记载比较完赡。人物卒后列一小传，叙其平生，使之完整。成书后又编成《考异》《目录》及《举要历》，加上《百官表》《稽古录》等，与《通鉴》组成一个互相为用的架构，既发扬又突破了编年体的体系。但毕竟难以完善，不便寻检，记载亦难十全十美。《四库全书总目》在陈允锡《史纬》一书的提要中说得比较合乎情理：

盖网罗百代，其事本难，梁武帝作《通史》六百

> 卷，刘知几深以为讥；司马光《进通鉴表》，亦称其中抵牾，不能自保。

这还是就其内容而言，在体裁与体例上，更迫切要求创新；《通鉴》及其副产品，在编辑方法上也启迪了后人去创新。我们可以这样说，袁枢从司马光手里拿来了接力棒。

从南北朝时起，就争论着编年、纪传孰优孰劣。唐刘知几批评纪传体史书："同为一事，分在数篇，断续相离，前后屡出。"他说编年体也不佳："其有贤如柳惠，仁若颜回，终不得彰其名氏，显其言行。故论其细也，则纤芥无遗；语其粗也，则匠山是弃。此其所以为短也。"比刘知几稍后、从韩愈学古文的皇甫湜，在《编年纪传论》中说编年体史书"举其大纲而简于叙事，是以多阙载，多逸文"，读者不得不"别为著录，以备时之语言，而尽事之本末"（《文苑英华》卷七四二）。这些批评，都要求对史事作比较完整的叙述，强调须有"尽事之本末"的编辑思想，提出了编辑史书采用何种体裁为妥的问题。袁枢出来同答了这个难题，他开创了纪事本末体。

袁枢研究《通鉴》多年，读过多遍，考虑到对这种部头大、史事繁的书，从方便读者检阅设想，在编辑工作中如何下手处理呢?《宋史》本传一句话就说清楚了："乃区别其事而贯通之。"袁枢到严州仅一年时，与他最为知好的杨万里就为《通鉴纪事本末》写出序来；次年，与他经常游处、讨论学术的吕祖谦、朱熹又为之作跋。"区别其事而贯通之"的编辑方法，是把《通鉴》二百九十四卷、一千三百六十二年的史事，分隶于二百三十九个标题，另有附录六十六事。每个标题叙述一件人事的始末经过，自成一篇，单独排列。总计大小三百零五件重要事件。始于《三家分晋》，终于《世宗征淮南》，每事一篇，自为起讫，故名之曰“本末”，即指事件的始末详情，史事的由来结局。全书四十二卷，按所立大题计：战国至秦，分立《三家分晋》《秦并六国》《豪杰亡秦》三事；两汉时期，由《高帝灭楚》至《袁绍讨公孙瓒》四十三事；魏晋时期，由《曹操篡汉》至《魏平仇池》六十二事；南北朝时期，由《刘裕篡晋》至《隋灭陈》四十三事；隋唐时期，由《隋易太子》至《朱温取淄青》六十五事；五代时期，由《朱温篡唐》至《世宗征淮南》二十三事。此外，如《宦官亡汉》下附《党锢之祸》《董卓之乱》，《诸葛亮出师》下附《平南中》，以及其后某些卷次所附战役、人物等事。这样便总括了一千三百六十余年的治乱兴衰的事迹。

袁枢的《通鉴纪事本末》，虽依司马光的原著编成，在所述史事材料、行文用语方面，整篇整段均据《通鉴》摘编，然而，他将编年体的《通鉴》来个大改造，经由编辑的途径进行了大手术。在袁枢的解剖刀下，从以“年”为经，改编成以“事”为经，将受编年史体例决定和限制的记述、资料和论说，按历史事件加以集中合并和压缩摘要。在编年史体中，同一事件的若干资料，尽管它们说明该事件的演变进展，但按其严格体例，仍须分系于有关年月之下。改成以“事”为经，则按事件的发生、发展到结束，依前后所经历的时间顺序，从头至尾地叙述，接连不断，一气呵成，彻底改变了原来史体的面目，而塑造出新的史体——纪事本末体。

编辑《通鉴纪事本末》的袁枢，对于所记述的各个重大历史事件，都加写一个醒目的标题。一般四五个字，如《豪杰亡秦》《诸吕之变》《武帝伐匈奴》《孙氏据江东》；最长只有六个字，如《江左经略中原》《贞观君臣论治》。遣词简练明晰，不生造，无僻字，而且都用一个明确的动词，如“灭”“平”“击”“据”等字，使读者一看便可了解其内容。加标题并非简单劳动，不但揭示历史事件的内容梗概，也表示编辑的认识和功力。对于一本书，一个编辑如何取标题，往往就是其质量的尺度，理解识见和文字水平的尺度。

当然，改编与标题，无疑地为其思想倾向所决定。袁枢对史事的认识、解说，都没有超越《通鉴》的范围。《资治通鉴》的主旨，是供帝王“鉴前世之兴衰，考当今之得失”，书中贯彻“愿忠之意”(《进〈资治通鉴〉表》;袁枢的政治怀抱，正如真德秀《跋袁侍郎机仲奏议》所说，他素抱“爱君忧国之心，愤世疾邪之志”(《真西山文集》卷三十六)，因此，他的叙述，他加的标题，所用的字眼，自然也不能越出他的怀抱。其书在淳熙三年经参知政事龚茂良进呈，“孝宗读而嘉叹，以赐东宫及分赐江上诸帅，且令熟读，曰：‘治道尽在是矣!’”司马光编书的用意，也就是“穷探治乱之迹，上助圣明之鉴”。

《通鉴纪事本末》的编成是一个创新，在古典编辑学上破天荒地提出纪事本末的历史体裁，与流传已久的纪传、编年鼎足而立，突破了刘知几曾言“后来作者，不出一二途”的旧说。在文学上卓然有所成就的杨万里，已经看出了“体”的问题，他的序言说：

> 予每读《通鉴》之书，见事之肇于斯，则惜其事之不竟于斯。盖事以年隔，年以事析，遭其初，莫绎其终，揽其终，莫志其初，如山之峨，如海之茫，盖编年系日，其体然也。

编年体所记历史事件，不能不因年月而隔断，使读者如入山海，茫然而莫明其终始。吕祖谦在跋文中也说到《通鉴》的经纬，“习其读而不识其纲”，经袁枢予以改编，“掇其体大者，区别终始，使司马公之微旨，自是可考”。

然而，《通鉴纪事本末》的编辑，关键还不在于使司马光《通鉴》含义深远精微的主旨可考，而是能区别终始，为著述创造了新体裁。清乾隆间《四库全书》史部的编辑家，总结了南宋以来的各方意见，给予全面肯定的高度评价。《四库全书总目·史部五·纪事本末类序》云：

> 古之史策，编年而已，周以前无异轨也。司马迁作《史记》，遂有纪传一体，唐以前亦无异轨也。至宋袁枢，以《通鉴》旧文，每事为篇，各排比其次第，而详叙其始终，命曰《纪事本末》，史遂又有此一体。夫事例相循，其后谓之因，其初皆起于创……故未有是体以前，微独纪事本末创，即纪传亦创，编年亦创。

在《通鉴纪事本末》提要中进一步指陈其创体的意义，强调为“实前古之所未见”：

> 按唐刘知几作《史通》，叙述史例，首列六家，总归二体，自汉以来，不过纪传、编年两法，乘除互用。然纪传之法，或一事而见复数篇，宾主莫辨；编年之法，或一事而隔越数卷，首尾难稽。枢乃自出新意，因司马光《资治通鉴》，区别门目，以类排纂，

> 每事各详起讫，自为标题，每篇各编年月，自为首尾。始于三家之分晋，终于周世宗之征淮南，包括数千年事迹，经纬明晰，节目详具，前后始末，一览了然，遂使纪传、编年贯通为一，实前古之所未有也。（《四库全书总目》卷四十九）

这种以事为纲的体裁，是一大创造。吴泽主编的《史学概论》第六章《历史编纂学》说：

> 纪事本末在比编年、纪传体更高的层次上对史事进行了分析综合，达到了封建史学所能达到的高度。

李宗邺《中国历史要籍介绍》一书，对袁枢的成就说得更明白：

> 中国史书的体裁，主要的有四种，编年体成立于公元前五世纪孔子的《春秋》，纪传体成立于公元前一世纪司马迁的《史记》，典志体成立于公元九世纪杜佑的《通典》，到公元十二世纪袁枢的《通鉴纪事本末》出现，史书的四种编著方法，完全成功了。这是中国文化史上一件大事，也是史学上一种创造性的成就。

这种评价，比一般把着眼点放在便于阅读上，要高明和公正得多，也最能理解编辑家的经营、筛选、摘编、定稿的苦心。清人章学诚也很赞美此书，在《文史通义》卷一《书教》下篇中说：

> 司马《通鉴》病纪传之分，而合之以编年；袁枢《纪事本末》又病《通鉴》之合，而分之以事类。按本末之为体也，因事命篇，不为常格，非深知古今大体、天下经纶，不能网罗隐括，无遗无滥。文省于经传，事豁于编年，决断去取，体圆用神，斯真《尚书》之遗也。

章氏继谓：

> 但即其成法，沉思冥索，加以神明变化，则古史之原，隐然可见。……故曰神奇化臭腐，而臭腐复化为神奇，本一理耳。

章氏从史书体裁发展的角度来赞扬纪事本末的优越性是很恰当的，且以封建时代尊为经典的《尚书》与之相比，可说推崇备至。但《尚书》毕竟不过是上古政治文献的汇编，并非一部体例完整的著述，刘知几早已批评其书“为例不纯”，浦起龙也说它“不编年，不纪传，原非史体正宗”。章学诚竟说编年史书之原为《尚书》，刘节《中国史学史稿》驳斥他“颠倒事实，其病根源是在于把儒家经典看得太神圣了的缘故”。

而且章学诚还说：“在袁氏初无其意，且其学亦未足与此，书亦不尽合于所称。”《通鉴纪事本末》诚然存在着缺点，以史实而论，只记述了治乱兴衰之迹，未能就与大局密切相关的某些制度措施方面提供背景资料。《通鉴》中记载的府兵、漕运、土地制度等重要问题，在袁书中也没有专题叙述，史事筛选不周到。如若便认为编辑本末的史书，“袁氏初无其意”，实在太武断了。像四十二卷《纪事本末》这种书，绝非到严州一年所能编出的，当有十年八年的努力，推想在他中进士后即着意编撰。从袁枢论学好友的序跋中可以看出他立意已久，考虑者再，并非漫无目的地编就的。在袁枢之前编成《资治通鉴纲目》的朱熹为袁书作跋云：

> 今建安袁君机仲，乃以暇日作为此书，以便学者，其部居门目，始终离合之间，又皆曲有微意，于以错综温公之书，其亦《国语》之流矣。或乃病其于古无初，而区别之外，无发明者，顾第弗深考耳！

与袁枢经常切磋讨论的吕祖谦，在书后说得更清楚：

> 若袁子之纪本末，亦自其昔年玩绎参订，本之以经术，验之以世故，广之以四方贤士大夫之议论，而后部居条流，较然易见矣。夫岂一日之积哉！学者毋从乐其易而深思其所以难则几矣。

章学诚固然常有深刻的见解，但他也承认，有些立论过于偏激，“失是非之平”，对朱、吕的跋文竟视而不见。影响所及，聪明的梁启超也说是“虽为创作，实则无意识之创作”；而今一些史学史讲义、名著题解中，仍说“袁枢原先本无意于著书，也没有想到要创立一种什么新体例”哩！这无异于时下有人爱将编辑的高度脑力劳动说成是“简单的重复劳动”。

正如《四库全书总目》所说："其初有所创，其后即不能不因。"纪事本末体将复杂的历史现象记载得条理完整，简明扼要，把治乱兴亡的情节依次道来，具有可读性，便于记诵。所以杨万里序《通鉴纪事本末》称：

> 今读袁子此书，如生乎其时，亲见乎其事，使人喜，使人悲，使人鼓舞未既，而继之以叹且泣也。

因而继起仿效编辑的人很多。成书可分两类：一类是朝代纪事本末，如南宋章冲的《春秋左氏传事类始末》、杨仲良的《皇宋通鉴长编纪事本末》、明朝陈邦瞻的《宋史纪事本末》《元史纪事本末》、张鉴的《西夏纪事本末》、清朝李有棠的《辽史纪事本末》《金史纪事本末》、谷应泰的《明史纪事本末》以及近人黄鸿寿的《清史纪事本末》等。另一类是专题纪事本末，如清朝杨陆荣的《三藩纪事本末》、钱名世的《四藩始末》、沈云的《台湾郑氏始末记》、勒德洪的《平定三逆方略》、傅恒的《平定准噶尔方略》、乾隆敕撰的《台湾纪略》《兰州纪略》《石峰堡纪略》以及陆元鼎的《各国立约始末记》、文庆的《筹办夷务始末》等。《四库全书总目》著录二十二部，存目四部。其中说：

> 枢所缀集，虽不出《通鉴》原文，而去取剪裁，义例极为精密，非《通鉴总类》诸书割裂扯挦者可比。其后如陈邦瞻、谷应泰等，递有沿仿，而包括条贯，不漏不冗，则皆出是书下焉。

对袁枢的编辑工作评价最高。后世依其所创体裁义例编纂的同类史书，不下五十余种，其所以能有如此影响，主要由于这种历史体裁高明，正如梁启超所说：“夫欲求史迹之原因结果，以为鉴往知来之用，非以事为主不可。”

不仅如此，我们还感到，编辑家对社会历史的认识是不断发展的，因而编书的体裁体例也是不断发展的。表达形式与内容互为影响。清初马骕编撰《绎史》，固以纪事本末体为主，同时综合运用了编年体、纪传体、学案体。梁启超注意到现代历史书籍的编著形式，和纪事本末体有某种联系，他说：

> 纪事本末于吾侪之理想的新史最为相近，抑亦旧史界进化之极规也。（《中国历史研究法》第二章）

又说：

> 论他体例，在纪传、编年之外，以事的集团为本位，开了新史的途径，总不愧为新史的开山。（《中国历史研究法补编》）

郑鹤声在《袁枢年谱》最后论及其书价值时，也说到近代的研究有划出“史迹集团”之说，例如法国大革命、第一次世界大战等，这种研究“与一段之纪事本末略相近”。我们再看海斯、穆恩、韦兰合著的《世界史》，在美国是一本古老的广泛采用的历史教科书，著者序颇有寓意地说：

> 我们没有企图把一大堆微小的事物布满整个画

> 面。我们倒是力图把主要的力量，特别是我们认为在今日的世界文明中具有最大贡献的那些较大的运动，带到清晰的、给予知识的视野上来。

又如伯恩斯和拉尔夫的《世界文明史》，从历史的黎明、古典时代的世界、中世纪早期一路写下去，尼罗河诸文明、两河流域文明和波斯文明、希伯来文明等一件件说来，也是颇受称赞的教材。怎样把重大事件在给予知识的视野上表现出来，仍然是摆在当代的编辑家、著作家面前的课题。白寿彝主编的《史学概论》第四章《史书的编著》中有一段话值得注意：

> 面向我国史学在体裁上的丰富遗产以及不同体裁间的相互吸引和综合的情况，我们今天编著新的史书，应从中得到启发，应当比较广泛地考虑到如何深入研究和继承我国史学在这方面的优良传统，进行体裁的革新，编著出适合时代要求的著作。二十世纪以来，史书编著一般都采用章节体，这是一种新的纪事本末体。这种体裁并不是从我国固有的纪事本末体发展而来，而是在西方著作体裁的影响下形成的。这种体裁比起旧的纪事本末体，有更大的容纳量和更系统的组织形式，但还未能取代纪传和编年等体裁的优点。在史书体裁的运用上如何向前迈进，还大有考虑的余地。

袁枢《通鉴纪事本末》给后人提示了创新的榜样。王鸣盛曾说：“(朱熹的)《纲目》不作无害，而此书似不可无。”(《十七史商榷》卷一百《缀言》二）有些论者对袁枢分类抄录《通鉴》原文，深致不满，我以为应该理解他所编的不是什么别的纪事本末，恰恰是《通鉴纪事本末》。我们应注意名著改编的不随意性，改编者必须考虑到再创造并不具有随意性。怎样编辑节本、简编本和古文今译本等等，很值得我们认真研讨。

《通鉴纪事本末》摹本传播后，袁枢被召还临安，历任大宗正簿、太府丞、兼国史院编修官，与修神、哲、徽、钦四朝国史；一度以著作郎按视两淮灾情，又出知处州；后除吏部员外郎、大理少卿、权工部侍郎兼国子祭酒等职。宁宗时擢右文殿修撰，知江宁府。袁枢为人风节凛然，直言谔谔，奏议甚多，建议皇帝疏远诈伪而似诚实的小人，去朋党，开言路。他以朝臣而弹劾纳贿的御史，又十分关心国防前沿形势。《宋史》本传说他视察沿江四郡后，“归陈两淮形势，谓两淮坚固，则长江可守。今徒知备江而不知保淮，置重兵于江南，委空城于淮上，非所以戒不虞”。他揭发了当时腐败无能苟且偷安的状况，加之与朱熹等关系密切，终于被贬罢归，还被列入“庆元党禁人物”的黑名单内。晚岁闲居著述，和杨万里等讨论学问，不因困于久斥，而损晚节以图荣进。

当他做史官时，《宋史》本传称，章惇家属以同乡关系，婉言请求袁枢替章惇作一篇佳传，袁枢断然拒绝说：“子厚（惇字）为相，负国欺君，吾为史官，书法不隐。宁负乡人，不可负天下后世公议。”史官即古代编辑。坚持直笔，绝不阿谀循私，这种编辑实乃今人楷模。

元好问

我们的祖国是个多民族结合而成的国家，各民族发展与进步的程度虽有不同，但是在相互联系和相互影响中，对于缔造伟大祖国的文化都有重要的贡献。女真族所创立的金朝（1115—1234）与南宋长期对峙，统治着中国北部与中原地区，不论着眼于何种角度，都应该看作是一个重要的朝代。金朝最后一位、也是最优秀的一位诗人元好问，通过《中州集》《壬辰杂编》的编选，保存了金源一代文献，反映出 12 世纪初叶到 13 世纪初叶我国北方的历史与文化的风貌。这位北国大诗人从而也对我国编辑事业做出了贡献。

元好问（1190—1257），字裕之，太原秀容（今山西忻县）人。曾在遗山（一称神山，在今定襄县城东北十八里）读过书，后自号遗山山人。现今山西忻县城南二十五里读书山下的元家山村，仍有他的后裔，城南十里的韩岩村有他的坟墓。

他的祖系出自鲜卑族拓跋氏。拓跋族原住黑龙江省嫩江流域大兴安岭附近，后迁内蒙古呼伦贝尔盟的呼伦湖一带；又继续南迁，在西晋末年进驻今山西代县、浑源、繁峙等地，称代国，受汉文化浸润渐深。及至拓跋珪登国元年（386）即位为代王，旋改国号为魏，吸收不少汉人，“入讲经传，出议朝政”（《魏书》卷二四《燕凤传》）。孝文帝太和十八年（494），由塞上的平城迁都到中原政治与文化的中心洛阳，以华夏文化的继承者自期；并改鲜卑复姓为汉字单姓，太和二十年下诏称，“北人谓土为拓，后为跋”，魏之先“以土德王”，土为“万物之元”，故改帝室拓跋氏为元氏。这是中原地区元姓的由来。北魏统治瓦解后，元氏子孙一支在河南汝州落籍。元好问的先人于五代以后迁居山西平定。高祖谊在北宋宣和年间曾任忻州神武军使。曾祖春任隰州团练使，后由平定移家至忻州，从此世世定居于此。祖父滋善出仕金朝，为柔服丞。父德明，累举不第，科场失意，放浪山水间，自言“少有吟诗癖”，有《东岩集》三卷。从元好问的家世来看，正隐含着中华民族文化多源头的特色。

元好问儿时过继给叔父元格。元格曾数任山东掖县、山西陵川等地县令，都将他带到任上，教他读书作诗。元格任陵川令时，他已十四岁，在著名学者郝天挺门下学习六年，钻研文学典籍。郝天挺工于诗，时命元好问属和。这位老师性情高傲，厌于名场，元好问晚岁回忆老师风范道：“耿耿自信，宁落薄而死，终不一傍富儿之门。”郝天挺向他指出当时读书人的毛病，连句读还弄不清楚，却“以速售为功”。又说：“今世仕宦，多用贪墨败官，皆苦于饥冻，不能自坚者耳。男子生世，不耐饥寒，则虽小事不能成，子试以吾言求之。”（《中州集》卷九）元好问生长在封建士大夫官僚家庭中，得到这样一位正直的学者为师，在治学与做人方面都受到教益，为他日后的发展打下了基础。一直到元格官陇城（今甘肃秦安县东北），病逝于任上，元好问扶柩返里，便在家乡继续读书学习，饮酒赋诗。

但是，好景不长。北方蒙古族已经崛起，成吉思汗统一各部落，进行社会改革后，蒙族军事力量强大发展，摆脱了金的压迫和统治，且不断挥军南侵，对金、宋地区烧杀抢掠。1213年（蒙古太祖铁木真八年、金宣宗完颜珣贞祐元年）秋，蒙古军三路南下，侵扰河东（山西）全境，精锐的骑兵给金朝带来严重的威胁。次年三月，蒙古军屠忻城，“死者十余万人”（《中州集》卷七），元好问之兄元好古（字敏之）同时遇害。蒙古军又围金中都燕京，金宣宗便南迁开封（汴京）。1216年春，蒙古军围太原，元好问奉母南渡，携家奔河南福昌三乡（在今宜阳西九十里）避兵。一两年间，黄河以北地区均落入蒙古人之手。金政府只剩下黄河南岸西起潼关、东到邳州的一个狭长地带，军政开支浩大，百业萧条，民穷财尽，靠大量印发纸币维持。元好问避乱流亡，目击祖国遭受空前灾难，又遇蒙古军进攻潼关，不久移家登封，并在昆阳（今河南叶县）购置田宅，继续从事诗文的创作和理论探讨。艰难时世，民生凋敝，“干戈几蛮触，宇宙日流血”，迫使这位贵公子睁眼看丧乱，认识大有提高。这时写成一部文论《锦机》（已佚），又完成著名的诗评《论诗》三十首。

元好问的诗作，甚为当时文坛巨子赵秉文等所称赏。《金史》卷一二八本传称：“下太行，渡大河，为《箕山》《琴台》等诗，礼部赵秉文见之，以为近代无此作也，于是名震京师。”兴定五年（1221）登进士第。哀宗完颜守绪即位的正大元年（1224），又中鸿词科。两次主考官都是文坛巨子赵秉文。元好问留住汴京，充国史馆编修官。赵秉文倡组诗会，元好问也参列其中。但朝政腐败，宫中设置的近侍局，由贵戚世家的子弟供职，他们贪贿不法，借机陷害正人。元好问在诗里把这些人比作蟾池里的癞蛤蟆、山中吃人不留骨的猛虎。

元好问在史馆待了两年，便告长假，回嵩山下闲居，写出了论杜甫作品的《杜诗学》(已佚)。

蒙古军队占领黄河以北的地区后，在成吉思汗的率领下大举西征，留下木华黎部以偏师经略华北各地。在这一情况下，金政权在开封得以苟延残喘达二十年之久。元好问先后任过镇平、内乡和南阳县令，后入朝为尚书省左司都事、左司员外郎等职。蒙古西征军于 1227 年东返，成吉思汗死于六盘山。窝阔台继任大汗，分兵南北两路对金发动进攻。金哀宗天兴元年(1232)，蒙古军两度围攻汴京，元好问身陷围城。次年，崔立叛降蒙古，群小附和，胁迫王若虚、元好问等作文立碑颂功德。金哀宗逃往归德，旋又逃至蔡州。1234 年正月，在蒙古与南宋部队夹击下，蔡州城破，哀宗吊死，金亡。

汴京失陷后，金朝中央官员，包括元好问在内，先被蒙古军羁管出京，暂拘汴梁城南五里的青城。历史极尽讽刺之能事，这青城原是金国大将粘罕（宗翰）1126 年冬接受北宋徽、钦二帝投降处。元好问等后被驱遣至山东聊城，又移冠县管制。直到元太宗十一年（1239），才回到故乡秀容读书山下，著书作诗，过遗民生活。动乱的时代，用苦难、困辱和愤怒来造就诗人和大编辑家，各族人民的血泪竟成为哺养他的奶汁。

元好问从山西到河南的流亡生活，使他接触基层社会，体验世情民心，写作题材得以开放，其作品的思想深度超越前人与时人，成为金朝唯一的杰出诗人。南渡后，他热望救亡安民，但壮志难酬，发为诗歌，多有关心民生疾苦、揭露社会黑暗之作。尤以金亡前后，他身经战乱，目击朝政的腐败、蒙古军的残暴，感时伤世，长歌当哭，不少作品写出亡国乱世的哀痛，反映亲历的社会现实，堪称“诗史”。后世评论家高度赞赏他的文心。沈德潜说：

> 裕之七言古诗，气王神行，平芜一望时，常得峰峦高插、涛澜动地之概，又东坡后一能手也。(《说诗晬语》)

赵翼称：

> 苏、陆古体诗，行墨间尚多排偶；一则以肆其辨博，一则以侈其藻绘，固才人之能事也。遗山则专以单行，绝无偶句。构思窅渺，十步九折，愈折而意愈深、味愈高，虽苏、陆亦不及也。七言律则更沉挚悲凉，自成声调。唐以来，律诗之可歌可泣者，少陵十数联外，绝无嗣响，遗山则往往有之。(《瓯北诗话》)

他们从意境、声韵、句法等方面，推崇他的作品为杜甫以后所罕见。

自五十岁归隐家山后，感叹兴亡，眷念故国，对腐朽无能的金统治者惋惜回护，加之嗟老叹卑，思绪消沉，诗歌创作气势衰退；而吊古伤时，致力于故国文献的搜访与整理，在编辑工作方面却迸发出光彩。

在汴京被围时，元好问就将生平所知金朝史实记录下来，开始写《壬辰杂编》(已佚)；被羁聊城时，作《南冠录》，记其先世行年及先朝事迹；携眷属返乡后，编《元氏集验方》。眼看蒙古军大举南进，金人复国无望，他就想通过严肃的编辑工作，把梦魂中的故国形象移到纸上，编成典籍，流传后世。

《金史》本传云：

> 晚年尤以著作自任，以金源氏有天下，典章法度几及汉唐，国亡史作，己所当任。时金国实录在顺天张万户家，乃言于张，愿为撰述，既而为乐夔所沮而止。好问曰："不可令一代之迹泯而不传。"乃构亭于家，著述其上，因名曰"野史"。凡金源君臣遗言往行，采摭所闻，有所得辄以寸纸细字为记录，至百余万言。今所传者有《中州集》及《壬辰杂编》若干卷。年六十八卒。纂修《金史》，多本其所著云。

原来官尚书省时，元好问曾见商衡手抄本《国朝百家诗略》，云是魏道明所编，经其增益而抄存，世未之知。天兴元年，冯子骏、刘光甫约他重编一部金代诗歌总集。元好问在后来写的《中州鼓吹翰苑英华序》中说："时京师方受围，危急存亡之际，不暇及也。"而后汴京陷落，元好问为蒙古军俘获，羁管聊城，编选金代诗人总集的设想便涌上心来。他在序中续称：

> 明年留滞聊城，杜门深居，颇以翰墨为事。冯、刘之言，日往来于心，亦念百余年以来，诗人为多，苦心之上，积日力之久，故其诗往往可传。兵火散亡，计所存者，才什一耳。不总萃之，则将遂湮灭而无闻，为可惜也。乃记忆前辈及交游诸人之诗，随即录之。会平叔之子孟卿，携其先公手抄本来东平，因得合予所录者为一编，目曰《中州集》。嗣有所得，

当以甲乙次第之。

这篇序说明了着手编辑《中州集》的动因。末题“十月二十有二日河东人元好问裕之引”。元好问羁留山东聊城、冠氏时，到过济南、东平等地。《遗山集》中《雨夜》有句道：“六年真作贾胡留。”《山东平》诗亦有句云：“往来空置六年家。”这都作于蒙古太宗十年，元好问留滞至此恰为六年。对照前引序言看，《中州集》就是在山东开始编录的，只是次第甲乙，分卷编排，还要看以后搜集材料的情况而定，留待回到忻州读书山下隐居时继续采访辑录了。

《中州集》的编辑主旨，是以诗存史，既保存了金源一代文献，又开创了编辑断代诗史的新体例。这是对编辑学的一大贡献。全书计十卷，附乐府一卷。金主显宗、章宗诗各一首，列为卷首，本是封建专制时代编辑尊君的惯例，非得编在头版头条不可。一至十卷，则以天干（甲、乙、丙……）编次分集。词一卷，标为《中州乐府》。辑录金代二百四十九人的作品。因为作者多聚集于今河南一带，其地居古九州之中，故题名为《中州集》。古人编辑总集之类书籍时，凡当时生存的人都不选录，用意与史册志书不为生人立传一样，所以金末作家没有被录存作品者还有多人。元好问自己的作品，另有《遗山集》，按体例当然更不应收。金代文献佚失甚夥，这个集子所录金源一代诗词，当年不算完整，而在今天看来，却可说是蔚为大观了。

元好问着手编辑时，首先遇到搜集材料问题。《金史》卷一二五《文艺传》小序开头便说：“金初未有文字，世祖以来渐立条教。”金政权的建立是女真族奴隶社会最后代替了原始社会的标志。到熙宗按中原汉制改革金官制时，诏书中还说："维兹故土之风，颇尚先民之质。"（《金文最》卷四）章宗实现全面封建化，是金朝发展的极盛时期。与经济、政治的发展相适应，文化也有长足的进步。中央政权为了统治的需要，对教育和编辑工作相当重视。中枢设史馆，派著名人士为刊修官、编修官；秘书监下设著作局。金熙宗完颜亶、世宗完颜雍、章宗完颜璟等都很注意汲取汉文化，是有较高素养的人物。《金史·文艺传》说："世宗、章宗之世，儒风丕变，庠序日盛，士由科第位至宰辅者接踵。当时儒者虽无专门名家之学，然而朝廷典策、邻国书命，粲然有可观者矣。"元好问《中州集》为作家写的小传中，常见"有集传于世""有集行于世""有集传于家"的话，想来资料相当丰富。然而金工朝末叶，内忧外患，社会经济全面残破，"干戈扰扰遍中州"（田锡《牧羊图》)。华北广大地区，田园荒芜，动至百余里无人烟，到处"草莽弥望，狐兔出没"（《大金国志》卷二三)。汴京被围缺粮，"至有自食其妻子者，至于诸皮器物皆煮食之，贵家宅第、市楼肆馆皆彻以爨"，"死者相枕，贫富束手待毙而已"（《金史》卷一一五、一一四)。王朝末日，怎能留存多少图书文献资料呢！而且蒙古军所到之处，经常屠城。我们读《元史》，南下作战的将领列传中，战功越高，越是充满"杀戮殆尽""骸骨遍野"的记载。在这种大破坏、大毁灭的情况下，元好问依靠他的识见、阅历、名望和交游，不辞辛劳，访求资料，并非一日之功。郝树侯《元好问诗选·后记》云：

这个时期，他立志要完成全部金史的著述，经常往来四方，搜集史料，在自己家里建起野史亭，以表

> 明自己的决心。经过将近二十年的辛勤劳动，终于写成《中州集》（书成于蒙古海迷失后二年，公元一二五〇年）和《壬辰杂编》。

所收作品，不分诗体，只按作者分列，大致依其生存活动年代为序。对每位作者的题名，多用其官衔或敬称、雅称；累举不第、苗而不秀、授官不就或官卑职小者，则标其名氏。一至六卷，每卷少则六七人，多达二十人。七卷以后，每卷三五十人，多至七十余人，作者大多为处士庶民。《四库全书总目》编辑看出编法稍有不同，指出以天干所纪十集的前后区别称：

> 辛集目录旁注“别起”二字，其人亦复始于金初。似乎七卷以前为正集，七卷以后为续集也。壬集自马舜卿之下，别标“诸相”一门，列刘豫等十六人；“状元”一门，列郑子聃等八人；“异人”一门，列王中立等四人；“隐德”一门，列薛继先、宋可、张潜、曹珏四人诗，而独标继先名，疑传写讹脱。癸集列“知己”三人，曰辛愿、李汾、李献甫；“南冠”五人，曰司马朴、滕茂实、何宏中、姚孝锡、朱弁；而附见宋遗民赵滋及好问父、兄诗于末。

在编辑体例上，最大特色为每个作家各系小传，具言始末，兼评其诗。有的长达千余字，如薛继先传，将其他隐士高仲振、宋可、张潜、曹珏、王汝梅等皆写进去了，其所以“独标继先名”，看来是有原因的，不过体例却被破损。

第一流作家赵秉文以及祝简、李晏、麻九畴等传五百多字。一般百十字。最短的为三兴居士，仅“阜昌中人”四字；贾泳名字乡里共七字；元日能则云“不知何许人，与刘岩老同时”（卷八），都视其重要性及采访所得而酌写。有的介绍其生平，或传述其佳句。有的评论其学识与著作，如蔡珪传云“其辨博为天下第一”。又说：

> 国初文士如宇文太学、蔡丞相、吴深州之等，不可不谓之豪杰之士，然皆宋儒，难以国朝文派论之。故断自正甫为正传之宗，党竹溪次之，礼部闲闲公又次之。自萧户部真卿倡此论，天下迄无异议云。

这就扼要论述了金文学的流变。有的附载他人事迹，如张子羽传下兼及僧可道、鲜于可、高鲲化、王景徽、吴缜等；亦有兼述其父子兄弟或好友门生者；麻九畴传述同时五神童状况，冀禹锡传言及雷渊、王渥、李献能等生卒年。有的附记其他事实，还对某些史事加以辨正论断，如贾益谦传中论海陵王、卫绍王事；从李晏传中看出辽、金的封建制中还存在奴隶制；从金宗室完颜密传中可见贵族接受汉文化之深，“读《通鉴》至三十余过”。刘从益传中记有河南叶县户口、农田衰敝情况。其他所含史实，不能尽述，正如《四库全书总目》所说：“大致主于借诗以存史，故旁见侧出，不主一格。”因而元朝修金朝史，《中州集》的小传为重要资料来源。我们检阅《金史》卷一二五、一二六《文艺传》，处处可以发现其踪迹。

这些记述，有的是他的亲历，有的得自先人谈论，有的来自辛勤的搜访。小传的编写，是他的编辑工作最成功的地方。

元好问在汇编各家诗歌时，还加写许多注释，有的列在题下，有的列在句中，有的列在篇末，甚至在所写的小传中也加上小注。这都大大增加了本书所含的信息量，有助于读者的阅览。

不过，对小传的写法也有批评的，如清王士禛《池北偶谈》论其记蔡松年事，不免曲笔。这是指皇统七年（1147）宗弼（金兀术）当国时，蔡松年陷害田珏事，《金史》说，因此“君子之党熄焉”。《四库全书总目》说到此书“大书刘豫国号、年号，颇乖史法”，但又作解释云：“然豫之立国，实金朝所命，好问金之臣子，固不得而抎削之，亦未可以为咎也。”鲁迅认为应读《总目》，而他又指出：“但须注意其批评是‘钦定’的。”此言不虚！今人论元好问所写小传，有人则认为“多赞扬之词”。这本是编选时煞费斟酌的事，如果处处加以批评，选存似无正面意义了。编辑下笔最感为难之处正在这里。

至于《中州集》的选材，我们看到它的覆盖面颇广，选一首者一百零二人，两首二十七人，三首二十四人，合计一百五十三人，占全部作家五分之三强，显然是着意于以诗存史。《四库全书总目》的评价颇相矛盾。卷一六六称：“（好问）所撰《中州集》，意在以诗存史，去取尚不尽精。”卷一八八则云：“其选录诸诗，颇极精审，实在宋末江湖诸派之上。”四库馆编辑的看法显然有纷歧，总编辑或觉未便强加统一，故两存其说。“去取尚不尽精”的批评，可能指某些诗质地差些，也可能指录存作者的面宽了些。今人的评价，往往习惯着眼于选出多少现实主义作品来。殊不知编辑的工作受制于时代环境和作家创作，察看一部诗文总集，首先要问客观存在现实主义的作品多寡，其次才看编辑认识的眼力如何。离开该时代客观实际，伸手向编辑要反映现实的作品，编辑难为无米之炊，只好敬谢不敏。

清庄仲方在《金文雅序》中，据《金史·文艺传》的论见而演绎称：

> 金初无文字也，自太祖得辽人韩昉而言始文；太宗入宋汴州，取经籍图书，宋宇文虚中、张斛、蔡松年、高士谈辈后先归之，而文字煨兴，然犹借才异代也。

金初的文人，多为辽、宋旧人，有的奉使被留，有的由宋入金，有的忠诚仕金，其政治态度与心情不尽相同，各有所虑，不过人多流露眷怀故国的感情。《中州集》卷一、卷二中，多有这类作品，如宇文虚中的《已酉岁书怀》《又和九日》《中秋觅酒》，吴激的《秋夜》《题宗之家初序潇湘图》及《月儿圆》一词，张斛的《访香林老》《南京遇马丈朝美》，蔡松年的《淮南道中》《庚申闰月从师还自颍上对新月独酌》，高士谈的《不眠》《晚登辽海亭》《棣棠》，刘著的《次韵彦高即事》《至日》等，皆反映他们内心矛盾而又真实的情思。接着到大定、明昌之世，金朝立国已历五六代，且与南宋一度媾和，各自偏安于淮水至秦岭一线南北。北方地主阶级与金皇族倾心合作，女真贵族接受汉文化熏陶，于是文人辈出，以蔡珪为首，次为党怀英、王庭筠、赵沨、王寂、刘从益等，他们的作品粉饰太平，留恋安逸，但多讲究修辞炼句。王寂的《易足斋》，刘从益的《和渊明杂诗》及《过洧川》，都是这类思想内容的代表作。他们都惯于回避现实，侈谈陶潜，正反映了这一代人政治和文学生活的客观真实。

不过，《中州集》卷三至卷六中，刘迎的《淮安行》《修城行》及《河防行》，饱含人民的血泪，反映了社会的真实。周昂的《莫州道中》《边俗》，生动地描绘了东北地区的风貌与苦难。其他如王若虚的《贫士叹》、麻九畴的《牛叹》，也是有弦外音的佳什。及至章宗承安、泰和之后，金朝统治转向衰败，蒙古入侵，征敛日重，社会矛盾尖锐，终至处于蒙古征服者蹂躏之下。这时赵秉文、杨云翼为文坛盟主，王若虚是经学、史学、文章代表人物。忧时伤乱，使诗词更多地接触现实生活，冯延登的《郾城道中》，赵元的《邻妇哭》《修城去》，宋九嘉的《途中书事》，辛愿的《乱后》，田锡的《牧羊图》，都是卷五之后的珠玑。

金源文苑大致经历了上述三个阶段，文学中表现的感情、心态和音声，各自不同，各有特点。文采逐渐增浓，时危世乱才迫使笔触深入现实。任何时代不可能是清一色的，总集就是要汇集多人多种体裁、内容的创作。《中州集》大体上网罗了金源一代可传的作品。

《中州集》也并非没有缺憾的。高士谈的名作《禹庙》，只在其小传中引用“可怜风雨胼胝苦，后事山河属外人”两句。金章宗在女真人具有较高文学修养，完颜亮也能作诗言志，世宗完颜雍曾制曲歌唱。这部总集中反映女真族作者极少。《中州乐府》所收高仲常《贫也乐》词，《全宋词》卷七十四载系贺铸之作，题为《将进酒》。限于体例，在金末文坛上颇有地位的李俊民、刘祁等，元好问当时不能编入。未能选收当时生存者的作品，对金末丧乱生活、人民苦难因而表现不足。元朝房祺编的《河汾诸老诗集》八卷，选录金末元初平阳（今山西临汾）一带八位诗人的作品一百九十八首，这八位作家是麻革、张宇、陈赓、陈庾、房皞、段克己、段成己、曹之谦，皆金之遗老而从元好问游者，可以看作《中州集》的补充。至于元好问本人的作品，沉挚悲凉，痛心于国破家亡的遭遇，反映了晚金的社会生活。正如赵翼所说：

> 遗山生长云朔，其天禀本多豪健英杰之气，又值金源亡国，以宗社邱墟之感，发为慷慨悲歌，有不求工而自工者。

所以，再加上《遗山集》以及赵秉文《滏水集》、王寂《拙轩集》、王若虚《滹南遗老集》、李俊民《庄靖集》，即可窥见金诗全貌了。

《中州集》以诗存史，开创编辑断代诗史的新体例，受到后世学者的重视。如果说厉鹗的《宋诗纪事》是宋计有功《唐诗纪事》后辑录宋诗的一部大书，存录一代作品，入选作家三千八百余人，若不计所附有关故实，其编辑体例实略同于《中州集》。钱谦益的明代《列朝诗集》，选录了有明一代二百余年间约两千位诗人的代表作，并附列诗家小传，他说要“使后之观者，有百年世事之悲，不独论诗而已也”，可见完全是仿效元好问编辑《中州集》的主旨和体例。

元好问的《壬辰杂编》若干卷，专记金末丧乱之事，约于明中叶佚。他还编辑《唐诗鼓吹》十卷，为平日讲诗的选本，由其门人郝天挺笺注行世。王士禛《池北偶谈》指出金元间有两郝天挺，一为元代学者郝经祖父，字晋卿，是元好问的老师；笺注《唐诗鼓吹》的郝天挺，字继先，出于多罗别族，是元好问的学生。《鼓吹》所录皆唐人七律，凡九十六家，共五百九十六首。作者各题其名，唯柳宗元、杜牧题其字。另著《续夷坚志》四卷，系晚年继宋洪迈《夷坚志》而作，不仅记载许多神怪故事，同时也记载了不少金朝泰和、贞祐年间北方的真人真事、社会经济情况，有一定史料价值。其主要著作为《遗山集》，内收诗十四卷、文二十六卷、附录一卷。《四库全书总目》评论其古文称："古文绳尺严密，众体悉备，而碑版志铭诸作尤为具有法度。"他写的一些神道碑、墓碑文字，是研究金史的重要资料。此外刊行的尚有《遗山诗集》二十卷，乃明毛晋从全集摘出，刊于十元人集中。元好问入元未仕，毛晋以为元人殊误。《遗山乐府》五卷，为钱唐凌云翰编辑，从旧抄本依样过录别行罢了。《续古今考》九卷，旧本题元好问撰，《四库全书总目》卷一二六杂家类存目，详加考辨，指出其中甚至引乾隆十六年人的见解，显属托名伪作。

元好问《论诗》三十首，是他的不朽的诗评。时年二十有八，已经显露出大编辑家所必具的敏锐的洞察力和高远的评论见解。它是文学批评史上的重要作品。

以诗论诗的形式为杜甫所创，杜诗暗含愤慨自况之意，元诗则就诗论诗，但有起衰救弊之功。继杜而作者，宋有吴可、戴复古等，金为王若虚与元好问等。元好问将从汉魏至唐宋的主要诗家以及流派，作出概括性的批评。他的卓越的见解，发展了别具特色的论诗绝句，启发了后人的写作，出现了多种形式的诗论体裁。明代有方孝孺、李濂、钱谦益，清代有王士禛、严虞惇、赵执信、袁枚、赵翼、洪亮吉、宋湘、张问陶、龚自珍、彭蕴章、丘逢甲、邓方等，辛亥以后有朱祖谋。直至今人郭绍虞，尚有《题〈宋诗话考〉效遗山体得绝句二十首》。可知遗山《论诗》三十首的影响了。他同时还写有论文的《锦机》，可惜早佚失了。元好问尊重建安以来创作的优良传统，主张发扬清刚劲健、淳真自然的诗风，反对模拟伪饰、纤弱怪异；针对时弊，力倡创新。诗中有句道：“金人洪炉不厌频，精真那计受纤尘。”烈火出真金，作品与个人都要无惧于正邪两方面的锻炼！

欧阳玄

元朝在我国历史上是一个很重要的朝代。由于蒙古统治者进入中原后，厉行民族歧视和掠夺剥削政策，各族下层人民深受奴役与贫困之苦，大都（蒙语称汗八里，即今北京）的高峻宝座上坐着一个语言习俗殊异的皇帝，有些人便不加分析地认定这是一个漆黑一团的时代，似乎与西罗马帝国灭亡后的欧洲中世纪时期一样，窒息了积极而有生气的经济文化生活。实际并非如此。蒙古族兴起时，中国有南宋、金、西夏、西辽、大理、吐蕃等政权并立，元朝的统一结束了五百多年的民族纷争和血战。西藏从此成为祖国不可分割的一部分，云南得到了进一步的开发。自李唐以来涌入边城和中原的沙陀、吐谷浑、党项、契丹、渤海、女真以及其他多种色目人，都受着马克思所发现的“野蛮的征服者总是被那些他们所征服的民族的较高文明所征服”的永恒的历史规律支配，相继与汉人、南人相融合，进入生产力发展的新境界。从中亚来的许多民族，共同信奉伊斯兰教，在我国内地逐渐形成回族，成为中华民族大家庭的新成员。元朝的疆域，“北逾阴山，西极流沙，东尽辽左，南越海表”（《元史·地理志》），奠定了祖国辽阔版图的基础，促进了国内各族人民之间经济、文化的交流和边陲地区的建设。国家的统一，四境联系紧密，各族日益融合，成为十分值得珍视的祖国历史发展的主流。这一趋势至今仍起主导作用。

蒙古铁骑所到之处，踏平了阻碍经济文化交流的壁垒，东西方的交往畅通无阻。就当时的世界而言，我国是经济文化最发达的地区之一，各族人民共同缔造了祖国的光辉历史和灿烂文化。元代在编辑工作方面也有巨大突破，欧阳玄就是元代大编辑家的代表人物，他和他的同事们编辑的辽、金、宋三部史书，在我国编辑史和史学史上做出了重要贡献。

欧阳玄（1283—1357），字原功，号圭斋，浏阳（今湖南浏阳县）人。祖籍庐陵（今江西吉安市），为欧阳修之后。清代书籍中因避康熙皇帝玄烨讳，改玄为元，故亦称欧阳元。据与他同编《宋史》的史官危素（1303—1372）为他写的《圭斋先生欧阳公行状》云："公生于至元二十年（1283）五月，母冀国夫人李氏。""［至正十七年（1357）］十二月戊戌薨于（大都）崇教里寓舍。"（《危太仆集》续集卷七）笔者浅学，尚不明《元史》卷一八二、《新元史》卷二〇六何所据，谓他得年八十五。

据与欧阳玄同时担任辽、金、宋三史总裁官张起岩为其父欧阳龙生所写《神道碑铭》称，他的祖先世居江西安福、分宜一带，"曾祖安时及祖新，皆漕试湖南"，即因应湖南转运司试，"爱浏阳山水之胜"，乃徙居其地。父欧阳龙生，为南宋太学上舍生，先后任长沙岳麓书院讲书、浏阳文靖书院山长，讲授程朱理学。出身于仕宦之家的母亲，颇通书史。欧阳玄忆三岁时，有诗云："慈亲膝下教杜诗。"后还给他讲授过《论语》《孝经》和文字学启蒙课本。十岁从本乡张贯之学。史称其少时生得相当漂亮，"神气凝远，目光射人"。遇部使者巡察，命赋梅花诗，当面立成十首。其后又从宋进士李、邓两人学习，

“每试庠序，必占高等”。

危素撰的《行状》中记载着欧阳玄青年时代勤奋向学的事迹。二十岁以后，他仍然闭门苦读，“人莫见其面，经史百家，靡不研究，伊洛诸儒源委，尤所淹贯”。有时候也到郡城，结识了著名的文学家卢挚，时任湖南道肃政使。这位有着多方面成就的前辈作家，对欧阳玄很器重，相与倡和，不让他回浏阳，还推荐他出来做官，欧阳玄力辞不就。二十五岁时，其父出任道州路儒学教授，他随同前往。道州儒风很盛，欧阳玄“日从诸先生游，学力锐进”。次年父病故，他扶柩还乡，居丧三年。后来他又去长沙，得到江东宪使公孙泽和潭州教授虞汲的赞赏。蒙古官员公孙泽能识人，与他订为忘年交，认为他“文学堪居翰苑”，建议地方政府将他推荐给朝廷。虞汲是著名诗文作家虞集（1272—1348）的父亲，他将欧阳玄的作品缮写成帙，寄给在京城里担任国子助教的儿子，并题辞说：“他日当与汝并驾齐驱。”欧阳玄的足迹，虽然还没跨出湖南，他的文名已传入大都了。十数年后，虞集作诗赠欧阳玄，特意提及这一佳话。下帷力学，访友论文，勤谨练笔，而不亟亟奔竞于仕途，这些条件的汇合，为造就大编辑家起了催化作用。

元朝前期科举长期停废，直至仁宗即位，为了整顿吏治，主张以儒治国，才恢复科举制度，规定以程朱理学为考试取士的标准。元王朝这一决定，后经明朝直至晚清，竟延续了将近六百年。当时科试分乡试、会试、殿试三道，全国设乡试科场十七处，从应试者中选三百名到大都参加会试。各省蒙古、色目、汉、南人名额分配都有硬性规定，其中湖广行省南人为十八名。再经会试录取一百名，南人占四分之一。殿试只厘定等次，不再黜落。欧阳玄于延祐二年（1315）首科登进士第，授承事郎、岳州路平江州同知。其后十数年中，历任太平路芜湖县尹，改武冈县尹，在地方均有治声。后被调往大都，任国子博士，旋迁国子监丞，为皇家高等学校管理人员。致和元年(1328)，迁翰林待制，兼国史院编修官。次年，中枢设置艺文监，欧阳玄以素有清望而被任命为艺文少监，从此进入皇家编辑系列了。

元代皇家的编辑工作，除实录等外，主要为政法书籍。自仁宗继统，儒臣再被利用；英宗在汉族封建文化的环境中长大，进一步接受儒臣的影响，编辑工作适应统治的需要而有所发展。仁宗时纂修《风宪宏纲》，将开创以来政制法程可著为令者，于延祐三年汇编成书，命监察御史、著名的色目诗人马祖常（1279—1338）作序。书成之后，又命枢密、御史、翰林、国史、集贤之臣相与审订，“凡经八年事未克果”（孛术鲁翀《大元通制序》，《元文类》卷三六）。英宗至治二年（1322）正月，命继续进行审定法令编辑工作；二月间，由枢密副使完颜纳丹等会集中书平章政事张珪及议政元老、中枢大员等，共同审定，并加以补充。全书八十八卷，计收二五三九条，题名《大元通制》。这部法律文书汇编的颁行，对于历年所行政令，起了“删除繁冗，使归于一，编为定制”的作用。

其后文宗夺得帝位，他也有较多汉文化修养，天历二年(1329）立奎章阁学士院，储经史，置学士员，以备顾问。为发挥以儒治国的设想，同年九月，命编《皇朝经世大典》，《元史》卷三三《文宗纪》称：“敕翰林国史院官同奎章学士采辑本朝典故，准唐、宋会要，著为经世大典。”曾编《风宪宏纲》的奎章阁大学士、中书平章政事赵世延，受诏与侍书学士虞集为总裁。虞集提出：

礼部尚书马祖常多闻旧章，国子司业杨宗瑞素有历象地理记问度数之学，可共领典；翰林修撰谢瑞、应奉苏天爵、太常李好文、国子助教陈旅、前詹事院照磨宋褧、通事舍人王士点，俱有见闻，可助撰录。（《元史》卷一八〇、一八一）

从这里可以看出当时编辑部组织的人才结构。次年，欧阳玄奉诏督修《经世大典》，书成后，“升（艺文）太监，检校书籍事”（《元史》卷一八二）。关于这部元代官修的政书，欧阳玄于至顺三年（1332）三月所写《进〈经世大典〉表》中，对其编辑主旨和全书内容有扼要说明：

思祖宗创业之艰难，与天地同功……必有述作，以藏名山。爰命文臣，体会要之遗意；遍敕官寺，发掌故之旧章。仿周礼之六官，作皇朝之大典。臣某叨承旨喻，俾综纂修。物有象而事有源，质为本而文为辅。百数十年之治绩，固大略之仅存；千万亿世之宏规，在鸿儒之继作。谨缮写《皇朝经世大典》八百八十卷、目录十二卷、公牍一卷、纂修通议一卷，装潢成帙，随表以闻。（《圭斋文集》卷十三）

《大典》全书分帝号、帝训、帝制、帝系、治典、赋典、礼典、政典、宪典、工典等十篇，将各部门档案文书汇集起来，分类编次，并在文字上略加修饰，使之“通国语于《尔雅》，去吏牍之繁辞”（虞集《经世大典序录》）。十篇中除前四篇记载帝王之事外，其后六篇相当于吏、户、礼、兵、刑、工六部的典制集录；不过元代兵部不掌征伐镇戍之权，有关征伐、招捕、宿卫、屯戍诸事的政典不完全与兵部职司相符罢了。《大典》原书今已佚失，但《元史》各志却是从《大典》有关部分摘录编缀而成；还有一小部分保留在《永乐大典》残卷中；各篇序言及少数零星材料被著录于《国朝文类》；清代曾从《永乐大典》中抄出《大元毡罽工物记》《海运记》《马政记》《仓库记》《官制杂记》等。

顺帝妥懽帖睦尔即位（1333）后，并未阻止以蒙古贵族为核心的统治集团的腐朽趋势，依然是权臣弄权，贪污挥霍，民不聊生。脱脱出于家族安全利益的考虑，设计驱逐暴虐专横的大丞相伯颜后，继任右丞相，锐意革除旧政，实行“更化”政策。在文治方面采取新措施，重新恢复被伯颜废止的科举取士制外，大兴国子监，蒙古、回回、汉人三监生员达三千余人；又劝年轻的顺帝读圣贤书，写大字，弹古琴，由时任侍讲学士兼国子祭酒的欧阳玄，与李好文、黄溍、许有壬四儒臣进讲“四书五经”。最重要的文化措施，则是至正三年（1343）的编辑辽、金、宋三史和《至正条格》。这两项重大编辑工作，主要由欧阳玄负责。《元史》卷一三八云，文化方面取得的成就，缓和了社会政治危机，“中外翕然称（脱脱）为贤相”。

欧阳玄负责编辑的《至正条格》，性质与《大元通制》相同。由于《通制》已颁行多年，欧阳玄作《至正条格序》称：“朝廷续降诏条，法司续议格例，岁月既久，简牍滋繁，因革靡常，前后衡决，有司无所质正，往复稽留，奸吏舞文。”因而亟须参酌比较，增损去存。“格”本是律法的一种形式，约始于两晋。唐代列为法典体系中的一项，《新唐书·刑法志》云：“唐之刑书有四，曰律、令、格、式。……格者，百官有司之所常行之事也。”元代立法行政，断狱量刑，都以因时临事而陆续颁布的有关文书为依据，这些文书一部分以制诏形式，大部分用条格和断例的形式。条格中有的经皇帝裁定，有的为中央各主管部门颁发，有不少是属于具体处置某项事件的指令性文书，形式上与划一的法规大不相同。岁增月积，格例繁杂重出，官吏便可舞弊挟私，高下其手，所以需要审订修正，分类编次。《至正条格》内容有三部分：制诏一百五十，条格一千七百，断例一千零五十九。于至正五年冬十一月编成。后经复议，只将条格和断例两部分颁行天下，命欧阳玄为这部法典作序。参加这一编辑工作的资格，他的序文中已作透露：台臣建议“请择老成耆旧、文学法理之臣”；而元朝的法制体系，正是主要由条格和断例形式颁布的单行法构成的。从这项工作的要求和性质来看，便可知欧阳玄在皇家编辑工作中所起的作用了。

有件事也许应该附带一提。危素撰《行状》云：至正十年，玄“奉敕撰定国律，撰选格序”；《元史》卷一八四亦云：陈思谦曾由淮西召入，“为集贤侍讲学士，修定国律”。这里所说的“国律”，是否即指刑法，尚难断言。海外有些研究中国法制史的学者，即据欧阳玄等“撰定国律”之说，从而认为顺帝朝颁行过由欧阳玄编订的《元律》，此说迄今尚缺有力的事实根据，或许根本不存在这一立法形式。

生当元末的曲阜人孔齐（别号阙里外史），在他的内容庞杂的笔记《至正直记》里，曾经严肃地列举元代编辑的重要文典和著名作家的作品。《直记》卷一《国朝文典》条称：

大元国朝文典，有《和林志》《至元新格》《国朝

> 典章》《大元通制》《至正条格》《皇朝经世大典》《大一统志》《平宋录》《大元一统纪略》《元真使交录》《国朝文类》《皇元风雅》《国初国信使交通书》《后妃名臣录》《名臣事略》《钱唐遗事》《十八史略》《后至元事》《风宪宏纲》《成宪纲要》，赵松雪、元复初、邓素履、杨通微、姚牧庵、卢疏斋、徐容斋、王肯堂、王汲郡等三王、袁伯长、虞伯生、揭曼硕、欧阳圭斋、马伯庸、黄晋卿诸公文集，《江浙延祐首科程文》《至正辛巳复科经文》及诸野史小录。至于今隐士高人漫录日记，皆为异日史馆之用，不可阙也。

从上列典籍中，一方面能看出欧阳幺的编辑与著述事业在元代所占的分量，另一方面也看出孔静斋的叙述有重大疏漏。理学、文学、农学、水利、天文等大著新编可暂不论，二十四史的重要组成部分《辽史》《金史》及《宋史》，都是在元朝编成的，而欧阳玄正是这三史的从始至终的主要总裁官，用现代语言说，他就是执行主编。

早在元世祖忽必烈中统二年（1261），应金代状元、入元任翰林学士承旨的王鹗之请，决定修辽、金二史。至元十六年（1279）灭南宋后，又着手编宋史。仁宗延祐年间，国史院编修官袁桷请购求辽、金、宋三史遗书。文宗至顺年间，“帝以尝命修辽、金、宋三史，未见成绩，《（经世）大典》令阁学士专率其属为之”（《元史》卷一八一《虞集传》）。前后八十来年，三史未能修成，只是聚积了大量史料。编辑工作的最大障碍，是体例未定，殊难下笔。

元顺帝至正三年（1343）三月，在右丞相脱脱执行“更化”政策的推动下，下诏修三史，规定编辑主旨是：“纂修成书，以见祖宗盛德，得天下辽、金、宋三国之由，垂鉴后世，做一代盛典。”编辑部的组织，是分史置局，“交翰林国史院分局纂修，职专其事”。选择编辑人员的标准为才德并重：“集贤、秘书、崇文并内外诸衙门里，著文学博雅、才德修洁，堪充的人每斟酌区用。”圣旨还明确规定担任总编辑者的条件及职权：“遴选位望老成，长于史才，为众所推服的人交做总裁官。”“纂修其间，予夺议论，不无公私偏正，必须交总裁官质正是非，裁决可否。”其他有关资料的搜求、史馆的用度等项，也都作出规定。命脱脱以中书右丞相领三史都总裁；铁睦尔达世、贺惟一、张起岩、欧阳玄、吕思诚、揭傒斯为《辽史》总裁官；铁睦尔达世、贺惟一、张起岩、欧阳玄、揭傒斯、李好文、杨宗瑞、王沂为《金史》《宋史》总裁官。他们各按本官职守专长，分别担任史书有关部分的编审工作。（揭傒斯因在《辽史》编成后不久去世，故最终未列名于《宋史》修史官员名单中。）总裁官之外，各史局皆设史官、提调官若干人，是执行编辑、编务及总务人员。

这次修史首先要解决的重大问题，是辽、金、宋三朝孰为“正统”的问题。古代帝王托神权以自重，都说受命于天，尊已贬人，树正统，抢法统；在学术上也争道统，树立对立面，视不同意见为异端。这是历代封建统治者及其御用文人学者的习惯性顽疾。即在两宋，司马光、朱熹等都慎重考虑过这个问题，各人所根据的历史条件和着眼点都不相同。在辽、金统治时，也早有争论，即所谓“德运”问题之争。“德运”是两汉以来儒家倡说的“五德运行为帝王受命之符”的封建正统继承的理论。醉心于汉化的金章宗，为说明金朝正统把国俗与“德运”问题联系起来，曾召集过三次讨论会。章宗不同意继唐，也不承认继辽，内心同意继宋。（可是历史老人极善于调侃讽刺，金朝最后却被南宋与蒙元联合攻灭，先于南宋覆亡四十五年。）金灭辽后，三次修《辽史》，陈大任于泰和七年（1207）将书编成，仍因“德运”问题，至金亡未得刊行。中国政治思想上解释统治王朝正统（即“合法”）地位的这一重要学说，以五德（即“五行”）决定尚什么颜色，着什么服饰，打什么旗帜，可谓乌烟瘴气！史官须将五德始终的循环观念应用于历史的编纂，为各该王朝在中原政权连锁更迭的统系内摆设一个合法地位，成为古典编辑学中一个严重问题，必须煞费苦心，弄不好会人头落地。这反映了我国中古封建政治思想的重要特点；且在北方民族的文化意识中，在这一问题上也存在着寻求对中原文化的认同。到元朝才有划时代的发展。

这应该说到三史都总裁脱脱（1314—1355），字大用，蒙古蔑儿乞部人。自十五岁出仕，累迁御史大夫。顺帝至元六年（1340）策动政变，赶走他的伯父、大丞相伯颜后，得知枢密院事，进中书右丞相。从此开马禁，免欠租，复科举，治黄河，多方变革伯颜旧政。奉诏主修三史，他虽没有亲自动笔撰稿，但他组织三史编辑部，筹措史局经费，尤其是最后解决三史编写体例问题，发挥了总编辑的作用。辽、金、宋三朝谁是“正统”问题，几十年争论不休。有人主张以宋为正统，把辽、金编入载记；也有人主张以辽、金为《北史》，以北宋为《宋史》，以南宋为《南史》（《元文类》卷四五《辨辽宋金正统》）。元末著名文人杨维桢也为此写了《正统辨》，寄给总裁官欧阳玄，因此得到调任升官的机会。忽必烈开创元朝未几，翰林修撰王恽曾奏请讨论德运，忽必烈以蒙古已征服宇内，奄有四大汗国，已得天下正统，不屑按五德终始编排王朝继承体系。在这种争论不休的情况下，“脱脱独断曰：‘三国各与正统，各系其年号。’议者遂息”（权衡著《庚申外史》）。这是一个高瞻远瞩的决定，是古典编辑学上的创举。

我们试看辽、金及元朝的版图与人口，正如日本学者池内宏为三上次男《金代女真研究》一书而写的序言所说：“在东洋中世史上，由所谓北方民族建立统一巩固的大帝国，兼有中国本土的一部或全部而夸耀于东亚的，有辽、金、元三朝。”三上次男强调“具有悠久历史的满洲雄族”，“先后灭了辽和北宋，把领土远远扩张到黄河以南，统治满蒙及华北达一百多年”。过去日本有些学者适应军国主义思想要求，是从所谓“异民族统治中国事例”立论的。我们认为把辽、金、宋三国一视同仁的编辑体例，符合我国是一个多民族国家的客观实际，辽、金都对于巩固东北边疆、继承和发展中原文化做出了贡献。三史采平等看待的基本原则，符合辽、金、宋三朝不相统属的历史状况。三史的编辑，打破了上千年的正闰观，继承了历史上的进步民族思想，反对“贵我贱彼”，只要将全国统一为一家，皆可称正统。创修三史的脱脱，对于政治思想和古典编辑学的贡献是不应忽视的。后来由他推荐继任右丞相兼领三史事的阿鲁图，“素不读汉人文书，未解其义”（《元史》卷一三九），奏进《宋史》时仍题为脱脱等修，也反映当代对他的评价。

至于三史的具体编辑工作，以欧阳玄出力为最多，从制定三史凡例、撰写论赞表奏，到加工整理原稿，他都亲自动手。《元史》卷一八二本传称：

诏修辽、金、宋三史，召为总裁官，发凡举例，俾论撰者有所据依；史官中有悻悻露才、论议不公者，玄不以口舌争，俟其呈稿，援笔窜定之，统系自立。至于论、赞、表、奏，皆玄属笔。

元政府决定编三史时，欧阳玄正在浏阳老家养病，中央派遣使者带上宫中自酝的好酒两尊，催他力疾北上。到大都后，丞相问修史如何着手，据《行状》称：

公曰："是犹作室，在于聚材择匠。聚材则先当购书，择匠则必遴选史官。"于是用公言，遣使购书，增设史官，立三史凡例。又为便宜数十条。俾论撰者有所依据。

可见当时三史编辑部的组织、编辑的选择、资料的汇集、工作条例的制订以及三史凡例的确立，均出于他的建议，以他的贡献最多。书成后进三史表也是他写的（见《圭斋文集》卷十三及中华书局三史排印本附录）。《新元史》卷二〇六说："他人莫能属笔。"

其他总裁官也是一时之选。铁睦尔达世与贺惟一（蒙名为太平），均以高官而参与工作，以其影响，多所协赞。张起岩，字梦臣，延祐首科廷试第一人。《元史》卷一八二称：

起岩熟于金源典故，宋儒道学源委，尤多究心，史官有露才自是者，每立言未当，起岩据理窜定，深厚醇雅，理致自足。史成，年始六十有五，遂上疏乞骸骨以归，后四年卒。

揭傒斯（1274—1344），字曼硕，在文学家与历史家中享有盛名，参加过《经世大典》的编辑。曾三入翰林。修三史时已七十。丞相问："修史以何为本?"他说：

> 用人为本。有学问文章而不知史事者，不可与；有学问文章知史事而心术不正者，不可与。用人之道，又当以心术为本也。

他对于编辑的要求。首先强调道德修养。《辽史》编成后，朝廷督促早成金、宋二史。"傒斯留宿史馆，朝夕不敢休，因得寒疾，七日卒。"（《元史》卷一八一）李好文，字惟中，至治元年（1321）进士，历任国子祭酒、礼部尚书、翰林学士兼太子谕德。他好学深思，治事严明，编有《太常集礼》《端本堂经训要义》《太宝录》《大宝龟鉴》等，以《长安图志》三卷最有科学价值。吕思诚为泰定元年（1324）进士，历任翰林编修、国子司业、刑部及礼部尚书，素刚直，有廉声。《元史》卷一八五谓总裁辽、金、宋三史，后任左丞，兼修国史，总裁《后妃》《功臣传》，汇编《六条政类》。纂修史官中也有不少知名之士，如贾鲁踏勘过华北地形水系，深谙治河方略，任宋史局官；张翥以诗文知名一时；干文传久任地方官，有善政，为文务雅正。

特别值得重视的是，各族人民共同创造了祖国的灿烂文化。欧阳玄的同事中有蒙古族和边疆其他民族的史学家，一道参加了三史的编辑工作。除前已论及的都总裁脱脱外，《辽史》

纂修官第一人为畏吾儿人廉惠山海牙，提调官中有畏吾儿人偰哲笃、女真乌古部人乌古孙良桢。《金史》纂修官沙剌班是畏吾儿人，汉名刘伯温；翰林待制伯颜为蒙古哈剌鲁氏。《宋史》纂修史官斡玉伦徒、余阙是唐兀人，泰不华为蒙古人，提调官岳柱、全普俺撒里为畏吾儿人等等。辽、金、宋三史是各族史学家、编辑家共同劳动的成果，这在我国编辑史上是空前的盛事。

三史于至正三年四月同时开始编撰。因为基本资料尚较齐备，且均各有所本，《辽史》于四年三月完成；《金史》于四年十一月完成；五年十月编成《宋史》。元修三史既按历代正史体例，分纪、志、表、传，却又有所突破，根据具体历史情况创设新例，表现了自身的特色。《辽史》本纪九帝三十卷，圣宗、兴宗、道宗占半数以上，大事记载详尽。《营卫志》为各史所无，《兵卫志》记述军制，《地理志》按军区划分，《百官志》分南北二院，八志反映了契丹奴隶主军事国家的特征。顾炎武尝论史书以立表为最难。钱大昕、赵翼都指出《辽史》八表最称精细，使读者一目了然，省得多写列传说明，这一体例运用得很好。《金史》本纪第一卷为《世纪》，记述了太祖阿骨打以前十代事迹；第十九卷为《世纪补》，叙述熙宗、世宗、章宗未居帝位的生父事迹于后，立例新颖，为其后正史所仿效。《四库全书总目》说《金史》经营已久，“与宋、辽二史取办仓卒者不同。故其首尾完密，条例整齐，约而不疏，赡而不芜，在三史之中，独为最善”。辽、金二史都附有《国语解》，注释民族语言，是最契合需要的珍贵材料，否则，二史中许多专名及方言奇字，将无从索解。《宋史》卷帙浩繁，多达四百九十六卷，其中老书一百六十二卷，都为正史中最多的一种；

加上列传写了两千余人，在“儒林传”外分立“道学传”，这都反映了两宋是我国封建社会中经济文化普遍发展的重要时期。尽管隋唐两朝和日本经济文化交流频繁，可是两《唐书》中日本都仍被列于《东夷传》内。只有到欧阳玄等编辑《宋史》，才第一次列入《外国传》，并引用了日本《职员令》《王年代纪》的史料，说明元朝人所见的世界开阔了。

编辑工作受时代与主体的限制，很难达到尽善尽美，特别是多人集体编撰的书籍，更加为难。前人对三史的缺点错误早有批评，钱大昕指出“《宋史》繁芜”，甚至一人两传。今人傅乐焕《辽史复文举例》指出：

> 《辽史》百十五卷，潦草成编，疏略最甚，而疏略之外，复有一极大缺失，即多有重文是已。
>
> 每有初视之若二人二事，而考其究竟，实乃一事一人者。

他举出八例，如刘晟、刘慎行，萧惠、管宁，鸭子河、混同江，耶律张家奴、耶律章奴等是。这都说明任何好书都要细看，孟轲说得好：“尽信书不如无书。”后人站在前人肩上，理当高于前人。

三史的编辑，是欧阳玄一生文字活动的高潮。他长期供奉国学翰苑，以文才为元王朝所重用。明初大手笔宋濂为他的文集作序云：

> （玄）历官四十余年，在朝之日殆四之三。三任成均，而两为祭酒；六入翰林，而三拜承旨。盖当四

海混一之时，文物方盛，纂修实录、大典、三史，皆大制作。两知贡举及读卷官。凡宗庙朝廷雄文大册，颁示万方制诏，多出公手。

欧阳玄生活在元朝由动乱趋向稳定又日益转向动乱的时代，皇族权臣明争暗斗，南人不惯北地生活，继子又早亡，他多次请求离职还乡。在大都写的七绝有云："奉诏修书白玉堂，朝朝骑马倚宫墙；闸河东畔垂杨柳，时有莺声似故乡。"据揭傒斯在后至元六年（1340）所作序称，欧阳玄著有《诗流》三卷、《铅中》十卷、《驱烟》十五卷、《强学》十卷、《述直》三卷、《脞语》三卷。后均毁于兵乱。现存作品是他谢世前七年间所作，后人辑为《圭斋文集》十五卷，其中有许衡、赵孟頫、贯云石、虞集等写的神道碑文以及墓铭记传等类文章，搜集遗闻，辞质气沛，真朴感人。又如所写《高昌偰氏家传》《河平碑》《至正河防记》等，记叙翔实，内容积极，可以补史证史。他的诗情寡薄乏味，擅长于纪实文字，孔齐很生动地指出他做人和作文的特点：

为人谦和好礼，虽三尺童子请问，亦诚然答之。作文必询其实事而书，未尝代世俗夸诞。时人尝有论云："文法固虞、揭、黄诸公优于欧，实事不妄，则欧过于诸公多矣。"

一日，（林梦正）出示《许鲁斋神道碑》版本，乃欧阳玄奉敕撰者。梦正时在京，闻奉旨翰林有德行者为文，近臣以虞、揭诸公奏；再奉旨，特以欧阳玄文不妄作，有德行，且明经学，当笔。于是传旨命玄

撰。(《至正直记》卷一)

“文不妄作”“必询其实事而书”，编辑手中的笔不应成为涂饰的刷把，不当变成夸诞的喇叭。欧阳玄是元王朝优礼有加的儒臣，“郊庙、建后、立储、肆赦之文，皆经撰述”(《元史》卷一八二)。可是他为辽、金、宋三史发凡起例，敢于将传统作创造性的转化，开发新颖体例。很显然，回顾历史并非为了故步自封，执着传统要能奋力向前发展。我们从欧阳玄的编辑活动中能否寻得这一点启迪呢?

王　祯

黄河、长江流域，与尼罗河、底格里斯河和幼发拉底河、恒河流域，是世界上农业发生和发展最早的地区，是世界古文明的四大发祥地。这些沃土上产生的农业文化，曾被学者称为“大河文化”。这四大流域的历史文化，只有在我国没有出现过中道断裂现象。我国各族人民在长期的农业生产实践中积累了丰富的经验和技术知识，反映在编辑出版工作上，是出现了不少论述农学的著作和关心农业的编辑家。一直到元代，就植物栽培的进展情况和技术水平而言，中国的农业可说是远远走在欧洲封建社会的农业前头。编辑家并未忽视农民“汗滴禾下土”的辛劳，元朝虽较短，编辑出版的农书可考者不下十七八种，其中王祯编撰的《农书》，是我国第一部在全国范围内对整个农业作系统研究的书籍。也是这个王祯，改进了活字版印刷，写出了《造活字印书法》，并成为试用木活字印书的第一人。

王祯，字伯善，山东东平人。生卒年代不详。于元贞元年（1295）任宣州旌德（今安徽旌德）县尹，在职六年。元成宗大德四年（1300）调任信州永丰（今江西广丰）县尹。王祯关心农业生产，在做地方官时，常到乡村实地观察，《旌德县志》说他“惠爱有为……教民勤树艺。又兼施医药，以救贫疾。……后调永丰”。他的生平事迹，现存的史书记载极少。清人钱曾撰《读书敏求记》以及《四库全书总目》都说王祯为丰城县尹。这可能是承袭明代嘉靖山东布政司顾应祥刊印《农书》文移中的说法。按《旌德县志》说王祯“后调永丰”；王祯本人在《农书》卷末《造活字印书法》的后记中也说：“予迁任信州永丰县。”永丰在元代隶属于信州路；旌德、永丰二县均属于当时的浙江行省，而丰城则属于江西行省。他在县尹任上，经常教导农民耕作，因而编著了《农书》。他长于诗文，在《农书》的《农器图谱》中，每图附有铭赞歌诗，清顾嗣立所编《元诗选》中，抄辑而成王祯的《务农集》。很可惜，《元史》没有为他立传，显然由于官卑职小而被忽视了。

王祯《农书》出版于元仁宗皇庆二年（1313）。实际成稿于十年前。他做旌德县尹时着手编写，迁任永丰县尹二年后脱稿。到皇庆二年又做了一些修改，增写了个别附记。全书约计十三万多字、插图二百八十一幅。前后用了十多年的时间。为说明编辑主旨和内容卷次，他写下了十分简短的自序：

> 农，天下之大本也。一夫不耕，或授之饥；一女不织，或授之寒。古先圣哲，敬民事也，首重农，其教民耕织种植畜养，至纤至悉。祯不揆愚陋，搜辑旧闻，为集三十有七，为目二百有七十，呜呼备矣！躬任民事者，傥有取于斯与？皇庆癸丑三月望日东鲁王祯书。

《农书》原为三十六卷，分三大部分：《农桑通诀》一至六卷，《农器图谱》七至二十六卷，《谷谱》二十七至三十六卷。

今本《农书》通常为二十二卷，并非残缺，而是因为将《谷谱》（又作《百谷谱》）并为四卷，《农器图谱》并为十二卷。元刻本早已佚失，今本源出《永乐大典》。《大典》所载，并为八卷。清四库全书馆辑录后，编为二十二卷。《四库全书总目》称：

> 《文渊阁书目》曰：王祯《农书》一部，十册。《读书敏求记》曰："《农桑通诀》六，《谷谱》四，《农器图谱》十二，总名曰《农书》。"《永乐大典》所载并为八卷。割裂缀合，已非其旧。今依原序条目，以类区分，编为二十二卷。

但现今所传《读书敏求记》的诸刻本，均谓"《农桑通诀》六，《农器图谱》二十，《谷谱》十"。《四库总目》所说显然有问题。后来，武英殿聚珍版仍据四库本，以后各本也都照印。只有福建翻刻《聚珍版丛书》时，依据南京图书馆藏明嘉靖本《农书》校勘，则作三十六卷。广东翻刻时根据福建本。也有将本书三大部分当作三部书的，这并不符合编撰人的本意。

我国的农业生产一直维持着庞大的人口。鼻子底下一小横，实在是千古大事。从整个文明演进史来看，必须先有相当稳定的农业生产，向人们供给生活资料，然后才有精神文化的产生和发展。中华民族承受过若干次严峻的厄运，历史与文化何以未中断，相对稳定的农业基础能够为昔日的境遇提供答案。我国农学的成就，形成文字的还不太多。据研究者统计，两千年来，我国的农书，包括现存和业已散佚的，将其中有关花卉的谱录和果、竹、笋等谱除去，约三百七十多部。多数不免是辗转抄录、未经整理的素材，有的以浮夸的辞藻代替学理的叙说，很少是出自真正劳动实践者的手笔。

远古无数无名氏的实绩，融化为“神农氏”“嫘祖”“后稷”等传说人物，只好当作美妙的神话去欣赏。《诗经》里有不少反映当时农业生产活动情况的诗篇，草木畅茂，华夷杂处，开发土地，“千耦其耘”（《周颂·载芟》）。《管子》中《地员》《幼官》两篇，谈论土壤、月令等，“仓廪实而知礼节，衣食足而知荣辱”，司马迁说是管仲的名言。战国时代社会大变革，出现商鞅的重农学说和对户籍与劳动力的编管；随后《吕氏春秋》初步反映农业生产知识的理论化，其中《上士》《务大》《上农》《任地》《辩土》《审时》六篇，可以认为是我国现存最早的农学论文，大约为吕不韦门客中农家学派人物的集体创作。

《汉书·艺文志》所载农九家著作，大多不知何世，并无消息可寻；或者实有其人，却又湮没不彰，其书下落不明。仅《氾胜之书》赖后世的《齐民要术》等几部作品的引用，保存了三千五百多字。氾胜之的生卒年月、乡里均无考，仅从《汉书·艺文志》本注得知他在汉成帝时（前 32—前 7）担任过技术顾问之类的官，因在长安附近的三辅地区指导过农业生产，成绩卓著，后升为御史。他的书总结了西汉时期我国北方、特别是关中地区的旱田耕作制度，对耕作原理提出了一些基本原则，如实地记载了两千年前黄河中游农业生产技术的成就。崔实（？—170）的《四民月令》虽是一部最早的“农家历”，但反映了东汉作物生产的安排和土地经营的计划，表明粮食生产在农业组成中已居重要地位。

出现于 6 世纪上半叶的《齐民要术》，是一部比较完整的大型综合性农书，编著者贾思勰生卒年不详，只知他曾任东魏高阳（今山东临淄）太守。全书十卷九十二篇，约十一万多字，总结了黄河流域劳动农民的生产经验，特别是用轮作制、绿肥作物栽培等法以提高地力，而6世纪的欧洲农业还处于采用三圃制的幼稚状态。书中不但概括了老农经验和作者实际经历，还摘引一百多种古籍的有关资料，几占全书一半篇幅；并强调时宜地宜，须及时操作，保墒防旱。

唐宋是我国封建社会经济文化高涨的时期，但唐代的综合性农书全部散失，只存下韩鄂编撰的月令式的《四时纂要》。宋代也只留下写成于南渡初年（1149）的陈旉《农书》，虽仅一万二千余字，却是现存最早的专谈南方水稻区农业技术与经营的佳构。成书时年七十四，五年后又作《跋》，精益求精，力图对农业作系统讨论。

下至元朝，至元十年（1273）中央司农司编成《农桑辑要》，颁发全国，是我国现存最早的官农书。在王祯《农书》完成后，延祐元年（1314）鲁明善编印了《农桑衣食撮要》。这便是元代的三部著名农书。对于古农学遗产的整理和研究，已故的石声汉教授和其他许多农学家及农业出版社，三十多年来已做了大量很有意义的工作。

在我国三百多种农书中，除《相马经》《相六畜》《养鱼经》《蚕书》《茶经》等专业性农书，一般为以大田生产为主的综合性农书，其中包括园艺、蚕桑、畜牧和农具等基本内容。在综合性农书中，农家月令书和将各种技术分列在有关月令之中的农书外，大多为比较系统地论述农、林、牧、副、渔各项技术知识的著作。《齐民要术》和王祯《农书》便是先后的代表作。这类综合性农书，若以编撰者来划分，则可分为官书和私人编著两类。王祯是北方人，在南方做地方官，但他重视农业，留心观察，在这部私家著作中表现了他对农业的理解和体会，能提出个人的看法和经验。若以所涉及的地区来划分，《齐民要术》等书反映黄河流域中下游旱作物区生产情况；陈旉《农书》反映长江流域下游水稻生产区的技术成就；而王祯的《农书》则兼有前二者之内容，在农学体系的整体性和系统性方面超过了前人，反映了后魏和南宋以来农学上的进步。这正是王祯《农书》的真正价值之所在，因而上文不厌其烦地叙述了历代农书的编撰源流。

蒙古贵族集团在南侵及其后征服全中国的过程中，曾大肆摧残农业生产，劫夺良田，占为牧场。这种破坏在元世祖忽必烈完成了以武力统一全中国的事业后有了改变。正如恩格斯在《反杜林论》第二编中所说：

> 每一次由比较野蛮的民族所进行的征服，不言而喻地都阻碍了经济的发展，摧毁了大批的生产力。但是在长时期的征服中，比较野蛮的征服者，在绝大多数情况下，都不得不适应征服后存在的比较高的“经济情况”，他们为被征服者所同化，而且大部分甚至还不得不采用被征服者的语言。

这一段话即可引来说明元代官修的《农桑辑要》和王祯自编的《农书》终能编辑出版的社会经济背景。

《农书》的整个体制，以《农桑通诀》总论农业，开篇首列农事起本、牛耕起本、蚕事起本三项，继以本论十六篇：授时、地利、孝悌力田、垦耕、耙耢、播种、锄治、粪壤、灌溉、劝助、收获、蓄积、种植（种桑及材木、果实）、畜养（养马、牛、羊、猪、鸡、鹅、鸭、鱼、蜜蜂）、蚕缫、祈报。王祯阐发了他的重要观点："人力修则地利可尽。天时不如地利，地利不如人事。"他不免慨叹："方今农政未尽兴，土地有遗利。"《农器图谱》分二十门：田制、耒耜、镢锸、钱镈、铚艾、杷朳、蓑笠、蓧蒉、杵臼、仓廪、鼎釜、舟车、灌溉、利用（以水做动力）、麰麦、蚕缫、蚕桑、织纴、纩絮、麻苎。这一部分插图二百八十一幅，并说明各种农器的构造和用法。王祯描述了他所见到的所有与农业有关的工具和零件，成为本书重要特色。万国鼎等编著的《中国农学史》第十二章指出：

> 在它以前有唐陆龟蒙的《耒耜经》，但所说除犁的构造外，只兼及有限几种农具，且很简单。还有南宋曾之谨的《农器谱》，但已失传。在它以后，直到解放前夕，也没有一部可以和《农器图谱》并论的书。

《农学史》更着重指出全书系统性的表现：

> 王祯还在《农桑通诀》中写了垦耕、耙耢、播种、锄治、灌溉、收获等专篇，和所用农具的关系。

从而反映了我国耕作技术自后魏、李唐以来的发展。《谷谱》包括谷属、蓏属、蔬属、果属、竹木、杂类，这一部分是农作物及果、蔬、竹木的栽培各论，而杂类所记述的苎麻、木棉、茶、枸杞等，无一不是经济作物。其后饮食一类，佚去食时、五观等篇，只存《备荒论》。

《农书》中贯串着进步的思想观点，强调不违农时，事在人为。选择良种，及时施肥，兴修水利，改良土壤，人定胜天，可夺丰收。王祯十分重视劳动人民的生产经验，注意总结推广新式农具。在作物栽培方面，强调破除思想障碍。他论及木棉的栽种法，反对所谓“风土不宜”之说，指出其原因在于“不得其法”。他热情宣传种棉花的好处：

> 木棉为物，种植不夺于农时，滋培易为于人力，接续开花而成实，可谓不蚕而绵，不麻而布，又兼代氈毯之用，以补衣褐之费，可谓兼南北之利也。

他对劳动人民怀有同情心，书中竟敢指出：

> 今夫在上者，不知衣食之所自，惟以骄奢为事，不思己之日用，寸丝口饭，皆出于野夫田妇之手。甚者苛敛不已，朘削脂膏以肥己。

他还揭露：“今长官皆以劝农署衔，农作之事，己犹未知，安能劝人!”下乡察看，徒然扰民罢了！他看到农民“一遇凶饥，食不足以充其口腹，衣不足以蔽其身体”；他主张效法北方农民结成“锄社”，“间有病患之家，共力助之”。从他这些议论中，我们可以看出他编辑《农书》的基本思想倾向。在民族的和阶级的双重压制下，王祯怀抱如此见解，其认识上的光芒岂仅限于农业科学的范围呢！

在编辑方法上，王祯《农书》也有不同于前人的特点。他引用了很多古籍及诗歌，都夹写在自己的论说中，没有编为专辑。他十分注意南北的对比与交流，吸收先进的经验与技术，指出优点和异同，在《农书》中第一次以黄河和长江流域作为统一的论述对象。王祯特别注重生产工具的革新和创造，用全书五分之四的篇幅叙述其构造、用法和功效，并绘制精致的图谱，从视觉形象上帮助读者的理解，这是编辑工作中的创举，也是刊行农书的新招。不过，《农书》的编写工作上也有一些缺点，例如引文出处弄错，原文有所删改。《中国农学史》指出：

> 每篇的内容，不都是充实而有条理的。他虽长于诗文，但对农业往往说得不够清楚，不如文字质朴的《务本新书》《士农必用》《农桑辑要》等说得明白而亲切。

但从历代农书编辑史来考察，王祯《农书》毕竟是一部见解独到、内容突出的巨著；我还认为，它的精美的大量插图，对于明清通俗小说前面增附绣像可能有所启发。《四库全书总目》卷一〇二称：

> 其书典赡而有法，盖贾思勰《齐民要术》之流。图谱中所载水器，尤于实用有裨。又每图之末必系以铭赞诗赋，亦风雅可诵。元人农书存于今者三本，《农桑辑要》《农桑衣食撮要》二书，一辨物产，一明时令，皆取其通俗易行。惟祯此书，引据赅洽，文章尔雅，绘、画亦皆工致，可谓华实兼资。

这里附带略论元代上述其他两本农书。元政府专管农业生产的机关“司农司”所编《农桑辑要》，是一种农业技术指导书。更早的官修农书，据各家书目所载，有唐武后删订的《兆人本业》和宋《真宗授时要录》，但国内已无存书。元政府编辑《农桑辑要》后约五百年，清乾隆朝才命词臣编辑《授时通考》七十八卷。《农桑辑要》全书七卷，约六万字，分典训、耕垦、播种、栽桑、养蚕、瓜菜、果实、竹木、药草、孳畜（包括家畜、家禽、鱼、蜜蜂）十门，末附岁用杂事。大部分材料从古代及当时农书辑录而来，少数为编者新增。石声汉校注本中将其技术资料析为五百七十二条，说明《辑要》不仅思想、结构体系以《齐民要术》为范本，且有二百二十五条材料出自《要术》。其余引自《务本新书》《士农必用》《四时类要》等书。新增材料虽仅三十八条，质量却很高；内容项目全新者有二十四条。此书在六十多年间多次翻印，且经重刻。著名儒臣王磐作序，说明“遍求古今所有农家之书，披阅参考，删其繁重，摭其切要，纂成一书”。

先后参与编辑工作的，最初有为王磐识拔的孟祺，其人博学，《元史》卷一百六十称：“一时典册，多出其手。”继有曾编《平宋事迹》的畅师文，在监察御史任内于至元二十三年“上所纂《农桑辑要》书”（《元史》卷一百七十）。而后又有担任司农丞的苗好谦。可能因重印时往往修订补充。书中新增部分，颇有独到之处，实用价值在王祯《农书》之上。明徐光启曾说：“余读《农书》，谓王祯诗学胜农学，其农学绝不及苗好谦、畅师文辈也。”（《农政全书》卷五）

《农桑辑要》卷二《论九谷风土及种莳时月》《论苎麻木棉》两章，有很富于哲理的言论：

谷之为品不一，风土各有所宜；种艺之时，早晚又各不同。

近岁以来，苎麻艺于河南，木棉种于陕右，滋茂繁盛，与本土无异。二方之民，深荷其利。遂即已试之效，令所在种之。悠悠之论，率以风土不宜为解。盖不知中国之物，出于异方者非一；以古言之，胡桃、西瓜，是不产于流沙葱岭之外乎？以今言之，甘蔗、茗芽，是不产于牂牁、邛、笮之表乎？然皆为中国珍用，奚独至于麻棉而疑之？虽然，托之风土，种艺之不谨者，有之；抑种艺虽谨，不得其法者，亦有之。故特列其种植之方于右，庶勤于生业者有所取法焉。他日功效有成，当暑而被纤絺之衣，盛冬而袭丽密之服，然后知其不为无补矣。

石声汉《校注后记》指出："阐述因时因地制宜的原理，强调人的主观能动性，在理论上是最精彩最前进的精华所在。"仔细玩味，元朝人处在国内大一统、中外大交流的态势中，他们有些识见不凡，想来对今天的开放、搞活还有启发意义。

《农桑辑要》在编辑上也有可取之处。它所引用的资料，一律标明出处。元刊本直接引用书的书名，都刻成黑地白字；间接引书，则空格或加墨圈。黑白分明，眉目清晰。各项文献，都按时代编排，次序谨严。繁杂的名称，则加以训释。涉及迷信或其他妄诞无稽之说，多摒弃不用。这就使该书成为一部实用价值很高的农学读本。《四库全书总目》说它"详而不芜，简而有要"。《辑要》编成，即由国家刻印，颁发全国。后至延祐二年（1315），以旧版雕槧不精，又诏江浙行省重刻颁行；其后又多次续印。此外，据《续通鉴》卷一九九载，苗好谦撰《栽桑图说》，“帝命刊印千帙，散之民间”。均可见元代国家出版事业之盛。

紧接着王祯《农书》出版后，鲁明善的《农桑衣食撮要》出版发行。这位维吾尔族农学家，以父鲁字为氏，本名铁柱，在安徽寿阳郡（今寿县）任肃政廉访司官员时编写此书。全书约一万二千字，分上、下二卷。体例上近似《四民月令》，而内容大不同，主要讲各项农事，包括耕作、水利、气象、瓜菜、果树、竹木、药草、桑蚕、养蜂、畜牧、酿造等项，特别是农产品的加工贮藏及酿造酒、酪等，逐条说明做法。《农桑辑要》对于岁月杂事仅附篇末，本书则按月令编写农事活动，正好补其不足，契合一般农家实际应用。《四库全书总目》说：

> 明善此书，分十二月令，件系条别，简明易晓，使种艺敛藏之节，开卷了然，盖以阴补《农桑辑要》所未备。

道出了编撰者的苦心。书末通俗直说一条云：“一家之计在和，一生之计在勤，一年之计在春，一日之计在寅。”结合书中一年四季的农事安排，使人们仿佛看到了元代农家繁忙紧张的生活图景。

王祯《农书》及《农桑辑要》《农桑衣食撮要》，从编辑体例上以及对农作物栽培管理的具体介绍上，都有不少超越前人的见解和记录。尤其是王祯《农书》，对生产工具的记录总结，最为精详。他在书中表现了设计家的科学巧思。农业与时宜、地宜关系极大，历来重视农时、气象等自然因素，《农书》中有《授时指掌活法之图》，对历法和授时问题作了简洁明白的小结。他不依历书而依节气定月，正确地显示季节的变化；同时又申明此图并非适用于一切地区，鉴于“远近寒暖之渐殊，正闰常变之或异，又当推测晷度（即日影度数），斟酌先后”，这都表现了他的科学态度。在《地利篇》中还根据全国风土和农产情况，他绘制了全国农业情况图，目的在于使读者“悉知风土所别，种艺所宜，虽万里而遥，四海之广，举在目前，如指掌上”。这也是一个创举，可惜在通行的二十二卷本中已失传了。

最引起我们兴趣的是书中还附载了《造活字印书法》和他发明的“活字板韵轮法”及其插图。我国古代的出版事业与农业直接有关，所谓“文房四宝”纸、笔、墨、砚，各种材料都由农村副业提供。雕版印刷兴起后，各种质地和规格的板材，培育与采收也靠农业生产者担负。在初唐发明的印刷术，到五代与两宋大为流行，刻书出版成为新兴的商业性的文化事业。但雕版费用大，费时多。北宋毕昇发明胶泥活字印书，比德国谷腾堡早四百年，是一项推进人类文明发展的伟大创造。宋元泥活字流行，元初忽必烈的谋士、理学家姚枢关心书籍的流传，曾教人用活字版印朱熹的《小学》与《近思录》及吕祖谦的《经史论说》等书，受到国内外的重视。不过泥活字易损坏，在元代，江南一带便正式用木活字印书，第一个试用的便是王祯。

王祯在旌德时，开始编写《农书》，考虑到字数颇多、刊印困难，因而自出心裁，请工匠刻制木活字，他说：“用己意命匠创活字，二年而工毕。”后调任永丰，《农书》编成，想用活字印刷，而江西方面已把它刻成整版，只好收贮以待别用。

但在大德二年（1298），用来印刷他自己编辑的《大德旌德县志》。王祯说：

> 试印本县志书约计六万余字，不一月而百部齐成，一如刊板，始知其可用。

王祯不但创造了木活字，并发明转轮排字架，将木活字依传统的韵目编排：

> 凡置轮两面，一轮置监韵板面，一轮置杂字板面。一人中坐，左右俱可推转摘字。盖以人寻字则难，以字就人则易。此转轮之法，不劳力而坐致。字数取讫，又可铺还韵内，两得便也。

这和近代铅活字检字排版印刷的构想完全相似了。元代的木活字印刷，还流传到兄弟民族间，敦煌千佛洞中曾发现元代维吾尔文木活字；到明清两代更为流行。王祯特意写出《造活字印书法》一篇，其中将写韵刻字、锼字修字、作盔嵌字、造轮、取字、作盔安字刷印诸方法，一一写明。这是中国出版印刷史上的珍贵文献，也是人类文明史上的珍贵文献。王祯解释道：

> 古今此法未见所传，故编录于此，以待世之好事者，为印书省便之法，传于永久。本为《农书》而作，因附于后。

王祯所处的时代，农业的情况如何，是最大的社会经济问题，直接关系到国家的长治久安，因而是所谓“天下之大本”。他在基层为官，欲以天下为己任，悉心探讨当代最大问题，提倡棉麻桑苗栽培，改良农业生产工具；又著书编书，还关心书籍的传播，研究革新印书方法，并亲自实践，试用木活字印书。他是农学家，也是编辑家、印刷革新家。我们今天处在促进国家现代化的伟大历史激流中，对农业不能掉以轻心，又必须大规模发展现代工业和有计划商品经济。面对着这个时代使命，缅怀王祯的学术和事业，我们将怎样去思索和追求呢？

解　缙

我国古代的类书，顾名思义，正如皇甫谧《甲乙经·序》所说，是“事类相从，聚之义也”。类书所辑资料，一般并非单门单类，而是“区分胪列，靡所不载”，实际具有知识总汇的意义。在编辑方法与体制含量方面，由最初的资料汇编，逐渐发展为带有百科全书的性质。自唐宋以降，编纂形式上有了重大改变，内容体系上接近近代百科全书的，便是明朝初年编就的《永乐大典》。它不仅是编辑史上一部空前的巨型类书，而且是我国古典文化遗产的总结。编辑这部类书的倡议者和主持人，就是明初著名的年轻学者解缙。

一

解缙（1369—1415），字大绅，一字缙绅，吉水（今江西吉安市）人。祖父解子元，仕元为安福州判官。父开，国子监生，明初曾为朱元璋召见，陈述所知元朝事情，然辞官不就。解缙自幼颖敏，有神童之名。民间流传其夙慧故事甚多，如言五岁时叔祖笑问“小儿何所爱”，他应声作了绝句四首，其一云：“小儿何所爱？夜梦笔生花。花根在何处？丹府是吾家。”世传神童诗似多为后人假托，鄙诞不经。

洪武二十年（1387），解缙得中江西乡试第一名。翌年，与兄解纶、妹婿黄金华皆中进士。授中书庶吉士。他才思敏捷，几万字的文章，不用打草稿。尝应制赋《春雨诗》《养鹤赋》，提笔立成，遣词奇特。他又善草书，挥毫如风雨，为明太祖所爱重，常令他随侍左右。据传他有一次写字，明太祖还为他拿砚台。《明史》称：朱元璋在大庖西室对解缙说："朕与尔义则君臣，恩犹父子，当知无不言。"解缙当天就上了一封万言书，批评太祖政令屡改，杀戮太多，直言："国初至今，将二十载，无几时不变之法，无一日无过之人。"其中还说朱元璋好观《说苑》《韵府》杂书与所谓《道德经》《心经》，他认为"甚非所宜"，便提出了编辑大型类书的建议。《明史》卷一四七摘载其编辑设想称：

> 陛下若喜其便于检阅，则愿集一二志士儒英，臣请得执笔随其后，上溯唐、虞、夏、商、周、孔，下及关、闽、濂、洛，根实精明，随事类别，勒成一经，上接经史，岂非太平制作之一端欤？

朱元璋容忍了他对现实政治的批评，还"称其才"，然而内心实不满，并未重视他的各项意见。解缙复献《太平十策》，仍放言如故，代人草疏，为被朱元璋杀害的元勋李善长鸣冤，又为同官草疏弹劾都御史袁泰，遭到当朝权贵忌恨。朱元璋看他太不晓事，乘他父亲入觐时将他免职遣返，对其父说："大器晚成，若以而子归，益令进学，后十年来，大用未晚也。"

朱元璋即皇帝位（1368 年 1 月 23 日）后，以宋濂、王祎为总裁，编辑《元史》；诏曾鲁、徐一夔等修纂《礼书》；下诏设科取士，旋开乡试，以八股试《四书》题；延聘儒士与诸将讲说经史，使知忠君爱国、全家保身之道。皇家的编辑工作，完全围绕着巩固封建君主专制政治的中心任务。他诏儒臣修《女诫》，戒后妃毋预政；编《祖训录》，定封建诸王之制；以《孟子·离娄》有“君之视臣如土芥，则臣视君如寇雠”语，删编《孟子节文》；召文原吉、王僎等编《昭鉴录》，颁赐诸王，使知所警戒；着刘惟谦详订《大明律》；命詹同、宋濂等编《大明日历》一百卷，记载朱元璋临濠起兵至洪武六年大事；颁建言格式，去虚文浮词；诛左丞相胡惟庸后，编《臣戒录》颁示天下，录历代悖逆者二百十二人；颁《五经》《四书》于北方学校；命礼部颁科举取士式，《四书》主朱熹《集注》；编《大明清类天文分野书》二十四卷，讲述天下郡县划分及古今建置沿革；亲自撰《御制大诰》，颁之学宫以课士，后有《续编》与《三编》；编历代帝王祭祀、祥异可为鉴戒者，名曰《存心录》；又命刘三吾编类汉唐以来灾异之应于臣下者，名为《省躬录》；采辑汉、唐、宋为臣悖逆者百余例，为《志戒录》，赐群臣及教官、诸生讲诵；制《武臣大诰》二十二篇，使知死纪律、立勋业；又编《武臣训诫录》；杀李善长后，作《昭示奸党录》；杀蓝玉暨列侯以下坐党夷灭者一万五千人，并辑历代为臣善恶可为劝惩者，编《世臣总录》，颁示群臣；又辑历代宗室诸王为恶及悖逆者，以类为编，名曰《永鉴录》，颁于诸王；仿《唐六典》编《诸司职掌》，使官吏知所遵守；颁《稽制录》于功臣，防武臣僭侈逾制；编《寰宇通衢》《洪武志》，述疆域地理，以示天下一统；颁《皇明祖训条章》于中外，“后世有言更祖制者，以奸臣论”；编《礼制集要》，有冠服、房屋、器皿、床帐、仪从、奴婢等十三目；颁《稽古定制》，禁功臣家不循礼法；敕编《历代驸马录》，取自汉至宋尚公主之人，各叙其善恶事迹，以示法戒，并考虑到新贵文化程度低，演以俗语；敕熊鼎等编《公子书》，采辑古事，分良臣、忠臣、奸臣三门，其词较《永鉴录》更为通俗，用以训诫开国武臣之子弟；颁《为政要录》，凡十有三条，载文武官属体统及佥书案牍次第等要政；颁《大明律诰》，导民周知刑律。

所有编发的这些政治性书籍，均为诸王勋戚、文武百官、军民人等必读书，是朱元璋对其臣民进行封建专制主义的尊君与常存敬畏的思想教育。朱元璋从自立为吴王起，专心致志为夺取和巩固皇权而奋斗，席不暇暖，操心劳碌，实难考虑解缙所提编辑大型类书的建议。直到他在位的最后一年，洪武三十一年（1398），黄佐《翰林记》卷十三《修书》云："洪武戊寅，尝诏编辑经史百家之言为《类要》，侍读唐愚士等纂修未成。"因为这年六月二十四日，死神将七十一岁的朱皇帝召赴玉楼了。

朱元璋龙驭宾天，罢官八年的解缙从吉州赶到南京奔丧，又遭权臣进谗，几经周折，才被惠帝朱允炆召为翰林待诏。不久，统治阶级内部爆发争夺皇位的战争，燕王朱棣从北平起兵，南下抢得了侄儿惠帝的宝座，是为明成祖。解缙很受成祖重视，被提拔为翰林等院侍读，并命与黄淮、杨士奇、胡广、金幼孜、杨荣、胡俨七人入直文渊阁，参与机务，这是明朝内阁制度形成的起点。随后解缙又晋升为侍读学士，奉命总裁《太祖实录》及《列女传》。

明成祖以叔父的身份抢夺侄儿的皇位，战争前后历时四年。《明史·食货志》称"淮以北鞠为茂草"，对明初刚得恢复的社会经济破坏不小，加之朱棣登位后对政敌实施残酷的镇压，不平之气盈于海内。为稳定社会政治形势，成祖着意于武功与文治，一面经常到北京指挥长城一线的军事防御，抵抗蒙古贵族残余军事力量的进攻；一面则以稽古右文之举，笼络天下士，消弭民间私议。永乐元年（1403）七月一日，成祖谕翰林学士解缙等曰：

> 天下古今事物散载诸书，篇帙浩穰，不易检阅。朕欲悉采各书所载事物类聚之，而统之以韵，庶几考索之便，如探囊取物尔。尝观《韵府》《回溪》二书，事虽有统而采摘不广，记载太略。尔等其如朕意：凡书契以来经史子集百家之书，至于天文、地志、阴阳、医卜、僧道、技艺之言，备辑为一书，毋厌浩繁！（明朝《太宗实录》卷二十一）

由此迈出编辑《大典》的第一步。解缙等奉谕即着手进行。因无记录材料，具体过程不详。参与编辑工作而姓名可考者，仅知有廖敬先，名钦，时为翰林院检讨，与解缙同乡而年迈。据著名书画家王绂挽诗称“玉署编书未及完”，便不幸去世。解缙文集中有《翰林院检讨廖君墓表》。至永乐二年十一月，书已编成，进呈成祖，赐名《文献大成》。根据《太宗实录》卷三十六赐宴及发给奖金的记载看，编辑部有解缙等一百四十七人，利用南京文渊阁所藏的书籍，花了一年四个月，就把书匆匆编成，此为《永乐大典》的前身。

成祖朱棣不久便觉得《大成》还不成，内容过于简略，“所纂尚多未备”，不符合他最初提出的编辑要求；同时也考虑到笼络人心，借编书更广泛地吸收知识界人士参加工作，使他们淡忘“靖难”之役的残酷杀戮和留下的创伤，拥戴朱棣政权。于是在永乐三年正月再命姚广孝、郑赐、刘季篪、解缙等重新修纂，立即组织编辑部，不仅在中央和地方政府中调用学识优良的官员，而且在全国范围内征召和荐举布衣寒素之士。前后参加编辑、校勘、圈点、绘图和缮写工作者几达三千人。这是明王朝的一项盛大的事业。

朱棣在布置此项工作时，除提出明确的编辑要求外，有两点值得注意：一是不惜重金，搜集资料。本来，朱元璋攻克建康后即命有司访求图书。洪武元年命大将军徐达北伐，攻入元大都后，尽收奎章、崇文阁秘书图籍，运回南京。据沈德符《野获编》卷一《访求遗书》条称，宫中所藏宋刻本，有一书至十余部者，可见图籍丰富。成祖视朝之暇，常到便殿看书，曾问文渊阁经史子集皆备与否，解缙回答道："经史粗备，子集尚阙略。"成祖说："士人家稍有余资，尚欲积书，况朝廷乎?"遂召礼部尚书郑赐，命择通知典籍人员，四出购书，还特别嘱咐："书籍不可较值，惟其所欲与之!"搜集图书资料不计较钱。

二是不拘一格，选拔人才。《大典》涉及知识面极广，必须发掘和集中各种学科的优秀人才，因此，永乐三年和四年曾两度征召编纂人员。由中央和地方官吏荐举，其中多为进士、举人，曾任府县教职，但也有未经科第、没有功名的白丁。武进人陈济，通经史百家之言，以布衣身份被荐入《大典》编辑部，姚广孝、解缙等不苛求他的学历，破格推荐为正总裁，他对编辑工作做出了很大贡献。精篆隶书的滕用亨，被荐时年已七十，经成祖面试，即授翰林待诏。其他如吉水的周召、安福的胡儿、句曲的翁孟学、云间的陆顾行、莆田的黄约中、分宜的欧阳习以及苏、杭等地饱学的僧众，都以布衣吸收到编辑部中来。全祖望《抄〈永乐大典〉记》云："其时公车征召之士，自纂修以至缮写，几三千人，缁流羽士，亦多预者。"（《鲒埼亭集》外编卷十七）正如明正统年间吏部尚书王直《送陈经历（琏）序》所说：

> 太宗皇帝临御之初，诏修《永乐大典》，天下鸿儒硕师及郡县学聪明才俊之士，皆选拔诣馆阁。
>
> 皆奋励感发，各有以自见；书成得官，人人皆足以立事，有名于当时。至今相遇论及当时修书时事，其意犹若相亲也。（《抑庵集》后集卷二十）

黄佐《翰林记》及《明史》周忱、曾棨等传中还记有成祖培养人才事，永乐三年命解缙从新进士中选材质美敏者二十九人，进文渊阁学习，读宫中藏书，"令司礼监月给笔墨纸，光禄寺给朝暮膳；礼部月给膏烛抄，人三锭；工部给近地宅居之"。其后参与《大典》编辑工作可考者有十三人。朱棣采取了这些保障编辑工作顺利进行的具体措施，显示出他是一个颇有远见、有气派的皇帝。

《永乐大典》编辑部的组织，当时必有成文规定，惜已不可考。据有关文献及前人记载，监修官为编辑部最高领导，具体负责者为正副总裁、纂修等。编辑部实有人数说法不一，《太宗实录》云二千一百六十九人，《野获编·补遗》谓二千一百十九人；而明末清初的孙承泽《春明梦余录》卷十一称：

> 正总裁三人，副总裁二十五人，纂修三百四十七人，催纂五人，编写三百三十二人，看详五十七人，

> 誊写一千三百八十一人，续送教授十人，办事官吏二十人，凡二千一百八十人。

《大典》未经刊刻，按其初制，设誊写人，誊录缮写之后，尚须用朱笔圈点一过，故又有圈点生若干人。依此可见《大典》编辑部的人员构成及职务名称。

关于《大典》监修、总裁等职官及其成书经过，虽不乏记载，多为零篇散记，缺少完整详确的记录。即官方文献，也有缺漏和谬误。解缙为编辑《大典》的主要负责人，是毫无疑问的，但他是监修官还是总裁官，则有两说。《太宗实录》卷三十六称：

> 既而上览所进（《文献大成》）书，尚多未备，遂命重修，而敕太子少师姚广孝、刑部侍郎刘季篪及缙总之。命翰林学士王景、侍读学士王达、国子祭酒胡俨、司经局洗马杨溥、儒士陈济为总裁；翰林院侍讲邹缉，修撰王褒、梁潜、吴溥、李贯、杨觐、曾棨，编修朱纮，检讨王洪、蒋骥、潘畿、王偁、苏伯厚、张伯颖，典籍梁用行，庶吉士杨相，左春坊左中允尹昌隆，宗人府经历高得旸，吏部郎中叶砥，山东按察佥事晏壁为副总裁。

黄佐《翰林记》卷十三《修书》称：

> （永乐）三年正月开局纂修，命太子少师姚广孝、礼部尚书郑赐监修，刑部左侍郎刘季篪副监修。赐

卒，以赞善梁潜代焉。

黄佐是明嘉靖年间知名学者，《明史·文苑传》说："平生撰述至二百六十余卷。所著《乐典》，自谓泄造化之秘。"他很注意当代史事，所撰《翰林记》二十卷，《四库全书总目》认为"首尾贯串，叙事颇为详悉"，其中"馆阁题名，尤足以见一代人材升降之概"。与解缙同时入阁的杨士奇，在《梁用之墓碣铭》中有相同记述：

> 时修《永乐大典》，召至四方儒学老成充纂修及缮写之士，几三千人，人众事殷，特命太子少师姚广孝、礼部尚书郑赐总之。已而赐卒，命礼部翰林院就院推举才学服众者代赐，遂举用之。

根据上引资料，可见监修先后有姚广孝、郑赐、刘季篪及梁潜四人。在我国编辑史上，自北齐、隋以来，以大臣领修国史及其他要籍，谓之监修。监修人以位尊而监管其事，不必从事具体编辑工作。姚广孝（1335—1428），长洲（今江苏吴县）人，十四岁出家为僧，名道衍。事道士席应真，得其阴阳术数之学。洪武中从燕王朱棣到北平，为心腹谋士。朱元璋选高僧侍诸王，无非是想利用佛门慈悲戒杀等教义来感化诸王，使这些皇子们日后不致起兵造反。可是这个雄猜的君主失算了，惠帝削藩，广孝立即劝燕王起兵，并为筹划军事。朱棣登极后，他"论功以为第一"。后与解缙等参与纂修《太祖实录》，并监管《永乐大典》事。永乐五年皇长孙出阁就学，广孝侍说书。这个和尚是个亦官亦僧的神秘人物，死后荣封为上柱国、荣国公，朱棣为他亲制神道碑文志其功。郑赐任监修，不过由于他于永乐三年秋代李至刚为礼部尚书，管翰林院事，《明史》说他“不识大体，帝意轻之”。刘季篪曾任刑部侍郎，长于断狱，《明史》说：“刘季篪、虞谦之治狱，可谓能其官矣。”传中称：“纂修《大典》，命姚广孝、解缙及季篪总其事。”梁潜任修撰后，《明史》称：“寻兼右春坊右赞善，代郑赐总裁《永乐大典》。帝幸北京，屡驿召赴行在。十五年复幸北京，太子监国。帝亲择侍从臣，翰林独杨士奇，以潜副之。”他原是成祖信任的人，杨士奇《墓碣铭》中说他“方公明决，莅事有程，而惰慢放肆者不乐之，相与主人诬其过于上”。《大典》编辑部人员素质看来并非都是优良的才俊之士！

《明史》的姚广孝传说：“重修《太祖实录》，广孝为监修。又与解缙等纂修《永乐大典》。”文中则未用“监修”字样。梁潜传中说“代赐总裁《永乐大典》”，也未用“监修”职称。对于解缙在编辑《永乐大典》中的作用，不必拘拘于职官之名，应看他的实际工作。《大典》副总裁曾棨《内阁学士春雨解先生行状》说：

> 上方锐意稽古礼文之事，诏修《列女传》《永乐大典》诸书，公为刊定凡例，删述去取，并包古今，搜罗隐括，纤悉靡遗。（见《解文毅公集》附录）

从《大典》编纂刘仲镡在编辑部的工作情况中，也可以看到解缙的身手。《大典》监修梁潜《送刘教谕序》称：

> 庐陵刘君仲镡，举于乡而入太学，选修《永乐大

典》，在禁林者几三年。时学士解公（缙）与祭酒胡公（俨）总裁其事，仲镡未尝斯须去其侧；搜阅秘典，遇奇事隐语，即俾仲镡录示。馆中之十或有所考索以上进者，必仲镡书之，乃以进；否则，不得书不以进也。（《泊庵集》卷六）

综观上述时人笔下的记载，解缙“刊定凡例，删述去取”，总揽馆事，显然履行《大典》总编辑的职能。正总裁除前记陈济等外，尚有李至刚、邹济、林环等三人，以陈济的贡献为最大。金实撰《春芳赞善陈先生引状》云：

详定凡例，区别去取，莫弗允惬。而六馆执笔之士，凡有疑难，辄从质问，先生随问响答，未尝抵滞，疏快剖析，咸有源委，非口耳猎涉者可比，故一时之人无不服其该博。（见徐纮编《明名臣琬琰录》卷二十一）

编辑部中专家颇多：胡俨通天文地理律历医卜，林环研究《书经》，王彦文专治《诗经》，高得旸擅长三礼，滕用亨精六书之学，赵友同、蒋用文以名医分管“医经方”，曾棨学识渊博，对答如响。

晚近学者论述《大典》者，以缪荃孙为先，于1908年在刘师培、邓实等编的《国粹学报》上发表《永乐大典考》，文仅千二百余字。其后袁同礼、李正奋、赵万里、郭伯恭、王重民诸家均有论著。郭氏用力甚勤，发掘明人文集中史料，撰成《永乐大典考》一书，考辨监修与正总裁外，得副总裁二十二人；编纂姓名爵里可考者百三十五人，谓："其间若王敬先、李昌祺、曾与贤、陈士启、陈孟京、欧阳俊、罗仲深等，俱勤于其职。"誊录考得王师韩等二十人；圈点生仅金祺一人。其中新考得者达百六十六人。他不禁感慨系之：

《永乐大典》为典籍中空前之巨制，宋元两代文献，赖以保存者至夥；而纂修诸人名字翳如，文章行事，不得少见梗概，岂不惜哉！（商务版页八一）

二

《大典》编辑以《洪武正韵》为纲，用韵以统字，用字以系事，凡天文、地理、人伦、国统、道德、政治、制度、名物，以至奇闻异见，谀词逸事，皆随字收载。清张穆主编、杨尚文辑《连筠簃丛书》收有姚广孝等《永乐大典目录》，卷首列凡例二十一条。第一条为总则：

是书之作，上自古初，下及近代，经史子集，与凡道释医卜杂家之书，靡不收载。诚以朝廷制作所关，务在详备无遗，显明易考，用韵以统字，用字以系事。

事有制度者，则先制度；物有名品者，则先名品；其有一字而该数事，则即事而举其纲；一物而有数名，则因名而著其实；或事文交错，则彼此互见；或制度相因，则始末具举。包括乾坤，贯通今古，本末精粗，粲然备列。庶几因韵以考字，因字以求事，开卷而古今之事，一览可见。

以下各条说明各大问题分采入韵办法。最后一条云："目录各字下，注所收切要事目，以便考究。"不过在编辑过程中，可能由于前松后紧，急于成书，未全遵守既定凡例。《四库全书总目》对它的实际分韵加以批评道：

其书割裂庞杂，漫无条理，或以一字一句分韵，或析取一篇，以篇名分韵；或全录一书，以书名分韵；与卷首凡例多不相应，殊乖编纂之体。（卷一三七《类书类存目》）

这个批评是编辑工作者应该记取的。全祖望则以为瑕不掩瑜：

其例乃用洪武四声韵分部，以一字为纲，即取十三经、廿一史、诸子百家，无不类而列之，所谓因韵以统字、因字以系事者也。而皆直取全文，未尝擅减片语。夫偶举一事，即欲贯穿前古后今书籍，斯原属事势所必不能，而《大典》戢㪚并包，不遗余力，虽其间不无汗漫陵杂之失，然神魄亦大矣。

《大典》目录以平上去入四声类次：平声二十三韵，共一万三十四卷；上声二十三韵，共二千一百七十五卷；去声二十三韵，共七千三百八十九卷；入声十一韵，共三千二百七十九卷；总计四声八十韵，共二万二千八百七十七卷。外加凡例、目录六十卷。抄成一万一千九十五册，有正副两部，装帧富丽堂皇。

永乐六年（1408）冬，全书编成，姚广孝等奉表进呈。成祖赐名《永乐大典》，并亲制序，其中说：

> 大混一之时，必有一统之制作，所以齐政治而同风俗。序百王之传，总历代之典，世远祀绵，简编繁夥，恒慨其难一。至于考一事之微，泛览莫周；求一物之实，穷力莫究；譬之淘金于沙，探珠于海，戛戛乎其不易得也。乃命文学之臣，纂集四库之书；及购天下遗籍，上自古初，迄于当世，旁搜博采，汇聚群分，著为奥典。

序文将编辑巨型类书的政治目的与学术意义，说得明白无遗了。

在姚文孝、解缙等主持下编成的《永乐大典》，辑入经、史、子、集、释藏、道经、戏剧、平话、工艺、农书等图书七八千种，其中有关宋元典章制度、地方志乘、文人别集，尤其是戏文、杂剧、平话等极为宝贵，为我国最大的一部类书。不少失传的古籍，幸得保存下来。许多学者论及这部举世闻名的《大典》，都指出其内容有不少特点，如王重民《〈永乐大典〉的编纂及其价值》称：

> 《永乐大典》的价值主要表现在两方面：(1) 它是一部类书，在类书编纂史上，它把中国古类书的编纂形式发展成为百科全书的形式。(2) 它是一部内容特别丰富的大类书，构成为十五世纪初年的一个藏书

> 库，成为后来辑佚工作的资料渊海，其中的一些资料为封建统治阶级所排斥，不是封建时代一般类书所具有的。

他从编辑史的角度看去，《大典》“在促使字典和类书的编纂形成为具有完整性的百科全书的发展过程中，具有很重要的意义”。在检索上，检韵比部首方便。宋濂在洪武八年为改编本《韵府群玉》题词中，即指出“诚有便于检阅”。在编排上无疑受《韵府群玉》强烈影响的《文献大成》又进而纠正前者的缺点：

> 在每一个重要事项下面，都有一个历史的概括的总论，每一个事目都有一个标题。这就完全具备了百科全书所应有的条件。《永乐大典》更在这两种新增的因素之外，把经、史、子、集中的重要典籍，整部整篇的以书名或篇名为标题载入字目之下，又把集部中的诗词和散文，按照事目分编，也载入了字目之下，这就使得《永乐大典》的内容更为丰富了。

文中还指出：欧洲早期所谓的百科全书，还不如我国的类书方便，大概和我们所谓杂家杂纂一类的东西相仿佛。直到1704年才出现哈利斯按字母顺序排列的《工艺辞典》；而1765年狄德罗为首的法国启蒙学者，将他们自己的和古代的进步作品，整部整篇地编成了极有名的《大百科全书》。

前揭论文中提出一个值得考虑的看法：“解缙是一个具有十足的中国传统封建思想的少年急进派。”他向朱元璋上万言书，“主要是替当时的大封建地主阶级和正统派的知识分子说话。”“正统派的封建官僚和知识分子”“对于朱元璋爱看《说苑》、爱用《韵府》并不是很甘心的，时时刻刻在希望用正统派的经学、理学书籍来代替那些读物。”“朱元璋在这方面又直接影响他的儿子们，朱棣就是受了这种影响的一个。”“当他提出用纂修书籍来笼络人心的时候，并没有抬出经学、理学为重点。”朱棣为何不满意《文献大成》而要扩大编辑？前揭论文称：

> 企图在全国范围内，从各个角落、各个阶层、各种职业和信仰，去征召荐举人材，以越广泛越普遍越好。在这些人材集中以后，由于他们中间的绝大多数是受过元末农民大起义的经验和影响的，而又长时期受着朱元璋的政治思想教育的，这就给解缙的正统派经学、理学思想树立了对立面。
>
> 姚广孝招收来的缁流和方术之士，把阴阳、五行、星相部门的纂修工作，做的很缜密、很有系统，把他们引用的书和《文渊阁书目》比较起来，知道他们曾经主动地从各地方带来不少的书籍。

“关于小说、平话、戏文、杂剧等书籍”，“更是毫无疑问地是由被征召荐举的人自己带进来的了”。前揭论文进而论断：“《文献大成》或《永乐大典》的纂修体例，不论解缙怎样反对”，“在编排上无疑的是受着《韵府群玉》的强烈影响的”。而且，上述缁流方术之士等从各地带来的“这些有关实用科学和古典文学的东西，便没有遭到反对而获得在《永乐大典》中仍然占了应占的地位，成为《大典》内容的特色之一，这完全是当时的社会政治条件所造成的”。

关于《大典》的内容，何以道释阴阳皆收，兼及戏文平话，诚然应从明初的社会政治形势及《大典》编辑人员的结构作具体分析。朱棣政府在永乐三年、四年及六年三度征召纂修及缮写人员（第三次仅召誊写生），均由中央和地方官荐举。从现可考见的人员出身资历看，首先为朝廷命官，进士出身，中央至地方各级政府的官员；一般多中乡试，任府县教职，或为生员；有少数精于医卜、书法等，乃至如总裁林环《太学生王师韩墓志铭》所说，“其素蕴曾不得一掉鞅场屋间以奋其所长”（《絅斋集》卷十），乃布衣韦带之士。所有这些知识分子，都谈不上接受明末农民战争的洗礼。当时海内混一已近四十年，朝廷留意文事，大召天下儒生集文渊阁，他们都望循此途以荣进，书编成而列其名次，或晋升授官，或加赐遣还。

解缙与姚广孝等将体例制订得秩然有法。成祖序文中称颂孔子“赞《易》、序《书》、修《春秋》，集群圣之大成”，认为“三代之后，声名文物，所可称述者，无非曰汉、唐、宋而已”。《大典》的《四书》《五经》类的副总裁们，汇集了宋、元经注的大成。清人揭开《大典》珍秘的面纱，学者全祖望、杭世骏、戴震等，才做出辑佚和研究工作。四库馆辑出经部书达六十六种。

《大典》凡例开宗明义即规定：“经史子集与凡道释医卜杂家之书，靡不收采。”笔者自愧寡闻，迄未见有关解缙反对自订体例的记载。道释书籍之被收载，不足为怪。朱元璋本游方和尚出身，极善弄神弄鬼，儒、道、释三教并用。历代封建王朝都不如朱明之善于将各种思想工具综合利用，当然首先利用正统的儒家思想，对道、释二教也隆重利用。从中央到地方设立僧道衙门，置正六品至从九品的官员。官方明文规定办佛事的价格。对边疆僧人不仅封为国师，更进而封王、法王等。朱元璋有御制《护法集》。历史上没有一个皇帝替和尚们撰写传记，明成祖御撰《神僧传》九卷，共二〇八人，于永乐十五年制序颁行。在各种僧传中可说别具一格。《大典》领衔监修人姚广孝就是一个"神僧"，《明史》称："本医家子"，做和尚后，"事道士席应真，得其阴阳术数之学"。他引荐释壁庵、惟寅、慧暕等参加编辑《大典》，其中广收道释、阴阳、术数、医卜之书，便不足异了。这些书籍不是异端，而是被看作"阴翊王度"的"善世"作品。

至于戏文、平话等民间文学，诚然是《大典》的重大特色。自卷一三九六五至一三九九一，凡二十七卷，收戏文三十三本。中华人民共和国成立后，钱南扬有《宋元戏文辑佚》及《永乐大典戏文三种校注》，对南戏研究者帮助很大。从文学发展的规律看，内容和时代决定着形式。粗具形体的宋、金戏曲，到元朝的经济政治条件下获得了发展。王国维《宋元戏曲考》认为金、元贵族喜爱歌舞戏曲，轻视经书与科举，往日文人作诗赋古文的精力不得已乃发于词曲；嘈杂凄紧的胡乐又需要新声配合。起于民间的曲子，在元朝已进入文学的楼台，成为社会的宠物。经歌台舞榭的传播，为大众所欢迎。明初文人虽颇努力，但在古文、诗、词一类的旧体文学方面却少独创的成绩。在这种环境中，宋、元的南戏逐渐进步而成为优美完整的明代传奇。明初南戏在江南各地剧场流行，正开始向雅正典丽方面转化，自易受到《大典》编纂的重视，从而纳入这部文献的总汇。书会才人是当时不得志的小知识分子，他们固然接近市民阶层，不同于名公士大夫，但他们的笔下也有诸多局限，争取婚姻自由的斗争被题名《错立身》；《张协状元》宣传“欲改门闾”“除非是攻着诗书”，穷秀才沦落途中，得贫女施饭，竟说是“诗书暂溺论”，完全看不出反经学、反理学的影子。重民先生不幸在“文革”中冤死，已不能执贽请教，思之令人酸怀！

《大典》编成后，永乐十二年，成祖命胡广、杨荣、金幼孜等编辑《五经大全》《四书大全》及《性理大全》，亲制序文，颁行天下。二百余年间，《四书大全》被尊为取士之制。《性理大全》七十卷，采宋儒之说共一百二十家，杂凑成书，与《五经四书大全》同颁于两京、六部、国子监及天下府州县学。程朱学派的理学得到了明朝政府的大力提倡。胡广与解缙当朱棣在南京登位时一同迎附，一同被选拔入阁，又一同遵成祖命结为儿女亲家。《性理大全》后为清康熙帝看重，命李光地等节编为《性理精义》二十卷。明清两朝都利用程朱理学钳制社会思想。

解缙入阁办事，又编《大典》，任侍讲。时翰林坊局臣讲书东宫，先写讲义，由成祖核阅，解缙讲《书经》，杨士奇讲《易经》，胡广讲《诗经》，金幼孜讲《春秋》。洪武中，学士以宋濂等知名；永乐初，则推解缙、胡广。成祖曾开示廷臣名，教他评论各人的短长。他直言无隐，皆有定见。这就引起朝廷大臣对他的不满。《明史》说：“缙少年登朝，才高，任事直前，表里洞达。引拔士类，有一善称之不容口。然好臧否，无顾忌，廷臣多害其宠。”他后来又卷入择立太子的争议，而为觊觎皇位的汉王朱高煦所忌恨。进谗言者日多，君王难伴，成祖对他恩礼渐衰，终于借“廷试读卷不公”的罪名，将他贬到广西；后又续遭朱高煦诬陷，终至下狱，还牵连到参加《大典》编辑工作的一些同事。《明史》称：

> （永乐）十三年，锦衣卫帅纪纲上囚籍。帝见缙姓名，曰："缙犹在耶？"纲遂醉缙酒，埋积雪中，立死。年四十七。籍其家，妻子宗族徙辽东。

纪纲是明初专制政治的特务头子，《明史》卷三〇七《佞幸传》中的第一名。朱棣首先重用佞幸，建立特务机构，《佞幸传》序论云：

> 成祖即位，知人不附己，欲以威慑天下，特任纪纲为锦衣，寄耳目。纲刺廷臣阴事，以希上指。帝以为忠，被残杀者不可胜数！

与解缙同时入阁，或同为《大典》编辑者有"三杨"：杨士奇、杨荣、杨溥。他们都受到成祖的宠信。后久居馆阁，历事四朝，恩礼始终无间，均位至殿阁大学士。为什么？《明史》卷一四八有记载："后起者争暴其短，以为依违中旨。"就是他们都唯唯诺诺，仰承皇帝颜色。解缙呢？《明史》卷一四七云："缙少年高才，自负匡济大略。""动辄得谤，不克令终。"《明史》卷一四七载称：成祖死后，"仁宗（朱高炽）即位，出缙所疏示杨士奇曰：'人言缙狂，观所论列，皆有定见，不狂也。'诏归缙妻子宗族。"

解缙《行路难》诗有句云："世途反复多波澜""贾生空对长沙哭""子推介山下，屈原湘水湄。当时凿枘一不量，至今憔悴使人悲!”他著有《白云稿》《东山集》《太平奏疏》等，在他惨死后多散佚不传。后人辑其遗文为《解文毅公集》十六卷；又有《春雨杂述》一卷，《四库全书总目》谓其“漫无体例，疑或出于依托也”。现存于世的《永乐大典》约三百七十余册，共八百零一十卷。经中华书局长期访查，两次影印，共收七百九十七卷，并复制《目录》六十卷。这部目前最齐全的《大典》影印本，是对大编辑家解缙最好的纪念!

徐光启

学术界久已公认：徐光启是我国明代末年杰出的科学家，也是我国近代科学的先驱者。人们通常重视他对农业和水利的研究，而忽略他在编辑工作上的贡献。从他的一生经历看，教学和研究，翻译和编书，引进西方科学名著，会通当时中外知识，编辑、著译了许多关于数学、天文历法及农业、兵事等方面的书籍，其中有独立编辑的，有与他人合编的，有担负主编责任的，他是一位成果丰硕的大编辑家。自魏晋以降，到徐光启活动的年代，中国又一次遇到了接纳外来文化的机会。当两种文化相接触时，编辑的历史责任就是进行寻觅、选择、审订、介绍和传播。徐光启是知识界的杰出代表、明王朝有声望的官员，这个历史责任不能不落在他的肩上。他忠诚于学术事业，避空疏以求实，经过他辛勤不懈的努力，引西学以推进传统科学，为中国学术界带来了近代文明的气息。徐光启是我国近代意义上的编辑工作者的前驱和先导。

一

徐光启（1562—1633），字子先，号玄扈，明南直隶松江府上海县徐家汇（今属上海市辖区）人。他的家乡本是东南沿海先进地区，广原腴壤，盛产稻棉，商业和纺织业比较发达。

只因天灾人祸，倭寇连年入侵，民不聊生。光启幼年家境清寒，祖母和母亲忙于纺绩养蚕，父亲从事田园耕作，全家都投入生产劳动。这种家庭环境，自当难免菲食薄衣，但对他日后的成长发展，却无形提供了一些精神力量。

有关传记材料说，徐光启七岁开蒙，读书龙华寺村学，身体矫捷，聪明神气。李杕的《徐文定公行实》称："比束发，出就外傅，敏而好学。章句、帖括、声律、书法，均臻佳妙。"他写的《先妣事略》中说："幼读书，间及兵传。"后来在一次论及兵事的奏疏中还说："臣生长海滨，习闻倭警，中怀愤激，时览兵传。"又师事私淑王阳明、致力于心性之学的黄体仁，所习所闻比较广博。万历九年（1581）考取秀才。由于家境困难，开馆授徒，靠教学的酬金生活，前后达二十年。这中间曾多次参加乡试，路费短缺，背包举伞，在风雨中奔走，结果都未考中。其时水旱灾荒频仍，大饥大疫，不仅上海一地，且遍及江南北、河南、山西、陕西等省区。家境更穷困，得同乡先达的关照，离家南走，先后在韶州（今广东韶关市）、浔州（今广西桂平市）教书。长途跋涉，磨破了裤子，茅店灯下，觅针自缝。行役虽苦，但俯仰于崇山峻岭间，开阔了眼界，激发了思绪。在韶州教书之暇，曾信步至城西天主堂，结识了耶稣会传教士、意大利人郭居静，初次接触到西方的一些情况。

到浔州后，徐光启仍一面教书，一面埋头力学。万历二十五年（1597），北上应顺天府乡试。著名学者焦竑（1540—1620）与全天叙任主考官。在发榜前两天，焦竑还认为阅卷官所选拔的卷子没有一份是值得取作第一名的。这时分考官张五典从落选的卷子中检出徐光启试卷，荐送主考官评阅。焦竑阅后拍案赞赏，认为"此名世大儒无疑也"，即拔置举人第一名。

十五六年困顿的生活，并未能消解他刻苦向学的壮志，全天叙在《寿怀西徐翁序》中说到徐光启：“自六籍百氏，靡不综览而揽其菁华，肆为宏词，精深奥衍，见者辟易”，因而“夺解神京”，“名噪南北”。

在北京中解元后，应会试不第，还乡教书。《行述》说：“布衣徒步，陋巷不改，闭户读书，仍以教授为业。尤锐意当世，不专事经生言，遍阅古今政治得失之林。”和徐光启一道设馆授徒的程嘉燧，很生动地描述了他们的读书生活：

> 与门人读书山中，一室之内，几榻之外，旁置瓦瓯，惟一苍头瀹蔬菽，具饘粥，以给日夕。豢羞之膳，醪醴之味，或终日不御。日与其徒咀嚼诗书之精华，斟酌文章之醇醨，咏歌弹琴，惟日不足。(《寿怀西徐翁序》)

徐光启这时得知耶稣会神父利玛窦（1552—1610）在南京传教，他所绘制的世界地图勒石于苏州。1600年春，徐光启专程到南京去拜访利氏，这仅是一次短暂的晤谈，却又是意义深长的相会。1603年秋，徐光启又到南京访问，利氏已赴北京三年，在韶州见过的郭居静神父又在病中，他与罗如望神父讲论教理，终至领洗为教徒，教名用使徒保罗的名字，写为“保禄”。两次南京之行，其意义尚不在宗教皈依，而在于文化交流。由于历史老人的捉弄，中国知识分子在南京明故宫前洪武冈西的教堂里才与文艺复兴后的欧洲相逢。徐光启称利玛窦为“海内博物通达君子”（《跋二十五言》）；利玛窦说徐光启“是一名出色的知识分子”，“可以期待成为大器的人”（《利玛窦中国札记》)。自此以后，出于各自对其历史使命的认识，他们成为近代中西交流的奠基人。

从二十二岁前后起，二十来年中，徐光启绝大部分时间都是乡居授徒，同时下帷自学。名利心很淡薄，“于物无所好，惟好学”。平日目不停览，手不停挥，学习中有所得即编写成书，如《毛诗六帖》《四书参同》《子书辑》《子史摘读》《语类》《算书二十四则》等等。有关经史、声律与书法等方面的著述，都是下帷时所辑，一部分未刻而佚，一部分已刻而毁，但通过笔录和编辑打下了坚实的学识基础。

徐光启于四十三岁时（1604）成进士。在录取的三百一十一名中，他中第八十八名，先派赴都察院实习，后考选为翰林院庶吉士，对不热衷于奔竞仕途的人，这是一个深造的机会，有官俸维持生活，除完成规定的课艺外，可读皇家珍藏的典籍。徐光启在翰林院更留心经世致用之学。《启祯野乘·徐文定传》称：

> 尝学声律，工楷隶，及是，悉弃去，（专志）习天文、兵法、（农事）、屯、盐，水利诸策，旁及工艺、数学，务可施用于世者。

这时利玛窦、庞迪我等在北京传教，先住接待外国人的四夷馆，后居宣武门内东侧，并建教堂（即今天主教南堂）。徐光启常从利氏问学，讨论格物及几何学。

万历三十五年（1607），庶吉士学习期满，徐光启被任命为翰林院检讨。此后，除因父丧守制、冠带闲住或在天津屯田，致力于科学研究及农事实践外，他所担任的官职，多与皇家编辑工作及讲学事务有关，或是供翰林官升迁的、并无实职的空衔。他历任内府司礼监书堂教习、翰林院纂修官、左春坊左赞善、詹事府少詹事兼河南道监察御史等，万历末年还曾管理练兵事务，都无实权。天启三年（1623）晋升礼部右侍郎兼翰林院侍读学士、协理詹事府事、纂修《神宗实录》副总裁，以宦官魏忠贤当道，势焰极张，在籍家居不到任；将任春坊官、詹事官期间奏疏编辑为《端闱奏草》。连年闲住，增订批点前此所辑《农书》，又选辑论述兵事、时政的奏议书牍等文稿编成《庖言》五卷。直到天启帝死去、魏阉败亡后，崇祯元年（1628），光启复礼部右侍郎原职，并加太子宾客衔，充日讲官，又提充经筵讲官，纂修《熹宗实录》副总裁；次年升礼部左侍郎。崇祯三年（1630）秋，晋升礼部尚书兼翰林院学士，协理詹事府事。崇祯五年（1632）以礼部尚书兼东阁大学士，纂修《熹宗实录》总裁，提调玉牒，参机务，成为宰相，这时已七十一岁。次年，晋升为太子太保、礼部尚书兼文渊阁大学士，一生辛劳不懈的徐光启，入冬终于位。

徐光启拜相时，国事已不可为。从万历、天启以来形成的腐败趋势日益发展，内忧外患，势必导致明王朝的复亡。徐光启年迈体衰，还想上长城前线去为国出力。《罪惟录》称：“时督师孙承宗行边，老谢事。上意光启继之，光启亦自意可尽展其所欲为。卒不果。”《明史》本传对他一生的政治生活作了这样说明：“光启雅负经济才，有志用世。及柄用，年已老。值周延儒、温体仁专政，不能有所建白。”其实，不老也不能为腐烂透顶的明王朝别开新后面，刚愎自用的崇祯帝朱由检只配当亡国之君了。

徐光启的时代和那时中国之命运，是最引人深思的。徐光启诞生之年，提出“日心说”的数学家与天文学家哥白尼（1473—1543）逝世才十九年，论述他研究成果的《天体运行论》样书送到他面前时，他已在临终的病床之上。从此自然科学便开始从神学中解放出来，文艺复兴的精神已经在意火利的城市里出现。欧洲最优秀的艺术家和科学家几乎都在意大利住过。哥白尼的学说沉重地打击了封建神权统治，科学的发展由此便大踏步地前进。弗兰西斯·培根（1561—1626）比徐光启大一岁，他认为经院哲学使人与自然隔绝，束缚于教条和威权之下，不能获得真正的知识。他强调一切知识来源于感觉，科学在整理感性材料时用归纳、分析、比较、观察和实验的理性方法。马克思称他是“英国唯物主义和整个现代实验科学的真正始祖”。进行了划时代的科学工作的伽利略（1564—1642），比徐光启小两岁，他为动力学奠定了基础，靠望远镜的帮助，去实际检验了哥白尼的创见；同时他对落体的观察启发了牛顿（1642—1727）。徐光启三十五岁，穿行于粤桂山岭间时，法国哲学家与科学家笛卡儿诞生，他强调科学的目的在于造福人群，使人成为自然界的主人和统治者。他最初将运动和坐标概念引入数学，把代数的方法应用于几何学，创始了平面解析几何。最引起我们注意的是，伽利略的同学、瑞士人邓玉函（1576—1630），1621 年来华。1629 年，徐光启上疏荐邓玉函、龙华民入历局工作，同时在《条议历法修正岁差疏》中建议装置望远镜观测天体。

徐光启之所以和耶稣会士过从密切，显然是认识到不少科学知识多为中国典籍所未备。在欧洲，骑士守卫的封建城堡在被新式火炮轰开以前很久，就已经被掌握货币的新兴资产阶级破坏了。自从地理大发现和海外贸易扩大以来，欧洲人发现了真正的地球，促进了欧洲封建主义制度进一步解体，同时也促进了近代自然科学的产生和发展，造成了空前未有的知识的发酵和人的才智的发挥。

徐光启所生息的中国是怎样呢？科学史专家李约瑟在题为《东方和西方的对话》中有一条注释说：“在明朝中叶，中国的国旗飘扬在太平洋上空，从桑给巴尔经过婆罗洲直到堪察加半岛。”又说：“没有一个罗马人向东方的进展可以和甘英及其他中国人的到达波斯湾相比。”可是明朝中叶以后，这个活力丧失了！同一作者在《现代中国的古代传统》中作了解释，他指出中国传统的官僚封建制度统治是非常成功的：

> 它扼杀了资本积累的萌芽；它对矿业课以重税使它不能生存；它对航海事业和对外贸易不施加压力，彻底摧毁（如十五世纪郑和逝世以后的情况）。

李约瑟进一步指出：

> 十六世纪的葡萄牙商人和十七世纪的耶稣会教士虽然各方面都给中国人带来很大的影响，但是在经济方面却丝毫没有触动。

在徐光启生活的年代里，皇帝重用统治阶级中以严嵩、魏忠贤为代表的最腐恶的势力，践踏百姓，草菅人命。在徐光启、利玛窦初次晤谈之年，罗马天主教会把哥白尼学说的宣扬者布鲁诺活活烧死，接着又对伽利略判罪管制；但在一个短暂的时期里，梵蒂冈也曾成为推动人们研究古代文化的中心；而佛罗伦萨的统治者美第奇家族对待艺术和科学的态度是难能可贵的。徐光启的科学研究工作根本没有得到过朝廷的关心和帮助。这不只是学者个人的不幸，实际上是由近古向近代演进的中国之命运的不幸。

孜孜求学而又具有科学头脑的徐光启，在艰难困苦中逐步开展科学研究，首先是吸收我国古典科学的成就，在教馆时就埋头辑录天文、数学、农田、水利等资料，同时从东南地区群众生产实践活动中吸取营养。而后通过传教士接触到西方科学知识，翻译和介绍西方科学书籍，又提高了他的科学研究水平。

我国古典编辑家的特点是：研究与编辑合而为一；编辑活动促进研究工作的深化，研究成果经由编辑工作而总结。徐光启也正是这样。作为兼有文化启蒙和文化积累使命的大编辑家，他生平著述宏富，编译的专著、单篇的论文以及富有学术性的奏疏、函牍等，不下二百五十种。然而，最能表现他作为大编辑家的劳绩的，我以为，是他自觉而稳健地倡导研习西学，翻译西书，联系学侣，约集同好，隐然含有发动一种文化启蒙运动的性质。

徐光启显然希望为我国的科学研究工作开辟新领域，他强调翻译数学书籍，掌握基础科学理论的重要性。在西方，经院哲学独霸的局面破裂，人心被新旧思潮所激动之时，米兰多拉的约翰·皮科就教人用数学的语言去解释世界；哥白尼的老师、波伦亚大学教授马·德·诺瓦腊批评托勒密体系不符合数学谐和的原理。此后数学成为科学研究中重要工具，科学史家认为，刻卜勒、伽利略、惠更斯、牛顿诸人工作的时代，就是数学知识与技术进步很大的时代。真是不谋而合，徐光启认为一切科学的最后基础为“度数之学”，又称“象数之学”。他强调说：“象数之学，大者为历法，为律吕；至其他有形有质之物、有度有数之事，无不赖以为用，用之无不尽巧极妙者。”（《泰西水法序》）又说：“数之原其与生人俱来乎？始于一，终于十，十指象之，屈而计诸，不可胜用也。”他着重指出：“算术者，工人之斧斤寻尺，历律两家旁及万事者，其所造宫室器用也。此事不能了彻，诸事未可易论。”（《同文算指序》）他一方面看到“凡物有形有质，莫不资于度数”，另一方面又看到“度数旁通十事”，这十事是天文气象、测量和水利学、音乐、兵工技术、会计学、建筑、机械力学、大地测量和计时。“明理辨义”“立法著数”，必先掌握数学。运动着的物质世界及其规律必然表现为数学函数关系。一旦掌握度数之学，犹如工人有了“斧斤寻尺”，即可明理立法辨义著数，步入科学的堂奥，“渐次推广，更有千百有用之学出焉”。这正是徐光启科学思想中富有近代意义的精华。侯外庐《中国思想通史》第四卷指出：徐光启“深刻地提出了科学必须其中有理、有义、有法、有数。理不明小能立法，义不辨不能著数”，“这种思想倾向是和近代科学相符合的”。

徐光启为引进西方科学，沟通中西文化，团结了一批既谙“旧术”、又慕“西术”的科学工作者和同情支持者，他们是李之藻、周希令、孔贞时、王应熊、熊明过、许乐善、杨廷筠、卓尔康等。万历四十三年（1615），在葡萄牙人阳玛诺（1574—1659）著《天问略》中译本上，特以“友人同阅”的名义披露名单，他们都是这个时期介绍西方天算历法书籍的编译者和赞助人。同时，徐光启最亲密的合作者李之藻还提出一套翻译西书的设想。在《请译西方历法等书疏》中，李之藻首先指出西方“言天文历数，有我中国昔贤谈所未及者，凡十四事”，“正宜备译广参，以求至当；即使远在海外，尚当旁求博访”。疏中还指出，西方科学成就，“其书非特历术”，又有水法、算法、仪象、日轨之书，还有万国图志、医理、乐器、格物穷理之书，“备论物理事理，用以开导初学”。李之藻将应译西书勾划出一个范围，认为都应翻译。他们请求“敕下礼部，亟开馆局”，征召明经通算之人，“照依原文译出成书”，不可“坐失机会，使日后抱遗书之叹”。这是继东汉末年至唐宋翻译佛经之后，掀起我国历史上第二次翻译高潮的构想，为徐光启及其学侣们对学术文化的重大贡献。石破天惊，这不就是中国开怀接纳西方科学、汉译世界名著的首倡与尝试吗？

但是，在封建专制主义的官僚统治下，这种文化工作不能得到理解和支持。徐光启出于重视科学的考虑而优容西方传教士，一部分官僚士大夫仅从封建顽固的立场出发，以南京礼部侍郎沈淮和北京礼部给事中余懋孳为代表，掀起一场排外风潮，要求朝廷辟异教、严海禁，闭关自守。在这种恶劣政治气氛中，徐光启虽能挺身而出，在《辨学章疏》中为庞迪我等辩解称：“臣审其议论，察其图书，参互考稽，悉皆不妄。”他所期望的译介西方科学知识的文化启蒙运动，已无法开展。在这困难的境地里，他仍然锲而不舍地努力，作为大编辑家，他本人在翻译、编撰和主编三项具体工作中，为中国学术史同时也为中西文化交流史，提供了三部里程碑式的代表作。

二

徐光启对编辑事业的贡献，第一项是翻译《几何原本》。

公元前约三百年，古希腊数学家欧几里得将人们公认的几何知识，列成定义和公理，用以研究图形的性质，写成《几何原本》十三卷，卷一至卷六为平面几何学，卷七至卷十为数论，卷十一至卷十三为立体几何学，是世界上最早的公理化的数学著作。书中着重数学基本理论的讨论，它由公理、公设出发，进行演绎的推论，被认为是数学书写形式与思维训练的经典著作，一直为各国数学家所赞誉，在数学教育中长期被作为教科书使用。徐光启与利玛窦是根据16世纪欧洲数学家克拉维斯（1537—1612）注释的拉丁文本译出的。利氏来中国之前，在罗马曾从克拉维斯学过数学、天文历法及地理学等。后将克氏所授课本带来，为结交中国知识界、便利传教而宣扬此书。

徐光启基于对《几何原本》的认识而决定进行翻译的。他看到这部著作的优点是重视数学基本理论，逻辑推理方法谨严，叙述清楚简练。明代正统学术界以“四书”为治学根本，“八股”为作文格式，正如顾炎武所指斥的那样：“不考百王之典，不综当代之务”“以明心见性之空言，代修己治人之学”（《日知录》卷七）。数学界则迷信“河图洛书”，将数学理论神秘化，徐光启指斥“为妖妄之术”。翻译《几何原本》，正是为了救治学术界空疏妄诞之病，当时流行的《算法统宗》（程大位撰），只是一部使用珠算的应用数学书籍。他在《刻〈几何原本〉序》中说：“《几何原本》者，度数之宗，穷方圆平直之情，尽规矩准绳之用也。”书中阐述的基本理论和推理方法，是“不用为用，众用所基，真可谓万象之形囿、百家之学海”。他又在《〈几何原本〉杂议》中说明学习此书的必要：

下学工夫，有理有事。此书为益，能令学理者祛其浮气，练其精心；学事者资其定法，发其巧思。

这里接触到科学方法论的中心问题，即科学推理问题。科学家依据怎样的推理规则，才能发现和证明科学的真理呢？徐光启在当时的历史条件下，通过翻译《几何原本》，介绍了一种新颖的演绎思维方法。昔人有云："鸳鸯绣出从君看，不把金针度与人。"徐光启反其语曰："金针度去从君用，未把鸳鸯绣与人。"又进而指出："若此书者，又非金针度与而已，直是教人开矿冶铁，抽线造针。""其要欲使人人真能自绣鸳鸯而已。"他认为"此书为用至广，在此时尤所急须"，"故举世无一人不当学"。到19世纪20年代非欧几里得几何产生，而后理论物理、特别是相对论出现，欧氏几何仍具重要学术价值。

此书于万历三十四年（1606）秋开始翻译，徐光启每天下午到利玛窦寓所，请他口传，自以笔受，次年五月译成前六卷。所译只是欧氏原作的拉丁文译文部分，克拉维斯的注释以及他所搜集的《原本》研究者的论述，则未译出。徐光启对此书的翻译用了很大心力，是十分成功的。这是我国最早的翻译成汉文的西方数学著作。在纪念徐光启诞生四百周年论文集中，梅荣照《徐光启的数学工作》一文指出三点：首先，一次翻译，即成定本。欧几里得《原本》的翻译，经历过从希腊文到阿拉伯文，从阿拉伯文到拉丁文，从拉丁文到各国文字，中间经历周折甚多，几乎没有一种文字的翻译能够一次成功。汉译本也有几次试译失败的。徐光启经三次易稿而告成。梅文称：

《几何原本》是一部与我国古代系统截然不同的

> 数学著作，不仅出现于命题中的名词十分陌生，就是逻辑推理形式也是在古数学书中找不到的。很难想象一个没有迫切的求知欲与坚强意志的人能够完成这项翻译任务。

这是对于徐光启的编译工作所给的最切实恰当的评价。再者，文字通俗，无大错误。梁启超《中国近三百年学术史》盛赞为“字字精金美玉，为千古不朽之作”，又说徐光启一派学者，“他们对于学问如何的忠实”。上引梅文还说：

> 我们曾把徐光启的译本和克拉维斯的注释本（1574）与黑斯的欧几里得《原本》略为核对过，只有极个别的错误、遗漏与不够妥当的地方。

错误很小，而且很少。最后，名词术语，为今之基。徐光启在翻译中所创造的一套专门名词术语，十分契合它本身的数学意义。将书名用古义的“几何”译出，包含度量的大小与数量的多少，与拉丁文数学著作将数学称为量的科学吻合，其中的量包括度量与数量。其他主要名词，如点、线、直线、平面、曲线、直角、锐角、钝角、三角形、四边形等，都是他首次决定，不但在我国至今沿用未改，而且还影响了日本、朝鲜等国。《几何原本》的翻译，在我国数学发展中起了积极的作用。晚清数学家李善兰（1811—1882）在 1852 年与伟烈亚力（1815—1887）继续译完了《几何原本》后九卷，成为培养数学人才的必读教科书。

在译出《几何原本》后，徐光启进一步开展对中西数学中勾股测量法的研究，根据《几何原本》中的公理、公设，结合《周髀算经》《九章算术》中的勾股测量诸条，将中法、西法会通探讨，写成系列性的《测量法义》《测量异同》《勾股义》三书。《四库全书总目》卷一〇六指出其“著书之意”“则皆以明《几何原本》之用也”。此外，徐光启于1611年译述《简平仪说》，1612年译成《泰西水法》。

徐光启对编辑事业的贡献，第二项是编撰《农政全书》。明朝后期，政治日趋腐败，外患频起，民穷财困。到启祯年间，国事更坏。徐光启想从振兴农业着手，以挽救封建统治的危机。他在这方面的主要撰著有《农遗杂疏》《屯盐疏》《种棉花法》《甘薯疏》《种竹图说》《北耕录》《宜垦令》《农辑》和《农政全书》等。其中以贯穿着重农思想的《农政全书》为其代表作。

《农政全书》共六十卷，分为农本、田制、农事、水利、农器、树艺、蚕桑、蚕桑广类、种植、牧养、制造、荒政等十二章。每章之内，酌列子目，安排有关内容。《中国农学史》下册第十三章称：

> 以全国农业生产为对象，提出一整套的见解，这在徐氏以前还是不多见的，这实可以称为徐氏的“农政学”。书的取名，意义也许在此。

“富国必以本业”，这是编撰《农政全书》的指导思想。第一章《农本》，占三卷，首列《经史典故》，引经据典，阐明农业为立国之本。次为《诸家杂论》，是引诸子百家言论，说明农业的重要性。卷三为同时代人冯应京的《国朝重农考》，以明朝历代皇帝的农业政策、措施，引来告诫当世重视农业生产和慎用民力。第四章《水利》，占九卷，本书《凡例》说：

> 水利者，农之本也，无水则无田矣。水利莫急于西北，以其久废也。西北莫先于京东，以其事易兴而近于郊畿也。

这是对当时国家大势的具体分析的正确结论。北方广阔的荒地久弃未耕，首都和驻军需要的大量粮食要从遥远的长江下游运来，都是迫切需要解决的难题。徐光启本人曾在天津开荒屯垦，新辟水田，进行试验。在《水利》章中列十一项子目，着重介绍水利工程规划及施工技术，并引王祯《农书》的水利图谱和他自己笔录的熊三拔《泰西水法》。这一章的时代感和科技性都很强。为了稳定明王朝的统治，备荒救灾，第十二章《荒政》占十八卷，实际篇幅达全书的三分之一以上，体现了“预弭为上，有备为中，赈济为下”的救灾方针。预弭是浚河筑堤，宽民力，祛民害；有备是尚蓄积，禁奢侈，设常平，通商贾；赈济是给米煮盐，计户而救之：都是积极的办法。尤其是预弭与有备，含有改良政治的要求了。如若不是清正廉洁的政府，怎能做到治河通商，不浪费民力而祛民害吗？

《农政全书》在编辑方法上也有特点。全书对前人的农书和有关的农业文献，进行系统的摘编。据康成懿《〈农政全书〉征引文献探原》以及石声汉《中国古代农书评价》中的订正，总结前人的和当代的经验之外，在杂采众家方面，书中共引用了文献二百二十九种之多。例如：从明邝璠《便民图纂》中引用材料四十七则，又未说明出处而见于《便民图纂》者七十八则。引用《本草纲目》处，计草部十八则、谷部十四则、菜部二十四则、果部四十则、木本部十一则、虫部二则，共一百零九则；未注明出处而见于《本草纲目》者，有七十四则。《荒政》部分，除收集了历代常平仓备荒和赈济材料外，并将朱橚《救荒本草》和王磐《野菜谱》两书中可作代食品者全部录载。此外，他自己在农业和水利方面的研究成果和西书的译述，也分别摘录编入。所以，《农政全书》可以看作是当时我国农业科学遗产的总汇。

在文献处理上，《农政全书》不是简单照抄，而是立定专题，系统摘录，还加了评语，或用夹注、补充方法，不但弥补了古文献中的缺陷，还提高了原材料的科学价值。根据自己平生不懈的试验研究，调查访问，他还把文献资料与生产实践经验进行综合分析，不但使旧文献获得新生命，并进而探索规律，对不少农业问题提出了创见。徐光启虽博采前人著述，大量利用，而不盲从。辛树帜、王作宾《〈农政全书〉一百五十九种栽培植物的初步探讨》一文，很具体地提出，徐光启对于植物的原产地和引入年代以及何书首先著录等考源问题，采取慎重和存疑态度。他们以所谓张骞从西域带回的植物为例，肯定"徐氏胸中自有经纬"，故能不从旧说而任其空白。这都表现编辑家应有的谨严和慎思。

整个《农政全书》约有七十万字，徐光启自己写的部分，注明"玄扈先生曰"者，据康成懿查明，约为六万一千四百字，占全书约近十分之一。自写的文字，即使三言两语，也显示了科学家的卓识；而在全书主题、架构、材料安排上，则显示了编辑家的功力。不过，由于他公务繁重，没有来得及最后定稿，加之后经陈子龙等增删，以致所引文献的出处、评语应放的位置等，也存在不少问题。

徐光启对编辑事业的贡献，第三项是主编《崇祯历书》。由于为力求探究天体运动现象缘由的哲学精神和逻辑方法所吸引，徐光启对西方天文学的研究一直保持很大兴趣，切实掌握了欧洲天文学知识，预报万历三十八年（1610）十一月一次日食曾被证实。同时，沿用了二三百年的“大统历”多次出现不符天象的现象，到崇祯二年不得不进行历法改革工作时，他被一致推举，可说是众望所归。他本人也算是得到一展所学的机会，便在晚年应时代的要求而毅然担当起这一任务了。

徐光启的改历工作是以西法为根据。他本来就主张渐次推广历算之学，提出过“度数旁通十事”的计划。对于改历工作的安排设想是：欲求超胜，必须会通；会通之前，必须翻译。“翻译既有端绪，然后令甄明《大统》，深知历法者参译考定”；到了“事竣历成，更求大备。一义一法，必深言所以然之故；从流溯源，因枝达干。不止集星历之大成，兼能为万务之根本”。从这里可以看出，他对于介绍国外先进科学技术，组织翻译工作，开展深入研究，是具有何等深刻的认识！

在他的主持下，改历工作首先集中力量于翻译，包括欧洲天文学的理论、计算和测量方法、测量仪器、数学基础知识以及天文表、辅助用表等的介绍、编算等。正如薄树人《徐光启的天文工作》所说：“这实在是在编纂一部巨大欧洲天文学丛书，只是因为内容主要原是外国的东西，因此叫它‘翻译’。”在编书的同时，也安排了观测计划，收集天文数据，作为修订的准备，同时用来验证西法的准确性。

为使编辑工作有条不紊地进行，也为了后人学习的便利，他提出了十六字方针："叙述既多，宜循节次；事绪尤纷，宜先基本。"他还将全部分成节次六目和基本五目。前揭薄文对此有简明解释，节次六目是：日躔历、恒星历、月离历、日月交会历、五纬星历、五星交会历。这也就是天文学丛书中六部最重要的著作，研讨天体运动的规律，介绍测量及推算其运动的方法。六部书前后呼应，从简单到复杂，从基本到推广："循序渐作，以前开后，以后承前，不能兼并，亦难凌越。"基本五目是指：法原、法数、法算、法器与会通。这是这部丛书的五大纲目。法原是天文学基础知识，包括球面天文学原理等。节次六目也可属法原。法数则是天文表，附有使用法。法算是天文学计算中必需的数学知识，主要是三角学和几何学。法器是天文仪器。会通是指旧法和西法的度量单位换算表。这五条纲目网罗了有关天文历法的全部重要知识。徐光启称这五目是"梓匠之规矩，渔猎之筌蹄；虽则浩繁，亦须随时并作，以周事用"。

整个计划的安排，不论从科学内容看，还是从编辑原理看，都有条有理，步序分明，层次清楚，这样的主编是十分出色的！在中国编辑史上，担任主编者，多以位尊官高者充任。继司马光之后，徐光启是真正以学术和识见之优胜，而为众所推服。他是我国主编科学书籍的第一人！

在他着手之初，由于清兵入侵，蓟门报警，他全力投入了守卫京城的工作。到次年秋天，京师解围，他立即全力投入编辑和观测工作。他善于物色人才，培训青年，指导他们学习西法。他还和传教士邓玉函、龙华民编算书历表，和罗雅谷、汤若望译撰天文理论著作。夜晚登天文台观测天象，他曾跌倒受伤。许多稿件，经他修润成书。由于他入阁拜相，公务极繁，他推举的历书主编还未到来，这项工作仍归他负责。他说，只能“于归寓夜中篝灯详绎，理其大纲，订其繁节”。徐光启是一位多么负责的、名副其实的大主编！

徐光启日夜勤奋工作，抓紧对历局的领导，到崇祯六年（1633）十月三十一日，病情已重时，他在《历法修正告成书器缮治有待请以李无经任历局疏》中，最后报告历书编辑情况称“广集众思，求底成绩”，已进过历书七十四卷。新成者诸书共六十卷，其中三十卷“略皆经臣目手，业已誊缮”，另有三十卷“尚属草稿，内经臣目者十之三四，经臣手者十之一二，亦可续写进呈”。这时距他逝世只有八天！这部丛书总共四十五种、一百三十七卷。清朝的历书，基本上采用明代的《崇祯历书》。

徐光启治学：他曾自述：“少小游学，经行万里，随事谘询，颇有本末。”他的儿子徐骥说他父亲，“广谘博讯，遇人辄问，至一地辄问，问则随问随笔，一事一物，必讲究精研，不穷其极不已”。

徐光启论文：他为座师焦竑《澹园集》所写序言称：“文要有益于世”“读其文而能有益于德，利于行，济于事。”

徐光启办事：他的门生张溥在《农政全书》的序言中说：“予在长安，亲见公推算纬度，昧爽细书，迄夜半乃罢。登政府日，惟一老班役，衣短后衣，应门出入传语。易箦旅舍，橐中不盈十金。古来执政大臣，廉仁博雅，鲜公之比。”

徐光启待人：他对他领导的编辑部（历局）人员的意见和劳动十分尊重，临终前夕特意上了一个奏疏，列举了几乎全部主要人员的功绩。他说："自非集思广益，何能速就。"对于外国传教士也关心护持。《明史·意大里亚传》说，"其所著书多华人所未道"，徐光启等"首好其说，且为润色其文词"。

十六七世纪时代，即培根与徐光启的时代。在欧洲，出现了不少被恩格斯称为"学问上、智力上和性格上的伟人"。在中国也是人才辈出：李时珍撰《本草纲目》，徐弘祖撰《徐霞客游记》，宋应星撰《天工开物》，都在科学上各有卓越成就。李贽、焦竑、张溥、谈迁等，也是思想开阔活跃的人物。当时围绕在徐光启周围的学者，梁启超称之为"治利、徐一派之学者"，列举近二十人之多，说是"可想见当时此派声气之广"。李贽与利玛窦曾三度相会，有诗相赠；《利玛窦中国札记》亦有简记。佛教莲池法师亦与利玛窦有书札往来论学。徐光启在思想上、学识上、实践和品德上，更为这个时代放出灿烂的光彩。梁启超强调这个时代"为中国学术史上应该大书特书者"。可是，自培根死去，西方近代科学有了飞速发展，为什么徐光启身后中国没有走出中世纪呢？这是一个至今仍值得思索和探索的重大问题。

北京宣传文化引导基金
BEIJING CULTURE GUIDING FUND
北京宣传文化引导基金资助项目

歷代編輯列傳

戴文葆・著

下册

北京联合出版公司
Beijing United Publishing Co., Ltd.

冯梦龙

在我国文学史上，通俗小说的社会价值、白话文学的创作形式到明朝才第一次为文苑所肯定和赞赏。在众多的文人才士中，对于短篇小说的编辑加工，民间俗曲的搜集整理，致力最久而成就最大的人，当推自署为墨憨斋的冯梦龙。由于他满腔热情地从事编辑工作，明显反映了当时的社会意识，使短篇小说和戏曲民歌在明代文学中具有突出的意义。历来都称他为文学家、戏曲家，其实他在文学上的贡献是通过开创性的编辑工作而呈现的，所以应该首先称他为大编辑家。

一

冯梦龙（1574—1646），字犹龙，又字公鱼、子犹，别号龙子犹、墨憨斋主人、吴下词奴、姑苏词奴、前周柱史，还有顾曲散人、香月居主人、詹詹外史、茂苑野史、绿天馆主人、无碍居士等笔名和化名。此外如姑苏笑花主人、桃园居士、静霄主人等，亦疑即冯之化名。南直隶长洲（今江苏苏州市）人。长洲县与吴县同城；自唐至明，为平江府、苏州府治所，冯梦龙亦自称“直隶苏州府吴县籍长洲人”。他用的笔名大都有些含意，日本盐谷温《论明之小说三言及其他》一文指出：“茂苑野史大概就是冯梦龙了。在左太冲的《蜀都赋》里有

‘佩长洲之茂苑’之句，所以茂苑不妨看作长洲之异称。”

关于冯梦龙的身世，由于资料缺乏，知之不详。马廉考证了他的生卒年。自 20 世纪 30 年代容肇祖发表《冯梦龙的生平及其著述》正续两篇后，奠立了研究的基石。1987 年 5 月中旬，在苏州举行冯梦龙学术讨论会时，学者仍在探求其生平事迹。冯氏与当时苏州地区的仕宦著姓，如嘉定侯震旸家、吴下王仁孝家，均有通家世谊。冯梦龙表舅毛玉亭曾任知府。他自撰的《醒世恒言序》末曾有“理学名家”的印章，可见他当出生于仕宦人家，其父功名不显罢了。兄弟三人，其兄冯梦桂是个画家，曾校阅乌程董斯张著《广博物志》；其弟冯梦熊为太学生、诗人。他们都受过传统的教育，有声于乡里，时称“吴下三冯”。

冯梦龙少时就很有才情，为同学生员所推服，文从简说他“早岁才华众所惊，名场若个不称兄”。他博览群书，精研典籍，思路活跃，不拘拘于章句之学，学问的基础非常广泛。王挺后来的挽诗有句云：“上下数千年，澜翻廿一史。”不同于一般只读四书、揣摩八股、应举赶考的士子。不过，按当时的社会政治环境而言，读书人只有通过科举谋出路。然而，科举折磨了冯梦龙。尽管他也研习时文，致力于举子业，还编辑了《春秋衡库》《麟经指月》等辅导科考的书籍，别人读了能够考中，他却屡困场屋，青壮年时期始终未能一第，长期一领青衿而已。

冯梦龙二三十岁至五十七岁考取贡生中的三四十年，也就是大约整个万历、天启两朝间，现在只知道他的一些片断情况，由于不知其详，尚难连贯起来，叙明原委。在科举中连遭失败的冯梦龙，学习晋人风度，放旷不羁，冷眼观看人世，言行常越出名教之外。加之历代谣风之盛，莫过于晚明，文人狎妓冶游，又常与文学活动相交错。冯梦龙一度与名妓侯慧卿相好，曾有白首之约，后来侯氏琵琶别抱，冯梦龙忆往诗有“最是一生凄绝处”之句。科场与情场的失意，使他在忧愤之余，转而寄情于文学，注意白话小说和时兴歌曲。这才叫坏事变为好事，没有获得功名和爱情，从此却陆续思考文学的动态、时代的要求，编出一大批传世的书来。

晚明政治腐败，社会杌陧不安，意气相投的士大夫间，往往结社议政、讲学、论文，或借此相交游，骂古以刺今，针砭末俗，聊以自娱。据以博学著闻的董斯张记述，冯梦龙三十岁前就和他有过结社活动，他们当时征逐于花街柳巷，诗酒酬唱。三十来岁时，他又和江南名士文震孟、姚希孟、钱谦益等七人组成韵社，彼此相引重，交游甚欢，推冯为同社长兄。据自称为“韵社第五人”者说：“韵社诸兄弟抑郁无聊，不堪复读《离骚》，计唯一笑足以自娱，于是争以笑尚，推社长子犹为笑宗焉。”这显然是才智之士沉埋低层，目击种种可笑可恨的社会弊病，无力回天，不过以谈笑讥刺，讽一劝百，发抒胸中愤懑。日后文震孟为阁学，姚希孟任宫詹，钱谦益膺侍郎之命。冯梦龙到四十多岁依旧是一名秀才，不过和同社的袁于令（1592—1674）以戏曲家著闻于江南。

有的小传说：“冯梦龙是一个关心政治的人。明思宗崇祯五年，著名作家张溥、张采等在苏州虎丘举行复社成立大会，冯梦龙也参加了。”“冯梦龙是复社的一个积极社友，被社友们尊之为‘同社长兄’。”按复社这个文学政治团体，集会非一次，而以崇祯六年（1633）张溥主盟的虎丘之会为极盛，治党社史者多艳称之。记载复社成员姓氏的书籍，至今尚存多种，我遍查未见冯梦龙之名。不过张溥与侯峒曾友好，有诗相赠。侯峒曾后起兵抗清保乡里，事败，挈二子投水死；其弟侯岐曾则列名于复社。至于“同社长兄”，指韵社诸兄弟推冯梦龙为社长，“韵社第五人”题《古今笑》文第一段言之甚明。研究者近年从阮大铖集中发现崇祯三年与冯梦龙倡和诗。以上各情，可见他当日交游也颇复杂，既有切磋诗文、评论当世的活动，也有张扬邀誉、求取功名的想法，并不是单纯的热心于政治而抗世的人。

万历三十八年（1610）前后，冯梦龙三十六岁上下，读书于嘉定侯震旸家西堂，与其子“三瞻”——豫瞻（峒曾）、梁瞻、雍瞻（岐曾）弟兄及其地名士论学酬唱，砥砺道义，相处甚得。这一段读书生活，他后来在《侯雍瞻西堂初稿序》中回忆说，那时“卷帙过从，固无虚日”“极一时父子兄弟朋友文章之乐”。与此同时，麻城陈无异任吴县令，推荐过他；江夏熊廷弼督学南畿，执法严峻，但十分赏识冯梦龙的才学，予以甄拔，从而结下了密切的师生之谊。万历四十年至四十五年间及万历四十八年，应黄安、麻城豪门著姓之邀，前去教授这些人家的子弟。适应该地治学的传统，冯梦龙专心研治《春秋》，为此编撰了《麟经指月》一书。天启五年编写了《春秋衡库》，以后又编过《别本春秋大全》《春秋定旨参新》等书。虽说是博采历代诸儒议论，实际以南宋胡安国《春秋传》为主。明初崇尚程朱，以胡安国之学私淑程颐，当时即定胡传为科举取士的教科书。《四库全书总目》卷三〇评论冯梦龙关于《春秋》的论著称“其书为科举而作”，无非“以备时文捃摭之用”，学术价值不高。编辑这些辅导教材，固属是迫于生计，适应教学的需要，也说明他科场屡次受挫，仍然没有忘情于科举进身之途。据说他常抚书喟叹："吾惧吾之苦心土蚀而蠹残也，吾其以《春秋》乎哉!"（冯梦熊《麟经指月序》）这里流露了才智之士在封建压抑下的悲哀。

冯梦龙的思想毕竟是很活跃的。在万历三十六七年，李贽（1527—1602）的学生杨定见到苏州，带来李贽批定的《水浒传》抄本，冯梦龙读后很喜爱。李贽是服膺王学左派的思想家，又受禅学影响，以"异端"自居，大胆揭露封建教条和假道学，并重视小说戏曲在文学上的地位。读了他评点的《水浒传》，冯梦龙便与袁无涯、许自昌"相互校对再三，删削讹谬"（引自许自昌《樗斋漫录》卷六），附上《杂志》《遗事》，"精书妙刻"，予以出版，这就是现存的《出相评点忠义水浒传》。又据沈德符《野获编》卷二五载，冯梦龙在他那里见到《金瓶梅》抄本，不胜惊喜，便"怂恿书坊以重价购刻"。不久还把罗贯中写的《平妖传》，由二十回增补为四十回，强调了"妖由人兴"的看法，发人深思。

天启元年，后金统治者不断南侵，辽阳、沈阳失守，明政府为了应付辽东败局，再次任命熊廷弼（1569—1625）为经略。冯梦龙与熊廷弼有师生之谊，可能前往随军效力。但明朝统治集团内部党争不已，前线广宁（今辽宁北镇）巡抚王化贞又不受调度，次年大败溃退，熊廷弼被迫离职，后来又被在朝专权的魏忠贤冤杀。与此同时，据冯梦龙《吴邑令万公去思碑》中称，天启二年（1622），他"因言得罪上，旋复里居"。冯梦龙究因何言得罪，经过情况如何，亦不知其详。直到崇祯三年（1630）入国学为贡生时，他就没有远离过吴中。

尽管是获罪归里，家乡对他还是很优容的。先后担任县令的万谷春、陈文瑞都与他订交，相处密切。天启六年，大宦官、司礼监秉笔太监魏忠贤派遣缇骑至苏州搜捕东林党人周顺昌，激起苏州居民愤慨，数万群众围殴缇骑，冯梦龙和许多生员都同情反宦官的正义行动。后被彻查时，县令保护了他，才未遭迫害。他不时还与僧徒交往，为他们寺庙的营建盛事写些纪念性文章。

泛览百家的冯梦龙，从万历三十年前后收集时兴歌曲起，到崇祯初年约三十年间，他的主要社会活动是从事编辑工作，把精力倾注在通俗文学上。坐馆和编书，也是这位清贫的秀才衣食的来源。郑振铎《明代的小说与戏曲》一文说：

> 明末的士大夫官僚地主阶级重享受、有闲，因此又要求短篇故事，这在市民也是欢迎的，短而易懂。于是又产生了许多短篇小说。当时江苏人冯梦龙靠改书和戏曲维持生活，他曾改了《平妖传》《列国志》等书，他收集了自唐代以来的短篇小说，编成《古今小说》，后改名《喻世明言》。以后他又收集一部分名《警世通言》，很受群众欢迎。后来他又收集剩余的一些并加一点，补充成四十篇称为《醒世恒言》，合在一起称《三言》，共一百二十多篇。在戏曲中他也有很大的加工，《玉堂春》《杜十娘怒沉百宝箱》，都写的很好，也很流行。

从青年时代搜集整理刊行第一部民间时尚小曲集《广挂枝儿》起，冯梦龙就立志献身于民间通俗文学的编辑事业。《广挂枝儿》刊行后，由于内容多写男女恋情，曾遭到卫道者的攻讦。幸赖学使熊廷弼的缓解，得以无事。冯梦龙并没有因为遭到压制而停止这方面的编辑工作，他以更大的热情编纂了《童痴一弄·挂枝儿》和《童痴二弄·山歌》。这些民间曲调，可说是明代文学中的一绝。与冯梦龙同时而友善的学者沈德符说，当时“不问南北，不问男女，不问老幼良贱，人人习之，亦人人喜听之”。自冯梦龙编辑成集并出版后，更是“举世传颂，沁人心腑”（《野获编·时尚小令》）。接着，他又编选了两本笑话集——《笑府》和《广笑府》。万历四十八年，他编印了《古今笑》三十六卷，从各代正史及野史笔记中搜罗了种种可笑可憎的病态怪状，并加点评，成为一部隐然含有政治意味的笑话集，其中有些故事揭露了封建社会的心态，展示了中古精神的病毒，至今仍有一定的认识价值。天启朝魏阉专权，冯梦龙困居故里，勤奋编书，《古今小说一刻》（后改名《喻世明言》）、《警世通言》《醒世恒言》都是这时期的力作。《情史》编成大约早些。尽管这时缇骑横行，在苏州最动乱的天启六年，冯梦龙说：“余坐蒋氏三径斋小楼近两月，辑成《智囊》二十七卷。”同年又编成《太平广记抄》，写了很多批语。次年刊行《太霞新奏》十四卷，为散曲的汇编巨览；还将《古今笑》更名《古今谈概》，再次刊行。这时，他所纂辑的《三言》，不仅是我国古代白话短篇小说的三部最丰富最重要的选集，而且经他高手编辑整理，去芜存精，遴选润饰，成为一个时代的文学，反映出整个社会经济和世俗风习的变化，犹如一轴色彩绚丽的社会各阶层生活的风情画。他一生的编辑工作在这时处于巅峰状态。

崇祯三年，多年困顿的冯梦龙成为一名贡生，大约在次年被任命为丹徒（今江苏镇江市）县学训导。在职期间，编了《四书指月》一书，教授生员。崇祯六年，御史祁彪佳巡按苏松，这位山阴澹生堂主人喜藏书，爱好戏曲，折节与冯梦龙订交，并嘱托他编辑吴江派南曲宗师沈璟的遗著。崇祯七年，刚完成《智囊补》的编辑工作，便升任福建寿宁知县，这时已六十一岁。

寿宁在福建东北部，与浙江邻接，号称“两省之瓯脱，五界之门户”。境内万山逶迤，花竹繁殖。官署在城内镇武山上，房止二进，虽朴陋而高爽。冯梦龙说：“三峰如髻，俱从堂脊窥人。东为学署，山未经划，每大雨后，水从墙隙喷出，西流绕内堂而南下，直入大溪，声淙淙入耳。忽作岩川观，忘其身之为俗吏也。”寿宁是僻处山区的小县，并非乐土。冯梦龙远别江南水乡，来此知县事，将从小攻读经史，所受修齐治平的教育，用到临民施政上来，有志做个清官。他微服私访，明断讼案，智捉土霸，兴利除弊，颇有政绩。但寿民赋税负担甚重，冯梦龙有题为《催征》诗云：

不能天雨粟，未免吏呼门。
聚敛非吾术，忧时奉至尊。
带青砻早稻，垂白鬻孤孙。
安得烽烟息，敷天颂圣恩？

这首诗曾被钟惺、谭元春收入《明诗归》中，钟惺于颈联下评云：“下句更惨。二语出自催吏口中，亦无可奈何之极矣。”诗末又评称：“犹是催科，而中存仁爱，此儒吏、俗吏之别。”他自己在诗前也写道：“长民者可以恻然矣！”

冯梦龙在职期间，政令清简，禁止勒索扰民，修建学舍，亲自讲学。民俗重男轻女，生女则溺死，他发布文告，严厉禁止，其《禁溺女告示》很有特色。文告开头说：

> 寿宁县正堂冯为严禁淹女以惩薄俗事：访得寿民生女多不肯留养，即时淹死，或抛弃路途。不知是何原故，是何心肠。一般十月怀胎，吃尽辛苦，不论男女，总是骨肉，何忍淹弃？为父者你自想，若不收女，你妻从何而来？为母者你自想，若不收女，你身从何而活？……

这种文字，明白晓畅，讲清了反对重男轻女的道理，又将文学上通俗化的主张贯彻到公文里，是一种大胆的革新。

冯梦龙在寿宁任内，还编了一本新颖的县志，称《寿宁待志》。不叫县志，而称“待志”，隐寓“宁逊焉而待之”的深意。继万历二十三年县志之后，记载寿宁县的历史、地理、政治、经济以及风土人文情况等等。他在《寿宁待志小引》中阐明了编辑宗旨和方针：

> 略旧所存，详旧所阙。四十五年间，时事之于促，风俗之淳浇，民生之肥瘠，吏治之难易，一览三叹，司牧者可以兢兢乎哉！不敢志，不敢不志。待之为言，欲成之而未能也。

本来县志是官府编写的地方志，知县挂名为监修、主纂，实际上是他们的属吏、幕僚和地方士绅共同编撰的，大多因袭旧志，很少新采访的第一手材料。冯梦龙所修《待志》则别开生面，志中材料除根据官文书并参考旧志外，大部分是他亲身经历，或亲自调查采访而来。所作评论，完全是他个人的见解，可以看作记载他的政治思想和施政活动的实录，保存了他生平经历和地方情况的珍贵材料。例如《待志·里役》中的关于造解黄册及迎送新旧官员的条陈，充分体现他的简政轻赋、与民休养生息的理想。《待志·赋税》中记载了寿粮原额，男丁约纳银四钱三分，总起解之数多至三千三百两有奇。这只是一个贫瘠小县，可知晚明政府搜括剥削之重。他叙明各项具体数字后说："使览者知寿民之艰与寿令之苦，冀当路稍垂怜于万一。"这是读书人当官后良心未泯的哀鸣。《寿宁待志》刊刻于崇祯十年春，竹纸印刷。版心高十九厘米，宽十三点四厘米。右行直排。每叶九行，每行二十字，分上下两卷。原书国内已佚，幸流入日本者仍存，福建人民出版社 1983 年据日本藏本影印本排印出版。冯梦龙在寿宁任内，还写了《万事足》传奇，生前未及刊刻。

崇祯十一年，冯梦龙任满，归隐苏州。"归来结束墙东隐，翰鲐机莼手自烹。"诗虽是这么吟，却并没有负手不干编辑工作了。他记住祁彪佳的提议，搜访并编辑了吴江沈璟及其子侄的戏曲。此外，他继续更订别人所作传奇多种。完成了《新列国志》的增补工作，计一百零八回，系据余邵鱼《列国志传》辑演而成，搜集大量材料，考核敷演，对原著大加充实改进。书坊主人叶敬池在《新列国志》扉页的《识语》中，还说明冯梦龙继续对《两汉》故事一书做订补工作。崇祯十六年(1643)，冯梦龙七十岁。万历进士、崇祯初礼部侍郎、当时在士林颇负盛名的常熟钱谦益，作《冯二丈犹龙七十寿诗》云：

晋人风度汉循良，七十年华齿力强。

七子旧游思应阮，五君新咏削山王。
书生演说鹅笼里，弟子传经雁瑟劳。
纵酒放歌须努力，莺花春日为君长。

前两句称颂冯梦龙的为人，是风流蕴藉的名士，登上仕途也是个好官。齿力尚强，毕竟老迈年高；又值国家动乱，内忧外患，旧日游处的友好，不久便在国变中分道扬镳了。

崇祯十七年甲申三月，李自成率农民起义军推翻朱明王朝。接着清军入关，进占北京，并挥军南下。江南一带展开抗清斗争。先是福王政府成立于南京。次年乙酉春夏间，清军攻破扬州，占领南京。明朝一部分官绅迎鲁王于绍兴，另一部分官绅复立唐王于福州，他们都主张坚决抗清，得到人民的支持。在这天崩地裂的事变中，冯梦龙悲痛莫喻，感奋填膺，有志抗清，盼望中兴。

在甲申事变后，"燕京化为胡国"，他根据先后出京南来者五人口述情况，编为《甲申纪闻》一卷。既而博采耳目所传草《纪事》一卷，又别为《绅志略》，且将程源《孤臣纪哭》、无名氏《都城日记》、陈济生《再生纪略》，连同前编《纪闻》，汇编为《甲申纪事》。后又辑时事为《中兴实录》，记南北变故而编《中兴伟略》，还写了《钱法议》论文。严峻的世事比他所编的小说更离奇可怪，他看到守土之臣，"敌来则逃，敌退复往""捆载而归，恬不知耻"；官兵"勇于残民而怯于赴敌""公然扫掠民间""兵富而民贫，兵乐而民苦"；朝廷"门户情面之垒，胶结不破，则依附有神梯""贫贱无出路"。他反思"太祖高皇帝逐胡清华""祖制密于防乱而疏于求治"。他将所有这些感受一一写在上编各书的叙言里，并提出如下建议：

别忠逆以励廉耻，一兵将以肃军容，诛贪墨以苏民命，严稽核以清课额。(《中兴实录叙》)

他满心希望“恢复大明不朽之基业”，“枢府与大将实实为国家大做一番”，不顾年迈路险，奔走于浙闽之间，如王挺在后来挽诗中所说：“忽忽念故园，匍匐千余里。”他把希望寄托在“固守闽广一隅”(《中兴伟略引》)。世乱时艰，民族危机空前严重，冯梦龙的生命之火形将熄灭，最后却放射出爱国思想的强烈光芒。

朱明帝国毕竟已经腐败得无可救药了。明隆武二年、清顺治三年（1646），冯梦龙在奔走劳累、理想一再破灭的困境中，怀着满腔悲愤，与世长辞了。到清朝修《苏州府志》时，有关这位大编辑家、文学家的生平，记载极简，只有“才情跌宕，诗文丽藻，尤明经学”（卷八十一《人物》）数语，于其成就与贡献，尚不契合，对他已不甚理解了。

二

冯梦龙不为正统文化界所理解。清康熙间文学家朱彝尊评论他的诗称：“善为启颜之辞，闲人打油之调。虽不得为诗家，然亦文苑之滑稽也。”（《静志居诗话》卷二七）他的诗文集《七乐斋稿》至今仍未发现，从他写的残存的散曲中可以看到，细腻曲折的描写，生动新颖的语言，也许因此而被误解为“文苑之滑稽”。乾隆间四库馆臣，对于他在通俗文学方面严肃认真的编辑工作，具有时代特征的文学理论，是视而不见的。《四库全书总目》中仅著录《春秋衡库》与《智囊》《谈概》三种而已，且谓前者“亦殊沓杂”（卷三〇），后二者“佻薄殊甚”，“无关大雅”（卷一三二）。《四库全书》子部十四类中虽有杂家类、小说家类，冯梦龙编辑的代表性作品，连存目也没有被列入。戏曲更是概不收录。

这也不奇怪，我国传统文学思想中自来存在着对立观点。16 世纪末 17 世纪初，李贽称道《西厢》《水浒》为古今至文（《焚书・童心说》），《拜月》《西厢》为化工之笔（《焚书・杂说》），还将《水浒》与《史记》、杜诗、《苏子瞻集》《李献吉集》并称为宇宙五大部文章（周晖《金陵琐事》卷一）。其后，在思想上受李贽影响较深的袁宏道，重视小说戏曲和民歌在文学上的地位，把《水浒》《金瓶梅》与董解元、王实甫、马致远、高则诚的戏曲及柳、辛词，列为逸典，与列为外典的《庄》《骚》《史》《汉》，陶、李、杜、白、苏、陆相并举，这就从实质上将元明戏曲小说与汉文、唐诗、宋词等量齐观了。冯梦龙正是在这种文学观的影响下致力于撰述和编辑事业的。随着商业城市兴起，主要包括手工业者、中小商人的市民阶层形成，像冯梦龙及其同时与后起的小说作家、小说编辑家，为广大市民群众所喜爱，当时的书商们为了适应市民群众的需要，曾约请他们从事写作和编辑。传本《古今小说》扉页上有书铺“天许斋”的三行题识；为冯梦龙刊行《醒世恒言》的叶敬池，与冯梦龙同时的凌濛初，都是晚明著名的出版家。冯梦龙的编辑工作中透露出近代的气息，这是我国编辑工作发展历程进入新阶段的标志。

从中古走向近代的道路是十分曲折而艰难的，在编辑工作中也反映出这条路上的坎坷与险巇，走出中世纪谈何容易！摇头晃脑诵读《诗经・国风》者，对《挂枝儿》不屑一顾，殊不知“风”就是民歌。顾炎武、黄宗羲诚然是17世纪的优秀思想家，顾氏《日知录》卷十三《世风》认为：词人的“淫词艳曲”“写而卖之在市不绝者”“宜与非圣之书，同类而焚”；在同书卷十八《艺文》中，对李贽称赞卓文君之奔相如为善择嘉偶加以痛斥，竟说：“自古以来，小人之无忌惮而敢于叛圣者，莫甚于李贽。”黄氏《明夷待访录》的《学校篇》提出：“其时文小说词曲应酬代笔，已刻者皆追板烧之。”清政府一再下令禁毁小说传奇，康熙朝以治理学知名的大臣汤斌，任江苏巡抚时，禁书坊刻印小说，在《禁邪说示》中称：“江苏坊贾，惟知射利，专结一种无品无学希图苟得之徒，编纂小说传奇。”“绣像镂板，极巧穷工。”同时有刘楷在《禁刊邪书疏》中说：

> 皇上严诛邪教，异端屏息，但淫词小说，犹流布坊间，有从前曾禁而公然复行者，有刻于禁后而诞妄殊甚者。

还有“一二书肆刊单出赁小说上列一百五十余种”（均见《清经世文编》卷六十八）。可见封建统治者对于流行甚广的小说传奇十分注意，坚决查禁。曹雪芹《红楼梦》第四十二回也揭露了那个时代对小说的态度，林黛玉在行酒令时无意漏出了几句《西厢记》戏文，薛宝钗便向她说了一套大道理：

> 你我只该作些针线纺绩的事才是，偏又认得了字。既认得了字，不过拣那正经书看看也罢了。最怕见了这些杂书，移了性情，就不可救了。

林黛玉素性高傲，不肯轻易许人，更不肯服人，但对薛宝钗所说看杂书不好，竟大感激。吴敬梓的好友程晋芳在《怀人诗》中先说：“《外史》纪儒林，刻画何工妍。”接着竟说，“吾为斯人悲，竟以稗说传!”这反而贬低了《儒林外史》的文学与历史价值。宋元以降，小说和戏曲开始发达，成为人民群众喜见乐闻的文学形式。这并不是偶然的现象，而是商品经济发展，城镇生活需要在文学上的反映。从上面谈到的片断事例来看，学者文人、当政官僚，乃至深闺淑女，对于这一历史趋势不能理解，且予鄙视，甚至力主禁止。比较观察之，生活在十六七世纪的冯梦龙，作为一个文学编辑家，以其敏锐的认识和辛勤的实践，不仅远远超过同时代人，而且超过了后来十八九世纪的许许多多人。通俗白话文学的勃兴，各种作品因被搜集、整理、编辑、刊刻而流传和发展，是中国文学史上的一件大事。中世纪网罗的突破，则还有待漫长时间的努力。

和古典编辑家所处的时代环境有所不同，冯梦龙生活在江南五府地区最繁华的苏州城内。明朝中叶，不但农业和手工业的生产水平超过了前代，手工业多已脱离农业而独立经营，生产力的提高和分工的加强，使商品货币经济有了更显著的发展。明代的印刷技术，在宋元原有的基础上大大地进展了，嘉、万时期是刻书业的黄金时代，苏州为著名的三大刻书地之一，胡应麟说：“其精，吴为最。”（《少室山房笔丛》卷四）小说戏曲创作的繁荣，更促进书坊的兴盛。书贾大批雇用工人刻书，同时约请有实学的人编书。这些读书人大多为科场失意者，或是科名不显，宦情淡薄，愿以编书选文维持生计。尽管这时商品经济还处在自然经济的附属地位，江南许多手工业的雇工与雇主行头的关系，已经不同于封建的人身依附关系或是宗法关系，而是把劳动力作为商品自由出卖。为书坊编书写稿者，也与古典编辑家自写自编、编创合一不同，他们走出自家的书斋，进入以“堂”“斋”“楼”命名的书铺，搜集、整理、删订、加工他人的精神产品，并与原著者同样署名。他们与市场经济信息相通，应书铺主人的要求，揣摩广大读者的需要，自写自编，或是辑集前人著述中某些专题材料，加以评赞批注，编纂成书，报酬则以银两计，刻成后还得样书若干部。个人的精神劳动社会化了，可以认为他们是近代职业编辑家的前身，这在中国编辑史上开辟了一个新纪元。冯梦龙就是这样值得瞩目的都市文化人。因为与晚明繁盛的刻书业关系密切，与仕途又没有多大的缘分，冯梦龙清贫的一生献给了颇具近代意义的编辑事业。

今日文学界公认作家冯梦龙是历史上对民间文学有杰出贡献的人。依我的体会，他对民间文学的贡献，正是借助于开创性的编辑思想和精当的编辑手段实现的。那么，冯梦龙在中国编辑史上的杰出贡献表现在哪些方面呢？

首先是趋时开拓，理论建树。历来编辑家的视界不出文、史、哲，谈论文学则以诗文为主体。小说、戏曲与民歌，都是不登大雅之堂的东西。明中叶以后，由于我国自身经济、社会生活和哲学思想的若干变化，激发了人们对现世利益与生活享受的追求，在文学创作方面，主要为小说、戏曲等通俗文学的创作，有了空前的发展。编辑出版界引导和鼓舞了这一发展，书籍市场出现了新的气象。郑振铎《宋元明小说的演进》一文接触到这一情况，该文第六节《短篇话本的结集及中篇小说的勃兴》有所说明，兹节略如下：

> 为明代小说史的光荣者，不仅是《水浒》《西游》《封神》及《金瓶梅》等的长篇巨著；短篇小说作者的鼎盛，也可以算是一件前古所未有的大业。宋人的短篇小说，传者惜不甚多。其所以不多，大约为的是单帙别行，易于散失之故。

这便说到了编辑的作用，由于没有编辑来加以汇集，单篇作品极易散佚。他接着说：

> 在明代嘉、隆之前，汇刻丛书的习惯尚未流行，经、子习用之书尚多未聚刻汇印，更不必说是小说了。汇印小说等杂书的风气，当起于嘉、隆之时而盛于万历。小说的汇刻日盛一日，故旧的话本既陆续的被搜集付刊，新著也日出不穷，以应市场上新兴的需要。所以到了万历、天启之际，不仅短篇的话本集流传甚广，即新著的产生也有蓬蓬勃勃的气象。

郑氏认为从嘉靖到明末，“实可谓为中国小说的最光荣的黄金时代。这时所有的小说，往往到了现代还流行不衰”。在这个时代中，应运而生、用力最勤、贡献最多、影响最大的编辑家，就是冯梦龙。

冯梦龙对他所从事的编辑工作，对他自己所编辑的书籍，都有理论认识。编什么，选什么，具有一定见解。他的观点，甚至可以说，他的政治态度，始终活跃在他的编选工作中。通过编选作品，撰写序言，上升为理论。他对白话通俗文学的理论建树，就是经由谨严认真的编辑工作而完成的。这是职业编辑家主体意识觉醒的重要标志。在他的笔下，有着和众多的读者心情相通的线路。

冯梦龙花费了很多时间和精力，搜集江南农村中传唱的吴歌，编成了《山歌》；又搜集在南北方农村和城镇中普遍流行的民间小曲，编成了《挂枝儿》。明朝中叶以后，那时已有作家如李开先、李梦阳、杨慎、贺贻孙等重视民歌，如贺贻孙《诗笺》谓："近日吴中山歌、挂枝儿，语近风谣，无理有情，为近日真诗一线所存。"但并没有一个人加以搜集和编成专集，也没有一篇比较全面而有系统的论述民歌的专文。只有冯梦龙做了采访搜集、整理编辑工作，并写出了研究论文，他的《叙山歌》就是开创性的专论，说明了这位大编辑家对于俗文学的见解：

> 书契以来，代有歌谣，太史所陈，并称《风》《雅》，尚矣。自楚《骚》唐律，争妍竞畅，而民间性情之响，遂不得列于诗坛，于是别之曰"山歌"，言田夫野竖矢口寄兴之所为，荐绅学士家不道也。唯诗坛不列，荐绅学士不道，而歌之权愈轻，歌者之心亦愈浅；今所盛行者，皆私情谱耳。虽然，桑间、濮上，《国风》刺之，尼父录焉，以是为情真而不可废也。山歌虽俚甚矣，独非郑、卫之遗欤？且今虽季也，而但有假诗文，无假山歌；则以山歌不与诗文争名，故不屑假。苟其不屑假，而吾藉以存真，不亦可乎？抑今人想见上古之陈于太史者如彼，而近代之留于民间者如此，倘亦论世之林云尔。若夫借男女之真情，发名教之伪药，其功于《挂枝儿》等，故录《挂

枝词》，而次及《山歌》。

探本溯源，被缙绅学士排拒于诗坛之外的歌谣，早被编入《诗经》了。这种民间文学口头创作，不入缙绅之口，不与诗文争名，故不屑假；不屑假，便是真。情真而文真，这就是山歌极可贵的地方。冯梦龙主张发于中情，痛斥假诗文，这序便是一篇向正统诗坛缙绅学士挑战的宣言，是我国俗文学史上的珍贵文献。同时，他也论及山歌的局限，因屡受缙绅学士的排斥，山歌愈来愈被轻视，歌者也愈来愈无心歌唱，所以流行的都是爱情歌了。山歌作品中缺少现实性的社会内容，全是写的男女私情，冯梦龙编就后称之为一部“私情谱”，这就指出了山歌的一个缺陷。这也是山歌受封建正统诗坛排斥压制的结果。这篇序言展示了编者的卓识，也应看作是我国编辑史上的珍贵文献。

三

在戏曲理论方面，冯梦龙也有所成就。与他同时的沈自晋，在传奇《望湖亭》第一句中，曾列举吴江派一些剧作家而加以评赞，其中称“龙子在多闻”。博学多闻的冯梦龙，自编剧本外，致力于改编别人的作品。他在《双雄记叙》中，批评了当时剧坛的种种流弊，反对单纯追求辞藻，“浓染牡丹之色，遗却精神”；主张创新，选声酌韵，否定“学画葫芦之样”。其后在戏曲编选实践中，比较全面地形成了“推陈致新”的见解，他在所写的序言、凡例中提出种种进步主张：

传奇之衮钺，何减《春秋》笔哉？世人勿但以故事阅传奇，直把作一具青铜，朝夕照自家面孔可矣。(《酒家佣叙》)

模情布局，种种化腐为新。(《楚江情叙》)

脱落皮毛，掀翻窠臼，令观者耳目一新。(《永团圆叙》)

散曲如往时所传诸套，习闻易厌。(《太霞新奏发凡》)

夫曲以悦性达情，其抑扬清浊，音律本于自然。(《风流梦小引》)

词学三法：曰调、曰韵、曰词。……以调协、韵严为主。二法既备，然后责其词之新丽。(《太霞新奏凡例》)

在戏曲界，他属于吴江派的苏州作家群，早年受知于格律派的宗师沈璟，但冯梦龙在为吴江派另一大家王骥德《曲律》作序称：

(沈)先生所修《南九宫谱》，一意津梁后学；而(王)伯良《曲律》一书，近镌于毛允遂氏，法尤密，论尤苛。厘韵则德清蒙讥，评辞则东嘉领罚。字栉句比，则盈床无合作；敲今击古，则积世少全才。虽有奇颖宿学之士，三复斯编，亦将咋舌而不敢轻谈，韬笔而不敢漫试。洵矣，攻词之针砭，几于按曲之申韩。然自此律设，而天下始知度曲之难，天下知度曲之难，而后之芜词可以勿制，前之哇奏可以勿传，悬完谱以俟当代之真才，庶有兴者。

作为一个编辑家，冯梦龙为王伯良的这一学术论著所写的序言非常得体，既看到该书总结前人创作经验的研究成果和积极意义，又看到“法尤密，论尤苛”而带来的“度曲之难”。正如刘大杰在《中国文学发展史》中所指出：“而这所谓‘难’，实际就是对戏剧创作的一种束缚，也正是格律派理论的一个大缺点。”《曲律序》既誉扬了自己宗奉的格律派，又突破了此派的藩篱。序中还批评当世诗文之滥，如“犬吠驴鸣”“人翻窠臼，家画葫芦，传奇不奇，散套成套”。这都是他持论高明与通达之处。

冯梦龙编选整理白话通俗文学作品，成绩最著的是小说。他对自编的三部短篇小说，题名为《喻世明言》（即《古今小说》）、《警世通言》《醒世恒言》的理论含义，曾有很概括的说明：

明者，取其可以导愚也；通者，取其可以适俗也；恒者，则习之而不厌，传之而可久。三刻殊名，其义则一也。（《醒世恒言序》）

刘大杰解释道：“《恒言》的序，可说是‘三言’的总序，把《明言》解作导愚，《通言》解作适俗，《恒言》解作传久，一面说明了小说的功用，同时又说明它的性质，这见解是好的。”（《中国文学发展史》下册）。最终的目标则是：能开“万世太平之福，其可量乎”！他很自豪地评价所编的“三言”称：“则兹刻者，虽与《康衢》《击壤》之歌并传不朽可矣。”这种对小说本身价值的认识，对于编辑小说意义的自信与自许，在文学史与编辑史上是前所未闻的第一声。

他编辑“三言”之初，就重视小说的教育作用。在《喻世明言叙》中说：

> 试今说话人当场描写，可喜可愕，可悲可涕，可歌可舞；再欲捉刀，再欲下拜，再欲决脰，再欲捐金；怯者勇，淫者贞，薄者敦，顽钝者汗下。虽小诵《孝经》《论语》，其感人未必如是之捷且深也。噫，不通俗而能之乎？

他肯定通俗的必要与重要，进一步阐明通俗小说的教育作用，比儒家的经典“捷且深”。在《警世通言叙》中指出：“六经、《语》《孟》，谈者纷如”“经书著其理，史传述其事”，都劝人向善。可是，“理著而世不皆切磋之彦，事述而世不皆博雅之儒”，那么，从何着手呢？“通俗演义一种，遂足以佐经书、史传之穷。”接着他谈到一个佣工代庖伤指而不呼痛，就是因为在玄妙观听了关云长刮骨疗毒、谈笑自若的故事。

至于小说内容上的真实与虚构，作品中的生活真实与艺术真实之间的关系问题，他认为最终要看行文立意的旨趣如何：

> 曲终奏雅，顾其旨何如耳！人不必有其事，事不必丽其人，其真者可以补金匮石室之遗，而赝者亦必有一番激扬劝诱、悲歌感慨之意。事真而理不赝，即事赝而理亦真，不害于风化，不谬于圣贤，不戾于诗书经史，若此者其可废乎！

他为“三言”争取存在，强调“为六经、国史之辅”。这些短篇小说通过故事情节和人物形象，在不同程度上反映了当时社会生活和人民的愿望，对于读者自有感染和教化的作用，但市民阶层的感情与意识本身，同时也包含着庸俗的封建的东西。冯梦龙在《醒世恒言序》中接触到问题的一个侧面，他说：

> 若夫淫谭亵语，取快一时，贻秽百世，夫先自醉也，而又以狂药饮人，吾不知视此“三言”者得失何如也？

冯梦龙是将小说当作现世人生的教科书，他在编辑工作中注意到绝不应以淫秽的狂药饮人。对于小说的理论认识，成为他激励自己从事编辑工作的动力，通过编选作品，来实现他毕生的抱负。这是一个大半辈子落魄奔走的读书人对于他的时代使命的回答。

其次，编稿认真，设想周到，在编辑方法上有所创新，这是冯梦龙的又一重大贡献。和古典编辑家藏之名山的想法不同，冯梦龙编书是为了两个需要：书铺市场的需要和个人生活的需要。他是一个落拓书生，泛览百家，才情出众，求售不得，治生无计，只好以编书和教书过活。他从事编辑工作的政治目的，是“导愚适俗”，采编种种人物故事、时调歌谣、传奇杂剧、幽默小品，来反映社会生活和美好愿望，通过人物形象和故事情节，启发城镇市民阶层用自己的眼睛去认识现实生活，认识社会历史，从而抒发自己的爱憎，表达赞赏或唾骂，唤起读者对现实生活享受的追求，于困顿郁积中发扬乐生情绪。他生活的时代，正是明朝黑暗腐败的统治日趋崩溃的时期，皇室、官僚肆意横行，民不堪命。冯梦龙在《谈概》的自序中已指出当时是封建“末世”，“既有一美，便有一不美者为之对，而况所谓美者又未必真美乎”。人们一旦戴上“进贤冠”，立即“面目顿改，肺肠俱变”。在那丑恶的世界里，冯梦龙愤激地指出：“富贵假”“功名假”“道德亦假”。他的社友梅之熉说：

> 世何可深谈？谈其一二无害者。
>
> 夫罗古今于掌上，寄《春秋》于舌端，美可以代舆人之诵，而刺亦不违乡校之公，此诚士君子不得志于时者之快事也！（《叙谈概》）

于是冯梦龙只得以编辑生涯打发他的一生。也正如署名为“韵社第五人”在《题〈古今笑〉》中所说：“请辑一部鼓吹，以开当世之眉宇。”冯梦龙以编辑终老，“以开当世之眉宇”自任。滥污的时代倒培育出一位才华横溢的大编辑家！

冯梦龙所做的编辑工作是各式各样的：采访民间口头创作来编书，如《挂枝儿》《广挂枝儿》《山歌》；从各代正史以及野史笔记中搜集可笑可憎的世态，略加点评编成书，如《古今谈概》（即《古今笑》）；辑集上百种单篇话本，做一番整理加工编成书，如“三言”；依据一部书，撷英去繁，评纂而成书，如《太平广记抄》；搜集情节可观的戏曲，删除枝蔓，按谱订正编成书，如《墨憨斋定本传奇》；增补修改他人的作品而成书，如《平妖传》《新列国志》；采集名家新制，依谱查定，细加批阅编成书，如《太霞新奏》；整理历史资料，以智导人，提倡情教而编书，如《智囊》《情史类略》。他当塾师、做教官、任知县都编书，长年维持生计靠编书，国破家亡、悲痛莫喻仍编书。他对编辑工作态度严肃，处理作品认真不苟，目光锐利，讲求技巧，在编辑方法上注意改进，很值得称道。这里只能列举几点，以见一斑。

编书选题决策高。宋元间说话人（即说书人）演讲故事所用的底本，通称“话本”。那时对民间文学有兴趣的文人，结成“书会”，与“说话”艺人合作，整理出这种底本，作为书写文学在社会上流行。但最初是以单篇的形式流行，不便保存浏览，艺术加工还不够完美。明代中叶前后，虽有洪楩辑印的《清平山堂话本》，后来又有《京本通俗小说》出现，不过汇刊的“话本”甚少，不能满足读者的需要。冯梦龙看到广大人民欢迎白话短篇小说，迫切需要汇集许多单篇编印成书，他搜集了古今名人演义一百多种，加以精选，并进行统一整理加工，编成了《喻世明言》《警世通言》《醒世恒言》三部选集。它们是话本小说的宝库。每书四十卷，每卷一篇，“三言”共收古代短篇小说一百二十篇。古代通俗文学作品本来传世无多，“三言”所收已是十分庞大的数字。选入三部集子的作品，一般都是长期以来脍炙人口和艺术上比较成功之作。试以《清平山堂话本》与之对照，冯氏没有选取的，大部分是比较平庸的作品。整个来说，作为白话小说选集的“三言”，这一选题设想好；分别来看，三部集子的篇目都经过审慎的遴选，内容十分丰富，不过也有一些糟粕。在冯梦龙所做的全部编辑工作中，最值得重视的便是“三言”的编选。当时另一位著名小说家凌濛初，在《拍案惊奇序》中便说“三言”编得好，宋元旧本“搜括殆尽”，在内容上“颇存雅道，时著良规，一破今时陋习”，而且“行世颇捷”，销路很好。

处理书稿严肃认真。“三言”所收的作品，都经过润饰加工，改订各篇题目，删去赘语游词，修饰文字，酌量添写一些小故事作为“人话”。有的更增添情节，改写的幅度相当大，等于新创作。这些工作都为了加强小说的形式，加强作品的艺术性。“三言”中既有宋元旧本，也有明代民间艺人、作家和冯氏自己的新作，各篇之间本无联系，时代相距也远，但我们读来觉得作品风格一致，很难区分哪些是宋元旧本，哪些是冯梦龙改写或自作的作品，全部为一个传统发展而来。从这里可以想象编者统一整理加工的才能和辛苦。增补改编他人的作品，可又决不自负才高，轻率从事。他的《新列国志》，是对余邵鱼《列国志传》的改写本，在《凡例》中说明参考大量典籍，查核史实，改正旧志的错误、疏漏，“敷演不无增添，形容不无润色”，既尊重历史，又注意小说的艺术之美。他改订的传奇有数十种之多，传世者共十四种。吴梅《顾曲麈谈》说：“每曲又细订板式，煞费苦心，其书固可传也。”墨憨斋定本中的小引、总评，就是他写的审读、修改意见书。

擅长编书加写批语。他所评纂的《太平广记抄》，共八十卷，辑取原书约一百万字。在小引中说明“喜其奥博，厌其芜秽”。选编时“芟繁就简，类可并者并之，事可合者合之，前后宜更置者更置之”，并且加了很多批语，其中文后总批二百二十六条，眉批一千七百二十三条，行侧夹批多条。批语就是“编者按”，帮助读者体察其中意义，或是解说事实等类。在他更订传奇作品时，也时时采用眉批方式，提示演员，何处为“精神结穴”，戏要做足；何曲演时不宜删略；对人物要演出气度与个性等等。这些批语最能反映编者的功力，有助于读者的玩味。

考虑书名须醒目动人。“三言”第一部初版时称《古今小说》，目录之前题作《古今小说一刻》。再版时又改成《喻世明言》。其后二刻、三刻也各有书名。这样，用喻世、警世、醒世，明言、通言、恒言，更体现了小说的真价。他的《古今笑》一书，实为《古今谈概》的重版，书名虽改，各则标题、行数，一仍《谈概》之旧。该书出版后，读者颇为踊跃。清人李渔注意到这一改动，他说：

> 同一书也，始名《谈概》，而问者寥寥，易名《古今笑》，而雅俗并嗜，购之惟恨不早。

编辑将稿件整理加工完成后，岂不应该再次考虑书名恰当与否吗？

编辑《挂枝儿》《山歌》过程中，对采集的来源、流传中的变动、同一歌词的异文，以及他对原词的改动，都一一注明，供读者了解和品评。这都是编辑应有的负责态度。

热情帮助作者，关怀提携后进，也是冯梦龙在编辑工作中的贡献。吴江戏曲作家袁于令写成《西楼记》后，把原稿送请冯梦龙指正。“龙览毕，置案头，不置可否。袁惘然不测所以而别。”当晚，袁氏又到他家，《渔矶漫抄》记称：冯氏说：“词曲俱佳，尚少一出，今已为增入矣。乃《错梦》也。袁不胜折服。是记大行，《错梦》尤脍炙人口。”褚人获《坚瓠续集》亦记有此事。时人沈自晋说：“（袁）幔亭彩笔生春。”《西楼记》情节曲折，在当时很流行，殊不知其中也有冯梦龙的心血浇灌在内。崇祯十五年，青年作者毕魏根据冯梦龙的小说

《老门生三世报恩》，改编成《三报恩》传奇。冯氏大为赞赏，他在序中指出："(作者）年甫弱冠，有此奇才异识，将来岂可量哉?"同时看出剧中有触犯时讳的地方，恐遭卫道者攻讦，特在序中解释道："至传中科场假借，或是稍触时讳。夫假借之得失，即命为之，况礼义不愆，何恤人言。……若执此为谤为嫌，是未通于命，又安足与言天下!"这可见他对后辈的爱护。他从福建任满还乡后，以著书自娱，交游中颇有不少年轻人，如太仓王挺、泰州黄云、长洲毕魏等。王挺后来在挽冯梦龙诗中述及他们过从情况云："予爱先生狂，先生忘于鄙。从此时过从，扣门辄倒履。"他与后进忘年相交，相互尊重，关系很亲切。

读冯梦龙所编纂书，展诵其序言、小引、总评、批语等，我深感其编辑思想中有新颖内核，生存于中古，头脑中却有近代观念的初步萌芽。正像他的友人推重的那样，他阅世较深，博古通今，越老越感到在思想和道德上和他生活的世界相分歧。他目击"势豪既吮血磨牙，虎豺遍地"(《真义里俞通守去思碑》)，"古今世界，一大笑府"（《笑府序》)。他明确表示："吾忧夫人性之锢于土石"（《智囊自叙》)，"死后不能忘情世人，必当作佛度世，其佛号当云'多情欢喜如来'"（《情史序》)，愿"借男女之真情，发名教之伪药"(《叙山歌》)，且申言："凡读书须知不但为自己读，为天下人读即为自己；亦不但为一身读，为子孙读；不但为一世读，为生生世世读。"(见其学生周应华《跋春秋衡库》）他编书的主旨是"警世""醒世"，"导愚""适俗"。他所编的书，"能令村夫俗子与缙绅学问相参，若引为法诫，其利益亦与六经诸史相埒"(《新列国志叙》)。他的思路与行径，是和人文主义思想一脉相通的，他是由中世纪向近代的转化期中的先进人物。

冯梦龙一生编辑整理了不少旧传长短篇小说，产生很大影响。其后有凌濛初，以文人的笔墨大量拟作话本，编著了《拍案惊奇》初刻和二刻。“三言”主要是编辑古本，“二拍”则都是自作。这两种书很受读者欢迎，但卷帙浩繁，书又难买，接着便有“三言”“二拍”的选本《今古奇观》面世。创作短篇者颇多，较著名的有天然痴叟作《石点头》，冯梦龙为他写了序；还有周楫著《西湖二集》，东鲁古狂生编《醉醒石》等。清人编刊的拟话本不少，其中承袭“三言”的选集有《觉世雅言》八卷、《警世奇观》十八帙及《今古传奇》十四卷。冯梦龙所编通俗小说，在康熙年间大量传到日本，深受町人（市民）喜爱。日本汉学家从“三言”“二拍”等书中选择了一些篇章，编成日本的“三言”——《小说精言》《小说奇言》《小说粹言》。石崎又造在《近世日本中国俗文学史》中说：“三言”等传入日本，使日本的小说界出现了新气象，“向沉滞的八文字屋本读者阶级（通俗读物读者们），介绍了全部新奇的怪异奇谈，即所谓读本的新世界”。这促使实行锁国政策的江户时代，逐渐从外来文化中学习了开明态度与进取精神。

研究明代文学理论的学者专家们，从小说、戏曲的勃兴中看出了明代中叶以后出现的变化。例如：吴调公把这一现象称为“文艺启蒙的曙光”；成复旺认为“文学解放思潮的高涨”是明代文学理论的特征，指出“文学解放思潮是市民文学思想同正统封建文学思想的分化”。我认为：大编辑家冯梦龙是这一解放思潮中的关键人物，推波助澜，做出了杰出的贡献。孙逊《东西方启蒙文学的先驱》一文，指出嘉、万年间文学创作出现一个空前辉煌的时期后，从世界文明的发展与新旧时代的交替的广阔视角，论及冯梦龙编辑的“三言”等书的价值，该文综合比较称：

> 这时期产生的一些优秀作品，堪与西方文艺复兴时期最伟大的作品相媲美。吴承恩的《西游记》和但丁的《神曲》，汤显祖的《牡丹亭》和莎士比亚的《罗密欧与朱丽叶》，笑笑生的《金瓶梅》、冯梦龙的“三言”、凌濛初的“二拍”和卜伽丘的《十日谈》、乔叟的《坎特伯雷故事集》，它们之间无论是题材还是思想倾向，都有着惊人的相似之处。它们各自在本国和世界文学史上的地位与作用，也大致相近和相当。它们都是代表了当时世界进步潮流的东西方启蒙文学的先驱。

卜伽丘、莎士比亚们身后出现了近代工业化社会。冯梦龙编辑的“三言”等书虽然向读者阐述了对封建社会的批判意义，但中国并没有走出中世纪，冯梦龙、汤显祖们身后出现的却是封建专制闭关的大清帝国。回顾我国思想文化发展史以及编辑史，冯梦龙留下的学术遗产值得进一步研究，还要研讨他身后历史发展的教训！

陈子龙

关心当代的重大社会政治问题，注意各门学科的探讨和进展，致力于开拓、创新和文化积累，是编辑工作者庄严的时代使命。明至末季，国势坐困，在内外诸条件的撞击下，思想文化方面迸发出近代启蒙的先声，编辑事业中出现了新格局。陈子龙主编并出版《明经世文编》，反映了编辑的自我认识，明代的文化增积。

陈子龙（1608—1647），字人中，更字卧子，号铁符、大樽，松江府华亭县（今上海市松江县）人。他的祖父善谟以上虽都没有做官，但家境富裕，在当地颇有名望。明朝中叶，倭寇屡次侵扰江南沿海，曾祖陈钺率领佃农、家奴二百余人，抗击来犯之敌。胜利后兵备道论功行赏，授予官职，陈钺坚辞不就。陈子龙的父亲所闻，则以读书发家，于万历四十七年（1619）成进士。天启元年（1621），陈所闻官刑部郎中，旋改工部郎中，在北京昌平天寿山经管营建神宗、光宗陵墓。这年冬天，陈善谟病逝，陈所闻奔丧回华亭东北的莘村。他从此不再做官，居家守礼，教子读书。

陈子龙幼承家教，奋志读书。八岁开始学作对子，接着学作五言八韵十六句的试帖诗，学作八股文，这都是将来参加科举考试应练的基本功。陈子龙十二岁时，在经学方面读了《三礼》，历史书籍读《史记》《汉书》。经父亲的教导，加之自己力学，陈子龙掌握了代圣人立言的制艺（八股）文字，诗赋、古文、骈文也写得相当好，在县府考试中崭露头角。天启六年，陈子龙年十九，考中秀才。在当时，这是科甲出身的起步，也是进入社会必由的初阶。

明代有出游论学的风气。陈子龙结识了东南老名士陈继儒、董其昌，与夏允彝、周立勋、宋存标、宋征璧等为友。朋辈十分赞赏他的文学才能。陈子龙尽管年轻，在全国最发达的东南地区已很有名了。那时，苏州、松江、金沙、皖江、浙西、江右无不立社，陈子龙和夏允彝、徐孚远、李雯、杜麐征、彭宾结成几社，取义于“绝学有再兴之几”和“知几其神”的含义。明朝中叶而后日趋颓败，阉宦专政，贪污成风，土地兼并猛烈，赋税徭役沉重，边防松弛，战乱频仍，人民苦不堪言。知识界的传统意识是以天下为己任，文人结社起初是师友研讨，颇以读书为事，这时在论学衡艺中进而抨击时政，以气节相砥砺。到崇祯二年（1629），诸文社联合而为复社，以张溥、张采为首，几社、应社、读书社等十多个文社都参加，声势动朝野。

陈子龙的文学思想还受文坛上前后七子的影响，倾向于复古，窗课社稿，大多模拟古人之作。这种拟古主义的思潮，前后七子中以李梦阳、何景明、李攀龙、王世贞被视为四大偶像。《明史·文苑传》称：

> 李梦阳、何景明倡言复古，文自西京，诗自中唐而下，一切吐弃，操觚谈艺之士翕然宗之。明之诗文，于斯一变。

> 李攀龙、王世贞辈，文主秦汉，诗规盛唐，王李之持论，大率与梦阳、景明相倡和也。

《明史·李攀龙传》写得更生动：

> 诸人多少年，才高气锐，互相标榜，视当世无人。……（何、李、王、李）其为诗务以声调胜，所拟乐府，或更古数字为己作，文则聱牙戟口，读者至不能终篇，好之者推为一代宗匠。

少年陈子龙也膜拜四大偶像。崇祯元年，江西老名士艾南英来江南访问，在太仓弇园与张溥论学不合。艾南英认为秦汉文不足学，曹、刘、李、杜的诗也不足学，李梦阳、李攀龙给青年人领错了路。陈子龙听了，几乎挥以老拳。他在《自撰年谱》说："艾千子有时名，甚矜诞，挟谖诈以恫唱时流，人多畏之。""予年少，在末座，摄衣与争，颇折其角。"可见他当时的倾向与举止了。

可是，社会是一座大学校，活生生的现实高于圣经贤传。崇祯三年，陈子龙在南京参加乡试，解元为杨廷枢，张溥、吴伟业为经魁，陈子龙、吴昌时等同榜。也就在这时，朱明王朝面对着两个强敌——关外的满洲兵、北方的起义农民。战争、混乱、苛征、暴敛、流离、死亡的阴云笼罩着全国。从崇祯二年至九年，关外日益强大的后金，三度踏破长城入侵，驰突京师，对明王朝造成极大的威胁。他为了博取功名，在崇祯三年、六年、九年，三度北上，进京参加会试。从相对安定的江南苏松地区，经过疮痍满目的运河沿线、冀鲁一带，沿途目击民生疾苦，百姓生路已断，在死亡的边缘挣扎。走进全国仰望的京师，到处腐烂的气息扑鼻。朝政紊乱黑暗，百官结党营私，皇帝刚愎暴躁，不认识自己无能。这个封建专制国家束手无策地面临着末日审判。压顶而来的覆亡危机，终于惊醒了这位生于富饶、放荡不羁的江南才子。

崇祯十年，陈子龙经殿试后，列于三甲第十七名，同考的夏允彝列三甲一百十八名，他们都成进士了。这次会试，陈子龙和在朝守正不阿的黄道周相识，成为促进他社会思想和人生态度转变的一大契机。黄道周，漳浦人，天启二年进士，历任经筵展书官、右中允，刚升右谕德，人品学问为一代宗师，多次上疏评论朝廷，揭发“（执政）诸臣所目营心计，无一实为朝廷”。面对崇祯皇帝也直言不讳。陈子龙受到黄道周的熏陶，更加认识时代的艰危。这正是风雨飘摇，内忧外患，明王朝逐步走向覆亡的前夕，艰难时世激起了他思想和创作的空前变化。在时代与社会实况的刺激下，他写的新乐府中有《辽兵行》《小车行》《卖儿行》等题目，都是催人泪下的诗篇：

> 小车班班黄尘挽，夫为推，妇为挽。出门茫然何所之，青青者榆疗我饥，愿得乐土共哺糜。风吹黄蒿，望见垣堵，中有主人当饲汝。叩门无人室无釜，踯镯空巷泪如雨。（《小车行》）

这首诗写人民流亡情景，逼真动人。其《卖儿行》说，富商“十钱买一男，百钱买一女”，而卖儿者“心中有悲不自觉，但羡汝得生处乐”，都是极为沉痛的描述。这和他往日在柳如是香巢里所写的“一夜凄风到绮疏”完全不同了。陈子龙接受时代的启示，成为以天下兴亡为己任的人了。

陈子龙中进士后，因列三等，被分配到刑部实习三个月，而后分发到广东惠州担任审判工作。赴任途中，得继母唐宜人的讣告，立即请假回家治丧。他遵守居丧的古制，却乘此利用闲居的时机，为社会和为后世编出朱明一代的重要典籍。二十多年的力学，往来江南燕赵的阅历，以及近年提高了的思想认识，不仅转变着他的文学创作，而且使他成为晚明的大编辑家。

回到松江以后，陈子龙和他的朋友徐孚远、宋征璧、李雯等磋商，计议编辑出版一部《皇明经世文编》。松江在当时是刻版印刷业发达的地方，经济、文化都很繁荣，又多藏书之家。陈子龙等初创几社时，以文会友，曾和书坊合作，选刻时文，由徐孚远主持编选，从崇祯五年到十四年，刻过《几社会义》五集，很受准备参加科举考试的士子们欢迎。陈子龙等具备这些条件，他们把一座贵人别墅南园，变成编辑和出版机构，以“平露堂”的名义展开工作。

《明经世文编》的编辑，采用主编负责、集体选辑的方式。主编主要为陈子龙、徐孚远、宋征璧三人。据宋征璧所撰《凡例》称，编选任务，徐、陈负担十之七，宋为十之二。此外，李雯、周立勋、彭宾、何刚、徐凤彩、盛翼进、宋存标及宋征舆等参加商酌。在进行中，还有社友吴嘉胤、唐允谐、李待问、张安茂等二十余人先后参与讨论。《文编》五百零四卷、补遗四卷，各卷都列陈、徐、宋三人姓名，其余一人则由周立勋、夏允彝、彭宾、李雯、何刚、宋存标等轮流列名。综计全书列名选辑者二十四人，参阅者前后一百四十二人。选辑者如李雯、夏允彝、宋征舆等，有时也列名于参阅者中。编选工作还得到地方官方岳贡和大名士陈继儒的支持，这显然是由于陈子龙和他的社友们在地方深负时望。平露堂本封面上，刻着“方禹修、陈眉公两先生鉴定”和“陈卧子先生评选”字样。

着手编辑此书时，明朝内部的阶级矛盾和对满洲的民族矛盾已极为尖锐。正如黄澍序言所说，实政废为虚文，木蠹虫生，“今日而忧特甚，南寇北奴，日益滋大”。危亡之祸迫在眉睫。文人论卑气塌，依旧埋首章句，不关心现实，不了解历史，一味追求利禄，不问国计民生，不研讨经世致用之学。《文编》九篇序言，不约而同地都接触到“自章句而外无闻焉”的严重问题。许誉卿序指出读书人的大病：“学士大夫，平生穷经，一旦逢年，名利婴情，入则问舍求田，出则养交持禄，其于经济一途蔑如也。国家卒有缓急，安所恃哉!”徐孚远序指出士大夫脱离现实：“今天下学士大夫无不搜讨缃素，琢磨文笔，而于本朝故实，罕所措心，以故剡藻则有余，而应务则不足。语云：高论百王，不如宪章当代。”陈子龙对于脱离现实的学风指斥更力，他认为“士无实学”是当日的“三患”之一，在序中说：

> 俗儒是古而非今，文士撷华而舍实。夫保残守缺，则训诂之文充栋不厌；寻声设色，则雕绘之作永日以思。至于时王所尚，世务所急，是非得失之际，未之用心，苟能访求其书者盖寡，宜天下才智日以绌，故曰士无实学。

陈子龙、徐孚远等曾和复社领袖张溥论学，张溥对读书一事自有看法，在《文编》序言中说：

> 余间语同志，读书大事，当分经史古今为四部，读经者辑儒家，读史者辨世代，读古者通典实，读今者专本朝，就性所近，分部而治。合数人之力，治其一部，不出二十年，其学必成。

张溥在序言中述其建议编辑《文编》的经过称：

> 余谓贤者识大，宜先经济。三君子唯唯，遂大搜群集，采择典要，名《经世文编》，卷凡五百，伟哉是书，明兴以来未有也。

这里也说明了倡议编辑该书的主旨。前人为了适应统治的需要，整理政治经济史料，编为辉煌巨著的典志，是史书体裁的一种发展。《文编》的出现，在体例和编辑方法上也是一种创举，从更广阔的视野上展现一个历史时代的风貌。

全书内容，大别之有四类：政治、武备、文教、皇室。政治方面包括：礼乐、用人、荐举、铨政、职官（内阁、京官、外任等）、谏诤、弹劾、封赠、理财、钱币、赋役、农政、仓储、救荒、漕运、驿递、盐课、茶课、商税、市舶、户政、矿政、刑法、水利、营造、地方行政、外交及历法等。武备方面包括：军政、将帅、军伍、粮草、军器、马政、城堡、屯田、京营、边防、治安、海防等。文教有：太学、武学、科举、国史、著作、对策、舆地及杂文等。皇室有：宗藩、宫闱、外戚、承祧、巡幸、陵庙、郊祀、皇庄、宦官等。内容广泛而丰富，涉及封建国家各项重要事务。任濬的序言中有两句批评当时知识界的话："豆目不足以研变，苋肠不足以贮理。"从《文编》所收的材料看，的确是针对着空疏不学的风气的。

书中包罗的作者，实有四百四十一人。《凡例》之后的《姓氏爵里总目》，包括补遗姓氏，仅列四百二十余人，有些作者生平未能介绍。这些作者们，从明初的宋濂、刘基、朱升、方孝孺、解缙、姚广孝等，直到明末的徐光启、李之藻、左光斗、杨涟、熊廷弼、文震孟等，都有文稿录入，可谓广收详著，成为明朝各界名人的言论汇编了。由于该书截稿于崇祯十一年（1638）十一月，明末死事诸人自然不得列入。

关于《文编》编选原则，宋征璧执笔的《凡例》中有所说明，主要有以下几点：

首先要求内容丰富。《凡例》第一条就提出："浮文无裨实用，拟古未能通今。""志在征实，额曰经世。"从各个作者来说，是"撷其精英""多者多取，少者少取"。这是开宗明义的原则。从全书内容来说，《凡例》以下各条提到："此编以详备为主，极目赏心，初无限制。"又说："兹编体裁，期于囊括典实，晓畅事情，故阁部居十之五，督抚居十之四，台谏、翰苑诸司居十之一。而鳞次位置，则首先代言，其次奏疏，又其次尺牍，又其次杂文。"

选材不以人废言。《凡例》明确编书宗旨在于明治乱，因而强调："此书非名教所裨，即治乱攸关，若乃其言足存，不以人废。分宜（严嵩）老奸，秩宗之文，采其数篇。近者熊芝冈（廷弼）刚愎自用，已经伏法，然筹策东隅，多有英论，无讳之朝，可以昭揭。"熊廷弼是被魏忠贤冤杀（1625），他的《辽中书牍》《熊襄愍公集》中有重要言论，本书《姓氏爵里总目》中即说："论者以为不死于封疆，而死于门户。"

录文则各说并存。"异同辨难，特以彼我未通，遂成河汉，就其所陈，各成一说。如大礼之议，张桂与新都并存；河套之复，襄愍与东涯各异。一哈密也，或主闭关，或主授爵；一倭奴也，或主封贡，或主征讨。又若军伍之虚实，边墙之修废，胶莱海运之通塞，得失虽殊，都有可采，不妨两存，以俟拣择。”

军事论著特详。“国家外夷之患，北虏为急，两粤次之，滇蜀又次之，倭夷又次之，西羌又次之。”编者们认为“疆有虎臣，朝有耆德”，是国家的盛事。关于军事方面故云：“诚欲九塞尘清，四隅海燕，方叔召虎，一时咸慕风采，奕世犹仰威名。指受方略，半系督抚，如北摧劲虏，则详于王威宁；南伐麓川，则详于王靖远。”“倭奴抄掠，则详于胡少保、戚总戎、唐荆川。”“若经略奴酋，则详于熊芝冈。”有关军事、武备方面选文篇目，远超过政治、文教，可见编者急当世所急，有挽救危亡的考虑。松江府长官方岳贡序言中故称，陈子龙等“皆负韬世之才，怀救时之术，相与网罗往哲，搜抉巨文，取其关于军国，济于时用者”。确是说到了编书的宗旨。

至于材料的搜集，除了利用松江本地的藏书外，还通过文社的关系，联系了吴、越、闽、浙、齐、鲁、燕、赵各地的人；编者在《凡例》中还说，并且“遣使迭出，往复数四”，访求征集，共同努力。“或求其子姓所藏，或托于宦迹所至，搜集千种，缮写数万。”有些著名人物的文集，已经散佚；访其后人，或到任官之地搜求，都得不到。《凡例》中说明访求之难，在当时已难克服。《文编》所收的文集，其中有些已无传本，幸有《文编》的撷取，才得幸存一部分内容，其意义可以想见了。

全书编辑整理工作方面，在编排体例上，以人为纲，各人以生平活动年代为次。各人的作品，再以时间先后为序。选录多的，一人占数卷；录文较少，则两人占一卷，或数人合一卷。对所收的文字，也做了某些技术性处理。《凡例》说："至条陈冗泛，尺牍寒暄，及文移重叠，又悉加剪截，乃成斯集。"编者往往加写注释，用小字刻于正文之旁，方便读者理解。此外，还由参加编辑活动的谢廷桢编写了作者姓氏爵里，列于卷首，使读者开卷了然。这都是值得注意的做法。

关于《文编》的史料价值，更值得重视。1962 年吴晗为中华书局影印本作序称，清代曾将该书列为禁书，"清乾隆时多次颁布禁毁书目，主要目的是要掩饰清代先世和明朝的关系，说成满洲部族以来是一个独立的民族，没有受过明朝册封等等，替祖先脸上抹金。《明经世文编》恰好收入清朝皇帝最不愿意为人所知的一些文献"。《文编》所收的文章，原本地阐述了满洲和明朝的关系，是宝贵的史料。其他如明朝的对外关系、政府组织人事实况、当日的弊政、地方的逸闻等等，都对研究明代历史有很大的用处。吴晗在《影印明经世文编序》中更进一步阐明编辑出版此书的重大意义：

> 《明经世文编》是一部从历史实际出发，总结明朝两百几十年统治经验，企图从中得出教训，用以改变当前现实，经世实用的书。这部书的编辑、出版，对当时的文风、学风是一个严重的挑战，对稍后的黄宗羲、顾炎武等人讲求经世实用之学，也起了先行者的作用。

封建专制时代，读书、编书都有不少顾虑。陈子龙序言中提到古代不以谋臣奇策、山川形胜的书籍赐予诸侯王，显然是害怕他们读后学会造反。他说："今此书多议兵食，论形势，国之大计，何以示人?"他接着加以解释："是编也，岂惟益智，其以教忠哉!"益智教忠，是封建臣下的语言；真实的目的，则要求通过具体历史实际的学习，总结前人经验，反对空疏不学，推动人们关心当代问题，克服当前危机。这是陈子龙超越同时代人的地方。

就编辑工作而言，编书设想也是受到前人启发的，如陈九德有《明名臣经济录》，陈其愫有《明经济文辑》，万表有《明经济文录》等。古人所讲的"经济"，是经世济民、治国安邦。子龙等所编的书称《经世文编》，用意同而规模大，可以看作是创举。不过，这部书并非尽善尽美，崇祯十一年二月开始编辑，同年十一月便编成，时间极为仓促，加之多人动手，选文有重复的缺点。明朝统治十分专制，有关宫廷大案、党派纷争以及矿税等敏感的政治问题，书中不敢反映，可说是重大缺陷。也有个别与明朝无关的文章，竟然收进。同类性质文章中，也有去取失当、应收未收之处。

陈子龙是新科进士，当时不过三十岁，他能不去求田问舍，谋求升官发财，而与同志好友合力编书，启发人们致力于解决当前重大社会政治问题，关心时代的要求，这需要何等的品德和见识啊!

陈子龙还关心当代的学术成就。我国明代末年杰出的科学家、近代科学的先驱者徐光启，将多年研究心得写成《农政全书》六十卷，生前未及定稿刊行。陈子龙编成《明经世文编》后，次年（1639）即整理编订该书。他在《凡例》的最后两段中说明他对《农政全书》的评价及与徐光启的接触：

> 徐文定公忠亮匪躬之节，开物成务之姿，海内具瞻久矣。其生平所学，博究天人，而皆主于实用。至于农事，尤所用心。盖以为生民率育之源，国家富强之本。故尝躬执耒耜之器，亲尝草木之味，随时采集，兼之访问，缀而成书。往，公以大宗伯掌詹，子龙谒之都下，问当世之务。时秦盗初起。公曰：自今以往，国所患者贫，而盗未易平也。中原之民，不耕久矣；不耕之民，易与为非，难与为善。因言所辑农书，若己不能行其言，当俟之知者。

陈子龙应张国维、方岳贡及徐氏后人之请，整理编订《农政全书》，他说：

> 文定所集，杂采众家，兼出独见，有得即书，非有条贯，故有略而未详者，有重复而未及删定者。初，中丞公（张国维）属子龙以润饰也，自愧不敏，则以友人谢茂才廷桢、张茂才密皆博雅多识，使任旁搜覆较之役，而子龙总其大端，遂灿然成书矣。大约删者十之三，增者十之二。其评点俱仍旧观，恐有深意，不敢臆易也。

从这里我们可以知道陈子龙主持整理修订《农政全书》的经过，1639 年松江平露堂本（《农政全书》第一个版本）就是这样问世的。较之后来 1837 年贵州粮署刊本、1843 年上海曙海楼刊本、1874 年济南山东书局刊本等，陈子龙编订的平露堂本是这部巨著的基础，对我国古农书的整理保存也是有贡献的。

关于陈子龙的生平，现代传记作家朱东润的论著中概括得很恰当：从天启六年考取秀才后，陈子龙的生活不断发展，大致可以分为三段，先是文士（1626—1636），进一步是志士（1636—1644），最后成为战士（1644—1647）。他说：

> 子龙在没有接触到黄道周以前，只是个江南才子，及至接触以后，他对自己的要求提高了，他不仅在诗文方面要求提高自己，而且无形之中更期望自己成为不屈不挠、以国事为己任的人才。

我们看到，只有在他发展成以国事为己任的志士时，才能编出经世实用、传之久远的要籍来。

《文编》在松江书坊出版时，陈子龙于崇祯十三年（1640）被派到绍兴任推官，他在公署里建清音堂，请黄道周用八分书题写堂额，并在抱柱上刻一副对联“爱物若驺虞，指佞如屈轶”来表示爱憎分明的心志。崇祯十七年（1644）初，明政府已决定授以兵科给事中，巡视两浙兵马城池；三月十九日，李自成农民军攻下北京，明王朝已崩溃了。陈子龙到南京，任南明政府兵科给事中，又见朝政腐败，辞职归乡。清军破南京后，陈子龙在松江起兵，称监军。事败，避匿山中，又结太湖兵抗清。事泄，在苏州被捕，乘隙投水死，一代文人，千秋志士，就这样结束了不屈的生命。限于本文的主题，不能叙述他战斗至死的事迹。他伤时感事，诗写得悲凉慷慨，洗尽了华艳拟古的习气，被人称为明诗殿军。他的盛名和大节给后世留下了典范。

顾炎武

顾炎武是明末清初的爱国思想家和大学者，以撰著《日知录》等著闻于世。“清初称学有根柢者，以炎武为最。”（《清史稿》本传）在不少领域内，他为身后三百年的学术研究指点了门径。这里将他作为编辑家看待，是因为他的学术工作常与编辑整理工作结合而展开，或直接表现为编辑整理工作。编辑工作成为他遨游于知识海洋的出发台，利用来深入追求的钻探机。他的有关治学论文、撰述编书的教言，为我国古典编辑学增添了光辉。

一

顾炎武（1613—1682），初名绛，一度更名继绅，字忠清。乙酉（1645）明朝南都陷落，更名炎武，字宁人，其后在流亡生活中曾自署蒋山佣。世人尊称他为亭林先生。他是江南昆山（今江苏昆山县）人，生长于已经破落的乡宦豪绅家庭中。他的一生，经历了明朝万历到清朝康熙的七十年间，用他隐讳而又形象的话说，是“山岳崩颓，江湖沸汹”（《答原一公肃两甥书》），朱明两都覆灭，抗清斗争延续四十年之久，这是我国历史上最复杂而又最动荡的时期之一。艰难时世的风雨霜雪造就了仁人志士，顾炎武是其中最突出的人物。

他从小就受到系统的教育。家中藏书很多，先人皆通经学古。嗣祖父顾绍芾是个名士，工诗古文，善书法，耕读自守，未曾做官，但留心时事，平日阅读实录、邸报很认真，手录成帙。嗣母王氏也是个有知识的妇女，很早就教顾炎武认字及洒扫应对的规矩。她爱读《史记》《通鉴》及当代政纪等书，白天纺织，晚上读书到二更方息。家庭中的风气给年幼的顾炎武留下了深刻的印象。顾炎武入学后，读书甚勤奋。十一岁时，其祖父即教他读司马光编撰的《资治通鉴》，接着命读古兵家《孙子》《吴子》及《左传》《国语》《战国策》《史记》诸书；并对他教导说："以为士，当求实学。凡天文、地理、兵、农、水土及一代兴革之故，不可不熟究。"十三四岁读完《通鉴》，祖父即示之以邸报，使他对泰昌以来（1620）的朝廷大事有所认识。他的母亲还经常为他讲述本朝刘基、方孝孺、于谦诸人的事迹，激发他的志气。顾炎武是幸运的，少年时代便在为学与做人方面打下了良好的基础。

在阅世与交友方面，顾炎武是早熟的。天启六年（1626），他十四岁，中了秀才。崇祯二年（1629），张溥等联合江南诸文社成立复社后，他和归庄一起参加了这个政治性的学术团体。顾炎武淬励名节，慎于择友，朋友中最相契的有归有光后人归庄和后来在嘉定抗清牺牲的吴其沆，还有长于史学的吴炎、潘柽章等，都是东南知识界的精英分子。平日忧国忧民，义形于文；交友然诺，断然不渝。顾炎武追忆年轻时游处的情况称："未登弱冠之年，即与斯文之会，随厨俊之后尘，步扬班之逸躅，人推月旦，家抎雕龙。"这是他风华正茂的时代。但顾炎武已能洞察时弊，看到潜伏的社会危机、贪鄙的世道人心。他砥行立节，落落不苟，拒不与世俗瓦合，因此乡里有

“归奇顾怪”之目。所谓“怪”，正说明他已成长为不同于流俗的品德高尚的人了。

1644年3月，北京被农民军攻破，崇祯帝在煤山自缢而死，崛起于东北的满洲贵族趁机挥军入关，争夺政权。同年5月，明朝一部分官僚地主在南京建立福王政府。顾炎武膺昆山县令杨永言的推荐，被任命为兵部司务。下职末吏，不得与闻大政，他曾到京口（镇江）、南京观察形势，凭吊孝陵，其《帝京篇》末四句云：“对策年犹少，尊王志独诚。小臣摇彩笔，几欲拟张衡。”他想有所讽谏而未果。1645年5月，清兵攻占南京、扬州，大肆屠杀居民，江南苏松所属城镇先后被占领。顾炎武从军到苏州，旋与杨永言、归庄、吴其沆等起义兵于昆山，与进攻苏州的义军相呼应，又襄赞太湖义军，且参与策动吴淞清军提督反正。他在《千里》诗中说“戈矛连海外，文檄动江东”，指的就是这种形势。后来几经挫折，昆山城破，他的友人大多牺牲，自己也几及于难。生母何氏被清游骑砍折右臂。嗣母王氏绝食自杀，留给儿子的遗训是：“读书隐居，无为异国臣子。”国忧家难，顾炎武深切地体验了民族压迫的惨痛。他追忆这一段紧张而沉痛的生活道：“酸枣之陈词慷慨，尚记藏洪；睢阳之断指淋漓，最伤南八。重泉虽隔，方寸无睽。”当时明朝官绅复迎鲁王于绍兴，又立唐王于福州，两个政府都主张抗清。顾炎武曾受兵部职方主事之命，亲赴海上，以道阻不能前往。顾炎武壮心未已，不忘壮烈殉国的死友，以坚定的宣誓语气，写下题为《精卫》的诗以明志：

我愿平东海，
身沉心不改。

大海无平期，
我心无绝时！

由于他不断从事爱国活动，拥有的资产又为乡宦觊觎，遭到地方上汉奸土豪的嫉恨和告发。他在金陵及两淮间游转，后决计离开江南，长期远游，考览山川形势，结交四方贤豪，既可避开劣绅的暗算，又能图谋兴复的大事。清顺治十四年(1657)，他已四十五岁，变卖家产，飘然北上。行前特意到南京钟山之麓，拜谒明太祖朱元璋的陵墓，以表眷恋故国的哀思。他只身渡江至淮上，经青州、莱州到济南，在章丘长白山下置田耕种。从此遍游华北，其间曾返江浙一行，但未尝再归故里。他立意决绝如此，自然出于家国之悲、沉渊之痛。行旅必携带书籍，实地访问风土民情，搜集材料，住宿时即发书核对，尤致力于观察和研讨地理形势。“频年足迹所至，无三月之淹；一年之中，半宿旅店。”(《与潘次耕》）南北奔走，十谒明陵，经常置身于山川亭鄣之间，去国孤踪，如天际冥鸿。

他在北方结识了徐夜、张尔岐、李因笃、王弘撰、傅山、李颙等爱国学者；南望乡关，有时也与风节高尚的故人通讯。他后来纠集同志，在山西雁北地区垦荒畜牧，遣人到南方集资和引进水车、水碾技术，以开山畜牧之获，为来日恢复之计。清朝统治者为了缓和民族矛盾，自康熙即位后从各方面加强笼络汉人的工作。康熙十七年（1678）宣布在北京开设博学鸿儒科，并纂修明史，以罗致全国知识界著名人士，顾炎武、黄宗羲等尤为官方所瞩目。顾炎武毅然拒绝应征，他以嗣母临终遗命为借口，表示：

人人可出，而炎武必不可出。

七十老翁何所求？正欠一死！若必相逼，则以身殉之矣！《与叶訒庵辞荐举书》

他的三个外甥，年轻时受过他接济关照，后来飞黄腾达，在朝都做大官，媚事清廷，不同鼎贵。顾炎武谢绝他们迎养，不愿南归享福，还告诉弟子潘耒说："薰莸不同，器而藏也。"他的抗清意志、高洁品格，至老未衰，所写诗中有句云："远路不须愁日暮，老年终自望河清。""苍龙日暮还行雨，老树春深犹著花。"

顾炎武一生读书为学，忧患之余，更加勤奋，不以钻故纸而满足，"九州历其七，五岳登其四"（《与杨雪臣》），十分重视实地调查考察。晚年徘徊渭川，卜居华阴，他认为这个地方为交通要津，"绾毂关河之口，虽足不出户，而能见天下之人，闻天下之事。一旦有警，入山守险，不过十里之遥；若志在四方，则一出关门，亦有建瓴之便"（《与三侄书》）。可知他的襟怀抱负了。虽年迈力衰，犹志壮气豪。康熙二十年（1681），从华阴出游河东，复至曲沃。翌年正月，病逝于曲沃韩姓宅，得年七十。

关于他的生平与学术，潘耒《日知录序》、全祖望《亭林先生神道表》、江藩《顾炎武传》、章太炎《顾亭林轶事》《清史稿》本传等，均有论述，今人谢国桢《顾亭林学谱》、张舜徽《顾亭林学记》、王遽常《顾亭林诗集汇注前言》及侯外庐《中国思想通史》等亦有评价。这里仅从编辑整理工作角度，阐述顾炎武所进行的具体编辑工作及其对于古典编辑学的贡献。

顾炎武是清代朴学的泰斗。乾隆间江都学者汪中拟作《国朝六儒颂》，以顾炎武为首。王国维亦称："国初之学，创于亭林。"（《观堂集林》卷二三）顾炎武治学入手处正是编辑工作。他最初撰述之《天下郡国利病书》与《肇域志》，就是长期编辑工作的成果。

顾炎武重视编辑工作是有家学渊源的。他生于江南士大夫之家，世为儒，家中藏书多。他说：

> 当正德之末（1521），其时天下惟王府官司及建宁书坊乃有刻板，其流布于人间者，不过《四书》《五经》《通鉴》《性理》诸书。他书即有刻者，非好古之家不蓄，而寒家已有书六七千卷。嘉靖间，家道中落，而其书尚无恙。

后以倭寇入侵，藏书与室庐俱焚；到万历朝，藏书又过于其旧。虽经析产，分而为四，但他的嗣祖"又益好读书，增而多之，复有五六千卷"（《抄书自序》）。在这样的家庭环境中，对子弟提供了文化熏陶的优势。

顾炎武重视编辑工作也有时代的需要。他生在风雨飘摇、洪水滔天的时代，丧乱频仍，逼人思考，直溯经史本源。他的前辈与战友陈子龙已揭示经世的标的。时势呼唤致用之学，总结前代经验教训，以经史为素材，现实为对照，编辑工作为手段，从而达到经世的目的。顾炎武笃志经史，他明确提出其价值之所在："君子之为学，以明道也，以救世也。徒以诗文而已，所谓'雕虫篆刻'，亦何益哉！"（《与人书二十五》）又说："引古筹今，亦吾儒经世之用。"（《与人书八》）编辑工作能够起引古筹今的经世作用。

推动顾炎武重视编辑工作的是他的嗣祖父。据顾炎武《三朝纪事阙文序》称，祖父顾绍芾是个关心国事的人，年七十余，“犹日夜念庙堂不置。阅邸报，辄手录成帙”。他关心时事而无门户之见，“草野之人独无党，所与游之两党者，非其中表则其故人，而初不以党故相善。然因是两喜两怒之言，无一不入于耳，而具晓其中曲折，亦时时为臣言一二”。对顾炎武的论事治学直接发生影响。特别是他强调抄书，给顾炎武以深刻的印象。古人学习，注意抄书。北宋史学家、文学家宋祁曾说：“手抄《文选》三过，方见佳处。”这并不是说要像书手、录事那样抄写，而是由此形成一种记诵、理解和消化的过程，作为一种有助于融会贯通的方法。前人编书，勒为长编，也是先读书、查书和抄书，按照一个主题思想和合理体例抄撮，再加按语注释及其他必要附件，最后编成新书。古人在雕版印刷盛行后，仍重视抄书，因为能够促进理解，获得新的体会与认识。“手勤”，后以常常是做学问和编书的起点。现在复印技术发达方便，当然无须做这种费时吃力的事。不过前人也自有道理。宋代学者的某些著述，就是抄辑而成。顾炎武文集中有《抄书自序》一文称：

> 先祖曰：“著书不如抄书。凡今人之学，必不及古人也。今人所见之书之博，必不及古人也。小子勉之，惟读书而已。”

今不如古的说法不对，认真读书则属必要。顾炎武后来一直服膺嗣祖的教导：

> 炎武之游四方十有八年，未尝干人，有贤主人以书相示者则留，或手抄，或募人抄之，子不云乎："多见而识之，知之次也。"今年至都下，以孙思仁先生得《春秋纂例》《春秋权衡》《汉上易传》等书，清苑陈祺公资以薪尖纸笔，写之以归。愚尝有所议于左氏，及读《权衡》，则已先言之矣。

平日遇见没有读过的好书，不肯轻易放过，便经己手，录副以供观览，这是通常的一种抄书形式。张舜徽论顾氏的治学精神，指出还有"一种比较高级的抄书形式"。他说：

> 至于有计划地组织材料，意在写成某种专著，则又逐类以求，将群书的有关记载博采兼收地抄下来，像《天下郡国利病书》《肇域志》一类的写作，便由抄辑正史、实录、方志而成，这又是他平日抄书的另一种形式，是种比较高级的抄书形式。（《顾亭林学记》）

顾炎武正是通过这种高级抄书形式，进入编辑整理工作，从而展开他的学术研究的。即使通过这种形式进入编辑工作，也绝不能因此认为编辑（及记者）的工作是什么"简单的重复劳动"——那只是浅薄者的昏话罢了！

崇祯十二年己卯（1639），顾炎武二十七岁，这年秋闱落第，成为他一生治学与做人的一个转机。自打十四岁为生员后，已多次参加乡试，讲求实学、思路活跃的顾炎武，殊难适应八股的绳墨。科场的败北，反而变为一种促进。他曾说：

“少年好游，往往从诸文士赋诗饮酒，不知古人爱日之义。”这时退而读书、苦心钻研，随时笔录，至老不辍。而且腐朽的朱明王朝已经濒临它的末日，“庚辰（崇祯十三年）、辛巳（十四年）之间，国步阽危，方州瓦解”（《答徐甥公肃书》）。时危世乱，顾炎武发愤编书，以经世致用的政治抱负来从事编辑工作。后来在《天下郡国利病书序》中，他笔下饱含着感情揭示了他的学术良心：

> 崇祯己卯，秋闱被摈，退而读书。感四国之多虞，耻经生之寡术，于是历览二十一史以及天下郡县志书，一代名公文集及章奏文册之类，有得即录，共成四十余帙。一为舆地之记，一为利病之书。

《天下郡国利病书》是明末清初人文地理的名著，根据史籍、方志、奏疏、文集等，纵横交错，分类辑录有关民生利害资料，规模庞大。在编辑体例方面，首为舆地山川总论，次以明朝两直隶、十三布政使司分区，计有直隶、江南、山东、山西、河南、陕西、四川、湖广、江西、浙江、福建、广东、广西、云南、贵州，以及边备、河套、西域、交趾、海外诸番、入贡互市等内容，对地理形势、水利、粮额、屯田、设官、边防、关隘等，都有评细论述，偏重于经济和军事形势概论，又录及海外诸国，在我国地理书中是别开生面之作。通称一百二十卷，全系抄纂性质的史料。他后来在序中还说：

> 乱后多有散佚，亦或增补，而其书本不曾先定义例，又多往代之言，地势民风与今不尽合，年老善

忘，不能一一刊正，姑以初稿存之箧中，以待后之君子斟酌去取云尔。

《四库全书总目》批评“其中采掇旧文，同异兼收，间有矛盾之处。编次亦绝无体例，盖未成之稿本也”。诚然固属是未完成之作，说它“绝无体例”不对，“同异兼收”，两造之说并存，应该看作是提供资料的长处，是有见解的编法。

光绪己卯（五年），蜀南桐华书屋薛氏家塾根据咸丰初年版在成都刊行所谓“修补校正足本”，扉页第一行顶格刊刻“亭林山人顾炎武辑”八字。顾氏原稿其实旧为黄丕烈所藏，分三十四册，中佚第十四册。商务印书馆影印刊入《四部丛刊》三编。

顾炎武通过《天下郡国利病书》《肇域志》的编辑，打下了结实而雄厚的学问基础。《肇域志》也是舆地之书，《利病书》的编辑同时为《肇域志》做了资料准备，而编辑方法相同。其后《肇域志序》称：

此书自崇祯己卯起，先取《一统志》，后取各省府州县志，后取二十一史参互书之。凡阅志书一千余部。本行不尽，则注之旁；旁又不尽，则别为一集曰《备录》。年来糊口四方，未遑删订，以成一家之书。叹精力之已衰，惧韦编之莫就，庶后之人有同志者为续而传之，俾区区二十余年之苦心不终泯没尔！

《肇域志》阐述郡县沿革、山川障塞、兵事成败以及赋税户口的统计、官职驿铺的废置等等，一一详细记载。程瑶田评论此书，谓其于“体国经野、理财治安之道，至纤至悉，亦经世之宝书”。

清康熙十二年（1673），他已六十一岁，寓山东章丘桑家庄及济南省通志局客舍，利用藏书，将《山东肇域志》编撰完稿，《与颜修来手札》云：“弟今年寓迹半在历下，半在章丘。而修志之局，郡邑之书颇备，弟得藉以自成其《山东肇域志》。”

顾炎武毕生的研究和撰著工作中，有一部分为编纂整理专题资料，汇编成书。对于他所进行的编辑工作，清人阮元《研经室文集》三集有《肇域志跋》一文，申论其编辑主旨远大，态度严谨称：

> 明末诸儒，多留心经世之务，顾亭林先生所著有《天下郡国利病书》及《肇域志》……亭林生长离乱，奔走戎马，阅书数万卷，手不辍录。观此帙密行细书，无一笔率略，始叹古人精力过人，志趣远大，世之习科条而无学术，守章句而无经世之具者，皆未足与论此也。

顾炎武就是这样一位勤奋不倦的大学者、编辑家！他的苦心在历史的新时期不会泯没的了。

二

顾炎武变产毁家、北上游学时，他的好友学侣们，东南知识界的精英万寿祺、归庄、吴任臣、杨瑀、潘柽章、吴炎、王锡阐、戴笠等二十一人，特意联名写了一篇《为顾宁人征天下书籍启》，扼要说明顾炎武的家世、出身和治学宗旨、撰著等。这实际上就是一封介绍信、一种推荐书，以便他到各地藏书之家和官府学宫去阅读异书秘籍。在封建专制社会里，盛行官本位的严格等级制度，一个科第不显又无一官半职的人，在异乡寸步难行，更谈不上让他登堂入室、阅览图书了。良友的赞助起了不小作用，十年后他在这个《征书启》的《书后》中说：十年间，“往来曲折二三万里，所览书又得万余卷。爰成《肇域记》，而著述亦稍稍成帙。然尚多纰漏，无以副友人之望”。他是一个何等坚毅勤奋的人！

实地调查研究，不仅丰富自己的知识，而且可以结合书本记载，加以对照审核，使文献资料的编辑工作进入研究性的高级境界。《天下郡国利病书》中的考证和解说，不少是参酌游历时实地考察所得，做文字材料之外的补充。《肇域记》的稿本，据朱记荣说：“乾嘉间诸先达多有见其手稿，皆蝇头小楷，每页上下左右多有补记。”原稿每页所写的补记，都是不断读书与考察之后的心得见解，以备定稿时参互考订，是搞活编辑工作、精益求精的表现。

顾炎武北游后，他的学术活动中，读书、考察与编辑三者并行，相得益彰。他通过严谨的编辑工作，将读书笔记的精华、实地考察的心得，分题汇编成书，贡献于士林。

《历代宅京记》二十卷，就是与《肇域记》《天下郡国利病书》合成为系列书而编成的。宅通指住所及居官任职。《苏州府志》称此书为《历代都城宫阙考》，意义比较明显。书中编录了历代建都的制度，前为总论二卷，后十八卷，上起伏羲，下迄于元，以时代为次，仿《雍录》《长安志》的体例，详载其城郭宫室都邑及建置年月事迹。顾炎武的外甥徐元文后来作序介绍此书称：

> 舅氏亭林先生天授高才，继古人绝学，当明之末，欲有所树立，迄不得试，乃退而著书以自见。有曰《肇域志》者，囊括一统志、二十一史及天下府州县之志书而成者也。继又摘其有关政事者，为《天下郡国利病书》，而复汇从来京师沿革之故，参互考订，辑成是编。

顾炎武北游燕冀，出山海关，后往来于永平、昌黎一带，观览山川险要。永平府治所在今河北卢龙，辖境相当于今河北省长城以南、陡河以东地，即唐宋的平州。古营州地，在今东北，隋唐两代治所皆在龙城，即今辽宁朝阳市。昌黎在唐代为北黎州，治所一度寄于营州东北。契丹占有营州后，相继属辽、金。明清皆隶于永平府。两地背山阻海，为通往辽东咽喉。炎武此行是吊古战场。当地长官请他主持编辑府志，他虽婉辞，仍编成《营平二州史事》六卷，其序将编辑经过及旨趣讲得很清楚，首先追述前人的编辑工作：

> 昔神庙之初，边陲无事，大帅得以治兵之暇留意图籍。而福之士人郭君造卿在戚大将军幕府，网罗天下书志略备，又身自行历蓟北诸边营垒，又遣卒至塞外穷濡源，视旧大宁遗址，还报与书不合，则再遣覆按，必得实乃止，作《燕史》数百卷。盖十年而成，则大将军已不及见。又以其余日作《永平志》百三十

> 卷，文虽晦涩，而一方之故颇称明悉。

接着顾炎武说明他本人编辑此书的原委：

> 其后七十年而炎武得游于斯，则当屠杀圈占之后，人民稀少，物力衰耗，俗与时移，不见文字礼仪之教，求郭君之志且不可得，而其地之官长暨士大夫来言曰："府志稿已具矣，愿为成之。"嗟乎！无郭君之学，而又不逢其时，以三千里外之人，而论此邦士林之品第，又欲取成于数月之内，而不问其书之可传与否，是非仆所能。独恨《燕史》之书不存，而重违主人之请，于是取二十一史、《通鉴》诸书，自燕、秦以来此邦之大事，迄元至正年而止，纂为六卷，命曰《营平二州史事》，以质诸其邦之士大夫。

顾炎武这一段慨乎言之的文章，先点明了时代的创痛，指出清兵入关后，在永平及燕冀一带屠杀圈地，弄得人民稀少、物力衰耗，执笔时犹有余痛。他之所以婉辞修志，实际出于政治考虑。营、平二州自唐宋以来就是民族斗争纠缠不已之地，而且自明朝中叶后金的兴起，永平一带成为军事上与政治上敏感的地区。修史招祸，编辑永平府志的工作很难下笔。证诸其后一桩桩文字狱的出现，不能不敬佩他的博学而慎思，从事编辑工作而不考虑当代政治，必然招致杀身之祸。可是，长于研经治史的顾炎武，又不能忘情于本业。他辑集史料，编成《营平二州史事》六卷，但将下限定在元至正年间，就避开了明朝与清朝先人的斗争了。

顾炎武之所以编辑《营平二州史事》，还寄托了他伤时感事、总结历史教训的深意。他在序言最后指出：

> 世之人能读全史者罕矣，宋宣和与金结盟，徒以不考营、平、滦三州之旧，至于争地构兵，以此三州之故而亡其天下，岂非后代之龟鉴哉！异日有能修志者，古事备矣，续今可也。或曰：及营，何也？曰：中国之弃营久矣。夫营，吾州也，其事与平相出入焉，焉得不纪！若夫合幽并营，以正古帝王之疆域，必有圣人作焉，余以此书俟之。

他分析宋朝所以屡败于金，结果落得亡天下，就是因为当局糊涂，不研究边防形势。顾炎武的编辑工作，既反映他的爱国思想，精练的序言中凝聚着热爱祖国大好河山的诚挚感情，同时也反映他的历史观点，他认为“史书之作，鉴往所以训今”（《答徐甥公肃书》）。在出版物中充斥大量垃圾的今天，顾炎武的编辑思想与作风，对于我们选题、编稿等活动，显然是能引起深思和有所启发的！

但是，《营平二州史事》并未流传下来，《亭林遗书汇辑》中有《营平二州地名记》一卷。《四库全书总目》说：“炎武游永平时，郡人以志属之，炎武未应其求，但采古来营平二州故实为六卷付之，原本散佚，此其六卷之中古地名一卷也。”此说恐是托词，顾炎武所辑史事有抵触清朝的记载，四库馆编修们托为散佚，可能被删毁了。

顾氏留心金石刻辞的采集和考订，也是按编辑工作的程序、方法而逐步实现的。在《金石文字记序》中所说的致力于金石研讨的经过，也就是编辑工作应有的历程。他说：

> 余自少时，即好访求古人金石之文，而犹不甚解。及读欧阳公《集古录》，乃知其事多与史书相证明，可以阐幽表微、补阙正误，不但词翰之工而已。比二十年间，周游天下，所至名山、巨镇、祠庙、伽蓝之迹，无不寻求，登危峰，探窈壑，扪落石，履荒榛，伐颓垣，畚朽壤，其可读者，必手自抄录，得一文为前人所未见者，辄喜而不寐。一二先达之士知余好古，出其所蓄，以至兰台之坠文、天禄之逸字，旁搜博讨，夜以继日，遂乃抉剔史传，发挥经典，颇有欧阳、赵氏二录之所未具者，积为一帙，序之以贻后人。

那时一些自炫风雅的达官贵人，凭其权势地位，所到之处，往往便强索拓片。顾炎武在《西安府儒学碑目序》中说："使郡邑有司烦于应命，而工墨之费计无所出，不得不取诸民，其为害已不细矣。"有碑版的地方，"父老子弟相率蹙额，以有碑为苦""工人隶卒亦无不以有碑为苦。"老百姓痛恨拓碑扰民害民，顾炎武得知民间"掊而毁之以除其祸""存者皆磨去其字"。在腐败的统治下，百姓虽无仇于石，而文物终难以保全。顾炎武深明碑版的价值，《金石文字记序》说明辑集的宗旨，也说明了这一学术活动的辛苦：

> 恨生晚不逢，名门旧家大半凋落，又以布衣之贱，出无仆马，往往怀毫舐墨，踯躅于山林猿鸟之

间，而田父伧丁，鲜能识字，其或褊于闻见，窘于目力，而山高水深，为登涉之所不及者，即所至之地，亦岂无挂漏？

《金石文字记》录汉以后碑刻三百多种，编排以时代为序。每种之后，各缀跋语，述其源流，辨其伪误；未写跋者，注明其立石年月、撰书人姓名等。虽然由于采集的限制或疏忽，有的未见碑额，有的原碑并无年月，有的原字未看清楚，有的失载撰书人名，钱大听等曾指出其中错误，但从书看来，《四库全书总目》说："证据今古，辨正伪误，较《集古》《金石》二录实为精核。""在近世著录金石家，其本末源流，灿然明白，终未能或之先也。"

搜集的金石文字，另编成《求古录》一卷。凡已见方志者不录，现有拓本者不录，近代文集尚存者不录，选存甄别严格。其内容上自汉《曹全碑》，下至明建文《霍山碑》，共五十六种。每碑皆辑录全文，采用洪适《隶释》的编例，皆志其地理，注明建立的原由。《四库全书总目》称：

古字篆隶，一一注释。其中职官年月，多可与正史相参。如荼荼、準准、张弡等字，亦可以补正字书之伪。炎武别有《金石文字记》，但载跋尾，不若此编之详明也。

顾炎武另有《石经考》一卷，考订历代石经源流得失，《四库全书总目》认为"博列众说，互相参校""发前人所未发"。这是排比材料、深思明辨的升华。

在历史方面，整理编订其祖父手录万历、天启、崇祯三朝邸报的材料，编辑成《三朝纪事阙文》。由于当时并未全抄，后来又有缺失，顾炎武对手稿做了一些加工增补工作。序言说明编辑整理的用意、标识书名的缘由：

> 伏念国史未成，记注不存，为海内臣子所痛心，而臣祖二十年抄录之勤，不忍令其漫灭，以负先人之志。于是旁搜断烂之文，采而补之，书其大略，其不得者则阙之，名曰《三朝纪事阙文》。

对于寻常的史料汇编工作，也慎重从事，搜集有关资料，酌情补充，毫不松懈；而且，着手之初，即满怀爱国思绪，可见其对待编辑工作意义的重视，态度之严谨。

与《三朝纪事阙文》性质相仿，尚有《圣安纪事》二卷、《明季实录》一卷。前者记南明福王政府弘光一朝史事，起明崇祯甲申（1644）四月，史可法督师扬州，止于乙酉（1645）五月清军占领南京，福王被俘。在编法上是辑录当时事实，据事直书，未加评论，但含悲伤幽痛之意，用以信传信、以疑传疑的手法编成。后者辑集当时的诏书、奏议、塘报、文移等文献材料编成，与《圣安纪事》可相辅为用。谢国桢《顾亭林学谱》称：

> 当时人士目睹北都失陷、南国立君情况，记其事者如冯梦龙之《甲申纪事》、陈济生之《再生纪略》等书，为类甚繁，然均不如炎武纂辑之详审，可以信今而传后。

不仅如此，当时南明福王小朝廷，在清军南下之际，还进行激烈的党争和内战，朝政把持在马士英、阮大铖等阉党余孽的手中，只知卖官鬻爵，排斥异己，腐败无能，花天酒地。镇守江北四镇的总兵官，在大敌当前之时，争权夺利，仇怨日深，根本不以国事为重。弘光一朝，是朱明统治下派系纷争、贪污腐朽、全然不顾国脉民命的最后表演。顾炎武编辑此书，深怀悲愤，他秉笔时的严正态度，沈懋德为本书而写的跋语中有所阐发：

> 亭林先生具良史才，就当时见闻汇为一编，名曰《实录》，未尝参赞一词。岂惟柱下之信史，盖将使后之览者，懔然知君子之可为，而小人之必不可为，庶几世道人心，日归于正。

从编辑史书应持的严正态度而言，沈跋所言还是比较理解编者的用意的。

在音韵学方面，顾炎武自谓："某自五十以后，笃志经史，其于音学深有所得。"（《与人书二十五》）表现于编辑出版工作的，首先是《广韵》的重印。韵书起源于曹魏，保存至今大致完整者，以《广韵》最早。它是在隋代陆法言所修《切韵》、唐代孙愐所修《唐韵》的基础上，经宋代陈彭年等增广重修而成，全称《大宋重修广韵》五卷。研究中古语音的，大都以此为根据；研究上古或近代语音的，也以此书作为比较的资料。汉语音韵学中这一重要韵书，到顾炎武治学时几已不存。辛勤访书与研究的顾炎武，觅得此书，喜不自胜。他说："炎武潜心有年，既得《广韵》之书，乃始发悟于中而旁通其说。"

（《音学五书序》）他随即重刻，加写跋语，且分赠友朋。好学不倦的顾炎武，旋即发现其书并不完整，他根据《路史》《困学纪闻》《礼部韵略》《通鉴释文》《玉海》《文献通考》等书及好友太原傅山所见宋姚宽《战国策后序》等，证实该书在流传中已被人删削，虽幸存而非原来面目。于是他在给弟子潘耒信中自我批评道：

> 读书不多，轻言著述，必误后学。吾之跋《广韵》是也。虽青主读书四五十年，亦同此见。今废之而别作一篇，并送览以志吾过。平生所著，若此者往往多有，凡在徐处旧作，可一字不存。自量精力未衰，或未遽死，迟迟自有定本也。（《与潘次耕札》）

顾炎武在此所说“可一字不存”，与惯于仰承极峰颜色，一旦风云突变，即扬言焚毁全部作品者迥异；是他不自满、不护短的表示。学者不自满才能日进日新，不护短才能愈钻愈深。顾炎武所说“别作一篇”，当指文集卷五的《书〈广韵〉后》，文末云：“其幸而存者，天之未丧斯文也。呜呼，惜哉！”他是如此宝爱祖国的文化遗产！

北南宋间人吴棫，字才老，著作颇丰，其音韵学专著中仅存《韵补》一书。他将古韵分为九部，给后来研究划分古韵部者以很大启发；而且，书中引文甚多，正文前有引用书目，包括先秦以来作家，计有五十，其用韵已见《集韵》诸书者皆不载。书名、人名之下，附有各该书与人有关韵文的简要介绍。这一很有特色的著作，既是研究古音的重要参考书，也是古籍辑佚、校勘、整理工作的可靠材料。顾炎武久访未得，后从山东掖县任唐臣处借到此书，钻研月余，发现它关于古音叶读的错误和今韵通用的失当，写出《韵补正》一卷。顾炎武既钦佩才老多学而识，又觉得他未能一以贯之。在《吴才老韵补正序》中，以“求之天下，卒未见其人”为憾，并说：

> 余为《唐韵正》，已成书矣。念考古之功，实始于宋吴才老，而其所著《韵补》，仅散见于后人之所引而未得其全。顷过东莱任君唐臣，有此书，因从假读之月余。其中合者半，否者半，一一取而注之，名曰《韵补正》。

顾炎武研读《韵补》，继而写《韵补正》，其学术价值与意义何在?《四库全书总目》说得很允当：

> 吴棫有《毛诗叶韵补音》十卷，又《韵补》五卷。自朱子作《诗集传》，用其《毛诗叶韵补音》，儒者因朱子而不敢议棫，又因《毛诗叶韵补音》并不敢议其《韵补》。炎武此书，于棫虽亦委曲回护，有“安得如才老者与之论韵”之言。然所作《诗本音》已不从棫说，至于此书，则要一一纠弹，不少假借，盖攻《韵补》者其本旨。

《四库全书总目》且进一步评论顾炎武对于学术论争的风度，下面一段话应引起我们重视：

> 炎武此书，绝不为叫嚣攻击之词，但于古音叶读

之舛误、今韵通用之乖方，各为别白注之，而得失自见，可谓不悖是非之正，亦不涉门户之争者矣。

顾炎武的这一事例，对于编辑工作提供了一个范例。他十分珍视有价值的古籍，到处寻访，访得细读，读后深思明辨，辨正是非而撰写专著。他表彰吴棫的学术成就，而出“安得如才老者与之讲习”之言，又一一批判他的错误观点，毫不宽容；他纠弹才老的谬误，可又不出叫嚣攻击之词。顾炎武的学术师承之一为朱熹，特别尊崇朱子，但他敢于冲破朱熹的旧说，对于所崇拜的朱子不搞“凡是”。多少年来，我们自许为马克思主义的历史主义者，高唱批判地继承，实事求是。那么，顾炎武的这一事例，对于我们整理古籍，继承遗产，开展论争，推进研究，不正是具有生动的现实意义吗？

顾炎武的著作中，有《音学五书》三十八卷。这一套书的编排，我认为也颇有研究。汉字字音中的声、韵、调为音韵。六经、秦汉古籍，行文遣词多有韵，而古韵书不传。故有关古韵的分析，言人人殊，迄无定论。古今语音不同，韵部也不相同。周秦古书用韵宽，古韵部类自然简单。不过古今韵虽有不同，但其变化尚有轨迹可寻。顾炎武自言于音学深有所得，他的《答李子德书》洋洋三千余言，是文集中最长的一篇，也是讨论古音韵的代表作。他强调：“读九经自考文始，考文自知音始，以至诸子百家之书亦莫不然。”信中将古代音韵的变迁、《广韵》的意义，说得一清二楚。他认为探究音韵是治学的根本，前后用三十多年的时间，深入钻研，完成了音韵学的系列著作《音学五书》。他在《音学五书后序》中诉说了写作和出版的经过与甘苦：

余纂辑此书三十余年，所过山川亭鄣，无日不以自随，凡五易稿而手书者三矣。然久客荒壤，于古人之书多所未见，日西方莫，遂以付之梓人，故已登版而刊改者犹至数四，又得张君弨为之考《说文》，采《玉篇》，仿《字样》，酌时宜而手书之；二子叶增、叶箕分书小字；鸠工淮上，不远数千里累书往复，必归于是，而其工费则又取诸鬻产之值，而秋毫不借于人，其著书之难而成之之不易如此。

对于《音学五书》的写成与刊刻，顾炎武是很兴奋的，他在致友人信中这样说：

若《音学五书》，为一生之独得，亦足羽翼六经，非如近时拾沈之语，而亦不肯供他人捉刀之用，已刻之淮上矣。（《与杨雪臣》）

《音学五书》之刻，其功在于注《毛诗》与《周易》，今但以为诗家不朽之书，则末矣。（《与施愚山书》）

汉语语音的发展，到十三四世纪时进入了新的历史阶段。自明洪武八年（1375）《洪武正韵》十六卷撰成颁布，“历代韵书，自是而一大变”（《四库全书总目》卷四二）。到了汉语语音史上所称的近代语言阶段，迫切需要研究古代音韵的学术著作，以明流变。顾炎武的《音学五书》也可说是应运而生。这一套书五本，它们的编排，从编辑学的角度看，是学术性与逻辑性的统一。在体例上，顾炎武说：“吾之书，一循《广韵》

之次第而不敢辄更，亦犹古人之意，且使下学者易得其门而入。”（《答李子德书》）五书的次第也有讲究。首列《音论》三卷，讨论古今音之变，而究其所以不同，剖析古音学上重大问题，原原本本，为五书的总纲。明代陈第作《毛诗古音考》《屈宋古音义》，虽开古音研讨的门径，尚未能深入堂奥，至顾炎武乃探讨本原，推寻经传，早在明崇祯帝吊死煤山前一年成书。次为《诗本音》十卷，是五书中的主要部分。以《诗经》用韵为主，并以其他书中韵语为旁证，但即本经所用之音互相参考，他书为辅而已，明古音原作是读，故称“本音”。“南宋以来，随意叶读之谬论，至此始一一廓清，厥功甚钜。”（《四库全书总目》卷四二）其三为《易音》三卷，专讲《易经》用韵，从而考订古音。其四为《唐韵正》二十卷，据古音订正《唐韵》的错误。唐韵本为四声而设，本书也就订正了沈约的失误。在内容上，名为订正唐宋韵书，实际为《诗本音》的详细注解。最后为《古音表》二卷，重订韵目次第，在郑庠《古音辨》分古韵为六部的启发下，分为十部，以平声为部首。这五本书的编排，内容层次分明，繁杂之中井然有序。其所论断虽未尽精当，而能离析《唐韵》以求古音，奠定了清代古音学的基础，在编辑方法上也给我们以启发。

套书、丛书、系列书，并不能杂七杂八一锅煮。在编辑的思虑中，既应有明朗的主题，各书又须含逻辑联系，不是把一些各不相涉的书放在一起完事。《音学五书》是音韵学书，没有一本离开这一主题，各书又彼此关联，互相发明和补充。在清代学术研究的各科关系和具体条件下，研究文字、音韵、训诂的专门学问，通称“小学”，以音韵为其中心。顾炎武对考文与知音的提法，对古音学源流的探讨，为其后学术界所公认。缪荃孙为张之洞撰《书目答问》，末附《国朝著述诸家姓名略》，以示清代学术界的流别，于最后总结道："由小学入经学者，其经学可信；由经学入史学者，其史学可信……以经学、史学兼经济者，其经济成就远大。"顾炎武在学术上的成就，即可作如是观。《四库全书总目》于《音论》提要后写道：

> 全书持论精博，百余年来，言韵学者虽愈阐愈密，或出于炎武所论之外，而发明古义，则陈第之后，炎武屹为正宗。

顾炎武启发了清代学术界在这方面开展的研究和撰述，《音学五书》在编辑史上这类专著中具有里程碑的性质。康熙时李光地等奉诏编纂《音韵阐微》十八卷，其书沿用《韵府群玉》一百零六韵为目，附载《广韵》韵目备考。《四库全书总目》在《音论》提要之末称：

> 陈万策《近道斋集》有《李光地小传》，称光地音学受之炎武。又万策作《李光地诗集后序》，称光地推炎武音学，妙契古先。故所注古音不用吴棫《韵补》，而用炎武《诗本音》，则是书之为善本，可概见矣。

其后有乾隆十五年的《钦定同文韵统》六卷、《钦定叶韵汇辑》五十八卷，乾隆三十八年的《钦定音韵述微》三十卷。在学者中，江有诰撰《音学十书》，包括《诗经韵读》《群经韵读》《楚辞韵读》《先秦韵读》《入声表》《四声韵谱》《唐韵四声正》

等十种。《入声表》后附有《等韵丛说》一种。江有诰分古韵为二十一部。《音学十书》为古音学上的重要著作。到了戊戌维新运动的文化思想启蒙时，有吴县沈学作《盛世元音》，其理论部分登载在1896年的《申报》和《时务报》上，青年梁启超特作序介绍。1899年将全书石印，改名《拼音新字》，其中主张多音词连写，则是清末提倡汉语拼音的新型论著。所有这些著述，当推《音学五书》为创导于前的先驱了。

三

在我国古典编辑家中，除供职史馆秘阁，或受名公钜卿之托编修者外，绝大多数为自写自编，不假手于他人进行编辑整理；少数学者著述，身后由其门人亲属加以编订而已。到宋、元、明朝雕版印刷盛行，即使专营的书铺林立，乃至形成以出版业为主的市镇时，像《儒林外史》中的马纯上、匡超人那样，被招聘雇用的职业编辑，在晚清之前都属极少数。顾炎武有没有受他人之托做过编辑工作呢？这就应该继续说明。

顾炎武生平除自写自编外，作为有盛名的学问家，应有关人士之请，也从事过具有近代意义的编辑工作。顺治、康熙间，他寄寓山东济南、章丘时，曾应山东通志馆的敦请，做了短时期的编辑工作，一来是情不可却，二来也乘此使用志局的藏书。其《与颜修来手札》云：

> 弟今年寓迹半在历下，半在章丘。而修志之局，郡邑之书颇备，弟得藉以自成其《山东肇域志》。若贵省之志，山川古迹稍为刊改，其余概未经目，虽抱

素餐之讥，幸无芸人之病。

他在通志馆所做的笔削工作不多，只审订修改山川古迹的记载而已。在《答叶嵋初》函中说：

亟来历下，昨见续志简明可观，足征政事文章大概。其如各属至者未满二十处，弟职在润色，须诸公讨论成稿之后，方得经目，此时不过借关防为著书之便而已。然为《音学五书》将成之际，早夜无一闲晷。所著舆地之书，名曰《肇域志》，其山东一省，乘此之便，旬月可就也。

他在济南方志馆担任一部分稿件修润定稿工作，自己还紧张编书，可见在学问上要想取得一些成就，离开勤奋努力，没有其他捷径。

顾炎武还编辑了《古今集论》一书，康熙六年行经山东兖州时，删取一部分内容，以《近儒名论甲集》刊刻。《与颜修来手札》云：

弟向日录有《古今集论》五十卷，顷兖李、刘年翁延弟至署，删取其切于经学治术之要者，付诸梓人，名曰《近儒名论甲集》。因此淹留，尚有旬月。

《古今集论》五十卷及其摘编《近儒名论甲集》，既是高级抄书的精华，也是编辑整理的产品。在近人研究顾炎武的学记性质书中，其“著作考”一节，竟均无视此书，不能不认为是一种疏忽！

在顾炎武的撰著中，还有《二十一史年表》十卷、《建康古今记》十卷、《下学指南》一卷、《熹庙谅阴记事》一卷及《皇明修文备史》《救文格论》等，都是编辑工作的成果。《下学指南·自序》指出宋明理学“淫于禅学者实多”“故取慈溪黄氏《日抄》所摘谢氏、张氏、陆氏之言，以别其源流，而衷诸朱子之说。”恽毓鼎跋《皇明修文备史》称：

> 是书为亭林先生所汇辑，旧为阳湖赵味辛先生收庵藏书，凡七十种，合四十帙。……有抄本，无刊本，自帝纪以至外夷，大而兵刑礼乐，小而筦库出纳，人物之臧否，议论之短长，行事之法戒，形势之要害，莫不备载。

至于《救文格论》，实际是讨论编辑整理历史书籍的方法，涉及岁时、年号、官名、地名等处理问题，以名从主人、朴实不华为是。至于《京东考古录》《山东考古录》及《昌平山水记》等，是杂考、调查及踏勘之后综合编辑整理而成。前二种的精华已汲取到《日知录》中。顾炎武的密友王宏撰《山志》说：“《昌平山水记》二卷，巨细咸存，尺寸不爽，凡亲历对证，三易稿矣。”考据论文与调查报告等，正应该以这种严谨的态度来编辑整理。顾炎武一生的学术著作，首推《日知录》三十二卷。这是他的读书心得，随时札记，故以“日知”为名。他说：“所著《日知录》三十余卷，平生之志与业皆在其中。”（《与友人论门人书》）在撰著过程中，有人问他又写了几卷，他以采铜铸钱为喻，回答得生动、形象而又严正辛辣：

尝谓今人纂辑之书，正如今人之铸钱。古人采铜于山，今人则买旧钱，名之曰废铜，以充铸而已。所铸之钱既已粗恶，而又将古人传世之宝，舂剉碎散，不存于后，岂不两失之乎？承问《日知录》又成几卷，盖期之以废铜，而某自别来一载，早夜诵读，反复寻究，仅得十余条，然庶几采山之铜也。（《与人书十》）

他在另一笔记《谲觚》中谈到自己生平治学态度时说过：

仆自三十以后，读经史辄有所笔记，岁月既久，渐成卷帙，而不敢轻以示人，语曰：“良工不示人以璞。”虑以未成之作，误天下学者。

根据他这一段自白，来看他为《日知录》所写的序言：“愚自少读书，有所得辄记之，其有不合，时复改定，或古人先我而有者，则遂削之。”在《初刻日知录自序》中，说到六七年前曾刻过八卷，但经继续研讨，“始悔向日学之不博，见之不卓，其中疏漏往往而有，而其书已行于世，不可掩”。他又刻二十余卷时声称：

昔日之得，不足以为矜；后日之成，不容以自限。若其所欲明学术，正人心，拨乱世以兴太平之事，则有不尽于是刻者，须绝笔之后，藏之名山，以待抚世宰物者之求。

他这种老而益进、老而弥坚的精神是非常感人的。他的学生潘耒《日知录序》因而说他的钻研精神道："当明末年，奋欲有所自树，而迄不得试，穷约以老，然忧天闵人之志，未尝少衰，事关民生国命者，必穷源溯本，讨论其所以然。"潘耒认为顾炎武"规切时弊，尤为深切著明，学博而识精，理到而辞达""明三百年来，殆未有也。"

《日知录》以"明道""救世"为宗旨，包括经义、史学、政事、吏治、兵事、天象、财富、典礼、舆地、艺文等许多方面。顾炎武自己将该书编辑为三部分：上篇经术，中篇治道，下篇博闻（《与人书二十五》）。并说："有王者起，将以见诸行事。"故潘耒在其序之末着意强调指陈："如第以考据之精详、文辞之博辨，叹服而称述焉，则非先生所以著此书之意也。"学生是真正体会老师的治学精神的。

评论《日知录》的学术大要，不是本文所能负担的任务，这里拟就该书对于古典编辑学的意义稍作说明。试以该书卷十九为例，首列《文须有益于天下》：

> 文之不可绝于天地间者，曰明道也，纪政事也，察民隐也，乐道人之善也。若此者，有益于天下，有益于将来，多一篇，多一篇之益矣。
>
> 若夫怪力乱神之事、无稽之言、剿袭之说、谀佞之文，若此者，有损于己，无益于人，多一篇，多一篇之损矣。

《亭林文集》卷四《与人书三》曾说："孔子之删述六经，即伊尹、太公救民于水火之心，而今之注虫鱼、命草木者，皆不足以语此也。”如果不为文中的旧词所阻隔，并从旧词翻检新义，那么。以“文须有益于天下”“有益于将来”的原则来考虑和审视选题、择稿，我们就会把那些怪力乱神、无益于人的无稽之谈，摒弃于出版计划之外。

其次论《直言》与《立言不为一时》，指出“政教风俗，苟非尽善，即许庶人之议”。“救民以言”，是一种社会责任。著书立说，是所谓“三不朽”之一的立言。他认为：“穷则变，变则通，通则久，天下之理，固不出乎此也。”与顾炎武同时而略早，英国诗人约翰•弥尔顿说：自由抒发己见，是一切自由中最重要的自由。具有启蒙思想的顾氏，认为应慎重对待立言之作：“天下之事，有其识者，不必遭其时；而当其是者，或无其识。然则开物之功，立言之用，其可少哉!”真理常常在少数人手中，编辑工作应审慎而积极地支持直言。

《文人之多》一条，讲知识分子应有的道德观，强调“士当以器识为先”。这也就是今日常谈的编辑的道德修养问题。编辑以及著作人，立身处世，首先应养其器识。顾炎武要求不做无聊的文人。他以文起八代之衰的韩愈为例，如果只写《原道》《原毁》《争臣论》《张中丞传后序》等文，谢绝一切应酬文字，才配称为“近代之泰山北斗”。还有《巧言》《文辞欺人》等条，揭露无耻文人，巧言令色，胁肩谄笑，以笔墨为丑类粉饰。他特意强调不应无原则地歌功颂德。“凡今人所作诗赋碑状，足以悦人之文，皆巧言之类也。”作者“能之而不为”才是“天下之大勇”“学者所用力之途”。这里提出了评论文章的一条严格标准。

《著书之难》一条，告诫著作人不宜“视成书太易，而急于求名”。《文人摹仿之病》《文人求古之病》，指出滥用古字古称，不过自盖其浅陋，是“不适时”。提倡立新意，跳出古人范围之外。“毋剿说，毋雷同，此古人立言之本。”又论《文章繁简》称：“辞主乎达，不论其繁与简也。繁简之论兴，而文亡矣。《史记》之繁处，必胜于《汉书》之简处。《新唐书》之简也，不简于事而简于文，其所以病也。”这都是对于读稿应注意之点的提醒。

《古人不为人立传》《志状不可妄作》《书不当两序》及《古人集中无冗复》等，大都是古典作家与古典编辑家的守则，有的是在当时的历史条件下严谨负责的要求，有的提法则已陈腐过时。至于《作文润笔》，从蔡伯喈集中多当时权贵碑诔之作说起，则是探求稿费的起源了。

在《日知录》卷二十中，有《古人不以甲子名岁》《史家追纪月日之法》《史家月日不必须序》《重书日》《古人必以日月系年》《年号当从实书》及《割并年号》等条，都是古典编辑学中有关纪年月日的考究。《述古》《引古必用原文》《引用书意》等条，是古籍中关于引文的规定；《分题》则是篇目的处置。卷二十一中，所论古来名家如庾信、李白、郭璞、陆机等诗赋中用事遣词的错误，足以启发读稿时须深思勿懈，不要慑于大作家的盛名而看不见问题。

卷二十六中论史学书，如《史记于序事中寓论断》《史记通鉴兵事》《汉书不如史记》《作史不立表志》《史文重出》《史家误承旧文》等，皆有卓见，可供编辑整理时参考。

其他如卷三《商颂鲁颂》指出六经皆史，卷十六《秘书国史》指出知古尤当通今，都是古典编辑学中重要论见。又如卷十八《窃书》条中说：

> 晋以下人，则有以他人之书而窃为己作者，郭象《庄子注》、何法盛《晋中兴书》之类是也。若有明一代之人，其所著书，无非窃盗而已。

他憎恶窃盗、抄袭他人作品，将这类盗名欺世者称为“钝贼”：

> 今代之人，但有薄才而无俊才，不能通作者之意，其盗窃所成之书，必不如元本，名为“钝贼”何辞！

《日知录》中这类论说尚多，殊难一一叙述。以上所云，只是说明这些见解在古典编辑学上具有重要意义，并不是将它误解为古典编辑学的教本。

在顾炎武的文集中，有关读书、治学、撰著、编辑的议论甚多。全祖望论南宋乾淳诸老，以经世自命者，“闻而得之者多于见”“未有若先生之探原竟委，言言可以见之施行”。文集中许多意见是很感人的，有启发意义的，兹撮其大端于后。

关于写作撰著的原则：

> 凡文之不关六经之旨、当世之务者，一切不为。（《与人书三》）
>
> 窃以为圣人之道，下学上达之方，其行在孝弟忠信；其职在洒扫应对进退；其文在《诗》《书》、三《礼》《周易》《春秋》；其用之身，在出处、辞受、取与；其施之天下，在政令教化、刑法；其所著之书，皆以为拨乱反正，移风易俗，以驯致乎治平之用，而无益者不谈。一切诗、赋、铭、颂、赞、诔、序、记

之文，皆谓之巧言而不以措笔。其于世儒尽性至命之说，必归之有物有则、五行五事之常，而不入于空虚之论。仆之所以为学者如此。

他在与人通信讨论中，多次提出“救民水火”（《病起与蓟门当事书》），“不忘百姓之病”（《答王茂衍》），“百姓之病，亦儒者所难忘”（《与友人书》）。他在《与潘次耕札》中评论当世追逐名利的颓风，揭示救世的目标称：

凡今之所以为学者，为利而已，科举是也。其进于此，而为文辞著书一切可传之事者，为名而已，有明三百年之文人是也。君子之为学也，非利己而已也，有明道淑人之心，有拨乱反正之事，知天下之势之何以流极而至于此，则思起而有以救之。

顾炎武所揭示的明道救世的目标，出于儒家“民胞物与”的伦理思想。所以他在《与人书六》中说：“夫子‘归与归与’，未尝一日忘天下也。故君子之学，死而后已。”

关于历史书籍的编辑：研究和撰写史书的目的何在？顾炎武说：“引古筹今，亦吾儒经世之用。”（《与人书八》）这和他对第三甥徐公肃所说“鉴往所以训今”之义相同。他对现代史十分注意，十五岁成童之时，即阅读史书，晚年对友人说：“弟老矣，自舞象之年，即已观史书，阅邸报，世间之事，何所不知。五十年来存亡得失之故，往来于胸中，每不能忘也。中遗忧患，不废学业，稍有所窥。”当时官方为笼络汉族知识分子，设馆编修明史，顾炎武准备一死以拒绝征聘。但在私人讨论中，他强调搜集原始材料的重要，反复指出应以明朝的邸报为本。他说：

> 窃意此番纂述，止可以邸报为本，粗具草稿，以待后人，如刘昫之《旧唐书》可也。忆昔时邸报至崇祯十一年方有活板，自此以前，并是写本。而中秘所收，乃出涿州之献，岂无意为增损者乎？访问士大夫家，有当时旧抄、以俸薪别购一部，择其大关目处略一对勘，便可知矣。
>
> 奏章是非同异之论，两造并存，而自外所闻，别用传疑之例，庶乎得之。（《与公肃甥书》）
>
> 自庚申（万历四十八年，1620 年）至戊辰（崇祯元年，1628 年）邸报皆曾寓目，与后来刻本记载之书殊不相同。今之修史者，大段当以邸报为主，两造异同之论，一切存之，无轻删抹，而微其论断之辞，以待后人之自定，斯得之矣。（《与次耕书》）

明朝历代实录编成后，“焚草于太液池，藏真于皇史宬。在朝之臣，非预纂修，皆不得见”。顾炎武指出“天下之士于是乎不知今”。在《答汤荆岘书》中列举所见有关万历以来史事的刻本、抄本，认为皆不可缺。如向民间征集图书，州县必将乘机摊派勒索，反而扰害百姓。

关于立身处世的大节：顾炎武提出“博学于文”“行己有耻”两点：

> 自一身以至于天下国家，皆学之事也。自子臣弟

> 友以至出入、往来、辞受、取与之间，皆有耻之事也。耻之于人大矣！不耻恶衣恶食，而耻匹夫匹妇之不被其泽。（《与友人论学书》）

他慨叹世风学风的败坏："余尝游览于山之东西、河之南北二十余年，而其人益以不似。"（《广宋遗民录序》）针对着"学为不似之人"的现象，严格要求出处、取与间不苟同，"胸中磊磊，绝无阉然媚世之习"（《与人书十一》）。

表现在著述态度上，他提出："著述之家，最不利乎以未定之书传之于人。""今世之人速于成书，躁于求名。"（《与潘次耕书》）"君子所求者，没世之名；今之所求者，当世之名。当世之名，没则已焉。"（《答李紫澜书》）他因此主张不随便为人作序，说得很幽默："某君欲自刻其文集以求名于世，此如人之失足而坠井也。若更为之序，岂不犹之下石乎？"（《与人书二十》）

关于读书求友的卓见：顾炎武非常着重良友的作用，认为自己"入险能出，困而不踬者，皆知己扶持之力"（《与人书》）。他特意刊刻部分著作，分送友好，请予批评，"知我者当为攻瑕指失，俾得刊改以遗诸后人，而不当但为称誉之辞也"（《与友人书》）。深感"人之为学，不日进则日退。独学无友，则孤陋而难成"，"若既不出户，又不读书，则是面墙之士，虽子羔、原宪之贤，终无济于天下"（《与人书一》）。"古之人学焉而有所得，未尝不求同志之人。"所以他提出四个字"患乎无朋"（《广宋遗民录序》）；也正是本着这一认识，他写下了《广师》一文，来表彰他的"同学之士"。读书求友，对于编辑工作者的重要性，怎么估计也不为过分的吧？

顾炎武毕竟是个有血有肉的人，是个处于一定历史条件之下的人。他十分推崇南宋朱熹，“不徒羽翼圣功，亦乃发挥王道，启百世之先觉，集诸儒之大成”（《华阴县朱子祠堂上梁文》）。据此可知顾氏学术渊源，治学趋向，章学诚才将他看作是朱熹第五代传人（《文史通义·朱陆篇》）。顾炎武一生最重节操，却与投降清朝、随军南犯的程先贞相契甚深；他最重实事求是，却误信同时代被冤杀的郑鄤杖母；他深受乡豪叶方恒多次严酷迫害，却终能与其人偕游名山，且受绸葛之惠；今人王遽常汇注顾炎武诗集时精细地指出其“不可解”。我们不必用显微镜去观察他，但看他文集中许多闪光的论点，既尊重前人的成就，又主张超越前人，“自出己意，乃敢许为知音”（《与人书十六》）。他看了某君的诗文稿后，很坦率地批评道：

> 君诗之病在于有杜，君文之病在于有韩、欧。有此蹊径于胸中，便终身不脱依傍二字，断不能登峰造极。（《与人书十七》）

他推崇那些经典作家，却反对一味依傍而不能超越。他很自信地说：

> 吾辈所恃，在自家本领足以垂之后代，不必傍人篱落，亦不屑与人争名。（《与人札》）

他痛斥“从恶如崩”的社会现象，对三个鼎贵之甥也不稍假颜色；他又持身严肃，重视《论语》所谓“能见其过而内自讼者”，指出：“论人物者，所以为内自讼之地；而非好学之深，则不能见己之过。”（《与人书十四》）在《与戴枫仲书》中要求

“宜反己自治”，“不务反己而好评人”是错误的！至于他写的诗文，都是有为而发，具有丰富的历史内容和学术内容，以及沉雄悲壮的艺术风格，达到了思想与艺术的高度结合。他将一生都贡献给学术文化事业，一再说“君子之学，死而后已”。他的勤奋不懈的精神、学术修养的造诣、富有启发性的见解，都值得我们编辑记取和研究。

清代乾嘉时，学术界派性强烈，“汉学”“宋学”壁垒森严。江藩撰《汉学师承记》反映了当日的狭隘门户之见，但仍不能无视事实，而在第八卷中为顾炎武与黄宗羲立传。顾氏在许多学术领域里启发了后日的乾嘉学术界，梁启超《中国近三百年学术史》说：“清代许多学术，都由亭林发其端，而后人衍其绪。”“亭林的著述，若论专精完整，自然比不上后人；若论方面之多，气象规模之大，则乾嘉诸老，恐无人能出其右。”可憾的是，“独有生平最注意的经世致用之学，后来因政治环境所压迫，竟没有传人”。所以梁启超很锐利地指出，顾炎武的学问非专从纸片上得来，“后来的古典考证家，只算学得‘半个亭林’罢了”。

封建专制，闭关锁国，厉行文化统治与民族压迫的清朝政府是忌恨顾炎武的，很准确地把他看作是持不同政见者。江藩为他立传时，不但在传后指出顾、黄之学“皆深入宋儒之室”，且着重揭示他们在甲申、乙酉之变后的政治态度，“不须天命，强挽人心”“以乌合之众，当王者之师”“逮夫故土焦原，横流毒浪之后，尚自负东林之党人，犹效西台之恸哭，虽前朝之遗老，实周室之顽民，当名编薰胥之条，岂能入儒林之传哉！”对于这种人不加诛戮已很宽大的哩！乾隆时编纂《四库全书》，在文化上有一定贡献；《四库全书总目》的提要也有不少精辟评价。然而，正如鲁迅所说：“但须注意其批评是‘钦定’的。”《总目》卷首《凡例》二十则，第十四则便利用顾炎武论复古音的一个保守观点大肆攻击：

> 儒生著书，务为高论，阴阳太极，累牍连篇，斯已不切人事矣！……顾炎武之流，欲使天下言语皆作古音，迂谬抑更甚焉！

在卷一一九子部二九杂家类三《日知录》提要中又重复攻击道：

> 炎武生于明末，喜谈经世之务，激于时事，慨然以复古为志，其说或迂而难行，或愎而过锐，观所作《音学五书后序》，至谓圣人复起，必举今日之音而还之淳古，是岂可行之事乎？潘耒作是书序，乃盛称其经济，而以考据精详为末务，殆非笃论矣。

御用文人，不论学问多大，不得不吹毛求疵，颠倒是非。《总目》特别重考据饾饤，轻经世致用，肆意贬斥顾炎武，并非不可理解。可是，到了皇朝末日，革命风起云涌，通过张之洞等人于光绪三十三年策划，竟使顾炎武和黄宗羲、王夫之三人受到配享孔庙两庑的旷典。但是毕竟太迟了！许多志士仁人追求救国救民的真理。顾炎武在《日知录》卷十三《正始》中的名言：“保天下者，匹夫之贱与有责焉耳矣！”被后人归纳为“天下兴亡，匹夫有责”的响亮口号。顾炎武三百年前所播下的种子，到晚清开花结实了。海内外革命报刊发挥了他的民族主义思想，与明道救世的主张，为腐败的大清帝国敲响了丧钟。

黄宗羲

17 世纪是中国封建社会“病革临绝”与“破块启蒙”的大动荡时期，学术界出现了理性反思与面向未来的新思潮。明清之际的学者方以智、顾炎武、王夫之、黄宗羲和出亡日本的朱之瑜等，是这个思潮的代表人物。其中黄宗羲以凌厉无前的锋芒，严肃批判封建君主专制制度。在他别开天地的巨大学术成就中，专题撰著与文献编纂并重，提出“道非一家之私，圣贤之血路，散殊于百家”（《南雷文定》三集卷二），并将这一创见贯串在编辑工作中。他是早期启蒙的大思想家，也是清理数百年学术文化的大编辑家。

一

黄宗羲（1610—1695），字太冲，号南雷，学者尊称梨洲先生，浙江余姚人。生平经历悲壮而斑斓。青少年时，是东林遗孤、复社翘秀。目击二十年农民大暴动，天崩地解，朱明王朝倾覆。清兵南下后，组织义军，入山结寨，奔波海上，乞师日本。因之屡遭缉捕，辗转流离。晚年始得隐居家园，读书著述，吞吐百家，摒弃语录糟粕，钩玄提要，讲学甬上，发聩振聋，以博通经史、转变学风的思想家与编辑家终老于故乡。

黄宗羲出生于素称文物之邦的浙东，那里是古代吴越文化的发源地，到赵宋南渡，更成为全国政治文化的中心。16 世纪前后，江浙一带又成为工商业最发达的地区。浙东的学术思想、政治生活和繁荣兴盛的经济状况一样活跃。东南地区是当时与阉党相对抗的东林党基地。黄宗羲的父亲黄尊素，是历史学家、东林名士，为人仗义执言，敢于抨击时弊。黄宗羲垂髫读书，即不屑守章句。年十四，补诸生。天启初年黄尊素任御史，黄宗羲随学京邸，其父课以时文八股，他不甚留意，读书每至夜深，而不研习科举考试的制艺。黄尊素是坚决反对魏阉专政的杨涟、左光斗的同志。诸人昕夕过从，议论朝政，黄宗羲随侍在侧，因而尽知国家大事，在东林党人的影响下成长起来。

天启四年（1624），杨涟等弹劾魏忠贤二十四大罪，次年被诬陷死于狱中。黄尊素削职回里。六年三月，又与苏州周顺昌等被捕到京，囚禁狱中。其父被逮时，叮嘱黄宗羲云："学者不可不通知史事，可读《献征录》。"又命黄宗羲从当时学者称为蕺山先生的浙东大儒刘宗周研究学问。黄尊素及其同志都视死如归，坚决控诉阉党罪恶，终因受酷刑拷打，同年闰六月死诏狱中。黄宗羲时年十七，全家困顿不安，他奉养祖父、母亲及诸弟，刻苦学习。明熹宗不久死去，崇祯帝即位，魏忠贤失去靠山，被黜职后惧罪自缢。黄宗羲入都，为父讼冤，对簿公堂，以所袖长锥彘伤魏阉党徒，又殴仇人，拔其须，归而祭父。这都反映了青年黄宗羲敢作敢为、敢爱敢恨的鲜明个性。

黄尊素昭雪葬事毕，黄宗羲肆力于学，全祖望《梨洲先生神道碑文》说：

> 公遂自明十三朝实录，上溯二十一史，靡不究

> 心，而归宿于诸经。既治经，则旁求之九流百家，于书无所不窥者。愤科举之学，锢人生平，思所以变之。既尽发家藏书读之，不足，则抄之同里世学楼钮氏、澹生堂祁氏，南中则千顷斋黄氏，吴中则绛云楼钱氏，穷年搜讨。游屐所至，遍历通衢委巷，搜鬻故书，薄暮，一童肩负而返，乘夜丹铅，次日复出，率以为常。

黄宗羲遵父命，至绍兴东北蕺山向刘宗周问学。当时阳明后学分化演变益烈，越中有一派人承海门周汝登的绪余，援儒入释，阳明学至是大坏。刘宗周由主敬入门，创立“慎独”学说，突破阳明的心学，而转向经世致用之学，提出“吾儒学问在事上磨炼；不在事上做工夫，总然面壁九年，终无些子得力”（《刘子全书》卷十三《会录》）。黄宗羲及门年尚少，奋然而起，约集吴越中高才生六十余人，共侍讲席。他在蕺山所受的学术熏陶，奠定了此后哲学研究的思想基础。全祖望又说：

> 一时老宿闻公名者，竟延致之相折衷。经学则何太仆天玉，史学则钱侍郎谦益，莫不倾筐倒度而返。因建续抄堂于南雷，思承东发之绪。阁学文文肃公尝见公行卷，曰：“是当以大著作名世者！”

南宋末慈溪黄震字东发，学宗程朱，但论证经义不持门户之见，把“道”解释为“日用常行之理”，著有《东发日抄》。青年黄宗羲论学也有这种精神，与弟宗炎、宗会，皆以实学，有声于时，世称“东浙三黄”。

奋力钻研典籍的同时，黄宗羲也经受着现实生活的磨炼。因访友与应试，他几次来到南都金陵，与复社名流及死阉难者遗孤们聚会，议论国事。金陵是江南一大都会，他看到不少贵公子来游，饰车骑，结宾客，召歌儿舞女，酒食征逐，时艰民困全然置之度外。朝廷又重用宦官，阉党余孽力图死灰复燃。他劝告沉醉于挟妓置酒的社友；并出面组织反宦官权贵的正义斗争，约集四方名士一百四十余人，发表《南都防乱揭》，揭发腐恶势力的阴谋活动，“但知为国除奸，不惜以身贾祸”。黄宗羲还到北京应试，依然落第。宰辅想用中书舍人一官笼络他，他目睹朝政腐败，弃而不顾，南归后更肆力于学。清军进犯江浙，他毁家纾难，召募义兵，成立“世忠营”，进行武装抵抗，被鲁王任为左副都御史。在进行抗清斗争的艰难岁月中，不论在粮缺势孤的荒山上，或在波涛汹涌的大海中，斗志始终不衰。他晚年回忆当时的战斗生活称：

> 自北兵南下，悬书购余者二，名捕者一，守围城者一，以谋反告讦者二三，绝气沙墠者一昼夜，其他连染逻哨之所及，无岁无之，可谓濒于十死者矣。（《怪说》）

对于思想家和编辑家的成长来说，特殊的个人遭际，丰富的社会阅历，惊险的锋镝余生，真是“贫贱忧戚，庸玉汝于成也”（张载《西铭》）。黄宗羲就是这样从反对阉党的政治斗争和抗清的民族斗争中艰苦锻炼出来的。

清军于顺治七年（1650）攻破四明山寨，次年攻陷舟山。鲁王兵败，南下金门。黄宗羲奉母潜返里门，先后在黄竹浦的西园、柳下、南雷及附近的化安山一带流徙避祸。正如全祖望所说："征君自壬寅（1662 年，康熙元年）前，鲁阳之望未绝。"（《明夷待访录跋》）浙江沿海抗清火炬未灭，张煌言、张名振等率部不断反攻；西南桂王政府依靠出身于农民军的将领李定国、李来亨等奋战，在黔、桂、川获得空前未有的大捷，击败清军数十万。李定国统领西南苗、瑶、壮、彝各族人民所组成的军队，反攻湖南，进军广东，形成了第二次抗清高潮。可是清方扭转了战局，到顺治十六年（1659），厦门郑成功与浙江张煌言从海道入长江的大反攻，在南京被清军击败；吴三桂部攻下云南府城，桂王流奔缅甸。两年后（1661），桂王被入缅清兵所俘；次年即康熙元年，李定国在勐腊忧愤而死。残明的最后一个政权倾覆了，黄宗羲抗清扶明的希望完全破灭。在清朝政权已经相对稳定的形势下，用心良苦的黄宗羲，不得不埋头于学术研究，全力从事著述，在遗民生活中坚持民族气节。

黄宗羲生平的经历十分坎坷。据黄炳垕《黄梨洲先生年谱》引他自己的话说，一生有三变：初为"党人"，接受东林党人的教育与影响，并参加复社同志的反宦官权贵斗争；继为"游侠"，因参加抗清斗争而颠沛流离，过着亡命惊险的生活；最后"厕之于儒林"，著述讲学，突破传统思想结构，而以新思维方式批判封建专制主义和成为官学的程朱理学。在研究当代政治学术历史，反思明朝覆亡教训的同时，他致力于保存历史文化遗产，在余生中以极大的毅力、刻苦的劳动，编选了卷帙浩繁的宋、元、明三代作家的文集和乡邦文献。他的故居南雷里，据调查，即今余姚市明伟乡（旧称通德乡）黄竹浦的前园村。村西尚存祖堂三间，门墙上砖刻的"文献家庙"四字清晰可见；隔弄有三间高平屋，门楼有砖刻的“文献世家”四个大字。姑不论黄氏后裔命意何在，这个题额却能说明它是大编辑家的故居！

黄宗羲是最早探索中国走出中世纪道路的启蒙思想家。在哲学上反对宋儒“理在气先”之说，认为“理”不是实体，只是“气”中的条理和秩序。论学能否定儒家道统的“一定之说”，力图冲破“好同恶异”“必欲出于一途”的传统的僵化思维模式，在《明儒学案·自序》中提倡“殊途百虑之学”。他以为“致良知”之“致”“只是一个行，如博学、审问、慎思、明辨皆是行也”，“致字即是行字”，批判“后之学者，测度想像，求见本体，只在知识上立家当，以为良知”（《明儒学案》卷十《姚江学案》）。他揭露了君主一人私有天下的罪恶，在《明夷待访录》中作出“为天下之大害者，君而已矣”的大胆结论，认为“天子之所是未必是，天子之所非未必非”，进而肯定“天下之治乱不在一姓之兴亡，而在万民之忧乐”。在1986年举行的首次国际黄宗羲学术讨论会上，学者们对他作出富有时代气息的新评价：

> 黄宗羲是一位立足于当时的现实而又一脚跨进了未来的伟大思想家。他的思想充满了辩证法的光辉。他第一个为中国近代勾画了一幅民主主义的蓝图（尽管是粗略的），并以“风雷之文”召唤“豪杰之士”起来冲破“囚缚”，为迎接新时代的到来而斗争。黄宗羲对中国近代思想产生了多方面的影响。（冯契《黄宗羲与近代历史主义方法论》）
>
> 一部《明夷待访录》，振聋发聩，石破天惊，表

> 现了他冲决封建思想“囚缚”的勇气和剖判封建专制制度的深度。这部书中反映的东方近代化的思想萌芽，尽管因时代不成熟和历史包袱沉重而带有各种局限，但以其植根于民族文化传统中深沉的民本意识，而又透露出“天下（万民）为主”的新观念，故特具活力生机，在近代中国变法维新和民主革命运动中一直起着特殊的酵母作用，至今仍有其启蒙意义。（萧箑父《黄宗羲的真理观片论》）

梁启超尝言：“吾于清初大师，最尊顾、黄、王、颜，皆明学反动所产也。”在《清代学术概论》和《中国近三百年学术史》中，他虽然指出《明夷待访录》“不能不算人类文化之一高贵产品”“对于三千年专制政治思想为极大胆的反抗”，甚至强调比卢梭《民约论》问世早数十年；而作为明清之际启蒙期的代表人物之一的黄宗羲，只是“以史学为根据，而推之于当世之务”，从而认为其学术规模还不够大，实际是他只看到黄宗羲的史学成就而限制了自己的见地。

本文的任务并非全面评估黄宗羲的学术，而是从编辑学的角度探讨他在总结学术演变脉络、增大文化积累方面的巨大贡献，说明大思想家、大学问家黄宗羲，也是一位大编辑家。

首先来检视他的学术成果。20 世纪 80 年代，浙江省学术界做了一件很有意义的实事，就是组织刊行《黄宗羲全集》，共出十二册，沈善洪主编。他的合作者吴光在撰写《黄宗羲遗著考》的过程中，查考前人著录和现存各种版本，做了辑佚辨伪工作，统计的结果是：黄宗羲的著书共计一百十二种，至少有一千三百卷，二千万字。按其著作性质，可以分为三类：一是文选，如《明文海》《明史案》《姚江逸诗》等十八种，一千余卷；二是专著，如《明儒学案》《易学象数论》等六十八种，三百多卷；三是自著诗文集，如《南雷文案》《南雷文定》《南雷杂著》等二十六种，七十多卷。现存文选九种、专著二十八种、诗文集十八种，共计五十五种，一千零七十七卷，其他都亡佚难寻了。

若再进一步分析上述统计结果，则知文选一类都是编辑工作的产品；他撰写的六十八种专著中，《姚江文略》《姚江诗略》《弘光实录抄》《明史条例》《西台恸哭记注》《冬青树引注》《四明山志》《监国鲁元年丙戌大统历》《思旧录》《天一阁书目》等，仍属编辑工作的产品。其他如《理学录》《二程学案》《东浙文统》《蕺山同志考》《姚江琐事》《明季灾异录》《忠端公祠中神弦曲》等，也可能以编纂为主，只因早已亡佚或尚未之见而不能推定。即按前述三类观察，文选一类十八种一千余卷，在总卷数中占十分之七强，可见编辑工作在黄宗羲的学术活动中占有何等重要的分量，怎样付出他的精力和心血了。更重要的是，《明儒学案》乃黄宗羲精心编纂的一部独具特色的学术史，分析其体例与构架，考究其辑录的思想资料，将更可窥见他对于发展古典编辑学的贡献，以及给予其后编辑工作的启发。特别是由于他晚年长期沉浸在哲学的思考之中，他的精湛的编辑思想，尤其值得人们重视和研究。下文将逐项展开探讨。

二

黄宗羲自抗清斗争失败后，隐居故里，埋头著述，锐意编辑。其间用力最勤、历时最长、成果最丰者，是在编辑工作方面。他的学术思想的精华，首先突出地表现在中国思想史上反君权的代表作《明夷待访录》中，而他展开的编辑工作同样博大精深，具体地表现为编选有明一代文章，反思明代历史教训，清理学术思想流变，搜集整理乡邦文献。今存的《明文案》《明文海》《明儒学案》《姚江逸诗》等，已逸的《明史案》《续宋文鉴》《元文抄》《宋元文案》等，都是他的编辑活动的丰硕成果。他系统地整理宋、元、明三代历史文献和浙东乡邦文献，其数量之巨大、命意之深刻、编例之严整，在中国编辑史是无与伦比的；作为大编辑家的黄宗羲，和他作为大思想家一样，是前无古人的。

他的编辑实践，是以他的学术观和人生观为指导的。黄宗羲治学的理论原则和方法论原则是“经世应务”，也就是 17 世纪思想家和其后学者所说的“经世致用”。全祖望《甬上证人书院记》简要地概括了黄宗羲的论点：“先生始谓学必原本于经术，而后不为蹈虚；必证明于史籍，而后足以应务。元元本本，可据可依，前此讲堂痼疾，为之一变。”黄宗羲就是以“经世应务”的思想来进行编辑工作的。对于编辑图书的目的，从事编辑工作者的历史使命，黄宗羲是有明确认识的。编书著书是干什么的？他说：

> 古者儒墨诸家，其所著书，大者以治天下，小者以为民用，盖未有空言无事实者也。后世流为词章之学，始修饰字句，流连光景，高文巨册，徒充汙惑之声而已。（《今水经·序》）

因此，黄宗羲指斥空洞无物的作品、书籍，不过是“缚草为船”而已。他说：

> 周元公曰：文所以载道也。今人无道可载，徒欲激昂于篇章字句之间，组织纫缀以求胜，是空无一物而饰其舟车也。故虽大辂艅艎，终为虚器而已矣。况其无真实之功，求卤莽之效，不异结柳作车，缚草为船耳。（《陈葵献偶刻诗文序》）

这就将空无一物、舞文弄墨、粗制滥造的写作与出书，很形象地描绘出来了。明清之际的社会大变动，中国传统文化受到内部与外来的双重冲击，黄宗羲、顾炎武等文化巨人，唤醒了编辑工作本身明确的自我意识，理解撰著出书的严肃的社会意义——“大者以治天下，小者以为民用”这一编辑思想原则，不仅推动了源远流长的古典编辑学的发展，而且还值得我们今天的编辑工作者及管理当局仔细思量的。

黄宗羲是在东林党人惨烈献身的政治影响之下长大，经过与腐恶的阉宦势力的斗争，又经受严酷的民族压迫的煎熬，养成了他的抗世精神、理性思考与道德勇气，以锐利的批判目光来审视他所处的社会与时代。他的生平经历、学术观点和人生态度，必然要对他的著述和编辑工作带来不可磨灭的影响。宗羲的学术观是经世应务、实事求是的，人生态度是入世的、要有益民生的，是在批判宋明理学特别是王学末流“空言德性”“侈谈性命”的基础上形成的。既然专讲经世致用的务实，那么，就要为当世服务，回答时代提出的问题，不应在现实之前掉头不顾，转身回避：这是在编辑工作中的另一思想原则。

《孟子师说》是黄宗羲批判理学的哲学著作，是取其师刘宗周的宗旨，又补其师所未备而写成。他在书中痛快淋漓地指出：

> 千百年来，糜烂于文网世法之中，皆乡愿之薪传也。即有贤者，头出头没，不能决其范围；苟欲有所振动，则举世目为怪魁矣。以是，诗文有诗文之乡愿，汉笔唐诗，袭其肤廓；读书有读书之乡愿，成败是非，讲贯纪闻，皆有成说；道学有道学之乡愿，所读者止于《四书》《通书》《太极图说》《近思录》《东西铭》《语类》，建立书院，刊注《四书》，衍辑语录，天崩地坼，无落吾事。（《孟子师说》卷七）

仅仅抱住《四书》、语录，就以为能经天纬地；遭逢“天崩地坼”的剧变，竟又以为与我无关，一推了之。对于这种腐朽的学风、欺世的丑态，黄宗羲严正地指斥他们为诗文、读书与道学的“乡愿”。“乡愿，德之贼也。”（《论语·阳货》）这班人“同乎流俗，合乎污世，居之似忠信，行之似廉洁”（《孟子·尽心下》），是言行不符、伪善欺世的罪人！在黄宗羲所处的封建末世，他和顾炎武、王夫之等都用“天崩地坼”“天崩地解”“天崩地陷”等词，作为表述空前剧烈震荡的时代特征，认为学者应该直面社会和人生，关注和探讨时代所提出的问题。黄宗羲为学与做人念念不忘置身其中的时代，一再强调不应逃避现实，而应正视“天崩地解”的时代，他说：

> 言理学者，其所读之书不过经生之章句，其所穷

之理不过字义之从违，薄文苑为词章，惜儒林于皓首，封己守残，摘索不出一卷之内。其规为措注，与纤儿细士不见长短。天崩地解，落然无与吾事。犹且说同道异，自附于所谓道学者，岂非逃之者之愈巧乎？（《留别海昌同学序》）

黄宗羲以理性的激情，痛切地指责假名欺世、封己守残的儒者，所谓读书穷理，不过寻章摘句，“不出一卷之内”。一旦“天崩地解”，临到理当挺身报国之日，竟张口结舌，束手无策，以“落然无与吾事”自欺欺人。黄宗羲的评论，把宋明以来道学家的画皮剥落净尽了！他主张冲决千百年来弥缝周至的文网世法，向往“有所振动”“决其范围”，打破“所读止于《四书》”“摘索不出一卷之内”的“封己守残”状态，再也不要热衷于卖弄语录，空谈性命，而应与时代共呼吸，回答“天崩地解”时代提出的种种新问题，表现“天崩地解”时代发生的种种新事态。他的这种学术观决定了也推动了他的编辑活动，并且使得他在编辑工作中的成就超过了前人，启发了后人。

黄宗羲编辑工作的成就，首先表现在记述纂集当代历史事实，并总结其惨痛教训。清顺治十年（1653）三月，鲁王在金门岛宣布取消监国称号，从而宣告浙东抗清斗争彻底失败。蛰处故园的黄宗羲，开始严肃思考明亡历史教训，决心为后人留下剩水残山的信史和治国经世的著作。这年秋天，他写了《留书》一卷八篇。十年过后，康熙元年、二年（1662、1663）时，西南抗清斗争又告失败。眼看乱运未终，复明无望，他又在《留书》的基础上，扩充增益，写成了反对君主专制的《明夷待访录》，成为中国思想史上石破天惊的名著。在系统的反思和批判之外，大量收集、整理明代各个方面的史料，辑成《明史案》二百四十四卷。

他少秉家学，深知治学论事，不可不通知史事，必证明于史籍。黄宗羲精研史事，他一反详古略今的旧习，始终把研究和编辑的重点放在现代，特别注意弄清事实真相。不但对于历史事实，对于学术思想，对于政治法律、田制赋税，乃至文学创作，他的研究和编辑工作都从明代着手。明末清初"天崩地解"的形势，始终是他衷心关怀的对象，他研究这个时代的思潮、史实，治乱之故，寻求其动向、出路。他长期沉浸在哲学思考之中，同时也长期埋头在编辑工作之中。由于具有这一鲜明的特色，他之所以成为伟大的启蒙思想家的原故也正在这里。

据《南雷文定》所附其友人李逊之来函称："因知吾老翁兄闭户著述，从事国史，将成一代金石之业。"可知黄宗羲努力搜集明代典籍文献，记录明代人物的事迹，立志要写一部明史。但由于种种原因，未能如愿。他所编辑的二百四十四卷《明史案》，应该看作是他纂修明史的准备工作。钱林《文献征存录》谓：《明史案》"条举一代之事，供采摭，备参定也"，说明了此书的性质和内容。

可惜《明史案》原书今已亡佚，无法详考。浙江古籍出版社《黄宗羲全集》第二册后，附录吴光《黄宗羲遗著考（二）》一文称："黄宗羲的《明史案》尚属草创性质，其所撰《明史条例》，很可能就是《明史案》的凡例。"吴氏对采访和考订黄宗羲遗著用力最勤，他的推想是可供参考的。

《明史案》编成后，未能刊刻，终至亡佚，其原因正是由于其中忠实地记录了明代、尤其是南明的史事，触犯清政府的忌讳。这可引陈恭禄考订《弘光实录抄》作者的论辨，从清代政治情况来论该书未能在当时刊印的原因："清统治者入关后，多所忌讳，不愿明清之际的记录传于后世。康熙年间曾以史书兴起文字之狱，牵及无辜人士，诛杀惨重。""复因宗羲参加反清斗争，初无人为之撰作碑铭，其故庐复遭一水一火之灾，而遗书毁失，其中且有印行而板毁者。"《明史案》的散亡也在这类情况之列。

《明史案》虽已散佚，但有黄宗羲编撰的《行朝录》在，就可知《明史案》的大概了。现存《行朝录》各个抄本或刊本，都由若干单篇汇辑而成，其内容记载了南明小朝廷隆武帝、永历帝、鲁王监国的兴亡史，而以浙东鲁事记载最详。自康熙到近代的许多著名学者，都确认黄宗羲编撰了《行朝录》。那么，《行朝录》与《明史案》有无关系呢？吴光《遗著考(二)》回答道：

> 从全祖望《梨洲先生神道碑文》分析，前者当属后者之一部分。对此，清季学者邓实已经指出。邓实为《国粹丛书》所刊《黄梨洲行朝录》写的《后序》说："吾读全祖望所为《梨洲先生神道碑文》，谓梨洲'辑《明史案》二百四十四卷，有《赣州失事》一卷、《绍武争立记》一卷、《四明山寨记》一卷、《海外恸哭记》一卷、《日本乞师记》一卷、《舟山兴废》一卷、《沙定洲纪乱》一卷、《赐姓本末》一卷'，与此编之目次颇有出入，此编多《隆武纪年》《鲁纪年》《永历纪年》三纪，而独缺《海外恸哭》一纪，至其

所分之卷亦不合。岂梨洲初辑《明史案》，慨然有国史之志而先就其海东一隅，残山剩水所目见耳闻者撰为诸纪，既乃名之曰《行朝录》欤?”我认为，邓实关于《明史案》与《行朝录》关系的见解是言之成理的，全祖望正是用“有”字将《明史案》与《行朝录》各篇联系起来了。

从《行朝录》自清康熙朝至光绪、宣统间，直至民国四年、八年的各种著录与刻本印本情况看，卷、篇数目不同，排列次序有异，混入他人作品，如《江右记变》则题“太仓陆世仪道威述”；宣统二年上海时中书局排印薛凤昌编《梨洲遗著汇刊》本及民初的增刊本，又收入《滇考》《郑成功传》《张元箸先生事略》等，绝非黄宗羲遗著，可能是《明季遂志录》（日本内阁文库藏）的一部分，有些篇也可能是黄宗羲《明史案》所搜集的史料。即在《行朝录》内，《赣州失事记》一篇，各本正文之末都有小注，称“此篇全用范康生记”。按范康生曾参与赣州城守之役，并撰有《仿指南录》一卷。说明黄宗羲此篇系据范书改编。据《行朝录》中利用陆世仪、范康生等材料，可以推想《明史案》辑集了时人亲历的笔记，加之以黄宗羲本人编写的文字，其中勾画出时代的眉目，震响着晚明的风雷。他在《行朝录·序》中说：“遗老孤臣，心悬落日，血溅鲸波，其魂魄不肯荡为冷风野马。”又说：“向在海外，得交诸君子，颇欲有所论著。旋念始末未备，以俟他日搜寻零落，为辑其成。”荏苒三十年，编成了《行朝录》，计收《隆武纪年》《绍武之立》《鲁王监国》上下、《永历纪年》《赣州失事》《舟山兴废》《日本乞师》《四明山寨》《沙氏乱滇》《赐姓始末》及

《江右纪变》。

单行的《弘光实录抄》四卷，更体现了编辑成书的情况。黄宗羲《自序》开宗明义说：

> 寒夜鼠啮架上，发烛照之，则弘光时邸报，臣畜之以为史料者也。年来幽忧多疾，旧闻日落。十年三徙，聚书复阙。后死之责，谁任之乎？先取一代排比而纂之，证以故所闻见，十日得书四卷，名之曰《弘光实录抄》。

此序末题："古藏室史臣黄宗羲，时戊戌冬十月甲子朔。"这年是清顺治十五年、南明永历十二年，是公元1658年10月26日编写完成。实录是历代所修每个皇帝统治时期的编年大事记，按封建王朝制度，都由当代人奉敕编撰。黄宗羲私撰似有不合，因此他设问自答、加以解释道：

> 为说者曰："实录，国史也。今子无所受命，冒然称之，不已僭乎？"臣曰："国史既亡，则野史即国史也。陈寿之《蜀志》、元好问之《南冠录》，亦谁命之？而不谓之国史，可乎？"

接着又说明既名实录，何以又曰"抄"：

> 抄之为言，略也。凡书自备而略之者，曰抄。实录纂修，必备员开局。今以一人之闻见，能保其无略乎？其曰抄者，非备而抄之也，抄之以求其备也。

黄宗羲的《行朝录》未记弘光时事，《实录抄》又名《弘光纪年》，记载南京福王小朝廷的坏政，如设东厂，选淑女，马、阮挟之以翻逆案，四镇挟之以领朝权。另记刘宗周恸哭时艰，上陈四事；史可法痛愤，上陈偏安必不可保。表扬死难人物，记载各地反清起义。有关清政府的记载亦复不少，如陈洪范奉使北聘归来的报告，中有清方攘夺财物、违反宣布的诺言、剪伐天寿山陵旁树木等情。这些内容都遭清廷忌恨，不但不能刊刻流传，即私藏也将招杀身之祸，故亲朋讳而不言。《明史案》连抄本也不见，终至散亡无踪，其厄运便不是不可理解的了。

黄宗羲的学术活动，特别注重历史的研究与编辑，他认为史学就是了解治乱之故的学问，也是掌握经世之业的学问。即使在早年追随鲁王进行抗清斗争的艰苦岁月中，不论是泛舟沧海，或是蹑行深山，他时刻注意事态的发展，并向人请教。他不仅编纂了《明史案》《行朝录》《海外恸哭记》《四明山志》及《今水经》等史地方面书籍，而且崇敬誓死抗清的爱国志士及誓不与清廷合作的明朝遗民，为他们撰写传状、碑志，记录他们可歌可泣的事迹，为南明历史留下了十分宝贵的资料。

康熙二十七年（1688），黄宗羲七十九岁，取旧刻文稿，手自删订，间有改削，依陆云“尽定昔日文”之意，题为《南雷文定》，并撰《凡例》四则，其三云：

> 余多叙事之文，尝读姚牧庵、元明善集，宋元之兴废，有史书所未详者，于此可考见。然牧庵、明善皆在廊庙，所载多战功。余草野穷民，不得名公钜卿之事以述之，所载多亡国之大夫，地位不同耳，其有

裨于史氏之缺文一也。

黄宗羲治学力主实事求是。记实事，讲真话，这是学术研究与编辑工作的基本守则。他对于当世空言谀词流行，作尖锐的批评。他在《谈孺木墓表》中指出，谈迁发现治史所凭的实录已经失实，“实录见其表，在其里者已不可见”。于是谈迁汰十五朝实录，正其是非，写成《国榷》一书。黄宗羲论及作史求实之道，慨乎言之曰：

> 余观当世，不论何人，皆好言作史，岂真有三长足掩前哲，亦不过此因彼袭，攘袂公行，苟书足以记名姓，辄不难办。
>
> ……夫作者无乘传之求，州郡鲜上计之集，不能通知一代盛衰之始终，徒据残书数本，谀墓单辞，便思抑扬人物，是犹两造不备而定爰书也。以余所见，近日之为□□者，其人皆无与乎文章之事，而公然长篇累牍，行世藏家，辄欲与五经方驾，三志竞爽，岂以后世都可欺乎？

黄宗羲指出谈迁“按实编年，不炫文彩，未尝以作者自居”；可是，“异日有正明世之事者，知在此而不在彼也”。这一席话，固然是应谈迁之子求他表墓而作，但是，“岂以后世都可欺乎”对于我们今日编书读稿，难道不能从中得到某些启发和警戒吗？

黄宗羲以大思想家而擅长古文辞，平生所著传状、碑志与书序、杂文等，不下三百余篇。他表彰当时烈士遗民在民族灾难中所表现的壮烈行为与坚苦节操，可以和他编著的《行朝录》并读，也可以看作是《明史案》的内容之细部。特别是他写作态度之谨严，他解释姜应麟墓志铭较旧志有所改动的深意称："凡碑版之文，最重真实。"（《与姜淡仙书》）后来景象，不得提到前面叙述，搞乱事情发展层次。"于先后形容太过者，一概抹却。"他和陈确是同窗好友，虽都主张"理欲合一"，但陈氏对"人欲"不加区分，提出"天理正从人欲中见"的论点。黄宗羲认为这将为纵欲开路，指出他"主张太过"。及至撰写《陈乾初先生墓志铭》时，鉴于其时未读陈乾初之书，只按其长子陈翼所述事实稍节成文。后来详玩遗稿，因而墓铭即有初稿、重撰本、改本、最后改本四稿。他坚持全面地客观地掌握历史事实的学风，其态度之认真，令人肃然起敬！他六十岁时作书谢祝，自述平生经历感受，论及著作时说："夫文章之传世，以其信也。弇洲、太函，陈言套括，移前掇后，不论何人可以通用。鼓前矫诬之言，荡我秽疾，是不信也！"（《辞祝年书》）他批判当时科举抄撮之学，"举业盛而圣学亡"，读书人眼睛盯住仕宦之途，"遂执其成说，以裁量古今之学术""于是六经之传注，历代之治乱，人物之臧否，莫不各有一定之说。此一定之说者，皆腐论瞽言，未尝深求其故，取证于心，其书数卷可尽也，其学终朝可毕也。"（《恽仲升文集序》）黄宗羲的认真态度，包含创新的追求，憎恶以陈言套括凑成文章，博取功名。他的这种学风与工作作风，实在是论事衡文的典范，治学与编辑的楷模！

黄宗羲以纂集记述当代历史事实为己任，引编辑《中州集》的元好问为先路，他深刻认识编辑工作对于保存历史文化遗产的重要性。他在为高弟李邺嗣写的墓志铭中说：

先生愍郡中文献零落，仿遗山《中州集》例，以诗为经，以传为纬，集甬上耆旧诗，搜寻残帙，心力俱枯。其布衣孤贱，尤所惋结，宛转属人，则顿首丁宁，使其感动，夺之鼠尘绩筐餳笛之下，以发其光彩。若片纸未出，先生自比长吉之中表，凛乎有不祥之惧焉。书成，立诗人之位，祀以少牢，闻者为之轩渠。（《李杲堂先生墓志铭》）

这一段话，将从事编辑工作者的怀抱、辛勤、追求与作用，写得淋漓尽致。“夺之鼠尘绩筐餳笛之下，以发其光彩”，正是编辑工作的社会功能与巨大贡献。书成后，闻者为之开怀畅适，是社会有识之士对编辑的敬礼。

黄宗羲立足于当代，把握时代的脉搏，既潜心研究，又致力于编辑。治史，极为注重事实的真伪；论文，极为注重文格与体法。他的悲痛壮烈、浸透血泪、表彰明季忠义的文章，不仅是明末信史，是他编辑的《明史案》的补充，如若将它看作是中华民族珍贵的历史文献，我认为是当之无愧的。

黄宗羲编辑思想的一项重要原则，就是史书应起扬善惩恶的作用，主张“寓褒贬于史”。独夫民贼，大奸大恶，扬威逞凶于一时，百姓无可奈何，但把这些丑类的劣迹载入史册，就能使他们为万代唾骂，足以警世惩恶。他说：

大奸大恶，将何所惩创乎？曰：苟其人之行事，载之于史，传之于后，使千载而下，人人欲加刃其颈，贱之为禽兽，是亦足矣。孟氏所谓“乱臣贼子惧”，不须以地狱蛇足于其后也。（《破邪论·地狱》）

他是多么看重严肃文化的社会作用呀！他对各种史书的编辑体例都进行思考，提示了褒贬原则，例如列传体应“善善恶恶”，言行录“非皎洁当年，一言一行足为衣冠之准的者，无自而入焉，则比之列传为尤严也”（《明名臣言行录序》）。志铭亦应有褒贬，“夫铭者，史之类也。史有褒贬，铭则应其子孙之请，不主褒贬，而其人行应铭法则铭之，其人行不应铭法则不铭，是亦褒贬寓于其间”（《与李杲堂陈介眉书》）。他很痛切地说，即使全无心肝，胡吹瞎捧，“有肯信之者乎？”地方志虽与正史有所不同，也须有褒有贬。当绍兴府长官邀请他主持府志编辑工作时，他一辞再辞，也是为了坚持编书应有的体例，不肯曲从流俗。他说：

> 文章之道，台阁山林，其体阔绝。（《辞张郡侯请修郡志书》）
>
> 志与史例，其不同者，史则美恶俱载，以示褒贬，志则存美而去恶，有褒而无贬，然其所去，是亦贬之之例也。（《再辞张郡侯修志书》）

他在上引《再辞修志书》中对于当时编辑工作之难，有很生动的描述。他说：

> 越中数十年来，人物炳然在人耳目者，可屈指而毕。一时富贵，为乡里小儿所咨嗟艳慕者，其姓氏已为狐貉啖尽。今若以子孙姻娅之故，探之狐貉口中而复留之，虽罄会稽之竹箭、剡溪之古藤，有所不足矣。其间亦有高位久宦、干涉国史者，而或为公论所

> 排，清议所讥，此正当去之以明贬者，试出其家传读之，莫不各有一篇妆点文字。老成凋谢，二三措大，其耳目见闻有限，试有人与之分别源流，证明实录，彼在瓮天者，反以为一人之爱憎。斯时也，起而抗言争执，则丛为怨府，何苦而尝身于市虎乎？

权贵豪门的干扰，正邪是非的颠倒，使严肃的编辑工作竟变成与虎谋皮，栖身处世之难，古今同慨！

清继朱明统治中国后，以修史为思想统制的一种手段。顺治二年（1645）五月，命大学士冯铨、洪承畴等六人为总裁，主持纂修《明史》。当时明室唐王朱聿键尚在东南一带继续抗清，清政府并无网罗一代文献的美意，不过以此表示改朝换代罢了。任命的正副总裁达十三人，而纂修只有九人。冯、洪都是降臣，不学有术，无心修史，结果一事无成。

到康熙十八年（1679），召试博学鸿儒，再度修纂《明史》，以内阁学士徐元文为监修，翰林院掌院学士叶方蔼、右庶子张玉书为总裁，设编辑局于东华门外。徐元文慕黄宗羲之名，向康熙帝面奏，并移文吏部征聘黄宗羲到史馆任职。黄宗羲忠于故国，不事异朝，两次拒绝征召。但他关心修撰明史的编辑事业，为了促使真实地记述明代历史，黄宗羲支持他的学生万斯同参加修史。万斯同北上时，黄宗羲以《大事记》及《三史抄》相赠，送别诗中有句云：“四方声价归明水，一代贤奸托布衣。”“不知后会期何日，老泪纵横未肯稀。”徐元文又延请黄宗羲之子黄百家到京参加工作。

万斯同（1638—1702），字季野，号石园，浙江鄞县人。十四岁开始就学于黄宗羲，熟读二十一史和有明各朝实录。当时正值浙东抗清义师先后失败，地方生活条件相当艰苦，但万斯同力学不辍，“日不饱一粥，毅然磨历史学”。他抱着修故国之史以报故国的心情，不署衔，不受俸，以布衣参加史馆工作。黄宗羲家有《时略》，内载嘉靖、隆庆时事及诸臣奏疏；又有《续时略》，载万历、泰昌、天启、崇祯四朝奏疏。万斯同以二书为主，先修嘉靖后传，以实录为准，参之以传记。

从康熙十八年（1679）到四十一年（1702），前后二十三年中，他全力以赴，举凡史馆的大事、纂修的稿件，都经他复审、改订，成为实际上的总裁。手订史稿四百十六卷。后来乾隆朝武英殿刊刻的《明史》，就是根据万斯同审定的原稿修改而成。张廷玉《上明史表》有“经名人三十载之用心”一语，不没万斯同等之功。国家图书馆尚有所传《万氏史稿》三百三十卷。

有关明史编写体例问题，史馆总裁等常与黄宗羲通信商榷。当时馆中就是否另立“理学传”一事争论不决，黄宗羲有《移史馆论不宜立理学传书》，予以解决。他和朱彝尊不另立理学传的意见，究其实不符合历史发展的实际情况，后来章学诚曾加以批评。黄宗羲深明历学，对于西方历法亦有研究，编过监国鲁元年丙戌、五年庚寅的《大统历》。

史馆将所撰历志稿送请删订，他认真审阅，提出意见，还亲自动手做了增补。他在《答万贞一论明史历志书》中说道：“于历议之后，补此一段，似亦不可少也。”这不可少的一段，是叙述徐光启领导组织编制《崇祯历书》的经过，以表“作者译者之苦心”，从而揭露了汤若望、罗雅谷辈窃夺徐光启等科研成果的勾当。此外，他还提供了大量政治资料，成为撰写史稿的重要依据。黄宗羲《怪说》中称，历尽患难，死而不死，十分爱惜余年，“坐雪交亭中，不知日之早晚”“其所凭之几，双肘隐然”。他将“庆吊吉凶之礼尽废”，全副精力首先献给了明代历史的反思与历史资料的编辑。

三

编选明、元、宋三代文章菁华，是黄宗羲后半生致力的重要编辑工作。特别是裒集有明一代文章，历时久，着力勤，卷帙浩繁，采集不易，他不以年高而怯步，终于坚毅地完成这项繁重工作，说明他对编辑工作多么热爱，对于编辑工作的重大意义与历史价值具有何等深刻的认识。

明朝中叶以来，选编明代文章者颇不乏人。这类文选著名的有明程敏政编《明文衡》、张时彻编《明文范》、何乔远编《明文徵》；入清后所编明文总集有黄宗羲《明文案》《明文海》及其简编《明文授读》，薛熙的《明文在》。其中《明文衡》九十八卷，所录皆洪武以后、成化以前之文，成书最早，所以《四库全书总目》说：“稽明初之文者，固当以是编为正轨。”《明文范》六十六卷，成于隆庆三年，录洪武至嘉靖之文凡四百四十二家。《明文徵》七十三卷，以诗文分体编次，下限在崇祯初年。明人所编以上三书，或因时限较短，或以搜采未备，尚不足以称一代文章的总集。至于明张文炎编《经济文抄》十一卷、陈其愫编《经济文辑》三十二卷、陈子龙编《明经世文编》五百零八卷，虽同属总集，选文另有重点，不能相提并论。而托名于袁宏道精选的《明文隽》八卷，更不值一谈了。清初所编的两种明文总集，《明文海》四百八十卷、《明文在》一百卷，后世以其搜罗宏富，赞许为明代著作的渊薮。两者相比，黄宗羲的《明文海》选文眼光高远，涉及面广，命意深而取材多，其历史价值与文学价值均在《明文在》之上。

黄宗羲为保存历史文化遗产，努力从事文化积累工作，首先注意自身所经历的时代，也就是从现代、近代文化资料的积累做起。他从康熙七年（戊申，1668）到十四年（乙卯，1675），经过七个寒暑，披阅千余家文集，编成了《明文案》二百一十七卷。他在序言开头说：

> 某自戊申以来，即为明文之选，中间作辍不一，然于诸家文集搜择亦已过半，至乙卯七月，《文案》成。

序言分上下两篇，是他举眉扬目、纵观一代的大纲，也是他衡文酌理、选材辑集的主旨。上篇论有明一代文学创作与思想三度变化的概貌，他说："有明之文，莫盛于国初，再盛于嘉靖，三盛于崇祯。"明初旧体文学为什么兴盛？朝廷虽积极奖励文教事业，对作者颇予优遇，但黄宗羲却看作者的素质：

> 国初之盛，当大乱之后，士皆无意于功名，埋身读书，而光芒卒不可掩。

对于其后之随世递迁，文坛上鼓吹标榜而又相互排斥的情势，他说得很含蓄：

> 嘉靖之盛，二三君子振起于时风众势之中，而巨子哓哓之口舌，适足以为其华阴之赤土。崇祯之盛，

王、李之珠盘已坠，邾、莒不朝，士之通经学古者耳目无所障蔽，反得以理既往之绪言。此三盛之由也。

明代作者虽然做了不少努力，但是，黄宗羲指出尚少独创的成就：

某尝标其中十人为甲案，然较之唐之韩、杜，宋之欧、苏，金之遗山，元之牧庵、道园，尚有所未逮。盖以一章一体论之，则有明未尝无韩、杜、欧、苏、遗山、牧庵、道园之文；若成就以名一家，则如韩、杜、欧、苏、遗山、牧庵、道园之家，有明固未尝有其一人也。

《明文案序下》论明代文章不及前代之盛，深责李梦阳、何景明提倡学古复古的拟古主义，李攀龙、王世贞翕然和之，是古非今，“倡言文必秦汉，诗必盛唐，非是者弗道”（《明史·文苑传》）。著有《艺苑卮言》的王世贞，甚至主张“（唐）大历（766—779）以后书勿读”。黄宗羲说：“不读唐以后书，古今之书，去其三之二矣。”“百年人士染公超之雾而死者，大概便其不学耳。”黄宗羲评定李、何、李、王“四子枉天下之才，亦已多矣”！

明代二百七十年，文人与作品并不比唐宋少，何以逊于前代呢？黄宗羲也有解释：

议者以震川为明文第一，似矣。试除去其叙事之合作，时文境界，间或阑入，较之宋景濂尚不能及，

> 此无他，三百年人士之精神，专注于场屋之业，割其余以为古文，其不能尽如前代之盛者，无足怪也。

黄宗羲把明代古文诗词不振的原因，完全归咎于八股，虽欠全面，但揭露了明代的读书人大都谋求升官发财，一味在八股上死用功夫，自然限制和妨碍了文学的发展；同时他也批判了明代作者的尊古拜古观念，把秦、汉、李、杜都变成自缚手足的绳索。盛极一时的拟古主义扼杀了才华，窒息了创作，也就是他指出的“枉尽天下之才”。黄宗羲对于明朝的社会环境和创作成绩是有深切认识的，他在大变乱之后进行了沉痛的反思。

正是基于这样的认识，黄宗羲着手编辑《明文案》的。这类总集、选集和各种汇编本，看似寻常而实际编来很不易，既不能凭达官贵人几句话，也不能靠糨糊剪刀来得快，编辑者要有全面认识，深刻理解，订出明确主旨与可行的体例。黄宗羲研究了前人所编的总集，考虑了他们的特色，既有优点，也有缺陷，《明文案上》称：

> 前代古文之选，《昭明文选》《唐文粹》《宋文鉴》《元文类》为最著。《文选》主于修辞，一知半解，文章家之有偏霸也。《文粹》掇菁撷华，亦《选》之鼓吹。《文鉴》主于政事，意不在文，故题有关系而文不称者皆所不遗。《文类》则苏天爵未成之书也，碑版连牍，删削有待。

黄宗羲对于他自己在晚年能完成这项编辑工作是很高兴的，接着在序里说：

> 若以《文案》与四选并列，文章之盛，似谓过之。夫其人不能及于前代而其文反能过于前代者，良由不名一辙，唯视其一往情深，从而捃摭之。

这也就将选编《明文案》的目的与标准点明了。黄宗羲在上引这一段话前，提及有明“三百年人士之精神，专注于场屋之业”，以其余力从事古文诗词的创作活动；而且在这段引文之后，又指出文学活动中的“一二情至之语，而埋没于应酬讹杂之内”。他选编有明三百年的文章菁华，就是要从八股文的垃圾堆（他用文学笔调称作“时文境界”）旁，从“埋没于应酬讹杂之内”，发掘“三百年人士之精神”。这就是他长期而辛勤的编辑活动的可贵的目的。选文的标准是什么呢？《明文案序上》接着阐释“一往情深”的要求，指明选收什么和不收什么，黄宗羲欣然自得地说：

> 钜家鸿笔，以浮浅受黜；稀名短句，以幽远见收。今古之情无尽，而一人之情有至有不至。凡情之至者，其文未有不至者也；则天地间街谈巷语，邪许呻吟，无一非文，而游女、田夫、波臣、戍客，无一非文人也。
>
> 试观三百年来，集之行世藏家者不下千家，每家少者数卷，多者至于百卷，其间岂无一二情至之语，而埋没于应酬讹杂之内，堆积几案，何人发视？即视之，而陈言一律，旋复弃去，向使涤其雷同，至情孤露，不异援溺人而出之也。有某兹选，彼千家之文集庞然无物，即尽投之水火，不为过矣！

黄宗羲这一段序言也是对优秀编辑工作的礼赞：从应酬杂乱的作品中选出至情孤露的好文章，就好像把落水要淹死的人从江河里救上来一样。至于总集、选集及其他汇编本，使许多散佚之文赖以保存传世，在中国编辑史上屡见不鲜，是早有选例的了。毋怪黄宗羲认为有了他编辑的《明文案》，如将明人千家文集尽投水火，也不足惜——因为“一往情深”“至情孤露”的好文章都保存下来了！

《明文案》的编辑体例，可注意者有三：其一，所收之文依作者生卒年先后为序编排；其二，剪取原书，编成稿本，以免抄写误夺；其三，酌加注释，记作者爵里行实，并评其功力价值。其体例大致与钱谦益编《列朝诗集》近似。钱氏晚节不全，为人多所非议，他选录有明一代诗家作品，还自言要“使后之观者有百年世事之悲，不独论诗而已也”。黄宗羲坚贞不屈，辑集有明一代文章，寄托当然更深了。撰有《黄梨洲学谱》的谢国桢，曾见宁波天一阁所藏原稿残本七册，均系剪取《方山薛先生集》《逊志斋集》《刘子威集》《隐秀轩文》《皇明咏化类编》等书，文后梨洲加写亲笔评语。如《黄大年像赞》一文后批注云：“大年得可师，余族伯也，先公同榜进士，官行人，拔杜松于小校。松败，死戊子（1588）之难，不负所知。”谢氏指出此条与史事很有关系。

在编辑体例上，《明文案》还有一个特点，就是把明朝最出色的十位作家文章列为甲案，标举其特色、行事出处和对后世的影响，指出了写作的规范和学习的门径。本书之所以题名为“文案”，是因为与处理学术派别的“学案”相仿。

《明文案》编成时，黄宗羲已六十六岁。不数年，康熙政府为修撰明史而征集文献，命地方官抄录黄氏所藏文集，《明文案》被抄送史馆，成为纂修明史者的重要参考书。据研究者指出：《明史》列传多引用奏疏原文，即其显例。《明文案》卷十一至三十一共收录奏疏八十六篇，其中有十六篇被《明史》全部或大部移录。转载奏疏原文六百字至三千字不等。这些奏疏出自当事人之手，自然比史官转述更为贴切，成为《明史》列传的特色。

黄宗羲生于书香门第，自己又十分注意收藏典籍，为搜集编辑《明文案》所需的资料，他走遍了浙东藏书之家，又采取常熟虞山钱谦益绛云楼的善本佳椠。然而，他精益求精，深感一隅所藏不丰，“究以有明作者如林，歉于未尽”（黄百家《明文授读·序》）。其子黄百家到京参加史馆工作，与顾炎武的两个显赫外甥徐乾学、徐元文亲近，提读其藏书，于是帮助搜集传抄。黄宗羲不断注意收集明、元、宋三代文集。当时已是年近八十的高龄，还不辞辛劳地两次长途跋涉，亲自到江苏昆山徐氏传是楼、培林堂看书抄书，阅读了数百家文集，连同其子在北京访得的资料，以及他本人在浙江增集的文章，编成了《宋集略》《元集略》，又将《明文案》扩编为《明文海》四百八十二卷。前揭黄百家序称，编成稿本一百二十册，“而后明文始备”。

康熙三十年（1691），黄宗羲八十二岁，体力尚健，曾游黄山。八十三岁后，一病不起。康熙三十二年八月十八日，黄宗羲《与郑禹梅书》云：

> 老病废人，足不履地……《明文海》选成，亦一代之书。此外……枕上想生平交友，一段真情不可埋没，因作《思旧录》，皆鼎革以前人物，一百有余。

呻吟中读之，不异山阳笛声也。

由此可见，《明文海》选成于八十四岁时；同时又编辑了《思旧录》，与顾炎武的《同志赠言》十分相似。十五年来，他为了搜集资料，躬亲其事，足迹遍于黄氏千顷堂、钱氏绛云楼、祁氏澹生堂、钮氏世学楼、范氏天一阁、曹氏倦圃及徐氏传是楼、培林堂等处，前后阅读明人文集两千多家。这种"春蚕到死丝方尽"的奉献精神，对编辑工作的执着态度，至老不改，令人叹服。《明文海》编成后，黄宗羲对其子黄百家说："非此不足存一代之书。"（黄炳垕《黄梨洲先生年谱》）《四库全书总目》认为黄宗羲"搜罗极富，所阅明人集几至二千余家"，明人作品"赖此以传者，尚复不少，亦可谓一代文章之渊薮。考明人著作者，当必以是编为极备矣"。经过三百年风雨动乱，《明文海》的稿本、抄本尚幸存无恙，业经中华书局于 1987 年影印为五大册出版，而被选辑的明人文集大多散佚不存，可见黄氏编辑工作对于保存明代文献的重要意义与巨大价值。

《明文海》编成后未另作序，仍用《明文案》原序，不过编辑体例则仿《昭明文选》，全书按文体分为近三十大类：赋列第一（卷一至四六），其后为奏疏（卷四七至六五）、诏表（卷六六）、碑（卷六七至七三）、议（卷七四至八三）、论（卷八四至一百）、说（卷一〇一至一〇九）、辨（一一〇至一一七）、辨问议（卷一一八）、考（卷一一九至一二一）、颂（卷一二二）、赞（卷一二三）、铭（卷一二四）、箴（卷一二五）、戒（卷一二六）、解（卷一二七至一三〇）、原（卷一三一）、述（卷一三二）、读（卷一三三）、问答（卷一三四至一三八）、文（卷一三九至一四〇）、诸体（卷一四一至一四六）、书（卷一四七至二〇九）、序（卷二一〇至三二六）、记（卷三二七至三八六）、传（卷三八七至四二八）、墓文（卷四二九至四七二）、哀文（卷四七三至四七八）、稗说（卷四七九至四八〇），最后两卷原缺。各体之下又分若干子目，如赋类内有国事、时令、山川、吊古、哀伤、述怀、人事、居处、感别、闲情、赏鉴、音乐、仙隐、禽虫、花木及器物诸目。书类有经学、论文、论诗、讲学、议礼、议乐、论史、字韵诸目。共收作者近千人，选文约四千三百余篇，为研究明代政治、经济、文化、武备各方面提供了第一手资料。

《明文海》辑成后，又编辑了一个选粹本，即《明文授读》六十二卷。《四库全书总目》称："其子百家以《文海》卷帙浩繁，请宗羲选其尤者为此编。其序则仍《文海》之旧。"选文分类上又有变通，为奏疏四，表一，论五，议一，原、考、辨一，解、说、释一，颂、赞、箴、铭一，疏、文、对、答述、丛谈一，书八，记七，序十四，碑文一，墓文五，哀文一，行状一，传四，赋五，经一。从以上六十二卷的分类，不仅可以看出我国古代各类文体的名称与流变，更重要的是，可供研讨编辑各种性质不同、读者对象不同的文集时，怎样处理各体文章。

早在日本江户时代（1603—1867）的中期，宝历四年（1754 年，乾隆十九年），黄宗羲刊行于 1680 年的《南雷文定》已输入日本，但是《明文案》《明文海》并未刊刻，我国东南一带著名藏书家也只有抄本。在日本著闻的是另一部明文总集《皇明文海》，研究宋、辽、金元以来文学的长洲（今苏州市西南）顾嗣立，于康熙三十二年所编，原稿藏于日本细川护立家，何时流入日本不详。1961 年京都大学人文科学研究所编有《皇明文海目录》复制本，可见海外学人重视有明一代文章。关于明文总集，除前述数种外，陈仁锡编《明文奇赏》四十卷，收宋濂以后一百八十余人；徐文驹编《明文远》杂乱无章，皆不足道。其中以与《明文海》同时编就的《明文在》较为通行。该书编者薛熙，字孝穆，常熟人，清初著名文人汪琬弟子。仿《昭明文选》体例编成的《明文在》，诗与文并收，约计二千余首。得同郡达官贵人的赏鉴，以受业门人的资助，于康熙三十二年刻行。这却是《明文海》所未能有的条件。薛熙在序言中虽提出“国虽亡而文不与之俱亡”“欲以备史编之阙失”的主旨，而《凡例》中的规定是很严峻的。第一条称：“虽系前明一代之文，必与本朝著作鸿篇有相关者，始得登选。”“凡有粗悖字面应删者，先生与（弟子钱大）镛辈评加披阅，抉摘无遗。”第二称：“是编虽取行文要构新意，翻前案，变换局法，然必原本经史，是非不背于圣人者录之。”持论十分正统，《四库全书总目》对于该书的编辑工作评论仍不甚佳：“数多则简择难精，世近则是非未定，榛楛未翦，则亦势使之然耳。”两相比较，《明文海》的编辑眼光高远得多，而《四库全书总目》又指摘其“分类殊为繁碎，又颇错互不伦”，又谓其“编次糅杂”“必非黄先生所编”“虽游戏小说家言，亦为兼收并采，不免失之泛滥”云云。关于《明文海》编辑过程中体例的确定，收入《四库全书》时因避清政府的忌讳而可能做的删除，与传抄本中文津阁本、浙江图书馆本、涵芬楼本的异同等项，本文不能详述，但应指出兼收并采所谓“游戏小说家言”，正是黄宗羲编辑思想过人之处。《总目》也看到：“宗羲之意，在于扫除摹拟，空所倚傍，以情至为宗。”黄氏的编辑思想中对于诗文创作有独到的看法。

黄宗羲注重文学与时代环境的关系，他说："夫文章，天地之元气也。""厄运危时，天地闭塞，元气鼓荡而出，拥勇郁遏，坌愤激讦，而后至文生焉。"(《谢皋羽年谱游录注序》)又说："诗之为道，从性情而出。性情之中，海涵地负。"(《寒村诗稿序》)那么，这"元气"，这"性情"，实质上是什么呢？黄宗羲回答道：是"豪杰之精神"。《靳熊封诗序》称：

> 从来豪杰之精神，不能无所寓，老、庄之道德，申、韩之刑名，左、迁之史，郑、服之经，韩、欧之文，李、杜之诗，下至师旷之音声，郭守敬之律历，王实甫、关汉卿之院本，皆一生之精神所寓也。苟不得其所寓，则若龙挛虎跛，壮士囚缚，拥勇郁遏，坌愤激讦，溢而四出。天地为之动色，而况于其他乎？

他又认为"元气"就是"忠义"。忠烈刚义，也就是壮美的性情。有豪杰之精神，溢而四出的性情，才能有生"至文"。《纪九峰墓志铭》称：

> 忠义者，天地之元气。当无事之日，则韬为道术，发为事功，漠然不可见。及事变之来，则郁勃迫隘，流动而四出，贤士大夫歘起收之，甚之为碧血穷磷，次之为土室牛车，皆此气之所凭依也。金石变声，余所记录者亦多矣。

四库馆臣当然不会接受黄宗羲这一看法，不能承认《明文案序上》所说"游女、田夫、波臣、戍客，无一非文人也"，因此才批评他“失之泛滥”。《明文海》并非一部单纯的明代文学作品选，黄宗羲编辑此书，立意与国史相互参证，为国史准备资料。所谓“游戏小说家言”，往往能反映某些社会面貌和时代精神。司马光在编写《资治通鉴》过程中，非常重视笔记小说等证史补史作用，正表现了大学问家、大编辑家的锐利的识力。《明文海》是一部有关明朝政治、文化的大文库，反映着明代朝廷政事、社会问题、学术思想、文艺创作和民间风尚等方面的实际情况。学识与品格兼优的万贞一评价称：

> 合有明数千家之集而成《文海》，平情而谈，舍夫子而外，孰有缘再能聚数千家之集于一家，而又得勤力钜眼如夫子者而为之遴拔乎？则此《文海》，夫子目光心血之所存，有明三百年文士英灵之所寄也。（转引自黄百家《明文授读•序》）

万贞一，名言，号管村，万斯年子，少与诸父斯大、斯同就学于黄宗羲。他所说的“勤力钜眼”，是对于编辑工作的最形象、最恰当的描述；“目光心血之所存”一句，是对于编辑所编优秀图书的最切实、最尊敬的赞扬！编辑工作者宜知自爱自重，而极少数权要妄言编辑为“简单的重复劳动”，其浅薄愚昧不值一嘘！

四

创立编著学术史的新体裁，提出学案编纂架构的新规定，是黄宗羲对于古典编辑学理论与方法的重大贡献。他在康熙十五年（1676）后完成的学术巨著《明儒学案》，六十二卷，近百万字，系统地总结了明代学术思想的发展演变状况。这部学术史性质的专著，不但搜集的材料极其丰富，更重要的是在编著体例方面具有开创的意义，成为编辑史上空前的一种著作类型——学案体。

黄宗羲对有明历史的思考与评判，在社会政治的得失方面有《明夷待访录》《行朝录》及《明史案》等，在文章创作方面有《明文案》《明文海》等，在学术思想方面则有《明儒学案》及未完稿的《宋元学案》等。他勇于面对现代历史，进行理性的检省与批评，从而反映了他亲身经历的时代巨变的内容和启示。《明儒学案》一书是他呕心沥血之作，清理出明代学术发展的内在逻辑线索，其内容根据讲学诸家的文集、语录，摘其要点，分立学案十九。初期以崇仁（吴与弼）、河东（薛瑄）、白沙（陈献章）为主；中期以姚江（王守仁）为主；末期以东林（顾宪成等）、蕺山（刘宗周）为主，叙述学者二百余人。黄宗羲对明代三百年历史和学术发展的大势做过切实的研究，在《恽仲升文集序》《李杲堂文抄序》等学术评论文章中，不仅指出科举之业、八股程式束缚了文学与学术的发展，而且指明了学术界出现的种种流弊，并从学术思想的发展中看出了内在的脉络。在《陈乾初先生墓志铭》重撰本、改本与最后改本中都这样指出：

> 有明学术，宗旨纷如，或泥成言，或创新渠，导水入海，而填于淤。唯我蕺山，集其大成，诸儒之弊，削其畦町，下士闻之，以为雷霆。

其《移史馆论不宜立理学传书》中，黄宗羲以同样的观点与笔调云："有明学术，白沙开其端，至姚江而始大明。盖从前习熟先儒之成说，未尝反身理会，推见至隐……逮及先师蕺山，学术流弊，救正殆尽。"《明儒学案》对于明三百年学术流派的授受分合以及各家论见的得失发展，做了详细的阐释。《明史·儒林传》叙述明代学术渊源，大体即取材于此书。

然而，通常多注意黄氏所称道的学脉，每忽视其不"泥成言"而"创新渠"的提法。应该承认，学术思想的发展有其内在的规律，在其演变过程中存在着一个有脉络可寻的主线；但是，这被称为学脉的主线，并非执其成说，依样葫芦，所能裁量学术的开展。所谓一偏之见、相反之论，也在学术流变波扇的江河中泻注新潮，相互激荡。待到风云际会，条件成熟，就可能涤旧吸新，扬长去弊，做出达到该时代高度的总结来。这就如黄氏《明儒学案·自序》所言："穷理者穷此心之万殊""奈何今之君子，必欲出于一途，使美厥灵根者，化为焦芽绝港。夫先儒之语录，人人不同，只是印我之心体，变动不居。"因此，他进一步说明这部学术巨著的深意道：

> 羲为《明儒学案》上下，诸先生深浅各得，醇疵互见，要皆功力所至，竭其心之万殊者，而后成家，未尝以懵懂精神冒人糟粕。于是为之分源别派，使其宗旨历然，由是而之焉，固圣人之耳目也。间有发明一本之所在，非敢有所增损其间。

黄宗羲高揭"殊途百虑之学"，在《明儒学案》中建立"一本万殊"的宏观结构。从哲学史的角度看，它已不是各种意见的罗列，亦非分歧系统的堆积，而是提供了一个有次序的必然的发展过程。既有形态万殊的各家之言，又有内在线索统领各家；在各家各派纷呈中揭示了发展的主轴。他对真理海洋的鸟瞰，理论发展的考察，在一些方面似已接近黑格尔的哲学史观了。

可是，本文只能从编辑学的角度来审视这部巨著，说明其独特的编辑思想、开创的编辑体裁、全书的逻辑结构以及编纂方法诸方面的表现。值得重视的是，1986 年 10 月在宁波举行的首次国际黄宗羲学术讨论会上，与会的学者中吴光、仓修良、余金华等都接触到《明儒学案》一书在编辑学上的重大贡献，这都是先前的研究者所忽略而为他们所强调的。

在《明儒学案》的《自序》与《凡例》中，黄宗羲提出“殊途百虑之学”，这本出于《周易·系辞下》“天下同归而殊途，一致而百虑”。黄宗羲认为“穷理者，穷此心之万殊”。理性思维、精神活动，用他的话说为“穷理工夫”，是“变化不测，不能不万殊”。在《学案》写成之后十七年，黄宗羲时年已八十有四，在《自序》改本中说：

> 学术之不同，正以见道体之无尽……奈何今之君子，必欲出于一途，剿其成说以衡量古今，稍有异同，即诋之为离经畔道。时风众势，不免为黄茅白苇之归耳。

他在这里指出，学术真理的追求，理论领域的探索，所取的途径绝不可能为一条；也就是他提出的“圣贤之血路，散殊于百家”的创见。如果愚昧地固守“一定之说”，独断地竖立“必欲出于一途”，那只能扼杀活跃的穷理活动，窒息创造性的思维，在精神境界必然出现一片枯萎的黄茅白苇的萧瑟气象。“天地变秋色，一室难为春”（龚自珍诗句），理论工作的智慧只能交付六经的传注了。

黄宗羲在《明儒学案·自序》中的主张，在学术上否定儒家道统的“一定之说”，力求突破“好同恶异”“必欲出于一途”的僵化思想模式，承认“竭其心之万殊者而后成家”“深浅各得”，也就肯定了学术真理追求的多元化趋向，在17世纪的中国具有巨大的思想启蒙意义。这种文化启蒙的要求，继往开来，是封建独断愚昧长夜中的烛火，也是构成他的编辑思想的新颖的主体。

依此来看《明儒学案·凡例》，通过编辑原则与编辑方法的规定，将“殊途百虑之学”的新颖思想具体化，并将文化启蒙的要求通过编辑设计来实现。《凡例》称：

> 学问之道，以各人自用得着者为真。凡倚门傍户、依样葫芦者，非流俗之士，则经生之业也。此编所列，有一偏之见，有相反之论，学者于其不同处，正宜着眼理会，所谓“一本而万殊”也。以水济水，岂是学问！

这是明确主张学术民主，百家争鸣。一偏之见，相反之论，只要是成为一家之言，有自己的真正的见解，就应该去了解它，研究它；编书时应该重视它，不可抹杀它。研究学问，编辑图书，都要提倡百家争鸣，反对依样画葫芦。这是明清之际的思想解放宣言，是中国编辑史上的重要文献。

黄宗羲的“殊途百虑之学”，既反映学术发展的历史，也提出了编辑学术史的原则和方法。他所讲的“一本万殊”，主要是分析的方法。但他并非不重视同归一致。在《万充宗墓志铭》中也强调归纳的方法：“会众以合一”，才能“穷经”。不过这种“会众以合一”，并不是要使众家之言去合一人的言论标准，而是取众家之长，剔除其短，使其会合到反映时代精神的学术思潮中去。他研究了前人所编的理学专书后，在《凡例》中批评周汝登的《圣学宗传》，“扰金银铜铁为一器”，是主张禅学的“海门一人之宗旨，非各家之宗旨”。他批评孙奇逢的《理学宗传》“杂收，不复甄别。其批注所及，未必得其要领”。批评抄辑先儒语录者，“荟撮数条，不知去取之意谓何，其人一生之精神，未尝透露，如何见其学术?”《凡例》中还说：“儒者之学，不同释氏之五宗”，不应将学术史编成《传灯录》《高僧传》之类。他对编辑工作做了周密的考虑。

《明儒学案》全书的结构格局怎样呢？黄宗羲将明代二百一十四位学者，按时代顺序，“分源别派，使其宗旨历然”。《凡例》说：“大凡学有宗旨，是其人之得力处，亦是学者之入门处。”“讲学而无宗旨，即有嘉言，是无头绪之乱丝也。学者而不能得其人之宗旨，即读其书，亦犹张骞初至大夏，不能得月氏要领也。”因此，书中尽量体现各人的学术宗旨，力求“分别宗旨，如灯取影”。学案的编辑次序是，每一学案之前，先写一篇小序，简述其学术源流与宗旨。接着是学者小传，对各人生平经历、著作情况、学术思想以及学术传受，作扼要评述，一般写得朴实动人。其后为学者本人著作节录或语录选辑。《凡例》声明：“是编皆从全集纂要钩元，未尝袭前人之旧本。”以所辑学术资料，表现其人一生学问与精神的特色。全书实际有三层结构：总体结构包括十九个学案，以“一本万殊”的真理论为指导思想，《凡例》是贯彻这个思想的具体规定。中层结构可说是学派研究，分立十九个学案，有宗旨，有主见，还有一群相与讲论的师友，通过师承授受关系而传播。基层结构是每个学者的生平学术述评。紫筠斋本贾润序称：“其于诸儒也，先为叙传以纪其行，后采语录以列其言。其他崛起而无师承者亦皆广为网罗，靡所遗失。论不主于一家，要使人人尽见其生平而后已。”仇兆鳌序也说：“于叙传之后，备载语录，各记其所得力，绝不执己意为去取，盖以俟后世之公论焉尔。”以上只讲其编辑结构，各个层次的摆设，尚未能深入探讨其框架内涵的合理性。

作为学术思想史的《明儒学案》，从文字构成来看，有提纲挈领的小序、人物传记以及著作言论的选辑，三者融合而成一种新史体：学案体。黄宗羲完成《明儒学案》后，即着手编著《宋儒学案》与《元儒学案》，可惜岁月不予，仅成书十七卷而逝世，后由黄百家、全祖望续成，合称《宋元学案》，在编写方法上又有所发展。梁启超首先盛赞《明儒学案》，谓“中国之有‘学术史’自此始”（《清代学术概论》）。但学术界也有否定《明儒学案》构成一个新的史学体裁的看法，认为从其基本形式及内容来看，是学承理学谱系的体裁；有人认为“学案”一词源出于禅宗的早期著作；还有人甚至追溯到司马迁创立的纪传体、庄子的《天下篇》与荀子的《非十二子》。仓修良《黄宗羲的史学贡献》一文，批评了那些关于史体源流的探讨，指出：“他们的着眼点偏重于从学术思想史的内容去找源流”，“而很少从历史编纂学角度进行研究，更少考虑产生这种史体的时代背景与学术发展要求”。他说：“黄宗羲起初创立这种史体时，显然只是由三部分组成。”“尽管组成它的三种体裁各有渊源，但把这三种体裁有机地结合在一种史体之中，使它们相互配合，形成一个完整的新体系，发挥各自不同的作用，自然要经过一番精心的安排和组织，因此它绝不是随意的凑合，而是一种创造。”这样的剖析，可说是找到点子上了。

黄宗羲学识博大精深，一生阅历繁富，思想开阔，才情烂漫，仅就其编辑工作而言，本文也只接触到荦荦大端，语焉不详。全祖望说：

> 公以濂洛之统，综会诸家，横渠之礼教，康节之数学，东莱之文献，艮斋、止斋之经制，水心之文章，莫不旁推交通，连珠合璧，自来儒林所未有也。(《梨洲先生神道碑文》)

梁启超评论黄宗羲对清代学术思想的影响时说：

> 所著《明儒学案》，中国之有“学术史”，自此始也；又好治天算，著书八种（应为十六种——引者注)，全祖望谓：“梅文鼎本《周髀》言天，世惊为不传之秘，而不知宗羲实开之。”其《律吕新义》，开乐律研究之绪；其《易学象数论》，与胡渭《易图明辨》互相发明；其《授书随笔》，则答阎若璩问也，故阎、胡之学，皆受宗羲影响；其他学亦称是。清初之儒，所谓“经世之务”是也，宗羲以史学为根抵，故言之尤辩；其最有影响于近代思想者，则《明夷待访录》也。……

梁启超、谭嗣同辈倡民权共和之说，则将其书节抄，印数万本，秘密散布，于晚清思想之骤变，极有力焉。

以上所引，是对黄宗羲的学术及其对后世的影响的具体评价。但仍需补充两点：《明夷待访录》的反专制的民主主义精神，仍然具有启蒙意义。黄宗羲对于编辑学的贡献，“一本万殊”“殊途百虑”的理论，《明儒学案》的《自序》《凡例》的原则和方法，为古典编辑学的一大发展；其反独断、反愚昧的要求，是近古昏夜中面向未来的跃动，是近代编辑学的催产素，企盼着近代史黎明的曙光。

方　苞

一种学术思想、一个文学派别的孕育与形成，传播与发展，往往借助于编辑力量，将主题思想逐步发挥出来，崛起呼应，影响扩大，流风所至，海内周知。孔丘整理“六经”，带动儒家学派出现；萧统编辑《文选》，促进文学概念明确。先贤往哲立志有所表见于世，常常是以编辑工作传述自己的思想主张，公布多年的研究成果，将著述与编辑合而为一。清代桐城古文学派的树立与分播，也表现了学术文化史上的这一现象。始创者方苞，光大者姚鼐，通常只被看作是散文家，其实同时又是编辑家。他们大抵以程朱理学为依归，恭谨供奉王朝，主持文献整理，从事编纂工作；辞谢仕禄后，乐育人才，仍致力于编辑活动，终于在我国散文发展史上巍然独树一帜，成为一代文宗。

方苞（1668—1749），字凤九，一字灵皋，晚年自号望溪，江南安庆桐城（今安徽桐城）人。曾祖方象乾，明按察司副使，明末避乱，迁江宁上元（今南京市）。祖方帜，岁贡生，曾任清芜湖、兴化等县县学训导。父方仲舒，国子监生，是个诗人，以隐逸著称。兄方舟，寄上元县籍廪贡生，以制举文名于时。方苞生于六合之留稼村，当时家境清寒。

方苞早慧，少时在父兄教导下读经书史籍。家贫，有时一天只能吃一顿饭，仍坚持学习。年未成童，已能背诵《五经》。十九岁由父携归安庆应试不第，二十二岁（康熙二十八年）考取秀才，受知于学使高裔。在这前后，祖父去世，弟方林夭亡，丧葬相继，家道益落。他后来对老史学家万斯同（1638—1702）追忆这时的学习与生活状况称：

> 仆先世虽世宦达，以乱离焚剽，去其乡县，转徙六棠荒谷之间，生而饥寒，杂牧竖，朝夕苏茅汲井，以治饔飧，未能专一幼学，优游浸润于先王之遗经。及少长，则已操笔墨，奔走四方，以谋衣食。或与童蒙钩章画句，嗷嗓嘤嘤；或应事与俗下人语言，终日昏昏，惫精苦神，其得扫除尘事，发书翻覆者，日不及一二时。（《与万季野先生书》）

据此可见方苞青少年生活是十分艰苦的，但他却能力学不懈，日益精进。二十三岁应乡试未第，然文名已大著。二十四岁从高裔北游京师，文章立即得到巨公贵人的激赏，理学名臣李光地惊为“韩、欧复出”，以文章名世的韩菼则认为是“昌黎后第一人”，古文家姜宸英说“吾辈当让之出一头地”。黄宗羲的高弟万斯同，以前辈降齿为忘年交，并对其治学有所指导。在京得结识戴名世、刘言洁、王崑绳等学者，相与为友。又受刘拙修劝告，开始研读宋儒书，从此深嗜而力探。此时虽见重于公卿间，名扬京华，但仍以教读授经为生，两应顺天府乡试皆报罢。直到三十二岁，才举江南乡试第一名。其后两次至京师试礼部，均不第。三十九岁应礼部试，成进士第四名。朝论预测殿试将获第一名，忽闻母病，不顾李光地等人的劝阻，未参加殿试而归。

康熙五十年辛卯（1711），方苞四十四岁，戴名世《南山集》文字狱事起，因曾为戴集作序受牵连，被逮到北京，关押刑部大牢十五个月，判处死刑。幸亏他以能作古文而驰名，李光地又巧为解释，终于得到康熙帝的朱谕："戴名世案内，方苞学问，天下莫不闻。"交武英殿总管和素处理。由于他的学问得到帝王的高度评价，死囚幸得生还。他出狱后写的《狱中杂记》是著名的力作。

这是康熙五十二年癸巳（1713）三月二十三日的事，以后接连三天，遵命写了三篇歌功颂德的文章，每奏进，康熙帝嘉赏再三，龙颜大悦，说："此即翰林中老辈兼旬就之，不能过也。"于是命以白衣入直南书房，要求他服服帖帖做个御用文人，必须领会小政治服从大政治，维护皇基永固，恭谨地担任皇家编辑。方苞自言：

> 辛卯十有一月，余以《南山集》牵连被逮。又二年出狱，蒙圣恩召入内廷编纂。（《将园记》）

从此开始了他的三十年仕宦生活，经历了康熙、雍正、乾隆三朝。大致说来，前十年是做皇帝的文学侍从，中间十年是担任武英殿修书总裁，后十年是任翰林院侍讲、内阁学士兼礼部侍郎等职。雍正十二年（1734），方苞六十六岁，提升为内阁学士兼礼部侍郎时，命仍专司书局，不必办理内阁事务，属理学界权威，无用随班趋直。具体工作都是主持文献的整理编辑。

在封建专制皇权的威慑下，宫廷编纂虽有殊荣而不好当。况且方苞特赦出狱后，全家编管为奴，《清史稿》卷二百九十称：

> （戴）名世与苞同县，亦工为古文，苞为序其集，并逮下狱。五十二年，狱成，名世坐斩。（方）孝标已前死，戍其子登峰等。苞及诸与是狱有干连者，皆免罪入旗。

这就是将他及近支族人编入汉军旗下，充当奴隶，而保全其性命。“以白衣入直南书房”，是他充当宫廷编纂、浮沉宦海的开始。所谓南书房，在紫禁城内乾清宫西南，本康熙帝读书处，又称南斋。康熙十六年始选翰林等官入内当值，称“南书房行走”。除应制撰写文字外，还秉承皇帝意旨，起草诏令。南书房行走官员不限品级，不过原则上须用翰林出身的人。经大学士李光地保荐，方苞行走其中，为一名特殊高级奴才。方苞深知南书房事情不好做，“南书房为圣心所注”，又“为争者所困”，他说：“时论皆曰：南书房，争地也。未有共事此间，而不生猜嫌怀娼嫉者。”（《翰林院侍讲学士查公（升）墓表》）而且太监还仗势欺凌，“中贵人气焰赫然者朝夕至，必命事专及于余，乃敢应唯敬对，外此不交一言”。他素畏风寒，戴个黑布小帽，“诸内侍多窃笑”（《翰林院编修查君（慎行）墓志铭》）。伴君如伴虎，这是一种外似尊荣内实屈辱的生活。

约五个月后，方苞被调到蒙养斋。他说：“康熙癸巳（五十二），诏修乐、律、历、算书，特开蒙养斋，命皇子董事。余与徐公蝶园承修乐、律。”（《兵部尚书法公（海）墓表》）其后，“时与顾用方论丧祭之礼及古宗法”（《赫氏祭田记》），辨析《周官》疑义。他在《陆以言墓志铭》中径称蒙养斋书局，在《潘函三墓志铭》中则称为修书馆，由诚亲王允祉任监修。蒙养斋也是皇家教育皇子的地方，延请他为诸王师傅，进讲“四书五经”及宋五子书。不参与朝政。

方苞经康熙帝特赦，“宥死隶旗下，以白衣直禁廷，共豫校雠，令与诸皇子游，自和硕诚亲王下皆呼之曰先生，事出破格”（全祖望《前侍郎桐城方公神道碑铭》）。他前后在蒙养斋七年，编校《御制乐律》《算法》诸书。他制礼定乐，教读皇子，应对于畅春园，扈跸承德行宫，直接侍候皇帝之余，先后写成了《周官辨》《春秋通论》《春秋直解》《周官集注》《周官析疑》等，删订《容城孙徵君（奇逢）年谱》，并作序及《孙徵君传》。

康熙六十一年（1722），方苞五十五岁，四月随跸热河，六月中旬命回京充武英殿修书总裁。武英殿是宫廷编书刻书的场所，是皇家编辑部之一。著名的分韵编排的辞书《佩文韵府》，就是张玉书等前此奉敕编辑的。方苞在《沈编修墓志铭》中称：“常熟沈立夫与余同给事武英馆书馆。”

任命不过十天，康熙帝交下一篇文稿，着他校勘。方苞《两朝圣恩恭纪》称：“浃日，发《御制分类字锦序》，命校勘。众皆曰：‘上文字皆命诸臣公阅。独阅者，惟故大学士孝感熊公赐履、桐城张公英耳。’”显然他是引为殊荣的。到这年十一月十三日，康熙帝去世，以狡黠和残酷手段夺得皇位的雍正帝嗣位，为缓和肃杀气氛，笼络人心，赦方苞及其族人入旗者归原籍。方苞归里葬母后还京，受命仍担任武英殿总裁。武英殿事务则由两亲王管辖。当时雍正帝为镇压防范皇族中反对势力，博取大孝之名，下令为死去的康熙帝服三年之丧。

方苞到任后，即在直庐持服，不得见客。雍正是个雄猜刚毅的皇帝，利用曾静案，特汇编《大义觉迷录》一书，以绝对皇权的谕旨反驳思想犯的交待材料，宣传嗣位的合理合法性，以打击反清思想的传播。在这种大兴文字狱、加强思想统治的局势下，奴才出身的修书总裁惊怖感动，致力于丧、祭二礼研究，顺应清廷御用的程朱学派理论要求，理解雍正帝强调实行孝道的用意，"百行孝为先"，是事亲也就是事君的根本。因此，方苞力主遵礼教，灭人欲，在《己亥四月示道希兄弟》中论及服丧期间夫妇同房问题称："齐衰期者，大功布衰九月者，皆三月不御于内。用此推之，正服大功，以浃月为期；小功缌麻，终月可也。"（《方望溪集》卷十七）在封建专制社会中，这是个有关纲常名教、保禄升官的政治问题。出身于寒士、颇谙民情的方苞，并非不晓得假道学以礼仪自饰，邪恶藏于肺腑，这种人"虽有才智而为国患更深"（《请矫除积习兴起人才札子》）。

掌武英殿修书事时，方苞颇能汲引人才。雍正五年进士李学裕，"诗及书法皆拔俗""小心畏义，好贤乐善""因奏请共编纂"（《安徽布政使李公墓志铭》）。雍正二年进士熊晖吉，体国忧民，沉静好学，方苞称："余自掌武英殿修书事及三礼馆，皆引君自助。数日不见，即缺然如有所失。"（《大理卿熊君墓志铭》）沈立夫，雍正元年中进士，才二十二岁，务学勤奋，志趣高尚，也奏请分到书馆工作。

雍正帝对待汉人运用镇压与教化两手政策，即位初期，忙于收拾打击反对派，在文化方面的重大措施，是命蒋廷锡等重辑由康熙中陈梦雷等原辑的《古今图书集成》，于雍正四年以武英殿造办处铜活字印刷六十四部。雍正继承康熙的传统政策，奉儒家理学为正宗，改封孔子五世先人为王爵，空前抬高程朱。方苞治学立身对路，颇为深受雍正眷注的大臣鄂尔泰的知爱，赫赫有名的大贵族果亲王允礼是直接管理他的上司。雍正九年授詹事府左中允，十年迁翰林院侍讲学士。十一年擢内阁学士兼礼部侍郎，命专司书局，不必到内阁办事；不久命教习庶吉士，充一统志馆总裁，又命校订《春秋日讲》。十三年，与刑部尚书张照同充皇清文颖馆总裁。乾隆元年，充三礼义疏馆副总裁，命再值南书房。二年，擢礼部右侍郎，诏免随班趋走；仍教习庶吉士，兼理宫廷编辑工作。官越做越大，在朝中已爬到了九卿的地位。由于时受乾隆帝单独召见，他多密陈，盈廷侧目，加之泄露奏对语以显其能，对头乘机揭发。结果解侍郎职，仍带原衔食俸，教习庶吉士。乾隆四年二月，命武英殿重刊《十三经》《廿一史》，他任经史馆总裁。复因徇情为迟到庶吉士补考，为忌者弹劾而落职。乾隆帝上谕首先重提他"因《南山集》一案，身罹重罪"，继称："朕嗣位之初，念其稍有文名，谕令侍直南书房，且升授礼部侍郎之职。伊若具有良心，定当痛改前愆，矢慎矢公，力图报效。乃伊在九卿班内，假公济私，党同伐异，其不安静之锢习，到老不改，众所共知。"严厉诘责后，说："方苞深负国恩，着将侍郎职衔及一切行走之处，悉行革去，专在三礼馆修书，效力赎罪。"（《清史列传》卷十九）帝王的血是凉的，奴才是不好当的。方苞在朝期间，利用其在深宫服务和文名籍籍，所上奏章与致地方官函，多为民兴利除弊，并向朝廷推荐好官。他遇事固执好争，自然在官场中遭人忌恨攻讦。久以足疾不良于行，随驾侍候于圆明园、乾清宫等处都有困难。只得低首下心，熬到乾隆七年七十五岁时，才以老病日深，请求解除书局职务。朝廷赐予翰林院侍讲衔，回上元调养。

方苞好学深思，在雍正年间和乾隆初年，写了很多各体文章，特别是记言记事的传、序、志、铭以及墓表、书后之类，其中不乏议论激昂、感情洋溢的篇章，并时有独到的见解，读之使人神移心恻，如闻其叹息憎恨之声，不愧为一位古文大家、桐城派创始人。此时说经作品又成《周官义疏》一种。《清史稿》本传称："苞为学宗程朱，尤究心《春秋》《三礼》。"《四库全书》收其经学撰著七种，《总目》的评价大都平平，多处且指出其独断执拗，自是而非人。"言之凿凿，自以为学力既深，鉴别真伪，发千古之所未言。持论太高，颇难依据。"（卷十九）值得注意的是他编选了两部书：一是《古文约选》，一是《四书制义选》。这两部书体现他的散文理论，也体现了他的编辑思想，通过编辑工作宣传他的文学观点。他确实掌握了选学的奥秘。

《古文约选》系应果亲王之请而选编。雍正为巩固满洲统治地位，办了宗学、觉罗学与八旗官学，建学舍，给资粮，由果亲王监临而教督。当时苦于缺少适当教本，康熙帝审定的《渊鉴古文》内容繁多，不是初学者所能遍观而切究。方苞受命选编古文，乘机发挥自己的文学观点，乃约选两汉书、疏及唐宋八家之文，编辑了这部古文简要读本，刊授国学学生。其后于乾隆初诏颁给各学官，当时颇有影响。

桐城派产生于清朝康乾盛世，和宋代的理学相结合，思想上由程朱上溯孔孟，以归有光承接唐宋八家，远溯两汉、先秦，探源《六经》《左》《史》。对于新兴的小说、戏剧及其他民间文学一概鄙视排斥。在总的倾向上来看，它是代表封建正统思想的一个文学派别。桐城派非常夸耀自己标举的古文义法。方苞为果亲王代作的《古文约选序例》，就是他的文论

“义法说”的全面纲领。《序例》说：

> 盖古文所从来远矣，六经、《语》《孟》，其根源也。得其枝流而义法最精者，莫如《左传》《史记》，然各自成书，具有首尾，不可以分剟。其次《公羊》《穀梁传》《国语》《国策》，虽有篇法可求，而皆通纪数百年之言与事，学者必览其全，而后可取精焉。惟两汉书、疏及唐宋八家之文，篇各一事，可择其尤，而所取必至约，然后义法之精可见，故于韩取者十二，于欧十一，余六家，或二十、三十而取一焉。两汉书、疏，则百之二三耳。学者能切究于此，而以求《左》《史》《公》《穀》《语》《策》之义法，则触类而通，用为制举之文，敷陈论、策，绰有余裕矣。

方苞一开始就给古文下界说，认为“周以前书皆是古文”，强调古文源于六经、《语》《孟》，和其他文体不同。古今事理虽殊，而以文章阐明事理则一。“自魏晋以后，藻绘之文兴。至唐韩氏起八代之衰，然后学者以先秦盛汉辨理论事，质而不芜者为古文。”今人要能实现古人立言不朽的标准，才能称之为古文；要写古人，就必须继承古人的创作精神，依义以制法，由法而见义。法本于义，而义是不能离开法的。《序例》阐明“因文以见道”，学古道兼通其辞，解释了“义法说”的前提和《古文约选》的编辑主旨：

> 先儒谓韩子因文以见道，而其自称则曰：“学古道，故欲兼通其辞。”群士果能因是以求六经、《语》

《孟》之旨，而得其所归，躬蹈仁义，自勉于忠孝；则立德立功，以仰答我皇上爱育人材之至意者，皆始基于此。是则余为是编以助流政教之本志也夫！

方苞最早提出的“古文义法”，是桐城派文论的重要内容之一。《古文约选序例》的主要观点和作为编辑凡例看的九条选编原则，都可以在《望溪集》的各种形式的文论中一一找到印证。“义法说”是桐城派最早揭示的一面理论旗帜。“方苞论文，以‘义法说’为轴心，《望溪集》中有关的文论，始终环绕着这个轴心旋转，百变而不离其宗。在他看来，古文之所以为古文，正是由于有其‘义法’。”（马茂元《晚照楼论文集》页二一八）

什么是古文义法？《约选序例》强调的原则，在《又书〈货殖传〉后》里有所解释：

《春秋》之制义法，自太史公发之，而后之深于文者亦具焉。义即《易》之所谓“言有物”也，法即《易》之所谓“言有序”也。义以为经而法纬之，然后为成体之文。

紧接着就《货殖列传》内容举例以证之：

是篇两举天下地域之凡而详略异焉。其前独举地物，是衣食之源，古帝王所因而利道之者也；后乃备举山川境壤之支凑以及人民谣俗、性质、作业，则以汉兴，海内为一，而商贾无所不通，非此不足以征万

> 货之情，审则宜类而施政教也。两举庶民经业之凡而中别之。前所称农田树畜，乃本富也；后所称贩鬻僦贷，则末富也。上能富国者，太公之教诲，管仲之整齐是也；下能富家者，朱公、子贡、白圭是也。计然则杂用富家之术以施于国，故别言之，而不得侪于太公、管仲也。然自白圭以上，皆各有方略，故以“能试所长”许之。猗顿以下，则商贾之事耳，故别言之，而不得侪于朱公、子贡、白圭也。是篇大义，与《平准》相表里，而前后措注，又各有所当如此，是之谓“言有序”。

按《史记·十二诸侯年表序》有云：“孔子……西观周室，论史记旧闻，兴于鲁而次《春秋》。上记隐，下至哀之获麟，约其辞文，去其烦重，以制义法。王道备，人事浃。”这就是方苞揭橥的“义法”的由来。其实，司马迁指的是备王道、浃人事的褒贬笔削的意义和法式，和写文章的义法并不完全是一回事。方苞不过借以论文，他以“言有物”释“义”，以“言有序”释“法”。义和法在一篇文章中成为一经一纬，相辅相成，使思想内容与艺术形式并重，形式服从于内容，又与内容相统一。这样，讲求义法的文章，才是有内容、有条理、结构谨严、合乎体制的文章。

《古文约选序例》所陈九条，编辑意图说明两类问题：一是选录的主要标准，一是作文的基本原则。选录的标准，首先是六经为极则，其第九条称：“《易》《诗》《书》《春秋》及四书，一字不可增减，文之极则也。”其次，《左》《史》为正宗，第七条谓“序事之文，义法备于《左》《史》”，学者应探《左》

《史》之精蕴。最后，汉人散文及唐宋八家为津梁。第四条谓汉人“书、疏、吏牍，类皆雅饬可诵”，第一条故云：“是编所录，惟汉人散文及唐、宋八家专集，俾承学治古文者，先得其津梁，然后可溯流穷源，尽诸家之精蕴耳。”

至于作文的原则，着重探求义法。义法备于《左》《史》，而学习《左》《史》的义法，必须从唐宋八家入手。“始学而求古求典，必流为明七子之伪体。”古文应有不同于其他文体的文学语言，“辨古文气体，必至严乃不杂也。”又说，“古文气体，所贵清澄无滓。”方苞还强调必须去除一切不合古文体制的语言，“古文中不可入语录中语，魏晋六朝人藻丽俳语，汉赋中板重字法，诗歌中隽语，《南北史》中佻巧语。”（沈莲芳《书方望溪先生传后》所引）行文力主以简驭繁，以虚代实，重视剪裁概括，追求雅洁。“虚实详略之权度”，便成为义法的主要要求了。

方苞所要求的古文，简而言之，是文从字顺，通俗充实，准确有法，清新流畅。他在评点《唐宋八家文抄》中，对柳宗元文、欧阳修文颇表不满，就是认为“义枝辞冗”。桐城文大都写得比较干净朴素，但由于一味尚简，语言既少变化，情致又单调贫乏，丧失风格意境之美，没有波澜跌宕的笔法。《序例》中认为周末诸子文章，“汪洋自恣，不可绳以篇法”；韩愈诸志“奇崛高古清深者，皆不录”；对于精深变化、曲得风神的文章，“概弗编辑”，都将不尚藻饰的要求发展到极端，风格意境、艺术语言等等，都被僵硬的清规戒律限制与取消了。

这是《古文约选》编辑工作的重大缺陷，也就是桐城文派偏狭浅陋的弊病。方苞潜心宋学，他的文学观里浸透了宋儒理学的迂腐思想，抹杀个性，重道轻文，所以《清史稿》说他

“务以扶道教、禅风化为任”，这就大大限制了他的编辑工作。

《四书制义选》又称《钦定四书文》，方苞于乾隆元年奉敕编辑，四年夏编成，奉表以进，命颁行天下，作为以经义取士的标准。康雍时代的乡试、会试，各考三场，最重要的是头场四书题考试，按照朱注的观点来检验士子的学识，作文必须符合圣贤的原意。这是当时国家一贯的文化政策。方苞编辑此书是为政治服务。

《四书制义选》四十一卷，其中明代四书文四集：成化、弘治以上文，正德、嘉靖文，隆庆、万历文，天启、崇祯文；清朝四书文别为一集。每篇皆抉其精要，后加批语，卷首载乾隆帝谕旨，次为方苞奏折，又次为凡例八则，也是方苞所写，说明采择选编的主旨。乾隆帝上谕指出：国家以经义取士，即有关于气运。方苞《进四书文选表》说：“命臣苞精选前明及国朝制义，以为主司之绳尺，群士之矩矱。”他在凡例第一条中分析了四书文体的变化和编选的标准：

> 明人制义，体凡屡变：自洪永至化治，百余年中，皆恪遵传注，体会语气，谨守绳墨，尺寸不逾。至正嘉作者，始能以古文为时文，融液经史，使题之义蕴，隐显曲畅，为明文之极盛。隆万间，兼讲机法，务为灵变；虽巧密有加，而气体苶然矣。至启祯诸家，则穷思毕精，务为奇特，包络载籍，刻雕物情，凡胸中所欲言者，皆借题以发之；就其善者，可兴可观，光气自不可泯。凡此数种，各有所长，亦各有其弊。

以上是明代八股文发展演变的总结，没有这一了解，便无法下手选编。任何选本都要对于所选的对象具有历史的认识，否则只能招致粗鲁盲动的后果。对于上述明代各个时期的四书文，根据其表现的特点，作如下的选辑：

> 故化治以前，择其简要亲切，稍有精采者。其直写传注，寥寥数语，及对比改换字面，而义意无别者，不与焉。正嘉则专取气息醇古，实有发挥者。其规模虽具，精义无存，及剿袭先儒语录，肤壳平衍者，不与焉。隆万为明文之衰，必气质端重，间架浑成，巧不伤雅，乃无流弊。其专事凌驾，轻剽促隘，虽有机趣，而按之无实理真气者，不与焉。至启祯名家之杰特者，其思力所造，涂径所开，或为前辈所不能到。其余杂家，则偭弃规矩以为新奇，剽剥经子以为古奥，雕琢字句以为工雅，书卷虽富，辞气虽丰，而圣经贤传本义，转为所蔽蚀；故别而去之，不使与卓然名家者相混也。

这里将所取所弃的四书文说明清楚，弃所当弃，取所当取，然后考虑编排方法：

> 凡此数种，体制格调，各不相类；若总为一集，转觉庞杂无章。谨分化治以上为一集，正嘉为一集，隆万为一集，启祯为一集。使学者得溯其相承相变之源流，而各取所长。

至于清朝的八股文，则另编一集，并说明其特色：

> 至于我朝人文蔚起，守洪永以来之准绳，而加以变化；探正嘉作者之义蕴，而挹其精华；取隆万之灵巧，启祯之恢奇，而去其轻浮险谲。兼收众美，各名一家，合之共为一集。

编书进呈表文，依例应写骈体，既要说明其事，又须典雅博丽，非大手笔殊难承当。方苞概括称：

> 前代之文，总四百八十六篇。国朝之文，总二百九十七篇。昔宋臣曾巩尝称：《诗》《书》之文，作者非一，相去千余年，而其所发明，更相表里，如一人之说，惟其理之一也。况制科之文，诂四子之书者乎？故凡所录取，皆以发明义理，清真古雅，言必有物为宗。庶可以宣圣主之教思，正学者之趋向。

方苞对四书文也强调“发明义理”，与他促使古文时文化相一致。“清真古雅”与他一向倡导的“雅正清真”完全相同，“雅”“清”指文章优美，“正”“真”指思想醇正，符合圣观本意和宋儒观点。他在《古文约选序例》中曾提出文贵澄清无滓；澄清之极，自然发为光精，瑰丽浓郁。但他将言简意赅的要求绝对化，结果不仅不能出现瑰丽的光精，连清真古雅也变成清瘦古怪，丧失文学形象了。

作为一个古文学派的开路人，方苞利用编选四书文的机会，在他所谓“义法”之外，于凡例第二条中提出“理”“辞”

“气”来：

> 韩愈有言：“文无难易，惟其是耳。”李翱又云：“创意造言，各不相师。”而其归则一，即愈所谓“是”也。文之清真者，惟其理之“是”而已，即翱所谓“创意”也。文之古雅者，惟其辞之“是”而已，即翱所谓“造言”也；而依于理以达乎其词者，则存乎气。气也者，各称其资材，而视所学之浅深以为充歉者也。

在这篇《进四书文选表》里，提出理、辞、气来，虽是传统文论，却可济义理说之穷，兼顾到议论文的写作，而不限于序事之文了。论说文（包括四书文即制义、八股文）应依理发挥，理直则气壮，通过辞才能表达。而各人的资质禀赋，又是后天可以养成与改变的。“理、辞、气”与“义法”的并提，“这对于他所标榜的‘义法’藩篱，是一个自我突破。在中国文论史上，也可说是一个十分有意思的事”（刘季高《方苞集前言》）。

《四库全书总目》总集类称：“时文选本，汗牛充栋，今悉斥不录，惟恭录是编，以为士林之标准。”可见此书因为是钦定的，关系到国家开科取士、选拔官僚的标准，便显得很重要的样子。原本不分卷第，是《四库全书》编辑“约其篇帙，分为四十一卷焉”。

方苞的文集中有关编辑工作的论说，如读子史书后，奏章、题跋及书信等，均有可观之作。清代学者钱大昕、章学诚等，对方苞的见解，也有不少批评。这里只录袁枚《小仓山房诗集》卷二十六《仿元遗山论诗》第一首：

不相菲薄不相师，公道持论我最知。
一代正宗才力薄，望溪文集阮亭诗。

袁枚固然对方苞并不佩服，讥其“才力薄”，但承认他在文学上仍是“一代正宗”。他也是官书官刻的编辑家。下文介绍姚鼐的编辑工作时，还要谈到他的作用。

姚鼐

散文在中国兴起很早，先秦时代已达到相当完美的境地，出现了不少兼有思想性与艺术性的优秀作品，被后世奉为楷模。其后继统相承，迄未中断。到唐朝韩愈、柳宗元时代，发展提高为一种新的文艺形式，含英咀华，修辞明道，在文风和体裁上大加改革和增饰，号称“古文”，却是适应时代的巨大进步。这类散体文继续发展，经宋代欧、曾、苏、王诸大家，直到明代归有光，不断有优秀之作问世。清初桐城文派树立后，毁誉繁兴，方苞、刘大櫆、姚鼐等都仍有一些比较优美的作品传世。对于散文创作理论和艺术要求进行比较系统的探讨的，在中国文学史上，方、刘、姚可说是前驱先导；在中国编辑史上，全面考虑单选古代散文，并予分类评说，首次编辑成书的，是桐城派的集大成者姚鼐。

姚鼐（1732—1815），字姬传，一字梦谷，以书斋名惜抱轩，旧时人称惜抱先生，安徽桐城人。他的高祖姚文然，康熙间累官至刑部尚书。曾祖姚士基，举人，湖北罗田知县。祖姚孔鈇、伯父姚范以诗、古文、经学著名。父姚淑，母陈氏。他自己说：“仆家先世，常有交裾接迹仕于朝者。今者，常参官中，乃无一人。”（《惜抱轩文集》卷六《复张君书》）少时家境颇清寒，他体弱多病，但很好学。

他小时候学习条件比较好。伯父姚范（1702—1771）是文学家，乾隆七年进士，官编修。“范之学沉究遗经，综括精粹，每读书辄著所见于卷端，经史子集，丹黄杂下。”“所为诗文，不主家法，必达其意，绝去依傍，自成体势。”（《清史列传》卷七十二）姚范于诸子侄中独爱姚鼐，为他讲解经书。著名散文家刘大櫆是姚范多年至交，每次来访，姚范必令姚鼐旁侍，听他们讲论学问，这是旧时长辈熏陶子弟的一法。姚鼐也敬爱刘大櫆，十八岁便开始向他学习写文章。

刘大櫆（1698—1779），字才甫，号海峰，桐城人。他自言“家世皖江侧，薄田十余亩”。其祖与父都是秀才、塾师。他也没有考上举人，在雍正七年、十年，两次只中副榜。乾隆元年、十五年，两次进京应荐，都未录取。终身以教书为职业。曾入江苏、湖北、山西学幕，帮学官评阅文卷。“文章无所用，计画只增穷。百岁虚过半，凄凉旅舍中。”（《自赠诗》）晚岁出为黟县教谕，不数年去官，穷居枞阳江上。其人貌丰伟而性直谅，自学成家。初至北京，时任内阁学士的方苞看了他的文章，大为惊叹，对人说：“如苞，何足算耶？邑子刘生，乃国士尔！”便收他为弟子，实际只是推许、奖掖的关系。

方苞对刘大櫆的评价很高：“刘生大櫆不但精于时文，即诗、古文词，眼中罕见其匹。为人开爽，不为非义。”（《与双学使庆书》）又说：“及门刘生大櫆者，天资超越，所为古文，颇能去离世俗蹊径，而命实不犹。”（《与魏中丞定国书》）《清史稿》卷四八五本传称：“大櫆虽游苞门，传其义法，而才调独出。”

姚鼐少时，方苞尚健在，然而不曾见过。刘大櫆为其父辈旧交，弱冠即从之学习诗、古文词。姚鼐《刘海峰先生八十寿序》说得很亲切："鼐为幼也，尝侍先生，奇其状貌言笑，退辄仿效以为戏。及长，受经学于伯父编修君，学文于先生。"姚鼐在青少年时便受到很好的知识教育。

乾隆十五年（1750），姚鼐二十岁，举于江南乡试。但赴礼部试，久不第，自后或小留京师，或授徒四方以自给。前后六次到北京应试，乾隆二十八年（1763）中进士，殿试二甲，授翰林院庶吉士。三年学习期满，授兵部主事，旋转礼部仪制司主事。三十三年，充山东乡试副考官。三十五年，充湖南乡试副考官。三十六年，充会试同考官。累迁至刑部郎中、记名御史。乾隆三十七年（1772），清政府决定开馆编辑《四库全书》，经大臣推荐，姚鼐入馆为纂修官，分工校办各省所送书籍。他说："值天子启秘书之馆，大臣称其粗解文字，而使舍吏事而供书局，其为幸也多矣。"（《复张君书》）他当时是八个非翰林而被选任为纂修官者之一，本是非常荣幸的际遇，但他深致不满于馆中学术倾向：

> 既而奉旨搜求，天下藏书毕出。于是纂修者竞尚新奇，厌薄宋元以来儒者，以为空疏，掊击讪笑之不遗余力；先生往复辩难，诸公虽无以难，而莫能助也。（姚莹《惜抱先生行状》）

终以与总纂官纪昀的学术观点相异，论事不合，于乾隆三十九年称病辞去四库全书馆编纂职务，四十年南归故里。回到桐城时，他在《古文辞类纂序目》中说："伯父前卒，不得见矣。刘先生年八十，犹喜谈说，见则必论古文。"在《刘海峰先生八十寿序》中又说："犹得数见先生于枞阳，先生亦喜其来，足疾未平，扶曳出，与论文，每穷半夜。”在散文的创作和文论的钻研方面更有进步，同时立意编辑《古文辞类纂》，作为桐城派古文教本，宣扬桐城派的文学观点。其后起自湖湘、自谓“素非喜姚氏者”的吴敏树指出：

> 今之所称桐城文派者，始自乾隆间姚郎中姬传称私淑于其乡先辈望溪方先生之门人刘海峰，又以望溪接续明人归震川，而为《古文辞类纂》一书，直以归、方续八家，刘氏嗣之，其意盖以古今文章之传，系之己也。（《与篠岑论文派书》）

姚鼐生于雍正末年，死于嘉庆末年，经历了清王朝极盛的乾隆时代。也是他春风得意的时代。他的一生，既不同于方苞编籍为奴，幸得更生，也不同于刘大櫆蹭蹬科场，终身艰困。他成进士，入翰林，以文学家与著述家闻名于世，并参加了四库全书的编辑工作，在读书人是被看作难得的际遇了。他却以壮盛之年，悄然引退，似乎理解当时政治环境的复杂险恶。这时清朝专制主义中央集权极端强化，在思想文化领域专制高压与笼络安抚并行，大兴文字之狱，又开多种取士途径，所谓恩威并用，宽严相济，巧妙地发挥了帝王驭下术。对思想理论界的导向，《清史稿·儒林传序》说得很准确：“清兴，崇宋之性道，而以汉儒经义贯之。”姚鼐从宦海脱身后，以在野文人兼学者的身份，历主苏皖书院讲席前后四十年。他服膺宋儒之学，但并不像方苞那样时刻以卫道者自任；他推服方、刘的文章，但并不拘守师说而能有所发展，充实了散文创作的内涵，扩大了桐城流派的影响。

《清史稿》方苞传称，他在雍正朝已“特除清要，驯至通显”“务以扶道教、裨风化为任，尤严于义法，为古文正宗，号‘桐城派’。”刘大櫆是一个清寒的文人，一生在贫困中辗转，政治上倒也没有阐道翼教的义务，作为方苞的后继者，他固然不否定文道相结合，但他所看重的是唐宋八家之文，而不是宋儒之道。他论文学创作，首先突破方苞的“义法”说，而集中精力探讨散文的艺术手法，特别讲求音节、神气和字句；即使论事说理，也应富有文学意味。他所著《论文偶记》中有许多启发性的艺术见解：“行文之道，神为主，气辅之。”作文时于音节求神气，于字句求音节。神气是文章的极致。这就与方苞的“义法”各异其趣，而开姚鼐文论之先声。方宗诚《桐城文录序》云：

> 海峰先生之文，以品藻音节为宗，虽尝受法于望溪，而能变化以自成一体，义理不如望溪之深厚，而藻采过之。（《柏堂集》次编卷一）

这也就是《清史稿》所说“才调独出”。目空今古的章太炎说刘大櫆“毫无足取”（见《国学概论》），刘师培则说桐城派作家中“惟海峰较有思想”（见《论文杂记》），他对于天道、人欲、君臣、夫妇以及理学、八股都自有看法，本文不能申论。

亲炙于刘大櫆而以望溪为祖的姚鼐，不认为“义法”是散文理论的最高准则。《与陈硕士书》云：

> 望溪所得，在本朝诸贤为最深，然较之古人则浅。其阅《太史公书》，似精神不能包括其大处、远

处、疏淡处及华丽非常处。止以义法论文，得其一端而已。（《惜抱轩尺牍》卷五）

方苞的“义法”，只强调繁简详略，剪裁概括，以简驭繁，以虚代实，刊落浮华，不尚藻饰。他所说的“文未有繁而能工者”，在当时就受到钱大昕的讥评。“义法”说在谋篇、造句、修辞上下功夫，忽略内容、意境及艺术风格之探求。方苞《书归震川文集后》认为归文“近俚而伤繁”，而姚鼐却赞赏震川“能于不要紧之题，说不要紧之语”。上引《与陈硕士书》说：“得书谓震川论文深处，望溪尚未见，此论甚是。”可见“义法”的局限甚大，未能进入艺术的最高境界进行探讨。姚鼐《复鲁絜非书》说得很明白：

抑人之学文，其功力所能至者，陈理义必明当，布置取舍，繁简廉肉不失法，吐辞雅驯不芜而已。古今至此者，盖不数数得，然尚非文之至。文之至者，通乎神明，人力不及施也。（《惜抱轩文集》卷六）

姚鼐在此信中还说：“文者，天地之精英，而阴阳刚柔之发也。”同时很形象地描述了文章中各种状态的阳刚阴柔之美。“通乎神明”，是刘大櫆“神者，文家之宝”论点的发挥与发展。依此来看方苞《古文约选》的编选标准，显然受“义法”的束缚，周末诸子之文、韩文墓志铭等，被当作“不可绳以篇法”，弃而不录，是编辑上的重大失误，而编辑上的失误却又是他所持的文学观点决定的。编选质量，首先而且主要是编辑思想的反映。

钱大昕批驳方苞的古文时文化的“义法”说，他很尖锐地指出：“盖方所谓古文义法者，特世俗选本之古文，未尝博观而求其法也。‘法’且不知，而‘义’于何有?”（《潜研堂文集·与友人书》）姚鼐则从学术角度去充实“言有物”（“义”）、“言有序”（“法”）的内容，要求真正使思想内容与艺术形式并重。方苞说：“义以为经而法纬之，然后为成体之文。”刘大櫆以神气论文，“神气者，文之最精处也”，“神气不可见，于音节见之；音节无可准，以字句准之”。刘大櫆还提到：义理、书卷、经济是行文的材料。姚鼐则提出了义理、考据、文章相济，善而用之，便能产生好作品。从这里可以看出桐城派散文理论建立与发展的轨迹。马茂元评述方、刘、姚三家文论，引用姚鼐《刘海峰先生八十寿序》中所引程晋芳、周书昌的话：“为文章者，有所法而后能，有所变而后大。”他说：

这话可借以概括桐城派在散文理论建设上的两个阶段。方苞的“义法说”，示人以“有所法而后能”，代表其前期；到姚鼐提出了一套完整的散文艺术理论，才“有所变而后大”，进入成熟的后期。介乎方、姚之间，起着承先启后作用的则是刘大櫆。桐城派文论的变，从他开始。（《晚照楼论文集》页二二六）

关于作文必须义理、考据、辞章三者合一，姚鼐在《述庵文抄序》中阐释甚为周详：

余尝论学问之事，有三端焉，曰：义理也，考证也，文章也。是三者，苟善用之，则皆足以相济；苟

> 不善用之，则或至于相害。今夫博学强识，而善言德行者，固文之贵也。寡闻而浅识者，固文之陋也。然而世有言义理之过者，其辞芜杂俚近，如语录而不文；为考证之过者，至繁碎缴绕，而语不可了当。以为文之至美，而反以为病者，何哉？其故由于自喜之太过，而智昧于所当择也。夫天之生才，虽美不能无偏，故以能兼长者为贵。……青浦王兰泉先生……为文有唐宋大家之高韵逸气，而议论考核，甚辨而不烦，极博而不芜，精到而意不至于竭尽。此善用其天与以能兼之才，而不以自喜之过，而害其美者矣。（《惜抱轩文集》卷四）

在《复秦小岘书》中也强调义理、考证、文章“必兼收之，乃足为善”。对于方苞来说，是突破“义法”局限的发展；对他自己来说，是与时俱进，适应学术文化发展的要求。曾国藩甚至认为这是汉学的兴起逼出来的：

> 当乾隆中叶，海内魁儒畸士，崇尚鸿博，繁称旁证，考核一字，累数千言不能休，别立帜志，名曰汉学，深摈有宋诸子义理之说，以为不足复存，其为文尤芜杂寡要。姚先生独排众议，以为义理、考据、词章，三者不可偏废，必义理为质，而后文有所附，考据有所归；一编之内，惟此尤兢兢。

曾氏且言：

当时孤立无助，传之五六十年，近世学子，稍稍诵其文，承用其说。(《曾文正公诗文集》卷一《欧阳生文集序》)

义理、考据、词章三者不可偏废，姜书阁《桐城文派评述》称：

吾观其义，盖得诸李翱。李氏《与朱载言书》曰：文、理、义三者兼并，乃能独立于一时，而不泯灭于后代，能必传也。其言与姚氏所说大同而小异，所别者，李习之未论考据一项耳。考据为后来之学问。

与姚鼐同时的学者，姚氏曾欲师事的戴震亦有此说，其言曰：“有义理之学，有文章之学，有考核之学。义理者，文章、考核之源也。孰乎义理，而后能考核、能文章。”段玉裁《戴东原集序》转述戴氏意见后又说：“玉裁窃以谓义理、文章，未有不由考核而得者。”方苞的道文二统合一说，实际上在背后有清政府的政治势力在支持。姚鼐的义理，就是方苞坚定维护的宋儒理学；姚氏所说的文章，也就是方苞追慕的唐宋八大家；不过考据是后起的学问，故属于新增。如果把三者作为中性名词看，注入新的科学内容，三者俱备方能写出精美的作品，这难道不正确吗？前几年文学界有人提出过作家学者化的主张，不知道与姚氏的“三合一”要求有无相通之处。

姚鼐称病辞官离京时，梁阶平相国拟特荐他再出任职，他婉言谢绝。此后四十余年光景，从事两项工作：一是教书，二是编书。教书编书，宣扬桐城派文学观点，作育人才。师事姚鼐的方东树说："今东南学者，多好言古文，而盛推桐城三家；于三家之中，又喜称姚氏，有非姚氏之说莫之从。"他的文章，"纡余卓荦，樽节隐括，托于笔墨者净洁而精微；譬如道人德士，接对之久，使人自深"（《书惜抱先生墓志后》）。

他的教学工作：乾隆四十二年主讲扬州新建的梅花书院，凡三年。四十五年，主讲安庆敬敷书院，前后历时八年，课目中也有明清两朝四书文。五十四年，主讲歙县紫阳书院一年。五十五年，往南京主讲钟山书院，直至嘉庆五年，凡十一年。五十八年，仍在南京本宅和江宁书院授徒。嘉庆六年，又主安庆敬敷书院，凡四年。十年，再主南京钟山书院。二十年，以微疾卒于江宁书院，得年八十五。"所至，士以受业先生为幸，或越千里从学；四方贤俊，自达官以至学人士，过先生所在必求见焉。""喜导人善，汲引才俊，如恐不及；以是，人益乐就而悦服，虽学术与先生异趣者，见之必亲。"（《惜抱先生行状》）弟子中著名者：上元管同、梅曾亮，同邑方东树、刘开，江西新城陈用光等，均有作品传世，皆足为桐城派生色。

他的编辑活动：乾隆四十四年七月，编选《古文辞类纂》成，其后时加审订，详为评注、圈点。嘉庆三年二月，编成《五七言今体诗抄》。嘉庆十六年应邀主编《江宁府志》，另又主编《庐州府志》《六安府志》等。著作有《九经说》《三传补注》《老子章义》《庄子章义》《惜抱轩文集》十六卷、文后集十二卷、诗集十卷、书录四卷、法帖题跋一卷、笔记十卷。

姚鼐选辑《古文辞类纂》，要算是他对文学的一个贡献，也应看作是对编辑学的一个贡献。这部散文总集计七十五卷，选录战国至清代的古文辞赋。过去关于选文总集，以萧统的

《文选》最为著称，其分类计三十有七。姚氏讥其碎杂，认为立名颇多可议，他把萧《选》的诏、册、令、教、文、檄六项合并为诏令类，把赋、骚、七、对问、设论、辞、连珠七项合并为辞赋类，把诔、哀、吊文、祭文四项并为哀祭类，这样并合之后，便令人感到眉目爽朗。在这部总集里，他依文体分为论辩、序跋、奏议、书说、赠序、诏令、传状、碑志、杂记、箴铭、颂赞、辞赋、哀祭等十三类。“一类内而为用不同者，别之为上下编”，在编排上就不显得杂乱了。内容着重选录《战国策》《史记》、两汉散文家、唐宋八大家以及明归有光，清方苞、刘大櫆等的古文，登录文章，合计七百一十三篇。

该书卷首的《序目》，叙明所收文章的分类、各类文体的特点及其义例，不论从文学内容或编辑思想来看，都是一篇力作。它不仅仅起全书的目录和说明编辑旨趣的作用。每类之前的简练的引言，至多二百字，少者尚不足五十字，讲源流，论作品，略及去取的考虑，有时且有创见，这是长期钻研、功力深厚的表现。前引方东树书后云：

> （刘）学博，论文主品藻；（方）侍郎论文主义法。要之，不知品藻，则其讲于义法也悫；不解义法，则其貌夫品藻也滑耀而浮。先生后出，尤以识胜，知有以取其长，济其偏，止其敝。

姚鼐《序目》中强调文无定法：“文无所谓古今也，惟其当而已。”所收十三类七百一十三篇，体现了所谓“桐城选学”的着眼点。他是个词章家亦即文学家，虽然不满当时论学抑宋扬汉，但不论宋学家还是汉学家，写不好文章者，他都批评：

"言义理之过者，其辞芜杂俚近，如语录而不文。""以考证累其文，则是弊耳；以考证助文之境，正有佳处。"这都从如何使文章达到义理、考据、词章三合一的境界立论的，这部《古文辞类纂》就是以桐城派文论选辑而成的文范。姚氏因势利导，既反对空疏不文，又反对臃肿累赘，内容应充实，文字要洁净，从里到外都要求其当，才可认为是文之至美。桐城末流则已不能领会姚氏编辑这部文选的苦心，不知他在文学上的贡献何在了。

《古文辞类纂》所分十三类中有辞赋一类，辞赋本来是从诗歌发展变化而来，与散体文似有距离，且方苞主张古文中不用诗歌隽语。姚鼐在编辑文选时独具只眼，特辟辞赋一类，要为散文增添声色，提供营养。辞赋类引言称：

> 辞赋类者，风雅之变体也。楚人最工为之，盖非独屈子而已。余尝谓《渔父》及楚人《以弋说襄王》、宋玉《对王问遗行》，皆设辞无事实，皆辞赋余耳。太史公、刘子政不辨，而以事载之，盖非是。辞赋固当有韵，然古人亦有无韵者，以义在托讽，亦谓之赋耳。汉世校书有《辞赋略》，其所列者甚当。昭明太子《文选》分体碎杂，其立名多可笑者。后之编集者或不知其陋而仍之。余今编辞赋，一以汉略为法。古文不取六朝人，恶其靡也。独辞赋则晋宋人犹有古人韵格存焉，惟齐梁以下，则辞益俳而气益卑，故不录耳。

仅看这一段话，还不易领会他的编辑意向。《序目》篇末还有一段话，提出作文的八字诀，并合而读之，便可以看出姚鼐以毕生精力追求的艺术境界，从而理解特辟辞赋一类并非自乱编辑体例。《序目》列举十三类全部篇名后称：

> 凡文之体类十三，而所以为文者八，曰：神、理、气、味、格、律、声、色。神理气味者，文之精也；格律声色者，文之粗也。然苟舍其粗，则精者亦胡以寓焉。学者之于古人，必始而遇其粗，中而遇其精，终则御其精者而遗其粗者。

这就使我们想起方苞《进四书文选表》中“依于理以达乎其辞者，则存乎气”，方氏于“义法”之外，谈理、辞、气。刘大櫆《论文偶记》称：“行文之道，神为主，气为辅。”因声以求神、气。姚鼐提出的八字诀，理、律多从方说，神、气、声多袭刘说，味、格、色则是姚氏多年创作实践中的领会。方、刘二氏的启发和自身实践的领悟，姚鼐熔铸、提炼、综合而为散文创作的八字诀。蒋逸雪《谈有关桐城文派的几个问题》中指出：

> 讲到味与色，尤其是色，这与他所分的十三类中的辞赋类有着密切关系。学“桐城”的人竟有于此不能理解的，因而他们的作品淡然寡味，毫无藻采可言。不知散文虽与辞赋分科，而散文语太质朴，不得不从辞赋中吸取营养来润色自己、壮大自己。

这是很有见地的解说。姚鼐在上引一段话后，紧接着说：“文士之效法古人，莫善于退之，尽变古人之形貌，虽有摹拟，不可得而寻其迹也。”他教人作文，要从讲求声色下手，尝谓韩文“叙景瑰丽处，即效相如赋体”。韩愈向前人学习时，确是不废扬、马的，《进学解》中推服“子云、相如，同工异曲”，又自言“其书满家”，为文因而“闳于中而肆于外”，可知学文的取径，作散文须兼汲取他类之长，方能为全篇增色，而不至板滞无味，死气充斥。刘开《与阮芸台书》中指出：“韩退之取相如之奇丽，法子云之闳肆，故能推陈出新，征引波澜，铿锵锽石，以穷极声色。”这是接受老师姚鼐的指点，他的及门弟子与再传弟子大多重视师说。

姚鼐的高弟梅曾亮编选《古文词略》，分类悉依姚书，又增诗歌一类，在《凡例》中申明理由道：“姚姬传先生定《古文辞类纂》，盖古今之佳文尽于是矣；今复约选之，得三百余篇，增诗歌于终。昌黎曰：词不备，不可以成文。非尚词也，词所以载吾气者也。”在私淑桐城的曾国藩幕府中，自视甚高的张裕钊论为文之法也说：“姚氏及诸家因声求气之说，为不可易。”（《赠范生当世序》）其弟子贺涛说过，因“姚姬传氏纂录古文，益以楚辞汉赋”，张氏“尝取姚氏所纂录而独说其辞赋，以示学者”（《送张先生序》）。这既可见姚氏特辟辞赋类的命意为学者所重视，同时也显示桐城派的文论因姚氏编辑此书而扩大了影响。薛福成《寄龛文存序》说：“言古文者，必宗桐城。”

姚鼐编辑《古文辞类纂》时，还做了评点工作。选文固难，评点尤难，吃力而殊难讨好。学者多加鄙薄，动辄讥议；编辑其实也视为畏途。姚鼐在《与陈硕士笺》中说过，编书刻入圈点，“是时文陋体”。但在另笺中又说：“文家之事，大似禅悟，观人评论圈点，皆是借径。”在《答季雅札》中指出：“震川阅本《史记》，于学文者最为有益，圈点启发人意，有愈于解说者矣!”这在编辑工作中要看针对哪一种层次的读者，引导初学则可一试。借径而前行，读者如发骂声，编辑也就知道是读过他编的书后有了自己体会的反应。与由桐城而演变出来的阳湖派张惠言一同钻研过《古文辞类纂》，年近四十时亲谒姚鼐请教为文之法的吴德旋说：

> 《古文辞类纂》其启发后人，全在圈点。有连圈多，而题下只一圈两圈者；有全无连圈，而题下乃三圈者，正须从此领其妙处。末学不解此旨，好贪连圈，而不知文品之高，乃在通篇之古淡，而不必有可圈之句。知此，则于文思过半矣。（《初月楼古文绪论》）

桐城后进吴汝纶的公子吴闿生《诸家评点古文辞类纂序》称：

> 或谓评点太详，疑若示人以陋。此妄也，陋不陋在学识高下，不在外著之迹。学识至矣，虽点窜经传以示来兹，皆可法式；如其未也，即缄默不发，庸讵免于陋乎!

昭示初学，评点导读，关键在于编辑人应具高水平，可不慎欤！本文如此繁芜地说明桐城派的文学观点，也正是为了说明编书并非单靠剪刀、糨糊（装裱匠、缝纫师也用这两件），编辑应该使自己有头脑、有学识!

一向谦虚谨慎的姚鼐，编成《古文辞类纂》后十分自得。《序目》前段虽说今人如“不知其所以当，而敝弃于时，则存一家之言，以资来者”，他并没有将书保存起来，留给下一代人，而是积极主动屡屡向人推荐：

> 鼐有《古文辞类纂》，石士编修处有抄本，借阅之，便可知门径。（《与张梧冈札》）
>
> 闻时取鼐所为《古文辞类纂》，管子取老马之识途，仆庶几可比于此乎?（《与董筱槎札》）

编成一部书后，编辑需向读者做宣传工作。姚氏依据自己创作经验和钻研心得而选辑的这部书，自认为是精心撰集，与通常拼凑而成的选本不同，向学文者指示了途径，几乎等同自己的创作了。桐城籍作家、光绪间教育家吴汝纶《答严几道书》又将它当作圣经贤传：

> 《古文辞类纂》一书，二千年高文略见于此，以为六经后之第一部书。此后必应改习西学，中学浩如烟海之书行当废去，独留此书，可令周孔遗文绵延不绝。

清末民初绍续桐城派的林纾，在《诸家评点古文辞类纂序》中批评了各家选本后说：

> 独惜抱先生沉酣于古文近六十年，获成此书，心力瘁矣。蜀中赵尧生侍御称是书为“姚氏学”。余曰：

惟姚氏始有是学，他氏焉能有者！

这位强调尊惜抱为正宗而又勇于问津外国小说的古文家，只是奋力喝彩。桐城派的最后嫡传马其昶则谓："姚氏之书所以足重者，以其鉴别精，析类严，而品藻当也。"（《抱润轩文集》卷四《古文辞类纂标注序》）

在服膺方、姚的古文家中，对《古文辞类纂》并不是没有批评的。如选择作家，于明代只取归有光，于清代只取方苞、刘大櫆。以人数论，失之过严；若论刘大櫆，又失之太宽，书中选录其文达十六篇，于唐宋八家中的苏辙只选十五篇。难怪私淑桐城的曾国藩等，对姚氏引刘以继归、方，为《类纂》之殿，尤所不满，认为"惜抱于刘才甫不无阿私"（《致吴南屏书》）。

曾国藩《日记八则》极力推崇姚鼐的阴阳刚柔之说，从而演为"阳刚之美曰雄直怪丽，阴柔之美曰茹远洁适"的"八言"。他认为姚氏提出治学有三个方面，即义理、考据、词章，编辑《类纂》来体现这个论点，该书的实际效用偏重于对古文的研习、模拟和应用。在姚氏的启发与影响下，咸丰十年（1860），他根据自身所处时代的需要，于姚氏所标三项之外，增加经济（"经世济民"）一项，特另编《经史百家杂抄》二十六卷。《序例》称：

姚姬传氏之纂古文辞，分为十三类。余稍更易为十一类：曰论著，曰词赋，曰序跋，曰诏令，曰奏议，曰书牍，曰哀祭，曰传志，曰杂记，九者，余与姚氏同焉者也；曰赠序，姚氏所有而余无焉者也；曰

> 叙记，曰典志，余所有而姚氏无焉者也；曰颂赞，曰箴铭，姚氏所有，余以附入词赋之下编；曰碑志，姚氏所有，余以附入传志之下编。论次微有异同，大体不甚相远。

他认为古文的来源，不应仅限于历代文章之士的作品，而是出于经、史、子三类之中。因而与姚氏不同，每类必以六经冠其端，且不应摒诸史而不录，故采辑史传稍多。《序例》之后，逐一解释分类名目，归纳为著述、告语、记载三门。特别是扩大姚选的范围，增加典章文物、学术思想及有关治道的文章，计收作者一百四十三人，另录经典文八种，选取六百七十篇上下。《杂抄》篇幅较《类纂》减少四分之一。其余四分之三篇章中，减去内容较为空泛的一些应酬文字，增添了经、史、子三类文章，大体上都归结于经世致用。经过增删更换，扩充内容，继承并补充发展了桐城“选学”精神，编成一部著名的古文选本，在清末民初的社会上颇为流行。吴汝纶《答严几道》云：“姚郎中所选文，似难为继。独曾文正《经史杂抄》，能自立一帜。”后来为便于子弟诵读，曾氏又择其优者四十八篇，录为《经史百家简编》。

时势演变，桐城文派随其后盾——清朝统治势力日趋衰微。长沙王先谦说：“道光末造，士多高语周、秦、汉、魏，薄清淡简朴之文为不足为。”他依照姚鼐开示的准则，按《类纂》的分类，“推求义法渊源，采自乾隆迄咸丰间得三十九人，论其得失，区别义类”，于光绪八年（1882）编成《续古文辞类纂》三十四卷。这种续编，在时间上是倒续，《例略》说明了乾隆以降文人承嬗离合及桐城派的授受发展。录文与《类纂》相比较：

论辨类元六十五，续四十一。序跋类元五十八，续一百四。奏议类元八十三，续无；今之奏议，要在明切事理，古义美辞，所弗尚也。体既专行，不入兹录。书说类元八十五，续书六十四，说无。赠序类元五十三，续二十七。诏令类元三十六，续无。传状类元十八，续三十三。碑志类元一百，续八十。杂记类元七十六，续七十五。箴铭类元二十四，续九。赞颂类元六，续赞六，颂无。辞赋类元五十八，续无；风雅变体，取工骈丽，国朝诸家，尤罕沿袭，间有述作，不复甄采。哀祭类元三十八，续十七。

从中可见旧文体因时代变易而消长，古文也不能拘守古老的模式。续选的标准，仍然是“义理为干，而后文有所附，考据有所归”。在《类纂》与《杂抄》的影响下，光绪十五年（1889）黎庶昌编《续古文辞类纂》二十八卷，上编经子，中编曰史，下编方、刘前后之文，共四百四十九篇，皆以补姚氏所未备。黎选的特点，除录文上及六经、溯源经子外，《史》《汉》并尊，不避生人。他在《目序》中说：

循姚氏之说，屏弃六朝骈丽之习，以求所谓神理气味格律声色者，法愈严而体愈尊。循曾氏之说，将尽取儒者之多识格物，博辨训诂，一内诸雄奇万变之中，以矫桐城末流虚车之饰。

且强调："凡神理气味格律声色有一不备者，文虽佳不入。"黎选与王选命名同，区别何在？黎庶昌说：

> 体例甚异，王选只及方刘以后人，文多至四百数十首。余饕加约，本朝文才二百四十余，颇有溢出王选外者，而奏议、辞赋、叙记则又王选所无。

曾、王、黎所编录，都是依据姚鼐《类纂》的规矩准绳，又能因时适变，编辑而成的古文选本，从中可以看出他们运思命意不亚于创作之劳，也表现出桐城派分播后诸作家的文学观点。

在姚鼐的编辑工作中，《五七言今体诗抄》的编选，与散文总集《古文辞类纂》同样著闻。

清初主盟文坛的王士禛曾编有《古诗选》，颇为流传，然而该书只存古体而不及今体，学者颇感不便。姚鼐继而编选了一部《今体诗抄》，专收今体诗以与《古诗选》相衔接。《诗抄》二集十八卷：前集九卷，选录唐人五言律诗（包括排律）五百五十二首；后集亦九卷，选录唐宋诗人七言律诗四百一十首。举凡唐宋今体诗中的名家名篇，大略已备，同时兼顾不同时期各种流派、各种风格的代表作，在编辑中显然做过比较周密的考虑的。所以该《诗抄》不但可供讽咏吟赏，并有助于了解唐宋今体诗的概貌和创作发展的线索。

姚鼐编选《今体诗抄》，是鉴于"为今体者多趋谬伪，风雅之道日衰"，为了纠偏除弊。编辑此书"存古人之正轨，以正雅祛邪"，在当时是有针对性的。诗与文为体各殊，抒写性情的诗歌不同于说理叙事的文章。但姚鼐看到它们既有区别，又相贯通。就艺术表现而言，"诗之与文，固是一理"，"诗文皆技也”（《答翁学士书》）。它们的差别，不过是“取径不同”（《与王铁夫书》）。所以他论及诗文的观点是一致的，离不开道文二统的结合。《荷塘诗集序》云：

> 古之善为诗者，不自命为诗人者也。其胸中所蓄，高矣，广矣，远矣，而偶发之于诗，则诗与之为高广且远焉。故曰善为诗也。曹子建、陶渊明、李太白、杜子美、韩退之、苏子瞻、黄鲁直之伦，忠义之气，高亮之节，道德之养，经济天下之才，舍而仅谓之一诗人耳，此数君子，岂所甘哉？（《惜抱轩文集》卷四）

在《今体诗抄》中，便重点选录了李白、杜甫、苏轼、黄庭坚等的作品。在他看来，李杜苏黄之美，“其清气逸韵，见胸中之高亮”。《诗抄》特别对杜甫推崇备至，评论“杜公七律，含天地之元气，包古今之正变，不可以律缚，亦不可以盛唐限”。杜甫诗及学杜的诗人作品，在《今体诗抄》中占很大比重。

和《古文辞类纂》的编法相似，《今体诗抄》卷首也有概括全书的《序目》，属于评析性质。诗题之下或诗句之后，也有一些释疑、校勘、正误之类的小注，或记前人的评语。例如《序目》中云：

> 初唐诸君，正以能变六朝为佳，至“卢家少妇”一章，高振唐音，远包古韵，此是神到之作，当取冠一朝矣。

这是指沈佺期的《古意赠补阙乔知之》而言。对于李义山则谓：

> 玉溪生虽晚出，而才力实为卓绝。七律佳者，几欲远追拾遗；其次者，犹足近掩刘、白。第以矫敝滑易，用思太过，而僻晦之敝又生，要不可不谓之诗中豪杰士矣。

对东坡、山谷、放翁等均有品评，言简意赅，显示了编者的深厚功力和独到见解。有的评注写在题下，如李义山《哭刘司户蕡》下谓："义山此等诗殆得少陵之神，不仅形貌。"有的见于诗后，如韩君平《送郑员外》后云："唐人多干乞之辞，而此等语尤猥陋。"有的写于某卷之首，如五言今体诗抄卷六首称：

> 杜公长律有千门万户、开阖阴阳之意。元微之论李杜优劣，专主此体。见虽少邈，然不为无识。自来学杜公者，他体犹能近似，长律则愈邈矣。

关于老杜的长律，有人指出"往往五十韵、百韵中韵重意复"，论者评价不一，姚氏所云不无可议。

《诗抄》中所选大都格调闲雅、词旨平和之作，一般尚脍炙人口。反映离乱时代、边塞风云、民生疾苦等作品不多，与儒家"温柔敦厚""怨而不怒"的诗教组合，这都是徜徉于狭窄天地里的桐城派文人的本色。

姚鼐主动退出官场后，四十余年间，讲学、编辑，谆谆以诲迪后进为事。嘉庆十五年（1810），与史学家赵翼等重赴鹿鸣宴，白头盛会，士林传为美谈。史称其“生平虚怀善取，在扬州与吴定居最久，有所作以示定，定所不可，辄窜易至数四，必得当乃已”（《清史列传》卷七十二）。吴定，歙县人，举孝廉方正，他对人说：“先生虚怀善取，为文尚如是，其为学可知矣。”（《清史稿》卷四百八十五》做编辑工作的人。既应自己长出脑袋，也要虚怀若谷。且传世称姚鼐色怡而气清，接人极和蔼。当时袁枚、纪昀颇诋宋儒，姚鼐《再覆简斋书》意谓：

> 其人生平不能为程朱之行，而其意乃欲与程朱争名，安得不为天之所恶，故毛大可、李刚主、程绵庄、戴东原，率皆身灭嗣绝，此殆未可以为偶然也。

与方苞闻李塨长子习仁夭折，作书谓“凡极诋朱子者，多绝世不祀”，伎俩全同，所谓“接人极和蔼”，岂其然耶？性理之学毒害心灵太深，有时谩骂失态了。

过了一百零二年，到“五四”新文化运动兴起，陈独秀站出来说：“所谓桐城派者，八家与八股之混合体。”他名之曰“妖魔”（《文学革命论》）。钱玄同则称之为“高等八股”或“变形八股”（《寄陈独秀》）。他们高喊“古文死了”，替它正式发讣告。“桐城谬种”“选学妖孽”，遂流播众口。胡适的评论极为缓和：“桐城派的影响，使古文作通了，为后来二三十年勉强应用的预备，这一点功劳是不可埋没的。”（《五十年来中国之文学》）难道是指吴汝纶所说西学堂不可废读《古文辞类纂》，严几道用古雅博奥的古文笔法翻译西书吗？

纪　昀

在漫长的封建社会中，中国编辑史上有一个显著的特点：重要典籍由国家组织力量编订，文学作品由官方选辑，书籍由官府集中保存。我以为这是中国传统文化之所以连绵不断的一个重要因素。不仅大一统的帝国时代如此，即使南北分裂，群雄割据，汉族以外的兄弟民族政权崛起，在相对稳定的年代里，国家仍然设置编辑机构，组织某些编辑工作。自李唐以来，历宋、元、明、清诸王朝，都曾用中央政府的力量，编辑卷帙巨大的书籍。有清一代，官修书品种与数量之多，尤为突出。康熙年间修成《渊鉴类函》四百五十卷、《佩文韵府》四百四十四卷、《全唐诗》九百卷，还有政书、字典、诗词辑集等。康熙、雍正两朝编成《古今图书集成》一万卷。到乾隆朝，编出了一部古代最大的综合性丛书，按照我国古代书籍分类方法的含义，定名为《四库全书》，总纂官也就是总编辑为纪昀。他是清朝官修书杰出的编辑家。

一

纪昀（1724—1805），字晓岚，一字春帆，晚号石云，直隶河间府献县（今属河北省）人。乾隆十二年（1747），纪昀二十四岁，应乡试，中第一名解元。乾隆十九年成进士，改庶吉士，翰林院为储才之地，庶吉士务期学有根柢，器量明达，封建王朝加以教养，以备将来任使。二十二年，纪昀经考核列一等，授编修。明清两朝的翰林院编修，惯例以一甲第二、第三名及庶吉士学习成绩优良者充任，留馆培植，所谓修鳞养爪，待时拣选。纪昀三十来岁得到这个为士林羡慕敬仰的官职，成为他一生主要工作的先兆。

纪昀前期的官宦经历，《清史列传》卷二十八称："荐擢詹事府左春坊左庶子，充日讲起居注官。昀官编修，于（乾隆）二十六年京察一等，以道府记名。三十三年二月，补贵州都匀府知府。上以昀学问优，外任不能尽所长，命加四品衔，留庶子任。四月，擢翰林院侍读学士。六月，前两淮盐运使卢见曾获罪，有旨籍其家。昀与卢为姻，漏言于见曾孙荫恩，革职逮问，戍乌鲁木齐。三十五年，释还。三十六年，上幸热河，十月，昀迎銮密云，御试《土尔扈特全部归顺诗》，立成五言三十六韵以进，得旨优奖，复授编修。三十八年二月，命儒臣校核明代《永乐大典》，诏求天下遗书，开《四库全书》馆，选翰林院官专司纂辑。大学士刘统勋以昀名荐充纂修官，后又奏《全书》浩博，应斟酌综核，以免挂漏参差，举昀及提调官、郎中陆锡熊为总办。"由此展开了纪昀的编辑生涯。

生于雍正二年、死于嘉庆十年的纪昀，生平主要活动于乾隆时代。满族爱新觉罗王朝正处于气象蓬勃的状态。从康熙经雍正至乾隆年间，中国成为亚洲头等强盛的统一的封建国家，史家美称为"康乾盛世"。英国发生产业革命，出现"黄金时代"的维多利亚女王在位时期（1837—1901），还是纪昀谢世之后三十多年的事情。在中国历代的封建专制帝王中，祖孙三代都奋发有为，孜孜求治，深谙文武两手并用兼施之术，当推清朝康熙、雍正、乾隆三个皇帝。在他们统治的一百三十年间，一面十分注意笼络汉族士大夫分子。开国之初，范文程便劝告满洲贵族称："治天下在得民心，士为秀民，士心得，则民心得矣。"（《清史稿》卷二三八）另一面不断大兴文字狱，进行血腥屠杀。鲁迅说过："清的康熙、雍正和乾隆三个，尤其是后两个皇帝，对于'文艺政策'或说得较大一点的'文化统制'，却真尽了很大的努力的。文字狱不过是消极的一方面，积极的一面，则如钦定《四库全书》，于汉人的著作，无不加以取舍。""文字狱只是由此而来的辣手的一种，那成果，由满洲这方面言，是的确不能说它没有效的。"（《买〈小学大全〉记》，《鲁迅全集》第六卷第46—47页）而且，在历代著名与无闻、平庸与荒诞的大大小小将近二百个帝王中（更不论那些割据一隅、称雄一时的草头王），没有一个像清朝这三个皇帝喜欢并懂得编书和钦定书的。他们本人都好读书，重视"崇文尚武"的帝王学，对待政治与古籍都讲求切于实用。纪昀就是生存在这样的时代，也就是这样的时代产生了大编辑家纪昀。

还应该约略地考察康、雍、乾三朝的皇家编辑工作与现实政治的关系。康熙帝玄烨尊崇儒术，关注学术。二十五年谕礼部翰林院称："朕留心文艺，晨夕披阅，虽内府书籍，篇目粗陈，而搜集未备。……今宜广为访辑，搜罗罔遗，以副朕稽古崇文之至意。"接着下令购求遗书："自古经史书籍，所重发明心性，裨益政治。必精览详求，始成内圣外王之学。""今搜访藏书善本，惟以经学史乘，实有关系修齐治平、助成德化者，方为有用。其他异端稗说，概不准录。"玄烨对于纂修明史极为重视，关于史料之搜集、体例之确定，屡有指示，以防史臣的疏阙。四十三年特撰文晓谕诸臣，申明编辑明史的重大政治意义:“明史不可不成,公论不可不采,是非不可不明,人心不可不服。”这都着眼于统治的巩固、社会的安定。他自己勤学博览,对算术、地理、水利及西方代数、三角、几何等都有系统的研习。他在位时所编的书籍,不但门类甚多,而且别启津途。重要的钦定书籍有:《周易折中》《易经通注》《书经传说汇纂》《诗经传说汇纂》《春秋传说汇纂》《御注孝经》《孝经衍义》《性理精义》《朱子全书》《律吕正义》《康熙字典》《音韵阐微》《资政要览》《内则衍义》《历代纪事年表》《历象考成》《数理精蕴》《星历考原》《佩文斋书画谱》《渊鉴类函》《骈字类编》《分类字锦》《子史精华》《佩文韵府》《古文渊鉴》《历代赋汇》《全唐诗》《咏物诗选》《历代题画诗》《广群芳谱》《四朝诗》《全金诗》《御选唐诗》《历代诗余》《词谱》《曲谱》及《图书集成》等。这许多书虽难免芜杂谬误,但在编辑工作上综合群籍,提纲挈领,以成巨制,在当时的历史条件与具体情况下,既可嘉惠学者,又可牢笼士人,其影响是不可忽视的。

雍正帝胤禛在位颇短,却是“康乾盛世”的承前启后者。他精严综核,整顿吏治,革除弊政,做了大量的政治、经济工作,解决了清帝国在其发展中必须解决的问题,促进了多民族国家的统一。在文教方面,提倡性理之学,又兴大狱,严禁视清朝为“闰统”(非正统)的思想与著作,编辑《大义觉迷录》(包括曾静供词),宣扬清王朝“仰承天命”“有造于中国”的观点,企图达到“尊君亲上”的政治效果。

乾隆帝弘历的学识一如乃祖,为政宽猛互济,刚柔相交,拉拢知识界与大兴文字狱并行,特别擅长文治之粉饰,一时气象升平,文人蔚起。他大半模仿康熙帝,而又力求超过之。乾隆帝在位时下令编纂的书籍，又较康熙时为多。主要的书籍有：《周易述义》《诗义析中》《周官义疏》《仪礼义疏》《春秋直解》《律吕正义后编》《西域同文志》《音韵述微》《明史》《开国方略》《临清纪略》《续文献通考》《皇朝通志》《历代官职表》《大清会典》《大清通礼》《大清律例》《天禄琳琅书目》《经史讲义》《授时通考》《医宗金鉴》《石渠宝笈》《钱录》《唐宋文醇》《四书文》《唐宋诗醇》《石峰堡纪略》《钦定蒙古王公功绩表传》《钦定热河志》《钦定盛京通志》《南巡盛典》《御制文初集》《钦定河源纪略》《康济录》《钦定千叟宴诗》《御制拟白居易乐府》《平定廓尔喀纪略》等。其最庞大的官修书，就是以纪昀为主干编辑的《四库全书》，反映了我国古代封建文化学术的水平。

康熙、雍正、乾隆三朝，是我国封建社会末世的繁荣隆盛时期，到乾隆时代发展到高峰。东南各省和沿长江、运河的城镇兴隆发达，社会比较安定。府库充溢，民物丰阜，为编辑《四库全书》提供了物质基础。良好的经济情况促进了学术文化的发展，《清史稿》卷四八四《文苑传序》以颂圣的口吻称：

> 清代学术，超汉越宋。论者至欲特立“清学”之名，而文学并重，亦足于汉、唐、宋、明以外别树一宗，呜呼盛已！
>
> 康乾盛治，文教大昌。圣主贤臣，莫不以提倡文化为己任。师儒崛起，尤盛一时。

纪昀处于这种社会文化背景之下，为宣扬文治的需要而被召唤出现于皇家编辑部内，从事中国古代文化遗产的整理编辑工作。乾隆帝在炫耀其“十全武功”的同时，以编纂超越唐宋的巨大丛书来装点太平盛世，从而证明满洲贵族顺天应人、入关统治的合理性。

《四库全书》的编纂，也与当时学术界的风气密切相关。由于清政府对学术界采取高压钳制政策，许多学者不得不回避现实，埋头于故纸堆中，不谈国事，集中精力于整理古籍，探求逸书，对中国几千年积累的丰富的文化遗产，特别是对儒家的经典和史学文学著作，进行校勘、训释和辑录佚文的工作，形成了被称为“汉学”、亦称“朴学”的学术流派。明清之际学者顾炎武等主张“通经致用”，反对宋儒空谈义理，推崇汉儒朴实学风。清阎若璩、胡渭等用训诂考据方法治经，颇多创获。至乾嘉年间，惠栋、戴震等更继承和发展了汉儒的训诂方法，对整理古籍、辨别真伪、辑佚求古，都有不少贡献。但这个学派惯于引经据典，为考据而考据，在专制统治下已抛弃清初顾炎武等学者学以致用的优良传统，青灯黄卷，皓首穷经，专心致志于古代文化的整理研究工作。这也是无可厚非的。学者们研读原著，考镜源流，注释校勘，集解义疏，无不需要阅读大量书籍，查检各种版本。前代分类摘录编辑的大型类书，如《渊鉴类函》《图书集成》等已不能适应深入研究的要求，迫切需要搜集和贮藏大量古代典籍。即在富贵人家，得书不易；何况清寒子弟，更难置备。因此，当时山东历城学者周永年发表《儒藏说》，提倡集儒书与释藏、道藏鼎足而三，他说：

书籍者，所以载道纪事，益人神智者也。自汉以来，购书藏书，其说綦详；官私之藏，著录亦不为不多。然未有久而不散者，则以藏之一地，不能藏于天下；藏之一时，不能藏于万世也。明侯官曹学佺，欲仿二氏为儒藏，庶免二者之患矣。盖天下之物，未有私之而可以常据，公之而不能久存者。然曹氏虽倡此说，采撷未就。今不揣谫劣，愿与海内同人共肩斯任。务俾古人著述之可传者，自今日永无散失，以与天下万世共读之。凡有心目者，其必有感于斯言。（仁和吴氏《松邻丛书》甲编第三册）

周永年实际上是编辑《四库全书》的首倡者。不过，个人的力量毕竟是很有限的。乾隆帝为博右文之名，并为清帝国“亿万斯年”计，用国家的力量完成了官修书中的空前巨制。传统文化有幸，主持这项工作的纪昀有幸！

乾隆三十八年（1773）二月，清政府决定成立四库全书馆，大学士刘统勋、于敏中等任正总裁。刘统勋保荐翰林院编修纪昀与刑部郎中陆锡熊为总纂官。纪昀这时年届五十，从乌鲁木齐赦还已两年。从此他在四库全书馆担任总编辑工作十三年，始终其事，全书体例，皆为他一手所定。

编纂《四库全书》的序幕，是由访求遗书典籍逐步揭开的。乾隆六年（1741）正月，乾隆帝下诏征集“阐明性理，潜心正学”的书籍，当时并未认真执行。乾隆十五年，批准御史王应綵陆续采访遗书之奏，仍未见实效。至乾隆三十七年正月四日，怀着整肃汉人反清思想的目的，颁诏求书，是为开馆办理《四库全书》的先声。诏书称：

古今来著作之手，无虑数千百家，或逸在名山，未登柱史；正宜及时采集，汇送京师，以彰千古同文

> 之盛。著令直省督抚会同学政等，通饬所属，加意购访。……庶几副在石渠，用储乙览。从此《四库》《七略》益昭美备，称朕意焉！

这个诏书降下后，仍未即时发生效力。各省督抚只见皇帝炫耀“十全武功”，尚未领会其又博“稽古右文”美名的政治目的，以为陈编故册，与国计民生无关，并非刻不容缓之图。朝廷又降谕严饬，要求无论刊本抄本，速行访求汇收。在不惮再三督催下，在众多的官僚中才走出一位懂得中国传统文化价值的人来，他就是安徽学政朱筠。他在留心购访遗书时，又提出开馆校书的建议。他上奏称：“窃维载籍重于左史，目录著于历代，典至钜也，制至详也。”接着陈述四点意见：

> 一，旧本抄本，尤当急搜也。汉唐遗书，存者希矣。而辽宋金元之经注文集，藏书之家，尚多有之。顾无刻本，流布日少。其他九流百家、子余史别，往往卷帙不过一二卷，而其书最精。是宜首先购取，官抄其副，给还原书，用广前史艺文之阙。
>
> 一，中秘书籍，当标举现有者，以补其余也。臣伏思西清东阁，所藏无所不备，第汉臣刘向校书之例，外书既可以广中书，而中书亦用以校外书，请先定中书目录，宣示外廷，然后令各举所未备者以献，则藏弆日益广矣。臣在翰林，常翻阅前明《永乐大典》，其书编次少伦，或分割诸书，以从其类；然古书之全，而世不恒觏者，辄具在焉。臣请敕择其中古书完者若干部，分别缮写，各自为书，以备著录。书

> 亡复存，艺林幸甚！
>
> 一，著录、校雠，当并重也。前代校书之官，如汉之白虎观、天禄阁，集诸儒校论异同及杀青；唐宋集贤校理，官选其人，以是刘向、刘知几、曾巩等，并著专门之业。历代若《七略》《集贤书目》《崇文总目》，其书具有师法。臣请皇上诏下儒臣，分任校书之选，或依《七略》，或准四部，每一书上，必校其得失，撮举大旨，叙于本书卷首，并以进呈，恭候乙夜之披览。臣伏查武英殿原设总裁、纂修、校对诸员，即择其尤专长者，俾充斯选。
>
> 一，金石之刻、图谱之学，在所必录也。……请特命于收书之外，兼收图谱一门，而凡直省所存钟铭碑刻，悉宜拓收，一并汇送校录良便。（《笥河文集》卷一）

朱筠的四条建议，尤其是二、三两条，很有学术眼光，提出了保存和整理古籍的具体办法，继承和发扬了刘向以来校理群书的古典编辑工作传统。朱筠奏请校辑《永乐大典》一事，虽然康熙时徐乾学《刻编珠序》中已有此议，并未得实现，朱筠发挥前人成说，可谓因缘成熟，最后促成了四库全书馆的设立，应该感谢他对于学术文化的贡献。

朱筠的奏章虽属极有见解，也符合乾隆帝编纂群书的考虑，但交付朝中大臣讨论时却有一番周折，负责覆议的军机大臣们意见不一。刘统勋开始力持不可，认为“非政之要而徒为烦”，因为自康熙以来，征集图书，地方官都乘机扰害百姓。当年顾炎武即曾痛陈此弊。刘统勋被认为“老成练达，品行端方”，他持反对态度。于敏中与刘力争，他是乾隆三年一甲一名进士，翰林院修撰出身，认为朱筠的意见极好。最后协商一致，除去不要深入山林荒寂之所，拓取钟铭碑刻，恐致纷扰民间，毋庸渎办外，其余都采纳朱筠建议。接着便获准依议，拟定条例，设计诱进民间藏书，同时成立《四库全书》编辑部。在封建统治时代，民间藏书、抄书、编书都不易，到宋代才发展私人刻书，但官办文化从秦到清一直是传统主流。这是中国编辑史上一个重要特点。这个特点在清朝“康乾盛世”连年修书活动中反映得最为明显。

四库全书馆的组织，设正总裁总揽馆事。按清朝中枢办事惯例，以王大臣领衔，乾隆帝先后派第六子多罗质郡王永瑢、第八子多罗仪郡王永璇、第十一子永瑆，以皇子资格牵头。其余正总裁十三人中，刘统勋、刘纶、舒赫德、阿桂、于敏中、英廉、程景伊、嵇璜都是殿阁大学士；福隆安、和珅、蔡新、裘曰修、王际华为御前大臣、协办大学士或太子少傅衔尚书。其中和珅是清代臭名昭著的巨奸大猾，乾隆皇帝的宠臣。副总裁十人，梁国治、曹秀先、刘墉、王杰、彭元瑞、钱汝诚、金简、董诰、曹文埴、沈初，他们是各部尚书、侍郎与左都御史之类官员，名义上襄助正总裁处理馆事。总裁之下有总阅官十五人，总理阅定各书之事，为德保、周煌、庄存与、汪廷玙、谢墉、达椿、胡高望、汪永锡、金士松、尹壮图、李绶、窦光鼐、倪承宽、李汪度、朱珪。

总纂官即总编辑，负责全部编辑工作，为纪昀及陆锡熊、孙士毅。总校官一人，陆费墀，总理校订之事。翰林院提调官、武英殿提调官，先后二十九人，管理提取两处藏书事项。总目协勘官七人，管理协定全书总目之事。

总纂官之下有纂修官，分任编书之事。纂修官又分为四类：校勘《永乐大典》纂修兼分校官三十九人；校办各省送到遗书纂修官六人；黄签考证纂修官二人；天文、算学纂修兼分校官三人。

总校官之下有分校官，分任校订之事。除篆隶分校官、绘图分校官设专人外，其余多由纂修官兼任之。

缮书处专掌抄书之事。总校官四人，总理校对脱误之事；分校官一百七十九人，分任校对事项。

其他负责编务工作者，有督催官、图书收掌官；专任刊刻、印刷、装订整理者，有监造官。

自开馆至第一份《四库全书》编成，历任馆职者共三百六十人。自乾隆三十八年至五十二年，十五年中，七份《四库全书》、二份《四库全书荟要》，前后陆续所用誊录书手，计达三千八百二十六人。合计超过四千人，是历史上空前庞大的编辑部。

馆中正副总裁都是兼职，主要职责为处理朝政。刘纶、刘统勋在四库馆成立后不到十个月死去；刘统勋与刘墉为父子。舒赫德于四年后去世。正副总裁中唯于敏中、金简任职颇为尽力，其余不过徒拥虚名而已。于敏中虽数度随乾隆帝在承德行宫办事，但对于馆事拳拳不忘，前后致总纂陆锡熊函数十通，对于编辑工作中去取的标准、立言的原则，颇多指示，足资馆员参考，后辑为《于文襄论四库全书手札》。金简原系朝鲜人，通满洲语，后赐姓金佳氏，隶满洲正黄旗，监管武英殿刻书。旋以副总裁督催刊刻、刷印及装潢等事。他提议用活字法，于十数年间将《武英殿聚珍板丛书》一百三十八种印成问世，并撰《钦定武英殿聚珍板程式》一书。他还改译辽金元三史人地官名，重编三史《国语解》，附刊于原书。他是有具体贡献的人。

在如此庞大的四库全书馆中，郡王以下达官贵人挂名者颇多，而实际担任编辑工作者，则为总纂官、纂修官及总校官、分校官，馆中职务以总纂、纂修、总校、分校等官职为重要。尤其是总纂官，顾名思义，就是总揽全书编辑，统率全馆编辑工作，决定编书质量的总编辑。三位总纂官中，孙士毅虽名列总纂，然其任职时间极短。他本是云南巡抚，因对所属官员失察而被革职发往伊犁，但乾隆帝旋又认为究与本身犯罪不同，且其学问亦优，于是免其发配新疆，令往四库全书馆“自备资斧（旅费）效力赎罪”。他到馆之期，已在《全书》第一份完成之前一年，虽属同办总纂事务，并无任何表现。陆锡熊于乾隆二十六年成进士，曾任方略馆纂修，编辑《御批历代通鉴辑览》。四库馆开，审阅各省采进遗书，撰写考证、提要；每书编成后奉进表文，多由他执笔。与纪昀密切配合。总校官陆费墀也是进士出身，曾任武英殿提调。四库馆成立，任总校，兼历代职官表总纂官。一切综核稽查，颇能实心勤勉，承办《四库全书荟要》缮录，北方文渊、文溯、文源、文津四阁《全书》，皆由他督率陈贮，又办南方文汇、文宗、文澜三阁三份书装潢。在馆十七年，任职专且久，《全书》一一均经目见。而且披阅甚留心，有所体会即笔录、撰成《四库全书辨正通俗文字》。陆锡熊、陆费墀二人为纪昀得力的助手。纪昀任总纂官十三年，《全书》编辑工作始终其事。二陆虽同负责，而纪昀实综其成，全书体例、结构，各部类叙，提要、案语，进书表文等，皆其所定。纪昀是个名副其实的总编辑。

编书首先要抓体例。体例是一书的纲领，也关系到内容细则，纲举才能目张。《四库全书》就其编纂形式而言，是一部综合性大丛书，能很好地保存各书全貌，提供系统资料。编辑过程中，尤其是编成写定后，皇帝将随时抽阅。弘历是个雄猜的皇帝，有汉文化素养，有政治谋略，比较精明干练。在这种皇帝手下充当文学侍从之臣，其平日处境与武士冒锋镝效命于疆场无异。四库全书馆成立后，确定编辑方案，发凡起例，最为重要而迫切。卷首《凡例》计二十则，处处都可看出在当时的历史条件下非常审慎的考虑。编辑工作在渺视者看来，轻于鸿毛；而在讲求者看来，重于泰山，绝不能掉以轻心。这二十则《凡例》，无一不从封建主义最高原则出发，据以裁量古今学术，其主要内容为以下各点：

《凡例》开宗明义声称《全书》是“钦定”“天裁”的，第一条云：

> 是书卷帙浩博，为亘古所无。然每进一编，必经亲览；宏纲巨目，悉禀天裁。定千载之是非，决百家之疑似，权衡独运，衮钺斯昭。睿鉴高深，迥非诸臣管蠡之所及，随时训示，旷若发蒙，八载以来，不能一一殚记。

怎么处理这些训示呢？“谨录历次恭奉圣谕为一卷，载诸简端，俾共知我皇上稽古右文，功媲删述，悬诸日月，昭示方来，与历代官修之本泛称御定者迥不相同。”这一条中“功媲删述”一语，是用托名孔安国作《书序》称颂孔子整理经典的口气，来歌颂乾隆皇帝审定《四库全书》的劳绩。从这里可以看到将“圣谕”载于卷首的政治作用。

接着说明纲目编次："是书以经、史、子、集提纲列目。经部分十类，史部分十五类，子部分十四类，集部分五类。或流别繁碎者，又各析子目，使条理分明。所录诸书，各以时代为次，其历代帝王著作，从《隋书·经籍志》例，冠各代之首。"这是《四库全书》所收各书分类编排的原则，既按性质，又依时代，两者兼顾。《凡例》又规定："诸书次序虽从其时代，至于笺释旧文则仍从所注之书，而不论作注之人。"

选书著录标准：《凡例》指出："前代藏书，率无简择，萧兰并撷，珉玉杂陈，殊未协别裁之义。今诏求古籍，特创新规，一一辨厥妍媸，严为去取。"《四库全书》所收之书，其版本来源，可分两项：一为政府原有藏书，一为各省所进遗书。两项又可各分三类，计有六种版本。自清初至乾隆时，诸臣遵照皇帝敕旨所编各书，谓之敕撰本。有开馆以前所编，也有开馆之后奉敕编撰，纳入《全书》。前者如《周易折中》《春秋传说汇纂》《性理精义》《大清会典》《唐宋诗醇》等。开馆后临时敕编者有：《钦定明臣奏议》《钦定历代职官表》《钦定武英殿聚珍板程式》《钦定盛京通志》《钦定河源纪略》等。颇应一提的是，这种敕撰本名目繁多，有御定、御纂、御批、御制、御注、御选、御编七种。总计经、史、子、集四部著录者，共达一百四十九种，皆列于各门类清人著述之前，以示尊重。历代帝王中没有像清代康乾时期帝王如此利用编辑工作的。官方书籍中还有内府本，系内廷所藏，专供御览。自明朝至清初，内廷藏书处有皇史宬、懋勤殿、摛藻堂、昭仁殿、武英殿、景阳宫、上书房、内阁大库及含经堂等。《永乐大典》本，辑自散见于《大典》各册的佚书。其他还有各省采进本、私人进献本和通行本。《四库全书》之纂修，在搜集我国典籍上可谓空前广泛而深入。图书征集虽广，而去取甚严。《凡例》称：

> 其上者悉登编录，罔致遗珠。其次者亦长短兼胪，见瑕瑜之不掩。其有言非立训，义或违经，则附载其名，兼匡厥谬。至于寻常著述，未越群流，虽咎誉之咸无，要流传之已久，准诸家著录之例，亦并存其目，以备考核。等差有辨，旌别兼施。自有典籍以来，无如斯之博且精矣。

《四库》收书，区别对待，有著录，有存目，应刻应抄，提出处理意见，最后呈请皇帝审批决定，首先考虑对清朝统治有利与否。所谓有典籍以来未有如此之“博且精”，则系自诩之言。清政府借征书、编书之机，大肆禁毁图书，篡改原著，厉行民族高压歧视政策。仅四库开馆期间，从乾隆三十九年至四十八年内，大兴文字狱三十四起，其他因为语涉疑似而被拘禁者尚未计入。

《凡例》决定每书各撰提要：

> 刘向校理秘文，每书具奏。曾巩勘定官本，亦各制序文，然巩好借题抒议，往往冗长，而本书之始末源流，转从疏略，王尧臣《崇文总目》、晁公武《郡斋读书志》、陈振孙《书录解题》，稍具崖略，亦未详明。马端临《经籍考》，荟萃群言，较为赅博，而兼收并列，未能贯串折衷。

在评价前人所撰各种书录后，《凡例》提出：

今于所列诸书，各撰为提要，分之则散弁诸编，合之则共为总目。每书先列作者之爵里，以论世知人；次考本书之得失，权众说之异同，以及文字增删，篇帙分合，皆详为订辨，巨细不遗。而人品学术之醇疵，国纪朝章之法戒，亦未尝不各昭彰瘅，用著劝惩，其体例悉承圣断，亦古来之所未有也。

撮述部类学术源流：

四部之首，各冠以总序，撮述其源流正变，以挈纲领。四十三类之首，亦各冠以小序，详述其分并改隶，以析条目。如其义有未尽，例有未该，则或于子目之末，或于本条之下，附注案语，以明通变之由。

原书详加考校厘定："古来诸家著录，往往循名失实，配隶乖互，不但《崇文总目》以《树萱录》入之种植，为郑樵所讥。今并考校原书，详为厘定。"不仅注意分类失当，《凡例》规定选书应择善本。"诸书刊写之本不一，谨择其善本录之。增删之本亦不一，谨择其足本录之。"著录时皆"一一考核，务使不失其真"。《凡例》更强调："今所录者率以考证精核、辨论明确为主，庶几可谢彼虚谈，敦兹实学。"

标榜反对门户之见：

汉唐儒者，谨守师说而已。自南宋至明，凡说经讲学论文皆各立门户，大抵数名人为之主，而依草附木者嚣然助之。朋党一分，千秋吴越，渐流渐远，并其本师之宗旨亦失其传，而仇隙相寻，操戈不已。名为争是非，而实则争胜负也。

《凡例》认为乾隆时已尽涤明朝之敝俗，仍应防微杜渐，“故甄别遗编，皆一本至公，铲除畛域，以预消芽蘖之萌。至诗社之标榜声名，地志之矜夸人物，浮辞涂饰，不尽可凭，亦并详为考订，务核其真”。

编辑坚持敦崇风教原则。《凡例》提出既要照顾文体日新，又要摒斥妄语淫词：

文章流别，历代增新。古来有是一家，即应立是一类；作者有是一体，即应备是一格：斯协于全书之名。故释道外教，词曲末枝，咸登简牍，不废搜罗。然二氏之书，必择其可资考证者，其经忏章咒，并凛遵谕旨，一字不收。宋人朱表青词，亦概从删削。其倚声填调之作，如石孝友之《金谷遗音》、张可久之《小山小令》，臣等初以相传旧本，姑为录存，并蒙皇上指示，命从摒斥。仰见大圣人敦崇风教，厘正典籍之至意。是以编辑虽富而谨持绳墨，去取不敢不严。

每个阶级、每个政治集团，在思想意识领域都有各自的维持风教要求，这也是当时编辑工作中不容忽视的问题。在《凡例》第十九则中，申明对于方技家的撰述，伪妄荒唐，不值得编摩者不收。“今但就四库所储，择其稍古而近理者，各存数种，以见彼法之梗概。其所未备，不复搜求。”清政府为什么要动用这么大的人力物力来编辑《四库全书》呢？不可言明的政治目的之外，《凡例》郑重声称："盖圣朝编录遗文，以阐圣学、明王道者为主，不以百氏杂学为重也。"这就是要求从学术思想上着手，有利于强化清代封建专制主义的统治。

以上是《四库全书》编辑工作的主要守则和思想要求。既然"大圣人敦崇风教，厘正典籍"，那么，"大圣人"亦即本朝帝王的撰著如何收录编排，便是个煞费周章、必须妥善处理的要事。这要求总纂官严谨而周到的对待。道理很明白，在封建专制的清王朝统治下，不但尊卑等级森严，又有满汉之别，文字狱的魔影咄咄逼人。在这个宜于"多叩头、少说话"的、可诅咒的时代里，对最高统治者作品的编排，当然是个重大问题；否则叩头也来不及，当提头来见。乾隆帝谕旨中也有"编辑诸臣自不敢轻议及此"的话，可知《全书》的总编辑很不好当。乾隆帝对于这项编辑工作抓得很紧：三十八年二月初六日旨指示择编《永乐大典》中佚书；二月十一日上谕："当刻期告竣，不得任意稽延。"二月二十一日谕："将来办理成编时，着名《四库全书》。"五月十七日谕：各省进呈书籍，"其中罕见之书，有益于世道人心者，寿之梨枣，以广流传"。三十九年七月二十五日谕旨，指示编写《提要》体例。四十年十一月十七日上谕，具体指示去取削存的文集。四十一年七月二十六日上谕，改刊关云长之谥号。十一月十七日谕旨："明季诸人书集，词意抵触本朝者，自当在销毁之列。"足资考镜者，"只须削去数卷，或削去数篇，或改定字句"。四十二年十月初七日上谕、十一月十四日上谕，都要求查明改正前人涉及民族问题作品。四十三年五月二十六日谕称，信手抽阅进呈各书，发现誊录校对错误多处，严饬"痛加猛省，悉心校勘"。四十四年二月二十六日谕：明季诸臣奏疏，抗直谏诤，意切于匡济时艰，足资考镜者，只“将其违碍字句酌量改易，无庸销毁”，要求馆臣“别加编录，名为《明季奏疏》，勒成一书，使天下万世晓然于明之所以亡”。四十五年九月十七日上谕，派纪昀、陆锡熊、陆费墀等编辑《历代职官表》，列入《四库全书》。“书成后，即以此旨冠于卷首，不必请序。”到四十六年二月十三日上谕，完全解决了御制御批诗文的编排问题。弘历指出：“于经史子集各部，冠以圣义、圣谟等六门，恭载列圣钦定诸书及朕御制御批各种，所拟殊属棼繁。”特别是将“朕题四库诸书诗文，若亦另编卷首，将来排列转在列朝钦定诸书之前，心尤未安”，他颇有自知之明，在天下人和后世的面前想到应留有余地，不要让臣下将自己置于宝塔尖子上面：

> 虽纂校诸臣尊君之意，然竟似《四库全书》之辑，端为朕诗文而设者然，朕不为也。著将所进诗文六卷撤出，仍分别列入朕御制诗文集内，俾各为卷首，则编排在列朝钦定诸书之后。而四库书内朕所题各书诗文，列在本集卷首，庶眉目清而开帙了然。

纪均在《凡例》第七则中还批评《汉书·艺文志》“以高帝、文帝所撰杂置诸臣之中”。这是班固抄自刘向、刘歆父子著作，他们是汉皇宗亲，想见清代专制的强化程度可谓“远迈汉唐”了。纪昀以大树特树皇权的办法，编辑当今皇上诗文，置于卷首，既表达了尊君之忱，又试探解决编辑体例的顾虑，最终逼使皇帝不得不自动表态，保持体例的严肃性与逻辑系统。此老可谓吃透了大清帝国的国情！鲁迅在《新的世故》一文（《集外集拾遗》）中，把谨慎而圆滑地秉承乾隆帝“圣裁”的纪昀，称为“前清的世故老人”!

《凡例》第一则后半部庄严审慎地宣告:

> (清代)列朝圣制,皇上御撰,揆以古例,当弁冕全书,而我皇上道秉大公,义求至当,以四库所录包括古今,义在衡鉴千秋,非徒取尊崇昭代,特命各从门目,弁于国朝著述之前,此尤圣裁独断,义惬理精,非馆臣所能仰赞一词者矣!

所有上述各点,想见编辑工作决定体例、斟酌运思之甘苦,可不慎欤!

二

在《四库全书》编辑体例决定后,身为总纂官的纪昀,如何具体安排这部空前巨大的丛书内容,便是他必须与编辑部里大学问家们商讨解决的重大问题了。这个问题,粗看上去,好像只是收录一些什么著作,并如何将其分类编排的问题;实际上的学术涵义和工作考虑要深刻得多。《四库全书》收录了中国有文字以来各代人的重要著作,这部综合性的大丛书是我国古代文化宝藏的总汇,因此,对它的编纂形式与整体设计,必须考察中国古代文化的深层结构,反映中国古代文化的知识体系。它本身就体现了极可珍贵的中国古代文化史,同时,也默默地包藏着中国古典编辑学的长期思考演进的过程。

古代编纂工作的思考、创新和发展、演变的过程,长时期以来,主要从古代书籍的分类思想上表现出来。细心的人们,能够通过分类的逐步精密和后人目录学研究中体会到学术文化的发展。然而，若再深思一步，没有古典编辑学的发展，怎么会有古书的部次面貌的发展？没有大量书籍的编纂面世，怎么会有目录学的创建？毋怪乎章学诚与王鸣盛有所不同，他只强调“辨章学术，考镜源流”的校雠学，而反对那种狭义的目录学，甚至还用鄙薄的口吻称之为“甲乙纪数”。不是说考辨古书的“篇卷参差，叙列同异”的不重要，而是认为这项工作正是校雠学的一部分。所谓“校雠心法”，就是古典编辑学的内涵。因而他直率地指出：“部次条别，将以辨章学术，考镜源流，非深明于道术精微、群言得失之故者，不足与此。”（《校雠通义・序》）《四库全书》的编排，就是从考辨学术类别的源流与发展着手的。

纲纪群籍，部次甲乙，确切地说来，始于刘向、刘歆父子，《七略》序次群书为六略三十八种，才确定了一种部次方法。《汉书・艺文志》最后称：“大凡书，六略三十八种，五百九十六家。”是刘向校理群书时已分六部，刘歆依此成例加以著录。试看《七略》所录史家的书，自《世本》至《汉大年纪》只有九家，包括《太史公》（即今《史记》）一百三十篇，只有四百一十篇。班固节录进《汉志》，在《世本》下加注“古史官记黄帝以来讫春秋时诸侯大夫”。史籍数量甚少，不能独立为一略，只得附属于《六艺略》之六《春秋》中。然而，社会的需求推动了编辑工作的进步、学术文化的发展，其后史书渐渐增多，便不能再屈居于附庸的地位，人们对知识结构的认识也随之改变了。

在汉魏之间，已有四部的名称出现，不过将四部书置于经、史、子之外。四部的创始，当属晋代荀勖（？—289）。

《隋书·经籍志序》称：

> 魏氏代汉，采掇遗亡，藏在秘书中外三阁。魏秘书郎郑默始制《中经》。秘书监荀勖又因《中经》更著《新簿》，分为四部，总括群书。

荀勖比刘氏父子晚生三百年，他不仅读到汉魏间书籍，还有幸看见汲郡冢中古文竹书，受诏撰次之，以为中经，列在秘书。他所分的四部是：一曰甲部，纪六艺及小学；二曰乙部，有古诸子家、近世子家、兵书、兵家、术数；三曰丙部，有《史记》、旧事、《皇览簿》、杂事；四曰丁部，有诗赋、图赞、汲冢书。原书虽已亡佚，但其部目在上引《隋志序》中尚能窥见大概。东晋的李充又对四部的次序做了修正。《文选·王文宪集序》注引臧荣绪《晋书》称：

> 李充字弘度，为著作郎。于时典籍混乱，删除烦重，以类相从，分为四部，甚有条贯，秘阁以为永制。《五经》为甲部、史记为乙部，诸子为丙部，诗赋为丁部。

此后凡称四部，都依李充所定次序。欧阳修《新唐书·艺文志序》云："至唐始分为四类，曰经、史、子、集。"此说颇不确切，唐玄宗于开元年间在长安、洛阳各建集贤书院，曾以甲、乙、丙、丁为序分藏经、史、子、集四库书；而清代《四库全书》定名的依据，仍应追溯到晋代。七略和四部两种书籍分类系统的形成自此始。

重视文化积累，介绍文化遗产，明确书籍部类，根本反映了对于知识体系的认识、书籍编纂的理解，不能随意安排，杂乱无章。类别部属，排列先后，必须要有个讲究。古代大编辑家在各该时代所提供的物质条件下工作，配合学术文化发展的需要，多从钻研深思中摸索探求，心领神会，编书立说。古典编辑就是这种学术经验的升华，却多不立文字。七略和四部的不同部次方法，表现各该时代对知识体系的认识，源同末异，各有信从。然而，时移世易，人们的认识不断进步，只有随着学术文化的发展而变化，为公众所认同接受者方可流行较久，乾隆年间编辑《四库全书》便是四部思想方法的巅峰状态。由此可见，任何优美的思想方法不可能长久的一成不变。它的优美价值在于：一要合时，二要务实。《七略》的《六艺略》中《诗》类为六家四百十六卷，而《诗赋略》却有百六家千三百十八篇，相比之下，家数多出百家，卷数多出两倍，不能并入《诗》类，唯有从实际着眼，单列一略。《六艺略》中《春秋》类史籍数量少，《汉书·艺文志》史书都附于《春秋》，到荀勖变《七略》之体，将史书独立为一部，则符合学术发展的时代要求。可是荀勖的部次也有为难之处，如《皇览簿》为后世类书的初祖，并非史书，却列入丙部；汲冢书中四部俱有，并非诗赋，而列入丁部。近人余嘉锡以为荀氏也自知不妥，故仅以甲、乙、丙、丁为目，而不立经、史、子、集之名。李充修正四部，确立经、史、子、集名目后，七略仍与四部并行。不过四部类别多能伸缩添改，七略中诸子之学等其后若存若亡，难以为继，两种分类系统在体现后世知识结构变化中互有分合消长。《四库全书》编辑家们安排的部次，可说是对中国古代学术文化的体系范围做出了较前合理的总结，因而被沿用至今。

如果将历代官家、私家和史家目录中的类别，和《四库全书》划定的部类相比照，从西汉刘氏《七略》、东汉班固《汉志》、晋荀勖《中经新簿》、刘宋王俭《七志》、梁阮孝绪《七录》，到《隋书·经籍志》，《新唐书》《宋史》《明史》的《艺文志》，可以看出，《四库全书》因袭历代典籍所划的类别，而又酌乎其中，有所变通改进，使之条理分明，编排允当；并以总序、小序及各书提要来体现“辨章学术，考镜源流”的编辑宗旨。按经、史、子、集分为四部，部有总序；每部又分若干类，类有小序；比较复杂的类下再细分子目，称作“属”，子目后面有案语。每类之后还附有“存目”，列举纂修官们审读后未收书。所有著录的书，均写出提要。综计四部、四十四类、六十五属，将万余种内容各异、体裁相殊的著作，有系统地编辑在一起，显然是反复衡量历代官私书目分类的得失利弊，再三斟酌研讨，才定下全书的严密精细的框架和编辑细则。读书可以窥见古人心，我们从《四库全书》的门目能够想象纪昀和他的同事作为大编辑家的运思。编辑这部大丛书，以部、类、属网罗了乾隆以前我国古代的重要著作，交织成古代的知识体系；同时，也反映了我国古典编辑的理论高度。尽管清统治者对于纂修此书怀有特殊政治目的，四库馆臣们的编辑工作，仍应看作是我国学术文化史上的创举。空前巨制，举世闻名，纪昀和其他纂修人员在一起做出了巨大贡献。

《四库全书》收录的书籍，部类区分大要如下：

经部　凡儒家经典、注释与讨论经学的撰著以及为读经治学做准备的文字音韵等著作，皆编入经部。《经部总叙》首称：“经禀圣裁，垂型万世，删定之旨，如日中天，无所容其赞述，所论次者，诂经之说而已。”继而说明经学流变及采录方针、类别:“自汉京以后,垂二千年,儒者沿波,学凡六变。”论述学派旁分、互为门户后,云:“今参稽众说,务取持平,各明去取之故,分为十类:曰《易》,曰《书》,曰《诗》,曰《礼》,曰《春秋》,曰《孝经》,曰《五经》总义,曰《四书》,曰乐,曰小学。”礼类有六子目:《周礼》《仪礼》《礼记》《三礼》总义、通礼、杂礼书。小学类中复分训诂、字书、韵书三子目。

史部　凡纪事之书及考辨史体、评论史事之专著,皆属史部。大体上依纪事的方法与所纪的事类及范围不同,而分为十五类:首曰正史,编者小序云:“正史之名,见于《隋志》。”“正史体尊,义与经配。”次曰编年,曰纪事本末,曰别史,曰杂史,曰诏令、奏议,曰传记,曰史抄,曰载记,曰时令,曰地理,曰职官,曰政书,曰目录,曰史评。史部的类中比较复杂,如传记下列有圣贤、名人、总录、杂录、别录五属。政书下分通制、仪制、邦计、军政、法令、考工六属。古籍分类有一旧规,有关方域山川、风俗物产的地理书籍都划入史部。地理类小序称:“其编类:首宫殿簿,尊宸居也;次总志,大一统也;次都会、郡县,辨方域也;次河渠,次边防,崇实用也:次山水,次古迹,次杂记,次游记,备考核也;次外纪,广见闻也。”对于书籍辨别体裁、区分门类的作品,也归入史部目录类,列于经籍之属。

子部　凡著书立说,能成一家之言者,统称为子书。《子部总叙》称:“自六经以外立说者,皆子书也。”先秦以来诸子百家和释道宗教人士的著作收录在内,但不包括宗教经典。正如儒家经典为经部典范一样,子部首列以儒家观点讲学论事及合于儒家行为规范的书籍。“儒家之外有兵家,有法家,有农家，有医家，有天文算法，有术数，有艺术，有谱录，有杂家，有类书，有小说家；其别教则有释家，有道家。叙而次之，凡十四类。”杂家类子目六：杂学、杂考、杂说、杂品、杂纂、杂编。艺术类有：书画、琴谱、篆刻、杂技四子目。谱录类则列器物、饮馔、草木禽鱼之属三子目。

集部　凡诗文词曲，散篇零什，辑集成书者，都归于集部。其余如考核源流，评其优劣，树立准绳、法式的文学评论诸书，也分别编入。集部分类最少。《集部总叙》开头即说：“集部之目，《楚辞》最古；别集次之，总集次之。诗文评又晚出，词曲则其闰余也。古人不以文章名，故秦以前书无称屈原、宋玉工赋者。洎乎汉代。始有词人，迹其著作，率由追录。”从这里也可看到编辑工作在文化积累方面的重要性。词曲类以体裁分为五子目：词集、词选、词话、词谱词韵、南北曲。南北曲之属，又析为曲品、曲谱、曲韵。《总叙》又说：“总集之作，多由论定。”作家专集，“至于六朝，始自编次”。继又指出：“四部之书，别集最杂。”别集诸书怎么编呢？“集始于东汉”，以时代之先后，分汉至五代、北宋建隆至靖康、南宋建炎至德祐、金、元、明洪武至崇祯、清初至乾隆六子目。

部次群书，分类列目，是极费心神而又不易十分妥帖的工作，编辑却不得知难而退。前已论及两种分类编排系统，实际各有其局限。《隋书·经籍志》所以举王俭为例，他既编《元徽书目》以甲、乙、丙、丁部次群书，又别撰《七志》四十卷，和上述书目并行，就是因为某些书籍归类按四部颇嫌牵强之故。其后学者往往于四部之外别立部类，南宋郑樵、清代孙星衍等都曾自创新例，不守四部之名。《四库全书》的编辑家们并不认为四部内涵是一成不变的，分门析目，有增有删，较之前人，至详且尽。例如：史部原无纪事本末类，鉴于南宋以来这一史体的著述日渐增多，遂于编年、纪传二体之外，别立一家。史部又将“谱牒”一类删除，《史部总叙》称：“旧有谱牒一门，然自唐以后，谱学殆绝。玉牒既不颁于外，家乘亦不上于官，徒存虚目，故从删焉。”又如诏令、奏议，过去多将其收入集部，次于别集。《史部总叙》指出诏令的资料价值，“治乱得失，于是可稽，此政事之枢机，非仅文章类也。”至于臣工奏议，“则论事之文，当归史部，其证昭然。今亦并改隶，俾易与纪传互考。”有些书名，并不直接表达其内容，分类时如望文生义，必然造成错误。四库馆编辑皆考校原书内容，重行核定。如《笔阵图》非论六书，不过讲求笔札工巧，从小学类改入艺术类。《孝经集灵》旧入《孝经》类，《穆天子传》旧入起居注类，《山海经》《十洲记》旧入地理类，《汉武帝内传》《飞燕外传》旧入传记类，均以其或涉荒诞，或属鄙猥，改归小说类。凡此种种门目的考辨与变更，有的写在各部总序中，有的在各类小序中，有的则以案语形式在各书提要后注明原委，例如对《战国策》一书的处理即是。《总目》卷五一《史部·杂史类》云：

案汉《艺文志》，《战国策》与《史记》为一类，历代史志因之。晁公武《读书志》始改入子部纵横家，《文献通考》因之。案班固称司马迁作《史记》，据《左氏》《国语》，采《世本》《战国策》，述《楚汉春秋》，接其后事，讫于天汉，则《战国策》当为史类，更无疑义。且子之为名，本以称人，因以称

> 其所著，必为一家之言，乃当此目。《战国策》乃刘向裒合诸记，并为一编。作者既非一人，又均不得其主名，所谓子者，安指乎？公武改隶子部，是以记事之书为立言之书，以杂编之书为一家之书，殊为未允。今仍归之史部中。

关于《国语》的归类，四库馆臣的考虑与处理亦同。案语历述《汉书》的《艺文》《律历》二志、王充《论衡》、刘熙《释名》论见后，发表驳议称：

> 考《国语》上包周穆王，下暨鲁悼公，与《春秋》时代首尾皆不相应，其事亦多与《春秋》无关，系之《春秋》，殊为不类。至书中明有《鲁语》而刘熙以为外国所传，尤为舛迕。附之于经，于义未允。《史通》六家，《国语》属一，实古左史之遗，今改隶之杂史类焉。

从这里都可以看出纪昀等编辑家们的深思熟虑，暗示了处理问题的门径。这里再以《参同契》一书为例，晚近道教研究者颇怪四库馆臣不识道家学术之全体。《参同契》已流传一千余年，自唐宋以来颇受学术界的重视，辨伪考证，不绝如缕。南宋朱熹曾致力于攻研此书。明刊本《正统道藏》收有注本十种，清代翻刻本更多。《四库全书》著录《周易参同契》注本八种。此书不仅对了解汉代学术思想甚为重要，且为道家内丹（气功）术的理论依据，被推崇为丹经鼻祖。在今天看来，则又是化学史上重要文献，公认的世界现存炼丹术著作中最古老的一部，在20世纪30年代之初即有详加注释的英译本。《总目》卷一四六《子部·道家类》中，《周易参同契通真义》提要后有案语称：

> 案《唐志》列《参同契》于五行类，固为失当。朱彝尊《经义考》列《周易》之中则又不伦。惟葛洪所云，得魏伯阳作书本旨，若预睹陈抟以后牵异学以乱圣经者，是此书本末源流，道家原了了，儒者反愦愦也。今仍列之于道家，庶可知丹经自丹经，易象自易象。

除坚持儒家立场的褊狭外，这个理解在当时还是平允的。若干书籍经核实后，变动类别，以存其真。所有门目的变更，皆非轻率更动，或是查核了原著，或有历史文献可依。种种改进，都是纂修人员认真考虑原著实质和知识体系的成绩。

关于《四库全书》所表现的中国古代文化知识分类，有人认为与弗朗西斯·培根所主张的知识分类，在很多地方不谋而合。培根设计的知识分类图，是由哲学、神学与诗学、历史学三部分构成。论者以为《四库全书》的史部与培根的历史学近似，诸子百家学说的子部与哲学类契合，集部与诗学相仿，而位列四部之首的经学儒家经典，则与中世纪欧洲尊奉的基督教经典相当。其实中西文化自有同异之处，知识结构亦不相同，培根在其《科学推进论》中对人类知识的学科和对象进行分析，将世间科学按照记忆、想象和理性三种能力分为历史、诗歌和哲学三个领域。他所设想的知识很像一座金字塔，自然史是它的底座，中间部分为物理学，形而上学则高居于塔顶。正如马克思所说，他是“英国唯物主义和整个现代实验科学的真正始祖”。即以历史学而言，中西在理论与实践方面也颇多大相径庭。中国史学发达早，历史典籍多，梁启超曾说：“中国于各种学问中，惟史学为最发达；史学在世界各国中，惟中国为最发达。”（《中国历史研究法》）因而中西知识之分类，很难以形似而做出恰当的类比。

在择书方面，固然首先严格遵照清廷的政治标准，不敢松懈，但大致多从学术价值角度去斟酌取舍，校雠著录，积累文化，保存文献，厥功甚伟。据中华书局 1964 年整理影印《四库全书总目》时仔细统计，《总目》著录的书，收入《四库全书》中的有三千四百六十一种，七万九千三百零九卷；存目中的有六千七百九十二种，九万三千五百五十一卷。这一万余种书籍，不仅经有系统的分类编排，而且每种书均写出内容提要。收书虽有取舍，列为存目的书籍，几乎为收录书籍的两倍，纵因各种考虑而被斥不收的著作，在存目中也有反映，便利学术研究，避免亡佚失考，这是编辑处理中的一个特色。另一特色为对所谓伪书采取分析态度。真伪辨证，本是编辑职责所在。可是，即为《七略》所著录的古书，也多依托。班固就看出问题，在《汉志》某些书名下加注“似依托也”“皆依托也”，甚至直指为“迂诞依托”。《四库全书·凡例》第十八则称：“其有本属伪书，流传已久，或掇拾残剩，真赝相参，历代词人已引为故实，未可概为捐弃，则姑录存而辨别之。”至于确实伪托而又无可取者，则亦存目，不使滥登。这都反映四库馆的编辑工作谨慎而又灵活的态度。

在收书方面还有耐人寻味的一点，征集图书时申明不要八股文集子。在《四库全书》中只收录了两部八股文集：一是明代不著编辑者名氏的《经义模范》一卷，一是乾隆元年方苞奉敕编辑的《钦定四书文》四十一卷。清政府以科名为钓饵，钳制思想，牢笼士子，本是用八股文做工具，引诱读书人顺着这根杆子朝上爬的。八股算不得什么学问，《钦定四书文》提要说明著录的用意称：

> 非徒示以弋取科名之具也。故时文选本，汗牛充栋，今悉斥不录。惟恭录是编，以为士林之标准。

这里不正透露出社会上厌恶八股时文的心态吗？《经部·四书类》收书六十一部、七百二十九卷，皆宫中文渊阁著录。其后案语云：

> 《四书》定于朱子《章句集注》，积平生之力为之，至垂没之日，犹改定《大学·诚意章》注，凡以明圣学也。至元延祐中，用以取士，而阐明理道之书，遂渐为弋取功名之路。然其时经义、经疑并用，故学者犹有研究古义之功。……至明永乐中，《大全》出而捷径开，八比盛而俗学炽。科举之文，名为发挥经义，实则发挥注意，不问经义何如也。且所谓注意者，又不甚究其理，而惟揣测其虚字语气，以备临文之摹拟，并不问注意何如也。盖自高头讲章一行，非惟孔、曾、思、孟之本旨亡，并朱子之《四书》亦亡矣。

这一段案语不正是对当时科举制度的一种揭露吗？对当时开科

抡才、学风士习的讽刺还不止此，《经部·四书类存目》末称："右四书类一百一部、一千三百四十一卷（内十四部无卷数），皆附存目。"其后所附案语，生动而尖锐，把编辑出版那些空洞无物的高头讲章，一味牟利害人的无耻勾当，形容得淋漓尽致：

> 古书存佚，大抵有数可稽，惟坊刻《四书》讲章，则旋生旋灭，有若浮沤；旋灭旋生，又几如扫叶，虽隶首不能算其数。盖讲章之作，沽名者十不及一，射利者十恒逾九。一变其面貌，则必一获其赢余；一改其姓名，则必一趋其新异。故事同幻化，百出不穷。取其书而观之，实不过陈因旧本，增损数条，即别标一书目，别题一撰人而已。如斯之类，其存不足取，其亡不足惜，其剽窃重复不足考辨，其庸陋鄙俚亦不足纠弹。今但据所见，姑存其目，所未见者，置之不问可矣。

最后论及编书出书的四"其"：其存，其亡，其剽窃，其庸陋，至今犹值得从业者之对照反思。尽管以《四书》取士为清廷强制性国策，而人文的兴衰、学术的升降、人才的臧否无不有其客观规律，非唯意志所能左右。四书类存目案语，可以从中窥见纪昀及其同事们的学术良心了！同时，从上引案语中可触类旁通，古代书籍文献的训释考订，是古典编辑学的一项重要内容，随着学术的发展、时代的进步，采取了种种不同的形式，古书的注释就有好些类别。题后篇末的案，为考核解释事实、词句的形式之一。纪昀和他的同事们将这一形式利用得很顺当。总序、小序和案等，使编辑多了几张嘴，同时可以传达更多的信息和论点，大大提高了所编书的学术价值。

按前所述，应著录书选好，部类确定，那么，在各类目中如何编列各书的次序呢？综观全书编排方法，大致为：一、以著者时代先后为序。释道、闺阁、宦侍、外臣等亦各从时代，不复区分。二、生卒年月无可考者，附于本代之末。三、考注旧书，仍从旧书之时代，不依作注之时代。四、名虽裒辑旧书，而实系自为著述者，则从编辑之时代。五、历代帝王著作，冠于各代之首；臣工奉敕撰辑者，亦同。六、官撰官印之书，列于私家著述之前。七、伪托之书，仍从其所托之时代。

《四库全书》对当时还活着的人的著作，除皇帝的作品和官修书外，概不收录。《凡例》中云："其倚声填词之外，命从屏斥。"词曲中屏斥者仅曲文。曲类品题论断之书及《中原音韵》之言度曲用韵者，仍然酌收，附于篇末。正统文坛认为词体高于曲，曲已入于技艺俳优，故斥曲文而不录。然而曲毕竟是乐府的余音，故曲品、曲谱、曲韵等书，犹不得不酌录。词号诗余，供文人雅士吟咏，并不排斥词书之属。时文仅录两部，楹帖联语一概不收。妇女著作，后妃贵戚而外，收录李清照《漱玉词》、朱淑贞《断肠词》、苏惠《璇玑图诗》、《薛涛李冶诗集》等五种，朱淑真《断肠集（诗）》、张玉娘《兰雪集》、华浣芳《挹青轩诗稿》等十五种存目。释道二教的经忏章咒不收，不仅因为释藏、道藏另有结集，而且清政府为笼络满蒙番藏各种人，雍正时开藏经馆，乾隆时命译四体藏经。四库书则用以收拾汉族儒者心志，因而不列二氏经咒。至于僧道的著作，经史子集四部皆收。佛教徒著作收四十四种，包括法显《佛国记》、玄奘《大唐西域记》、行均《龙龛手鉴》、文莹《湘山野录》、道宣《广宏明集》、道世《法苑珠林》、慧地（即刘勰）《文心雕龙》等，存目七十一种。道教徒著作收二十二种，内有彭晓《周易参同契通真义》、陈显微《周易参同契解》、葛长庚《道德宝章》、张有《复古编》、李筌《太白阴经》、杜光庭《广成集》、褚伯秀《南华真经义海纂微》、白云霁《道藏目录评注》等，存目五十一种。少数民族人士的著作有：清满族纳兰性德《合订删补大易集义粹言》、图理琛《异域录》，元蒙古族纳新《河朔访古记》、小彻辰萨囊台吉《蒙古源流》，色目人宝巴《易源奥义》，回族萨都拉《雁门集》等。外国人著作中有：朝鲜佚名《朝鲜志》《朝鲜史略》，安南人黎崱《安南志略》、佚名《越史略》，日本人山井鼎《七经孟子考文补遗》、大宰纯《古文孝经孔氏传音》，印度人瞿昙悉达《唐开元占经》等。明末西方文化东渐，利玛窦、阳玛诺、熊三拔、穆尼阁、邓玉函、艾儒略、南怀仁、汤若望、金尼阁、庞迪我、毕方济等教士相继来华，他们的著译收录者十一种，存目十三种。其中有耶稣教著作如《天主实义》《辨学遗牍》《二十五言》等，明末清初即流传于沿海各省。

《四库全书》所收书籍，真是洋洋大观，盛况空前，一举囊括了我国18世纪中叶以前的主要著作，可谓举世无双！但它也有失收或存心不收的优秀著作。像明末宋应星的《天工开物》，全面系统地记述了我国古代农业和手工业的生产技术和经验，并附有大量插图，是十分重要的科学技术文献，竟然未加收录。明末大学者黄宗羲的《明夷待访录》，为中国古代反君权思想的代表著作，在中国思想史占有突出地位，不仅拒不收录，而且禁毁殆尽。明中叶前，中国是世界性大国，国旗飞扬于大洋之上，因而出现了一批有关南洋、东非的史地著述，如《瀛涯胜览》《西方番国志》《西方朝贡典录》等书。自命为“天朝物产丰盈，无所不有”的封建王朝，实行海禁和闭关政策，完全无视这些面向世界的著作。至于小说和戏曲，尽管在明清文学中表现得最为辉煌，产生了许多不朽名著，却在搜集遗书时被大量销毁。清朝最高统治者的偏见和无知，终于从根本上影响了我国 18 世纪以后科学技术和文学艺术的发展。《四库全书》的编辑们，虽然很多人是各个方面的学者，编辑工作也有它自身的规律，但四库馆的工作程序是，纂修官先提初步意见，向总纂官陈明；再由总纂官报告正副总裁；又由总裁禀报皇帝“圣裁独断”，并非作为总编辑的纪昀所能终审决定的。《凡例》第一则开宗明义云：

每进一编，必经亲览，宏纲巨目，悉禀天裁。定千载之是非，决百家之疑似。权衡独运，衮钺斯昭。睿鉴高深，迥非诸臣管蠡之所及。随时训示，旷若发蒙。

这是一个威加海内的皇权发扬时代，乾隆帝自认为是“明君”“英主”，在他的统治之下也就自然是“盛世”。在征集图书、编辑《四库全书》的同时，多次发动了残酷的文字狱。据《清代文字狱档》《文献丛编》《掌故丛编》等有关史料不完全记载，在乾隆朝六十年内发生的七十五起文字狱中，四库开馆后十年内发生的文字狱就有四十八起之多。自命不凡的乾隆帝说：“朕以为本朝纲纪整肃，无名臣，亦无奸臣，何则？乾纲在上！”因此，衡鉴千秋，昭示方来，收录什么书，不录什么书，全在皇帝一人之意耳。所以，这部巨大的丛书才叫作《钦定四库全书》!

三

纪昀主持编辑《四库全书》的过程中，有两项成就特别值得注意：一是从《永乐大典》中辑出秘籍，使亡书复活；另一是编纂《四库全书总目》及《四库全书简明目录》，为导读要籍。尤其是《总目》的纂辑，纪昀出力最多。

《四库全书》的编辑，始于朱筠在安徽学政任上条奏开馆校书，他认为“载籍重于左史，目录著于历代”，在乾隆三十七年提出四项建议：其一，“请敕择（前明《永乐大典》）其中古书完者若干部，分别缮写，各自为书，以备著录。”这一建议，为启导开设四库全书馆之先路。四库馆从《永乐大典》逐卷逐条辑出和存目的书籍计五百十五种，世称“大典本”，这一大批文献出土面世，可说是我国学术文化史上的盛事。康熙中，顾炎武外甥徐乾学即有此议，至此在纪昀、陆锡熊布置下，经周永年编修等认真努力，始有大典辑本的出现，仅别集辑本即有一百六十五种。这一盛举，不仅保存了许多珍贵材料，而且进一步引发了有清一代学术界辑佚补阙的风气。

提要导读，嘉惠学林，是一大功德。《四库全书总目》，又称《四库全书总目提要》，是在《四库全书》编辑过程中逐步编写而成的提要目录。按《全书》所分部类，将四部总叙和各类小序以及各书提要依次合成，经纪昀增订删改，使之整齐划一而后定稿成书。它不仅是检索和阅读这部大丛书的钥匙，而且具有指引治学门径的作用。尽管反映了统治者的思想观点，它的学术价值却是不可轻视的。

在我国编辑史上，古典编辑家校理群书时即注意提要目录。《汉书·艺文志》序文言及刘向整理编订经传、诸子、诗赋，称："每一书已，向辄条其篇目，撮其旨意，录而奏之。""旨意"就是解题、提要。解题内容包括：书名，篇目，著者生平及其学术思想，考订版本，校正错字，综述内容并作评价等。南宋陈振孙的《直斋书录解题》，是宋代有名的提要目录，其编写体例在刘向的叙录中均已具备。乾隆三十七年正月初下诏求书时，即要求："先将各书叙列目录，注系某朝某人所著，书中要旨何在，简明开载，具摺奏闻。"其后朱筠请敕校办《永乐大典》的奏议中，又提出著录与校雠并重，"或依《七略》，或准四部，每一书上，必校其得失，撮举大旨，叙于本书卷首，并以进呈"。还提出："武英殿原设总裁、纂修、校对诸员，即择其尤专长者，俾充斯选。"中经军机大臣们议覆，得旨于三十八年二月在翰林院衙门内成立四库全书馆，并仿照前代校书著录体例，"将书中要旨隐栝总叙崖略"。旋于三月间办理《四库全书》处酌议条例云：

> 应刊者即行次第刊刻，仍均仿刘向、曾巩等目录序之例，将各书大旨及著作源流，详细考证，铨疏崖略，列写简端，并编列总目，以昭全备。即应删者，亦存其书名，节叙删汰之故，附各部总目后。（《办理四库全书档案》上册页九）

《四库全书》的编目规制从此确定，开始着手编纂。到乾隆三十九年七月又奉上谕云：

> 现办《四库全书总目提要》，多至万余种，卷帙甚繁，将来抄刻成书，翻阅已颇为不易。自应于《提要》之外，另刊《简明书目》一编，只载某书若干卷，注某朝某人撰，则篇目不繁，而检查较易，俾学者由《书目》而寻《提要》，由《提要》而得《全书》，嘉与海内之士，考镜源流，用昭我朝文治之盛。（《四库全书总目》卷首）

这是创议和决定编纂《四库全书总目》及《简明目录》的经过。从编辑学的角度看，对于编纂这样一部特大丛书，同时配合编写足以考镜源流的书目，绝非等闲的副产品，而是在学术上做出了贡献。

四库馆臣们研究了刘向、曾巩、马端临以来的书目提要，并特意从《永乐大典》中辑出佚失已久的陈振孙《直斋书录解题》二十二卷，在《总目》卷八五《史部·目录类一》中，对解题的作用评价称："古书之不传于今者，得藉是以求其崖略；其传于今者，得藉是以辨其真伪，核其异同，亦考证之所必资，不可废也。"而且在纂辑该书时，注意到补阙拾遗的必要，不删随斋批注："原本间于解题之后附以随斋批注，随斋不知何许人，然补阙拾遗，于本书颇有所裨，今亦仍其旧焉。"四库馆臣根据编辑凡例的规定，每当一部书籍编订完成，送呈皇帝审阅核定时，就由馆臣写出一篇提要，放在每部书的前面，提要的内容，《凡例》具体规定称：

> 今于所列诸书，各撰为提要，分之则散弁诸编，合之则共为《总目》。每书先列作者之爵里，以论世

知人；次考本书之得失，权众说之异同，以及文字增删，篇帙分合，皆详为订辨，巨细不遗。而人品学术之醇疵，国纪朝章之法戒，亦未尝不各昭彰瘅，用著劝惩，其体例悉承圣断，亦古来之所未有也。

每种书前面的提要，是由各纂修官分工起草，称提要分纂稿，后由总纂官改订。提要汇编在一起时，经总纂官纪昀等再做修改。同时，四部之首各有总序，撮述各部著述的源流正变，以挈纲领；四十四类之首亦各冠以小序，详述其所以分并改隶，以析条目。在加写总序、小序，提纲挈领之后，编者感到仍未周密，《凡例》规定："如其义有未尽，例有未该，则或于子目之末，或于本条之下，附注案语，以明通变之由。"以上各部类总序、小序，各书提要（包括存目而未收入的书籍提要），所附案语，连同列于卷首的上谕、表文、四库馆人名录及编辑凡例，汇编而成专书单行，便是受到学术界普遍重视的《四库全书总目》，共二百卷。它的简编本为《四库全书简明目录》，只列著录书，不收存目书，仅二十卷。

各书提要虽由各纂修官分工起草，这种提要分纂稿，无论是置于库本各该书前，或是汇编为《总目》，都经过纪昀增删统一，与分纂稿不尽相同。据比较研究，不仅库本各书提要与各纂修官原稿有所不同，即库本提要与《总目》提要也有不同之处。经过总纂官改定的库本提要和《总目》提要，比分纂稿显得统一。书前提要因供皇帝览，故文体简洁；《总目》提要专于学术之考证与评价，其文不免烦琐，而且在思想上更显出"钦定""圣断"的政治色彩。这些都是由于经纪昀一手整理删订的缘故。比纪昀早六年成进士、为四库馆十五位总阅官之一的朱珪，为纪昀撰墓志铭及祭文云：

> 公馆书局，笔削考核，一手删定，为《全书总目》，裒然巨观，置七阁，真本朝大手笔也。（《纪文达公墓志铭》，《碑传集》卷三十六）
>
> 生入玉关，总持《四库》，万卷提纲，一手编注。（《祭纪文达公文》，《知足斋文集》卷六）

活动时代稍后，而尚及见纪氏的江藩说：

> 《四库全书提要》《简明目录》皆出公手。大而经史子集，以及医卜词曲之类，其评论抉奥阐幽，词明理正，识力在王仲宝、阮孝绪之上，可谓通儒矣。
>
> 公一生精力，粹于《提要》一书。（《汉学师承记》卷六）

达官兼学者阮元说：

> 高宗纯皇帝命辑《四库全书》，公总其成，凡六经传注之得失，诸史记载之异同，子集之支分派别，罔不抉奥提纲，溯源彻委，所撰定《总目提要》，多至万余种，考古必求诸是，持论务得其平允。（《纪文达公遗集序》）

同时代人都说《总目提要》为纪昀一手所定，纪昀本人在文集、笔记中亦屡屡直认其事，自言分类编排、总序小序与提要皆出其手。在文集卷八《诗序补义序》中说："余于癸巳受诏校书，殚十年之力，始勒为《总目》二百卷，进呈乙览。以圣人之志，藉经以存，儒者之学，研经为本，故经部尤纤毫不敢苟。"《济众新编序》云："余校录《四库全书》，子部凡分十四家：儒家第一，兵家第二，法家第三，所谓礼乐兵刑，国之大柄也。农家、医家，旧史多退之于末节，余独以农家居四，而其五为医家。农者，民命之所关；医虽一技，亦民命之所关，故升诸他艺术之上也。"笔记《姑妄听之》卷四谓："余作《四库全书总目》，明代集部以练子宁至金川门卒龚诩八人，列解缙、胡广诸人前，并附案语曰"云云。《总目》卷一七〇《集部•别集类》二三《野古集》后案语称："练子宁以下诸人，据其通籍之年，盖有在解缙、胡广诸人之后者，然一则死革除之祸，效命于故君；一则迎靖难之师，贡媚于新主。薰莸同器，于义未安，故分别编之。"以上都说明纪昀对各部类内部的编排做了谨严的考虑和处理。文集卷八《周易象义合纂序》谓："余向纂《四库全书》，作经部诗类小序曰"云云，可见他还为部类序言起草初稿。从以上自述来看，作为总纂官的纪昀亲自做了各项具体编辑工作，不仅仅是终审定稿而已。总纂官有三位，前文已说孙士毅不过是乾隆帝加恩，免予发往伊犁充军，到馆时在《全书》第一份告成的前一年，并无任何表现可言。决定编纂《总目提要》后，大力促成开馆编辑《四库全书》，并担任正总裁官的军机大臣于敏中，曾致函总纂官陆锡熊称：

《提要》稿吾固知其难，非经足下及晓岚学士之手，不得为定稿，诸公即有高自位置者，愚亦未敢深

信也。(《于文襄论四库全书提要手札》)

陆锡熊为《四库全书》做了大量编辑工作，他审读、校勘、考订的精当意见，是他为编辑事业所奉献的心血，经乾隆皇帝决定，将他历年所提的大量意见签条，汇编为《四库全书考证》一百卷，交武英殿用聚珍版印行。可见弘历还懂得编辑工作的甘苦与真价，不像某些毫无文化修养者视为“简单的重复劳动”。然而陆锡熊不幸在校勘盛京（沈阳）文溯阁《四库全书》时，因山海关冰雪道中受寒而病逝，未能亲见《总目》定稿付印。《总目提要》终经纪昀审定，删改整理付印。这部富有学术价值的提要目录，世人归美于纪昀，是很自然的。

特大的《四库全书》毕竟不是一二人所能编成。提要分纂稿本出于多人之手。起草的有任大椿、邵晋涵、戴震、程晋芳、周永年、翁方纲、姚鼐、余集等。分纂稿流传至今的尚有邵、姚、翁、余诸家。姚鼎所写提要已编为《惜抱轩书录》四卷行世，邵、余二人稿分别收入《南江文抄》和余氏文集，翁氏分纂稿迄无刻本，抄本旧藏吴兴南浔刘氏嘉业堂，今存上海江湾复旦大学图书馆。[①] 从朝廷组建的四库馆来说，纪昀总枢机抒，自然得以任意秉笔增删，但他尚不自炫其才，独行其是。在他领导之下，可谓人才济济，罗致了乾隆时代学术界的精英，成全了清廷右古宏文的用意。

四库全书馆的编辑骨干与任职期间出力甚多者兹分述如下：

戴震（1723—1777），字东原，安徽休宁人。家贫力学，

---

① 应是澳门中央图书馆。

乾隆二十七年中举，至京师获交于钱大昕，被称为天下奇才，以经学名闻南北。四库馆开，于敏中以纪昀、裘曰修之言荐于朝，特召为纂修官。他读书好深思，博闻强记，对天文、数学、历史、地理等均有深刻研究；又精通古音，对经学、语言学有重要贡献。唐代以来传习的十种算经中，《九章算术》久已残缺不全，《海岛算经》亡于明，经他从《大典》中辑出。他反对理学家所谓“理在气先”之说及“去人欲、存天理”的说教，认为“后儒以理杀人”，同于“酷吏以法杀人”。他不仅卓然为一代考据大师，且为清代重要思想家。在馆五年，首校《水经注》，别经于注，正唐以来经注相混之失。《全书》经、史、水、地、天算、《楚辞》等类提要，多出其手；其余大部分亦多为他所商订。“震以文学受知，出入著作之庭，馆中有奇文疑义，辄就咨访。震亦思勤修其职，晨夕披检，无间寒暑，经进图籍，论次精审。”（《清史列传》卷六十八）终以积劳致疾，卒于馆所，他是个模范的大编辑家！

邵晋涵（1743—1796），字与桐，号二云，又号南江，浙江余姚人。乾隆三十六年会试第一，成进士。他有深厚的史学素养，预修国史时，不论询问何种事件，他都能立即应答在某书第几页中。文思敏捷，每提笔疾书，令人惊叹。《四库全书》之精华为《永乐大典》辑本，他的重要编辑成果之一就是从《大典》中辑出久已失传的薛居正《五代史》，阙文以《册府元龟》《太平御览》等书补之，按原来篇章文字准确编排成书，恢复原书十之七八，使薛史再生复传，后称《旧五代史》。在校勘《大典》纂修兼分校官中，以邵晋涵最深于史学。还参加纂修《续三通》《八旗通志》等。江藩说到他个人的著作，谓：“皆实事求是，为学者有益之书。”又称：“君在日下，教授生徒以自给，足不诣权要之门，所以回翔清署二十余年而官止四品也。”（《汉学师承记》卷六）。

周永年（1730—1791），字书昌，山东济南人。乾隆三十六年成进士。他承袭并发挥学术界多年的想望，发表《儒藏说》，提议集合儒者典籍，与释藏、道藏鼎足而三。他认为：“天下之物，未有私之而可以常据，公之而不能久存者。”他约同好友桂馥，首先在家乡建“贷书园”，相当于今日图书馆，聚书其中，鼓励好学之士前来借阅。四库馆开，他参与校办《永乐大典》。一般人多检其中卷数少的本子抄辑，便说搜集无遗。周永年反对草率敷衍，认为可辑之书尚多。同事们便推给他辑补。他体会《大典》深藏宫禁，珍秘难求，一心坚持辛勤的搜讨和抄录，不管风雨寒暑，看了九千巨册，计一万八千多卷，皆前人所未能见，先后抉摘成帙，可说有功于斯文。他还以精于校勘学著称。

当时馆中延揽的人才，都分别按工作职掌不同给予高低官衔，如副总裁彭元瑞，江西南昌人，长于史学、校勘学。乾隆二十二年进士。“以文学被知遇。内廷著录藏书及书画、彝鼎，辑《秘殿珠林》《石渠宝笈》《西清古鉴》《宁寿鉴古》《天禄琳琅》诸书，元瑞无役不与。”（《清史稿》卷三二〇）由副总裁后升正总裁的蔡新，福建漳浦人。乾隆以其年长说过“可居兄事”，他长于算学，不任馆职时仍帮助审读。副总裁梁国治，浙江会稽人。乾隆十三年一甲一名进士。入直枢廷十多年，协同于敏中主持四库馆工作。

总阅官庄存与，江苏阳湖人，长于经学。梁任公说：“（清儒）公羊学初祖，必推庄方耕存与，他著有《春秋正辞》，发明《公羊》微言大义，传给他的外孙刘申受逢禄，著《公羊何氏释例》，于是此学大昌。龚定庵自珍、魏默深源、凌晓楼曙、戴子高望都属于这一派。”（《中国近三百年学术史》十三）谢墉，浙江嘉善人，擅长小学、校勘学。朱珪，顺天大兴人。乾隆十三年进士，骈文家。擅长编书写作。后在外省督抚任内，进呈《御制说经古文》《御制论史古文后跋》，乾隆认为“跋语尤得体要”；又进《御制纪实诗》十二函，上谕谓：“内编排门类，列叙案语，具见用心审密。所撰进书表文，摛词比事，亦属典核。”到嘉庆朝又撰进诗册，获“措词冠冕得当，其颂扬处不忘箴规”的嘉奖（《清史列传》卷二八），很得宫廷的宠信。

总目协勘官程晋芳，字鱼门，江都人。学古文于刘大櫆，与袁枚等往复唱和。乾隆十七年成进士，以吏部员外郎为四库馆编修。“晋芳于《易》《书》《诗》《礼》皆有撰述，又有《诸经答问》《群书题跋》《蕺园诗文集》。”（《清史稿》卷四八五）李潢，湖北钟祥人，算学家。任大椿，江苏兴化人。乾隆三十四年进士，授礼部仪制司主事。“四库馆开，以荐为纂修官，时非翰林而预纂修者八人。大椿博于闻见，考订精当。礼经类提要不出一手，皆大椿详定。”（《清史稿传》卷六八）

校勘《大典》纂修兼分校官中，余集，浙江仁和人。乾隆三十一年进士。为裘曰修荐修《四库全书》，授翰林院编修。时同荐入翰林者，有邵晋涵、周永年、戴震、杨昌霖，人称“五征君”。工诗古文词，旁涉六书、算数。有《梁园归棹录》《忆漫庵剩稿》。

校办各省送到遗书纂修官中，姚鼐，安徽桐城人。乾隆二十八年进士，古文家。在桐城派中，“论者以为辞迈于方，理深于刘”。他在馆分担撰写提要工作，后将分纂稿编为《惜抱轩书录》，计有经部十二篇、史部十六篇、子部二十四篇、集部三十四篇。翁方纲，大兴人。乾隆十七年进士，精研经术，又懂满文。阅读群经，撰有《书》《礼》《论语》《孟子》附记，并作《经义考补正》。他对当时盛行的考订学的认识是：“考订之学，以衷于义理为主。其嗜博、嗜琐、嗜异、矜己者，非也。”又说：“考订之学，盖出于不得已，事有歧出而后考订之，说有互难而后考订之，义有隐僻而后考订之。《论语》曰多闻、曰阙疑、曰慎言，三者备而考订之，道尽于是矣。”他还对程晋芳说过：“诂训名物，岂可目为破碎？考订诂训，然后能讲义理也。”因其时秀水钱载斥戴震的学术为破碎大道，翁方纲故有如上的评论。朱筠，大兴人，乾隆十九年进士。他最先奏请开局校辑《永乐大典》内古书。先后典福建乡试，督安徽学政。乾隆帝“尝称筠学问文章殊过人”。他“博闻宏览，以经学、六书训士。视学所至，尤以人才经术名义为急务，汲引后进，常若不及。因材施教，士多因以得名，时有朱门弟子之目。好金石文字，谓可佐证经史。诸史百家，皆考订其是非同异。为文以郑、孔经义，迁、固史书为质，而参以韩、苏。筠锐然以兴起斯文为己任，搜罗文献，表章风化，一切破崖岸而为之”（《清史稿》卷四八五）。在乾隆朝那种政治教化之下，朱筠是个有抱负有作为的儒者：“宏奖后进，惟恐不至。陆锡熊、程晋芳、任大椿皆筠所取士，李威、洪亮吉、武亿、黄景仁、吴鼒皆其弟子。阳湖孙星衍为诸生时，以不见筠为恨，介亮吉为绍，愿遥执弟子礼。筠尝言翰林以立品读书为职，不能趋谒权要。少曾馆于刘统勋家。及统勋为大学士，筠不通谒。统勋遇于朝，询之，筠曰：‘非公事，不敢谒贵人。’统勋叹息称善。”（《清史列传》卷六八）惜得年仅五十三。

黄签考证纂修官曹锡宝，上海人。乾隆二十二年进士。时有篇章，流传京华。晚岁敢弹劾权奸和珅家人，不愧诤臣之职。

天文算学纂修官陈际新，直隶宛平人。擅长算学，是清代著名的蒙古族数学家明安图的高足。

缮书处分校官一百七十九人中，金榜，安徽歙县人，乾隆三十八年一甲一名进士。少工文词，以才华为天下望。后师事江永，与戴震为友，遂深经术，治三《礼》。赵怀玉，武进人。工古文辞，擅长校勘，自言不敢好奇，为欺人之学。吴锡麒，钱塘人。乾隆四十年进士，浙中诗派名家。曾燠，江西南城人，擅长骈文。全椒吴鼒尝辑齐焘、洪亮吉、吴锡麒、刘星炜、袁枚、孙星衍、孔广森及曾燠之文为《八家四六》。侍朝，江苏兴化人，为诸生时常与任大椿唱和。以翰林院庶吉士在缮书处为分校官，任事最出力，所校书最精当，且数倍于他人，后升总校官。李鼎元，四川绵州人，为川中才士李调元从弟，乾隆四十三年进士。嘉庆四年任册封琉球副使。所作诗风骨高峻豪健。篆隶分校官王念孙，江苏高邮人。音韵训诂学家。绘图分校官门应兆，著名的旗人画师。

四库馆中还有两位应该提及：一位是不占编制的丁杰，归安（今浙江吴兴）人，古文字学家，长于校雠，善于审订句读。“四库馆开，任事者延之佐校，遂与朱筠、戴震、卢文弨、金榜、程瑶田等相讲习，于《大戴礼》用功尤深。”（《清史列传》卷六八）另一位是祖籍朝鲜族的金简，满洲正黄旗人。他以内务府大臣监管武英殿刻书，充四库馆总裁官。虽不直接参加编纂，但对聚珍版图书的印制和四库书的装帧设计，贡献甚大。

从以上的人物简介来看，《四库全书》是集众力编成，《总目提要》是以多人分纂稿为基础。分纂则多属当时著名学者，从戴震、邵晋涵到上文未提及的谢墉、王太岳等以及分校官中洪梧等，他们都各献所长。清末李慈铭《越缦堂日记》说过：“《四库总目》，虽纪文达、陆耳山总其成，然经部属之戴东原，史部属之邵南江，子部属之周书昌，皆各集所长。”这话虽有根据，但戴震除经部外，还写了《水经注》《项氏家说》《孙氏算经》《五曹算经》《五经算术》《夏侯阳算经》等书提要，则属于史、子。《绍兴先正遗书》第四集中有邵晋涵《四库全书提要分纂稿》(《聚学轩丛书》第五集改称《南江书录》)，可知邵氏所作，除正史各提要外，尚有四种属于经，一种属于子，四种属于集，而聚珍版之《融堂书解》提要属于经。《大典》辑本《公是集》《公非集》以下十有余家，亦为邵晋涵所辑，可见不专主于史。这都表示馆中用人注意发挥各人所长，各人也都有长可献。

阅读这些名流和某些科举出身的官员的传记材料，有一个可瞩目之点，他们中不少人时相过从，也和作为总纂官的纪昀等一起切磋讨论。彼此激扬期许，学术空气浓厚。纪昀博览群书，学问渊通，但当时学术界汉宋对磊，有些学者还兀傲不群，是己非人，将各方人士聚集在一个部里长期共处，协同工作，虽给官俸，也并非易事。纪昀为人机智诙谐，善权变，起初看不起朱筠之弟朱珪，后来读了他的文章，深为折服，就主动与他修好。他职居总纂，编审图书，不能专主一部，而分纂诸公皆各就所长分任其事。他对于各书提要的审订笔削，职责上既无所推让，学术上又不得草率从事。所以朱筠的高足江藩说：“公一生精力粹于《提要》一书。”

谨慎的编辑工作在任何时代都是很辛苦的。纪昀在四库馆十余年，全始全终，收书要通盘筹划，又要多多益善。乾隆这个皇帝民族成见深，政治要求苛，又自命明察，且期于速成。第一部《全书》完成时，距下诏求书业已整整十年。纪昀以富丽典雅的四六骈体，写出了一篇大约四千字的《进书表》，颂圣歌德之余，其中描述了编辑部的情况：

> 香霏辟恶，拥书何止百城；沈渍隃麋，削稿宁惟两屋。譬入众香之国，目眩瞀于花光；宛游群玉之峰，神愕眙于宝气。岂但鸿都多士，骇闻见所未曾；实令虎观诸儒，辨妍媸而莫决。

四库全书馆编辑的工作是很紧张的，夜以继日，小心从事，才完成了这部鸿篇巨制：

> 权衡笔削，事通乎春赏秋刑；挈度方圆，法本乎乾规坤矩。是以仪璘悬耀，揆景凫趋；镛栈先鸣，聆音麇集。鲸钟方警，启蓬馆以晨登；鹤籥严关，焚兰膏以夜继。披文计数，宁止于万七千篇；按月程功，务得夫四十五日。裁缝无迹，先成缀白之裘；传写相争，齐炙汗青之竹。架罗黄卷，积盈有似于添筹；几拥乌皮，刊谬时防其扫叶。毕昇活板，渐看字是排成；曾巩官书，已见序称校上。

这个表文，是纪昀振笔直书，一气呵成，馆中同人，争相传阅。按在职官阶，以皇六子永瑢领衔列名恭进。乾隆皇帝看了这篇对仗妥帖、音调铿锵的表文，立即说："表必出昀手！"这是中国编辑史上一个值得重视的文献。

四

《四库全书总目》于乾隆三十八年着手编写，直至四十六年始全部告成。各纂修官分头撰写的提要稿，陆续送交总纂官纪昀统一整理，笔削核定，分类编排。前后近十年间，作为主编的纪昀，全部集稿后仍进行多次修改补充，调整润饰。纂修官提交的分纂稿，尽管都出自各门专家学者之手，担任总编辑的纪昀都一一细看，酌情修改，如邵晋涵所写《史记》提要稿，用于进呈的《四库》原本卷首时，尚不及原稿一半，是由于供皇帝阅览，故力求简洁。到编为《总目》提要，内容又大加充实，字数比初稿多出近三百字，专详于著作源流、传世情况、各本同异，指明"褚先生（少孙）曰"是为补缀残稿之明证。编入《四库》者，系"录合并之本，以便观览"。经纪昀厘定后，考证详审，显然较胜于邵氏原稿。《四库》书提要，"分之则散弁诸编，合之则共为《总目》"。所有四十四类及各子目，莫不备列无遗。四部之首，各冠以总序，撮述其源流正变，以挈纲要。每类之首，且冠以小序，详述其分并改隶，以析条目。义有未尽，例有变通，则在子目之末或本条之下，加注案语，申明情况。著录者三千四百七十种，存目者六千八百一十九种，共计一万零二百八十九种。每种提要都经过纪昀审阅、斟酌修改、润饰统一。这总编辑的差事绝不是可以当官做的，提要的字里行间都凝聚着他的心血！

《总目》全部编成时，《四库全书》本身却续有增改：其一，当时纂办各书准备辑入《四库》者，还正在赶编中，因而《总目》嗣后也续有增改，如《开国方略》《大清一统志》《盛京通志》等十数种，在乾隆四十七年才着手编辑；这都是皇帝敕令纂办，特意留出空函，以便抄补。张霭生追述其友人陈潢治河论见的《河防述言》一卷，至五十年九月才遵旨添入，附于靳辅《治河奏绩书》后。

其二，到五十二年，乾隆帝在承德避暑山庄文津阁翻阅所贮《四库全书》，发现李清《诸史同异录》中将清顺治与明崇祯两个皇帝相比，指为悖谬，于是发动二百余人，重新检查校勘全书。除挖改删削另抄外，撤出李清、吴其贞、周亮工、潘柽章著作计十一种，各书提要一并抽出。由于撤毁、抽换、增补，《总目》在刊刻中不得不改刻挖补。

1921 年秋，陈垣得四库馆精缮《提要》底本六十册，中有纪昀涂改笔迹，所改多与今本同，陈氏特撰《四库提要中之周亮工》一文，记述对勘今本与原本的异同，因之与先行出版的《简明目录》也有小异。纪昀的删改补订工作，历时十多年，中间且曾因缮写校勘问题多次受到议处。单是馆中缮书处的工作，管理即已不易。《总目》的考订与评论，仓促成文，也有若干疏忽和武断之处。不过，就《总目》大体而言，周中孚尝言："窃谓自汉以后，簿录之书，无论官撰私著，凡卷第之繁富，门类之允当，考证之精审，议论之公平，莫有过于是编矣。"这大致代表一部分学人对《总目》的评价。

纪昀主编的《四库全书总目》在学术界究竟有什么影响？晚清颇有学问的大官僚张之洞，在诗里婉转地讥笑过《四库全书》抄校不精："乾隆四库求遗书，微闻写官多鲁鱼。"（《广雅堂诗集》上册）但他肯定《四库全书总目》是指引治学门径的良师。他是同治二年进士，授翰林院编修，后在四川学政任上，于光绪元年发表指导读书治学门径的《輶轩语》，在第二部分《语学》的“读书宜有门径”之下云：

> 泛滥无归，终身无得；得门而入，事半功倍。或经或史，或词章，或经济，或天算、地舆，经治何经，史治何史，经济是何条，因类以求，各有专注。至于经注，孰为师授之古学，孰为无本之俗学。史传，孰为有法，孰为失体；孰为详密，孰为疏舛。词章，孰为正宗，孰为旁门。尤宜决择分析，方不致误用聪明。此事宜有师承，然师岂易得？书即师也。今为诸生指一良师，将《四库全书总目提要》读一过，即略知学问门径矣。析而言之，《四库提要》为读群书之门径。

在这段话下，尚有双行小注称：

> 《提要》较多，未必人人能置一编，别有《四库简明目录》，乃将《提要》约撮而成书，止一帙。
>
> 《简明目录》太略，书之得失亦未详说；且《四库》未收者，《提要》尚列存目于后，《简明目录》无之，不得误认为世间所无也。略一翻阅，然后可读《提要》。

与《輶轩语》同时而稍后发表的《书目答问》，是张之洞指导读书治学门径的一部举要目录，在附一《别录目》的《考订初学各书》中，说明“此类各书，约而不陋”，也列有《四库简明目录》。

张之洞在上述两部导读的著作中，给予《四库全书总目》及《简明目录》的评价是颇为恰当的。1930 年间，鲁迅《开给许世瑛的书单》，是一个学习中国古典文学的导读目录，也列有《四库全书简明目录》，他还加写识语道：

> 其实是现有的较好的书籍之批评，但须注意其批评是“钦定”的。

《简明目录》并未评说书之得失，鲁迅其实是指《总目》而言，的确可以看作是一位指导老师，也是研究中国古代文化的一柄钥匙。

《四库全书总目》在学术界是否确实起到老师和钥匙的作用呢？从乾嘉以来，我国有不少学者就是从读《总目》等解题目录开始走上治学道路的。中国科学院语言研究所专门委员、以目录学著称的余嘉锡（1883—1955），是最著闻的一位。余氏七十二岁时在其《四库提要辨证序》中自谓：

> 余之略知学问门径，实受《提要》之赐也。

余氏自言：十六岁时，还不懂得什么叫作学问。阅张之洞《书目答问》，骇其浩博，茫乎失据；及读其《輶轩语》介绍《四库全书总目提要》为一良师，不禁雀跃。光绪二十六年，余嘉锡十七岁，得《总目提要》，“则大喜，穷日夜读之不厌。时有所疑，辄发箧陈书考证之，笔之上方，明年遂录为一册，此余从事《提要辨证》之始也”。他后来继续钻研了五十多年，著有《四库提要辨证》二十四卷。1958年由科学出版社印行。《四库全书》的全部编辑工作，不外五大项：一曰选书，二曰辑佚，三曰校补，四曰重抄，五曰加写提要。这五项工作既有相当成绩，也有不少错误。余氏九十万字《辨证》，也可看作是对《四库全书》编辑工作的全面批评。

余嘉锡《辨证序》（初称“序录”）说：

> 乾嘉诸儒于《四库总目》不敢置一词，间有不满，微文讥刺而已。道咸以来，信之者奉为三尺法，毁之者又颇过当。愚则以为《提要》诚不能无误，然就其大体言之，可谓自刘向《别录》以来，才有此书也。

他肯定《总目》的价值：

> 汉唐目录书尽亡，《提要》之作，前所未有，足为读书之门径，学者舍此，莫由问津。

他具体指出《总目》的影响与作用：

> 今《四库提要》叙作者之爵里，详典籍之源流，别白是非，旁通曲证，使瑕瑜不掩，淄渑以别，持比向、歆，殆无多让；至于剖析条流，斟酌今古，辨章学术，高挹群言，尤非王尧臣、晁公武等所能望其项背。故曰自《别录》以来，才有此书，非过论也。

他对于四库馆纂修官和总纂官的工作是赞许的。余氏称：

> 高宗初意本不责以录略之体，及诸臣承诏撰述，遂能钩玄提要，旁引群书，加以考证，原原本本，动至数百言，不肯以檃栝崖略塞责，可谓通知著作之义矣。今库本所附提要，虽不及定本之善，以视《崇文总目》，固已过之。

对纪昀也表赞许体谅：

> 其后奉旨编刻颁行，乃由纪昀一手修改，考据益臻详赡，文体亦复畅达，然以数十万卷之书，二百卷之《总目》，成之一人，欲其每篇覆检原书，无一字无来历，此势之所不能也。

不过，在评论具体问题得失时，余氏严肃批评四库馆编辑：

> 《四库》所收，浩如烟海，自多未见之书。而纂修诸公，绌于时日，往往读未终篇，拈得一义，便率尔操觚，因以立论，岂惟未尝穿穴全书，亦或不顾上下文理，纰缪之处，难可胜言。

他又批评选书时不注意版本异同，不识其为何本，便不能准确地评论其精粗美恶。他因此指出：

又《总目》之例，仅记某书由某官采进，而不著明板刻，馆臣随取一本，以为即是此书，而不知文有异同，篇有完阙，以致提要所言，与著录之本不相应。

故或连篇累牍，皆旧序之陈言；或南辕北辙，乖作者之本意；或有此篇，而谓酒诰俄空；或无此事，而忽无的放矢。此虽写官之失职，然而校雠之谓何？

对作为总编辑的纪昀的批评，尤为尖锐：

纪氏恃其博洽，往往奋笔直书，而其谬误乃益多，有并不如原作之矜慎者。且自名汉学，深恶性理，遂峻词丑低，攻击宋儒，而不肯细读其书。

紧接着便举出具体例证：

如谓朱子有意抑刘安世，于《名臣言行录》不登一字，而不知原书采安世言行多至二十二条（据文津阁本)。谓以吕惠卿之奸诈，与韩、范诸人并列，而不知书中并无吕惠卿。谓杨万里尝以党禁罢官，讲学之家，终不引以为气类，故庆元党禁遂削其名；而不知万里实于孝宗时乞祠不复出，并无因党禁罢官之事。谓孔平仲不协于程子，讲学家百计排诋，终不能灭其著述（此条实隐诋朱子，见《珩璜新论》提要)；而不知朱子实未尝诋平仲，且文集中有《孔毅父谈苑跋》，于其著述，护惜甚至。谓唐仲友立身自有本末，

> 其为朱子所论罢，盖以陈亮之诬构，周密《齐东野语》所载甚明（见《帝王经世图谱》提要）；而不知密之所载，与朱子按状皆不合，其说得自传闻，无一可信。夫其于宋儒如此，则其衡量百家，进退古今作者，必不能悉得其平，盖可知也。

余氏所指，皆是提要硬伤，即使纪昀复生，亦无言以自解。

然而，余嘉锡真是一位不骄不躁、通情达理的大学问家，他不但理解下笔评论之不易，更能体谅在雄猜的专制帝王威权之下从事编辑工作的艰难困苦。他肯定纪昀等所从事的工作，是刘向以来所未有，对其后学术界之人才辈出有重大影响，他认为这次编辑工作如"衣被天下"，他说：

> 故曰自《别录》以来，才有此书，非过论也。故衣被天下，沾溉靡穷，嘉、道以后，通儒辈出，莫不资其津逮，奉作指南，功既钜矣，用亦弘矣！
>
> 虽然，古人积毕生精力，专著一书，其间抵牾尚自不保，况此官书，成于众手，迫之以期限，绳之以考成，十余年间，办《（四库）全书》七部、《（四库全书）荟要》二部。校勘鲁鱼之时多，而讨论指意之功少；中间复奉命纂修新书十余种，编辑佚书数百种。又于著录之书，删改其字句；销毁之书，签识其违碍，固已日不暇给，救过弗遑，安有余力从容研究乎？

这里将纪昀等领导的乾隆时代编辑部的内外交困写得透彻极

了；仅就参考用书来说，皇家也并不关心编辑人员的困难：

> 且其参考书籍，假之中秘，则遗失有罚；取诸私室，则藏弆未备，自不免因陋就简，仓卒成篇。故观其援据纷纶，似极赅博，及按其出处，则经部多取之《经义考》，史、子、集三部多取之《通考·经籍考》，即晁、陈书目，亦未尝覆检原书，无论其他也。及其自行考索，征引群籍，又往往失之眉睫之前。隋、唐两志，常忽不加察，《通志》《玉海》，仅偶一引用，至宋、明志及《千顷堂书目》，已惮于检阅矣。

清中叶后，学术界对《四库全书总目》表现了两种态度，都未能持平，余氏称：

> 一二通儒心知其谬，而未肯尽言；世人莫能深考，论学著书，无不引以为据，《提要》所是者是之，非者非之，并为一谈，牢不可破，鲜有能自出意见者。逮至近代，高明之士，自持其一家之说，与《提要》如冰炭之不相容，遂厌薄其书，漫以空言相诋毁，亦未足以服作者之心也。

他研治《四库全书总目》五十多年，揭发《提要》大量疏失错误，写下近百万字《辨证》，而能特别体谅主持编辑工作之纪昀。他设身处地作对比：

> 纪氏之为《提要》也难，而余之为《辨证》也

> 易，何者？无期限之促迫，无考成之顾忌故也。且纪氏于其所未读，不能置之不言，而余则惟吾之所趋避。譬之射然：纪氏控弦引满，下云中之飞鸟；余则树之鹄而后放矢耳。易地以处，纪氏必优于作《辨证》，而余之不能为《提要》，决也。

个别位踞枢纽者，妄称编辑工作是“简单的重复劳动”，只能说明他们是“竹苞”的族群！余氏在《四库提要辨证序》中说：

> 余治此有年，每读一书，未尝不小心以玩其辞意，平情以察其是非，至于搜集证据，推勘事实，虽细如牛毛，密若秋荼，所不敢忽，必权衡审慎，而后笔之于书，一得之愚，或有足为纪氏诤友者。

我在这里之所以不厌其烦地征引余氏的序录，首先认为这篇力作是对《四库全书》编辑工作在学理与事实上最全面的评价；同时，余氏不但是纪昀的诤友，也是整个编辑界的诤友。这是近世编辑史上值得重视的文献。

余嘉锡生平所著论学的单文和读书笔记，后编为《论学杂著》两册，余氏生前学侣陈垣在序中说：

> 他终生所从事的学问，也是以目录学为主，几十年以考索《四库提要》为恒业。他并不仅仅限于鉴别版本，校雠文字，而是由《提要》上溯目录学的源流，旁及校勘学的方法，并且能研讨学术发展过程，

> 熟悉历代官制、地理和史学。

这就是《四库全书总目》在学术界影响的最具体的明证。

纪昀所主持的《四库全书》编辑工作，从政治上考察，遵照统治者“钦定”的著录原则，与朝廷保持一致，不与当时政策相抵触，特别奉行清政府的民族高压政策，讳言女真、建州；即非胡虏本义而有用作虚字的“胡”字，其书也须删改禁毁。老一辈史学家孟心史（森）《选印四库全书评议》中因之严厉指出：“故《四库全书》，乃高宗愚天下之书，不得云学者求知识之书也。”郭伯恭《四库全书纂修考》说：

> 《四库全书》之编纂，当时诸臣，志在专供人君流览之需，迥非敦崇著述之义。而高宗方复鼓其聪明，用其偏狭，凭无上之威以鞭挞古人，笔削文字，恶胜朝而遂袒辽金，斥钱屈而兼规前贤。馆臣等居权威之下，事雄猜之主，依阿揣摩，务得上意，故上起经疏，下逮三部，莫不经其任意点窜，尽失厥真。

鲁迅在 1935 年写《病后杂谈之余》时，用《四部丛刊续编》里的影旧抄本宋晁说之《嵩山文集》卷末《负薪对》一篇，和四库本相对比，“大抵非删则改，语意全非”。“清朝不惟自掩其凶残，还要替金人来掩饰他们的凶残。”鲁迅很愤怒地说，“清人纂修《四库全书》而古书亡，因为他们变乱旧文，删改原文。”张元济跋《嵩山文集》列有详细校勘表。

从文化上考察，乾隆帝实现弘扬文治的目的。优秀文化毕竟不是暴力所可摧毁殆尽的，当时虽寓禁于征，锢蔽摧烧，然而终于编成一部空前的大丛书，集中国古来典籍之大成。利害相权，论者以为功浮于过。按最初设想，原只准备缮写四份，分贮北方宫苑文渊、文源、文津、文溯四阁。第一份《全书》修成时，又命增缮三份，在镇江、扬州、杭州另建文宗、文汇、文澜三阁贮藏。与北方内廷四阁不同，不仅对外开放，而且鼓励士子文人入阁看书。后来又将京城翰林院存放的一部《全书》底本开放，允许官员与士子查阅抄录。这就是“广布流传，用光文治”的意思。集散为整，保存善本，由私而公，参阅便利。特别是《总目提要》《简明目录》的编纂刊行，使读者从而可知中国古代文化的状况，历代著作的大概，推动了学术界的研究工作，促进了考证学愈趋发达，并广开其后辑佚之风。同时，《总目》《简明目录》为藏书家和学问家提供了可以遵循的范本，目录学从此大盛。清代后期的学术界的发展，试从纪昀《总目提要》刊行到张之洞《书目答问》面世时观察，在这一百年内，在学术领域出现了大量有价值的著作，往往正是汲取前人的研究成果，进行新的探索，取得了新的成就。这两部书繁简不同，编辑体例与读者对象有异，但从这两部书的著录对比中，则可看到清中叶后学术界的进展。《书目答问》选列了《四库全书》所收的部分书籍外，还补充了不少《四库》以外的和晚出的著述，《书目答问略例》称：“此编所录，其原书为修《四库》书时所未有者十之三四。《四库》虽有其书，而校本、注本晚出者十之七八。”从中可见《四库全书》及其《总目》《简明目录》的编纂，对于学术发展的推动作用，并可据以再行追寻学术进展的信息。

《四库全书》的编纂，对清代后期编辑出版工作也有重要影响。在出版物方面，不仅辑佚书和目录学著作兴起，同时对古籍整理工作提供了宝贵经验，引动了编辑和刊刻各种类型的丛书的新潮流。在印刷术方面，副总裁官金简带领翰林祥庆、笔帖式福昌，研制用枣木活字排印图书成功，基本采取元朝人王祯的办法而略加改进，实用价值很强。奉旨将活字版改名为武英殿聚珍版，并将排印工作经验写成《武英殿聚珍版程式》一书，是我国印刷史上的重要文献，先后已被译成德文、英文、日文。由于木活字印书简便易行，反转来又促进了编辑出版工作，到咸、同年间，各地官衙与私家纷纷仿效。地方衙门如江宁藩署、苏州节署、陈州郡署、四川提署、黔南抚署、汀州官署、宁化县署等，皆开始用活字印书。同、光年间各省又先后成立官书局，刊刻经史。书院、书坊和著姓私家也有不少采用木活字刊印书籍、家谱乃至单篇诗文了。

纪昀主持的四库全书编辑部，历时十五年，编纂抄校人员逾四千。著录书籍上万种，还有颇具价值的副产品，这样的编辑工作值得仔细研究。晚近学者钦慕尊崇《四库全书》者，有所谓“四库学”之说，其实需要研讨的是它在编辑审校方面的得失，余嘉锡、胡玉缙、王欣夫、邵懿辰诸家的研究成果均有参考价值。我粗读有关编书的各种史料及纪昀等人传记资料，从《四库全书》的编辑工作中深感有三忌：

其一，编辑忌唯上。国事有政策，工作有纪律，治学有规矩，唯上便搞乱。《四库全书》的重大弊病就是从唯上来的。皇帝凭其绝对威权，任意鞭挞前人，删改古书，践踏学术，毁灭文献。编辑部只有俯首帖耳，唯乱命是从。孟森《选印四库全书平议》指出：

乾隆间改定一切书籍，不但尽及学人记载之书，

> 即其祖宗御定之书，亦皆改纂。《太祖实录》，《宫史》著录者，乃乾隆四年定本；天聪间原修本遂成禁书。其最初之绘图实录，亦经改纂重绘，始著于录。于先朝手泽、祖宗事实，为可任意存废，何论其余！

唯上必逢迎，最可笑叹的是，有些文字错漏，为馆臣谄媚皇帝的手法：1915 年至 1922 年间，“文澜阁抄补时，发现书中误字，恒在每叶之首一字，细求其故，乃知馆臣缮本进呈时，必故留误字，待高宗校出指斥，以示圣明之天纵”。历代朝廷编书都未有过这等情事，这是编辑史上可耻的例子！

其二，编辑忌草率。乾隆皇帝因年近七旬，期于速成，总裁官仰承上意，催办更急，以致编校抄写草率。四库馆从《永乐大典》逐卷逐条辑出和存目的书籍计五百五十种，但由于狭隘的民族偏见、褊窄的正统观念、严重的封建独断以及官样文章的草率敷衍，其中已辑者常有漏辑，或应辑者忽略不辑，使这项极有意义而又艰巨的工作存在很大缺点。又如曹仁虎担任《热河志》编辑，原欲调查各处行宫间架方向，意在提供建筑学上重要资料，总裁于敏中认为费时而繁难，“节外生枝，徒自苦而无益”“何必为此费力不讨好之事”。于敏中其人本是促成编辑《四库全书》的有功之臣，陈垣《书于文襄论四库全书手札后》称：“今观诸札，所有体例之订定，部居之分别，去取之标准，立言之法则，敏中均能发纵指示，密授机宜，不徒画诺而已。”对于《热河志》的编辑工作又何以主张马虎从事，不必费力呢？陈垣的《书后》说得很明白：

> 盖欲急于成书，不暇求备。全《四库》书率如

> 此，不独一《热河志》为然。统观诸札，办书要旨：第一求速，故不能不草率；第二求无违碍，故不能不有所删改；第三求进呈本字画无讹误，故进呈本以外，讹误遂不可问。敏中亦深知其弊，故其奉办《日下旧闻考》附函有曰："此书私办更胜于官办。"

官气助长了草率。

其三，编辑忌武断。前文引余嘉锡言："纪昀恃其博洽，往往奋笔直书，而其谬误乃益多。"这就是恃才武断的表现。戴震是著名学者，南北学者专家皆折节与交，在编辑部工作勤奋，馆中有奇文疑义，都与他商讨。当时他校补《水经注》，谓据《大典》本，区别经文与注文，用力甚大，是最为出色的工作。《汉学师承记》云："武英殿所刊，即用其校本，海内始复见此书之真面目焉。"但据王国维《聚珍本戴校水经注跋》云："余曩以《大典》本半部，校戴校聚珍本，始知戴校并不据《大典》本。"王氏遍阅明以前《水经注》旧本、明清学者抄校本及南北所藏《大典》本，"以校戴本，乃更恍然于三四百年诸家厘订之勤，盖《水经注》之有善本，非一人之力也。更正错简，则明有朱王孙，国朝有孙潜夫、黄子鸿、胡东樵；厘订经注，则明有冯开之，国朝有全谢山、赵东潜；捃补逸文，则有全、赵二氏；考证史事，则有朱王孙、何义门、沈绎旃；校定文字，则吴、朱、孙、沈、全、赵诸家皆有不可没之功。戴东原氏成书最后，遂奄有诸家之胜，而其书又最先出，故谓郦书之有善本自戴氏始可也。"王氏叙述史实，戴氏必定见过全、赵二校本。王国维谓：颇疑戴氏初"以郦书为己一家之学，后见全、赵书与己同，不以为助，而反以为仇。故于其校定郦书也，为得此书善本计，不能不尽采全、赵之说，而对于其人其书，必泯其迹而后快。于是尽以诸本之美归诸大典本，尽掠诸家厘订之功以为己功。其弟子辈过尊其师，复以意气为之辩护，忿戾之气相召，遂来张石舟辈窃书之讥”。王国维接着很严肃地指出：

> 东原学问才力，固自横绝一世，然自视过高，骛名亦甚。……而气矜之隆，雅不欲称述诸氏，是固官书体例宜然。然其自刊之本，亦同官本，则不可解也。……由此气矜之过，不独厚诬《大典》本，抹杀诸家本，如张石舟之所讥，且有私改《大典》，假托他本之迹。……盖戴校既托诸《大典》本，复虑后人据《大典》以驳之也，乃私改《大典》原本以实其说。其仅改卷首四处者，当以其不胜改而中止也。此汉人私改兰台漆书之故智，不谓东原乃复为之！

王氏最后很尖锐地说：

> 此等学问上可忌可耻之事，东原胥为之而不顾，则皆由气矜之一念误之。至于掩他人之书以为己有，则实非其本意，而其迹则与之相等。平生尚论古人，雅不欲因学问之事伤及其人之品格，然东原此书方法之错误，实与其性格相关，故纵论及之，以为学者戒。当知学问之事，无往而不当用其忠实也。

气矜就是自恃才高而骄傲武断，这是编辑的大敌。

《四库全书》的编辑工作不仅给我们留下“三忌”的鉴戒，大编辑家纪昀所处的时代和他的学行也有不少值得注意的地方。由于清朝的专制统治和民族高压政策，促使古典考据学的兴起。梁启超在《中国近三百年学术史》中指出，雍正皇帝有两部最得意的著作，一部是《拣魔辨异录》，一部是《大义觉迷录》，以皇权的威势和一个和尚、一个儒生辩论。影响所及：

> 学者的思想自由，是剥夺净尽了。他在位仅十三年，影响原可以不至甚大。无奈他的儿子乾隆帝，也不是好惹的人。他学问又在乃祖乃父之下，却偏要附庸风雅，恃强争胜，他发布禁书令，自乾隆三十九年至四十七年继续烧书二十四回，烧去的书一万三千八百六十二部。直至乾隆五十三年，还有严谕。他一面说提倡文化，一面又抄袭秦始皇的蓝本。所谓黄金时代的乾隆六十年，思想界如何的不自由，也可想而知了。凡当主权者喜欢干涉人民思想的时代，学者们的聪明才力，只有全部用去注释古典。

这就是雍乾时代学术界的动向，学术界由此转而推崇汉儒朴实学风，反对宋儒空谈义理。学术思想界的变化，不完全按照现实政治的指挥棒转的。《清史稿》卷二九〇称：“圣祖以朱子之学倡天下，命大学士李光地参订《性理》诸书，承学之士，闻而兴起。”但微妙的是，汉学恰是与宋学相对抗的。梁启超指出：“自康雍以来，皇帝都提倡宋学——程朱学派，但民间——以江浙为中心，反宋学的气势日盛，标出汉学名目与之抵抗。”对于学术界的这一新动向，鲁迅《买〈小学大全〉记》

解释为“圣意”：

> 特别攻击道学先生，所以是那时的一种潮流，也就是“圣意”。我们所常见的，是纪昀总纂的《四库全书总目提要》和自著的《阅微草堂笔记》里的时时的排击。这就是迎合着这种潮流的，倘以为他秉性平易近人，所以憎恨了道学先生的谿刻，那是一种误解。

但是，在四库馆工作年余便托故离去的姚鼐，对于汉学盛行的时尚是公然反对的：

> 夫汉儒之学，非不佳也；而今者为汉学乃不佳，偏徇而不论理之是非，琐碎而不识事之大小，哓哓聒聒，道听途说，正使人厌恶耳。（《与陈硕士》）

很难判断姚鼐是否了解这种潮流出自“圣意”，他更指名道姓责骂纪昀，在《与胡雒君》信中声称：

> 去秋始得《四库全书总目》一部阅之，其持论大不公平，鼐在京时，尚未见纪晓岚猖獗若此之甚，今观此，则略无忌惮矣，岂不为世道忧耶？鼐老矣，望海内诸贤尚能救其敝也！

姚鼐认为宋学比汉学强，号召人们反对汉学，他的大弟子方东树后来写出了《汉学商兑》一书。其实，《四库全书》选书偏而不全，程朱理学为当时正统思想，因而对这一派的著述，不问价值，多所收录；而对陆、王及其他非程朱著作则收入甚少。《简明目录》虽对张载、邵雍、周敦颐及朱熹径呼其名，《总目》及原本提要均尊称为“子”。《总目》只是在外表上对宋学尚表尊崇，然其内容实在标榜汉学，排斥宋学；这也是姚鼐借故离开四库馆的根本原因。所以，梁启超认为《四库全书总目》“是以公的形式表现时代思潮，为向来著述未曾有”，他分析道：

> 露骨的说，四库馆就是汉学家大本营，《四库提要》就是汉学思想的结晶体。就这一点论，也可以说是，康熙中叶以来的汉宋之争，到开四库馆而汉学派全占胜利；也可以说是，朝廷所提倡的学风，被民间自然发展的学风压倒。

《清史稿》对纪昀的评论是：

> 宋五子书，功令所重，不敢显立异同；而于南宋以后诸儒，深文诋諆，不无门户出入之见。

学术界的这种演变，也并不是政治所能绝对左右，而与权力者的初衷完全一致，其中颇有微妙之处，值得深思探讨。

作为大编辑家的纪昀，他对历代学术文艺思想流变的精辟看法，都反映在《四库全书总目》的总叙、小序、提要、按语之中。朱东润《中国文学批评史大纲》特为纪昀立一节称：“自古论者对于批评用力之勤，盖无过纪氏者。”这种见地最为精当。编辑工作的关键性要求，就是要养成学术文化的批评能力。朱氏谓纪昀对于文学批评之贡献最大者，在于对这门学问“独具史的概念，故上下千古，累累如贯珠”。举嘉庆元年丙辰（1796）、七年壬戌（1802）两科会试策问所表现的见解为例：

齐梁绮靡，去李杜远甚，而杜甫以阴铿比李白，又自称“颇学殷何”，其故何也？苏、黄为元祐大宗，元好问论诗绝句指为“沧海横流”，其故又何也？王、孟清音，惟求妙悟，于美刺无关，而论者谓之上乘；元、白讽谕，源出变雅，有益劝惩，而论者谓之落言诠，涉理路，然欤否欤？击壤流为濂洛曲雅，是不入诗格者也，然据理而谈，亦无以难之；昌谷集流为铁崖乐府，是破坏诗律者也，然嗜奇者众，亦不废之，何以救其弊欤？北地、信阳以摹拟汉唐，流为肤滥，然因此禁学汉唐，是尽偭古人之规矩也；公安、竟陵以“莩甲新意”，流为纤佻，然因此恶生新意，是錮天下之性灵也，又何以酌其中欤？（《嘉庆丙辰会试策问》）

问屈、宋以前，无以文章名世者；枚、马以后，词赋始多，《典论》以后，论文始盛，至唐宋而门户分，异同竞矣。齐、梁、陈、隋，韩愈以为“众作等蝉噪”，杜甫则云“颇学阴何苦用心”。李白触忤权幸，杜甫忧国忠君，而朱子谓“李、杜只是酒人”。韩愈《平淮西碑》，李商隐推之甚力，而姚铉撰《唐文粹》，乃黜韩而仍录段文昌作。元稹多绮罗脂粉之

> 词，固矣；白居易诗如十首《秦妇吟》，近正声者原自不乏；杜牧乃一例诋之。苏、黄为宋代巨擘，而魏泰《东轩笔录》诋黄为“当其拾玑羽，往往失鹏鲸”；元好问论诗绝句亦曰：“只知时到苏黄尽，沧海横流却是谁?”凡此作者论著，皆非浅学，其抵牾必有故焉。多士潜心文艺久矣，其持平以对。(《嘉庆壬戌会试策问》)

这在科举考试制度史上，用文学批评问题策士，是破天荒的创举。嘉庆七年会试时，四千人中仅有一卷作答，太难为埋头八股文与试帖诗的考生了，同时也说明纪昀的思路似乎不合考官的程式。两朝元老资格硬，显示了文学史方面的真知卓识。他的遗集中还有不少有关诗文流变、作家评论的文章，都说明他的识力过人；而编辑家正需要有过人的识力。

纪昀遗集中虽有一些富有文学评论价值的序文，实际他个人的创作并不多，直到晚年才把他的志趣和才情用《阅微草堂笔记》的形式表现出来。全书二十四卷，除去点缀文中的假托之辞，实际是上千个故事、寓言、逸事、札记，其中反映着世态人情，好恶讽喻，不完全是消闲小品。鲁迅《中国小说史略》第二十二篇介绍纪氏生平及这部笔记小说的价值称：

> 《阅微草堂笔记》虽“聊以遣日”之作，而立法甚严，举其体要，则在尚质黜华，追踪晋宋；自序云：“缅昔作者如王仲任、应仲远引经据古，博辨宏通，陶渊明、刘敬叔、刘义庆简淡数言，自然妙远，诚不敢妄拟前修，然大旨期不乖于风教”者，即此之

谓。其轨范如是，故与《聊斋》之取法传奇者途径自殊，然较以晋宋人书，则《阅微》又过偏于论议。盖不安于仅为小说，更欲有益人心，即与晋宋志怪精神，自然违隔；且末流如厉，易堕为报应因果之谈也。

惟纪昀本长文笔，多见秘书，又襟怀夷旷，故凡测鬼神之情状，发人间之幽微，托狐鬼以抒己见者，隽思妙语，时足解颐；间杂考辨，亦有灼见。叙述复雍容淡雅，天趣盎然，故后来无人能夺其席，固非仅借位高望重以传者矣。

这就说明了《阅微》的第一部分《滦阳消夏录》一脱稿即为书肆刊行的原故，其后《如是我闻》《槐西杂志》等继之，销行益广。这部笔记是在《四库全书》及《总目提要》编成五六年后写的，鲁迅看出其中的微言大义，特别阐发其思想内容称：

昀又“天性孤直，不喜以心性空谈，标榜门户”（盛序语），其处事贵宽，论人欲恕，故于宋儒之苛察，特有违言，书中有触即发，与见于《四库总目提要》中者正等。且于不情之论，世间习而不察者，亦每设疑难，揭其拘迂，此先后诸作家所未有者也，而世人不喻，哓哓然竞以劝惩之佳作誉之。

鲁迅把《阅微草堂笔记》这种小说家言，与《四库全书总目提要》那样严肃著作联系起来评论，从而指出两书思想上的一致性，是对纪昀深刻的认识，比后来写的《买〈小学大全〉记》

明晰。

纪昀一生参加编辑工作的时间最久，成书很多，计有：《热河志》《历代职官表》《河源记略》《八旗通志》《清开国方略》《清通典》《清通志》《清文献通考》《清会典》及《史通削繁》《删正帝京景物略》等。这些官书都由他担任总纂。后人所辑《纪文达公遗集》，诗、文各十六卷，内有进呈御览的诗、赋、折子等十三卷，《乌鲁木齐杂诗》等古今体诗六卷，序、跋、书后四卷。另有应子孙科举考试参考用的馆课诗《我法集》。他对于文学的流变具有历史的观念，认为后人之作不得不变换体裁，才能与前人抗衡制胜。他自己写的文章不多，推托为古人所已道，不必拈须拥被，苦思苦想。这大约也是博学大儒处在乾隆时代的世故吧。

纪昀家富藏书，典籍环绕，年轻时即以文章知名。乾隆三十三年任侍读学士时，姻亲、两淮盐运使卢见曾获罪将抄家，纪昀泄露机密，被革职逮问，发往乌鲁木齐充军。终以学问优秀为乾隆帝重视，两年后即释还，生入玉门关。六十岁后，三迁御史，三入礼部，两度掌管兵部，在嘉庆朝官至协办大学士。中间又曾两度因事受革降处分，实际仍留任上，是乾嘉时代官僚士大夫的殊遇。其人才思敏捷，生性诙谐，常语惊四座，妙趣横生。又工对联，急智奇思，辩才无碍，令人捧腹。他是个富有传奇性的一代才子，有不少趣闻轶事流传。嘉庆十年二月逝世时，朝廷上谕说："纪昀学问淹通，办理《四库全书》始终其事，十有余年，甚为出力。"他的一生献给了编辑事业，其成就可以追踪西汉刘向、刘歆父子，在宋明的馆阁中尚无此等人才。这样的大编辑家，借鲁迅的话说："固非仅借位高望重以传者。"

章学诚

中国历史文化典籍宏富，编辑工作起源很早，在中国学术史上，初唐刘知几著《史通》外，明确地将古典编辑学作为一门学问进行研讨，以社会历史演进的观点，把图书编辑工作和哲学问题联系考察，空前地发展了古代编辑工作理论，并以撰写图书评论、特别是文史批评为职志，毕生精力献给了编辑事业；天可怜见，且赖以维持一家人生计者，便是清朝乾嘉时代的章学诚。

一

章学诚（1738—1801），字实斋，号少岩，原名文敩，浙江绍兴府会稽（今绍兴）人。他生当所谓“乾嘉盛世”，比当时学界泰斗戴震小十五岁，比敢于疑古辨伪的崔述大三岁，比史学家、四库馆著名纂修官邵晋涵大六岁。他生于寒士家庭，祖父章如璋为候选经历，如得实职，也不过是个掌管出纳文书的小吏。父名镳，少孤，家贫买不起书，借读于人，随手做札记，孜孜不倦。乾隆七年成进士。此后十年间，居乡教书为生。直到乾隆十六年，方得出任湖北应城县知事。章学诚随父到应城。其父上任仅五年，以疑狱失轻罢官，贫不能归。幸而他的官声不恶，又有知识，得先后主讲于天门、应城书院，又应聘编辑《天门县志》，赖以养家活口。寄寓故治十一年之久，最后死于应城。

章学诚少时多病，资质颇鲁钝，十五六岁时，在应城官舍，童心未歇，其父延师课以经义。他却不肯为应举文，好泛览，性情已近史学。曾从剖析保存古代大量史料的编年体《左传》入手，力究纪传之史而辨析体例。又抄录《春秋内外传》及东周战国子史资料，以意区分，尝试改编为纪、表、志、传，拟名曰《东周书》，虽三年未成，却揭开了从事历史编纂工作的序幕。当时朝廷以八股取士。不少老生宿儒，把通经服古视为杂学，把诗古文辞视为杂作，认为士不通四书文，不得称为通人。塾师于举业外，禁止阅读其他书。章学诚购得朱崇沐校刊的《韩文考异》，秘藏箧中，灯窗窃览，纵不能全懂，但爱好不忍释手。

又曾购得吴注《庾开府集》，有“春水望桃花”句，吴注引《月令章句》云：“三月，桃花水下。”章学诚的父亲把吴注勾去，在下另评道：“望桃花于春水之中，神思何其绵邈!”这一很有情致的注释，富有想象力，与意味索然的吴注恰成对照，给少年章学诚很大启发。他以后看书，常想别出意见，不为训诂牢笼。家庭的文化气息，诱导了他的深思和理解能力。

章学诚二十一二岁后，学习逐渐进步。他纵览群书，于经训虽未领会，而对史部之书，一经展读，便好像已曾攻习，其中利病得失，随口能举，举而辄当。他在《家书六》中说：

> 人皆谓吾得力《史通》，其实吾见《史通》已二十八岁矣。二十三四岁时所笔记者，今虽已失，然论诸史于纪、表、志、传之外更当立图，列传于《儒

> 林》《文苑》之外更当立《史官传》，此皆当日之旧论也。惟当时见书不多，故立说鲜所征引耳，其识之卓绝，则有至今不能易者。

他非常自负地说："吾于史学，盖有天授。"历史是反映社会生活的总汇，我国古代史学包罗万有，在史籍编纂方面，着重讲求发凡起例的功夫，遣词用语的笔法，史料的搜集与考辨，编者的品德与才识以及构思运笔、铺叙品评如何贯穿体现其哲学思想等等，最能反映古典编辑学的精神实质，尽管其中杂有不少迂腐、反动的因素，但历代要籍、名著的编成面世，无不推动编辑学理论的发展，并提高编辑工作的质量。青年章学诚偏爱史学，发挥个性，由史学着手，从此打开了治学门径，同时也开辟了致力于编辑学理论与实践研讨和施行的途径。

乾隆二十五年（1760），章学诚第一次离应城远游，到北京应顺天乡试，没有录取。1762 年又北上应试，依然落第。这年冬天，便留京入国子监读书。由于长期家居，阅世极浅，不知人世间的复杂难处，自己的相貌很丑陋，思路又不合时好，在国子监的学习生活很不如意。他后来回忆道：

> 始余入监舍，年方二十有五，意气落落，不可一世，不知人世艰也。然试其艺于学官，辄置下等。每大比，集试至三四百人，所斥落者，不过五、七人而已，余每在五、七人中。

八股文课艺，规矩甚繁，"法律若牛毛"。章学诚这时不愿揣摩时文做法，自然得不到好评，在国子监里看课榜，还要遭受皂役讥笑。

1763 年夏，国子监给假探亲，章学诚绕道陕西一游，回到湖北。他的父亲主讲于天门县书院，次年应知县胡翼之邀，编修县志。章学诚先此有与监中同学甄松年讨论编修志书的两函（《与甄秀才论修志》），又有《与甄秀才论文选义例》两书（载章华绂校刻本《文史通义》卷八，刘刊《章氏遗书》卷一五），此时特作《修志十议》，首论修地方志应“乘二便，尽三长，去五难，除八忌，而立四体，以归四要”。八忌是：忌条理混杂，忌详略失体，忌偏尚文辞，忌妆点名胜，忌擅翻旧案，忌浮记功绩，忌泥古不变，忌贪载传奇。四要是：要简，要严，要核，要雅。他所提出的十议是：一议职掌，二议考证，三议征信，四议征文，五议传例，六议书法，七议援引，八议裁制，九议标题，十议外编。十议之中，征信一条，注重“核实无虚”“务有可记之实”“人物取舍贵辨真伪”。征文一条，主张“更定凡例，一仿班《志》、刘《略》，标分部汇，删芜撷秀，跋其端委，自勒一考，可为他日馆阁校雠取材”。在议标题一条中，批评过去的地方志编辑工作，“艺文不合史例”“误仿名山图志之广载诗文”，强调“志州县与志名山不同”。他严肃指出地方志乘在史籍中的地位和价值：

> 若夫州县志乘，即当时一国之书，民之社稷，政教典故，所用甚广，岂可与彼一例？而有明以来，相沿不改，故州县志乘，虽有彼善于此，而卒鲜卓然独断，裁定史例，可垂法式者。

难能而可贵的是，他在《十议》中发挥了古典编辑学的理论，

“先陈事宜，后定凡例”，提出破旧立新的见解。他还替他的父亲代撰诸序，后日《文史通义》外篇尚存有《天门县志艺文考序》《天门县志五行考序》《天门县志学校考序》三篇。1765年刊成的《天门县志》卷二四附录了《修志十议》。现存的《天门县志·艺文考》也是章学诚第一次实行了纪著述的做法，但另辑“文征”的构想未能实现，仅采用了一个权宜办法，作为艺文纪著述的附录而已。他在答甄松年关于修志的第一书里，已提出州县“平日当立一志乘科房”，注意搜集地方史料，使志无遗漏，则又是他后日撰《州县请立志科议》设想的萌芽。章学诚这时才二十六七岁，在掌握衡文权柄的八股家看来，很不顺眼，把他列入下等，而他却已对史籍编纂的体例做法及组织工作提出卓越的意见，不但具有现实意义，而且具有理论色彩，是他推动古典编辑学的发展，致力于具体编辑工作的初试身手。

章学诚于乾隆三十年（1765）三上北京，仍居国子监中，自言“伥伥无侣”，不知所适从。推想今日北京雍和宫对面成贤街上，车尘中或尚留有他怅惘徘徊的足迹。这年又应顺天乡试，翰林院编修、副考官沈业富荐其文于主司，又不被录取。沈业富，高邮人，乾隆十九年进士，史称其“性惇厚，笃于朋友”。他对章学诚不录甚表惋惜，出于爱才，馆章学诚于其家，鼓励他努力向学。不久因沈业富的介绍，跟朱筠学做文章。朱筠，字竹君，大兴人，乾隆十九年进士，博闻宏览。与沈业富、翁方纲、张曾敞在当时学术界号称“四金刚”。朱筠一经接谈，即表器重。然而谈到做八股文，他们的对话很有意思，朱说：“足下于此无缘，不能学，然亦不足学也。”章说：“家贫，亲老，不能不望科举。”朱回答道：“科举何难？科举何尝必要时文？由子之道，任子之天，未尝不得。即终不得，亦非不学时文之咎也。”朱筠多次任乡会试考官，可见他对科举以时文取士不当的理解。章学诚在《跋甲乙剩稿》中自评这两年作品称：

> 沈先生始荐其文，而朱先生始言于众，京师渐有知名者。彼时立志甚奇，而学识未充，文笔未能如意之所向。

与首都学术界人士的结识，对于章学诚在学问上的精进很有帮助，后来他便寄居朱筠家，在宣武城南李铁拐斜街。《清史稿》卷四八五《朱筠传》称：“视学所至，尤以人才经术名义为急务，汲引后进，常若不及。因材施教，士多因以得名，时有朱门弟子之目。”后来清政府决定编辑《四库全书》，他就是主要的促进者之一。“高宗尝称筠学问文章殊过人。”他在京居官时，与著名学者翁方纲、程晋芳、钱大昕、朱仕琇等时相往还。学者之间平日聚首漫谈，声气相通，有利于学术之进展；后辈侧身其间，得亲一颦一笑，也会对治学有所启发。学者曩昔很重视这种接触交流，当时朱筠、程晋芳等都是学人爱亲近的人，据《清史列传》卷七二称：朱竹君、程鱼门谢世后，“京师为之语曰：‘自竹君先生死，士无谈处；鱼门先生死，士无走处。’谓朱筠及晋芳也。其声华之盛如此”。附带说一下，姚名达谱章学诚生平时，想了解章学诚的本师朱筠，写成一部《朱笥河年谱》，他的导师梁启超却说：“朱笥河够不上做年谱。”也许是认为他无甚专著吧，余不能知。章学诚自己这样说：

> 是时朱先生未除丧，屏绝人事。学诚下榻先生邸舍，时时相过，若程舍人晋芳、吴舍人烺、冯大理廷丞及君（蒋雍植）为燕谈之会。晏岁风雪中，高斋欢聚，脱落形骸，若不知有人世。（《蒋君墓志铭书后》）

朱筠《笥河文集》的《椒河吟舫小集序》中也曾谈及这些学者们的聚晤讲论。这种学术性的游处，对于章学诚成长的影响，《清史稿》卷四八五其本传中即曾指出：

> 继游朱筠门，筠藏书甚富，因得纵览群籍，与名流相讨论，学益宏富。

学术是一代一代发展、一步一步前进的，每个人都要依靠前辈们的成果，仰仗前辈们的辅导和熏陶。学术是娇嫩的花朵，离开一定的社会土壤与气候，是难以绽开的。

章学诚在旅困不能自存时，依朱筠居，由是得见当世名流及一时文人的研习状况。又遇欧阳瑾摄祭酒，在国子监久不知名的章学诚，首次被擢拔为第一名，以致六馆之士相诧而嘻笑。承欧阳厚待，国子监修志时，教他专司笔削；朱筠当时受诏编撰《顺天府志》，也着他经纪其事，章学诚得以稍稍行其一向的主张。1768 年又应顺天乡试，仅中副榜，但已稍有点名气了。一直到此时，章学诚还没有家累，他的笔墨上一点微薄收入，除应付衣食所需外，都用在买书上。做学问的人，节衣缩食，必须自备常用参考书籍。他曾凄然回忆道：

> 旅居京华，嗜书而力不能致。然戊子以前，未有

> 家累，馆谷所入，除人事所需外，铢积黍累，悉以购书，性尤嗜史，而累朝正史，计部二十有三，非数十金不能致，则层累求之，凡三年而始全。(《滃云山房乙卯藏书目记》)

可是，章学诚三十一岁时是他个人生计上的一大转折。这年冬天，他的父亲在应城去世了。章学诚不但贫不能奔丧，还要立即挑起全家生活的重担。章学诚无伯叔，无兄弟，有一姊，妹妹很多。门衰祚薄，一无依傍。他本人又是早婚，十四岁即娶俞夫人，那时《四书》还未念完。囿于旧时封建陋俗，后来又添一妾。这时已有三个孩子，一家老小的生活，都要他这个科名卑下、不治生产的书呆子担负，从此，一生潦倒穷困，人世间的大敌——穷神便一直把他牢牢地控制在手中。

读书要买书，研究要静心，特别是献身于学术事业者，要独立思考，不随流俗，不奔竞干禄，首先要有一个不虞匮乏的小环境，得免于饥寒；可集中思虑于研究的课题。而章学诚一家十七八口，自从靠湖北运粮船将他父亲灵柩运到北京后，都到了京城。拖家带眷，米珠薪桂，又要付房租，岁月甚长，他的一支笔挑得起一家生活的担子吗？在苦饥谋食之际，经常连全家人鼻子底下一小横都不能妥善应付，他还始终没有忘情于史学与编辑学的研究。人总得要解决吃穿等生活问题，才能专心从事学术文化活动，这需要多大的决心和毅力啊！

章学诚在生活的旋涡中挣扎，而致力于学术研究之志甚坚。在《与族孙汝楠论学书》中，自言往日读书专务涉猎，泛览大意，好立议论，高而不切，而今接受戴震、朱筠诸家的影响，觉得不应枵腹空谈义理。他很痛苦地说：

> 家贫亲老，勉为浮薄时文，妄想干禄，所谓行人甚鄙，求人甚利也。顾又无从挟赀走江湖，枭贩逐什一；而加之言讷词钝，复不能书刺干谒；坐此日守呫哔，余力所及，不得希古人之一二。

憔悴京华，悲叹无用，他奋力治学，下功夫读史。他说：

> 闲思读书札记，贵在积久贯通，近复时作时辍。自少性与史近，史部书帙浩繁，典衣质被，才购班马而下、欧宋以前十六七种。目力既短，心绪忽忽多忘，丹铅往复，约四五通，始有端绪，然犹不能举其词，悉其名数。尝以二十一家义例不纯，体要多舛，故欲遍察其中得失利病，约为科律，作书数篇，讨论笔削大旨。

这里他既看出自己的不足，又找到努力的途径，渐渐坚定自己的为学信念，都是趋向成熟的可喜表现。所谓“讨论笔削大旨”，是致力于文史校雠的自白。所指“二十一家义例不纯，体要多舛”，要以审察其中“得失利病，约为科律”，便是他后来常讲的“史学义例”“校雠心法”，探讨古典编辑学的原理、原则与编纂方法。他后来三十年的学术活动，都沿着这个方向展开，撰著《文史通义》《校雠通义》及许多文史批评的作品，已在这时结下珠胎了。

直到三十四岁，章学诚都在国子监读书，监中膏火津贴有限。帝京号称首善之区，其实也是众恶之源。长安居，大不易，章学诚靠打零工贴补生活所需，除参加《国子监志》编辑工作外，为座师秦芝轩校编《续通典》之《乐典》，协助从兄章垣业辑宗谱文献。做这些工作，不是与上官抵牾，就是烦琐费力，殊不得意。这时友人陈本忠、邵晋涵先后成进士，任朝担任国子监丞，相互朝夕论学，尚觉契合。但贫贱下士，不合时好，章学诚说："朋辈征逐，不特甘苦无可告语，且未有不视为怪物，诧为异类者。"

乾嘉时代考据学风大盛，梁启超说：

> 乾嘉间之考证学，几乎独占学界势力，虽以素崇宋学的清室帝王，尚且从风而靡，其他更不必说了。所以稍为时髦一点的阔官乃至富商大贾，都要"附庸风雅"，跟着这些大学者学几句考证的内行话。

这种学风怎样形成的呢？梁启超也有生动的解释：

> 凡当权者喜欢干涉人民思想的时代，学者的聪明才力只有全部用去注释古典，欧洲罗马教皇权力最盛时，就是这种现象。我国雍乾间也是一个例证。记得某家笔记说："内廷唱戏，无论何种剧本都会触犯忌讳，只得专排演些《封神》《西游》之类，和现在社会情况丝毫无关，不至闹乱子。"雍乾学者专务注释古典，也许是被这种环境所构成。(《中国近三百年学术史》三《清代学术变迁与政治的影响》)

鲁迅论清政府的文化统治称："单看雍正、乾隆两朝的对于中国人著作的手段，就足够令人惊心动魄。"(《且介亭杂文·病后杂谈之余》）鲁迅又说：

> 讲历史的，尤其是讲宋末的事情的人被杀害了，讲时事的自然也被杀害了。所以，到乾隆年间，人民大众便不敢用文章来说话了。所谓读书人，便只好躲起来读经，校刊古书，做些古时的文章，和当时毫无关系的文章。有些新意，也还是不行的。（《三闲集•无声的中国》）

章学诚的社会政治思想本是很正统的，他明确承认满洲贵族入主中原的合法性，维护封建专制统治。他不过批评当时盛极一时的学风，认为空谈义理的宋学会误国，埋头考据的汉学也害事。理学之失在于“舍器而言道”，考据学之失则在于“溺于器而不知道”。粉饰太平、笼络士人的清廷，给予考据家以荣遇，章学诚说：

> 于是四方才略之士，挟策来京师者，莫不斐然有天禄石渠、勾《坟》抉《索》之思；而投卷于公卿间者，多易其诗赋举子艺业，而为名物考订与夫声音文字之标，盖骎骎乎移风俗矣。（《章氏遗书》卷十八）

然而章学诚不承认什么考据家，他在《与吴胥石简》的一条小注中说：“天下但有学问家数。考据者乃学问所有事，本无考据家。”这种似肯定而又不肯定的论调，自然激怒了考据家和尊崇、扶植与利用考据者。学者专力从事三代秦汉文献的整理与考订，而章学诚高倡“六经皆史”，只是“先王”政典的历史记录，他认为学者“不知三代盛时各守专官之掌故，而非圣人有意作为文章”。当局鼓励学者一头钻进故纸堆中，解经考史，训诂名物，辑佚钩沉；而章学诚强调“经世致用”的实学，主张发扬“史意”，指斥史学界“贪奇嗜琐，但知日务增华”。当时理学家认为“工文则害道”，考据家饾饤堆砌，又不擅长写文章；章学诚以文史校雠自任，“文史之争义例，校雠之辨源流”，俗士都认为他写文章争胜斗气，专门攻刺骂人。如此等等，学术界不少人便把他“视为怪物，诧为异类”。其实他贬责学术界不良风气，力求学术必须经世，要“即器以明道”，都是为了维护封建统治，扶持纲常名教，传述忠孝节义，使学术更好地为封建统治的合理性说教。章学诚之如此不被理解，真是冤枉也哉！

他参与编辑《国子监志》工作多年，不能行其志，又不甘心屈从于权贵，终于愤而辞职。他写了一篇情辞恳切的《候国子监司业朱春浦先生书》，申述了不得已离开的苦衷。他以刘知几在唐代史馆的境遇，来暗示国子监里人事关系的黑暗，他说：

> 每慨刘子元以不世出之史才，历景云、开元之间，三朝为史，当时深知，如徐坚、吴兢辈，不为无人，而监修萧致忠、宗楚客等，皆痴肥臃肿，坐啸画诺，弹压于前，与之锥凿方圆，抵牾不入，良可伤也。子元一官落拓，十年不迁，退撰《史通》。

继而申述个人情况：

> 学诚家有老母，朝夕薪水之资，不能自给，十口浮寓，无所栖泊，贬抑文字，稍从时尚。

这已经够隐忍委屈的了！操持实权、弹压于前的国子监“萧致忠”辈，打击真才实学之士，颠倒黑白，实在令人忍无可忍，宁可摔碎饭碗，不再躬身侍候。他终于离开了国子监，准备去写《文史通义》。这个想法也曾对钱大昕前辈说过：

> 学诚从事于文史校雠，盖将有所发明。然辩论之间，颇乖时人好恶，故不欲多为人知。(《上辛楣宫詹书》)

可是，并没有获得他们的重视和指教。

生活的煎熬，境遇的冷酷，学术的追求，犹如雨雪交加，困扰着章学诚。也就在他离开国子监的这年（1771）秋天，他的老师朱筠奉命提督安徽学政。朱筠以兴起斯文为已任，惜才爱士。章学诚的好友邵晋涵是朱筠任会试同考官时进士及第的。朱筠带同章、邵及张凤翔、徐瀚、莫与俦等，一道赴皖视学，协助阅卷等事，于是联车十二乘，离京南下。

朱筠、章学诚等一行，于这年十一月底到了安徽学政官署，十二月二十六日同游采石矶，此地为诗人李白酒醉捉月溺死处，自古为江防重地，形势险要。大江流日夜，章学诚摆脱监生生活，从此投入人海中锻炼搏击了。

1772 年，朱筠在徽州试士，章学诚随从评阅课卷；结识了工于诗文的郑虎文。秋冬间致书国子监朱春浦司业云：

> 出都以来，颇事著述，斟酌艺林，作为《文史通义》。书虽未成，大指已见辛楣先生候牍所录内篇三首。

次年，经朱筠推荐，应知州刘长城之聘，主编《和州志》。夏天，在友人冯廷承的宁绍台兵备道署中做客，先后会晤戴震、汪中等学者，论学多不合。章学诚真是命途多舛，他南来的靠山朱筠，九月间因事失官，调回北京，降级任用，被派到二月间刚成立的四库全书馆担任纂修官。章学诚秋赴杭州，应浙江乡试，不中。

1774 年编成《和州志》四十二篇，但与继任学政秦潮意见不投，工作中辍。后删存二十篇，改名为《和州志隅》。他在南方又留不下来，于 1775 年秋遂回北京，交游虽广，而家境益贫，由柳树井居宅迁到前门外金鱼池陋巷。这个地名颇具讽刺意味，未能到大海中化为蛟龙，却仍成为盆鱼了！

困居北京，经师友多方筹划，1776 年方援例任国子监"典籍"，都为资格所限，只能得个图书管理员的小差事。事闲俸薄，能养家活口，还是靠朱筠、朱春浦等相助，从此开始在北京附近的一些州县里，主讲于书院，或编辑方志，赖以维持全家生活，并在困境中奋力研究学术。乾隆四十二年（1777），他已四十岁，秋应顺天乡试，考中了举人；次年，中进士。这在科举时代，自属求取功名途中一大突破。但章学诚"自以迂疏，不敢入仕"，认为自己不是做官的材料。从四十岁到六十四岁（嘉庆六年）病逝，他都靠从事编辑工作和讲学维持生活，研究学问。临终前两年，双目失明，不能写字，犹作论文，口授大略，教儿子代笔。他一生主要精力都用在文史校雠上。历年主讲的书院有：河北定州的武定书院（1777 年春），河南肥乡的清漳书院（1781 年春），河北永平的敬胜书院（1782 年春至 1783 年），保定的莲池书院（1784 年至 1786 年），河南归德的文正书院（1788 年 2 月至秋季）。

章学诚四十岁以后的二十多年间，主要从事编辑实践与理论探讨；即在书院教学时，也没有停止编辑工作。主要经历为：从三十六岁应聘至安徽和州（今长江北岸的和县）编辑州志起，毕生与编辑事业结下了不解之缘。1774 年春，编成《和州志》，开始在实践中贯彻“辨章学术，考镜源流”的主张。1777 年 5 月至 1779 年，完成河北《永清县志》，并著成我国古典编辑学的名著《校雠通义》四卷。1782 年，撰《文史通义》内篇《诗教》上下二篇、《言公》上中下三篇，另有五篇，计字二万有余。又录存数年来古文辞为《癸卯录存》。1784 年，永定河道陈琮约章学诚编《河志》。1785 年，同学好友张维祺用章学诚意见，编成《大名县志》，并曾以其稿相商榷。1787 年仲冬，因同学好友周震荣的介绍，至河南谒见巡抚毕沅，提出编撰《史籍考》计划（《论修史籍考要略》）；得其同意与赞助，1788 年 3 月就开始纂修工作。洪亮吉、凌廷堪、武亿等起初皆分任此事。1789 年 4 月至 5 月，得《通义》内外二十三篇，内有《经解》《原道》《原学》《博约》《史释》《史注》《文集》《篇卷》《说林》《知难》等。《经解》三篇乃申明“六经皆史”的见解。自言“生平为文，未有捷于此者”。同年 3 月，为安徽学使徐立纲经纪编辑宗谱事；秋冬在亳州，为知州裴振修州志。1790 年 2 月，《亳州志》编成，自谓“颇有新得”。3 月，到武昌毕沅督署，继续《史籍考》编辑工作。当时毕沅方编《续资治通鉴》，章学诚亦襄助其事。从 1790 年到1794年，他都在武昌编《史籍考》，同时兼管或参加《湖北通志》与《续资治通鉴》编辑工作。这时，他还写了《方志立三书议》《州县请立志科议》和《为毕制府拟进湖北三书序》等著名论文。《答客问》三篇及《报黄大俞先生书》，是他讨论史学、编辑学的重要文章，也是这时写成的。毕沅《续资治通鉴》经过章学诚覆审，编成时又代毕作书寄钱大昕，洋洋洒洒，申论其编辑义例，“谓此书差有功于前哲”，“使人于编年之中隐得纪传班部；以为较涑水目录举要诸篇尤得要领。且欲广其例而上治涑水原书，以为编年者法”。《湖北通志》编成后，因毕沅官职降调，靠山骤失，炎凉世态立即表现出来，他编的稿子就遭到他帮助过的人的驳议。毕旋复职，但军务紧迫，无暇顾及文事，《史籍考》编辑工作停顿。重大项目的编辑工作，如果没有当轴的大力支持与资助，是不能办成的。章学诚又风尘仆仆，到安徽求巡抚朱珪（朱筠之弟），到扬州求盐运使曾燠，又回浙江求转介于巡抚谢启昆，并致书于督学浙江的学者阮元。1797年7月，毕沅死于湖南辰州军中，章学诚应谢启昆之约，到杭州继续进行《史籍考》的编辑工作。他年岁虽老，发凡起例，总揽大成，编勘忘疲。全书粗成，犹待修饰整理，他却因眼病目盲，连历年自作的文史校雠论文，也没有能编成《文史通义》定本，便搁下了衡定古今撰著、品藻流别的朱笔。

二

章学诚为学锐利而执拗，不能与世瓦合，穷困一生在车尘马足、颠沛流离中为中国古典编辑学做出了卓越的贡献。

在中国学术史上，章学诚的独特贡献，首先在于对古典编辑学理论的探讨。这里所说的古典编辑学，是在我国学术文化工作长期发展中逐步形成的，有关文献的辑集，著述的体制，书籍的编订，义例的更新，篇章字句的校勘，注释辑佚的讲求，目录索引的编制等等，经过历代学者才士自觉或不经意的努力，其中贯串融会的思路与章法，经久而凝聚为古典编辑学的若干准则和方法。在章学诚，则称为文史校雠之学。他毫不含糊地申明："鄙人所业，文史校雠。"（《与孙渊如观察论学十规》）他所写的《校雠通义》，就是我国古典编辑学专著。他立志献身于编辑事业，一生当中大部分岁月是在编辑地方志工作中度过的。他十分坚决而又不免惆怅地说：

> 丈夫生不为史臣，亦当从名公巨卿执笔充书记，而因得论列当世，以文章见用于时，如纂修志乘，亦其中之一事也。（《答甄秀才论修志第一书》）

在古代，史臣就是封建王朝的编辑工作者。

章学诚生前很少被人理解，死后著作逐渐刊布，他提出的"六经皆史"的命题，为学术界所重视，在经学史与史学史研究中发生重要影响。他的《校雠通义》之作及《文史通义》的若干篇章，其著述宗旨，是"专为著作之林校雠得失"，不仅"校雠"汉学、宋学著作的得失，还要"校雠"所见各种文史著作的得失。"校雠"一词，在章学诚的认识中就是编辑；"文史校雠"之学，就是古典编辑学。他所倡言的"六经皆史""道不离器"，是他的历史哲学思想的核心，据此发挥经世理论，反对离器言道、空洞说教，从而批判乾嘉时代高踞庙堂的宋学和盛极一时的汉学，在中国思想史上具有重大意义。他毕生从事的文史校雠，执着道器合一观点，在学术渊源上，追奉汉代刘氏父子，身受浙东史学抚育，强调先明大道，以辨章学术、考镜源流为己任，结合古今图书的产生和发展，从古典编辑学的高度，来审视著作之林的得失，在中国编辑史上揭开了崭新篇章。这就是大编辑家、文史评论家章学诚学术活动的主要历史意义。

大约在1920年左右，学术界注意研究章学诚的生平学术活动。首先有胡适的《章实斋先生年谱》和何炳松的《章学诚史学管窥》。胡适在1922年日记中说："我费了半年的闲空工夫，方才真正了解一个章学诚。作学史真不容易!"《年谱》四十二岁（1779）条下写道："是年著有《校雠通义》四卷。"胡适评述道："今存三卷，共十八篇。中多有极重要的见解，往往与《文史通义》互相发明。""他极力推崇刘向、刘歆父子，故有《宗刘》之篇。他论校书之法，很多可注意的。"这里的"校书"一词用得很不严密，不过看得出是指校勘书籍，并非旧时对妓女的雅称。

研究章学诚校雠之学的前辈学者，可憾的是，都拘泥于"校雠"一词的字面意义，从而解释其由来，以论断学诚撰著《校雠通义》之本义。目录学家、校勘学家们都注意到刘向在其《别录》中经常将"校雠"和"校"同时互用，征引《晏子书录》《孙卿书书录》，《文选・魏都赋》李善注，《风俗通》以及《太平御览》卷六一八所引刘向《别录》与李善注引文的略有不同。再进一步引许慎《说文解字》谓"校"字本义为校正，陆德明《经典释文》在《周礼・夏官・校人》下释为比较，等等。章学诚所崇奉的刘向在汉宫编辑整理工作，似乎仅仅是校勘文字异同而已。目录学家几乎无不尊奉章学诚，肯定《校雠通义》是“我国目录学史上一部古典名著”，则刘向、刘歆父子三十多年的工作，却又仅仅是整理一部书目而已。综上所论，《校雠通义》不过为校勘、编目而作。学者寻根，自然不同于曩昔宗族修谱，通常要找一位帝王将相作为远祖，而是追寻学术发展的渊源关系，从刘氏父子的业绩中找出学术工作的共同点，是完全可以理解的。不过，要将前人的工作放在一定的历史地位，不宜缩小或扩大以投合今人的工作。校正文字，编制目录，从中可以找出校勘学、目录学的端绪，但只是刘氏父子编辑整理古代典籍撰著的工序之一。他们所从事的编辑工作，经过求书、选择、校勘、分类、编目、写成定本等程序，并作出学术性的总论和分论。《别录》《七略》原书虽已亡佚，它的原文、精神仍旧存活在《汉书·艺文志》中。正如范文澜所说：“它不只是目录学、校勘学的开端，更重要的还在于它是一部极可珍贵的古代文化史。”（《中国通史》修订本第二编）继古代典籍的整理与解释者孔丘之后，这是古典编辑学在实践中首次取得的辉煌成果。令人感到为难的是，章学诚自己特意郑重申明他所说的校雠学并不是什么目录学：

> 校雠之义，盖自刘向父子部次条别，将以辨章学术、考镜源流，非深明于道术精微、群言得失之故者，不足与此。后世部次甲乙，纪录经史者，代有其人，而求能推阐大义，条别学术异同，使人由委溯源，以想见于坟籍之初者，千百之中不十一焉。（《校雠通义·叙》）
>
> 由刘氏之旨以博求古今之载籍，则著录部次，辨

章流别，将以折衷六艺，宣明大道，不徒为甲乙纪数之需，亦已明矣。（《校雠通义·原道第一》）

章学诚一贯自命不凡，直言不讳，论锋可畏。他认为校雠之学，不仅仅是为了寻求、整理、保管图书而已，而是十分重视辨章学术、考镜源流，必须深明大道，能推论其要旨。他用卑视的口吻，将目录工作称之为“甲乙著录”“部次甲乙”及“甲乙纪数”等。尽管与他同时代而年稍长的学者，肯定“目录之学，学中第一紧要事”（王鸣盛《十七史商榷》卷一），他却断然否认目录学之名：

校雠之学，自刘氏父子渊源流别，最为推见古人大体，而校订字句，则其小焉者也。……郑樵始有窥见，特著校雠之略。……近人不得其说，而于古书有篇卷之差，叙例同异当考辨者，乃谓古人别有目录之学，真属诧闻。（《章氏遗书·外编》卷一《信摭》）

继章学诚之后，学者以“校雠”命名撰述者，如今人胡朴安、胡道静《校雠学》，蒋元卿《校雠学史》，蒋伯潜《校雠目录学纂要》，刘咸炘《校雠述林》《续校雠通义》，向宗鲁《校雠学》，范希曾《校雠学杂述》，杜定友《校雠新义》等，其中有的发挥章学诚之说，认为“版本目录之士，无与于学”，有的讲校勘和目录学，有的甚至一反章说，认为“辨章学术者，校雠之余事；是正文字者，校雠之本务也”。

关于校雠的争议，校雠与校勘学、目录学等的关系，论争已久，学者各执一端，相持不下。清末朱一新《无邪堂答问》

卷二称：

> 目录、校雠之学所以可贵，非专以审订文字异同为校雠也。……世徒以审订文字为校雠，而校雠之途隘；以甲乙簿为目录，而目录之学转为无用。多识书名，辨别版本，一书估优为之，何待学者乎？

余嘉锡《目录学发微》则云：

> 校雠正是审订文字，渔仲、实斋著书论目录之学，而目为校雠，命名已误。朱氏之说非也。特目录不专是校雠、板本耳。

杜定友《校雠新义·编次第七·目录学论七之一》明确表示："目录惟便检查，于学术源流、文章派别无所与焉。"他批评章学诚："文人好高骛远，宗刘为尚。"针对《校雠通义》一之三云："是则目录与书目之别又不分矣。甲乙纪数，此正为目之要义，学诚未之辨耳。"在《校雠第十·正名论十之一》中又说：

> 校雠之术，实为治学之法，固与书目学、目录学无所关系；且书有书之校雠，目有目之校雠，版有版之校雠，似未可以专学也。故校雠不可以名家。但自郑、章而后，其义斯混。

蒋元卿《校雠学史·绪论》驳称：

> 此说初看，似可言之成理，其实未必尽然。既云“书有书之校雠，目有目之校雠，版有版之校雠”，则校雠自当与书、与目、与版有关，何云无耶？至所谓“未可以专成一学，不可以名家”，更属匪是。考校雠之学，启于孔子，昌于西京，明于南渡，而极盛于有清，其义昭，其说创，其源远，其流长，奚不可以名家？且其说之“持之有故，言之成理”“各推所长，穷知究虑”，又胡不可称为专学耶？

虽然章学诚高倡校雠之学，卑视目录学，当世不少目录学者出于对章氏的尊重，则仍冷静评估他的《校雠通义》，思考缩短与他认识上的差距，力谋论定《校雠通义》就是为如何编订目录而作。王重民《校雠通义通解》附录二《章学诚大事年表》五十一岁条下称：

> 《校雠通义》是一部杰出的阐述目录学方法、理论的专著。……我认为《校雠通义》和郑樵《通志·校雠略》不同的地方在于：郑樵的方法和理论是针对着封建政府校书编目的工作而发的，章学诚则主要是针对着编辑专科目录的方法、理论而发的。

他在《通解》卷一《原道》的“不徒为甲乙纪数之需”后所写的按语中说：

> 章学诚把《七略》看做是我国古代具有很高水平的目录典型。……章学诚把上述那种有高度水平的目

> 录叫作校雠学，把“徒为甲乙纪录（数）之需”的简单目录才叫做目录学。这是名称和范畴的不同。

蒋元卿1934年出版的《校雠学史》即言：

> 校雠之事，常人每以为能两本勘比，记其异同，便自翊为能事，其实不然。校雠之学，本来就是治书之学。自狭义言之，则比勘篇籍文字同异而求其正。自广义言之，则搜集图书，辨别真伪，考订谬误，厘次部居，以及于装潢保藏等，举凡治书事业，均在校雠范围之内。故范希曾说：“细辨乎一字之微，广极夫古今内外载籍浩瀚，其事以校勘始，以分类终。明其体用，得其緦理，斯称校雠学。”（《校雠学杂述》）

以上为按横向关系解释校雠广义、狭义内涵。钱亚新《试论章学诚校雠学说的中心思想》，则按纵向比较而言：

> 刘向的解释校雠，仅就比勘篇籍文字的异同而求其是正的狭义来说的。郑樵所取校雠之义，较为广泛，举凡收集图书、设官专守、辨别真伪、校订谬误、确定类例、评究编次、设法流通等等，都包括在内。而其主要目的，在于“即类求书，因书究学”。到了章氏手里，又向前发展了一步。他认为除包括郑樵所举的以外，还应该论及文字的创始、著述的兴起、官师的传授、校勘的工具、图书的典藏等等。而其中心思想，则在“即类求书，因书究学”的基础

上，更进一步要求达到“辨章学术，考镜源流”。

张舜徽《中国校雠学叙论》认为：

> （校雠）实际上包括了版本、校勘、目录三方面的内容。这三者便是校雠学的具体部分。假使缺损其一，都不能成为完整的校雠学。我们只看刘向、刘歆、郑玄、陆德明等几位大家在校雠学上取得的重大成就，便可知道校雠学的范围有多广大。

所以他在《广校雠略》一书中郑重指出，必须合校勘、版本、目录三者，始可称为完整的学术。在《中国古代史籍校读法》中指出：“目录、版本、校勘，都只是校雠学的几个组成部分。”他赞同章学诚的意见，“目录不能自成为学，但举校雠，足以包括无余。”姚名达在1928年为胡适校补《章实斋先生年谱》，在序中自云“对于章先生的渊源应该是很亲切的了解了”，他为了避免与校勘学相混，又兼顾流行的目录学之名，他后来提出不采用校雠学名称，而分校雠学为广、狭二义，其广义为目录学，其狭义为校勘学，在《中国目录学史·叙论》中说：

> 学诚之所谓校雠学，正吾人亟应提倡之真正目录学；而其所鄙薄之目录学，却又相当于狭义之校雠学——校勘学也。……夫目录学分类之目的，正欲人“即类求书，因书究学”。同类之书所以须按时代排列者，正欲“考镜源流”。编目之法所以详列各书梗概

> 者，正欲“辨章学术”。此所谓“部次条别”者，正广义校雠学之目录学所应负责之事。古人既早已名此种著录书名之书为目录，则正名为目录学也实最适宜，何必拘守郑樵不甚通道之旧名，致使人误认为狭义校雠学之校勘学哉？

对于姚名达所解释的章学诚的校雠学，有些目录学家认为“这话比较通达合理”（罗孟祯《中国古代目录学简编》第四章）；有的目录学家，对章学诚强调“辨章”“考镜”，高标校雠之学而贬目录学，不能理解，以为不妥。刘国钧 1928 年发表《图书目录略说》时提出：治目录学宜略知中外目录学之同异。他认为：

> 就其所藏书而为之纪录者，无论详略，皆书目也。泛录图书名目，或纪载其历史，或表著其内容，凡以载书籍之本身与内容之情况为目的而不限于一定之书藏者，无论其精详与否，皆所谓书志也。至于著述史则着眼于学术之发展，其所讨论者特重著作之思想，固已离开书籍之本身矣。

这段话是针对章学诚《校雠通义》而发的，目录学研究所藏书如何记录，若着眼于学术的发展，从事“辨章”“考镜”，那便是研究著述史了。刘国钧看出《校雠通义》所研究的课题不能与目录学所研究的课题径直画等号，然而没有进一步去探索《通义》为何而作。他的学生曹慕樊说：

> 时间过了半个多世纪，刘先生后来讲目录学课，也没有再专作中西异同的比较论断，但他仍认为章实斋论校雠，强调向、歆之学，旨在辨章学术、考镜源流是不妥当的。刘先生以为辨章学术、考镜源流是学术史的职志，目录学须言不离书。如果讲目录学只是守着这八字方针，那么目录学和学术史就划不清界线了云云。

曹慕樊不同意师说，接着指出：

> 这是一个值得讨论的问题。浅见以为：如果辨章学术、考镜源流的主旨是寓于图书分类的叙列和叙解中，即与学术史的纯倚议论、各为一体，似难视为等同。(《目录学纲要》第一章第五节)

他把"辨章""考镜"看作是中国目录学的"高瞻远瞩的气概"。恐离讨论章氏《通义》过远，不再引录。

章学诚《校雠通义》开宗明义所言，即引起这样纷繁复杂的解说和论争，其中以目录学家们的讨论最为热烈，可见其对学术界的影响深远。在后世学者的目录学著述中，热忱寻根溯源，无不企图从中找出思想联系、理论与方法。从《校雠通义》中寻求学术渊源关系，探讨我国目录体制上的优良传统，是诚然必要的。但是，恕我放言，可憾的是，对校雠僵硬狭隘的理解，形成了观察的视差。既有不少正确的意见，也有相当牵强的说明，以偏概全，以意为之，不免难以自圆其说，争论源于割裂历史。予人的印象，仿佛以为先有目录，而后方有编就的图书。其实目录学者大著的开篇中，论及目录学产生和发展的过程，也都承认："目录在我国有着悠久的历史，它是在图书出现以后产生发展起来的。"（武汉大学、北京大学编《目录学概论》）"任何国家的目录学都是遵循着这个规律产生和发展起来的。"（徐召勋《学点目录学》）这就是说，必须先经编辑整理审校成书，而后才有目录。很多前辈学者，对于章学诚的《校雠通义》，十分重视而未能直面平视，力求通解而未遑全得正解。固然，书有两用，理有互通，但任何学术著作都是一定历史条件之下的产物。因此，必须放在具体历史条件下来考察章氏著作的缘起和本意，从全部编辑实践的总过程中来思考目录的编制思想。笔者学殖浅陋，读书不多，虽然看到有的学者已接触到《校雠通义》为何而作的问题边缘，但一语破的，揭示其要义者，仅见于《出版工作》1987 年第 4 期所载周振甫《古代的编辑学》一文，副题是《章学诚〈校雠通义〉》。该文极其简赅地说：

> 清代章学诚著有《文史通义》，后有《校雠通义》，它实际是古代的编辑学。

有关《校雠通义》的不少解说、疑难、困惑、矛盾与驳论等等，我以为，首先是由于没有从古典编辑学的角度去考察而产生的。下文容道其详。

三

乾隆四十年（1775）秋天，章学诚从江南失望地回到北京，住在金鱼池陋巷，境况益贫。次年才援例得到国子监典籍的卑微职务。其时，四库全书馆开设已经三年，老师朱筠调充四库全书纂修官也有两年。他的其他师友朱珪、邵晋涵、周永年、任大椿、侍朝等，也都进了四库馆任职。在此前三年，开始撰写《文史通义》论文时，同时为编辑《和州志》编写了《艺文书》，发挥“辨章学术，考镜源流”的思想。后来又将这篇论文的前一部分改题为《和州志艺文书序例》。根据“辨章”“考镜”的学术思想，这些年间盘旋在他脑中的是要写出一部《校雠略》来，但受内外因素影响，笔耕中思绪摆动不定，于1779年写成《校雠通义》四卷。这时，正是四库全书的编辑工作开始进入紧张阶段。既为他敬佩又受他批驳的汉学大师戴震，在四库馆中五年备受尊重，虽已不幸去世，“为名物考订与夫声音文字之标，盖骎骎乎移风俗矣”（《章氏遗书》卷一八）。乾隆皇帝“以期校成善本，嘉惠艺林”，但检阅所编书籍，仍然发现一些错误，降旨严责：“若此任意疏忽，屡训不改，长此安穷!”（乾隆四十四年二月二十六日上谕）当时任四库全书首席副总裁的梁国治，曾任丁酉年顺天乡试主考官，是章学诚中举的座师，其现任职衔是经筵讲官、太子少傅、户部尚书、教习庶吉士，只能照顾章学诚在他府邸家塾教书。章学诚在京经常出入朱筠之门，讲学论文，言谈如泉涌，毫无拘束，又与一些纂修官时相往还。且朱筠奏请开馆编辑《四库全书》，可能与章学诚大有关系，胡适所编章氏年谱中曾谓“此奏似实斋与邵晋涵都曾与闻”。戴震以举人特召为纂修官，章学诚在学术界与人寡合，知名度不够，中举后无由获此殊荣，未被推荐进四库全书馆担任皇家编辑工作。以上种种，综合作用于一身，对于自视为“有得于向、歆父子之传”（《清史稿》

卷四八五）的章学诚，在思想、学术和创作上都会形成一种强有力的推动，于是，针对四库全书的编辑工作，他写出了《校雠通义》初稿。

刘节《中国史学史稿》十九《章学诚的史学》一章，对他的学术渊源体系，之所以撰著《校雠通义》的思想根源，曾作十分简要的论述：

> 自魏晋南北朝以来，文史之学，已有专著阐发其中相关之理，如刘勰《文心雕龙》有《原道》《征圣》《宗经》《史传》各篇。到了初唐，刘知几著《史通》，就以专论史家著史为目的。宋朝的郑樵著《通志》，其中《校雠略》上继刘歆、班固，但是深辟断代作史之非。同时又有高似孙者，作《史略》，评骘五代以前史籍略尽。章学诚的学问，主要是出于这一系统，而尤重刘向、歆父子的考辨学术流变之学。其所著《校雠通义》，正在清代开四库馆的时候，章氏的好友邵晋涵参与其中工作，而章氏竟未能有机会参与四库全书馆的编辑工作，这是他私心引以为憾的。

这一段话，就把章学诚写《校雠通义》的思想背景和缘由完全道破了。

敬服章学诚而又将他限定为目录学家加以介绍者，似乎忘却了本应熟知的目录在古代的起源了。远古的文献、著述，多系单篇，起初尚无目录可言。后来辑集成书，或编写成部著作，作者的自序中详细叙述写作的动因、旨趣，便具有目录的作用。《史记》本来没有目录，《太史公自序》谈到写作各篇的情况，就有目录的性质。班固撰《汉书》，写了《叙传》说明全书一百篇内容，“述高纪第一”“述惠纪第二、高后纪第三”“述文纪第四”等等，便可看作《汉书》的目录。刘向校辑群书，在寻检众本、校勘字句、辨伪辑佚、酌定书名篇目、考辨学术源流、掌握全书内容等项后，亦即世称“条其篇目，撮其旨意，撰成叙录”。该书的目录往往是叙录中的一个部分。刘氏父子前后三十多年的编校工作，岂仅仅为皇家图书馆“部次甲乙”？从汉成帝着刘向校辑古书的诏令，从章宗源、洪颐煊、严可均、黄奭、姚振宗等所辑叙录中，难道不都可看出刘氏父子所开展的是门类、工序众多的编辑工作吗？前引《章学诚大事年表》，注意到“四库全书馆开办三年”，章学诚的师友们进馆工作，乾隆“以继承刘向校书的事业做号召”等等，言及章学诚的校雠学，则仍在其后用括号加注“即目录学”字样。不过，前引《大事年表》在乾隆五十三年条下，说道：

> 四库馆的考订之风仍然继续着，扩大着（章学诚不知道是乾隆的政策），这都不能不使章学诚愤慨，有必要著成他的《校雠通义》，把他的目录学方法和理论公布出来，冀以影响当世。

在这一段话之上，将四库馆的编辑工作称为“校书编目工作”；在这一段话之下，紧接着又写道：

> （章学诚）并针对着四库全书馆所造成的风气与戴震考据学的影响，撰成论文，从文史书籍编纂学和史料学的异同与功用着眼，高瞻远瞩地评论了这时期

的学风和工作。

这里既是“校书编目”，又是“文史书籍编纂学”，概念之纷繁转换不清，正是章学诚在《通说》中所批评的偏而不得其全，思路塞而不通的结果。

前引钱亚新《辨章学术，考镜源流》一文则稍有不同，注意到章学诚发表了针对四库全书馆编辑工作的意见。四库全书馆开馆之初，即有征集图书之举，章学诚认为，在校雠工作亦即编辑工作中，讲求“辨章学术，考镜源流”，就必须广求天下遗书，很赞同郑樵提出的求书八法。钱亚新又指出：

> 他还主张要多储副本，以待质疑雠正。在进行校勘时，不论文字有所更定或持异说，均当注明原文，以存其真。在乾隆封建淫威之下，正以修纂《四库全书》来消灭民族思想，摧毁反清文献的时候，能够发出这种大胆的言论，这是章氏继承发扬我国史学上及校雠学者优良传统精神的具体表现。

章学诚心高而命不强，《校雠通义》初稿写成后两年，乾隆四十六年春三月，往河南谋事未成，归途遇盗，尽失其行囊及生平撰著未刊稿。《校雠通义》前为知好家抄存三卷者幸有数本，第四卷已不可得，自己亦忘却具体内容。文史校雠之学是他钻研的主题，以后又陆续写出若干论文，曾将其中三篇题名为《续通志校雠略拟稿》，有时且径称《校雠略》，打算编为《文史通义》外篇。在胸中筹划多年，才决定别出单行，与《文史通义》并列，于 1788 年计划编纂《史籍考》时修改定稿。直到他死后三十一年（1832）才由他次子章华绂刻于大梁，但仅有三卷。1921 年吴兴刘承幹所刻《章氏遗书》本，《校雠通义》增外篇一卷，包括论文二十一篇，为萧山王宗炎校订时所编辑。有人认为“与内篇的关系不大”，其实序言书后，读稿商语，审校书简，正体现其编辑学思想。中有《读〈北史·儒林传〉随札》一文云：

> （惠蔚）迁秘书丞，见典籍未周，及阅旧典，先无定目，新故杂糅，首尾不全，有者累帙数十，无者旷年不写，请依前丞卢昶所撰《甲乙新录》，欲裨残补阙，损并有无，校练句读，以为定本，次第均写，永为常式。其省先无本者，广加推寻，搜求令足，求令四门博士及在京儒生四十人，在秘书省专精校考，参定字义，此是刘向、刘歆校雠之业也。

章学诚在这段读书札记里给刘氏父子的校雠之业，无形中下了定义。他很具体地叙述了惠蔚在秘书省的编辑工作，从搜集材料，专精校考，参定字义，裨残补阙，次第均写，到编定本，永为常式。这所谓校雠若不是编辑事业，那会是什么呢？札记中还批评了《北史·儒林传》取材、叙事、议论的失当，也属于文史校雠的本分，与内篇的论说相配合呼应，正是读稿编书的切实参考材料，包含着古典编辑学的一些原则。

《校雠通义》的思想基础，在卷一的第一章《原道》。从《文史通义·诗教》下的自注中可知，本文原拟在《校雠略》中题名为《著录先明大道论》。这一章阐明文化学术与编辑工作的起源，可以作为文化史和图书编辑史看。《原道》云：

理大物博，不可殚也，圣人为之立官分守，而文字亦从而纪焉。有官斯有法，故法具于官；有法斯有书，故官守其书；有书斯有学，故师传其学；有学斯有业，故弟子习其业。官守学业皆出于一，而天下以同文为治，故私门无著述文字。

后世文字，必溯源于六艺。六艺非孔氏之书，乃《周官》之旧典也。《易》掌太卜，《书》藏外史，《礼》在宗伯，《乐》隶司乐，《诗》领于太师，《春秋》存乎国史。夫子自谓“述而不作”，明乎官司失守，而师弟子之传业，于是判焉。秦人禁偶语《诗》《书》，而云“欲学法令者，以吏为师”。其弃《诗》《书》，非也；其曰“以吏为师”，则犹官守学业合一之谓也。由秦人“以吏为师”之言，想见三代盛时，《礼》以宗伯为师，《乐》以司乐为师，《诗》以太师为师，《书》以外史为师，《三易》《春秋》亦若是则已矣，又安有私门著述哉？

他从社会历史发展的过程立论，认为我国从上古三代到战国以前，经过了学术在官、官师合一和无私人著述的时期。在古代社会中，贵族中的某些人从事脑力劳动，垄断文化知识。其中的卜筮官、史官、乐师们是享有重要地位的文化、宗教官员，也是和原始编辑工作关系密切的人物。最初的占卜记录、国事史料、礼仪乐曲等等，都是由于他们职务的需要而经他们之手编订的，《尚书·多士》因云：“惟殷先人，有册有典。”章学诚在那时对原始文化的起源和编辑工作的萌生具有如此认识，是很了不起的成就。在《文史通义》的卷首，第一句话就是

“六经皆史也”。书中说：

> 古人不著书，古人未尝离事而言理，六经皆先王之政典也。（《易教》上）
>
> 官师守其典章，史臣录其职载。文字之道，百官以之治，而万民以之察，而其用已备矣。……六艺存周公之旧典，夫子未尝著述也。（《诗教》上）
>
> 学者崇奉六经，以谓圣人立言以垂教，不知三代盛时，各守专官之掌故，而非圣人有意作为文章。（《史释》）

他指出：“夫子之时，犹不名经也。”（《经解》上）这就把封建政治、文化极端尊崇的经书的神圣外套剥去了！他认为：

> 至战国而官守师传之道废，通其学者，述旧闻而著于竹帛焉。（《诗教》上）
>
> 至于官师既分，处士横议，诸子纷纷著书立说，而文字始有私家之言，不尽出于典章政教也。（《经解》上）

侯外庐《中国早期启蒙思想史》说：“章学诚在史学上的重要见解，是在于他的古代文化史论。”最早的编辑、远古的典籍以及战国时期私人著述的出现，在他的古代文化史论中都有简略的论述。章学诚的谬误，在于他迷信晚出的《周礼》。他把古代文化的起源和发展，都归于《周礼》的三百六十官的职掌之内，样样都有事先确定的周密计划，即所谓“《周官》之旧典”。中国的文化典籍、学术思想、名物制度，全部都溯源于《周礼》，这是一种荒唐的附会。

《六经》只是“典章”“职载”的记录，章学诚的这种思想，是从他的“道”“器”关系的认识出发的。《校雠通义》认为“辨章”“考镜”的文史校雠工作，“非深明于道术精微”不足与此，所以第一章《原道》就是“先明大道论”。《文史通义》的《原道》篇中提出“道不离器，犹影不离形”的唯物论命题。在《匡谬》篇里又说：

> 《易》曰：“一阴一阳谓之道”，是未有人而道已具矣。“继之者善，成之者性”，是天著于人，而理附于气，故可形其形而名其名者，皆道之故，而非道也。道者，万事万物之所以然，而非万事万物之当然也。

道是指自然的规律，器则指存在的事物。他将这种哲学观点运用在图书编辑工作和学习研究中，说道：

> 后世服夫子之教者自《六经》，以谓《六经》载道之书也，而不知《六经》皆器也。《易》之为书，所以开物成务，掌于《春官》太卜，则固有官守而列于掌故矣。《书》在外史，《诗》领大师，《礼》自宗伯，乐有司成，《春秋》各有国史。三代以前，《诗》《书》六艺，未尝不以教人，不如后世尊奉《六经》，别为儒学一门，而专称为载道之书者。
>
> 故夫子述而不作，而表章六艺，以存周公旧典

> 也，不敢舍器而言道也。而诸子纷纷，则已言道矣。（《原道》中）

学习研究中也有“道”“器”关系：

> 夫子曰：“下学而上达。”盖言学于形下之器，而自于形上之道也。（《原学》上）

他的《与陈鉴亭论学书》云：“《原学》之篇，即申《原道》未尽之意。”文史校雠之业，以推明大道为先。这是章学诚阐明的古典编辑学的又一原则。

关于“道”的形成与出现，章学诚有一段很形象的提法，他用人类社会的发生与发展来说明：

> 天地之前，则吾不得而知也。天地生人，斯有道矣，而未形也。三人居室，而道形矣，犹未著也。人有什伍而至百千，一室所不能容，部别班分，而道著矣。仁义忠孝之名，刑政礼乐之制，皆其不得已而后起者也。

他似乎已了解由原始公社逐步向文明社会演进的过程，从社会发展的历史观点来说明“道”之形成与出现。随着社会发展的“不得不然之势”，“而作君作师，画野分州，井田、封建、学校之意著矣。故道者，非圣人智力之所能为，皆其事势自然，渐形渐著”（《原道》上）。

章学诚对于“道”的看法，来自《周易》，认为道出于自然。“道有自然，圣人有不得不然。”“道无所为而自然，圣人有所见而不得不然也。”（《原道》上）这是对当时显学的一种抗议，因为经学家说道在《六经》，通经所以明道。章学诚说《六经》皆史，是器不是道。“彼舍天下事物、人伦日用，而守六籍以言道，则固不可与言夫道矣。”（《原道》中）这就发挥了他所推许的戴震《论性》《原善》诸篇的观点。他在孔孟之外能肯定诸子：

> 诸子之为书，其持之有故，而言之成理者，必有得于道体之一端，而后乃能恣肆其说，以成一家之言也。（《诗教》上）

他既肯定离经的诸子，更大胆地认为可以到《六经》以外去求道：“离经传而说大义，虽诸子百家未尝无精微神妙之解，以天机无意而自呈也。”（《校雠通义》外篇《吴澄野太史〈历代诗抄〉商语》）这是继承清初学者们的优良传统的自白。

时代发展了，道随着起变化，时异势殊，编辑出版的书籍也会随之变化：“文人之心，随世变为转移，古今文体升降，非人力所能为也。”（《与邵二云论文》）史书体裁随着社会的发展而变化，而且后来居上：“《书》无定体，故易失其传；亦惟《书》无定体，故讫之者众。”（《书教》中）“《尚书》无定法，而《春秋》有成例。”“《尚书》变而为《春秋》，则因事命篇，不为常例者，得从引事属辞为稍密矣。《左》《国》变而为纪传，则年经事纬，不能旁通者，得从类别区分为益密矣。”他说：“纪传行之千有余年，”后世学者相承，“斤斤如守科举之程式，不敢稍变；如治胥吏之簿书，繁不可删。”“纪传实为三代以后之良法，而演习既久，先王之大经大法，转为末世拘守之纪传所蒙，曷可不思所以变通之道欤?”（《书教》下）从哲学观点到编辑体例，都从社会历史发展变化着眼，“天时人事，今古不可强同，非人智力所能为也”，“势使然也”（《博约》下)。他一贯主张学古通今，明道经世，《校雠通义》言之略，而《文史通义》言之详。文史校雠的重要见解，尤其在学术源流与编辑义例方面，两本《通义》互相发明，互为补充。

侯外庐在前揭书中说：“学诚的《文史通义》为文化史的理论，《校雠通义》是学术史的概论。”他根据章氏《释通》一文，解释“通义”的所谓“通”，“在于认识人文的流变”。因而他又指出：“学诚所谓校雠，尚不同于今之学术史的编制，而是一种艺文学案，企图在群书汇编中，说明其中的源流变化。”怎么去汇编群书，以说明学术源流变化呢?章学诚在《校雠通义》内篇《互著》中申明：“不徒为甲乙部次计。如徒为甲乙部次计，则一掌故令史足矣。”那么，汇编群书就是编辑工作。刘节在前揭书中指出：

> 章实斋的时代，正是乾隆中叶修《四库全书》事业最鼎盛的时代。清代于乾隆三十七年下令访书，开四库馆，到了乾隆四十七年，全书告成。正是章氏三十五岁到四十五岁的年代。章氏在这一段时间，大部分任在北京，所以他心里很想能参与四库馆的工作。因此我们觉得《校雠通义》一书的写作，是有目的的。……《校雠通义》的写作，正是表示着他对于四库馆工作的向往心情。

理解《校雠通义》，如果忘记从这个背景去把握其要义，势必会南辕而北辙了。

四

章学诚的代表作《文史通义》与《校雠通义》二书，他本人是非常重视的，曾直言不讳地说：“平日持论，关文史者，不言则已，言出于口，便如天造地设之不可摇动。”（《又答朱少白书》）“然辩论之间，颇乖时人好恶。”（《上辛楣宫詹书》）但他论学态度坚定不移：“中间议论开辟，实有不得已而发挥，为千古史学辟其蓁芜。”他又很矜持：“自信发凡起例，多为后世开山。”（《与汪龙庄书》）可是，比如《校雠通义》，后世有些学者只断定它“是我国古典目录学专著中最重要的一部，它对于我国近百年来的目录学方法、理论一直发生着很大的影响”，“系统地阐述了我国目录学史中编制目录的方法、理论和观点”。尽管章学诚不断申明“不徒为甲乙部次计”，而解释者总强调在书中“章学诚运用自己的目录学方法、理论”，肯定他所讲的校雠“即目录学”，以求自圆其说。章氏的校雠学，刘节《中国史学史稿》中有一句颇有分寸的评论：“有似乎近来人所谓目录学。”究其实质，远非目录学所能概括阐述的，这就必须回到《章氏遗书》，请章学诚自述其毕生从事的文史校雠之业的性质和意义。

早在二十九岁（1766）读书国子监时，《与族孙汝楠论学书》称：

尝以二十一家（史部书）义例不纯，体要多舛，故欲遍察其中得失利病，约为科律，作书数篇，讨论笔削大旨。而闻见寥寥，邈然无成书之期。况又牵以时文，迫以生徒课业，未识竟得偿志否也。

三十五岁那年，开始写《文史通义》，初期曾拟将《校雠通义》的内容作为外篇，称为《校雠略》，抄寄三篇给钱大昕，并在信中说："学诚从事于文史校雠，盖将有所发明。"这就不是"徒为甲乙部次计"的口气。同年《候国子监司业朱春浦先生书》云："出都以来，颇事著述，斟酌艺林，作为《文史通义》。书虽未成，大致已见辛楣先生候牍所录内篇三首。"

其后，《与严冬友侍读》书中说：

思敛精神为校雠之学，上探班刘，溯源《官礼》，下该《雕龙》《史通》，甄别名实，品藻流别，为《文史通义》一书，草创未多，颇用自赏。

《家书二》说：

吾之所为，则举世所不为者也。如古文辞，近虽为之者鲜，前人尚有为者；至于史学义例，校雠心法，则皆前人从未言及。

《与陈鉴亭论学书》说明自己著作宗旨：

古人著《原道》者三家：淮南托于空蒙，刘勰专言文指，韩昌黎氏特为佛老塞源，皆足以发明立言之本；鄙著宗旨，则与三家又殊。《文史通义》，专为著作之林校雠得失；……其所发明，实从古未凿之窦。

五十七岁（1794）编成《湖北通志》后回乡，四十余年远道归来，与陈观民工部《论史学及〈湖北通志〉书》云：

仆论史事详矣。大约古今学术源流，诸家体裁义例，多所发明。至于文辞，不甚措议。

1796年，去世前五年，撰有《与孙渊如观察论学十规》，直如一生学术事业的总结：

鄙人所业，文史校雠，文史之争义例，校雠之辨源流，与执事所为考覆疏证之文，途辙虽异，作用颇同，皆不能不驳正古人，譬如官御史者不能无弹劾，官刑曹者不能不执法，天性于此见优，亦我辈之不幸耳。古人差谬，我辈既已明知，岂容为讳！但期于明道，非争胜气也。……鄙人于文史自马班而下，校雠自中垒父子而下，凡所攻刺，古人未有能解免者，虽云不得不然，然人心不平，后世必将阳弃而阴用其言，则亦听之无可如何而已。

他在《唐书纠谬书后》中，也说过文史校雠著作不能不辨其理，难免触及其人："校雠攻辨之书，如病之有药石，如官之有纠弹，皆为人所患苦者也。""虽为前人救偏，往往中后人之隐病，故悦之者鲜也。"

综上所引，章学诚不是为了登录书目而校雠，“盖将有所发明”，树立自己的学术见解，发前人所未发。但他去世后一百二十年内，生平事迹与学术思想埋没不彰。光绪间词人谭献给他写的小传不得要领，《文献征存录》里其姓又误作“张”氏，《耆献类征》里只有“张学诚”。日本内藤虎次郎发表《章实斋先生年谱》时，我国学术界才有几位不约而同而且不相谋的研究者出现。胡适和姚名达编出了在当时自认为体例革新的年谱，介绍了章学诚的生平及其学说。何炳松在着力译介美国詹姆斯·哈威·鲁滨孙的《新史学》后，将新史学派的观点和方法与章学诚的史学做比较研究，他说：

> 岂吾国史才不逮西方耶？则如清代史家章学诚其人者，其见解之卓绝精微，在著者眼中观之，有时且远驾西方名史之上。（《通史新义自序》）

他详细地论述了章学诚所发挥的通史的意义及编纂沿革与利弊。不过，他们的论著还止于摘取章氏一些卓见而已。

曩昔先后执教于南开及武汉大学的叶瑛，撰有《文史通义校注》，他很自谦地说：“夫注书之事，有类胥抄，而其难在乎明审。”他的《题记》说：章学诚的著作，“辨章学术，考镜流别，端学人之趋向，明立言之指归，洵有心国故者所宜先读之书也”。他没有将章氏著作视为目录学专著，而能从整体上把握其实质。他说：

> 《文史通义》辨宗旨，《校雠通义》辨源流。源流清，则各种学术地位之高下轻重，其间互相之关系，

豁然呈露。宗旨明，则衡定古今述作，正伪纯驳，若坐堂上而指数之于堂下也。

著述贵有宗旨，论学应识源流，辨之不可不严，这种认识是真能窥见章学诚文心的。而对章氏两大《通义》的意义阐明最清楚的，当推历史学家侯外庐。他在《中国思想通史》第五卷《中国早期启蒙思想史》第十三章中，论及章学诚的文史校雠之学与当时的显学汉学相对抗时说：

由理学的烦琐到考证的烦琐，其烦琐的对象不同，而拘束个性的独立发展，则殊无二致。学诚就在这个时候出来挽持风气，主张“以意为宗”“全其所自得”。他的代表作《文史通义》与《校雠通义》二书，即自命是颇“乖时人好恶”的。我们仔细研究以上二书的内容，《文史通义》略当今日的文化史，《校雠通义》则当今日的学术史。

当说明章学诚所谓“通义”的意义，在于认识人文的流变时，又说：

学诚的《文史通义》为文化史的理论，《校雠通义》是学术史的概论。然因为二书都是“通义”，其内容也不是完全可以截然分开的，他们相互在“义例”与“源流”二者之间补充说明的也不少。

从事编辑工作，不论今古，都必须争义例，辨源流。孔丘不识学术源流，就不能总结殷周文化成果；不讲条别义例，就不能整理解释古代文献。“孔”夫子只能成为“空”夫子，不知如何着手为生徒编制教材读本了。编辑人员，不明学术发展大势，不懂著作宗旨体制，就不能考虑选题组稿，无法着手整理加工。章学诚遗著中还有不少通过讨论纂修方志，利用序言、书后、简牍、答问等形式，论学论文，探讨著作源流、体例得失、史书撰写等问题，无一不是古典编辑学中需要商榷的项目。他的文史校雠之学，实质上就是古典编辑学，不仅仅是排列目录而已。编辑工作如果忽略以文化史为氛围，以学术史为依托，那么，其结果连剪刀与糨糊也使用不灵了。

《校雠通义》终于单独自成专著，于乾隆四十四年（己亥，1779）写成，恰当四库全书馆工作进入高潮时期，也正表示他对于《四库全书》编辑工作的向往，许多议论是对着《四库全书》编辑工作而发的。虽有师友在馆中担任纂修，他毕竟人微言轻。许多原则问题，总纂官都须奏请圣裁，岂容国子监里小小图书管理员置喙呢！两年后他往河南谋求一枝以栖，又以失礼得罪权贵，归途遇盗，前此所写文稿尽失，《校雠通义》的第四卷也在这时失去，仿佛强盗们和四库馆反对他的编修们通气似的，来执行武器的批判了。

十年后，乾隆五十二年（1787），章学诚依据故旧家互有异同的别本，抄撮校正，又以意为更订，编成《校雠通义》三卷，其第四卷竟不可得。他无可奈何地说：“难以悬断，余亦自忘真稿果何如矣!”（《跋酉冬戊春志余草》）

章学诚的著作中虽有不少不切实际的见解，但他以学术文化史家的眼光，两个《通义》中都有不少卓越的观点。他的最大的贡献，我以为是抗议乾隆时代的双重封锁：对外闭关自守的封锁和对内烦琐汉学的封锁，将历史文化与哲学思想连接起来考察，申论人类文明社会的产生、古代国家的起源、学术文化的动向，乃至未来演进的趋势。而且，他以历史进化论的观点，论述了图书编辑的缘起、学术著作的出现、书籍各体的沿革、学术思想的流变、编著方法的得失等等。其中“六经皆史说”影响颇大，“古人未尝离事而言理，六经皆先王之政典”，从而说明我国文化的发展，经历了学术在官、官师合一的时期。他又强调“史学所以经世，固非空言著述”，六经“正以契合当时人事耳”(《浙东学术》)。他在汉学盛行、宋学高据庙堂的时代，提出“专为著作之林校雠得失”，就是以拘守服郑训诂的汉学和尊奉程朱语录的宋学为对象，敢于校雠其著作之得失偏斜，以实现其学贵“持世而救偏”（《原学》下）的抱负。

在《原学》里，他批评“世儒之患，起于学而不思”；他又认为文史不外于道。“自拒文史于道外，则文史亦不成其为文史矣，因推源道术为书，得十三篇，以为文史缘起”，这是他在撰著《文史通义》过程时所作《姑孰夏课甲编小引》中说的，《原道》《原学》诸篇即在其内。“道”是什么？他提出了唯物论的命题：“道者，万事万物之所以然。”“道有自然。”“道无所为而自然，圣人所见而不得不然也。”“夫天浑然而无名者也。”这种天道思想是唯物主义的自然史观。他认为道并非不可知，藏往知来，事范理昭，思维对于天道是可以反映的。道寓于器，器先于道。“夫子所言，必取征于事物，而非徒托空言以为明道也。”他批评“舍器而言道”，提出“理著于事物，而不托于空言”，因此承认感性认识的知识论。“事变之出于后者，六经不能言。”诵读文化典籍，理解前人经历，明辨道之流变，作为效法之资，便能做出当前时代所能允许的事业。这便是“推明人道，所以通古今之变”。汉学喜言墨守，朱学空谈心性，中古教条严重束缚个性。章学诚慨叹正统学术误人，“嗟乎！道之不明久矣！“《校雠通义》卷一第一章就是《原道》，初稿标题为《著录先明大道论》。《校雠通义》自序云：

> 校雠之义，盖自刘向父子部次条别，将以辨章学术，考镜源流，非深明于道术精微，群言得失之故者，不足与此。后世部次甲乙，纪录经史者，代有其人，而求能推阐大义，条别学术异同，使人由委溯源，以想见于坟籍之初者，千百之中不十一焉。……今为折衷诸家，究其源委，作《校雠通义》，总若干篇，勒成一家，庶于学术渊源，有所厘别。

他持着“辨章学术，考镜源流”的义旨，批评当时读书人的大病为“学而不思”，那么，怎样才是“深明于道术”“能推阐大义”呢？他心目中的范本有二：《庄子》第十卷殿后的《天下篇》，《荀子》三十二篇中的第六篇《非十二子篇》。按《天下篇》是否为庄周所撰，说法不一。首先讲：“古之所谓道术者，果恶乎在？曰：无乎不在。”“其在于诗、书、礼、乐者，邹鲁之士缙绅先生多能明之。”其后“天下大乱，道德不一”，叹息于“道术将为天下裂”，阐述了先秦各个学派的中心思想及其活动情况，对墨翟、禽滑厘、宋钘、尹文、彭蒙、田骈、慎到、关尹、老聃、庄周、惠施等，都有介绍和批判。它是我国最早的学术史论文，是研究先秦学术思想的重要论著。

荀况的《非十二子篇》，对先秦各学派代表人物它嚣、魏牟、陈仲、史鳝、墨翟、宋钘、慎到、田骈、惠施、邓析、子思、孟轲等十二人，分别进行了尖锐的讽刺和批判；对儒家的流派子张、子夏、子游也没有放过，斥之为“贱儒”。归结到推崇仲尼及学生子弓，将他们与舜、禹并列。对于研究先秦诸子百家学术思想流派，也是一篇重要文献。章学诚的“六经皆史说”是很大胆的论点，把封建社会里尊崇为“放之四海而皆准”“百世而不易”的经书，从神圣不可侵犯的宝座上拉下来；他还认为离经的诸子并不叛道，可在经外求道。诸子源出六艺，他们都是和六经一样地公言其理而非私意，打破了中古以来正宗和异端的无理界限，对经学支配的正统学术界是一种有力的抗辩。章学诚本人的思想中含有荀、庄的因素，他在《文史通义·言公》中说：

> 诸子之奋起，由于道术既裂，而各以聪明才力之所偏，每有得于大道之一端，而遂欲以之易天下。

这里都是论大道，讲道术，岂仅仅是什么“也可说是图书目录学史的发展规律”呢！

章学诚在《校雠通义》里指出：“荀庄皆孔氏再传门人”，“去圣未远”。他汲取了《天下篇》和《非十二子篇》的精髓，特别推崇《天下篇》“实为诸家学术之权衡”。他说：

> 《汉志》最重学术源流，似有得于太史《叙传》及庄周《天下篇》、荀卿《非十二子》之意，此叙述著录所以有关于明道之要，而非后世仅计部目者之所

及也。(《校雠通义》卷二《补校汉艺文志第十》之二)

六艺之书与儒家之言，固当参观于《儒林列传》，道家、名家、墨家之书，则列传而外，又当参观于庄周《天下》之篇也。盖司马迁《叙传》所推六艺宗旨，尚未究其流别，而庄周《天下》一篇，实为诸家学术之权衡，著录诸家宜取法也。观其首章列叙旧法世传之史与《诗》《书》六艺之文，则后世经史之大原也。其后叙及墨翟、禽滑厘之学，则墨支(墨翟弟子)、墨别(相里勤以下诸人)、墨言(禹湮洪水以下是也)、墨经(苦获、已齿、邓陵子之属，皆诵墨经是也)，具有经纬条贯，较之刘、班著录，源委尤为秩然，不啻《儒林列传》之于六艺略也。宋钘、尹文、田骈、慎到、关尹、老聃以至惠施、公孙龙之属，皆诸子略中道家、名家所互见，然则古人著书，苟欲推明大道，未有不辨诸家学术源流。(《校雠通义》卷二《汉志诸子第十四》之二十三)

章学诚的文史校雠之学的中心论点，就是探明文化学术思想的潮流演变，这也是他十分倾慕庄子《天下篇》与荀子《非十二子篇》的主要原因。他在两部《通义》中，回环往复地论及学术思想的源流变化，主张“讨论作述宗旨”，“知其流别”(《宗刘第二》)，一再强调“以明大道而治百家”(《汉志诸子》)，重点在于继承周秦诸子传统，推衍学术，挽持风气。他所提出的寻求“史意”，也就是认识学术趋向，思潮变迁始末。其目的在于：“宣明大道，变甲乙纪数之需，亦已明矣。”(《原道第一》）这是两部《通义》所包含的主旨，也是章学诚学术思想的基础。若以今日编辑工作而言，一个有水平的编辑部，能够不知时代要求，无视优良传统，在作者与读者之间，一味充当收发室和中转站吗？章学诚写《校雠通义》一书，是有的放矢。他一再打招呼：要求“不失论辨流别之义”（《宗刘第二》），“岂有读著录部次而不能考察学术源流者乎？”（《补校汉艺文志第十》）他说：“《艺文》一志，实为学术之宗，明道之要。……后人著录乃用之为甲乙计数而已矣，则校雠失职之故也。”（《汉志六艺第十三》）

据章学诚的意思，他所说的校雠学与目录学截然不同：“凡有涉此一家之学者，无不穷源至委，竟其流别，所谓著作之标准、群言之折衷也。”（《校雠通义·互著第三》）这校雠学是古典编辑学，其目的是研究每种学问、每部书的学术渊源与流别，“不徒为甲乙部次计”，也就是不仅仅是排列目录而已。刘节认为：“章氏是以历史家叙列学术史的态度来编次书籍，因此与一般图书目录不能等量齐观。”（《中国史学史稿》页四〇〇）侯外庐更具体地指出，是编辑“艺文学案”性质的图书。他说：

> 学诚所谓校雠，尚不同于今之学术史的编制，而是一种艺文学案，企图在群书汇编中，说明其中的源流变化。”（《中国思想通史》第五卷第四九九页）

这里就说到了章学诚撰著《校雠通义》的直接目的和意义，他是在对编辑《四库全书》提出意见。章学诚不是不知道，是书卷帙浩博，是皇帝亲自主持，派皇子及大学士等领导，“宏纲巨目，悉禀天裁”（《钦定四库全书·凡例一》）。他虽然极端自负，认为自家学问“盖有天授”，他也不得不隐晦委婉，不便明言，而只暗示。他说：

> 司马迁之叙载籍也，疏而理；班固之志《艺文》也，密而舛。盖迁能溯源，固惟辨迹故也。（《校雠通义·汉志诸子第十四》之四）

章学诚在这里分析《史记》所论及的一批书籍，从中阐述了史事的发展和学术思想的源流，表现为“能溯源”“疏而理”。（其实，他曾说过：“《汉志》最重学术源流，似有得于太史《叙传》。”）他提示《四库全书》应当按学术源流来编辑，如刘向、刘歆父子叙录群书的方法。因此，他在《校雠通义》中继《原道》之后作《宗刘》一篇。他郑重申明以刘氏父子为宗师，是宗仰他们的编辑工作原则，其讨论群书之旨“最为明道之要”，而不是拘守《七略》的编辑形式和分类体系。他指出按学术源流来编的好处：

> 盖部次流别，申明大道，叙列九流百氏之学，使之绳贯珠联，无少逸缺，欲人即类求书，因书究学。（《校雠通义·互著第二》之一）

由于时代进步，书籍品种增多，“《七略》之古法终不可复，而四部之体质又不可改”，他说：“则四部之中，附以辨章流别之义，以见文字之必有源委，亦治书之要法。”（《宗刘第二》）

他也想到四库馆臣不会听信他的意见。皇家编辑部工作悉凭圣断，史官亦不免滥竽充数，因循敷衍。章学诚强调他本人与刘知几不同之一，是《史通》所讨论者为官家编书问题。章学诚在国子监编辑《则例》时，已尝够了权贵干扰、不能行其志的滋味，他对于皇家开馆编书早有贬词，批评中世纪以后编辑的史书庸俗肤浅，只有当作一堆材料看待罢了。在《文史通义》内篇四《答客问》中说：

> 若夫君臣事迹、官司典章，王者易姓受命，综核前代，纂辑比类，以存一代之旧物，是则所谓整齐故事之业也。开局设监，集众修书，正当用其义例，守其绳墨，以待后人之论定则可矣，岂所语于专门著作之伦乎？

所谓“开局设监，集众修书”，这里面就含有对四库全书馆的暗讽。

《校雠通义》今存三卷十八篇中，多有重要见解，往往与《文史通义》互相发明。在推崇刘向、刘歆父子及《史记·儒林列传》《汉书·艺文志》的前提下，诵经习史，考索学术源流，著作义旨，申明流别，探讨体例，无一不是围绕古典编辑学项目所展开的论题。《校雠通义》三卷各篇都是有关编书、治书、校书、求书的讨论。古往今来，编辑工作的形态和内涵是逐步发展、与时俱进而不断丰富的，无不带着历史的印痕。章学诚在书中论编校整理之法，很多值得注意的。

（一）互著，书中有时也写作“互注”。“理有互通，书有两用者，未尝不兼收并载。”《汉书·儒林传》有董仲舒、王吉、韦贤，“既次于经师之篇，而别有专传。”在编辑大型综合性图书时，将两个以上主题的，按其主从轻重，加以互注，名类各分。

（二）别裁。“于全书之内……得裁其篇章，补苴部次，别出门类，以辨著述源流”，但必须“权于宾主轻重之间”，否则将书籍弄得支离破碎。章学诚所讲的治书编书方法中，十分重视互著与别裁，在当时就是针对编辑《四库全书》而加以强调提出的。

（三）辨嫌名，是重视书籍及作者本人题名问题。古人之书，或一书歧名，或一人数名，不能弄错。

（四）采辑补缀。在编辑图书时，要注意拾遗补阙。他说：“校雠家所当历稽载籍，补于艺文之略者也。”这是提倡辑佚勾沉工作，着力编出辑佚书，使死去埋没的书籍复活。

（五）有所更定，必载原文。编辑时的任何更动，都应有根有据，不能以意为之。其后阮元曾说：“刻书者最患以臆见改古书。”根据文义和文例订正原文，要靠学识和细心。凡有更定，应附校记。

（六）广储众本，征求秘藏。这是编校图书应有的准备工作。颜之推说过：“观天下书未遍，不得妄下雌黄。”谢承《后汉书》早已散佚，章学诚闻山阴王树实家确藏此书，秘不示人，当时阮元任浙江学政，章学诚集中有《与阮学使论求遗书》一札，想仗他的位望求书，可惜并无下文。

（七）校雠之先，略仿《佩文韵府》，编制一部索引。

章学诚以上各点意见，都因当时编辑《四库全书》而发。由于他企图在群书汇编中体现学术源流，因而也对编辑专科学术目录的工作有不少启发，后世目录学家奉为宝典，又感到殊难吻合，就是因为对其成书的背景缺乏实际的考察，没有将它的文史校雠作为古典编辑学来理解。章学诚批评焦竑说：

> 特竑未悉古今学术源流，不于离合异同之间深求其故，而观其所议，乃是仅求甲乙部次，苟无违越而已。此则可谓簿记守成法，而不可为校雠家议著作也。（《校雠通义·焦竑误校汉志第十二》之一）

这一段话，可惜有些目录学者听不进去，被章学诚说对了："不可为校雠家议著作也。"

五

乾隆五十三年（1788），章学诚依诸家所存本，在归德文正书院校正改订《校雠通义》，只存内篇三卷，与诸家所存本已大异，第四卷未能补写。据焦竑误校《汉志》一章说及以后将评焦氏所撰《国史经籍志》得失来看，第四卷或即评论《汉书·艺文志》以后的各种图书的记载、分类等问题。晚年目盲，未能如愿，将全部著作稿托付友人王宗炎编订。1921 年吴兴刘承幹所刻《章氏遗书》本，《校雠通义》增外篇一卷。1832 年章学诚次子章华绂在河南刊行时，仍勘定为三卷。胡、姚年谱认为"甚能得先生之意"，有的研究者也认为外篇论文二十一篇"尽是叙跋书简之类，不仅在内容上与《校雠通义》毫无内在关系，而且在形式上也多互不相关"，斥为"是没有任何根据的"。王宗炎校订后未曾申明所据，但读章氏论文二十一篇，这些叙跋书简，篇篇都是讨论编书的义例与内容。例如：《吴澄野太史〈历代诗抄〉商语》就是一篇审读意见书，对于编书义例逐条提出意见；义理未畅、考订不实之处，并代拟删改文字。《与冯秋山论修谱书》，指出“谱例眉目不清，款列混淆，难以便人稽检”。《韩诗编年笺注书后》谓“诗文之集固为一人之史，学者不可不知此意”，论证篇目编年、标明出处之必要，并论及“孔雀东南飞”主题思想，说诗者“极诋焦仲卿之溺爱忘亲”。章学诚说：“此等真是村荒学究见识，以此论文，最为误事。惜方氏辟之，犹未畅厥指也。”这个评论表现了章氏最活泼的思想，与腐朽的《妇学篇》大异其趣。《宜兴陈氏宗谱书后》，批评“编次芜杂，全无体要”，史文漫无抉择，表牒排列钩联，不能辨别，“大不谙于义例”“又安论其他乎!”《高邮沈氏家谱叙例》反映他本人编辑谱牒的章法。《论修〈史籍考〉要略》与改订《校雠通义》同时写成，所提十五点意见，“先作长编，序跋评论之类，抄录不厌其详。长编既定，及至纂辑之时，删繁就简，考订易于为力”。这个纂修计划，具体地论述了他的文史校雠的编辑思想、设计与方法。章学诚在本文开头即说：“校雠著录，自古为难。”缺乏具体编辑工作实践体会者，自不免认为“在内容上与《校雠通义》毫无内在关系”了。

在学术问题上，有开创也必有继承。金毓黻《中国史学史》第八章云：

> 校雠之学，为治书而生者也。先章氏为此学者，有明人胡应麟之《经籍会通》《四部正伪》。《经籍会通》四卷，一曰源流，二曰类别，三曰遗佚，四曰见闻，篇章略具，亦《校雠通义》之先声也。

至于“六经皆史说”的来源，学术界讨论首倡者涉及七八家之多，从隋朝哲学家文中子王通起，明代有王守仁、王世贞、李贽，到清朝有顾炎武、傅山、袁枚等，诸家之说各有所指，亦未具体详论。章学诚是从人类社会生活的形成与文化的起源立论，他说：

> 人之生也，自有其道，人不自知，故未有形。三人居室，则必朝暮启闭其门户，饔飧取给于樵汲，既非一身，则必有分任者矣。或各司其事，或番易其班，所谓不得不然之势也，而均平秩序之义出矣。又恐交委而互争焉，则必推年之长者持其平，亦不得不然之势也，而长幼尊卑之别形矣。

这里将社会生活的形成作了描述，社会内部出现了担任公职的人物，都是不得不然之势。“道者，万事万物之所以然。”因而他说：

> 至于什伍千百，部别班分，亦必各长其什伍，而积至于千百，则人众而赖于斡济，必推才之杰者理其繁，势纷而须于率俾，必推德之懋者司其化，是亦不得不然之势也；而作君作师，画野分州，井田、封建、学校之意著矣。故道者，非圣人智力之所能为，皆其事势自然，渐形渐著，不得已而出之，故曰天也。(《文史通义》内二《原道》上)

章学诚在这里犹如讲社会发展史，把国家的形成竟然粗疏地说对了。就他所处的时代而言，他的识见高人一等。他对友人解释道：

> 鄙著《通义》之书，诸知己者许其可与论文，不知中多有为之言，不尽为文史计者。关于身世有所枨触，发愤而笔于书。(《文史通义》补遗续《又与朱少白》)

这里不能随着章学诚的感触铺叙，应就他的古代文化史论，介绍他对文化的起源、编辑工作的发生、著作的出现等问题的看法。在这方面，《文史通义》与《校雠通义》的论见是相辅相成、相互沟通的，只有详略的不同，没有内容的差别。他的基本论点是：

> 六经皆史也。古人不著书，古人未尝离事而言理，六经皆先王之政典也。(《文史通义》内篇一《易教》上)
>
> 古之所谓经，乃三代盛时典章法度见于政教行事之实，非圣人有意作为文字以传后世。(《文史通义》内篇一《经解》)
>
> 《易》曰："形而上者谓之道，形而下者谓之器。"道不离器，犹影不离形。后世服夫子之教者自六经，以谓六经载道之书也，而不知六经皆器也。(《文史通义》内篇二《原道》中)

在《校雠通义》卷一《原道第一》的开头，章学诚以历史进化观点，用简练的文字，说明了我国远古时期的政治文化状况：

> 古无文字，结绳之治，易之书契，圣人明其用，曰："百官以治，万民以察。"夫为治为察，所以宣幽隐而达形名，盖不得已而为之，其用足以若是焉斯已矣。理大物博，不可殚也，圣人为之立官分守，而文字亦从而纪焉。有官斯有法，故法具于官；有法斯有书，故官守其书；有书斯有学，故师传其学；有学斯有业，故弟子习其业。官守学业皆出于一，而天下以同文为治，故私门无著述文字。私门无著述文字，则官守之分职，即群书之部次，不复别有著录之法也。

我国自有文字之后，从三代到战国以前，学术文化都由官府掌握，也就是为贵族阶级所掌握，故政教合一，官师合一，学术在官，古者故无私门著述之学。《文史通义》内篇一《诗教》下说："古无私门之著述"，"典章存于官守"。《易教》中也说："宪存于官守而《易》流于师传。"我国的古代国家、古代文明，是从殷周之际奠定的。（从文物考古来说，夏代的实证还在追索之中。）章学诚上述的概括，除开其理想美化的成分外，大体上是符合历史发展的线索的。

古代文化的保管、整理、纂辑与发展的工作，由谁来承担呢？章学诚解释称：

> 后世文字，必溯源于六艺。六艺非孔氏之书，乃《周官》之旧典也。《易》掌太卜，《书》藏外史，

> 《礼》在宗伯，《乐》隶司乐，《诗》领于太师，《春秋》存乎国史。夫子自谓“述而不作”，明乎官司失守，而师弟子之传业，于是判焉。秦人禁偶语《诗》《书》，而云“欲学法令者，以吏为师”。其弃《诗》《书》非也；其曰“以吏为师”，则犹官守学业合一之谓也。由秦人“以吏为师”之言，想见三代盛时，《礼》以宗伯为师，《乐》以司乐为师，《诗》以太师为师，《礼》以外史为师，《三易》《春秋》亦若是则已矣，又安有私门之著述哉?(《校雠通义》卷一《原道第一》)

在上古时代，一切学问被保存在官府里，有文化的人也仅限于贵族阶级中的少数人。当时社会生产力低下，只够维持贵族脱离生产劳动的剥削生活，由他们研究学问，把学问一代一代传下去。凡是守一业而世代相传的人，都称为畴人。所以说“典章存于官守”“官守学业合一”“官守其书”。在孔子开门讲学以前的时代里，“《易》掌太卜，《书》藏外史，《礼》在宗伯，《乐》隶司乐，《诗》领于太师，《春秋》存乎国史”。这就是说，当时卜筮官、史官、乐师等是文化官，参与国家大事，“官守其书”“官师合一”，他们负担着古代文化的保管、整理、纂辑与发展的责任。为执行其所担任的公职的需要，他们做了一些编辑工作，可以认为，他们就是最初的编辑。

章学诚的古代学在官府的认识确比前人进步，他的错误是把古代理想化，认为古代一切典章制度在《周礼》里规定得尽善尽美了。所举的太卜等官都在《周礼》的三百六十个官之内，都属于春官大宗伯的辖下。《周礼》，古文经学家认为是周公所作，今文经学家认为出于战国，也有人指为西汉末年刘歆所伪造。近人参证该书中所讲政治经济制度，定为战国时代的作品。故刘节《中国史学史稿》指出：“章学诚是彻头彻尾的古文经学派。”“他的学术渊源是《周礼》与《左传》，正是我们要提出的有疑问的作品。”刘节说：

> 章实斋的缺点就是相信中国的黄金时代是三代，这仍旧是最古老的经生见解，与他自己的许多新发现是很不相称的。
>
> 照我们现在看，“六经”还只能说是史料，尚不能谓之史学。即是说，六经也不过是古代的史料而已。这样说法，就完全正确了。这一开宗明义，一方面是有贡献的，另一方面又是很模糊的。

到了战国，中国学术的发展与书籍编辑的情况有了变化。依《天下篇》所说：“道术将为天下裂”，即由以研习古代文化“六艺”为专业发展为鼓吹各种学术思想的专家流派：

> 周衰文弊，六艺道息，而诸子争鸣，盖至战国而文章之变尽，至战国而著述之事专，至战国而后世之文体备。故论文于战国，而升降盛衰之故可知也。战国之文，奇衺错出，而裂于道，人知之；其源皆出于六艺，人不知也。后世之文，其体皆备于战国，人不知；其源多出于《诗》教，人愈不知也。（《文史通义》内篇一《诗教上》）

他认为："知文体备于战国，而后始可与论后世之文。"掌握了上述累层的推理，"而后可与离文而见道""而后可与奉道而折诸家之文"。对于春秋末至战国时代诸子百家的出现，他说：

> 诸子之为书，其持之有故而言之成理者，必有得于道体之一端，而后乃能恣肆其说，以成一家之言也。所谓一端者，无非六艺之所该，故推之而皆得其所本，非谓诸子果能服六艺之教，而出辞必衷于是也。老子说本阴阳，庄列寓言假象，《易》教也；邹衍侈言天地，关尹推衍五行，《书》教也：管商法制，义存政典，《礼》教也；申韩刑名，旨归赏罚，《春秋》教也；其他杨墨尹文之言，苏张孙吴之术，辨其原委，挹其旨趣，九流之所分部，《七录》之所叙论，皆于物曲人官，得其一致，而不自知为六典之道也。（《文史通义》内篇一《诗教上》）

章学诚指出诸子之学得道体一端，九流与六艺实际有关，便将诸子著作与儒家经典并立，打破孔孟学说定于一尊的说法，直接与封建社会专制主义思想相对立。他考察诸子竞起、百家争鸣局面的出现，是社会的发展，有学术的渊源。其一是战国之文深于取象，"是则人心营构之象，亦出天地自然之象"，足证《易》教之广：

> 纵横驰说之士，飞钳捭阖之流，徙蛇引虎之营谋，桃梗土偶之问答，愈出愈奇，不可思议。然而指迷从道，固有其功，饰奸售欺，亦受其毒。故人心营

> 构之象，有吉有凶，宜察天地自然之象，而衷之以理，此《易》教之所以范天下也。(《文史通义》内篇一《易教下》)

另一是西周春秋之交，有所谓变风变雅出现，“古无私门之著述，未尝无达衷之言语也，惟托于声音而不著于文字”。通过变风变雅出现的民间声音，是战国诸子自由批判的先驱，足证《诗》教之深：

> 战国者，纵横之世也。纵横之学，本于古者行人之官。观《春秋》之辞命，列国大夫聘问诸侯，出使专对，盖欲文其言以达旨而已。至战国而抵掌揣摩，腾说以取富贵，其辞敷张而扬厉，变其本而加恢奇焉，不可谓非行人辞命之极也。孔子曰：“诵诗三百，授之以政，不达；使于四方，不能专对：虽多奚为?”是则比兴之旨、讽谕之义，固行人之所肄也。纵横者流，推而衍之，是以能委折而入情，微婉而善讽也。(《文史通义》内篇一《诗教上》)
>
> 诗之流别，盛于战国人文，所谓长于讽喻，不学《诗》，则无以言也。然战国之文，深于比兴，即其深于取象者也。(《文史通义》内篇一《易教下》)

在发挥《原道》《原学》《言公》等篇大义的《说林》中，学诚论诸子同异称：

> 道同而术异者，韩非有《解老》《喻老》之书，

> 《列子》有《杨朱》之篇，墨者述晏婴之事，作用不同，而理有相通者也。道同而趣异者，子张难子夏之交，荀卿非孟子之说，张仪破苏秦之从，宗旨不殊，而所主互异者也。

在这种同异的比较中，揭示了诸子思想的活跃、百家争鸣的壮观，才产生战国时代光辉灿烂的文化。他还写有《质性》一篇，论及屈原、庄周性情："庄周、屈原，其著述之狂狷乎！"而"德之贼"的乡愿，是写不出"情之奇至如庄、屈"的作品的。时代环境与个性发展关系甚大。从学术的流变说明战国百家争鸣的时代是中国学术文化史上的伟大时代："典章散，而诸子以术鸣，故专门治术"，"情志荡，而处士以横议，故百家驰说"。结论是："古初无著述，而战国始以竹帛代口耳。""著述始专于战国，盖亦出于势之不得不然矣。"（《诗教上》）

章学诚举例论证"至战国而著述之事专"。一是《论语》：

> 六艺存周公之旧典，夫子未尝著述也。《论语》记夫子之微言，而曾子、子思俱有述作以垂训，至孟子而其文然后闳肆焉。著述至战国而始专之明验也。

从类似语录体的《论语》，一段段简明的记述与论辩相交错，发展为《孟子》的高谈雄辩的说理议论之文，在形式和内容上都呈现出重大的变化。另一为《管子》：

> 春秋之时，管子尝有书矣，然载一时之典章政教，则犹周公之有《官礼》也。记管子之言行，则习

管氏法者所缀辑，而非管仲所著述也。（《诗教》下）

经历代研究，《管子》这部书的作者不仅不是管仲，而且非作于一人一时，是各家言论及零碎著作的总集。由此可知，《论语》的编辑是孔子的弟子及再传弟子们；《管子》的编辑是习管氏法者。自此后，便有本人的著述产生；往往仍将假手于门人弟子、亲属和研究者之手加编辑整理。章学诚又言："著述不能不衍为文辞。"他认为子部书籍即是集部书籍。"专门之业少而纵横腾说之言多，后世专门子术之书绝而文集繁。"又说："文集有论辨，后世之文集舍经义与传记、论辨之三体，其余莫非辞章之属也。而辞章实备于战国，承其流而代变其体制焉。"他批评道："学者不知，而溯挚虞所裒之《流别》，甚且以萧梁《文选》举为辞章之祖也，其亦不知古今流别之义矣。"

在《诗教》上下篇里，章学诚还讨论了诗、赋、骚体，他有一个很重要的见解：

学者惟拘声韵之为诗，而不知言情达志，敷陈讽谕，抑扬涵咏之文，皆本于《诗》教。是以后世文集繁，而纷纭承用之文，相与沿其体而莫由知其统要也。

所以胡、姚所编年谱中说：

以文学史的眼光看去，《三百篇》自是一切文学之纪元、一切集部之祖。章氏此论，确有一部分真理。上篇又说："古未尝有著述之事，著述至战国而

> 始焉。”更有见地。但他假定一个理想的“同文”之治，作为上古无著述的解释，那可错了。

章学诚提出：论文“贵求作者之意指，而不可拘于形貌”，“论文拘形貌之弊，至后世文集而极矣。盖编次者之无识，亦缘不知古人之流别、作者之意指，不得不拘貌而论文也。集文虽始于建安，而实盛于齐梁之际，古学之不可复，盖至齐梁而后荡然矣”。这里由论文之意指进而讨论到编辑史了。《诗教》下篇声称：

> 《文选》者，辞章之圭臬，集部之准绳，而淆乱芜秽，不可殚诘；则古人流别、作者意指，流览诸集，孰是深窥而有得者乎！集人之文尚未得其意指，而自裒所著为文集者，何纷纷耶！

最后说到编辑问题：

> 若夫总集别集之类例，编辑撰次之得失，今古详略之攸宜，录选评抄之当否，别有专篇讨论，不尽述也。

在我国18世纪的学者中，章学诚发扬“辨章学术、考镜源流”的文史校雠传统，对先秦诸子学的研究做出了重要贡献，同时对古典编辑学的探讨取得了空前成就，这都在文化学术史上具有其时代意义。至于部次甲乙，编类纪数，仅为其余事而已！

魏　源

魏源（1794—1857），原名远达，字默深（亦作墨生），又字汉士，湖南邵阳金潭人。道光二年（1822）举人，二十五年（1845）进士。历官内阁中书，江苏东台、兴化县知县，两淮盐运司海州分司运判，高邮州知州等职。淮北实行票盐时，曾以经营盐业获利。他在江苏尤其是在苏北寓居颇久，熟知里下河情况。他是清代中叶爱国主义的进步思想家，同时也是一位具有重大影响的大编辑家。

《清史稿·艺文志》四《集部》三《总集类》著录了《皇朝经世文编》一百二十卷，贺长龄编。这部书实际上是魏源应江苏布政使贺长龄之邀，于1825—1826年编辑，由贺长龄署名，其序亦为魏源代作。这时魏源年方三十三岁。

当时魏源住在南京的乌龙潭，即今南京市龙潭湖西岸的龙蟠里，门额题“小卷阿”。他的《卜居金陵买湖干草堂》三首中有句道：“春风绿尽一池山，闭户文章败叶删。”大约就指这时闭户编选《经世文编》，他正在布政使贺长龄幕府。所住草堂附近有四松庵，即后来的博山园和惜阴书舍所在地。

关于《经世文编》的具体内容，他在叙文的最后说：

> 故鸠聚本朝以来硕公、庞儒、俊士、畸民之言，都若干篇，为卷百有二十，为纲八，为目六十有三。

言学之属六，言治之属五，言吏之属八，言户之属十有二，言礼之属九，言兵之属十有二，言刑之属三，言工之属九；则理于邵阳魏君默深，告成于道光六年柔兆阉茂之仲冬也。

《经世文编》编成后，他将这次编选工作做了一个小结，写出《皇朝经世文编五例》，五例为审取、广存、条理、编校及未刻，来说明他的编辑思想。

审取是说明《文编》的重点。“书各有旨归，道存乎寔用。志在措正施行，何取纡途广径？既经世以表全编，则学术乃其纲领。凡高之过深微，卑之溺糟粕者，皆所勿取矣。时务莫切于当代，万事莫备于六官，而朝廷为出治之原，君相乃群职之总，先之《治体》一门，用以纲维庶政，凡古而不宜，或泛而罕切者，皆所勿取矣。”并说明何以略于星历、律吕等类论著的缘故。

广存是指选文必须考虑多方面的因子，不能偏歧于一面。“有利必有害，论相反者或适相成；见智亦见仁，道同归者无妨殊辙。”“惟集思而广益，广执两以用中，则取善之宜广也。”还注意到“未可因人以废论”“纲罗之宜广”。

条理是讲各纲各目内容的关连，在编排上注意“纲举故目张，事繁则理赜”。数篇之内的联系，两文之间的关系，都需考虑及之。

编校是有关整理和注释等问题。“今兹所录，咸据椠本。”各文作者“氏里官爵，总汇卷端”。录文不能不节冗去偏，句读段落须圈识清楚，等等。

未刻一段谈到“创编之始，蓄愿良奢”，尚拟编《会典提纲》二十卷、《皇舆图表》二十卷、《职官因革》二十卷以及《明代经世》一编，其用意在“质之往古如贯串，措之当世若指掌”，“欲识济时之要务，须通当代之典章”，“必考屡朝之方策”，但一时未能完成。

在编选《经世文编》的同时，魏源并参加《江苏海运全案》一书的编辑工作。当时黄河夺淮入海，经两淮与运河相交。苏北上河与下河水位相差三米左右，黄水挟泥沙下注，加剧了苏北夏秋间的水患，南漕经运河北运困难很大，损失亦重。江苏曾于道光五年、六年间办理漕粮海运，江苏巡抚陶澍督理其事，与贺长龄先后至上海勘察，招集商舶。其他经管海运之事官员有松江府陈銮、署松江知府川沙厅同知李景峄、苏州府督粮同知俞德渊等。《江苏海运全案》署明总阅为琦善、陶澍，纂辑为贺长龄等，编次为陈銮、李景峄，校刊为周恭寿、虞芝林、魏源、夏世堂。但从魏源代贺长龄作序、代陈銮作跋、代李景峄作《道光丙戌海运记》来看，该书的编辑工作实际上仍是魏源做的，其他人等均系署名而已。

魏源的一生，大部分时间是在做幕客和著述生活中度过的。他的著述生活，就同时是他的编辑生涯。魏源在南京编辑《经世文编》时还是青年人，若不是关心国家大事、社会经济和人民生活的人，是不可能编出这部书的。据他的传记材料称，七八岁时，即知勤学。“夜手一编，咿唔达旦。母悯其过勤，每夜定灭灯令卧。乃伺二老熟寐，潜篝灯被底翻阅。久为所觉，谕以长夜攻苦，非童稚所宜，继至涕泣，始少弛。”“十五岁，补县学弟子员。始究心阳明之学，好读史，贫无书，假之族塾。伯父坦斋公以幼学禁杂泛，乃伺便写读。”他是这样的勤学，“十七岁食饩，名闻益广，学徒接踵。嘉庆癸酉二十岁，举明经”。后到北京问学，当时颇享盛名，但他用功不懈。有材料云：

> 汤敦甫相国金钊，为府君拔贡座主，因饰《大学》古本，五十余日不过候，相国疑其疾，问之。府君垢面出迎，鬓发如蓬，相国愕眙。及出所业，瞿然叹曰：“吾子勤学罕觏，乃深造至此，然而何不自珍爱乃尔也！”（上引均见魏耆《邵阳魏府君事略》）

由于善化（今湖南长沙）贺长龄出任江苏布政使，他便被延聘入幕，从此和江苏一带发生关系，南京成为他主要的寄寓之地了。当时巡抚为陶澍，亦以文章经济相莫逆，魏源更留心经世致用之学，得到参与筹议水利、海运、盐政诸大政的机会。但是科举考试制度排斥实学真才，只要求八股文章做得合乎程式，道光九年（1829），魏源应礼部试落第，遵酌增例，以内阁中书舍人候补。“内阁为典籍之藏，国朝掌故之海，乃留意一代典故之学。”

在编辑《经世文编》后，旅居南京期间，先后结识了一些留心经世济民学问的地方大员，陶澍之外，有江夏陈銮、侯官林则徐、长白璧昌、长沙李星沅等，凡有漕、河、盐、兵等政的改良更张，都找他商议办法。这时值得特别提出的是与龚自珍订交，并受知于经今文学大师、常州学派奠基人刘逢禄（1776—1829）。道光六年会试，逢禄时官礼部，为是科分校，力荐龚自珍、魏源二卷，未取，他们都不合八股的绳墨。魏源依然主要在江宁过着幕僚生活，替上官代笔，为人编书。他在《昆山别龚定庵自珍》五言古诗中有句云：“人神孰波涛，天地谁钟鼓。天昌二鸟鸣，同谪胥江浦。使为世所譚，又为饥所俯。”

这时正是中国历史由古代到近代的社会大转变时期。清朝政治日趋腐败，贪污成风，财政支绌，地主剥削加重，土地兼并剧烈，农民破产流亡，社会危机日益严重。中国处在这样败坏的政治经济情况中，遇到了外国资本主义侵入，封建经济受到强烈的冲击。道光二十年（1840），英国悍然发动了侵略中国的鸦片战争，清政府遭到可耻的失败，被迫签订了中国近代史上第一个不平等条约——《南京条约》。鸦片战争期间，魏源在两江总督裕谦处充任幕僚，和林则徐、黄爵滋及包世臣等相往还。裕谦主张抵抗英国侵略，魏源曾奉派到浙江沿海计议防守事，《古微堂诗集》中有《自定海归扬州舟中四首》，记述当时战火纷飞的实况：“狼烟横岛峤，鬼火接旌旗。猾虏云翻覆，骄兵气指挥。战和谁定算，回首钓鱼矶。”英国侵略者进犯海疆，江浙震动。

在鸦片战争初起时，魏源接受林则徐的委托，在林氏所编《四洲志》的基础上，于1842年又充为百卷。《海国图志》卷五、卷七、卷十三、卷十四、卷二十至卷二十三、卷二十五至卷三十三、卷三十六、卷三十八、卷四十至卷四十十三，共二十四卷，俱题“欧罗巴人原撰，侯官林则徐译，邵阳魏源重辑”；其他各卷则题“邵阳魏源辑”。

英国侵略者将鸦片大量输入中国，每年掠去巨额白银，银贵钱贱，劳动人民深受其苦，吸食鸦片者健康又受摧残。魏源痛切指出鸦片的祸害：“夷烟流毒，罪万准夷”，比康熙朝准噶尔占据伊犁作乱严重万倍。他提出要研究外国情况，“知其情与不知其情，利害相百焉”，应该“师夷长技以制夷”。《海国图志》叙述世界海洋国家的地理、历史概况，并介绍其工艺、科技、宗教、政治等，使国人了解外国情况，从而探索富国强兵的道路，阐发作者的政治主张和社会改革的见解。这是一部我国近代史上有关世界各国概况和早期维新思想的开创性著作。

《海国图志》前二卷《筹海篇》，针对当时英国侵略者进犯海疆，自叙其对军事攻守和通商、外交的意见，相当于全书的总论。

其次两卷为《各国沿革图》，有欧、亚、非、美洲各国地图，也包括我国西域（新疆各地）的沿革地图。

从卷五到卷七十，分叙各国概况，计有：《东南洋海岸各国》《东南洋各岛》《西南洋五印度》《小西洋利未亚》《大西洋欧罗巴各国》《北洋俄罗斯国》《外大洋弥利坚》，都是辑录资料性质。编者注明了出处，并附加按语、引注与考证。

卷七十一以后，计有：1.《西洋各国教门表》《中国西洋纪年表》《中国西历异同表》；2.《国地总论》，辑录利玛窦、南怀仁等外国传教士著作；3.《筹夷章条》，辑录林则徐、奕山等奏章、论著及有关中外条约；4.《夷情备采》，辑录《澳门月报》及《华事夷言》译文等书刊材料；5.最后十七卷为《战舰条议》《火器火攻条议》及《器艺货币》，叙述制造战舰、大炮等工艺和天文知识。

《海国图志叙》是一篇重要作品，不仅说明了本书的编辑经过和编辑宗旨，同时进行爱国主义的热情鼓动，提出了奋发图强的具体主张。叙文说：

《海国图志》六十卷，何所据？一据前两广总督林尚书所译西夷之《四洲志》，再据历代史志及明以来岛志及近日夷图、夷语。钩稽贯串，创榛辟莽，前驱先路。大都东南洋、西南洋增于原书者十之八，大小西洋、北洋、外大西洋增于原书者十之六。又图以经之，表以纬之，博参群议以发挥之。何以异于昔人海图之书？曰：彼皆以中土人谭西洋，此则以西洋人谭西洋也。

是书何以作？为以夷攻夷而作，为师夷长技以制夷而作。[①]

同一御敌，而知其形与不知其形，利害相百焉；同一款敌，而知其情与不知其情，利害相百焉。古之驭外夷者，诹以敌形，形同几席；诹以敌情，情同寝馈。

继而力言改革内政外交，提高国人思想觉悟，以及切实培养人才之重要。他大声疾呼：

天时人事，倚伏枏乘，何患攘剔之无期？何患奋武之无会？此凡有血气者所宜愤悱，凡有耳目心知者所宜讲画也。去伪，去饰，去畏难，去养痈，去营窟，则人心之寐患祛其一。以实事程实功，以实功程实事，艾三年而蓄之，纲临渊而结之，毋冯河，毋画饼，则人材之虚患祛其二。寐患去而天日昌，虚患去

① 中华书局版《魏源集》案：五十卷、六十卷及一百卷本《叙》均有“为以夷款夷而作”。

而风雷行。

在资本主义列强的侵略炮火下，国家民族面临危亡的重大关头，魏源所奋力维护的就不仅仅是清朝封建政权了。《海国图志》是我国近代研究外国情况的创始性作品，说它“创榛辟莽，前驱先路”，完全当之无愧。鸦片战争中任台湾道、积极抵抗英国侵略的姚莹，在《康輶纪行》中盛赞此书道：“友人魏默深贻以所著《海国图志》，大获我心。”我国近代对外国的研究，始终是和救亡图存的爱国主义思想相结合的。那些严肃的探讨之作，不是鼓吹买办思想与洋奴哲学，不是说“外国的月亮比中国圆”，而是为了知己知彼，使国人了解外洋情况，激发人们热爱祖国、保卫祖国的决心和壮志。《海国图志》卷五十三《英吉利小记》一篇，就是魏源根据在宁波前线亲自询问英俘安突德的记录，并旁采他闻，而整理成文的。《海国图志》1847 年刊刻于扬州，1852 年又刊刻于高邮州。书中提出了学习西方列强的先进技术的正确主张，在满朝昏聩的顽固分子坚持各种形式的闭关自守时，他却透过海疆弥漫的硝烟，看到了与资本主义列强争胜求存的途径。林则徐因坚持抗战、焚灭鸦片而获罪，远戍新疆伊犁，由浙江北上至京口（今江苏镇江）时，与魏源相会。魏有《江口晤林少穆制府》二首记其事：“万感苍茫日，相逢一语无。风雷憎蠖屈，岁月笑龙屠。”他们挽救祖国危亡的壮志并没有丧失，情势如此，虽已无话可说，魏源诗后自注云：“时林公属撰《海国图志》。”魏源没有辜负友人获罪充军途中的嘱托，他的《海国图志》不仅成为此后出现的许多要求变法自强的维新派志士的思想养料，而且流传到日本，立即受到东洋先进人士的注意，在思想界也发生了影响。我们都知道，日本近代史上划时代的资产阶级改革运动——1868年的明治维新废除了封建幕藩体制，摆脱了殖民地的危机，建立了近代化的民族国家。而我们中国呢？1898年的戊戌维新运动竟被扼杀在血泊里！

魏源的另一部著名的作品是《圣武记》。鸦片战争期间，他在南京充任幕僚，又到过浙江沿海前线：看透了清朝政府的腐败无能、丧权辱国，又看到洋兵的烧杀、人民的苦难，使他义愤填膺，忧虑不安。他在《道光洋艘征抚记》的结尾说：

> 夷寇之役，首尾二载，靡帑七千万。中外朋议，非战即款，非款即战，从未有专议守者何哉？且其战也，不战于可战之日，而偏战于不可战之日。其款也，不款于可款之时，而专款于必不可款之时。其守也，又不守于可守之地，而皆守于不可守不必守之地。粤东不议守而专款，是浪款也。奕山不筹守而即战，是浪战也。颜伯焘、裕谦、牛鉴不择地而守，是浪守也。诚能择地利，守内河，坚垣垒，练精卒，备火攻，设奇伏，如林、邓之守虎门、厦门，先为不可胜以待敌之可胜，则能以守为战，以守为款。

魏源认为清王朝本来是靠打仗——就是武功——发家的。现在遇到外敌入侵，沿海告警，朝廷任命的将领和守土有责的命官却不晓得怎么打仗，不知道怎么战、怎么守了！这说明清王朝腐朽了，像他的朋友龚自珍所说的临到“日之将夕”的境地了。魏源打算通过研究清朝开国以来的兴衰历史，总结成功的经验和失败的教训，从而针对当前的形势，提出一些可行的改革意见，以求达到长治久安的目的。所以他在鸦片战争的连天炮火中着手编写《圣武记》。

《圣武记》全书十四卷，是匆促编写而成的，到《南京条约》签订时，全稿即行刊刻。他在《致邓显鹤书》中说：

> 源羁寓无聊，海艘迭警，不胜漆室之忧，托空言以征往事，遂成《圣武记》十四卷、《海国图志》五十卷，已次第刊成，寄请诲正。

虽说是在沿海烽火漫天中匆促编写了《圣武记》一书，但也不能完全看作是急就章。魏源关心本朝大事，研究清史有年，是早已有个准备过程的。在《圣武记叙》中，他自称："荆楚以南，有积感之民焉。"他回溯了研究清朝历史的过程：

> 畿辅靖贼之岁（嘉庆十八年，1813 年），始贡京师，又迄道光征回疆之岁，始筮仕京师。京师，掌故海也。得借观史馆秘阁官书及士大夫私家著述、故老传说。于是我生以后数大事及我以前上讫国初数十大事，磊落乎耳目，旁薄乎胸臆，因以溯洄于民力物力之盛衰、人材风俗进退消息之本末。晚侨江淮，海警沓至，忾然触其中之所积，乃尽发其椟芷，排比经纬，驰骋往复，先出其专涉兵事及尝所论议若干篇，为十有四卷，统四十余万言，告成于海夷就款江宁之月。

《圣武记》分两部分。前十卷用纪事本末体，将爱新觉罗氏的崛起、统一东北、进攻明朝，继而从进入关内直到道光年间的对内对外战争，列出《开创》《藩镇》《外藩》《土司苗瑶回民》《海寇民变兵变》《教匪》六个专题，详述其始末经过，条理清楚，史事翔实。清朝之所以勃兴，之所以能长期进行统治，主要靠着赫赫武功。魏源运用这个观点，叙述和剖析了鸦片战争以前的清朝历史。

后四卷《武功余记》，分为《兵制兵饷》《掌故考证》《事功杂述》《议武》四个专题，阐述了对于军事问题的看法。

这两部分中，有章后并有附录文字，有的是选摘于其他有关书籍，侧如卷五《外藩》中的《国朝抚绥西藏记上》后，附载姚莹的《康輶纪行》；有的是魏源自己所补，略择他书所记而又自加案语，与正文相配合，有助于读者的了解。

《圣武记》取材甚为丰富，有经书、正史，有实录、方略，有地方志书及各种私家著述，也有直接采访来的故老传说。魏源善于利用当时边疆史地研究的成果，书中对边疆地理的考证和叙述，超过同时代的著作。书中运用的材料，都经过自己独立的分析研究，采取真实可靠的部分，弃去虚妄不实的说法。因此，《圣武记》所提的史料大多可信，对于清史研究有参考价值。

书中各记之末，大多有“臣源曰”一段，考订史地，辨正事实或对某人某事评价，用语明确，直抒己见，直接体现了魏源的思想主张。不少评论又是结合当时政治、经济情势而言的，有些见解现在看来还有说服力。这正表现了作为思想家的魏源的睿智和卓识。例如卷四《乾隆荡平准部记》末，畅论了清政府经营新疆的失策，要求改弦更张，“招华民实回疆，变膏腴为内地”，其文略云：

臣源曰：汉之西域，前称山北六国，后又称车师六国。车师有前后部，前王庭则今吐鲁番，后王庭则今乌鲁木齐也。其西为乌孙，则今伊犁；其北为北匈奴地，则今塔尔巴哈台也：皆为天山北路，行国非居国。当其阻于风气，间于山川，我朝亦尝勤天下之力以经营之，几与汉世匈奴、大宛无异；一旦追天时，顺人事，列亭障，置郡县，人又或以为取之虽不劳，而守之或太费。抑思兵果否尝增耶？财果否尝费耶？南北两路养兵万有九千余名，设官千有四百余员。有驻防，有换防。驻防携眷之满洲、索伦、蒙古、厄鲁特兵，则移自盛京、黑龙江，移自张家口，移自热河。其换防番戍之绿营兵，则调自陕甘。岁支俸饷银六十有七万八千九百余两，即内地应领之额项，其增兵者安在？……乾隆初年户部库银止三千三四百万，今已多至七千八百余万，有盈无绌，是新疆不惟未尝靡饷，而且节帑，其费财者又安在？且北路屯田二十三万八千六百余亩，南路四万九千四百余亩，岁交粮米共十四万三千余石，尽支放外，尚不敷二万三千石，于旧存仓贮五十万石内支补。计兵屯、回屯、民屯、旗屯共十余万丁，统于乌鲁木齐提督。自官田外，余地听民自占，农桑阡陌徭赋如内地。且夫一消一息者，天之道；衰多益寡者，政之经。国家提封百万，地不加增，而户口日盛，中国土满人满。今西域南二路地大物齑，牛羊麦面蔬蓏之贱，浇植贸易之利，金矿铜矿之旺，徭役赋税之简，外番茶马布缎互市之利；又皆什佰内地。边民服贾牵牛出关，至辄辟

> 汗莱，长子孙，百无一反。是天留未辟之鸿荒，以为盛世消息尾闾者也，是圣人损益经纶之义，所必因焉乘焉者也。

最后指出国内问题严重，并非经营新疆带来的困难，要求“化荆棘而康衢”“一扫其旧”：

> 国内之绌，由名粮武俸之增，河工岁修之费，八旗口粮之重，文银出洋之甚，皆倍于乾隆中叶以前，不探其本，而漫咎于新疆，耳食道听，不可谓智。孟子曰：“天下之生久矣，一治一乱。”西域之不治，自上古至今数千载。天欲使化荆棘而康衢，化幽谷而白日，化獉狉而冠裳，化璮帐而闾井，则必得圣人而畀之，且必产销磨荡，一扫其旧而后畀之。《传》曰：“文王基之，武王凿之，周公内之。”言其道同，终始相成。臣是以反覆于西陲军事之本末，睹一支，念全体，观一隅，廑中国，益三叹于始事之固难与终事之不易焉。

在这一段话里，魏源也透露了编写这样一部书，是要求知古识今，改革现状，完全是有所为而发的。在本书序言中引《记》曰：“物耻足以振之，国耻足以兴之。”《海国图志叙》中说“凡有血气者所宜愤悱”，《圣武记叙》中提出明耻，都是为了敢革现状，振兴国家。从材料和观点考察，《圣武记》并非都做到精审地辨析，有些史实难免失真，有些提法并不正确，卷八《康熙重定台湾记》中引述“台湾自古不属中国”的根本错误言论。但是，在鸦片战争的炮火中紧张地编写成的这本书，恰恰适应了当时关心国家和民族命运的读者的需要，魏源的爱国主义的热情和他以古谏今的笔法感染了读者。他在道光二十二年编写这本书时，索观者甚众，人们迫切地要看这部书，他只得写成一部分便付刻一部分，有若干处未遑精审。他于道光二十四年和二十六年又进行两次修订。读者如此迫切地要看本书，编写者只好随作随刊，这在中国编辑出版史上是一件值得大书特书的事件。道光二十六年修订重印时，魏源在目录之后写了这样一段话：

> 是《记》当海疆不靖时，索观者众，随作随刊，未遑精审。阅二载，重订于苏州；又二载，复重订于扬州。如征苗、征缅甸及道光回疆向止一篇者，今皆增为上下篇；其全改者，如廓尔喀、俄罗斯等篇；其半改者，如雍正征厄鲁特篇；其余诸记亦各有损益。至《武事余记》第十二、十三卷，旧多冗沓，今移其琐事散附各记之末，而更正其体例。是为《圣武记》第三次重订本。道光二十有六载魏源识于扬州旅次。

我们可以这样说：自有书籍以来，还没有像《圣武记》这部书为读者所迫切需要，初版本是“随作随刊”；四年之内，两度修订，印制三版。这难道不是编辑工作史值得大书特书的一节吗？这部书的时代特征是很突出的，编写的目的性是很明确的。鸦片战争的严重失败，刺激了所有关心祖国命运的社会人士，他们急切地要读这部书，并从中汲取鉴往知今的启示。我们可以这样类比：在“九一八”事变后，热忱地宣传救亡图存的、邹韬奋主编的《生活》周刊也是这样地为广大读者所企盼、所争阅的！编辑必须关心国家大事，关心民族的命运，他所编辑的书刊要热烈讨论当代读者最关心、最需要了解的问题。这样，他所编辑的书刊就能不胫而走，为广大读者所购求和阅读。前有魏源，后有韬奋，为编辑出版工作树立了楷模。

我们还要强调指出：魏源和林则徐一样，是我国近代史上第一批追求现代化的先驱人物，他们面向世界，主张“师夷长技以制夷”，倡言学习西方，实现富国强兵，御侮求存。魏源虽于五十二岁时中进士，但一生仕途很不得志，大部分时间是做地方督抚的幕僚和从事著述编辑工作。他在苏北里下河地区生活过多年，在下河州县做过县官，也经营过盐业。他长期沉为下僚，为人作嫁，晚年在高邮州知州任上还一度被清政府撤职。后来虽撤销处分，而他已对清政府顽固腐败、因循苟且之统治极为不满，终至拒绝复职，不入官场，潜心佛学，躲避到禅定中去。这不能不看作是他对清朝政府封建专制顽固不化的沉默的抗议！这不能不是这位充满爱国主义热情的启蒙思想家的悲哀和失望的表现。晚年拒绝了重任县职后，感事伤时，闭门谢客，起先住在苏北的水乡兴化，后来移居杭州，1857 年病死于僧舍之中。没有几年，就无人知道他埋骨何地了！

但是，魏源经世致用的治学态度和精神，编辑《经世文编》《海国图志》和《圣武记》等书的用心，却为后人所学习、所追慕和所继承。在清朝有人循着魏源所开辟的编辑工作的路子继续下去，特别是在戊戌维新运动兴起的前后，其后有《皇朝经世文续编》的印行，接着有《皇朝经世文三编》《四编》《五编》和《皇朝经世文补编》《新编》《统编》等的相继出版。到了辛亥革命后，又有《民国经世文编》的印行。魏源之所以字默深，是“默好深思还自守”的意思，也是他的一方印章上所刻的“默好深湛之思”的意思。历史无情却有情，魏源困顿寂寞以终，他的经世致用、变法图强的思想，他的编辑工作的旨趣，却得到了延续和发扬。

关于中国编辑史的二三问题

编辑与文化

中国是世界上文明发达最早的国家之一，积累了大量优秀的文化遗产，历史文化典籍十分丰富。这些文化典籍是中华民族物质创造和精神努力的具体成果。中国文化之所以源远流长，是个引人注目和深思的问题。

英国历史学家阿·汤因比在他的巨著《历史研究》中对中国文化致以高度礼赞。他用比较文明论的方法，将至少存在1000年甚至2000年以上的文明社会的历史过程作为研究对象。他最初列举了二十一个（或二十三个）“彼此有关的和无关的”文明；1961年他的《再考察》发表后，这个提法被修改为十三个大文明和十五个周边的“卫星文明”。他所列举的文明社会，不论怎样增改，对于其中六个文明社会的认识并没有改变。这六个文明社会是：古代埃及、苏末、中国、马雅、安第斯、米诺斯。他认为这六个文明都是直接“从原始社会的状态中产生的”“彼此没有亲属关系”。后来的文明，包括希腊文明和西方文明，被称为“子体文明”，都是这六种文明的后辈。在最早出现的六个文明社会中，苏末、米诺斯、马雅、安第斯，均早已从地球上消失，有的只留下一些建筑遗址和珍贵文物，现代埃及的文明也并非古代文明的延续。唯一留存绵延至今的就是中国文明，他指出唯有中国人才具有在漫长的时期内维持其统一体的历史。

关于文明的起源问题，汤因比认为：既不是由于种族的因素，也不是由于地理环境，而是由于两个条件的特定结合而形成的：一个条件是在这个社会里要有一个具有创造力的少数人集体，另一个条件就是那里的环境不太有利也不太不利。凡是具有这些条件的集体，后来都发展成为文明社会。

汤因比《历史研究》中对于中国恪守田园农业基盘，没有步先进工业国的后尘、推进工业化的意义，认为未来政治家的原始楷模是汉朝刘邦，以及中国近代迟滞发展的有利性等论点，都是令人难以苟同的。但其肯定中国文明是世界上唯一的源远流长、连绵不断的文明，这却是无可否认的事实。

中国文明何以源远流长，何以能连绵不断，这是一个耐人寻味的问题。我提出这个问题来，绝不是论说中国传统文化中没有糟粕，都是精华；也不是意味着抬高儒家的思想价值。而且，中国传统文化中，既有涉及面很广的儒家思想，也有崇尚自然的老庄传统，还有寓意玄奥的佛教思想。之所以提出这个问题来，是为了认识编辑活动对于文明进步的重要作用，为了认识编辑史研讨的必要性。

在创造文字之前，人们依靠语言表达思想。可是口头的交谈，在古代不能传达到远方，更不能长期保存。人们借助于记忆，世代复述，把远古的事件、思想等传播保存下来。然而记忆也有限度，难以长久保存而不发生错误。古代出现了用绳子打结记事的方法，相传大事打大结，小事打小结。现今某些没有文字的民族，仍有用结绳来记事的。但是，对待比较复杂的事情，结绳也无法表达。《易·系辞下》云："上古结绳而治，后世圣人易之以书契。"有了文字，就能把所发生的事情的前因后果详细记载下来，把先人的劳动创造、精神生活记录下来，从而编纂成书。夏商两代已有成文的历史资料。书写用材有所不同，《墨子·兼爱下》说："书于竹帛，镂于金石，琢于盘盂，传遗后世子孙者知之。"《中庸》说："文武之政，布在方策。"历史文化靠图书流传下来了。

不论文化的含义如何广泛，文化的定义怎样众说纷纭，人类生活的各个方面都展示着人类文明创造的成就、智慧和才干。就我国的传统文化而论，孔孟之道、诸子百家，《昭明文选》《文苑英华》《四库全书》，仁义道德、孝悌忠信，戏曲小说，饮食起居，满汉全席，安阳小屯的甲骨，长沙马王堆的帛书、漆器，临沂银雀山的简牍，丝路沿线出土的汉唐织物，高昌、交河故城的遗址，地上的古代宏伟建筑物，石窟壁画，书法画卷以及其他精美的工艺品等等，也都是文化。从认识作用来看，这些都在同一平面之上，而其中图书占有重要的地位。

文化的传播、保存、创造、积累和交流，都有赖于图书。图书是人类创造才能的宝库，是人类文明进步的标尺。作为万物之灵的人，他的劳动实践的成果，他的沉思远虑的目光，他的激越回荡的心血，他的澡身浴德的志行，都不同程度地、不同境界地凝聚在传世的图书中。对于社会的每个成员来说，就像高尔基 1911 年回答法国作家奥克达夫·米尔波所说，图书"在生活中起了母亲的作用"。

有图书，就必然有编辑活动，有从事编辑工作的个人。对于先民中间传述的历史，反映先民现实生活和想往的神话故事，表现先民战胜自然环境、生存发展的事迹，最初都靠能用文字记事的人加以搜集、记载、汇编和保存。以后有关国家大事、国王言行、自然界的重大变化等等，也就是政事与天道，便靠国家权力设置的左史、右史记录整理，编订成书，作为治国临民的重要文献。顾颉刚《〈尚书·甘誓〉校释评论》指出："肯定夏代当时应有文献资料，"又说《甘誓》的成书，"其较稳定地写成文字，大概就在殷代。"周朝初年，武王之弟周公（姬旦）说过："惟殷先人，有册有典。"（《尚书·多士》）在甲骨文中，有"作册""史""太史""内史""尹"等职称出现。在《尚书》《逸周书》《左传》《国语》《吕氏春秋》等先秦典籍中，也都有"内史""太史令"等史官的记载。这些文化官，他们在履行宗教和政治双重职能之余，都做了多少不等的编辑工作，保管图籍，献出规谏。这里讲的，只是编辑的原始。自战国时代后，编辑工作在保存和发展文化中起了重大作用。特别是晚清戊戌维新运动以来，每次重大的社会政治事件中，都有编辑走在时代的前列，反映时代要求，以自己严肃的工作推动社会的进步。

在社会发展的过程中，编辑与文化发展的关系如此密切。依我理解，编辑史就是学术文化史的一个重要组成部分。研究编辑史，我们可以看出人类潜伏的创造才能，可以理解先民怎样从蒙昧走向文明；至于编辑工作对于学术文化发展的设计和推进作用，更是史不绝书的事实。因此，编辑不能忘记自身担负着的弘扬文明、反对愚昧的责任。

孔丘与六经

中国历史上有姓名可考的第一位大编辑家，不少同志都曾经指出是孔丘。1984 年 9 月，在呼和浩特举办的“编辑学与编辑业务讲习班”上，我就说过：“在我国的编辑史上，第一位大编辑家应当推春秋时代的孔丘。”后来《出版工作》1986 年第 1 期开辟《历代编辑列传》专栏，我还是以孔子为开山的祖师。

但是也有人批评这个提法，认为是不懂得编辑的概念。编纂与编辑是两个概念，孔子编教材不过是对学生进行直接传播，那不是应文化传播之需，那时没有出版业，把孔子称为编辑家是不可思议的事，在道理上讲不通。

应该来讨论这个“不可思议的事”。首先从历史情况出发，而后再从概念来商榷。

孔丘（前 551—前 479）是我国历史上的大思想家、大教育家，是世界文化史上的巨人之一。古代的知识为官府贵族所垄断，所谓“学在王官”，知识为少数人专有。孔子在民间创办私学，把诗、书、礼、乐等类学问普及地教授给一般人。他开门办学，打破官府的垄断，才有战国时代百家之学。他是先秦诸子学的始倡者，文化知识的传播者。意见分歧的是孔子有没有做过编辑工作，编纂能不能看作是编辑工作。这便是应该研讨的焦点。

孔子继承西周以来的诗、书、礼、乐之学，把西周的思想、典册文物等作为儒术而职业化，同时整理了殷周文化遗产，删诗书，定礼乐，整理典籍，编选为“六经”，教授学生，传之后世。“六经”指《诗》《书》《礼》《乐》《易》《春秋》，是孔子为教学所编的六种课本。“六经”不是孔子的著作，而是他搜集、整理、审订、选辑三代政治、文化史料编成的教材。孔子所面对的素材，有夏、商、周的政治文献，历代史官根据目击和传述所做的记载，大小事件卜筮结果的记录，以及官府所采集的诗歌民谣等等。他将这些材料加以整理、删削，编辑成书。清代学者章学诚说：

> 后世文字，必溯源于六艺。六艺非孔氏之书，乃《周官》之旧典也。《易》掌太卜，《书》藏外史，《礼》在宗伯，《乐》隶司乐，《诗》颂于太师，《春秋》存乎国史。夫子自谓“述而不作”，明乎官司失守，而师弟子之传业，于是判焉。(《校雠通义·原道第一》)

这就是说，“六经”并不是孔子作的，本是“《周官》之旧典”，“官司失守”以后，孔子加以整理纂集，作为教育弟子的课本，“有教无类”，传播给平民百姓。

孔子非常博学，最熟悉旧时典籍，注意搜集鲁、周、宋、杞等国历史文献，提出“祖述尧舜”“宪章（效法）文武”的主张。他的家国邹鲁缙绅先生思想的产生，是因为西周文物在于邹鲁。成王分封时，鲁即“备物典策”，《左传》说“周礼尽在鲁”。《诗》《书》、礼、乐，是缙绅先生之道。孔子生于保存了西周典章文物的鲁国，受到缙绅学术传统的长期熏陶。他把作为当时一种职业的儒者，转化为儒家学派，固然有其深刻的社会政治原因，但与他保存和总结三代文化遗产，系统地整理三代历史文化，编订成书，自有密切关系。他精研三代文献，据以选编课本，传播文化知识，并宣传自己的政治社会思想，从而使他成为我国古代历史文化典籍的研究整理、校释编辑的开拓者。孔子自己就很明白地讲过：“我非生而知之者，好古、敏以求之者也。”“述而不作，信而好古。”他实在称得上是我国古文献整理编辑大师。

孔子与“六经”的关系，学术界原有两种说法：经古文学家认为“六经皆史”，孔子只不过对“六经”这些前代传下来的文献典籍做了校释、编辑工作；经今文学家则认为六经是孔子本人的著述，其中处处贯串着孔子的思想观点。我认为，经古文学家的说法近乎史实。关于这个问题，周谷城《中国通史》（上册）论及随社会而演变的古代学术思想时，曾针对钱玄同的意见，肯定孔子对古代文献所做的编辑整理工作：

> 钱玄同先生根本否认孔子与这些旧籍的关系，谓《乐经》本无书，《诗》《书》《易》《礼》《春秋》等，又彼此各不相涉，“六经”云云，实是战国末年所配成的。据我看，“六经”这个总称，或不出于孔子，但“六经”一名词所代表的许多书籍，与孔子的关系是很密切的。《论语》中明说“子所雅言，《诗》《书》执礼”。《孟子》中亦说“孔子作《春秋》”。且孔子一生，常过教学生活，《论语》中明说“学而不厌，诲人不倦”。他既要教人，则除以自己的言行教人外，拿这些旧籍来整理、补充、编次，以作教材，乃极自然之事。

范文澜《中国通史简编》也说，孔子“删订六经，保存了三代旧典”。这些看法是很有道理的。

古籍中经部的形成，是封建社会尊崇儒术长期发展的结果。其实这些经书不过是一批古代的文献。孔丘整理编订，用以教授学生，也不过说“学而优则仕”“学也，禄在其中矣”，他不可能想到后来成为受人膜拜的宝书，尊称为儒家与一般读书人的经典。《易》是古代讲占卜的书，《书》是古代的历史文献汇编，《诗》是古代诗歌的总集，《礼》是古代各种典章制度的总称，《乐》是讲古代的乐制，《春秋》则是古代的编年史。孔丘只是整理编订这些古代文献作为教本。孔丘死后，弟子门人转相传授，儒家才成为显学，这些教本的地位才逐渐被抬高，到战国后期出现了“六经”的名称，在孔子当时只是士人应学的六种科目。《庄子・天运》：“孔子谓老聃曰：‘丘治《诗》《书》《礼》《乐》《易》《春秋》六经，自以为久矣。”《礼记・曾子问》记载孔子论礼，数次提到“闻诸老聃”。相传老子曾任周代管理收藏典籍的官吏，孔子编书，利用了周王室的藏书，《史通・六家》因而说：“得虞、夏、商、周四代之典，乃删其善者，定为《尚书》百篇。”

司马迁撰述《史记》的态度是相当审慎的，叙事论人，下笔一般都有所本，在《史记・孔子世家》里对于《诗》《书》《易》《春秋》等典籍的删订、整理和编修写得都很明确具体。诗、书、礼、乐本是春秋时人共同学习的科目。司马迁说：“孔子以《诗》《书》、礼、乐教，弟子盖三千焉，身通六艺者七十有二人。”六艺中《易》和《春秋》比较高深，因此只有高才生通晓。这段话之后，司马迁紧接着说：“如颜浊邹之徒，颇受业者甚众。”孔子周游列国时，在卫国曾住在子路妻兄颜浊邹家，像浊邹这些人，虽不是正式学生，也曾向孔子请教过，当时人求知出仕，都要学这些科目。《左传》僖公二十七年称：郤谷“说诗书而敦礼乐”，即可证明。司马迁在《孔子世家》最后论赞中说：“自天子王侯，中国言六艺者，折中于夫子，可谓至圣矣!”他将孔子放在“言六艺者”之列，不过人们都认为孔子的讲法最正确，所以把他的说法作为判断是非的准则。同时，司马迁在《伯夷列传》开头就说：“夫学者载籍极博，犹考信于六艺。”学者们浏览的书籍虽极广博，但还要从六经中去寻找可靠的材料，可见孔子整理编订“六经”的影响，也就是“折中于夫子”和这些教本广泛传播的证明。

孔子与“六经”的关系深浅不同，司马迁所说孔子的编辑工作也是既具体而又有区别的。古代典籍中的“六艺”，是商周文化的精华，经过世卿贵族和士阶层的传习接受，已呈散乱之象，到孔子从事教学活动时，古“六艺”庞杂繁乱，他便根据自己的理解体会，加以删简解说，成为他编辑加工整理后的六艺，用来教授学生。《史记·孔子世家》说：“孔子之时，周室微而礼乐废，《诗》《书》缺。追迹三代之礼，序《书传》，上纪唐、虞之际，下至秦缪，编次其事。”在《儒林列传》中也指出孔子编辑工作的时代背景和工作状况：“孔子闵王路废而邪道兴，于是论次诗书，修起礼乐。”这里的“编次”“论次”，是讨论去取，编排篇目。礼和乐，是古代典章制度、应对酬酢礼节的通称。孔子说：“移风易俗，莫善于乐；安土治民，莫善于礼。”（《孝经·广要道》）当时礼乐崩坏，孔子起而修之，使其免于沦亡。孔子自云：“吾自卫反鲁，然后乐正，《雅》《颂》各得其所。”（《论语·子罕》）孔子“正乐”，是调整《诗经》篇章的次序，使《雅》《颂》各有适当的安置。梁启超否定孔子曾删过《书》《诗》，写过《书》《诗》序，但他说：“《史记》说孔子序书传，只是说次序那些书传。”又说：“难道孔子和《诗经》没有关系吗？那不然，那是有相当的关系的，大概孔子对于诗篇的次序曾用一番心思。”（《古书的真伪及其年代》）即使“序”是次序之意，也不能否认孔子对古代文献做过整理编辑工作。

孔子是私人编写历史书籍的开创者。他以鲁国的历史为基础，运用他周游列国时所搜集的史料，编写成流传至今的《春秋》。《史记·十二诸侯年表》云：孔子“西观周室，论史记旧闻，兴于鲁而次《春秋》……约其辞文，去其烦重”。他对《鲁春秋》做过一番笔削整理工作，有的袭用旧史而删繁就简，有的删削不用，有的增加内容，来体现尊奉周王室统治的精神，成为一部微言大义的《春秋》。孔子编写《春秋》的原则，是据鲁、亲周、故殷，反映他的政治思想。内其国而外诸夏，内诸夏而外夷狄；为尊者讳，为亲者讳，为贤者讳：都是他编修《春秋》的政治原则。若仅就编辑工作而言，所见异辞，所闻异辞，所传闻异辞；信以传信，疑以传疑；常事不书，书其重者：都是有关编写方法的重要原则，对古典编辑学影响甚大，成为整理编辑工作遵奉的信条。

班固《汉书》所述孔子的编辑工作，与司马迁说法相同。《儒林传序》称：“古之儒者，博学乎六艺之文。六艺者，王教之典籍，先圣所以明天道、正人伦、致至治之成法也。”其后因“周道既衰，坏于幽厉”，孔子出于自己的政治认识，“究观古今之篇籍”“于是叙《书》则断《尧典》，称乐则法《韶》《舞》，论《诗》则首《周南》。缀周之礼。因鲁《春秋》，举十二公行事，绳之以文武之道，成一王法，至获麟而止。盖晚而好《易》，读之韦编三绝，而为之传。皆因近圣之事，目立先王之教，故曰：‘述而不作，信而好古’‘下学而上达，知我者其天乎！’”不论其中有多少可以论辩之处，这一段话大体上把作为大编辑家孔子的形象勾勒在我们面前了。怀疑班固所说孔子为《尚书》作过序的朱熹，认为《尚书》中的《大序》《小序》皆为后人伪作（《朱子语类》卷七十八），但在《论语·述而》注中则称：

> 述，传旧而已。作，则创始也。
>
> 孔子删《诗》《书》，定礼乐，赞《周易》，修《春秋》，皆传先王之旧，而未尝有所作也。故其自言如此。盖不惟不敢当作者之圣，而亦不敢显然自附于古之贤人。

这里的删、定、赞、修，皆是形式与程度不同的整理、编辑、校释、研究工作，用不同的方式来处理古文献，传播历史文化遗产。在《论语》的《为政》《宪问》等章中，孔子所引的《尚书》原文，不见于今传《今文尚书》，可知孔子当时所见的《尚书》，篇数多于今日传本，而且《史记》说他“以《诗》《书》、礼、乐教弟子”的话，显然是可信的。

《史记·孔子世家》中讲孔子“追迹三代之礼”一段，刘起釪在《尚书源流及传本考》中解释道：

> 这是说周室衰微时，《诗》《书》残缺了，孔子搜集《书传》序列之，即把它编排整理（非作序文之序），而没有说他删掉《书传》，这是正确的。

很显然，他汲取了梁启超的解释，将《史记》说孔子“序《书传》”，《汉书》说“至孔子纂焉”“而为之序”，都解释为次序的序，这就是加以编排整理的意思。刘起釪接着指出：

> 当时不止儒家搜集编排《书》篇，其他诸子，其中特别是墨子，也在大量搜集编排《书》篇。通过他们的努力，残缺不全的《书》篇，也被搜集保存了不少。

保存古代文化遗产，有赖于许多人共同努力。

至于说编辑与编纂是两个绝对不同的概念，编辑是为了出版、传播，孔子只是教学生，当时还没有纸张和印刷术，没有出版业，作为编辑家看待，论者以为："这在道理上怎能讲得通呢?""有点不伦不类。"其实，编辑活动在历史上是不断发展的，它的原始就是整理、集辑、编纂、校雠、注疏等类形式，有时为单一，有时相交叉，有时又编著合一，因事因人而变化。编辑活动不能脱离社会经济环境而进行，随着书写材料的改进、手工业的发展、社会政治的要求，编辑工作不断随时代而进化，昔非今比，今日亦不能与来日相比。不用说两千多年前的孔老夫子，就是我们还曾见过的张元济、邹韬奋先生们，他们也绝不能想象电子时代的编辑活动呢！编辑史的研究不过才开头，即有一得之见，可以相互切磋商酌，不必动辄挥手指斥，自命绝对正确。有关这个问题，应写专文就教于知者。

刘向与藏书

西汉是我国编辑史上的辉煌时代。它不但保存和整理编订了先秦旧籍，而且向中国文明宝库提供了空前新著。《史记》是我国第一部有系统的通史，司马迁不仅是著作家，也应看作是严谨细密的大编辑家，他编著《史记》费了二十多年工去搜集材料，谨慎地加以抉摘取舍，定出系统的体例，而后以深厚的感情、生动的文字，编写出这本史学与文学的杰作。就编辑工作而言，书中以八书记制度沿革，立十表以通史事脉络，最能体现作为大编辑家的旨趣和匠心。《尔雅》是我国第一部解释词义的辞书，汉初学者缀辑周汉诸书旧文，递相增盖而编成。后世经学家常用以解说儒家经义，至唐宋时列入“十三经”。《说文解字》是我国编辑的第一部字典，许慎集古文经学训诂之大成，为后代研究文字及编辑字书的最重要的根据。经学（不论是今文或古文）在汉代是占统治地位的学术形态，奉天法古，墨守家法，终至很荒唐地成为神学和迷信。然而汉代思想毕竟是博大而活跃的，为史学在中国文化中奠定重要地位的《史记》之外，出现了班固的《汉书》，为编辑断代史的创始；还出现了刘安的《淮南子》、严遵的《道德指归》、扬雄的《太玄》、王充的《论衡》、王符的《潜夫论》、仲长统的《昌言》，以及郑玄注《易》与其他儒家经典。

汉代在学术文化上采取“独尊儒术”的政策之外，影响最大的莫过于校理编订古代的文化典籍。我们后人能读到先秦诸子百家的著作，应该感谢刘向、刘歆父子等人前后三十年的辛勤努力，对于保存、传播、整理、编辑古代学术文化典籍做出了卓越的贡献。他们所处的时代，现代意义的笔和纸尚未出现，印刷术还没有发明，他们在皇家图书馆里校勘整理文化古籍，把散乱的简册编辑好，除去重复，相互补充，确定篇章和先后次序，然后校正文字，有些书籍没有书名的，或者题名和内容同异相杂的，还要整编而后命定书名，最后抄成定本，并撰写综括全书的“叙录”，为古典编辑学奠定了基础，并开拓了我国校雠学和目录学的领域。编辑出版界如果要建立先贤祠、纪念馆之类，刘氏父子二人完全值得供奉在里面的。

可是，有人断言刘向仅仅是个藏书家、图书馆学家，并且告诫道："这是研究编辑史的人必须注意的。"对刘氏父子怎样看待，还是应该老老实实地检视他们的具体工作。

秦始皇统一中国后，在文化上有两件重大措施：一是统一文字，二是焚书坑儒。司马迁指出："秦既得意，烧天下诗、书、诸侯史记尤甚，为其有所刺讥也。"（《史记·六国年表》）说："非博士官所职，天下敢有藏诗、书、百家语者，悉诣守尉烧之；有敢偶语诗、书者，弃市；以古非今者族。"（《史记·秦始皇本纪》）我们祖先苦心编写和保存的宝贵典籍，很大一部分化为灰烬。这种文化专制促进了秦朝迅速灭亡。

汉朝建立之初，实行与民休息的政策，为了安定社会秩序，恢复生产，由萧何、张良、韩信、张苍、叔孙通等编纂有关法律、兵法、礼仪、历法等方面的图书。陆贾奉命总结秦朝灭亡的历史教训，著成《新语》。但汉高祖刘邦对于诗书并不重视，秦代禁止藏书的律令依然存在。直到其子惠帝刘盈时才取消，私人藏书才不违法。加之惠帝其人年轻宽厚，对于各种学术思想宽容并蓄，文化学术逐渐活跃起来。民间多年私藏的书籍相继面世。私人的著述也多起来。到汉武帝刘彻时，国家重视对文化教育的控制，下令征集图书，建造藏书的馆舍，设置抄书的官吏，于是儒家著作和诸子百家的图书不断聚积，"外则有太常、太史、博士之藏，内则有延阁、广内、秘室之府"。我国历史上第一次正式有了国家图书馆。

到了成帝刘骜时，皇家藏书颇有散失，河平三年（前26），命陈农为使，在全国各地收集图书。当时书籍主要形态还是简册，贮存日久，容易散乱，残缺或朽坏。因此，朝廷又下令校理编订，命光禄大夫刘向（约前 77—前 6）校理经传、诸子、诗赋，步兵校尉任宏校兵书，太史令尹咸校术数，侍医李柱国校方技；而由刘向总其成。还有杜参、班斿、王龚等学者协助，刘向的儿子刘歆（约前 53—23）也参加工作。刘向去世后，整个工作由刘歆负责。刘氏父子对于整理、编订、校雠、保存我国古代文化典籍做出了卓越的贡献。

刘向等是怎样校书、编书的？班固《汉书》卷三六《楚元王传》后所附刘向本传一句未说，只借萧望之等之口说他“宗室忠直，明经有行”，在传末说他“不交接世俗，专积思于经术”。《艺文志》里文辞也简，只说：“每一书已，向辄条其编目，撮其旨意，录而奏之。”在其《六艺略》中说到校理《易》《尚书》等所脱经文。《隋书·经籍考》所说，也仍然是这几句话：“每书就，向辄撰为一录，论其指归，辨其讹谬，叙而奏之。”

刘向每校完一书，写一篇学术性的内容介绍，也就是编校报告书。一面作为进呈给皇帝的报告，并作导读用；一面供皇家图书馆作入藏的依据，称为“叙录”。所有这些书录的辑集称《别录》。刘向的《别录》和刘歆据以另写的《七略》，于唐末五代时已经亡佚。可是《隋书·经籍志》中著录有：“七略别录二十卷，刘向撰。”“七略七卷，刘歆撰。”根据两书卷数的记载，可知《别录》详而《七略》简。刘向的《别录》虽已亡佚，但现在还有《战国策叙录》《管子叙录》《晏子叙录》《列子叙录》《邓析子叙录》《韩非子叙录》等流传下来，见姚振宗快阁狮石山房丛书本《别录佚文》。根据这几篇佚文，我们就可以看出刘向怎样做编校工作，他仅仅是个藏书家、图书馆学家，还首先是个大编辑家呢?

《战国策》的成书是个极明显的例子。战国纵横，竞尚游说，《战国策》即战国辩士游谈的记录或后人的拟作，经刘向整理编辑成书。他说：

> 所校中《战国策》，中书余卷，错乱相糅莒。又有别者八篇，少不足。臣向因国别者，略以时次之；分别不以序者以相补，除复重，得三十三篇。本字多误脱为半字，以“赵”为“肖”，以“齐”为“立”如此字者多。中书本号或曰《国策》，或曰《国事》，或曰《短长》，或曰《事语》，或曰《长书》，或曰《修书》。臣向以为战国时游士，辅所用之国，为之筴谋，宜为《战国策》。其事继春秋以后，迄楚、汉之起，二百四十五年间之事，皆定以杀青，书可缮写。

以上是叙述整理、校订、编辑的经过。然后，“叙曰”以下文字，主要阐发他对西周、春秋、战国和秦王朝政教变化的看法，歌颂西周教化之盛，“仁义之道，满乎天下”“远方慕义，莫不兵服”。继而慨叹春秋、战国礼义之衰，尤其反对秦孝公的变法和秦始皇的暴政。但对战国游说之士则加称赞，说他们“因势而为资，据时而为划。故其谋扶急持倾，为一切之权。虽不可以临国教化，兵革救急之势也，皆高才秀士，度时君之所能行，出奇策异智，转危为安，易亡为存，亦可喜，皆可观”。

这篇序言实质上就是一篇审读、编辑报告。一批内容有同异、重复的史料，杂乱无章，且多错字，各本题名又不同，终于经他整理编辑成书。有关书名如何确定，材料怎样编排，以及内容大要、学术价值，在报告中一一作了说明。这正是很典型的编辑工作。东汉高诱作过注，北宋曾巩、姚宏做过校订。其中仍不免有错。例如《赵策四》记触詟说赵太后一篇，山东临沂银雀山汉墓出土的竹简上，“触詟”作“触龙言”，即其一例。由于种种条件的限制，前人的编辑工作当然也很难做得尽善尽美。

前人研究校雠目录学的建立，追溯到刘向《别录》、刘歆《七略》问世，他们剖析艺文，条理百家，重视“辨章学术、考镜源流”，为这门学问的发展奠定了基础。关于刘向的具体校理图书方法，孙德谦在《刘向校雠学纂微》中列举了二十三个步骤：首先是备众本，校雠、编书要搜集各种本子，才能对照抉择。接着是订脱误、删重复、条编目、定书名、谨编次、析内外、待刊改、分部类、辨异同、通学术、述源流、究得失、撮指意，这一系列的措施实际上就是整理编辑工作所必须采取的。而后撰叙录、述疑似、准经义、征史传、辟旧说、增佚文、考师承、纪图卷、存别义，这也仍然是整理编辑工作中应加注意的。全部过程大致如此。

关于校雠一词，就是刘向在校理群书时定下的。《文选》李善注引《风俗通》谓刘向《别录》中称：“雠校，一人读书，校其上下，得谬误，为校；一人持本，一人读书，若怨家相对，故曰雠也。”校勘书籍、订正讹误的工作，与今日编辑部校对工作中的读校相同，同一份校样，一人持原稿诵读，一人以校样相核阅。这是校对工作中对待重要稿件的一种特殊做法，肇始于刘向领导的编辑校理工作中。当然，持有众本的校勘工作，一字一句的比勘，一般读校却又是不能相比的，去留更易则须运思判断。

张尔田为孙氏《纂微》所作序中，对于号称目录家者，“百宋千元，标新炫异”，颇有讥评。他认为目录校雠，“其重在周知一代之学术及一家一书之宗趣，事乃与史相纬。而为此学者，亦非殚见洽闻、疏通知远之儒不为功”。这就不仅仅是对藏书家、图书馆学家的要求，首先是对编辑家的要求。没有编出书来，谈不上收藏，谈不上编目。辨章学术，考镜源流，提要钩玄，洞明流变，正是编辑工作者应有的自我意识。不能对刘向的工作做出恰如其分的评价，只能说明还未懂得编辑工作的真实意义与要求。

从刘向现存的书录来看，所谓校理图书，包含着编辑工作的全过程，并非仅仅是校勘、收藏、提要、编目等事。孙德谦的《纂微》，是在清儒讨论校读古书的程序上发挥的。后来学者续加讨论，各有阐明。归纳前人的论述，并按我个人的理解，刘向编校群书的略例大致如下：

其一，搜集材料。整理编校书籍，必须搜集有关材料，广收众本，对照检阅，决定去取。从其所写书录中看，第一段首先说明所备的本子，有中书，即宫禁中藏书，《汉书·艺文志》谓“有延阁、广内、秘室之府”。外书指太常、太史、博士之藏，是政府机构的藏书；其中说及“臣向书”“臣参书”，是刘向与他人个人藏书。《列子书录》第一段说“中书多，外书少”。做好古籍整理编订工作，首先是寻求各种本子，尽可能齐备不漏。广收传世的篇籍，而后才展开整理工作。

其二，校勘文字。古籍流传年代久远，辗转传写，形声交误，如不勘正，意义乖离。《战国策书录》称：“本字多误脱为半字，以赵为肖。”《晏子书录》中指出中书“先为牛，章为长，如此类者多”。

其三，刊定脱误。《汉书 • 艺文志》云：“刘向以中古文校欧阳、大小夏侯三家经文，《酒诰》脱简一，《召诰》脱简二。率简二十五字者，脱亦二十五字；简二十二字者，脱亦二十二字。文字异者七百有余，脱字数十。”可见校书兼对众本，不但校勘文字，还要注意刊定脱误。

其四，审定篇目。篇目是有关一书内容结构的大问题。篇节如同网之有纲，纲举目张，才有助于阅读与理解。先秦诸子书，至汉初往往仍无定本，简单纷乱无序，排列不成系统；如将官守之书及民间通行本相对照，重复及歧异颇多。《列子》《管子》《邓析子》《荀子》等皆经定者。学者认为《韩非子》当初多以单篇流行，未曾辑集，是刘向编订成书的。

其五，酌立书名。古籍经过多次传抄，不但会有错字衍文，往往连书名也有更改，或者书名杂乱，同书异名，莫衷一是。《战国策》即是刘向定名。《初学记》文部引《别录》云：“所校雠中《易传》之《古五子篇》，除重复，定著十八篇，分六十四卦，著之日辰。自甲子至于壬子，凡五子，故号曰《五子》。”这便说明了定名为《五子》的理由。其所以加“古”字，是因为周秦以前的书都用篆文。用篆字写的书为古文书。在校典中书时加“古”字，说明采用的原本与用隶字写的今文书不同。凡书名中的“古”字，都是如此定名的。

其六，鉴别伪书。古书传抄时有窜入者，有伪托者，编校时即力求去伪存疑，鉴别内容。《晏子叙录》云：“又有颇不合经术，似非晏子言，疑后世辨士所为者。”他如《封胡》《风后》《力牧》《鬼容区》等书，依托黄帝臣，则直言其伪。

其七，介绍著者。古籍著者名氏不彰者，或待考订者，整理时查明介绍，如《雅琴赵氏》七篇作者赵定的生平介绍是。

其八，叙述源流。对于儒家经典皆述其授受源流，如济南伏生传《尚书》，《诗》始于鲁之申培公，《礼》始于鲁高堂生等。《列子叙录》云“其学本于黄帝、老子”，“且多寓言，与庄周相类”。其中不仅说明学术源流，并评论内容优劣及流传与影响等。

其九，缀辑成书。简策纷乱，同异相错，不但《战国策》为刘向编订，古史官记黄帝以来讫春秋间史事的《世本》，亦最早经刘向校订成书。古来《乐》无全书，《汉志》云：“刘向校书，得《乐记》二十三篇。”

其十，同类编目。一书整理编校完毕，还须厘定部居，划分类例，确定它和哪些书可以并列，和哪些书比邻相关，从学术体系上反映其属性，便利后学探讨。今天编辑部发稿单上也有标明类别一栏，便于发行推广。

刘向每校理一书，最后写出该书的叙录，亦即内容提要。叙录内容有：1. 著录书名和篇目，2. 叙述校勘经过，3. 介绍著者生平，4. 解说书名含义，5. 辨别原著真伪，6. 评论思想内容及事实材料，7. 剖析学术源流，8. 总评该书价值。刘向所写叙录，附于各该书后；又另录写，编为一本内容提要汇集，题名《别录》，全书二十卷，既是西汉皇家图书馆藏书的总目提要，又是先秦至汉初所有图书文献的综合性记录。后来刘歆受命继承父业，领校群书，在《别录》的基础上写成《七略》。范文澜说：“它不只是目录学、校勘学的开端，更重要的还在于它是一部极可珍贵的古代文化史。”除去汲冢书，马王堆、银雀山、睡虎地及其他各地近年出土的简策、帛书、青铜器铭文等外，西周以来主要是战国的文化遗产，值得保存的书籍，都经刘氏父子之手整理编订并加说明，他们难道还够不上称为大编辑家吗?

我们还需看到，刘向组织了一个得力的编辑部，有老专家，有青年学者，班斿、杜参及刘歆等，当时不过十八九岁至二十多岁，刘向大胆使用他们。在两千多年前的汉代，编校图书规模如此庞大，全部整理编辑工作如此谨严细密，在我国学术文化史上是空前的创举。刘向的学力与才干令人敬服，他在中国学术文化史上的地位应该正确地肯定。

试拟提纲

有关中国编辑史，限于时间，这里只提出有关孔丘、刘向等二三问题，和同志们共同讨论。记事、著述、图书、编辑，都是相互联系、不断发展的概念。若不能历史地看问题，对于某些事就难免要觉得是不可思议的，没有道理的。这不需要巧言善辩，更不能主观独断，要从具体的历史事实出发，加以分析研究。我本浅陋，加之多年失学，工作又紧迫，没有集中的时间来钻研，关于中国编辑史的研讨，我匆匆试拟一个初步的提纲，供同志们进一步研究时参考、补充和纠正。此外，就中国编辑史问题，我曾被约做过多次谈话，其中有：1984 年在呼和浩特讲《编辑学与编辑业务》，内蒙古社会科学杂志社印行；1985 年在杭州讲《中国编辑史述略》，见《编辑工作与修养》第 26—58 页，南开大学中文系编辑专业与浙江省版协编印；1986 年在天津讲《中国编辑史初探》，见《编辑出版系列讲座》第 75—102 页，天津人民出版社出版。连同下列提纲，请同志们一并指教!

我国编辑工作的发展过程

我想从历代学术演进的大势及其在文化上的贡献，来观察中国编辑工作发展的历史过程，从而说明编辑工作对文化发展与提高的作用，与同行们切磋。

(一) 编辑与文化

文化的定义

包含的范围

编辑工作在文明进展中的作用

(二) 编辑工作的产生

氏族公社的解体与古代国家的出现

原有的社会公职的独立化

三代文化的发展与最初的编辑工作

书籍的原始形态

最初担任编辑工作的人

(三) 孔子总结殷周文化的编辑工作

从学在官府到私人讲学授徒

士在政治文化方面的作用

儒家学派的产生

孔丘为教学而编订六种课本

孔丘编辑工作的宗旨和原则

编辑工作含有教育工作的深意

(四) 战国时代编辑工作的发展
春秋战国是“百家争鸣”的伟大历史变革时代
思想界许多学派的产生
记录、搜集、传播与编纂百家论著的无名氏
吕不韦与《吕氏春秋》的编辑

(五) 两汉编辑工作的辉煌成就
秦王朝在文化上的功与过
汉朝创建皇家图书馆
司马迁《史记》中所反映的编辑工作
刘向、刘歆父子对学术文化的贡献
字书词典的编辑工作
刘安、班固、班昭的编辑工作

(六) 魏晋南北朝的编辑工作
经学神学的没落与学术思想的开放
类书的编纂
佛经的翻译和经录的编辑
促进文学概念形成的《文选》的编辑
文学批评著作的出现
科学书籍的编辑

(七) 唐宋编辑出版事业的巨大发展
确立官修正史制度
大规模编辑类书
赵崇祚编选《花间集》

辛亥革命准备时期的编辑活动

（十）中国编辑史给我们的启示和激励

代后记[①]

我是一个编辑。很惭愧，我确实是一个编辑，就是某些人所说的从事“简单的重复劳动”的编辑。

在难以自己掌握的社会激流中，往往有不少偶然性的砝码，在人生的天平中起着决定性的作用。我在少年时代，在黄海之滨一个冷僻的县城里，刚读完高一的时候，便开始接触了编辑工作。这完全是很意外很意外的遭遇。我哪里能想到，这次偶然的接触竟决定了我大半生的“天路历程”，使我饱尝“知识之树”上的苦涩的果子。我怎么能怨天尤人呢？这可不是善良的夏娃为我摘来的啊！

忆我儿时，我的识字不多的父亲热望把我造就成一个寿人济世的医生，而我从不敢面对脓疮和血污，连注射器的针头也不愿正视。根据我读到的一点点自然科学书籍，元素的原子结构吸引了我，我爱上了化合与分解的实验。没有点石成金的幻梦，愧无翻手为云、覆手为雨的权谋，更无主宰大地浮沉的狂想，我不过喜欢了应用化学，想在实验室、试验棚里从事一些科学工作，作为我献身于人类社会的一种途径。

可是，我们祖国的不幸遭际，我们民族的悲惨厄运，影响

---

① 1985 年 3 月 1 日初稿，5 月 26 日改写。原文作为自序载于《新颖的课题》，三联书店，1986 年 11 月版。放入本书充当后记，略有删节。

了她每个儿女的行止出处。“九一八”事变发生时，我还是小学五年级班上最小的学生。一个多月后，国文老师将《生活》周刊第六卷第四十五期“信箱”中李大风自沈阳寄给青岛李同愈的长信油印出来，原题作《北来的悲声》，第一段就催人泪落：

> 当我们在马路上看见“红头阿三”和“安南巡捕”的时候，我们总有“他们是亡国奴”的念头吧。但是，朋友，从前笑别人是亡国奴的人，现在我们自己就是亡国奴了！这不是寓言，不是比喻，不是张大其辞，这是的的确确丝毫没有假借的事实。朋友，我告诉你，我已经做了一个星期的亡国奴了！

信中接着详细地记述了九月十八日夜间至二十一日的亲身见闻，信末写到他和邮局同事读到日本侵略军占领沈阳的新闻的感受：

> 听差送来一份《大公报》，翻开一看，日军占领沈阳的标题，直刺进眼睛里。同事们都拥来看，一行一行地读完后，蕴含已久的眼泪，便如决了口般地破眶而出。

对于这封信，至今记忆犹新，很容易从影印本中查检，那是 1931 年 10 月 31 日出版的《生活》周刊。课堂上的讲授，激动着稚弱的心灵。民族危亡的报道，从此时时牵动着我的心，唤起了民族意识的觉醒和爱国思想的增涨，总想早日去观察和参与外部世界的剧变。

随之而来的是敌骑纵横，长城沿线，渤海湾头，到处烽烟迭起。连我家乡闭塞的海峤，也不时有敌机、敌舰的窥伺了。到卢沟桥上烽烟燃起，江南国土沦丧，徐州附近响起了炮声，中学解散了，我停学闲居于故园。

邻居是一家承印民办小报的印刷所，有一部脚踏的四开机，按照廿四盘序列上架的排字房。这个商报的主持人出身于本地诗书之家，不事生产，以书法精丽得名于桑梓。他的报社只有两个人员。一名外勤记者，每天到县政府的大照壁前抄录批示，那时县长兼理司法；还到公安局去听讲发生的纷扰，写成本城新闻缴卷。原有的一个内勤编辑，不久前随着从上海来的抗敌演剧队北去淮海了。报社的社长和印刷所主人是我的父执，他们要我去暂时顶替那编辑的空缺。

我居然做起编辑来了。在昏黄的灯光下，打开收音机，抄收南京、武汉和福州三处广播台每晚的记录新闻，负责整理编写，标题编排，直到深夜一两点钟，自己把稿子送到排字房去付排。伴送着我的是深巷的犬吠，还有一碗汤团在排字房等着我。我不怕沉寂的昏夜了，我非常高兴，能把每天电波传来的战讯从高空收录下来，整理转告家乡的父老兄弟姊妹，吸引他们都来关心神圣的抗战和祖国的命运。那时我才十五岁吧，无意中竟和编辑这种行业结缘了！

以后战局发生许多变化，沿海沿江和沿铁路线及大运河沿岸一带相继陷落，故乡迅速地沦为敌后的孤岛，青白旗下仍是一片纸醉金迷。在中学结业前一年，又曾在一个县城的小报上编过一个文艺副刊，名为《七月》，当时并不知道有一种同名的大型杂志存在，只是这样地体会，七月是我们受尽欺侮和凌辱的民族永远难忘的奋起怒吼的月份。同时，还在班级里编过两期铅印的三十二开的刊物，叫作《尖兵》，也像前者的用意一样，是自以为做着神圣的抗日战争的尖兵了。

后来逃出了魔窟，经过长途流亡，看到了社会的不平，人世的黑暗，一方面是庄严的工作，另一方面却是荒淫与无耻。及至走进大学校园，绿鬓朱颜，意气方盛，在革命前辈与师友的启发教育之下，有了阶级的觉醒，政局的认识，才找到人生的正道和献身的途径。我看到宇宙是如此神奇美丽，好像自己是一个羞怯的少女，充溢着春天般新鲜的感情，自认为此身业已许人，悄悄地为那个美的理想去努力奋斗。

到 1944 年夏，在党的直接领导下，和许多大中学校的男女同学们在一起，又得到社会先进人士的帮助，共同创办了一份学生报纸，这是皖南事变后在国民党统治区第一个以公开合法的面貌出现的学生自己的报纸。这首先是许多革命前辈长期细致耐心切实工作的成果，是他们抚育我们这些流亡青年的成长。我被定为这份小报的主编。本来是共同学习的园地，是一项战斗的任务，而后来竟成为我的职业的先兆了。我从此和编辑这个行业结下了不解之缘了。

艰难的时事，微妙的人生!

回首往路，四十年的时光从我脚下流逝。好像贝多芬乐章里的命运之神来敲打门扉，编辑的任务总是缠绕着我，苦恼着我，编过日报，编过期刊，编过人文科学书籍，也用理想和盼望编过自己迄今也未编就的图书。

……

人世间有了文字记载的历史，就有了编辑。不过，那时学在官府，贵族垄断了知识，原始的编辑工作是由史官、卜筮官和乐师们兼任的。[①] 我们所赞美和珍爱的人类文明，保存在人民的衣食住行中，出土文物和传世的艺术珍品中，也保存在壮丽的古建筑和一切使人目骋神驰的胜迹中。然而，人类文明主要积累和保存在世代相传的各种书籍中，自从天壤间有了书籍，不论是竹简、木牍、帛书、青铜铸件和石刻的铭文，就是编辑和编辑工作的存在。后来有了纸、笔与印刷术的发明，编辑工作更有了空前的发展。编辑是人类文化的保存和记录者，也是整理和创造者。数不清的显赫的爵位和吓人的官职，都与时光俱逝，早为世人忘却，而编辑的劳动成果世代相传，默默地为人们所葆爱着。任何威严的权标都会被前进的历史摒弃，而人类文化辉煌地存在着，不断被发扬光大着。不过，这里也应该补充几句，若是宣扬独断倒退、愚弄群众、抗拒历史潮流的书籍，也必然会与滋生和保护它的皇冠一起被抛进垃圾箱中。

在绚丽多彩、丰富神奇的大千世界中，凡有人类足迹所到之处，就有文明进步的创造者在劳动着、贡献着。他们不是依靠什么爵位、官阶，不是依靠什么恩赐、怜悯，而是依靠勤劳的汗水、不倦的学习、深切的思辨在工作着。如果有人只知其一，不知其二，双目不幸为云翳所遮，见不到这种社会历史现象，那么，近代和现代的历史老人会来指点。在西方是文艺复兴和宗教改革以来的历史，在中国是反对鸦片侵略战争以来的历史，每一次推动历史前进的社会政治运动，都有编辑出版工作先行，作为发动机，作为火车头。在每一次历史前进的要求

---

① 原注：1984 年 9 月下旬，在内蒙古社会科学院举办的编辑人员业务讲习班中，我曾提出这个看法和同志们讨论。

下，都有先进人物站出来担负起宣传鼓动和灌输教育的编辑出版工作。

如果认为社会各阶级各有自身的传统，那么，且不论戊戌时期国内通都大邑的学术文化活动状况，对于既不尊重劳动、又不知人事者，请开眼看着我们党在创立时期的文化活动，《新青年》《湘江评论》《觉悟》等发聋振聩的刊物，是谁在筹划、主办和编辑出版的呢？即使数典忘祖，所幸历史俱在。在每次社会政治活动中，明知前路荆棘丛生，还有刀山火海，都有编辑振臂前行，和人民同呼吸，为开拓新的时代而奋斗。这种事例还需一一列举吗？当然，也有那么极少数人，以社会政治运动为踏脚石，登上高枝后患了健忘症，脑子里个人宏图大展，不免忘却当过编辑的经历，忘却了编辑工作的甘苦了！人有千百种，这又有什么奇怪的呢！

历史还展示着，一旦到了毁书焚书，查禁蕴含先进社会思想的图书报刊，虐待编辑和作家，动辄践踏他们，而又如醉如狂地山呼万岁的时候，不论大话说得多响，花招耍得多妙，不论左右簇拥着几个装点容貌的文学艺术侍从，或是同窗共砚的旧交，恬不为怪的老道，也不能给残毒的本质涂上几笔儒雅的色彩。这种种摧残文化、扼杀人才的措施，越是加厉，越发预示着这种局面已经大为不妙、无法收拾了！当然，受害者岂仅是编辑和作家，千门万户都在水深火热中了。

有人说，编辑、记者不过是从事“简单的重复劳动”。可不是吗？他们诚然简单，他们没有套上欺哄人的假面，没有口是心非的官腔，没有一支香烟、一杯清茶、一份《参考》的生活，脑子里也没有一套钩心斗角、倾轧排斥的升官图。他们是干着重复劳动，他们重复反映时代的要求、人民的呼声，他们重复传播真理和知识，适应革命和建设的需要，总是重复地宣传正确的路线和建国的大纲。这是什么样的“简单的重复劳动”啊！

也有人说，编辑、记者权力大，是真理和是非的评判者。权力吗？权力自然有奇异的能量，谁拥有它就有强大的主宰作用。编辑、记者首先注意提倡什么，反对什么；他们对稿件有审读和建议的责任，他们还应充分认识社会意识对社会存在的反作用原理。不存在一个拥有无限权力的编辑。在“四人帮”弄权、放肆地践踏人民的时候，的确有高潮编辑，有那么几个为帮伙信任和差遣的编辑、记者，到中央各部门或地方各省市，像钦差大臣一样的威风。他们实质上并不是编辑、记者，他们是那个反革命集团的锦衣卫、御林兵。在编辑工作中，他们强调弄虚作假的“三结合”，又提出不挎篮子去买菜，而要亲自来种菜。他们种下的不是什么有益人生、营养丰富的菜蔬，他们种下了荆棘和毒草！区区不才，当了四十年编辑，只从事选题、组稿、审读、编稿，帮助作者考虑进行某些修改，甚至替代他们整理加工，乃至大幅度的增补修订；生活也称得上丰富多彩，曾奉派和一些勤劳健壮的妇女一起挑过粪，可就没有种过那祸国殃民的菜！

编辑是一个平凡卑微的劳动者，毋怪乎他在尊重知识的时代，竟然还受人侮辱，说他只干点“简单的重复劳动”罢了！我不由得想起约翰·科特雷尔笔下的劳仑斯·奥利弗来，说到他为生活所迫，而在一些无聊的电影里扮演某些微不足道的配角时，做了一个可悲的比喻，他感叹：“看到这样的艺术家在托儿所的滑梯上做游戏，实在教人啼笑不得。”奥利弗也不禁通过费雯·丽之口大声疾呼：“这个国家不需要艺术！”

啊，我的费雯·丽呢?

编辑是一种什么样的职业呢?编辑是一个脑力劳动者，传播知识，弘扬真理，探索未来，是他神圣的职责。编辑还是半个体力劳动者，他得跑腿、效劳，自己排队去为作者买火车票，接洽招待所，去送书、送稿酬，在管理落后的城市里工作，得把自己先变成十一路汽车。图书资料供应困难，借阅更是难上加难，编辑两眼如能变成复印机，那就为两手免除抄录誊写之劳；编辑头脑如能变成终端机，那就能万无一失地存储信息和材料了！编辑从来不是仗恃权力的大小，而是靠自己的知识见解、耐心协同作者进行工作。他一生都为人作嫁衣裳，也许到卧床不起，还不能为自己缝制一件“寿衣”。编辑一生都在寻觅、追求、鉴别和盼望。他希望找到符合时代要求的题目、作者、稿件，他满心想把好书送到广大读者手里。歌德说：“读一本好书，就是和许多高尚的人谈话。”高尔基说：“爱书吧，它是你知识的源泉。”编书、写书、组织生产书的编辑，不能仅凭一纸委任状就可以走马上任，发号施令。编辑应有真知灼见，才能处理他面前的文稿。他并不是靠什么官衔和称号，而应该是靠他的精神劳动的成果与世人相见。作家要作，编辑要编，干部要干，当社会主义的官要干社会主义的人事!

论待遇，就查看编辑居什么官职；谈责任，就要求编辑能安邦定国。有些长者、尊者住在左家庄公馆里独自忧国忧民，不免黯然神伤，因而对编辑责望过殷。乌比诺的维纳斯躺在床上未穿裤子，编辑要去管；达·芬奇画笔下的丽达赤身裸体依偎着大鹅，编辑应该去干涉；各式各样的人道主义（也包括革命人道主义在内吗?)为劫机犯所利用，编辑罪该万死；编辑还必须为作家背上十字架。他们殷殷希望编辑是个美貌非凡、无所不能、温顺的淑女，大致颇像《西厢记》第一本楔子中所说：

> 只生得个小姐，小字莺莺，年一十九岁，针黹女工，诗词书算，无不能者。

怎么培养出这样的一表人才呢？采取了多少具体切实的措施呢？说一句轻狂下流的话吧，那扬州“养瘦马”的人还懂得用什么方法，才能培养出国色天姿！左家庄的长者、尊者，对编辑实在太抬举了，他们大概没有注意许广平先生哭鲁迅夫子的白话诗里的两句：挤出的是奶，吃着的是草！至于编辑的工作、学习和生活条件，位尊望隆、力足以振之而责理应关注者，便无暇垂顾了！

编辑对于书籍的社会效果应该负责，编辑对于社会意识的反作用应该认真考虑，编辑对于社会的责任无可推卸，这都是对的，都是必要的。但是，可不可以也问一句：社会应该怎样看待编辑的工作呢？我现在能谅解拿破仑第三和他的皇后，他们理当以维持风教自任，不能容忍马奈的《草地上的午餐》在“落选沙龙”中展出，在那幅画上，两位衣着整齐的绅士旁边，坐着一个全裸的妇女，居然无所谓地坦然看着观众，多么“不道德”啊！[①] 而这个波拿巴毕竟是个人物，不是伪君子，而是真小人，他又曾特意以重价收购了卡巴奈尔画的“一个粉嫩光

① 原注：这里需要插一句，我并不认为这幅画的内容有什么了不起的意义。

滑、放荡而又肉感的裸体”维纳斯！

倘若人类的才智只允许表现单一的方面，对真理的追求将导致犯罪的后果；理论家无视沸腾的生活而肢解理论；学者如不爱惜头戴的桂冠，而朝三暮四，忍心把它当作变戏法的道具；那么，编辑必然将沦为可悲的角色，只能去干点“简单的重复劳动”了吧。生于斯，息于斯，不时发生鸣鞭示警，人们岂能忽视安全系数的大小呢！自然科学研究中犯点学术错误，人们可能理解为工作错误，而社会科学研究中犯点错误，可是个影响一辈子的大事！如果由此得出闭关自守好的结论，由此认为还是死抱几本书背诵好，那么，我国的社会科学又怎么发展前进呢？这不是区区从事“简单的重复劳动”的编辑所能回答了。

……

多少年，编辑的头上，“天无三日晴”，往往是走马灯似的“多云转阴”“阴转多云”的气象，使人习惯于蜷曲着身体。现在，灿烂的阳光终于冲破了云层，给大地上的一切有情带来了春意。纵目望去，优良的传统无疑是值得尊重和发扬的，而有些惰性的封闭型的传统，却仍然是令人望而生畏的。不少该诅咒的东西、衰朽的东西，还想寄生在新的外壳中延年益寿。它使人困惑，使人痛苦。有什么解救的妙方呢，这就是我们亲爱的祖国、生养我们的大地啊！四化建设和开放政策引导了激荡的洪流，只要坚持党的路线方针，我们社会主义文化大繁荣的时代必将到来，编辑工作的面貌必将焕然更新，恼人的窠臼必将崩解，我是这样地深信着。

马克思在他的不朽巨著《资本论》第一版序言里这样对读者说过：

> 除了现代的灾难而外，压迫着我们的还有许多遗留下来的灾难，这些灾难的产生，是由于古老的陈旧的生产方式以及伴随着它们的过时的社会关系和政治关系还在苟延残喘。不仅活人使我们受苦，而且死人也使我们受苦。死人抓住活人！

对于不知情爱为何物者，却能宽厚地默许在桂室兰屏、金马玉凤的背后兽性的纵欲，若听到真挚地低低切切说一声“我爱你”，便会惊慌相告，严厉地举起棍棒，威武地捍卫旧伦理学的道德法则。怎么办呢？莫怨嗟，不应有恨，方生未死之际本来就是阵痛的时刻。我们还是听马克思的话：

> 任何的科学批评的意见，我都是欢迎的。而对于我从来就不让步的所谓舆论的偏见，我仍然遵守伟大的佛罗伦萨诗人的格言：走你的路，让人们去说罢！

图书在版编目（CIP）数据

历代编辑列传 / 戴文葆著．—北京：北京联合出版公司，2020.7

ISBN 978-7-5596-4278-3

Ⅰ.①历…　Ⅱ.①戴…　Ⅲ.①编辑人员—列传—中国

Ⅳ.①K825.42

中国版本图书馆 CIP 数据核字（2020）第 093221 号

历代编辑列传

作　　者：戴文葆
题　　签：赵　珩
出 品 人：赵红仕
责任编辑：张永奇
封面设计：黄晓飞
出版发行：北京联合出版有限责任公司
　　　　　北京联合天畅文化传播有限公司
社　　址：北京市西城区德外大街 83 号楼 9 层
邮　　编：100088
电　　话：（010）64243832
印　　刷：北京富诚彩色印刷有限公司
开　　本：880mm×1230mm　1/32
字　　数：524 千字
印　　张：23
版　　次：2020 年 9 月第 1 版
印　　次：2020 年 9 月第 1 次印刷
定　　价：128.00 元（上下册）

文献分社出品